89/016543

Luise Dornemann

Clara Zetkin · Leben und Wirken

Luise Dornemann

Clara Zetkin

Leben und Wirken

Dietz Verlag Berlin
1989

ISBN 3-320-01228-2

© Dietz Verlag Berlin 1957, 1989

Vorwort

Eine Führerin der deutschen Arbeiterbewegung und hervorragende Repräsentantin der Kommunistischen Internationale, eine leidenschaftliche Kämpferin gegen Imperialismus, Faschismus und Krieg, eine sozialistische Patriotin und glühende Internationalistin, eine treue Freundin der Sowjetunion, eine Revolutionärin, deren ganzes Leben dem Ringen um eine neue, glückliche Welt gehörte – so lebt Clara Zetkin im Gedächtnis der revolutionären Arbeiter, aller fortschrittlichen Menschen der Welt. Millionen von Frauen auf allen Kontinenten aber verehren in ihr zudem die große Vorkämpferin für die Befreiung ihres Geschlechtes, die bis zum Ende ihres Lebens bemüht war, die Masse der Frauen in den Kampf um den Sozialismus einzubeziehen. Sie, die Begründerin der deutschen und der internationalen sozialistischen Frauenbewegung, wußte, daß nur eine völlige Umgestaltung der Gesellschaft, daß nur die sozialistische Gesellschaftsordnung der Frau Gleichberechtigung und volle Entfaltung ihrer Persönlichkeit sichern kann. Und auch das erkannte sie: Ohne die aktive Mitwirkung der Frauen und Mädchen, der Hälfte des Menschengeschlechtes, kann die sozialistische Gesellschaftsordnung nicht errichtet werden.

Gehört Clara Zetkin zu den großen Frauenpersönlichkeiten der Weltgeschichte, so ist sie für uns dennoch nicht fern und unerreichbar. Sie besaß alle Eigenschaften eines Volksführers – Kühnheit und Wagemut, Weitblick und Zielstrebigkeit, die Kraft, Menschen zu führen und zu begeistern. Sie war eine tiefe marxistische Denkerin, fähig, den Marxismus schöpferisch anzuwenden. Und sie war zugleich ein sehr menschlicher Mensch, um mit ihren eigenen Worten zu sprechen, ein weiblicher Mensch. Das heißt, sie war eine Frau, die lachte und weinte, die liebte, sich sehnte, hoffte und litt, die Kummer und Fehlschläge kannte, die um das Glück und die Schmerzen der Mutter wußte. Ja, in der kapitalistischen Umwelt lebend, mußte sie alle Schwierigkeiten überwinden, die diese der Frau und Mutter bereitet, und dies fiel ihr keineswegs leicht.

Auch die politische Entwicklung Clara Zetkins verlief nicht glatt und konfliktlos. Auf ihrem Wege von der jungen Lehrerin, die sich – gefühlsmäßig zum Sozialismus hingezogen – zur Zeit des Sozialistengesetzes der Sozialdemokratie anschloß, bis zu der bekannten Arbeiterführerin der zwanziger Jahre unseres Jahrhunderts gab es manche Stunde harter innerer Auseinandersetzung, ja der Verzagtheit und des Zweifels, gab es eine dauernde Selbstüberprüfung und ein tagtägliches Lernen.

Zwei Helfer hatte Clara Zetkin, die sie alle Schwierigkeiten überwinden ließen: Das war ihre tiefe Kenntnis der Lehre von Marx und Engels und – nach der Großen Sozialistischen Oktoberrevolution – die ständige Beratung mit Lenin und seinen Werken und zum anderen ihre tagtägliche Verbindung mit den werktätigen Menschen, die, wie sie mehrfach betonte, ihr Lebenselement war.

Beides zusammen machte ihre Überzeugung von der historischen Mission der Arbeiterklasse zur unumstößlichen Gewißheit, hielt ihren Glauben an die Kraft der internationalen Solidarität der Arbeiterklasse und den Sieg des Sozialismus auch in Zeiten der Niederlage aufrecht, schützte sie vor Opportunismus ebensogut wie vor Dogmatismus, Sektierertum und Wunschdenken, ließ ihr den Marxismus-Leninismus lebendige Wirklichkeit werden und bleiben.

Daher stand sie an der Wende des 19. zum 20. Jahrhundert in der ersten Reihe der Kämpfer gegen die Revisionisten, die nach dem Übergang des Kapitalismus in sein imperialistisches Stadium behaupteten, daß der Marxismus überholt sei und revidiert werden müsse. Sie wußte, daß mit der Herrschaft der Monopole die ohnehin unüberbrückbare Kluft zwischen Ausbeutern und Ausgebeuteten sich vertiefen mußte, sah die tödliche Gefahr, die der Imperialismus für die arbeitenden Menschen bedeutet und von der die Welt endgültig nur durch die Überwindung dieses menschenfeindlichen Systems befreit werden kann. Von der Jahrhundertwende an wurde für sie wie für alle revolutionären Sozialisten der Kampf gegen Militarismus, Imperialismus und Krieg zum zentralen Punkt ihres politischen Wirkens. Dabei verfehlte sie nicht, wieder und wieder die Frauen zur Teilnahme am antiimperialistischen Kampf aufzurufen, ihnen ihre besondere Verantwortung deutlich zu machen. Wir sind dabei, erklärte sie in ihrer historischen Rede in Basel im Jahre 1912, gerade weil wir Frauen und Mütter sind, weil es durch die Jahrhunderttausende Aufgabe unseres Geschlechtes ist, neues Leben zu tragen, zu hegen und zu pflegen. Nicht nur ihre eigene Person aber, so mahnte sie, sollen die Frauen einsetzen, sondern auch ihre Kinder zu antiimperialistischen Kämpfern erziehen, die niemals ihr Leben riskieren, um den imperialistischen Profitinteressen zu dienen, dafür aber um so freudiger bereit sind, Frieden, Freiheit und Sozialismus zu verteidigen.

Wie ihre Freunde Rosa Luxemburg, Karl Liebknecht, Franz Mehring und alle anderen deutschen Linken richtete Clara Zetkin ihren Angriff vor allem gegen den »Feind im eigenen Land«, gegen den deutschen Imperialismus und seine Kriegsvorbereitungen.

Schon im Jahre 1907, als die Militarisierung des deutschen Kaiserreiches immer offener betrieben wurde und rechte Sozialdemokraten wie Gustav Noske ihre Unterstützung dieser Kriegs- und Eroberungspläne kaum noch verhehlten, präzisierte sie in ihrer Artikelreihe »Unser Patriotismus« unmißverständlich und scharf die Stellung der Arbeiterklasse zum imperialistischen Staat, wies die untrennbare Einheit von sozialistischem Patriotismus und proletarischem Internationalismus nach. Das Vaterland zu erobern, es zu einem Vaterland für alle zu machen, nach außen die internationale Solidarität der Arbeiter zu stärken und als kostbarstes Gut zu hüten war die patriotische Aufgabe, die sie den Werktätigen stellte.

Ihre Haltung änderte sich nicht, als – sieben Jahre später – von deutschem Boden ausgehend – der erste Weltkrieg begann, als eine Welle von Chauvinismus Deutschland durchflutete. Während die rechte Führung der Sozialdemokratischen Partei offen, ja, mit fliegenden Fahnen ins imperialistische Lager überging, gehörte sie zu jenen, die unter der Führung Karl Liebknechts den revolutionären Kampf gegen den Krieg aufnahmen, wurde zur Mitkämpferin der Gruppe Spartakus, dabei nicht nur Verfolgung, sondern auch Kerker, Not und Krankheit Trotz bietend.

Ihr revolutionäres Bewußtsein lenkte Clara Zetkins Blick früh auf die Arbeiterbewegung in Rußland. Schon während der Revolution in Rußland von 1905 erkannte sie, ebenso wie Rosa Luxemburg und Franz Mehring, daß der internationalen Arbeiterklasse im russischen Proletariat und seiner revolutionären Partei ein Führer für den sich vorbereitenden Kampf um die gesellschaftliche Umgestaltung der Welt erwachsen war. Und wenn sie – nach drei Kriegsjahren, die auch zugleich Jahre inneren Ringens um neue Erkenntnisse gewesen waren – zu den ersten Arbeiterführern der kapitalistischen Länder gehörte, die die Große Sozialistische Oktoberrevolution begrüßten, sie als Beginn einer neuen Ära erkannten, wenn sie, die Schülerin von Marx und Engels, im Alter zur nahen und treuen Kampfgefährtin Lenins wurde und als solche die Höhe ihres Wirkens erreichte, so war dies eine notwendige Konsequenz ihrer immer vorwärtsdrängenden revolutionären Entwicklung.

Unschätzbar sind die Dienste, die die über Sechzigjährige, gestützt auf ihre reichen Erfahrungen wie auf die neuen ihr durch Lenin vermittelten Erkenntnisse, der Kommunistischen Partei Deutschlands und der Leninschen Internationale bei der Durchsetzung einer leninistischen, mit den Massen verbundenen Politik leistete.

Unvergessen ist ihre Hilfe bei der Festigung der jungen Kommunistischen Partei Deutschlands nach der Ermordung Karl Liebknechts und Rosa Luxemburgs, ist ihre Mitwirkung beim Aufbau der Kommunistischen Internationale in den Ländern Westeuropas, ist ihr Anteil am Kampf um die Schaffung der Arbeitereinheit nach dem Wiederaufflammen der revolutionären Massenbewegung gegen den zu neuen Schlägen ausholenden Weltimperialismus und den von Italien vordringenden Faschismus im Jahre 1921. Unvergessen ist auch ihr richtungweisendes Auftreten während des Ruhrkampfes im Jahre 1923, als sie den deutschen Werktätigen führend voranging mit dem Ruf: Kein Kampf für die Interessen der deutschen Imperialisten, aber gemeinsamer Kampf mit den französischen Werktätigen gegen die deutschen und französischen Monopolherren. Unvergessen ist schließlich, was Clara Zetkin für die Entwicklung einer vom Geiste Lenins getragenen weltweiten kommunistischen Frauenbewegung leistete.

Tief, ihr ganzes Wesen durchdringend und stete Kraftquelle wird in diesen Jahren ihre Liebe zum Sowjetstaat. Seit ihrem ersten Besuch in Sowjetrußland im Spätsommer 1920 ist sie in enger Anteilnahme mit dem Leben und Kampf der Sowjetmenschen verbunden, die in unendlichen Mühen und schweren Leiden sich und der ganzen Menschheit den Weg in ein neues Leben bahnten. Mit feinem Einfühlungsvermögen erlebt sie das Wachsen der schöpferischen Kräfte der sowjetischen Werktätigen, namentlich auch der Frauen und der Jugend, mit der ihr eigenen gründlichen Sachlichkeit studiert sie später den Beginn des sozialistischen Aufbaus. Den Werktätigen der kapitalistischen Länder die Bedeutung der Existenz des ersten Arbeiter-und-Bauern-Staates für ihren eigenen Kampf, für die Zukunft der Menschheit klarzumachen, die internationale Solidarität mit dem Sowjetvolk zu organisieren, ist eine Aufgabe, die sie bis zu ihrem Tode keinen einzigen Augenblick lang aus den Augen läßt.

Nach 1923 beginnen Alter und Krankheit ihrem Wirken Grenzen zu setzen. Doch weder Siechtum noch Erblindung können ihren revolutionären Geist zum Schweigen bringen. Namentlich in ihren letzten Jahren, da der Faschismus erstarkt, die Menschheit von einem neuen imperialistischen Weltkrieg sich bedroht sieht, da der Sowjetunion, dem Vaterland der Werktätigen, tödliche Gefahr droht, greift sie noch einmal mit letzter Kraft in den Kampf ein und findet weltweit Gehör. Ihr Auftreten als Alterspräsidentin des Reichstages im August 1932, ihr im April des gleichen Jahres veröffentlichter Ruf zur Rettung der Negerknaben von Scottsboro vor dem elektrischen Stuhl, ihr auf dem Sterbebett an die Welt gerichteter Appell zur Unterstützung der deutschen Antifaschisten erschüttern uns Heutige ebenso wie sie die Zeitgenossen erschütterten.

Es soll und kann nicht Aufgabe des vorliegenden Buches sein, eine erschöpfende Biographie Clara Zetkins zu bieten. Um sie schaffen zu können, ist noch mancherlei Forschungsarbeit zu leisten. Das Anliegen ist vielmehr, die Kämpferin wie den Menschen Clara Zetkin in ihrem Leben und Wirken einem breiteren Leserkreis nahezubringen.

Die Verfasserin hat bei ihrer Arbeit vielfältige Unterstützung gefunden. Mein besonderer Dank gilt den Mitarbeitern des Instituts für Marxismus-Leninismus beim ZK der KPdSU, namentlich des Zentralen Parteiarchivs. Herzlich danke ich den Mitarbeitern des Instituts für Marxismus-Leninismus beim ZK der SED, die mir stets mit Rat und Hilfe zur Verfügung standen. Das gilt besonders für Prof. Ernst Diehl, Prof. Dr. Annelies Laschitza, Prof. Dr. Klaus Mammach, Dr. Katja Haferkorn und Dr. Günter Radczun. Ebenso danke ich den Mitarbeitern des Zentralen Parteiarchivs beim Institut für Marxismus-Leninismus beim ZK der SED und den Mitarbeitern der Bibliothek beim gleichen Institut. Ferner bedanke ich mich bei dem Leiter und den Mitarbeitern der Arbeitsgruppe »Geschichte des Kampfes der deutschen Arbeiterklasse für die Befreiung der Frau« an der Pädagogischen Hochschule »Clara Zetkin« in Leipzig, bei Prof. Dr. Joachim Müller, Dr. Fritz Staude, Dr. Hans-Jürgen Arendt und Dieter Götze. In meinen Dank schließe ich ein die Arbeiterveteraninnen, die meine Arbeit durch Erlebnisberichte unterstützten, insbesondere Emmy Dölling, Martha Globig, Roberta Gropper, Emmy Koenen, Gertrud Leibbrand, Elisabeth Luft und Hertha Walcher. Bemerkt sei noch, daß ich viele Informationen über das Leben Clara Zetkins ihrem Sohn Prof. Dr. Maxim Zetkin sowie Prof. Dr. Hermann Duncker und Jacob Walcher verdanke. Nicht zuletzt aber fühle ich mich der Leiterin der Abteilung Frauen beim ZK der SED, Inge Lange, der Mitarbeiterin dieser Abteilung Ilse Ittman sowie den Mitgliedern und Mitarbeiterinnen des Bundessekretariats des DFD verpflichtet, die meine Arbeit in jeder Weise ermutigten und unterstützten. Endlich danke ich auch den Mitarbeitern des Dietz Verlages, namentlich Peter Bachmann, Gabriele Stammberger und meinen beiden Lektorinnen, die mir viele wertvolle Hinweise gaben.

Berlin, im Januar 1973 　　　　　　　　　　　　　Luise Dornemann

»Kommunist sein das heißt:
ein neuer Mensch sein, ein besserer Mensch,
ein selbstloserer Mensch,
ein tatendurstiger, kühnerer Mensch,
als ihn die kapitalistische Moral
zu erzeugen vermag.«

Clara Zetkin

August 1932: Von der Oderbrücke her kommend, nimmt ein großes dunkles Auto den Weg durch das Vorflutgelände und biegt in die Chaussee nach Berlin ein. In seinem Fond sitzt – auf Kissen gebettet – eine alte Frau, klein, gebrechlich, das Gesicht verrunzelt. Als der Wagen zwischen den niedrigen Häusern von Kietz hindurchfährt, dringen Kinderstimmen an ihr Ohr. Schatten legen sich auf ihre Züge. Sie kommt aus der Sowjetunion in ein Deutschland, dessen Menschen Not und Entbehrungen ertragen und dessen Großbourgeoisie die Hitlerpartei finanziert und offen auf die faschistische Diktatur zusteuert. Die Sorge um das Land, in dem sie geboren ist und ein Leben lang gewirkt und gekämpft hat, bedrängt sie in diesem Augenblick stärker denn je.

Von seiner herrschenden Klasse an den Dollar verkauft, ist das Deutsche Reich so tief in die von den USA ausgehende Weltwirtschaftskrise verstrickt wie kein anderes Land in Europa.

Sechs Millionen Arbeitslose – Arbeiter, Angestellte, Geistesschaffende, mit ihren Familien nahezu ein Drittel der Bevölkerung: die, die noch arbeiten, von Existenzangst gepackt; eine Jugend, der nach der Schulbank oder der Universität nur ein Weg offensteht – zur Stempelstelle; Tausende Familien aus ihren Wohnungen verjagt, in Lauben oder Baracken hausend; Tausende Kinder, die ohne Frühstück in die Schule gehen, im Winter ohne feste Schuhe und ohne Mantel sind – das ist die Weimarer Republik im Jahre 1932.

Die Regierungen dieser Republik aber, die sich ohne jede Scham als die freieste der Welt bezeichnet, schieben den Konzernherren und Junkern Millionen zu, ziehen dafür den Armen durch Zölle und Steuern die letzten Groschen aus der Tasche. Sie haben Geld für Panzerkreuzer, aber nicht für Kinderspeisung. Sie treten demokratische Rechte mit Füßen, mißachten das Parlament, regieren mit Notverordnungen. Sie hetzen ihre Polizei auf Kommunisten und Demokraten, aber gewähren den Faschisten jede Unterstützung.

Die Probleme, mit denen die deutschen Werktätigen ringen, verfolgen die alte Frau bis in schlaflose Nächte, haben sie bewogen, trotz Alter und Krankheit, noch einmal die Mühen des Weges nach Berlin auf sich zu nehmen.

Der Wagen läßt Kietz hinter sich und fährt auf der von Pappeln eingefaßten Chaussee durch das fruchtbare Oderbruch auf Seelow zu. Rechts und links breiten sich Getreidefelder aus, dazwischen Schläge mit Zuckerrüben oder voller roter, grüner und weißer Kohlköpfe – Junkerland, vornehmlich den Grafen von der Goltz und von Hardenberg, der Gräfin von Schönberg und denen von Seidel gehörig, die rings um Seelow auf ihren Schlössern sitzen und hier oder an der Riviera den Erlös ihrer reichen Ernten verprassen. Auf den Getreidefeldern mähen Schnitter in langen Reihen, schwitzend, die nackten Oberkörper von der Sonne verbrannt, scharf angetrieben vom Inspektor und den Vorarbeitern. Es sind Saisonarbeiter aus Polen, in großen Schnitterkasernen einquartiert, noch billiger als die schlecht bezahlten deutschen Landarbeiter und Knechte. Auf andern Feldern sind Frauen in ausgeblichenen, vielfach geflickten Kattunkleidern beim Ährenlesen, einige hochschwanger. Zusammen mit den älteren Kindern schaffen sie ebenso emsig wie die Schnitter, ohne aufzusehen. Nur hin und wieder wirft eine einen unruhigen Blick auf die Kleinkinder, die sie am Feldrand niedergesetzt haben. Auch die Frauen werden streng beaufsichtigt, damit keine schwatzt oder den müden Rücken reckt oder gar ein paar Ähren für sich selbst beiseite bringt.

Hier, denkt die alte Frau, könnten Genossenschaftsbauern leben, freie Menschen, wohlhabend, gebildet, selbstbewußt, zukunftsfroh, könnten fröhliche Kinder spielen und in hellen Schulen lernen wie in dem glücklichen und aufstrebenden Land, aus dem ich komme. Einmal, das weiß sie, wird es so sein. Wird sie die große Wende noch erleben? In ihrem Herzen ringt die Sorge mit der Hoffnung. Denn während die deutsche Großbourgeoisie Kriegsvorbereitungen trifft, Hitler in Massenversammlungen brüllt und seine Schlägertrupps gegen alles wüten, was fortschrittlich ist, kämpfen unter der Führung der Kommunistischen Partei, ihrer Partei, Millionen Werktätige verschiedenster Anschauungen und Bekenntnisse, auch Bauern und Angehörige des Bürgertums, in der Antifaschistischen Aktion, verteidigen Arbeiter und deren Frauen ihre Wohnviertel gegen die braunen Kolonnen, fordern die Arbeitslosen in riesigen Umzügen Arbeit und Brot, demonstrieren Mütter mit ihren Kindern vor den Rathäusern der Städte.

Während der Fahrt wird wenig gesprochen. Nur hin und wieder fragt der Begleiter die alte Frau, ob sie sich kräftig genug fühle, die Fahrt fortzusetzen. Der etwa vierzigjährige Mann, klein und gedrungen von Gestalt, aber lebhaft und kräftig, ist ihr Sohn und zugleich ihr Arzt. Die Freunde in Moskau haben ihm ans Herz gelegt, sorgfältig auf die Mutter zu achten. Auch die beiden Genossen, die das Paar vom Moskauer Expreß abgeholt haben, werfen zuweilen einen besorgten Blick hinter sich auf ihre Reisegefährtin.

Als der Wagen sich Seelow nähert, spannen sich ihre Mienen. Während sie durch die holprigen Straßen des Städtchens fahren, halten sie aufmerksam nach rechts und links Ausschau. Frauen kommen vorbei, eine magere Einkaufstasche am Arm, Männer stehen müßig – Arbeitslose. Am Marktplatz zeigen sich braune Uniformen – SA sammelt sich um eine Hakenkreuzfahne. Die Genossen tauschen einen Blick, der Fahrer beschleunigt das Tempo. Aber ihre Reisegefährtin ist von draußen nicht zu erkennen, kaum zu sehen. Die Faschisten, die wissen, daß ihre Schlägertrupps am Lehrter Bahnhof auf die alte Frau warten, um bei ihrer Ankunft eine Prügelei zu inszenieren, ahnen nicht, daß diese bereits in Küstrin den Zug verlassen hat und nun an ihnen vorüberfährt.

Nach einigen Stunden hat der Wagen Berlin erreicht. Clara Zetkin gelangt sicher in ihr illegales Quartier im Berliner Westen, wo sie bei alten Freunden liebevolle Aufnahme findet. Schon am nächsten Tag sitzt sie vor Bergen von Material und Zeitungen, aus denen sie sich vorlesen läßt. Sie, die derzeitige Alterspräsidentin des Deutschen Reichstages, bereitet die Rede vor, die sie bei der Parlamentseröffnung halten will.

Die Leitung der Kommunistischen Partei hat sich nicht ohne Bedenken an ihre alte Genossin mit der Bitte gewandt, ihr Recht auf Eröffnung des Reichstages wahrzunehmen. Denn für die Fünfundsiebzigjährige, die in der Sowjetunion ärztlich betreut wird, ist die Reise nach Berlin ein Wagnis, das das Leben kosten kann. Ihr Auftreten in der Öffentlichkeit ist angesichts des faschistischen Terrors nicht ohne Gefahr. Aber die Genossen wissen sich mit ihrer alten Kampfgefährtin eins in der Überzeugung, daß auf diese politische Demonstration nicht verzichtet werden darf, ja, sie wissen, daß Clara Zetkin ihnen niemals verzeihen würde, hätten sie falsche Rücksicht walten lassen.

Kaum ist Claras Entschluß bekannt geworden, da wird offensichtlich, welche Bedeutung ihrem Erscheinen beigemessen wird. Ein erbitterter Kampf setzt ein. In den Betrieben, in den Arbeitervierteln, auf den Stempelstellen begrüßen kommunistische, sozialdemokratische, christliche, parteilose Arbeiter gleichermaßen das bevorstehende Ereignis. Die Reaktion hingegen tobt. Die bürgerliche Presse beginnt – mit wenigen Ausnahmen – eine infame Verleumdungskampagne gegen die greise Revolutionärin. Die Faschisten entfachen eine Pogromhetze, senden Drohbriefe an Clara Zetkin. Weit über die Grenzen Deutschlands hinaus erregt Claras geplante Demonstration Aufsehen, erwarten Menschen das Auftreten der allbekannten Revolutionärin.

Schon bald nach ihrer Ankunft erhält Clara Besuch von Mitgliedern der kommunistischen Reichstagsfraktion, die gekommen sind, alles Notwendige mit ihr zu besprechen. Ihre Rede ist im Entwurf bereits fertig. Eine echte Zetkin-Rede, urteilen die Genossen, sachlich fundiert, politisch klar, ein leidenschaftlicher Appell an alle friedliebenden Deutschen zum Handeln. Sie sprechen über die Lage in Deutschland, erörtern die Frage, ob die sozialdemokratischen Führer angesichts der drohenden Gefahr die Bruderhand der Kommunisten ergreifen werden, reden über die gespannte Weltlage, den Überfall Japans auf China, die in allen kapitalistischen Ländern sich verstärkenden Kriegsvorbereitungen gegen die aufblühende Sowjetunion.

Die Genossen sind erstaunt, wie lebendig ihre alte Freundin diskutiert, wie ausgezeichnet sie informiert ist. Obwohl sie manchmal durch einen Anfall von heftiger Atemnot unterbrochen wird, so daß ihr Sohn ihr helfen, sie stützen muß, setzt sie das Gespräch immer wieder fort. Ihre Worte sind scharf und hart, wenn es gilt, den Gegner zu treffen, mahnen, drängen zur Aktion, werden mütterlich warm, als sie die Genossen nach ihrer Gesundheit und ihren Familien fragt, sich nach gemeinsamen Freunden erkundigt. Sie gibt viele Anregungen für den Kampf, kommt auf den bevorstehenden großen internationalen Friedenskongreß in Amsterdam zu sprechen. Eine repräsentative Delegation dorthin ist mit ihr zusammen gereist, und sie, die keine Gelegenheit ausläßt, für den Frieden zu wirken, hat ihnen eine Botschaft an die Delegierten mitgegeben.

Schließlich raffen die Besucher ihre Papiere zusammen, stecken sie in die Aktentaschen, greifen nach den Mützen. Während sie sich erheben, ruhen ihre Blicke in liebevollem Stolz auf der Frau im Lehnstuhl, die trotz der sommerlichen Wärme in einen dicken Schal gehüllt ist. Sie ist alt geworden, unsere Clara, denken sie, sehr alt, aber sie ist so kämpferisch wie nur je. Sie schmunzeln, wenn sie an das Interview denken, das Clara ihnen gegeben hat und das wohlverwahrt in der Tasche des Redakteurs der »Roten Fahne« steckt, der die Abgeordneten begleitet hat.

Den Werktätigen zur Freude, den Faschisten, deren Kolonnen noch immer auf Clara Zetkins Ankunft lauern, zum Hohn erscheint dieses Interview am nächsten Tag als Sonderflugblatt der kommunistischen Reichstagsfraktion. Sie fürchte sich nicht, sagt Clara Zetkin darin, habe trotz Krankheit die Strapazen der Reise auf sich genommen, weil sie gegenüber der Partei und der ganzen deutschen Arbeiterklasse, der ihr Leben seit Jahrzehnten verbunden ist, ihre Pflicht tun, zum Kampf rufen wolle gegen die drohende faschistische Gefahr. Ihre Worte steigern die Hetze der Reaktion zur Hysterie. Dicke Schlagzeilen erscheinen im »Völkischen Beobachter« und in Goebbels' »Angriff«, die bürgerliche Presse fordert ein Gesetz, das das Auftreten Clara Zetkins unmöglich machen soll. Die Arbeiter hingegen rüsten, um jeder faschistischen Provokation begegnen zu können. Am 30. August, dem Tage der Reichstagseröffnung, sind Tausende von Werktätigen schon um die Mittagsstunde am Reichstag und im Tiergarten, zügeln Hetzer und Provokateure, sind bereit, Clara Zetkin notfalls mit ihren Fäusten den Weg ins Parlament zu bahnen.

Diese allerdings sitzt längst im Reichstagsgebäude, im Zimmer der kommunistischen Fraktion. Schon in den frühen Morgenstunden ist nahe bei ihrem illegalen Quartier ein Wagen vorgefahren. Zwei weibliche kommunistische Abgeordnete und zwei Genossen von der Parteileitung haben Clara Zetkin abgeholt und auf Nebenstraßen unbemerkt zu einem Seiteneingang des Parlamentsgebäudes gebracht.

Die Eröffnung des Reichstages ist auf 3.00 Uhr nachmittags angesetzt. Schon lange vor Beginn ist der große Saal überfüllt. Auf den Tribünen sitzen neben Angehörigen der oberen Schichten – namentlich Damen der Bourgeoisie – viele Arbeiter, unter ihnen Vertreter der größten Berliner Betriebe. Auf der Journalistentribüne drängen sich Vertreter großer in- und ausländischer Zeitungen. Die rechte Hälfte des Sitzungssaales wird von den Faschisten eingenommen. Sie sind in Uniform erschienen.

Clara Zetkin sitzt in der ersten Reihe der kommunistischen Fraktion. Schnell spricht sich herum, daß sie anwesend ist. Eine verhaltene Spannung liegt über dem Raum: Wird sie die Sitzung leiten? Wird sie eine Rede halten? Als das letzte Klingelzeichen zum Beginn der Sitzung gegeben wird, tritt tiefe Stille ein. Clara Zetkin geht, von zwei Genossinnen gestützt, zum Präsidentensessel, wo sie Platz nimmt, sich aber sogleich wieder erhebt, um die Sitzung zu eröffnen. Die Hitlerleute erstarren auf ihren Sitzen, kein Laut kommt von ihnen, kein Zwischenruf. Clara Zetkin fragt ordnungsgemäß, ob ein Mitglied des Hauses älter sei als sie. Da keine Antwort kommt, beginnt sie ihre Rede.

Ihre ersten Worte sind mühsam geformt, kaum zu verstehen, dann aber gewinnt ihre Stimme Festigkeit, strafft sich ihre Gestalt.

Noch einmal, zum letztenmal, spricht die von den Unterdrückten der Welt geliebte Frau zu ihrem Volk und über dieses hinaus zur friedliebenden Menschheit und warnt vor der Gefahr, die alle bedroht. Mit großer Schärfe klagt sie das Kabinett von Papen an, das die Werktätigen terrorisiert, dem Faschismus systematisch und offen den Weg bereitet. Sie schont auch die rechten Führer der Sozialdemokratie nicht, die dies zum Schaden der werktätigen Massen tolerieren. Sie wendet sich an alle, die Männer und Frauen in den Fabriken und Büros, die Lehrer, die Wissenschaftler, die Mütter, die Jugend.

»Das Gebot der Stunde«, sagt sie, »ist die Einheitsfront aller Werktätigen, um den Faschismus zurückzuwerfen ..., um damit den Versklavten und Ausgebeuteten die Kraft und die Macht ihrer Organisationen zu erhalten, ja sogar ihr physisches Leben. Vor dieser zwingenden geschichtlichen Notwendigkeit müssen alle fesselnden und trennenden politischen, gewerkschaftlichen, religiösen und weltanschaulichen Einstellungen zurücktreten. Alle Bedrohten, Leidenden, alle Befreiungssehnsüchtigen gehören in die Einheitsfront gegen den Faschismus und seine Beauftragten in der Regierung! Die Selbstbehauptung der Werktätigen gegen den Faschismus ist die nächste unerläßliche Voraussetzung für die Einheitsfront im Kampfe gegen Krise, imperialistische Kriege und ihre Ursache, die kapitalistische Produktionsweise.«

Sie schließt ihre Ansprache im festen Bewußtsein des Sieges der großen Idee, die sie vertritt. Sie hoffe, sagt sie, noch als Alterspräsidentin das erste Parlament in einem Deutschland der Werktätigen zu eröffnen.

Das Haus hat ihr in atemloser Stille zugehört, eine dreiviertel Stunde lang; so groß ist die moralische Kraft, die von der Veteranin der internationalen Arbeiterbewegung ausgeht. Selbst die zweihundertdreißig Braunhemden haben ihre Rede nicht unterbrochen. Clara Zetkin erledigt noch die notwendigen Formalitäten, leitet die Präsidentenwahl, dann übergibt sie Hermann Göring die Leitung. Ihre Rede aber wird noch am gleichen Abend über Draht um den Erdball getragen, am nächsten Morgen ist sie Millionen Werktätigen bekannt, ruft Tausende träger Herzen wach, wirbt der Sache des Friedens und des Antiimperialismus neue Kämpfer, denn in ihr sind die Erfahrung und Erkenntnis eines langen, kampferfüllten Lebens, ist die Liebe eines Herzens eingeschlossen, das kein anderes Ziel kennt als die Errichtung einer glücklichen Welt, einer Welt des Friedens, keinen anderen Haß als den gegen Imperialismus, Ausbeutung und Krieg.

Clara Zetkin ist von der übergroßen Anstrengung zu Tode erschöpft. Sie überlebt, aber es dauert mehrere Wochen, ehe sie reisen kann. Bis dahin liegt sie im illegalen Quartier, betreut von ihrem Sohn und den Gastgebern, sonst allein; denn niemand darf sie besuchen, das erfordert nicht nur ihr Zustand, sondern auch ihre persönliche Sicherheit.

In den langen Stunden, die sie dahindämmert, haben die Gedanken Zeit zu wandern. Sie denkt – noch ganz unter dem Eindruck ihres Auftretens im Reichstag – an Deutschland. Werden die Werktätigen sich gegen die braune Gefahr erheben? Wird die Einheitsfront der Arbeiter zustande kommen, um die die Kommunistische Partei ringt? Oder …? Clara Zetkin kann den vollen Umfang der Verbrechen und der Schrecken nicht ahnen, die der Faschismus über das deutsche Volk und über die ganze Welt bringen wird. Keines Menschen Phantasie reicht in jener Zeit aus, sich Massenvernichtungslager wie Maidanek und Auschwitz vorzustellen und die Grauen des zweiten Weltkrieges, der 55 Millionen Menschen das Leben kosten sollte. Aber Clara Zetkin, die erfahrene Revolutionärin, führende Repräsentantin der Kommunistischen Internationale und Vorsitzende der Internationalen Roten Hilfe kennt die Brutalität der Bourgeoisie, weiß, was Faschismus ist, weiß, daß ihre Partei recht hat, tausendmal recht, wenn sie sagt: »Hitler bedeutet den Krieg!«, weiß, daß mit der Machtergreifung der Faschisten die Sowjetunion, das Vaterland der Werktätigen, ernsthaft bedroht ist. Und so schwach sie auch ist, schwört sie sich wieder und wieder, bis zum letzten Atemzug im Kampf gegen diese Gefahr keine Ruhe zu geben.

Zuweilen gleiten in diesen Tagen ihre Gedanken auch ab von den Wirren der Zeit, tasten zurück in ihr eigenes Leben. Wie ist es gekommen, daß sie, die Tochter eines Dorfschullehrers, zu einer Frau geworden ist, die sich in diesen Tagen an die friedliebenden Menschen Deutschlands und der Welt wandte und von Millionen verstanden wurde? Wann hat er begonnen, dieser ihr Weg, beschwerlich, aber schön, voller Schmerzen, aber auch voller erfüllter Stunden, der sie auf die Höhe geführt hat, auf der sie jetzt steht, getragen vom Vertrauen und von der Liebe so vieler, auf eine Höhe, die bisher noch von wenigen Frauen erreicht worden ist? Ihre Gedanken wandern zurück – von Erinnerung zu Erinnerung. Wo hat er begonnen, dieser ihr Weg?

War es damals, als sie – vor nun mehr als 40 Jahren – vor der internationalen Öffentlichkeit ihre erste große Rede zur Frauenfrage hielt? Das war auf dem Internationalen Arbeiterkongreß in Paris 1889, dem Gründungskongreß der II. Internationale, an dem sie als Delegierte der Berliner Arbeiterinnen teilnahm. Sie ist zweiunddreißig Jahre alt, eben Witwe geworden. Sie ist erregt, erregter als jemals danach auf einem Kongreß. Sie fürchtet sich sehr, vor den Delegierten aufzutreten. Aber sie hat ihr Mandat und ihren Auftrag, und sie überwindet ihre Scheu, fordert kühn und leidenschaftlich das Recht der Frau auf Beruf und ökonomische Selbständigkeit, fordert für die Frauen der Arbeiterklasse das Recht auf Teilnahme am Kampf ihrer Partei.

Sie denkt oft an diesen Tag zurück, denn mit dieser Rede, in der sie nicht nur für die Rechte ihres Geschlechts vor einem hohen internationalen Gremium eintrat, sondern die Delegierten der sozialistischen Parteien auch auf einen wichtigen Teilaspekt des Kampfes um eine neue, eine sozialistische Welt eindringlich hinwies, hat sie einen bedeutenden Teil ihres Lebenswerkes eingeleitet, den Kampf um die Organisierung der deutschen und der internationalen sozialistischen Frauenbewegung.

Zwar bedeutete das Auftreten auf diesem Kongreß den Anfang eines großen Werkes, eines neuen Abschnittes in ihrem Leben, aber es war doch wohl nicht der eigentliche Anfang ihres langen Weges. Wo aber liegt dieser? In den Jahren vor dem Kongreß vielleicht, die sie als eine noch suchende und lernende Emigrantin in der französischen Hauptstadt verlebte, eng verbunden mit ihrer unter dem Sozialistengesetz hart ringenden deutschen Partei und ebenso nahe der französischen Arbeiterbewegung und den russischen Revolutionären, zu denen ihr Mann gehörte? Die alte Frau träumt einen Augenblick von Paris, dieser großen, lebendigen, erregenden, zauberumwobenen Stadt, die sie liebt wie keine andere Stadt außerhalb Deutschlands – es seien denn Moskau und Leningrad –, und von deren tapferer, hochherziger, leicht entflammbarer Arbeiterklasse, die mit ihren reichen revolutionären Traditionen der jungen Frau so viel gegeben hat ...

Sie steht an einem warmen Frühlingstag an der Seine, um inmitten ihres harten Tagewerkes ein paar Minuten der Ruhe zu genießen. Über dem still dahinziehenden Fluß und dem Kai mit seinen eng aneinandergedrängten Häusern liegt die Sonne, die Bäume prangen im jungen Grün. Sie ist ärmlich gekleidet und hungrig, aber ihr Kopf ist voller Ideen und großer Pläne. Sie wühlt in den Schätzen der Bouquinisten, die am Flußufer in einer langen Reihe von Ständen ihre antiquarischen Bücher anbieten, und, ängstlich ihr Geld zählend, ersteht sie für ein paar Sous ein abgegriffenes Bändchen.

Sie sitzt an einem Sonntagnachmittag auf einer Bank im Jardin du Luxembourg und sieht ihren beiden kleinen Jungen zu, die jauchzend Reifen vor sich hertreiben.

Sie läuft – auf dem Wege zu einer Deutschstunde, die sie irgendwo zu geben hat – über die weiten, baumbestandenen Boulevards, deren Schönheit genießend, aber zugleich böse Blicke auf die müßigen Stutzer und promenierenden Damen werfend, die nie einen Finger rühren und dennoch alle Freuden des Lebens haben können, während nur wenige Schritte entfernt in Nebenstraßen fleißige Menschen leben, die trotz aller Arbeit, die sie leisten, hungern müssen. Sie sieht sich hinter roten Fahnen auf einem der Massenmeetings vor der Mauer der Föderierten auf dem Friedhof Père-Lachaise, die alljährlich in Erinnerung an die Kommunarden stattfinden. Zusammen mit den andern ruft sie »Vive la Commune!« und »A bas Boulanger!«.

Auch der Mann wird ihr wieder lebendig, an dessen Seite sie in dieser Stadt lebte, der Mann, der dem jungen Mädchen Vorbild und Lehrer war und später ihr Gatte und der Vater ihrer Kinder wurde, der so früh starb und dem dennoch für alle Zeit ihre Liebe gehörte, Ossip Zetkin, der mutige russische Revolutionär, der vor der zaristischen Polizei aus Rußland hatte fliehen müssen, zuerst nach Leipzig, später nach Frankreich.

Sie erinnert sich der Stube in ihrer ärmlichen Wohnung. Es ist Abend, die Kinder schlafen. Sie und Ossip aber sitzen einander gegenüber an einem einfachen Holztisch, zwischen sich die kleine Petroleumlampe, deren Docht sie ab und zu herunterschrauben muß. Sie hat den ersten Band des »Kapitals« vor sich, mit dessen Studium sie vor einiger Zeit begonnen hat. Zuweilen blickt sie auf ihren Mann. Sie möchte mit ihm sprechen. Ihre Lektüre wirft viele Probleme auf, weckt neue Gedanken. Aber Ossip arbeitet an einer Übersetzung ins Russische, die am Morgen abzuliefern ist und für einige Tage den Unterhalt der Familie sichern muß. Auch für den Lehrvortrag im deutschen sozialdemokratischen Verein hat er noch zu arbeiten. So muß das Gespräch warten – nur hin und wieder tauschen beide einen Blick, in dem Zärtlichkeit und Vertrauen liegen.

Lag der Anfang ihres Weges in dem Leben an seiner Seite in Paris? Oder im Jahre 1878, dem Jahr, in dem in Deutschland das Sozialistengesetz in Kraft trat und Clara sich mit ihrer Familie zerstritt, um der sozialistischen Bewegung, der sie sich eben angeschlossen hatte, die Treue zu halten? Nein. Ihre Gedanken wandern weiter zurück, immer weiter. Schließlich taucht vor ihrem inneren Auge ein Bach auf, manchmal wild und wasserreich, manchmal nur ein Rinnsal. Schmale Holzbrücken führen darüber hin. Sie verbinden die beiden Reihen kleiner Häuschen an seinen Ufern. Ein wenig hügelan liegen einige Bauernhöfe, da steht, das Dorf überragend, die Kirche, gleich daneben die Schule. Die Gesichter der Eltern tauchen auf, das gütige des Vaters, der das Kind gelehrt hat, die Menschen zu lieben, das Unrecht zu verabscheuen, das energische der Mutter, die der Tochter einprägte, daß eine Frau, will sie sich entfalten, sie selbst werden, einen Beruf haben, auf eigenen Füßen stehen muß.

Hier, in diesem Dorf, weiß die alte Frau, ist der Ausgangspunkt, hier beginnt der lange Pfad, den sie gewandert ist.

I. Teil
Jahre des Lernens
1857–1889

*»Es wächst hinieden Brot genug
Für alle Menschenkinder,
Auch Rosen, Myrten, Schönheit und Lust
Und Zuckererbsen nicht minder.«*

Heinrich Heine

Kindheit

Wiederau, Clara Zetkins Geburtsort, liegt im Vorland des Erzgebirges, lang hingestreckt am Wiederbach, zwischen Leipzig und Karl-Marx-Stadt. Dies Dorf, die kleinen Häuschen im Tal, in denen ehemals Strumpfwirker und Tagelöhner wohnten, die großen Gehöfte, das weiße, schiefergedeckte Fachwerkhaus, in dem »Madame« Eißner wirtschaftete und Vater Eißner in einem engen Schulraum über hundert Kinder unterrichtete, die wogenden Kornfelder und grünen Wiesen, die das Dorf umgeben, das nahe Muldetal mit seinen Hügeln und Burgen, das alles gehörte zu Claras Kindheit.

Auch das soziale Elend, das Clara um sich herum sah, gehörte dazu. Es wirkte so nachhaltig, daß noch die alte Frau nicht ohne Erregung davon sprechen konnte; die Strumpfwirkerfamilien – Heimarbeiter – mußten, Mann, Frau und Kinder, von der Morgendämmerung bis zum Abend schuften, ohne von dem kargen Lohn auch nur ihren Hunger stillen zu können. Das Kind begegnete ihnen beim Dorfkrämer, wo sie »für einen Dreier Heringslake« verlangten »um die Kartoffeln zu würzen«, es trat auch in ihre Stuben, in denen der Wirkstuhl den größten Platz einnahm und gearbeitet, gekocht und gegessen wurde, alles in einem Raum, während als Schlafstelle der Boden diente. Auch Hausweber lernte das Mädchen kennen. Sie kamen aus der Umgebung, um in Wiederau ihre Waren abzusetzen. Die Hausweber und Strumpfwirker lebten in steter Angst, daß die immer näher rückenden Fabriken ihnen ihr armseliges Brot wegnehmen könnten. Das Kind hörte viele zornige Worte über die hochmütigen Fabrikanten und auch über die harten Zwischenmeister, die die Arbeiter um ihren kärglichen Lohn zu betrügen suchten. »Es war«, so erzählte Clara Zetkin später, »eine Stimmung unter ihnen, wie sie in Gerhart Hauptmanns ›Webern‹ dargestellt ist.«

Claras Vater, der Dorflehrer von Wiederau, lebte unter den Armen und Gedrückten seiner Gemeinde als ein Helfer und Freund. Sein Haus war ihnen offen, niemand ging ungetröstet von ihm weg. Er half mit Rat und, soweit es in seinen Kräften stand, auch mit der Tat. Seine ohnehin schmale Börse war fast immer leer. Unter anderem borgte er manchem Armen, wie die Tochter nicht ohne Ironie erzählte, die Kirchenabgaben, die der Pfarrer nicht stunden oder erlassen wollte. Clara bezeichnete ihn als einen Christen tolstoischer Prägung, einen Christen der Tat, der nach dem Bibelwort lebte: »Du sollst Deinen Nächsten lieben wie Dich selbst.«

Gottfried Eißner kam aus einer Bauernfamilie, sein Vater war erbuntertäniger Tagelöhner. Clara lernte ihre Großmutter noch kennen. Sie starb 1864 in Wiederau. Der Sohn dankte es einem freundlichen Pfarrer, daß er hatte lernen dürfen. Er war mit sechzehn Jahren als »Kinderlehrer« eingestellt worden. Hochbegabt, hatte er sich dann in mühsamer Arbeit eine Bildung erworben, die weit über das klägliche Wissen seiner Amtsbrüder hinausging. Vor allem liebte er die Musik. Er wurde zu einem so hervorragenden Organisten, daß man ihn mehrmals an die Thomaskirche in Leipzig berufen wollte. Er lehnte jedoch ab, weil er meinte, seine Gemeinde nicht verlassen zu dürfen, wo er nötiger sei. Clara erlernte bei ihm das Orgelspiel. Besonders aber liebte sie es, in der Kirche zu sitzen und dem Spiel des Vaters zuzuhören. Als sie in den zwanziger Jahren noch einmal die alte Heimat besuchte, ließ sie sich, wie man erzählt, die Kirche aufschließen und saß lange dort, zur Orgel emporblickend.

Vom Vater hat Clara auch die Liebe zum bäuerlichen Leben und die Achtung vor der harten Arbeit des Bauern und der Bäuerin gelernt. Er pflegte mit seinen Kindern durch die Felder zu wandern. Dabei erzählte er ihnen von der Mühe, die das Säen und Ernten des Korns bereitet, auch von den Fronverhältnissen, die er selbst noch erlebt hatte. Clara, das sonst so lebhafte Kind, lauschte bei diesen Gelegenheiten andächtig. Es war ihr immer, erzählte sie später, als segne der Vater die Felder und Fluren. Sie kannte auch die ehemaligen Fronherren der Gegend, die Grafen von Schönburg-Wechselburg. Sie saßen auf der nahe gelegenen Wechselburg oder auf ihrem Schloß in Glauchau, wo sie die Ablösegelder durchbrachten, die ihnen die Bauern für ihre Befreiung hatten zahlen müssen. In Wiederau selbst hatten sie ein Jagdhaus, und kamen sie zur Jagd, dann wurden die Wiederauer Jungen gerufen, um ihnen als Treiber zu dienen. Durch das Dorf rasten sie in Jagdwagen, vierspännig, ohne auf die Kinder zu achten, die schreiend vor ihnen auseinanderstoben. Das Kind haßte sie bitter.

Clara liebte den Vater sehr. Sie hat später nie ohne Rührung von ihm gesprochen. Doch ihr näher als er, ihrem Wesen verwandter, war die Mutter, diese starke Frauenpersönlichkeit, die, energisch, aktiv und geistig aufgeschlossen, immerfort nach gesellschaftlicher Betätigung drängte. Josephine Eißner war Gottfried Eißners zweite Frau. Er heiratete sie, als seine Kinder aus erster Ehe schon erwachsen waren. Sie war die Witwe eines Leipziger Arztes und kam aus einer in Leipzig hoch angesehenen Bürgerfamilie. Die Dörfler hatten großen Respekt vor der vornehmen, ein wenig fremdländisch wirkenden Städterin, die sie meist in einem adretten schwarzen Kleid mit blütenweißem Kragen einhergehen sahen, und sprachen sie mit »Madame Eißner« an.

Josephines Vater, Jean Dominique Vitale, 1788 in Augsburg geboren, entstammte einer deutsch-italienischen Kaufmannsfamilie, war auf der Offiziersschule Napoleons I. in St. Cyr erzogen worden und ein begeisterter Anhänger der französischen bürgerlichen Revolution. Er hatte es bis zum persönlichen Adjutanten des Kaisers gebracht, der ihn verschiedentlich auszeichnete und seiner italienischen Sprachkenntnisse wegen mehrfach mit diplomatischen Aufträgen nach Italien entsandte. Doch hatte Jean Dominique sich in den Diensten des Eroberers Napoleon seine freiheitlichen Ideale bewahrt. Später ließ er sich als Professor für die französische und italienische Sprache in Leipzig nieder und heiratete dort die Tochter eines Handschuhmachers, die er auf seinen Kriegszügen kennen- und liebengelernt hatte. Ob Clara ihn noch kennenlernte, ist nicht bekannt. Er starb, als sie neun Jahre alt war. Wohl aber hat sie seine Frau, ihre Großmutter, gut gekannt; denn Frau Vitale lebte bis zu ihrem Tode im Jahre 1875 in Leipzig in enger

Verbindung mit der Familie ihrer Tochter, und so hat Clara von ihr wohl mancherlei über das bewegte Leben des Großvaters erfahren. Weit gereist, unter den Bedingungen des revolutionären bürgerlichen Frankreichs aufgewachsen, war Jean Dominique Vitale seiner geistigen Haltung nach den unter kleinlichen und engen Verhältnissen aufgewachsenen deutschen Durchschnittsbürgern weit überlegen und hatte leicht eine geachtete Stellung im geistigen Leben der Stadt Leipzig errungen. Er war nicht nur ein gesuchter Lehrer, sondern er war auch als Übersetzer und Lehrbuchautor tätig und fand Verbindung zu bedeutenden Deutschen des Vormärz. Im Vitaleschen Hause verkehrten unter anderen Vertreter der zu Anfang der dreißiger Jahre des vorigen Jahrhunderts fortschrittlichen Literaturrichtung »Junges Deutschland«, wie Karl Gutzkow und Heinrich Laube, auch die Musiker Albert Lortzing und Karl Friedrich Zöllner.

Intelligent, temperamentvoll, begeisterungsfähig, sorgfältig vom Vater geleitet, hatte Josephine in diesem geistig lebendigen Milieu nicht nur eine ausgezeichnete Bildung, sondern auch einen weltoffenen Blick gewonnen und teilte ihres Vaters Begeisterung für die Französische Revolution und seinen Abscheu gegen Tyrannei jeder Art. Es war daher nicht verwunderlich, daß die Sechsundzwanzigjährige lebhaften Anteil an den Ereignissen des Jahres 1848 genommen hatte und Verbindung zu bürgerlich-demokratischen Kreisen fand, ebensowenig, daß sie eine entschiedene Anhängerin der Frauenemanzipation wurde und eifrig die Romane der George Sand las, die in jener Zeit als die prominenteste Vorkämpferin für die Gleichberechtigung galt. Josephine Eißner erzog ihre Kinder ganz in ihren eigenen Lebensanschauungen, weckte in ihnen den Hunger nach Wissen und Bildung, forderte tätige Nächstenliebe und pflanzte vor allem in ihre Herzen die Liebe zu den Idealen der Freiheit und Brüderlichkeit. Sie erzählte ihnen oft von den Kämpfen der Französischen Revolution und lehrte sie die Marseillaise singen, deren erregende Takte sie mit den Fingern gegen die Fensterscheiben zu trommeln pflegte. Ihr Bemühen fiel namentlich bei ihrer Ältesten auf fruchtbaren Boden. Dank dem Einfluß der Mutter war es auch von früh an ausgemacht, daß Clara einen Beruf erlernen, Lehrerin werden sollte.

Es mag diese Frau hart angekommen sein, Leipzig zu verlassen und Gottfried Eißner in sein abgelegenes Dorf zu folgen. Daß sie auch hier die Möglichkeit fand, nicht nur sozial, sondern auch in freiheitlichem Sinne zu wirken, zeugt von ihrem Mut und ihrem Charakter. Sie hatte das Glück, einen Gleichgesinnten in dem Dorfarzt Dr. Schützenmeister zu finden, der im Frühjahr 1849 die Wiederauer Bauern nach Dresden geführt hatte, um den Dresdner Aufstand zu unterstützen. Gemeinsam mit ihm gründete sie, als in den sechziger Jahren in Deutschland die freiheitliche Turnbewegung wieder aufflammte, einen Mädchenturnverein. Zu den ersten drei Turnerinnen gehörten ihre Töchter Clara und deren jüngere Schwester Gertrud. Später rief Frau Josephine einen Frauenverein ins Leben und kam mit der von Louise Otto-Peters und Auguste Schmidt begründeten bürgerlichen deutschen Frauenbewegung in Kontakt.

Zwischen Claras Eltern gab es infolge ihrer so verschiedenen Lebensanschauungen häufig Differenzen. Sie wurden in langen hitzigen Auseinandersetzungen ausgetragen. Ihr Elternhaus, erzählte Clara Zetkin, sei ein regelrechter Diskutierklub gewesen. Recht unangenehm war es dem Schulmeister, daß seine Frau, deren Bestrebungen er im allgemeinen tolerierte, auch kirchliche Einrichtungen kritisierte und dabei nicht einmal in Gegenwart des Pfarrers Zurückhaltung übte. Er selbst war ein strenggläubiger Protestant. Ungeachtet dessen liebten beide Gatten sich herzlich und waren sich immer einig, wenn es darum ging, anderen zu helfen. Auch Frau Josephine trug manchen Groschen, manches Kleidungsstück, manchen Topf heißer Suppe in die Wohnungen der Heimarbeiter und ins Armenhaus, half auch mit Rat und Tat bei der Pflege von Kranken. Sie nahm bei diesen Gängen häufig ihre Kinder mit. Ebenso wie ihr Mann war sie bemüht, zu helfen ohne zu demütigen; beide verkehrten mit den Armen nicht als Wohltäter, sondern als Freunde und hielten ihre Kinder zu gleicher Haltung an. So kam es, daß diese nicht nur mit den Dorfkindern spielten, sondern in den Wohnungen der Strumpfwirker so gut zu

Hause waren wie auf den Höfen der kleineren Bauern, besonders Clara, die Tiere liebte und oft in den Ställen zu finden war.

Clara, geboren am 5. Juli 1857, war von den drei Kindern aus Gottfried Eißners zweiter Ehe das älteste. Sie wuchs zusammen mit ihrem Bruder Arthur und ihrer Schwester Gertrud auf. Ihre älteren Halbgeschwister hat sie nur wenig gekannt, sie hatten bereits vor Claras Geburt das Elternhaus verlassen und haben auch in ihrem ferneren Leben keine Rolle gespielt. Gertrud machte, wie man das im Bürgertum nannte, eine »gute Partie«, heiratete einen Mann, der schließlich Fabrikdirektor wurde, und versank im Milieu eines bürgerlichen Haushalts. Wenn Clara auch mit ihr in schwesterlichen Beziehungen blieb, so gab es doch keine engeren geistigen Bindungen zwischen beiden. Ihren Bruder liebte Clara innig. Sie teilten Kinderspiele und Jugendstreiche, sie lernten gemeinsam und blieben auch später in enger Verbindung.

Arthur, der wie sein Vater Lehrer wurde, war nach Claras Schilderung bis ins Alter hinein ein engagierter Demokrat und Pazifist mit bedeutenden politischen Beziehungen und hielt trotz aller politischen Auseinandersetzungen, die beide hatten, stets zu seiner Schwester. Arthur Eißners Kinder, ganz besonders seine Tochter Elisabeth, die die Tante als junges Mädchen häufig besuchte und politisch eng mit ihr verbunden war, gehörten zu Claras Lieblingen. Nur einmal wurde das Verhältnis zwischen Bruder und Schwester auf eine ernste Probe gestellt. Das war in den Jahren vor dem ersten Weltkrieg, als Leipziger Genossen dem Lehrer anläßlich eines Besuches seiner Schwester nachts eine große rote Fahne auf dem Balkon hißten. Diese Sache wirbelte beträchtlichen Staub auf und hätte dem Bruder, der bei den Behörden ohnehin schlecht angeschrieben war, fast seine Stellung gekostet.

Clara Zetkin war ein recht wildes Kind. In der Erinnerung der Dorfbewohner lebt sie fort als ein Mädchen mit dicken rotblonden Zöpfen und hellen graugrünen Augen, die vor Zorn sprühten, wenn die Kleine etwas sah, was ihr ein Unrecht dünkte. Sie war ein Kind von unbekümmerter Fröhlichkeit, unbändigem Tatendrang, kameradschaftlich und hilfsbereit. Bei den Spielen der Dorfjugend war sie die unbestrittene Anführerin, und je toller es dabei zuging, um so lieber machte sie mit. Ihr war kein Baum zu hoch, kein Graben zu breit, und sie selbst erzählte später lachend, daß sie auch bei keiner Prügelei gefehlt habe.

Clara, Arthur und Gertrud besuchten zunächst die Dorfschule, wo der Vater zusammen mit einem Hilfslehrer den Kindern von Wiederau die Anfangsgründe des Lesens und Schreibens, des Rechnens und der Religion beibrachte. Später wurden Clara und Arthur vom Vater gemeinsam mit einigen begabten Jungen unterrichtet, die der Lehrer in seiner Freizeit auf dem Besuch des Gymnasiums vorbereitete. Clara war unter diesen Kindern das weitaus begabteste und stellte in ihrer Wißbegierde dem Vater so viele Fragen, daß der alte Mann mitunter in Verlegenheit geriet.

Sie war bei aller Wildheit eine Leseratte. Zuweilen war sie tagelang außerhalb der Schulstunden und der für Schularbeiten angesetzten Zeit nicht zu finden. Dann saß sie irgendwo am Feldrain oder auf dem Hausboden über einem Buch, alles andere vergessend. Bis zu ihrem neunten Lebensjahr hatte sie das meiste von Schiller und Goethe sowie Homers »Ilias« gelesen, bis zum elften allerlei von Shakespeare, Byron und Dickens. Sie las oft bis in die Nacht hinein, und wurde ihr von der Mutter die Lampe entzogen, schlich sie in die Küche und las beim offenen Herdfeuer.

Drei Bücher beeindruckten sie vor allen anderen. Zwei davon fand sie, als sie einmal auf dem Boden im Gerümpel wühlte: eine Geschichte der Schweizer Freiheitskämpfe und eine Geschichte der französischen bürgerlichen Revolution, beide abschreckend illustriert. Sie lebte ganz in diesem historischen Heldentum und trug ihre Lieblingsgestalten in die Spiele der Dorfjugend. »Hundertmal«, erzählte sie später, »bin ich als Arnold von Winkelried für die Freiheit gestorben.« Das dritte Buch fand sie im Bücherschrank des Vaters. Es war die Geschichte aller kirchlichen Erhebungen gegen das Papsttum mit vielen Abbildungen von Männern und Frauen, die sich für ihre Überzeugung einst hatten foltern, hängen, verbrennen lassen. Sie beschloß, ihnen nachzueifern, wenn nötig, wie sie, ihr Leben für ihre Ideale hinzugeben. Weder Clara noch ihre Eltern ahnten, daß dieser kindliche Entschluß bei der reifen Frau Lebensgrundsatz werden sollte.

Im Lehrerinnenseminar

Um ihren Kindern, vor allem Clara und Arthur, eine Berufsausbildung zu ermöglichen, siedelten die Eltern im Jahre 1872 nach Leipzig über.

Für Arthur wurde schnell eine Studienmöglichkeit gefunden, er kam in die Leipziger Thomasschule, dann in ein Lehrerseminar. Der Ausbildung Claras aber standen die Anschauungen der Zeit im Wege; eine Berufsausbildung für Mädchen galt als überflüssig, ja als überspannt. Schließlich konnte die Mutter, die im Allgemeinen Deutschen Frauenverein in Leipzig mit Louise Otto-Peters und Auguste Schmidt bekannt wurde, ihrer Tochter eine Freistelle in dem von Auguste Schmidt geleiteten Lehrerinnenseminar in Leipzig verschaffen. So betrat Clara eines Tages mit ihrer Büchermappe das dunkle hohe Bürgerhaus in der Nordstraße, in dem das Seminar untergebracht war, um ihre Aufnahmeprüfung abzulegen.

Ihr Herz klopfte hörbar, als sie die Treppen zum Prüfungsraum hinaufstieg; denn es war bekannt, daß die Examen im Schmidtschen Seminar streng waren. Doch ihre Furcht war unnötig. Ihre klaren, weit über ihr Alter hinaus reifen und schlagfertigen Antworten gefielen der Prüfungskommission ebensosehr wie ihr frisches, freundliches Wesen. Wenige Wochen später saß sie mit anderen jungen Mädchen, die sich gleich ihr auf einen Beruf vorbereiteten, in einer Klasse des Instituts.

Clara ging gern in diese Lehranstalt, die so verschieden von den anderen Schulen der Zeit war, namentlich von denen für die Mädchen. Ihr junger, vorwärtsstrebender Geist, den so viele Fragen bewegten, fand in der liberalen Atmosphäre des Hauses mancherlei Anregungen. Vor allem nahm die Persönlichkeit der Schulleiterin sie vom ersten Tage an gefangen. Auguste Schmidt war eine hervorragende Frau, klug, selbständig denkend und handelnd, eine energische Kämpferin für das Recht der Frau auf Bildung und Beruf, eine ausgezeichnete Pädagogin, dabei von Optimismus und großem Charme – eine Repräsentantin der besten humanistischen Traditionen des deutschen Bürgertums. Sie war mit feinem literarischem Verständnis begabt, eine vorzügliche Kennerin der deutschen und der Weltliteratur und besaß eine Bildung – wenn auch idealistisch bestimmt –, die weit über die eines Oberlehrers der damaligen Zeit hinausging. Auch das Lehrerkollegium bestand aus tüchtigen Kräften. Im Schmidtschen Seminar wurde besonderer Wert auf Geschichts-, Literatur- und Sprachunterricht gelegt. Der letztere – Englisch, Französisch und Italienisch – wurde von Lehrkräften aus den jeweiligen Ländern erteilt, und Clara legte hier unter anderem die Grundlage für ihre später oft hervorgehobenen Sprachkenntnisse.

Besonders lieb war ihr der Literaturunterricht. An dieser Schule, an der der Hurrapatriotismus des eben erstandenen preußisch-deutschen Reiches noch keinen Eingang gefunden hatte, pflegte man das Verständnis für die Lebensart und die Kultur anderer Völker. Man las nicht nur Schiller, Goethe, Lessing und Herder, sondern auch Shakespeare, Shelley, Byron, Balzac und andere Dichter der Weltliteratur. Zu alledem kam als besonderes Vergnügen für das kampffreudige und selbstbewußte junge Mädchen noch der Umstand, daß die Schule – eng liiert mit dem Allgemeinen Deutschen Frauenverein – recht tatkräftig für die Gleichberechtigung der Frau eintrat, obwohl sie sich dadurch die Mißbilligung der Behörden zuzog.

Auguste Schmidt, so kameradschaftlich sie die Mädchen behandelte, verlangte streng disziplinierte, sorgfältige und verantwortungsbewußte Arbeit; sie stellte hohe und höchste Ansprüche an sich selbst und kannte keine Ermüdung. Clara Zetkin ist ihrer Lehrerin für diese strenge Schule immer dankbar gewesen. Obwohl sie später mit Auguste Schmidt manche scharfe Klinge kreuzte, hat sie ihrer alten Schulleiterin doch stets eine hohe Achtung bewahrt.

Wie zuvor in Wiederau, griff das junge Mädchen auch jetzt begierig nach allem, was ihr an Wissen geboten wurde. Sie drang schnell in die Probleme ein, verstand sie zu ordnen, hatte ein außergewöhnliches Gedächtnis und entwickelte eigene mutige und kluge Gedanken. Bald fielen den Lehrern und vor allem der Seminarleiterin Claras Begabung und ihre hervorragenden Leistungen auf. Sie wurde zur besten Schülerin des Seminars, zu einer Art Paradepferdchen wie sie später lächelnd erzählte, und gehörte zu den ausgewählten jungen Mädchen, die Auguste Schmidt und Louise Otto-Peters zu ihren Teenachmittagen einzuladen pflegten. Doch war sie alles andere als ein Blaustrumpf. Ihre ungebundene Fröhlichkeit, ihr Witz, ihre Aufgeschlossenheit machten sie auch bei den Schülerinnen beliebt. Besonders eng schloß sie sich einer jungen Russin mit Namen Warwara an, der Tochter eines wohlhabenden Petersburger Kaufmanns. Die Mädchen waren unzertrennlich, beide lebhaft und geistig interessiert, unterhielten sie sich über alle Dinge unter der Sonne und begeisterten sich auch für die Schätze, die Leipzig zu bieten hatte, die Stadt, in der Johann Sebastian Bach gewirkt, Lessing und Goethe vorübergehend gelebt hatten, die Neuberin ihren Kampf um ein deutsches Theater geführt hatte, die Stadt der Bücher und Messen und eines nicht unbedeutenden Theaterlebens. Dabei blieben die Freundinnen vor romantischen Jugendtorheiten nicht bewahrt. Einmal – so erzählt man in Claras Familie – verliebten sich beide Mädchen in einen Schauspieler. Sie lauerten ihm nachmittags im Johannapark, dem heutigen Clara-Zetkin-Park auf, um ihn – wenn auch nur aus angemessener Entfernung – zu bewundern. Zum Leidwesen der Mädchen nahm aber der große Mann niemals von ihnen Notiz.

Weniger erfreulich als Claras Schulleben gestaltete sich das Leben im Elternhaus. Die Familie hatte zunächst ein Notquartier am Stadtrand gefunden, später zog sie ins Stadtinnere, in die Nähe der Pleißenburg, des heutigen Leipziger Neuen Rathauses. Sie lebten in dürftigsten Umständen. Die Eltern hatten alles, was möglich war, Hilfsbedürftigen zugewendet; was ihnen geblieben war, hatte die Übersiedlung verschlungen. Der Schulmeister erhielt nur eine kleine Rente. Er versuchte, durch Privatstunden hinzuzuverdienen. Die Mutter nahm Schüler und Studenten als Pensionäre ins Haus. Oft herrschte eine gedrückte Stimmung; der Vater fühlte sich in Leipzig nicht wohl. Es war nicht nur das Leben der Großstadt, das den Häuslerssohn beengte, der zeit seines Lebens mit dem Land und der Landbevölkerung verbunden gewesen war. Es war vielmehr der Geist oder, besser gesagt, Ungeist des neuen, Bismarckschen Reiches, der ihn bedrückte, weil er ihm in der Stadt um so vieles aufdringlicher und krasser entgegentrat als in seinem abgelegenen Dorfe.

Als die Familie Eißner nach Leipzig kam, war kaum ein Jahr vergangen, seit Bismarck mit »Blut und Eisen« die Reichseinheit unter der Führung des preußischen Militärstaates hergestellt hatte. Der Sieg des aggressiven preußischen Militärwesens über Frankreich, der Raub Elsaß-Lothringens mit seinen reichen Erzschätzen und nicht zuletzt die nach Deutschland einfließenden fünf Milliarden Goldfrancs »Kriegsentschädigung« hatten die deutsche Bourgeoisie und große Teile des mittleren und selbst des kleineren Bürgertums in einen wilden Rausch versetzt. Es war die sogenannte Gründerzeit. Aktiengesellschaften schossen wie Pilze aus der Erde. Straßen und Stadtteile im protzenhaften Gründerstil entstanden beinahe über Nacht, neue Fabriken wurden gebaut, die Bodenspekulation brachte Schiebern und Kriegsgewinnlern riesige Vermögen. Korruption, Betrug, Erpressung wurden gängige Geschäftspraktiken; Chauvinismus, Großmannssucht, Profitgier machten sich immer stärker breit.

Daß in der jungen Arbeiterklasse und ihrer Partei die Kraft entstanden war, die die wahren Interessen des Landes vertrat, blieb dem Schulmeister verborgen. Er zog sich in sich selbst zurück, und schließlich wurde es seine einzige Freude, daß er zeitweilig in der Matthäikirche den Organisten vertreten und sich dabei an seiner geliebten Musik erbauen konnte. Er siechte dahin. Schon 1875 begrub man ihn. Sein Tod schmerzte die Familie tief.

Clara half der Mutter nach Kräften, die vermehrten Sorgen zu tragen, aber ihre Jugendfröhlichkeit wurde nicht zerstört. Das litt schon die Mutter nicht. Sie sorgte dafür, daß eine lebensfrohe Atmosphäre im Haus blieb, und sie bestand darauf, daß Clara, sosehr die Familie einen zusätzlichen Verdienst hätte brauchen können, ihr Studium beendete. Im Frühjahr 1878 legte Clara ihr Lehrerinnenexamen ab. Sie bestand es mit Auszeichnung, obwohl sie als Schülerin der Schmidtschen Schule mit allen möglichen Schikanen geprüft wurde. Das war ein Triumph für sie wie auch für das

Seminar, und nicht nur die Mutter, sondern auch Auguste Schmidt schloß die frischgebackene Lehrerin herzlich in die Arme. Hatten beide Frauen zeitweilig gehofft, daß Clara einmal ein Stern in der jungen bürgerlichen Frauenbewegung werden würde, so mischten sich um diese Zeit in ihre Hoffnungen jedoch bereits leise Zweifel. Würde das Mädchen den ihr durch ihre Klassenzugehörigkeit vorgezeichneten Weg gehen, oder würde ihr Leben einen ganz anderen Verlauf nehmen?

Muß es Arme und Reiche geben?

Nicht nur ihre eigene Armut, sondern auch die sozialen und politischen Verhältnisse in Leipzig hielten in dem unruhigen, suchenden Geist des Mädchens diese Frage wach, die schon das Kind gestellt hatte. Leipzig war nicht nur eine große Industriestadt und somit Schauplatz aller jener Spannungen und Konflikte, die der emporschießende deutsche Kapitalismus mit sich brachte, sondern zugleich das eigentliche Zentrum der deutschen Sozialdemokratie. Hier lebten August Bebel und Wilhelm Liebknecht, erschien der »Vorwärts«, das Zentralorgan der Partei, gab es eine starke Arbeiterbewegung und gehörten soziale Probleme zu den landläufigen Gesprächsthemen. So spielte auch in den Unterhaltungen Claras mit ihrer Freundin Warwara der Gegensatz von arm und reich eine nicht unwesentliche Rolle. Im Schmidtschen Seminar wurde ebenfalls häufig über diese Probleme diskutiert und gerade von Clara die soziale Frage immer wieder angeschnitten.

Doch jene, von denen sie sich in erster Linie Klärung erhoffte, ihre Lehrer, gaben sie ihr nicht. Auguste Schmidt, von bürgerlicher Herkunft und streng bürgerlicher Gesinnung, meinte, obwohl sie ein sozial denkender Mensch war und, wie es heißt, »in der Stille viel Gutes tat«, daß es Arme und Reiche immer gegeben habe und daß Menschen ihres Lebenskreises nichts anderes tun könnten, als Not, wo sie ihnen begegne, zu lindern. Auch Louise Otto-Peters, von Clara später als bedeutendste Führerin der deutschen bürgerlichen Frauenbewegung charakterisiert und verehrt, enttäuschte das Mädchen in dieser für sie so wichtigen Frage. Die Frau, die in der Revolution von 1848/1849 zu den sogenannten »wahren« Sozialisten, einer Gruppe utopischer Sozialisten, gehört und in flammenden Worten die Ausbeutung der Arbeiterinnen angeprangert hatte, hatte im Alter resigniert. Nicht fähig, die großen gesellschaftlichen Zusammenhänge zu erkennen, zum Marxismus vorzudringen und sich der Sozialdemokratie zu verbinden, machte sie sich zur Sprecherin jener Schar bürgerlicher Frauen, die nach Bildung, Studium und Erweiterung ihrer Berufsmöglichkeiten strebten. Und obgleich die schrankenlose Ausbeutung der Arbeiterinnen sie nach wie vor empörte, konnte sie doch, auf dem Boden des Kapitalismus verbleibend, keinen anderen Ausweg weisen als die Schaffung von Heimen für Arbeiterinnen und Dienstmädchen und ähnlichen Einrichtungen und im übrigen an das »christliche Gewissen« der Unternehmer appellieren.

Doch was das Seminar ihr in dieser Richtung vorenthielt, fand Clara anderwärts, in den sozialdemokratischen Zeitungen, die ein Freund ihres Bruders Arthur ihr zusteckte und die sie eifrig las. Sie verstand längst nicht alles, was darin geschrieben wurde, aber sie erfaßte den Kernpunkt: Hier wurde offen ausgesprochen, daß der Reichtum der einen aus der Arbeit der anderen stammte, zu Unrecht erworbenes Gut war, daß die Arbeiter nicht christliche Nächstenliebe erwarteten, sondern Gerechtigkeit forderten und sich formiert hatten, für diese zu kämpfen. Hier wurde die kapitalistische Gesellschaft, die ihre Eltern und ihre Lehrerinnen zwar als reformbedürftig, aber doch als ewig ansahen, als reif zum Untergang erklärt, wurde zum Kampf für eine neue Gesellschaftsordnung aufgerufen, in der es keine Ausbeutung des Menschen durch den Menschen mehr geben werde, wurde klar gesagt, daß die Arbeiter, geführt von ihrer eigenen Partei, nach der Macht im Staate strebten, um diese Ordnung zu errichten. Das alles waren für Clara, die wohlbehütete Tochter aus bürgerlichem Hause, neue Gedanken, fremd, umstürzend. Sie öffneten ihr den Blick in eine ihr bis dahin verborgene Welt, entflammten ihr begeisterungsfähiges Gemüt. Sie trug diese Gedanken auch ins Seminar und verteidigte sie dort hitzig. Temperamentvoll, witzig und gescheit, aber recht unbequem, wenn sie ihre sozialistischen Ideen vertrat, so schilderten, wie Käte Duncker berichtet, später Lehrer des Seminars ihre ehemalige Schülerin.

Waren Claras Ideen zunächst noch wirr und kraus, eine Mischung von Anarchie und Revoluzzertum, wie sie selbst später sagte, Ideen also, wie sie unter der kleinbürgerlichen Jugend häufig in Erscheinung treten, um später wieder zu verschwinden, so machte doch der tiefe Ernst, mit dem sie vorgetragen wurden, das heftige Aufbegehren, das dahintersteckte, ihre Lehrer bestürzt. Vor allem galt das für die Schuldirektorin, die sich veranlaßt sah, ihre herzliche Prüfungsgratulation mit der wohlgemeinten Mahnung zu verbinden, Clara möge auf dem von ihr eingeschlagenen Pfade umkehren, solange es noch Zeit sei. Aber das junge Mädchen war bereits über ihre Mentorinnen hinausgewachsen, und die Stunde, in der sie sich völlig von ihnen löste, war näher, als die Lehrerin ahnte. Denn hätte Clara Eißner, ihrem Charakter und den Zeitumständen entsprechend, den Weg zur Partei August Bebels früher oder später auch allein gefunden, so wurde diese Entwicklung doch beschleunigt durch einen Mann, der noch vor der Lehrerinnenprüfung in ihr Leben getreten war und ihr half, zur Klarheit in ihren Gedanken und in ihrem Wollen zu gelangen.

Ossip Zetkin

Er war Russe, etwas über dreißig Jahre alt, ein schlanker, dunkelhaariger Mensch, seine Haltung ein wenig gebeugt, sein Gesicht bereits gezeichnet von Kampf, Not und Krankheit. Er war einfach, fast ärmlich gekleidet, seine Hände waren rauh und verarbeitet. Wenn er von den Leiden des russischen Volkes sprach, der grausamen zaristischen Selbstherrschaft, dem opfervollen Kampf der russischen Revolutionäre, dann geschah es mit leidenschaftlicher Hingabe, seine Gestalt straffte sich, seine Augen glühten.

Clara Eißner machte Ossip Zetkins Bekanntschaft in einem Zirkel russischer Studenten, in den sie durch Warwara Eingang gefunden hatte. Die Freunde erzählten ihr, daß er der Sohn wohlhabender Eltern sei, aber Familie, Studium und Vermögen aufgegeben habe, um in der Volkstümlerbewegung zu arbeiten, und schließlich, von der zaristischen Polizei verfolgt, aus Rußland habe fliehen müssen. Später, als sie einander nahegekommen waren, erfuhr Clara, daß er aus einer Stadt in der nördlichen Ukraine kam und einer jener kultivierten, liberal gesinnten Intellektuellenfamilien entstammte, wie sie damals in Rußland häufig waren. Er sprach dann auch oft von seiner ukrainischen Heimat, die er sehr liebte, und erzählte Clara gern von ihren weiten Wäldern und Steppen, den mächtigen Strömen, ihren Reichtümern und ihren fruchtbaren Feldern, von ihren armen, getretenen Bauern und den ausgeplünderten Arbeitern des Donezbeckens.

Clara hörte seine Erzählungen mit brennendem Interesse. Vor allem aber wurde sie nicht müde, mit ihm über die jungen Helden der Volkstümlerbewegung zu sprechen, die selbstlos, ganz ihrem Ideal hingegeben, ein Leben voller Wohlhabenheit, ja Reichtum und Luxus im Stich ließen, um ihrer Sache zu dienen, vor allem über die jungen Frauen, die um der Bewegung willen nicht nur auf äußeren Glanz, sondern auch auf Liebe, Ehe und Kinder verzichteten. Konnte sie die revolutionären Ideen dieser Frauen nicht teilen, so wurden sie doch für sie zu Vorbildern und blieben es lange.

Ossip mag Clara auch Näheres über seine revolutionäre Arbeit, seine Flucht, seine Familie erzählt haben, doch haben wir von ihr keine Aufzeichnungen darüber. Wir wissen jedoch, daß sie nach der Errichtung der Sowjetmacht Nachforschungen nach der Familie Zetkin in Rußland anstellen ließ und einen einzigen Überlebenden fand, der zu ihrer Freude als Jurist im Dienst der Sowjetmacht stand.

Als Clara Ossip Zetkin kennenlernte, hörte er Vorlesungen an der Leipziger Universität und arbeitete die Hälfte des Tages bei einem Leipziger Tischlermeister. Er hatte vor, in die Heimat zurückzukehren, als Arbeiter sein Brot zu verdienen und wieder in der illegalen revolutionären Bewegung zu arbeiten. Von den lebensfremden Ideen der Volkstümler hatte er sich jedoch abgewandt. Unter dem Einfluß seines Meisters, eines angesehenen sozialdemokratischen Funktionärs, war Ossip zum Marxisten geworden und arbeitete auch in der Leipziger Arbeiterbewegung mit. Neben seiner Parteiarbeit leitete er an der Universität einen sozialistischen Zirkel, dem Deutsche und Russen und auch einige Serben und Polen angehörten. Unter den letzteren war Ludwik Waryński, der später eine der hervorragenden Persönlichkeiten in der polnischen Arbeiterbewegung wurde und im zaristischen Kerker zugrunde ging. Damals organisierte er zusammen mit Ossip den Schmuggel sozialistischer Literatur nach Polen, was Clara natürlich erst viel später bekannt wurde.

Zu den Zirkelabenden der russischen Studenten kam Ossip nur gelegentlich und in der Absicht, seine jungen Landsleute, die sich damit begnügten, revolutionäre Literatur zu studieren, bis in die Nächte zu diskutieren, Tee zu trinken und zu singen, zu praktischer Parteiarbeit zu bewegen. Clara gehörte zu den wenigen, die für seine Forderung aufgeschlossen waren und diese unterstützten. Das junge Mädchen – obwohl ein wenig schwärmerisch – fiel Ossip durch ihre lebhafte Art zu fragen und zu diskutieren auf, durch ihre stets angespannte Aufmerksamkeit und die außergewöhnliche Hartnäckigkeit, mit der sie allen Dingen auf den Grund zu gehen pflegte. So kamen sich beide bald näher. Der junge Russe regte Clara an, sich eingehender mit den Ideen und Zielen der Sozialdemokraten bekannt zu machen.

Zuweilen nahm er sie zu sozialdemokratischen Versammlungen mit. Da saß sie, die Wangen glühend vor Aufregung, zwischen bärtigen Männern, jungen Burschen und der einen oder anderen älteren Arbeiterfrau, von allen neugierig gemustert. Ossip half ihr, die Referate und Diskussionsbeiträge zu verstehen, machte sie auch mit einigen Genossen bekannt. Besonders gefiel ihr Ossips Meister, den sie gelegentlich in seiner Werkstatt besuchten. Tischler Mosermann war ein erfahrener Genosse und der erste sozialdemokratische Funktionär, den Clara kennenlernte. Sein Klassenbewußtsein, sein Wissen um die Zusammenhänge in Natur und

Gesellschaft, um das politische Geschehen, die sichere, kluge Art, in der er Genossen, die bei ihm Rat suchten, anleitete, beeindruckten sie tief. Von besonderer Bedeutung wurde für Clara, daß Ossip sie in den Arbeiterbildungsverein einführte, der in Leipzig sehr rege war. Vor allem zogen sie die Vorträge Wilhelm Liebknechts an, mit dem sie auch schnell persönlich bekannt wurde.

Wilhelm Liebknecht war ein wortgewaltiger, temperamentvoller Redner und guter Lehrer, der besonders junge Menschen in seinen Bann zu ziehen verstand. Tief beeindruckte Clara, was dieser hervorragende Arbeiterführer über den nur wenige Jahre zurückliegenden heldenhaften Kampf der Pariser Kommunarden erzählte und über die Solidarität, die die deutschen Genossen, den herrschenden Klassen zum Trotz, mit den französischen Brüdern geübt hatten.

Auch Literatur, Zeitungen und Broschüren, die ihr die Ziele der Partei erklärten, erhielt Clara von Ossip Zetkin. Sie verschlang sie in den Nächten und sprach mit dem Freund über den Inhalt. So wurde sie überraschend schnell in der Arbeiterbewegung heimisch. Doch bevor sie ganz und gar in ihr Wurzeln schlagen konnte, brach über diese ein böser Sturm herein. Im Jahre 1878 setzte der Reichskanzler Otto von Bismarck, Repräsentant des Junkertums und der Großbourgeoisie, die Annahme jenes Ausnahmegesetzes gegen die Sozialdemokratie durch, das unter dem Namen Sozialistengesetz in die Geschichte eingegangen ist.

Die junge Sozialistin

Politisch unerfahren, theoretisch nicht geschult, mußte Clara, wie sie im Alter unumwunden zugab, viel Mut aufbringen, um unter den neuen harten Kampfbedingungen der Sache, von deren Gerechtigkeit sie überzeugt war, die Treue zu halten, um so mehr, als sie vor persönliche Entscheidungen gestellt wurde, die ihr nicht leichtfielen.

Bismarck hatte, um zum Schlage gegen die Sozialdemokratie

auszuholen, zwei Attentate auf Kaiser Wilhelm I. zum Vorwand genommen. Er löste im Juni 1878, wenige Monate nach Claras Eintritt in die sozialdemokratische Bewegung, den Reichstag auf und schrieb Neuwahlen aus. Der Wahlkampf wurde unter beispiellosem Terror gegen die Sozialdemokratie geführt. Mit Hilfe einer gekauften Presse ließ Bismarck gegen die Partei eine Pogromhetze entfachen, die in breiten Kreisen der Bevölkerung eine panische Furcht vor den »Roten« erzeugte. Er hoffte, auf diese Weise einen seinen Wünschen gefügigen Reichstag zu bekommen. »Landesverräter, Alleszerstörer, Kaisermörder«, das waren die gelindesten der Ausdrücke, mit denen die Sozialisten beschimpft wurden. Auf den Straßen und in Arbeiterlokalen kam es zu wüsten Szenen, nach sozialdemokratischen Zusammenkünften wurden Prügeleien inszeniert, sozialdemokratischen Funktionären wurden von verhetzten Elementen die Fenster eingeworfen. Hauswirte kündigten ihren sozialdemokratischen Mietern, Wirte wiesen die »Roten«, an denen sie jahrelang gut verdient hatten, aus ihren Lokalen. Tausende Genossen verloren ihre Arbeitsplätze. Die polizeilichen Verfolgungen wurden verschärft. Zusammenkünfte wurden immer häufiger verboten, Prozesse gegen Sozialdemokraten nahmen zu.

Clara Eißner geriet unter diesen Umständen in wachsende Konflikte mit den Ihren.

Auguste Schmidt, die bis dahin gegen Clara polemisiert, jedoch eine gewisse Toleranz gezeigt hatte, erlag der allgemein im Bürgertum um sich greifenden Psychose. Es kam zwischen ihr und Clara zu scharfen Auseinandersetzungen. Eines Tages erklärte die Lehrerin mit zornrotem Gesicht, sie werde das Tischtuch zwischen sich und ihrer ehemaligen Schülerin zerschneiden, wenn diese sich nicht von »jenen schrecklichen Menschen« trenne. »Ich kann nicht gegen meine Überzeugung handeln«, antwortete Clara. Es war das letzte Mal, daß sie sich trafen. Clara hatte damit nicht nur einen von ihr hochgeachteten, ja geliebten Menschen verloren, sondern sie verzichtete auch auf die berufliche Förderung, die Auguste Schmidt, eine Frau mit vielen Beziehungen, unter anderen Umständen ihrer Lieblingsschülerin gewährt hätte.

Noch schwieriger gestalteten sich für Clara die Dinge zu Hause. Die Mutter, die bis dahin die Bestrebungen ihrer Tochter zwar nicht begrüßt, aber doch geduldet, ihre Freunde – auch Ossip Zetkin – freundlich bei sich willkommen geheißen hatte, änderte ihre Haltung völlig. Sie begann der Tochter heftige Vorwürfe zu machen, verging fast vor Sorgen um die Älteste.

Kam Clara abends spät aus einer Versammlung, fand sie die Mutter noch wach und wurde mit Schelte und Tränen empfangen. Die alte Frau fürchtete nicht nur um Claras guten Ruf, um ihre Zukunft, sondern hatte – nicht zu Unrecht – Angst, daß die Tochter in eine Prügelei verwickelt, auf der Straße von politischen Gegnern angerempelt werden könne. Besonders begann sie sich wegen der Beziehung der Tochter zu Ossip Zetkin zu beunruhigen. Ihr scharfes Mutterauge erkannte leicht, was Clara noch kaum bewußt war, daß zwischen beiden jungen Menschen eine tiefe Neigung aufzukeimen begann, und sie fragte sich ehrlichen Herzens, was die Tochter von einem Leben mit dem mittellosen, gehetzten, dazu kränklichen politischen Flüchtling, der täglich verhaftet oder des Landes verwiesen werden konnte, zu erwarten habe.

Von sich selbst sprach Josephine Eißner nicht. Aber die Tochter wußte ohnedies, daß die alte Frau – physisch erschöpft – nicht mehr imstande war, für den Unterhalt der Familie aufzukommen, vielmehr fest erwartet hatte, daß Clara mit Hilfe ihrer Direktorin eine gutbezahlte Stellung finden und dann zur Ernährung der Ihren beitragen werde. Erwähnte die Mutter diesen Punkt Clara gegenüber nicht, so setzte die jüngere Schwester Gertrud Clara um so heftiger zu. Clara litt sehr, denn sie war sich ihrer Pflicht gegenüber der Mutter und den jüngeren Geschwistern durchaus bewußt, und tausendmal legte sie sich die Frage vor, ob sie – wenn sie für sich selbst bereit sei, der Bewegung jedes geforderte Opfer zu bringen – gleiches auch von ihrer Familie verlangen dürfe. Ossip und andere Genossen, die die Probleme des jungen Mädchens wohl verstanden, halfen ihr. Clara begriff, daß fast alle kämpfenden Sozialisten mit ähnlichen Konflikten fertig werden mußten, jeder von ihnen eine alte Mutter, eine Frau, Kinder oder Geschwister hatte, denen er gern ein angenehmes Leben bereitet hätte, daß aber alle über die eigenen Sorgen das Ganze, die Zukunft stellten und auf sich nahmen, was getan werden mußte.

Die Neuwahlen zum Reichstag fanden am 30. Juli 1878 statt. Die Partei erhielt 437 158 Stimmen, hatte gegenüber den Reichstagswahlen des Vorjahres nur einen Verlust von 56 289 Stimmen. Doch hatten die Konservativen auf Kosten der Liberalen etwa vierzig Mandate gewonnen, so daß die Annahme eines Ausnahmegesetzes gegen die Sozialdemokratie nunmehr sicher war.

Clara erlebte die Bekanntmachung der Wahlresultate in einem Arbeiterlokal. Sie brach vor Aufregung in Tränen aus und wollte forteilen, um die Arbeiter zu den Waffen zu rufen, doch die Genossen hielten sie von diesem unsinnigen Tun zurück. Von der Zeit aber, die dann folgte, sprach sie mit berechtigtem Stolz; denn es waren die Jahre, in denen sie sich endgültig von ihrer Klasse löste, ihre bürgerliche Zukunft aufgab, zur überzeugten Revolutionärin wurde.

Das Sozialistengesetz trat am 21. Oktober 1878 in Kraft. Es ermächtigte die Landespolizeibehörden, die sozialdemokratischen Ortsvereine, Gewerkschaften, Sportorganisationen, Arbeiterbildungsvereine und alle übrigen Verbindungen zu verbieten, deren Tätigkeit den Organen des junkerlich-kapitalistischen Deutschlands nicht genehm war. Es stellte die gesamte Parteipresse und Arbeiterliteratur unter Ausnahmerecht. Mit einem Schlage wurde die Partei und wurden mit ihr alle Arbeiterorganisationen illegal, wurde die Bewegung ihrer mit Arbeitergroschen aufgebauten Presse beraubt, wurde ihre gesamte Literatur verboten. Einzig die sozialdemokratische Reichstagsfraktion konnte durch das Gesetz nicht angetastet werden. Über Berlin und bald auch über andere deutsche Städte wurde der sogenannte Kleine Belagerungszustand verhängt, der der Polizei eine Handhabe bot, willkürlich sozialdemokratische Funktionäre und Arbeiter aus ihren Heimatorten auszuweisen. Doch die Partei hatte in August Bebel, Wilhelm Liebknecht, Wilhelm Bracke standhafte und mutige revolutionäre Führer, und um sie scharten sich Tausende Arbeiter, die unter Be-

Das ehemalige Schulhaus in Wiederau, Geburtshaus Clara Zetkins

Clara Zetkins Großeltern mütterlicherseits:
Jean Dominique Vitale und Luise Henriette Vitale, geb. Otto

Clara Zetkins Eltern: Gottfried Eißner

Josephine Eißner, geb. Vitale

Claras Bruder Arthur

Claras Schwester Gertrud

Clara als junges Mädchen

Louise Otto-Peters
August Bebel

Auguste Schmidt
Wilhelm Liebknecht

Ossip Zetkin. Auf der Rückseite des Bildes steht als Widmung:
»To my dear and beloved friend Clara Eissner from Jose Zetkin,
Leipzig the 5. Mai 1881«

Paris zur Zeit der Kommune

Laura Lafargue   *Paul Lafargue*

Maxim und Konstantin (Kostja) Zetkin

Clara Zetkin um 1885

bels Leitung illegale Parteiorganisationen aufbauten. Zu ihnen gehörten die beiden Genossen, die Clara am besten kannte und denen sie voll vertraute: Ossips Meister Mosermann und Ossip.

Clara hatte sich Arbeit suchen müssen. Da die Staatslaufbahn den weiblichen Lehrkräften noch weitgehend verschlossen war und Clara die Unterstützung des Seminars verloren hatte, hatte sie am 1. Mai 1878 eine unbedeutende und schlecht bezahlte Stellung als Hauslehrerin bei einem reichen Unternehmer in Wermsdorf bei Leipzig angenommen. In den Einwohnerlisten des Ortes ist sie unter der Rubrik »Gesinde« aufgeführt. Sie entdeckte, daß sie eine gute Pädagogin war, ganz geschaffen für den Lehrerberuf. Ihre Schülerinnen, wenig jünger als sie selbst, schlossen sich eng an sie an. Clara hatte keine Bedenken, die Mädchen im sozialistischen Geist zu erziehen, und verbarg auch ihre Ansichten vor dem Hausherrn, einem ungehobelten und brutalen Menschen, nicht. Wiederholt sagte sie ihm, daß er seine Frau wie eine Sklavin halte. Einmal, als sie stritten, weil er einen Armen mit rohen Worten von der Tür gewiesen hatte, rief sie ihm zu, daß sie ihn nicht verteidigen werde, wenn ihn die revolutionären Volksmassen demnächst an einer Laterne aufhängen würden.

Daß sie außerhalb Leipzigs leben mußte, betrübte Clara. Aber sie fuhr häufig in die Stadt. Ihre Familie besuchte sie bei diesen Gelegenheiten nicht. Sie hatte sich, um die fortgesetzten unfruchtbaren Auseinandersetzungen zu vermeiden, von ihr getrennt, so schmerzlich ihr das auch war. Doch diese Trennung war nicht endgültig. Ehe sie Deutschland verließ, hat sie noch einmal die Mutter besucht, die inzwischen nach Wiederau zurückgegangen war.

Sie traf sich jedoch bei jedem Besuch in Leipzig mit Ossip, zuweilen bei seinem Meister oder aber bei gemeinsamen Freunden. Dabei schlossen sich die beiden jungen Menschen immer enger einander an, der ernste kampferprobte Mann und das lebensfrohe junge Mädchen, das im Begriff war, ihr Leben mit der revolutionären Arbeiterklasse zu verbinden. Das Band zwischen ihnen wurde fest und stark, ihr beiderseitiges Vertrauen unbegrenzt, ihre Zuneigung zur tiefen Liebe.

Doch wagte Ossip nicht, über seine Gefühle zu dem jungen Mädchen zu sprechen, sondern gab ihren Beziehungen den Charakter einer jener schönen geistigen Freundschaften, wie sie damals unter den jungen russischen Revolutionären häufig waren. Clara verstand und achtete seine Beweggründe.

Sie besaß noch zu wenig Kampferfahrung und politische Schulung, als daß die Genossen ihr hätten verantwortliche Parteiaufgaben anvertrauen können, aber sie half Ossip und seinen Freunden, so gut sie konnte, sammelte Geld für die Opfer der Verfolgungen, machte Botengänge, gab Flugblätter weiter, wo immer sich eine Möglichkeit dazu fand. Einmal nur wurde die Zeit des Zusammenseins mit dem Freund unterbrochen. Clara wurde von ihrer Freundin Warwara nach Petersburg eingeladen, in das Haus ihres Vaters, und machte sich – nach Beratung mit Ossip – zur Winterszeit auf diese in damaliger Zeit für ein junges Mädchen recht abenteuerliche Reise. Sie erlebte berauschende Wochen, besuchte Bälle, Teegesellschaften, Theater, fuhr unter Schellengeläut mit der Troika durch das schneebedeckte Land, genoß zum ersten und zum einzigen Mal in ihrem Leben unbekümmert die Freuden wohlhabender Jugend.

War Clara nach Inkrafttreten des Sozialistengesetzes recht verzagt gewesen, so wuchs ihre politische Zuversicht, als offenbar wurde, daß die Partei sich dem Schlag der Reaktion gewachsen zeigte, sich immer fester im Kampf zusammenschloß. Große Erregung aber ergriff sie, als Ossip ihr das erste Exemplar des »Sozialdemokrat«, des neuen Zentralorgans der Partei, in die Hand gab, das ab 28. September 1879 in Zürich erschien und nach Deutschland geschmuggelt wurde. Sie lasen diese und jede folgende Nummer gemeinsam, Satz für Satz, und diskutierten die Artikel eifrig, gab die Zeitung den Genossen doch nicht nur Anleitung für ihre Arbeit, sondern bezog sie stärker als zuvor in den Kampf ein.

In hellen Jubel aber brach Clara aus, als im Frühjahr 1880 die Sozialdemokratische Partei auch ihren Gegnern zeigte, daß sie nicht nur lebte, sondern stärker geworden war denn zuvor. Sie errang in Glauchau-Meerane und Hamburg bei zwei Ersatzwahlen zum Reichstag trotz starken Terrors Wahlsiege.

Im Spätsommer 1880 griff die Polizeigewalt brutal in Claras Leben ein. Ossip Zetkin wurde zusammen mit anderen Funktionären der Partei verhaftet. Es geschah, wie August Bebel in seinen Erinnerungen berichtet, auf einer Funktionärsitzung, auf der Bebel über den ersten illegalen Parteikongreß der Sozialdemokratie berichtete, der im August 1880 in Wyden in der Schweiz stattgefunden hatte. Während die deutschen Genossen freigelassen wurden, weil ihnen die Polizei nicht beweisen konnte, daß es sich nicht – wie sie behaupteten – um eine Geburtstagsfeier gehandelt habe, wurde der der Polizei seit langem verdächtige russische Emigrant der Stadt verwiesen, die er bei Strafe neuer Verhaftung und Auslieferung an die zaristische Polizei umgehend zu verlassen hatte. Clara, die benachrichtigt worden war, begleitete ihn zusammen mit anderen Genossen an die Stadtgrenze.

Sie gingen in gedrücktem Schweigen nebeneinander, beide mit ihren Gedanken beschäftigt, die um den gleichen Punkt kreisten. Schließlich begann Ossip zu sprechen: von seiner Liebe, von dem unsicheren Leben des Revolutionärs, das ihm geboten habe, über seine Gefühle zu schweigen. Es kam zu keiner endgültigen Entscheidung. An der Grenze sagten sie einander Lebewohl, versprachen sich jedoch, miteinander in Briefwechsel zu bleiben. Schon kurze Zeit nachdem Ossip Deutschland verlassen hatte, ging auch Clara ins Ausland.

Beim »Roten Feldpostmeister«

Das Fahrgeld nach Paris, wohin Clara ihrem Freund folgen sollte, mußte verdient werden. Sie nahm daher zunächst eine Hauslehrerinnenstelle in dem kleinen Ort Traunstein in Niederösterreich an. Mit großem Abscheu hat sie von ihrem damaligen Arbeitgeber gesprochen. Er war ein Fabrikant, der sich als Demokrat und Arbeiterwohltäter bezeichnete, jedoch sowohl seinen Arbeitern wie auch der Hauslehrerin gegenüber als ausgemachter Tyrann auftrat.

Schon im Spätsommer 1882 war Clara in Zürich, froh, ihr Gouvernantenjoch abgestreift zu haben. Sie folgte einer Einladung ihrer Freundin Warwara, die dorthin übersiedelt war. Warwara und ihre Freunde empfingen Clara mit Jubel. Sofort wurde sie in das Leben der politischen Flüchtlinge einbezogen, die in Zürich Asyl gefunden hatten. Unter ihnen gab es eine bedeutende Gruppe russischer Marxisten, an deren Spitze Georgi Walentinowitsch Plechanow und Wera Sassulitsch standen. In Zürich war auch die »auswärtige Verkehrsstelle« der deutschen Sozialdemokratie. Hier erschien »Der Sozialdemokrat«. Sein leitender Redakteur war Eduard Bernstein, der sich damals unter dem Einfluß von Marx und Engels zum Marxismus bekannte. Clara besuchte die Kurse, die er abhielt. Sein Wissen imponierte ihr sehr. In Zürich befand sich schließlich auch die Leitung jener berühmten Organisation, die den »Schmuggel« des »Sozialdemokrat« und anderer in der Schweiz gedruckter sozialdemokratischer Literatur nach Deutschland und zum Teil auch ihre Verteilung im Lande selbst organisierte. An ihrer Spitze stand der bewährte Kampfgefährte August Bebels Julius Motteler. Seine hervorragende Tätigkeit trug ihm den Haß der deutschen Reaktion und die Liebe der deutschen Arbeiter ein, die ihm den Ehrennamen »Roter Feldpostmeister« gaben.

Es fügte ich, daß Clara sich bald nach ihrer Ankunft auf einen wichtigen Platz in der illegalen Arbeit gestellt sah. Joseph Belli, der beste und treueste Gehilfe Mottelers, war von österreichischen Grenzern beim Schmuggel illegaler politischer Literatur verhaftet worden. Das riß eine empfindliche Lücke in den Apparat der »Roten Feldpost«. Als Clara davon hörte, bot sie Motteler ihre Hilfe an. Sie sei sich bewußt, sagte sie, daß sie ihm den geschickten, vielfach bewährten und erfahrenen Mitarbeiter nicht ersetzen könne. Aber gewiß könne sie einen Teil der Arbeit verrichten, die ihm zugefallen war, sie verspreche, ihr Bestes zu tun. Es dürfe doch nicht sein, so meinte sie, daß der Versand der Zeitung, deren regelmäßiger Empfang für die Genossen so wichtig sei, ins Stocken gerate.

Julius Motteler betrachtete aufmerksam die junge Genossin, die da vor ihm saß und so eindringlich bat. Sollte er ihre Hilfe annehmen? Es war eine schwere Entscheidung. Sie war jung, wenig erfahren in illegaler Arbeit. Die Aufgabe, die sie übernehmen sollte, war verantwortungsvoll und gefährlich, erforderte absolute Zuverlässigkeit, Verschwiegenheit, viel Geschick. Der Apparat der »Roten Feldpost« befand sich im ständigen Kampf gegen ein Heer von Spitzeln und Zollbeamten, gegen die Bismarcksche wie die Schweizer Polizei. In den Händen seiner Mitarbeiter lag die Sicherheit eines großen Teils des illegalen Parteiapparates in Deutschland und damit von Tausenden Genossen und Freunden der Partei. Doch man hatte ihm die junge Frau als zuverlässig und der Partei ergeben geschildert, und in ihrem kühnen Gesicht lag ein Ausdruck von Entschlossenheit, der dem Menschenkenner Motteler gefiel. Nach längerem Schweigen sagte er: »Gut, Genossin, helfen Sie uns – aber denken Sie immer daran, daß Sie eine große Verantwortung übernehmen!«

So stand denn Clara bald nach ihrer Ankunft mit Motteler, seiner Frau und anderen Genossen in der Expedition des »Sozialdemokrat« und half mit flinken Händen beim Verpacken und Adressieren von Zeitungen und Flugblättern, bald auch bei der Korrespondenz mit den Mitarbeitern des Versandapparates; sie leistete damit ihren ersten größeren Kampfbeitrag für die Partei.

Es war eine komplizierte Arbeit, die ihren ganzen Einsatz erforderte. Das Material wurde in Hunderten von Paketen mit unterschiedlichster Verpackung und Deklaration und unter den verschiedensten Absendern in die Heimat gesandt, zum Teil aber auch von Genossen über die Grenze geschmuggelt und in Deutschland selbst verpackt und aufgegeben. Unter den »Schmugglern« waren auch Genossinnen wie die Frau Bellis, die des öfteren Material im Kinderwagen über die Grenze fuhr. Oft wechselten die Adressen, weil Empfänger plötzlich verhaftet oder vor die Polizei geladen worden waren, oft brach eine Verbindung zusammen, und dann mußten neue Wege gefunden werden. Die kleinste Verzögerung beim Versand, das kleinste Versehen brachte nicht nur einzelne in Gefahr, sondern ganze Gruppen oder konnte zumindest der Polizei wertvolles Material in die Hände spielen.

Bei der Bedeutung, die »Der Sozialdemokrat« für die Festigung der Partei und für die Verbreitung marxistischer Ideen in der deutschen Arbeiterklasse unter den Bedingungen der Illegalität hatte, war der geregelte Versand des Blattes von besonderer Wichtigkeit. Daher mußte die Arbeit in der Versandzentrale mit eiserner Disziplin und ebenso eisernem Fleiß geleistet werden. Es hieß schnell und genau arbeiten, zuweilen Tag und Nacht hintereinander, wenn eine große Sendung zu bewältigen war oder irgendwo an der Grenze oder in Deutschland selbst sich Schwierigkeiten bei der Verteilung ergeben hatten. Auch hieß es, immer die Augen offen zu halten, denn um das Haus schlichen oft genug verdächtige Gestalten, die zu erkunden versuchten, was vor sich ging, und sich an Mottelers Mitarbeiter heranmachen wollten. Gelegentlich erschien auch die Schweizer Polizei. Doch Motteler konnte mit seiner neuen Gehilfin zufrieden sein. Clara arbeitete mit Hingabe und Gewissenhaftigkeit. Ihre Fähigkeit, klar zu denken, und ihre Geistesgegenwart kamen ihr bei der Erfüllung ihrer Aufgaben zu Hilfe. Zwischen ihr und dem Ehepaar Motteler entwickelte sich eine Freundschaft, die bis zum Tode der Mottelers dauerte.

Julius Motteler hatte gemeinsam mit August Bebel und Wilhelm Liebknecht für die politische und gewerkschaftliche Organisierung der Arbeiter in Sachsen gewirkt und sprach mit Clara gern über den Kampf der sächsischen Arbeiter. Waren sie es doch gewesen, die als erste Bebel und Liebknecht in den Norddeutschen Reichstag entsandt hatten. Beider Lieblingsthema aber war die Frage der Gleichberechtigung der Frau. Sie konnten bis in die Nächte hinein darüber diskutieren. Motteler war neben Bebel der entschlossenste Vertreter dieser Forderung in der Partei, und der jungen Lehrerin Clara war sie inzwischen noch ungleich wichtiger geworden als der Schülerin des Schmidtschen Seminars.

Motteler, der Initiator und Leiter der Internationalen Gewerksgenossenschaft der Manufaktur-, Fabrik- und Handarbeiter beiderlei Geschlechts mit dem Sitz in Crimmitschau gewesen war, hatte großen Wert darauf gelegt, die Frauen nicht nur für die Gewerkschaft zu gewinnen, sondern sie auch mit Funktionen zu betrauen. Er wurde nicht müde, von seinen Mitkämpferinnen zu erzählen: von der Weberin Christiane Peuschel zum Beispiel, die als Agitatorin und Organisatorin so Hervorragendes geleistet hatte, daß mancher Mann beschämt wurde, und die – wohl als erste deutsche Arbeiterin – auf großen Webertagungen die Rechte der Frau verfochten hatte; von der Mutter Weber, die eine erfolgreiche Versammlungsrednerin gewesen, mit allen Schwierigkeiten fertig geworden und immer mit ihren beiden Söhnen in den Versammlungen erschienen war; von der gelähmten kleinen Näherin Misselwitz, die, klug, redegewandt und belesen, sozialistische Ideen in den Familien verbreitet hatte, zu denen sie nähen ging; von den Crimmitschauer Agitatorinnen, die sich an den Markt- und Ablieferungstagen zu den Frauen aus den umliegenden Dörfern gesetzt hatten, dorthin, wo »ein Schälchen Heeßer« getrunken, ein »Happen« gegessen wurde, mit ihnen über ihre schwere Lage und ihre Sorgen gesprochen und »an den schwachen Fünkchen der Hoffnung auf bessere Zeiten die hellodernde Flamme der Begeisterung für die sozialistische Freiheit, Gleichheit, Brüderlichkeit, das strahlende Licht des Glaubens an die Befreiung der Arbeit durch die Erkenntnis, den Willen und den Kampf der Arbeitenden selbst« entzündet hatten, wie Clara später schrieb.

Motteler erläuterte Clara auch die Beschlüsse der verschiedenen Parteitage, die sich zur Gleichberechtigung der Frau und vor allem zu ihrem Recht auf Arbeit bekannt hatten. Langsam wuchs in ihr die Erkenntnis, daß die Sozialisten die Frage der Gleichberechtigung weit entschiedener verfochten, als dies durch die bürgerliche Frauenbewegung jemals geschehen konnte, und daß der Kampf in den Reihen der Arbeiterklasse für sie zugleich der Kampf um die Befreiung ihres Geschlechtes war.

Ein Buch, das sie schon in Leipzig gesehen hatte, aber hier gründlich studieren konnte, ließ diese Erkenntnis zur Gewißheit werden. Sein Verfasser machte – die bürgerliche Gesellschaft kühn herausfordernd – der Frau ihre Kraft bewußt, zeigte ihr, daß sie ein Mensch sei, dem Manne durchaus ebenbürtig, zu großen Leistungen fähig, Anspruch auf die volle Entfaltung ihrer Kräfte und Fähigkeiten habe, und forderte sie auf, in den Reihen der Arbeiterklasse für den Sozialismus zu kämpfen, der mit der Ausbeutung des Menschen durch den Menschen auch der Unterdrückung der Frau durch den Mann ein Ende bereiten werde.

Der Verfasser dieses Buches war August Bebel, der Titel »Die Frau und der Sozialismus«. Bis ins Innerste aufgewühlt, wünschte sich die junge Lehrerin, diesen Mann, den Führer der deutschen Sozialdemokratie, den sie in Leipzig nur flüchtig zu Gesicht bekommen hatte, näher kennenzulernen. Noch ein Rekrut der Bewegung, wagte sie nicht einmal zu denken, daß sie später nicht nur enge Kampfgefährten, sondern sogar persönliche Freunde werden sollten und daß sie, als sie sich anschickte, seinem Ruf an die Frauen die Tat folgen zu lassen, keinen besseren Helfer haben werde als ihn.

Das Buch aber, das der jungen Sozialistin die Einheit zwischen dem Kampf der Arbeiterklasse und dem Kampf um die Befreiung der Frau klarmachte, hat sie noch oft in ihrem Leben gelesen. Viel später faßte sie in Worte, was sie vor allem an diesem Buch beeindruckte: daß es in jedem Buchstaben eine Anklage gegen die kapitalistische Gesellschaft und vom Geist des Sozialismus durchtränkt ist und daß hinter ihm nicht nur ein kühner und mutiger Mann steht, sondern »die sittliche Kraft einer revolutionären Klasse, die sich im Kampfe wider alles alte Unrecht erhebt, die sittliche Kraft einer neuen Welt, die in Wettern und Flammen der Geschichte emportaucht«.

Bist du glücklich, Clara?

Im November 1882 kam Clara nach Paris. Sie fand Ossip in einem ärmlichen Stübchen in Montmartre. Zwar brannte bei ihrer Ankunft im Kamin ein helles Feuer, stand auf dem wackligen Tisch außer Brot auch Käse und Wein. Doch sie ahnte, daß die Stube nicht immer so warm und der Tisch nur unter größten Opfern gedeckt worden war, weil Ossip den ersten Tag ihres gemeinsamen Lebens mit ihr feiern wollte.

Dennoch waren es herrliche Tage, Wochen, Monate, diese ersten, die sie in Frankreich zubrachte, da sie sich ihrer Liebe hingab und zugleich hungrig nach den Schätzen griff, die ihr das Leben in der französischen Hauptstadt zu bieten hatte, Herz und Geist der Weite öffnete, in die sie sich plötzlich versetzt sah, ihre Kräfte verschwendete, kaum auf die Härte und Unbilden achtete, die das neue Leben brachte

Sie blieben in der kleinen Kammer, und da das, was Ossip durch Übersetzungen verdiente, nicht einmal ausreichte, ihn selbst zu ernähren, mußte auch Clara sich nach Arbeit umsehen und kräftig zupacken. Sie machte wie ihr Mann gelegentlich Übersetzungen und gab vor allem Stunden in deutscher Sprache. Die Arbeit war im allgemeinen wenig erfreulich und wurde schlecht bezahlt, und der ständige Kampf, den die politischen Flüchtlinge um Arbeitsaufträge zu führen hatten, war noch aufreibender als die Arbeit selbst. Wohl hätten sie – beide hochbegabt und kenntnisreich – gute Stellungen finden können, jedoch nur unter Aufgabe ihrer politischen Überzeugung, und das lehnten sie selbstverständlich ab.

Es verbesserte ihre Lage nicht, daß sie nicht heiraten konnten. Dazu wären Papiere notwendig gewesen, die ein von der zaristischen Ochrana gehetzter Mann nicht beschaffen konnte, außerdem hätte eine Heirat Clara die deutsche Staatsangehörigkeit gekostet. So beschied sie sich, doch nahm sie Ossips Namen an, den auch ihre Kinder erhielten.

Vom ersten Tag an stürzte sie sich in das politische Leben, das in Paris lebhafter war als in Zürich. Durch ihren Mann fand sie Zugang zu der Gruppe der russischen Emigranten, der er angehörte, auch in den Kreis der deutschen Sozialdemokraten, der sich in Paris zusammengefunden hatte. Überall gab es rege politische Diskussionen und für Clara etwas ganz Neues – sogar heftige Auseinandersetzungen: bei den Russen zwischen den Marxisten unter Plechanow und den Überresten der Volkstümler, bei den Deutschen zwischen revolutionären Sozialdemokraten und allerlei opportunistischen Elementen, die vorwiegend aus den Reihen der in Paris lebenden deutschen Handwerker und Intellektuellen kamen. Auch Szenen mit Provokateuren und Agenten Bismarcks waren an der Tagesordnung. Clara versäumte keine Versammlung im sozialdemokratischen Verein, wo ihr Mann einige Zeit nach ihrer Ankunft Leiter der politischen Kurse wurde und auch als Korrespondent des »Sozialdemokrat« eine führende Rolle zu spielen begann. Obwohl sie nicht zu sprechen wagte, nahm sie doch an allen Diskussionen leidenschaftlichen Anteil, gab ihrer Meinung durch Zwischenrufe Ausdruck und diskutierte in privaten Unterhaltungen mit Genossen scharf und entschieden. Schon damals hatte sie einen guten Blick für opportunistische Einstellungen und fand mit Sicherheit den revolutionären Standpunkt, weil sie mit ganzem Herzen bei der Sache war.

Ende 1883, ein Jahr nach ihrer Ankunft in Paris, schenkte Clara ihrem ersten Kinde das Leben, einem Knaben. Sie nannten ihn Maxim. Zwei Jahre später folgte ein Brüderchen, das den Namen Konstantin, Kostja, erhielt. Die beiden Jungen waren der Eltern ganzes Glück. Es wurde Clara nicht leicht, die Kinder so aufzuziehen, wie ihre Mutterliebe das verlangte. Sie hatten statt des einen Zimmers jetzt zwei und dazu eine kleine Küche, aber die Wohnung war recht armselig, dazu fehlte ihnen eine ordentliche Einrichtung. Nichtsdestoweniger studierte die junge Mutter eifrig, was die damalige Medizin und Hygiene über Kinderpflege zu sagen hatte, und richtete sich gewissenhaft danach. Trotz aller Unbequemlichkeit wurden die Kinder täglich gebadet – in einer Waschbütte. Um ihnen Milch, Obst und Gemüse geben zu können, sparte sich Clara die Bissen vom Munde ab. Und wie gut war es, daß die Mutter Clara hauswirtschaftliche Kenntnisse, auch das Kochen, beigebracht hatte!

Obwohl beide Eltern sehr beschäftigt waren, Clara auch vielfach abwesend, waren die Kleinen immer von Liebe und Fürsorge umgeben. Ossip war ein gütiger und aufmerksamer Vater, aber ernst, ja, ein wenig schwermütig. Die Kinder liebten ihn sehr, jedoch mit einer leisen Scheu. Näher war ihnen die Mutter. Sie war immer fröhlich und lebhaft, erzählte ihnen Geschichten, sang mit ihnen und balgte sich auch mit viel Vergnügen mit ihnen herum. Waren beide Eltern abwesend, so vertraten Genossen ihre Stelle.

Maxim Zetkin erinnerte sich besonders an eine alte Kommunardin, Madame Robin. Diese kam lange Zeit täglich, ging mit den Kindern spazieren, teilte alle Freuden und Sorgen der Familie. An ihrer Hand lernten die Jungen, namentlich Maxim, einen guten Teil von Paris kennen: die Boulevards, den Jardin du Luxembourg, wo sie spielen durften, den Zoo, wo Elefanten, Giraffen und Löwen auf die Kinder großen Eindruck machten. Vor allem aber erinnerte sich Maxim später an das, was ihnen Madame Robin über die Pariser Kommune erzählt hatte. Zusammen mit ihrem Mann hatte sie die Kommune mit der Waffe verteidigt und verstand es, die Kleinen mit revolutionärer Begeisterung für die glorreichen Tage zu erfüllen.

Claras berufliche Belastung und die finanziellen Sorgen der Familie nahmen mit der Geburt der Kinder zu. Schon als die junge Frau ihr erstes Kind erwartete, mußte sie, damit das Nötigste für die Geburt und für das Kleine beschafft werden konnte, bis zum letzten Augenblick arbeiten. Clara erzählte später, daß sie noch als Hochschwangere zuweilen täglich fünfzig Etagen und mehr steigen mußte. Als beide Kinder da waren, wurde ihre Lage noch schlimmer, obwohl Clara neben dem Stundengeben auch gelegentlich waschen ging. Hatten sie vorher karg und ärmlich gelebt, so mangelte es jetzt sogar am Notwendigen. Ein Stück Pferdefleisch, Clara nannte es »Hottehüh«, war für sie ein Luxus, den sie sich nur dann leisten konnten, wenn Ossip eine größere Arbeit abgeliefert hatte. Oft aber gab es für die Eltern kaum ein Stück Brot. Aus dem derben, rundlichen Mädchen wurde eine schmale junge Frau mit blassen Wangen und herben Zügen. Wie bei allen revolutionären Emigranten wanderte mehr als einmal die letzte entbehrliche Garderobe ins Pfandhaus. Um ihren armseligen Anzug zu verdecken, trug Clara dann eines jener großen Umschlagtücher, die man in Frankreich cache-misères, Elendshüllen, nennt.

Einmal wurden sie exmittiert. Zwei Monate nach der Geburt ihres zweiten Sohnes erschien frühmorgens die Polizei in der Wohnung, um die Familie auszuweisen. Alle Habseligkeiten wurden gepfändet. Das Honorar für eine größere Übersetzung war nicht zur Zeit gekommen, und so hatte die fällige Miete nicht gezahlt werden können. Clara badete gerade ihre beiden Kinder, als die Polizei eintraf. Die Kinder durften angekleidet werden, aber jedes andere Stück Kinderwäsche wurde mit Beschlag belegt, ebenso Claras Kleid, so daß sie in Unterrock und Jacke, wie sie beim Baden der Kinder stand, aus dem Hause mußte. Nur ihr cache-misère durfte sie umlegen. Sie saß mit den Kindern auf einer Bank des Boulevards, während Ossip zu Freunden ging, um etwas Geld zu borgen. Er mietete ein möbliertes Zimmer, das aber erst am Abend frei wurde. Als sie endlich den Raum beziehen wollten, wies die Hauswirtin sie empört zurück, erklärte, das Zimmer auf keinen Fall abtreten zu wollen, weil »der Herr Familie hat«. Ossip Zetkin sagte: »Liebe Frau, ich habe Ihnen beim Mieten gesagt, daß ich verheiratet bin.« »Jawohl«, erwiderte die Hauswirtin, »das haben Sie gesagt. Und sie können das Zimmer haben mit einer Frau, mit zwei Frauen, meinetwegen mit zehn Frauen. Aber nicht mit kleinen Kindern. Das hier ist ein anständiges Haus!« Es war finster geworden. Die Eltern standen mit den Kindern auf der Straße und überlegten, was zu tun sei. Da trafen sie eine russische Revolutionärin, die vor kurzem aus Sibirien gekommen war und die ihnen vorschlug, ihr Zimmer zu nehmen, bis sie eine Wohnung gefunden hätten. Sie selbst könne inzwischen bei Freunden unterkommen.

Es hat damals manche ähnliche Stunde voller Angst und Not für Clara gegeben, und die Pariser Zeit hat sie, wie sie später oft sagte, den Sorgen und Leiden der Proletarierinnen sehr nahegebracht. Doch wenn sie damals jemand gefragt hätte, ob sie glücklich sei – und gewiß hat das die Mutter getan –, so hätte sie – dessen können wir sicher sein – mit Ja geantwortet, wie sie denn auch später diese Jahre zu den reichsten und bedeutendsten ihres Lebens gezählt hat. Entflohen dem Kreis, in dem sie nichts zu erwarten hatte als eine durch Verzicht auf Liebe und Ehe erkaufte und durch tausend kleinliche Vorschriften eingeschränkte Berufstätigkeit oder eine Ehe, die Sklaverei oder im besten Falle Gemeinsamkeit in bürgerlicher Eigensucht und Beschränktheit geworden wäre, wurden ihr jetzt – aller Armut zum Trotz – in reichem Maße jene Güter zuteil, die für sie die höchsten des Lebens waren. Sie lebte in glücklicher Gemeinschaft mit dem Mann, dem sie von ganzem Herzen zugetan war, in einer Ehe, in der beide gemeinsam Freude und Leid trugen, in einer Kameradschaft, die, obwohl Konflikte nicht ausblieben, immer fester wurde, weil beide das gleiche ersehnten und erkämpften. Sie hatte Kinder, die die Eltern in ihrem eigenen Geist zu erziehen sich völlig einig waren. Sie konnte in die Tiefe jenes Wissens tauchen, das Millionen Unterdrückten die Kraft gab, ihre Ketten abzuwerfen, das bei den Unterdrückern verfemt war, weil es an den Grundfesten ihrer Macht rüttelte. Sie marschierte im Zuge derer, die den neuen Ufern jenes besseren Lebens zustrebten, von dem sie in ihrer Jugend nur geträumt hatte.

Die Zetkins lebten in der Kolonie der russischen Emigranten, der sich Ossip ganz zugehörig fühlte und der sich auch seine Frau anschloß. Viele von diesen Menschen waren politisch unklar, hingen noch der Volkstümlerbewegung an, und nicht alle bewährten sich später politisch. Dennoch erlebte Clara unter ihnen die unermeßliche Opferbereitschaft der russischen Revolutionäre, ihre nie versagende Solidarität, lernte sie, das persönliche Interesse hinter das der Bewegung zurückzustellen. Noch als alte Frau versicherte sie, daß sie ihre revolutionäre Moral den russischen Revolutionären verdanke.

Da sie ein von Grund auf optimistischer Mensch war, raubten ihr die schweren Lebenssorgen weder den Mut noch die Lebensfreude. Waren auch die Mußestunden nach der Geburt der Kinder noch karger als zuvor, so verstand sie doch, sie zu genießen. Sie ließ, wenigstens in den ersten Jahren ihrer Ehe, nichts aus, was Paris den politischen Emigranten an Vergnügungen zu bieten hatte. Mit ihrem Mann besuchte sie die geselligen Abende des deutschen sozialdemokratischen Vereins, wo sie mit Vergnügen tanzte. Wenn es sich ergab, trank sie im Kreise ihrer russischen Freunde, wie einst in Leipzig, ungezählte Gläser Tee, diskutierte die Nächte hindurch. Am Tage der Bastille, dem 14. Juli, und an anderen französischen Feiertagen war sie auf der Straße, mitten unter den tanzenden und singenden Parisern, und Arm in Arm mit französischen, deutschen, russischen Freunden, jubelte auch sie.

Sie las schöne Literatur – Balzac, Zola, Maupassant und die Werke der großen russischen Dichter, vor allem Lew Tolstois, den sie ihr Leben lang verehrt hat. Sehr aufgeschlossen war Clara für die Sehenswürdigkeiten und Kunstschätze der französischen Metropole. Sie wanderte durch das Museum des Louvre, bewunderte die Werke der Antike, war hingerissen von den Schöpfungen der Großen der italienischen Renaissance, der Leonardo da Vinci, Michelangelo, Raffael, Tizian, von ihrer Schönheit und Kraft, von dem hohen Lebensgefühl, das sie ausstrahlten. Sie stand vor der in der französischen Frühgotik erbauten Kathedrale Notre-Dame de Paris, betrachtete voller Andacht deren drei herrliche Portale, blickte an den mächtigen Türmen empor, wandelte in der dämmrigen Kühle des gewaltigen Baus. Wie vielen Emigranten hatten es auch ihr die berühmten Pariser Antiquitätenläden angetan, die in ihren Auslagen jahrhundertealte Bilder und Porzellanmalereien, Ikonen, Holzschnitzereien, antike Möbel, Vasen aus venezianischem Glas, Schmuck und altes Porzellan zeigten.

Führte ihr Weg sie in die Nähe des Friedhofs von Montmartre, so besuchte sie wohl auch das Grab ihres Landsmannes und Lieblingsdichters Heinrich Heine. Sinnend las sie dann die Inschrift, die er sich selbst bestimmt hatte: »Hier ruht ein deutscher Dichter«, dachte daran, wie er, aus der Heimat vertrieben, in der Fremde hatte leben müssen und doch ein Sieger geblieben war, und sagte leise die Verse vor sich hin, die sie so liebte:

»Ein neues Lied, ein besseres Lied,
O Freunde, will ich euch dichten!
Wir wollen hier auf Erden schon
das Himmelreich errichten.

Wir wollen auf Erden glücklich sein,
Und wollen nicht mehr darben;
Verschlemmen soll nicht der faule Bauch,
Was fleißige Hände erwarben.

Es wächst hinieden Brot genug
Für alle Menschenkinder,
Auch Rosen, Myrten, Schönheit und Lust,
Und Zuckererbsen nicht minder.«

Im Strom der internationalen Arbeiterbewegung

Clara Zetkins Aufenthalt in Paris fiel in jene Jahre, in denen sich die französische Arbeiterbewegung nach der Niederlage der Kommune neu zu formieren begann. Die überlebenden Kommunarden waren heimgekehrt, die Pariser Arbeiter hoben von neuem ihr Haupt. In den Betrieben und Arbeitervierteln wurde wieder lebhaft diskutiert, wurden revolutionäre Lieder gesungen. Arbeiterorganisationen entstanden. Marx' Schwiegersohn, Paul Lafargue, und seine Freunde waren dabei, in Frankreich eine marxistische Partei zu schaffen. Clara und Ossip Zetkin nahmen an diesen Bestrebungen lebhaften Anteil, besonders Clara, die, wie sie erzählte, kaum eine Versammlung der französischen Marxisten versäumte. Lafargue und seine Freunde legten mit der den Franzosen eigenen Leidenschaft die Lehre von Marx dar, zeigten die Bedeutung und die Notwendigkeit der Schaffung einer revolutionären, marxistischen Partei, entwickelten ihr Kampfprogramm. Clara war besonders beeindruckt von Jules Guesde, dem damals aktivsten und klarsten unter den französischen Marxisten, der große Anstrengungen unternahm, die Bewegung von Paris aus in die Provinz zu tragen. Sie hat ihn in den Porträts französischer Arbeiterführer, die sie in jener Zeit zusammen mit ihrem Mann veröffentlichte, als einen hervorragenden Führer und als einen Feuerkopf bezeichnet. Später enttäuschte er sie allerdings sehr. Er unterstützte den französischen Imperialismus im ersten Weltkrieg und war nach 1917 ein erbitterter Feind der Sowjetunion.

Neben den Marxisten meldeten sich Vertreter anderer Richtungen zum Wort. Da waren die Anarchisten. Die meisten von ihnen waren ehrliche Arbeiter, die die kapitalistische Ordnung haßten, aber Wirrköpfe. Sie leugneten die Notwendigkeit der Schaffung einer Partei, die Notwendigkeit der Diktatur des Proletariats, ja jeder Autorität überhaupt. Gefährlicher noch als sie waren die Possibilisten, die behaupteten, daß Reformen unter dem kapitalistischen System das einzig Mögliche seien, was die Arbeiter erreichen könnten. Sie verfügten über Geld, eine starke Presse, hatten Erfolge in der Gemeindepolitik und konnten auf diese Weise Einfluß auf die Arbeiter gewinnen.

Clara Zetkin verteidigte in Gesprächen mit französischen Arbeitern und mit deutschen Genossen den Standpunkt der Marxisten, auf deren Seite sie voll und ganz stand, schärfer noch als Ossip, der zuerst unsicher war. Die Diskussionen waren für sie eine gute Schule, die ihr später, als um die Jahrhundertwende in der deutschen Sozialdemokratie der Revisionismus erstarkte, zustatten kam.

Ganz unwiderstehlich wurde die junge Frau von den Kampffaktionen der französischen Arbeiter angezogen, namentlich von den für Paris charakteristischen Massendemonstrationen, die nun ebenfalls wieder aufflammten. Bei einer dieser Demonstrationen wäre sie einmal fast ums Leben gekommen. Das war während der Beerdigung eines beliebten Arbeiterführers, bei der infolge eines plötzlichen Polizeiüberfalls eine Panik ausbrach. Viele Menschen stürzten und wurden zu Tode getrampelt. Clara erhielt einen Säbelhieb über den Fuß und fiel gleichfalls. Doch glücklicherweise wurde sie hochgerissen und in einen Hausflur abgedrängt, wo sie danach – von jemandem eingeschlossen – viele Stunden in Schmerzen zubrachte. Ganz besonders erinnerte sie sich später der Demonstrationen, die jedes Jahr Ende Mai zu Ehren der gefallenen Kommunarden zur Mauer der Föderierten auf dem Friedhof Père-Lachaise durchgeführt wurden, und an denen Zehntausende Pariser teilnahmen. Auch dabei kam es stets zu Zusammenstößen, und immer fand sich die junge Frau im dicksten Getümmel, dort, wo um die rote Fahne gekämpft wurde, die die Polizei den Arbeitern zu entreißen suchte.

Außer Zweifel hat das Erlebnis dieser Massendemonstrationen mit dazu beigetragen, daß Clara Zetkin später in Deutschland zu jenen Sozialisten gehörte, die neben dem parlamentarischen Kampf energisch außerparlamentarische Aktionen forderten, wie sie überhaupt den Kampftraditionen der französischen Arbeiterklasse große Bedeutung beimaß.

Sie wurde mit den Führern der französischen Marxisten enger bekannt, namentlich mit den Lafargues, denen die »sehr nette kleine deutsche Frau«, wie Laura Lafargue Clara Zetkin in einem Brief an Friedrich Engels bezeichnete, gut gefiel. Sie wurden ihr zu Freunden, denen sie viel verdanken sollte.

Große Freude bereitete es Clara, wenn sie Laura in die Arbeiterviertel von Paris begleiten konnte. Dort agitierten beide für »Le Socialiste«, die von Lafargue redigierte marxistische Wochenzeitung, für die auch die Zetkins schrieben. Clara lernte bei diesen Gängen viele Geheimnisse der großen Metropole kennen, die dem Fremden sonst verborgen bleiben. In zahlreichen Artikeln hat sie zusammen mit ihrem Mann den Berliner Arbeitern das Paris der Werktätigen beschrieben: das schwere und tapfere Leben der Arbeiter, ihrer Frauen und Kinder, die Sorgen der Kleinbürger, ihre Angst vor der wachsenden Großindustrie, die Not der arbeitslosen Intellektuellen. Auch über jene Stätten schrieb sie, wo das Elend in seiner schlimmsten Gestalt zu finden war, über die Nachtasyle, in denen obdachlose Männer, Frauen und Kinder – und wie viele gab es in der großen, eleganten Stadt! – von rohen Aufsehern drangsaliert, zusammengepfercht waren; über die Hölle der Frauen- und Kinderausbeutung, die vor allem in der Luxusindustrie gang und gäbe war; über die verpesteten Löcher ohne Licht, Wasser, hygienische Einrichtungen, in denen viele Arbeiter hausten, über die Wohlfahrtsküchen, vor denen Schlangen von Arbeitslosen standen, um in alten Sardinenbüchsen oder Blumentopfscherben die dünne Suppe in Empfang zu nehmen, die die sogenannte Wohltätigkeit ihnen bot. Je tiefer Clara Einblick in dieses Elend gewann, um so mehr beeindruckten sie das Klassenbewußtsein, der Mut, der Kampfgeist der Arbeiter, der sich ihr nicht nur bei Demonstrationen und in Versammlungen offenbarte, sondern auch in Gesprächen, die sie in den Arbeitervierteln und an Fabriktoren führte, und noch mehr die Solidarität, die sie, die junge Deutsche, spürte. Die französischen Arbeiter nahmen tiefen Anteil an dem Kampf ihrer deutschen Brüder, kannten die Namen Bebel und Liebknecht und sprachen sie mit Ehrfurcht aus.

Die Aktivität der Zetkins erschöpfte sich jedoch nicht in der Teilnahme an der deutschen, russischen und französischen Arbeiterbewegung. Ihre Wohnung war ein Mittelpunkt der gesamten in Paris lebenden marxistischen Emigration. Zuweilen waren abends in ihrer kleinen Stube zwanzig und mehr Personen versammelt, stehend oder sitzend, wo sich eine Möglichkeit dazu bot. Man hörte dann alle Sprachen Europas, neben Französisch, Deutsch und Russisch vor allem Italienisch und Englisch. Oft waren die Besucher bedeutende Persönlichkeiten, Funktionäre der Arbeiterparteien, der Gewerkschaften, Angehörige der Intelligenz. Man diskutierte über tausend Probleme: wirtschaftliche, künstlerische, naturwissenschaftliche Fragen, über internationale Politik und vor allem über die Fragen der internationalen Arbeiterbewegung, knüpfte Verbindungen an, erörterte die Möglichkeit internationaler Zusammenarbeit. Die Zusammenkünfte waren für die Zetkins nicht ungefährlich, denn sie zogen damit die Aufmerksamkeit nicht nur der französischen Polizei, sondern auch deutscher und russischer Spitzel auf sich. Dennoch hätte Clara sie so wenig missen mögen wie ihre Teilnahme an der französischen Arbeiterbewegung, denn von hier wie von dort floß ihr ein reicher Schatz an Wissen und Erfahrung zu. Und so wuchs sie hinein in die große internationale Familie der Werktätigen, spürte sie die Stärke der internationalen Solidarität, lernte sie, daß der goldenen Internationale der Kapitalisten die rote Internationale der Arbeiter als wirksame Kraft gegenübertritt.

Studien, Gedanken, Pläne

Doch wie reich und mannigfaltig die Erfahrungen waren, die Clara im Pariser Exil zu sammeln Gelegenheit hatte, so hätten sie dennoch allein nicht ausgereicht, um ihr jenen festen Klassenstandpunkt zu geben, den sie aus dem Exil in die Heimat mitbrachte, wären sie nicht unterbaut worden durch intensives Studium des Marxismus. Wie sie, ohne ihre vielfältigen Pflichten zu vernachlässigen, dazu die Zeit fand, hat sie in späteren Jahren selbst kaum noch begriffen. Obwohl sie aus dem Seminar eine eiserne Arbeitsdisziplin und strenge Zeiteinteilung mitgebracht hatte, hätte sie es ohne das Verständnis und die Hilfe ihres Mannes, ohne ein ermunterndes Wort und manchen theoretischen Hinweis Laura Lafargues kaum geschafft, noch weniger ohne das revolutionäre Feuer, das in ihr brannte, den Drang nach Erkenntnis, der ihr keine Ruhe ließ, sie zwang, sich die theoretischen Grundlagen für das zu erwerben, was zunächst nur Gefühl gewesen war. Sie arbeitete sich durch alle Werke von Marx und Engels hindurch, deren sie habhaft werden konnte. Wieder und wieder studierte sie das Kommunistische Manifest, das sie schließlich fast auswendig kannte. Sie las Engels' »Anti-Dühring«, sein Werk »Der Ursprung der Familie, des Privateigentums und des Staats« und vor allem den ersten Band von Marx' »Kapital«. In diese Werke wühlte sie sich geradezu hinein, überdachte, diskutierte, las nochmals. Es wurde zusammen mit dem Kommunistischen Manifest sozusagen ihre Hausbibel, die sie immer wieder zu Rate zog. In Paris legte Clara Zetkin die Grundlage zu jener Kenntnis des Marxismus, die sie später befähigte, die Lehre von Marx nicht nur zu verteidigen, sondern auch schöpferisch anzuwenden.

Neben diesem ihrem Hauptstudium widmete sie, angeregt durch ihre Mitarbeit in der französischen Arbeiterbewegung, manche Stunde dem Studium der französischen Revolutionen, namentlich der Französischen Revolution vom Jahre 1789, von der ihr die Mutter bereits soviel erzählt hatte, und der Pariser Kommune, mit der sie durch so manches lebendige Band noch verbunden war.

Niemals aber, weder damals noch später, verließ sie in der theoretischen wie in der praktischen Arbeit die Frage: Wo ist in der großen Kampfgemeinschaft für die neue, die sozialistische Welt, die auch der Frau die Befreiung bringen wird, der Platz der Frau? Was können, was müssen die Sozialisten tun, um die Frauen, die nach jahrhundertelanger Unterdrückung in Resignation verfallen, in ihrer Entwicklung zurückgeblieben sind, aufzurütteln, in ihre Kampfreihen einzubeziehen?

Was sie aus eigenem Erleben wußte, was ihr das Werk August Bebels vermittelt hatte, wurde ihr durch ihre Pariser Studien zur theoretisch fest fundierten Gewißheit: Marx und Engels hatten sowohl in ihren Schriften wie als Führer der Internationale die theoretische Grundlage auch für den Kampf um die Befreiung der Frau gelegt, der Arbeit der Sozialisten unter den Frauen die Richtung gewiesen, eine Richtung, die die junge Sozialistin Clara Zetkin bejahte.

Sie drang in die Analyse der Frauenarbeit in der kapitalistischen Gesellschaft ein, die Karl Marx im »Kapital« gibt. Er untersucht die Ausbeutung der Arbeiterinnen, die durch den Kapitalismus zu Hunderttausenden in die Fabriken gezogen und – selbst wenn sie schwanger waren oder eben geboren hatten – aufs grausamste ausgebeutet wurden. Zornig klagt er die Kapitalisten an, zugleich aber stellt er fest, daß die Arbeit der Frau »in gesellschaftlich organisierten Produktionsprozessen, jenseits der Sphäre des Hauswesens«, unter anderen ökonomischen Bedingungen, also im Sozialismus, die ökonomische Grundlage für eine höhere Form der Familie und des Verhältnisses der Geschlechter schaffe. Diese Erkenntnis bestimmte die Forderungen, die Marx und Engels zur Frauenfrage für die I. Internationale, die von ihnen begründete erste internationale Vereinigung der Arbeiter, aufstellten und durchsetzten: kein Kampf für Verbot der Frauenarbeit, wie das viele nichtmarxistische Arbeitervertreter forderten, vielmehr gemeinsamer Kampf von Männern und Frauen gegen den Kapitalismus, verbunden mit dem Ringen um besondere soziale Schutzbestimmungen für die Frau. Diesen letzten Punkt allerdings wollte Clara Zetkin damals nur für die werdende und die junge Mutter gelten lassen. Noch fehlte ihr jener enge Kontakt mit dem Arbeiterleben, der in späteren Jahren zu einer starken Kraft- und Erkenntnisquelle wurde.

Dafür beschäftigte sie sich um so eifriger mit den kühnen Taten der Frauen in der französischen bürgerlichen Revolution und in den Kämpfen der französischen Arbeiterbewegung. Wie stark die revolutionären Traditionen der Französinnen sie bewegten und zeit ihres Lebens gepackt hielten, zeigen viele spätere Arbeiten. Schon bald nach der Heimkehr veröffentlichte sie in der von ihr redigierten Frauenzeitschrift »Die Gleichheit« eine Reihe bedeutender Studien über Madame Jeanne-Marie Roland und andere führende Frauen der Revolution von 1789, auch eine Arbeit über die Teilnahme der Frauen an jener berühmten Volksaktion, die den verräterischen französischen König und Marie-Antoinette zwang, von Versailles nach Paris überzusiedeln. Selbst in ihrer unvollendet gebliebenen Altersarbeit »Zur Geschichte der proletarischen Frauenbewegung Deutschlands« gedenkt sie nochmals des Heldentums Tausender Frauen in den Massenkämpfen jener Jahre, ihrer Klubs, ihrer großen, über ganz Frankreich ausgedehnten Vereinigungen, wie der Gesellschaft der Freundinnen der Freiheit und Gleichheit, ihres Auftretens in politischen Versammlungen und bei Straßenaktionen, ihrer Teilnahme an den Kämpfen der Revolutionsarmeen, der Forderung nach Gleichberechtigung, die sich in der »Erklärung der Rechte der Frau und Bürgerin« von Olympe de Gouges ausdrückt. Noch einmal gedenkt sie voller Bewunderung jener Französinnen, die ihre Feuertaufe unter der Führung der I. Internationale erhielten: der Seidenweberinnen von Lyon, die mit Hilfe der Internationale einen siegreichen Streik geführt und durch ihren Beitritt das Signal für alle Lyoner Arbeiter gegeben hatten, der Kommunardinnen vor allem, die Seite an Seite mit den Männern den ersten Arbeiterstaat der Welt errichtet und verteidigt hatten. Zu einigen der Überlebenden der Kommune hatte Clara Zetkin freundschaftliche Beziehungen, vor allem zu Louise Michel, der hochgebildeten und feinfühligen Lehrerin und glühenden Revolutionärin, deren menschliche Größe geradezu zum Symbol für die Kommune geworden ist.

Sie hat sie zusammen mit ihren Kindern öfter besucht. Die Gespräche mit ihr und anderen Kommunardinnen zeigten Clara Zetkin, daß diese Frauen sich nicht besiegt fühlten und wußten, daß sie nicht umsonst gelitten hatten. Louise Michel sagte ihr, wenn auch mit anderen Worten, was sie in ihren Erinnerungen, dem »Buch vom Bagno«, geschrieben hatte: »Nun, die Zukunft gehört der neuen Menschheit ..., können wir schon begreifen, wie diese Zukunft aussehen wird? Mag die neue Menschheit über uns hinwegschreiten wie über ein Brücke ...

Es gilt vorwärtszustürmen. Die von allen Seiten eingeschlossene Kommune hatte nur Aussicht auf den Tod; sie konnte nichts als tapfer sein, und das war sie. Sie hat der Zukunft das Tor weit aufgestoßen; die Zukunft wird hindurchschreiten.«

Ihre stolze Zuversicht rührte Clara tief; wie überhaupt die Bekanntschaft mit den revolutionären Kämpfen der Französinnen sie stark beeinflußte und ihren Willen stärkte, der Gewinnung der werktätigen Frauen für den Kampf um den Sozialismus ihre ganze Kraft zu widmen.

Wie Clara Zetkin Rednerin wurde

Wenn Clara zu ihrem Mann über ihre Pläne sprach, die Frauen in den Kampf einzubeziehen – und das geschah häufig –, meinte er wohl scherzend, zuweilen aber auch sehr ernst, dazu müsse sie erst einmal reden lernen. Clara Zetkin hatte eine unüberwindliche Scheu, in einer Versammlung, und war sie auch noch so klein, zu sprechen, und vergeblich versuchte Ossip, wie sie später vielen von gleichen Ängsten befallenen Frauen erzählte, sie dazu zu bewegen. Einmal meldete er sie sogar für die Rednerliste an, doch als sie an die Reihe kam, sagte Clara nur kleinlaut, sie verzichte aufs Wort, obwohl sie sehr viel auf dem Herzen hatte.

Doch eines Tages wurde sie ins Wasser geworfen und mußte schwimmen. Das war in Leipzig, wo sie im Jahre 1886 bei Mutter und Bruder weilte, um sich von einer Krankheit zu erholen. Ihr erster Weg in der alten Heimat hatte sie zu Ossips ehemaligem

Meister, dem Genossen Mosermann, geführt. Sie traf ihn, zusammen mit einigen anderen Genossen, in seinem Schrebergarten und wurde mit Fragen bestürmt. Die deutschen Arbeiter waren unter dem Sozialistengesetz von den Arbeitern anderer Länder fast abgeschlossen. Wie es in Frankreich aussähe, welche Ansichten die französischen Genossen hätten, ob es Streiks gäbe, wie es mit den englischen, italienischen und amerikanischen Arbeitern stehe. Clara entwortete, so gut sie konnte, und hatte ebenfalls viele Fragen.

Einige Tage später wurde sie von den Genossen gebeten, ihren Bericht in einer Versammlung zu wiederholen. Sie war sehr bestürzt, konnte aber nicht ausweichen und fühlte auch, daß sie den Leipziger Arbeitern dies schuldig sei. So sagte sie zu und ging mit geradezu panischer Furcht zu der ersten Versammlung, in der sie als Rednerin auftreten sollte. Und wirklich geschah ihr, was vielen Rednern bei ihrem ersten Vortrag passiert. Sie blieb stecken und stand in tödlicher Verlegenheit vor den Genossen. »Ich hatte das Gefühl«, erzählte sie später, »als ob der Tisch mit mir in die Luft ginge. Doch die Genossen ermunterten mich freundlich, es mache nichts. Ich fand den Faden wieder und brachte meine Rede zu Ende.«

Clara sprach während ihres Besuches in der Heimat noch in vielen Versammlungen. Es waren illegale Zusammenkünfte in den Lauben der Schrebergärtner, in Arbeiterwohnungen, in abgelegenen kleinen Waldlokalen. Sie ging heimlich dorthin, denn die Familie durfte nichts davon wissen. Meist nahm sie ihre Jungen mit, die sie nach Leipzig mitgebracht hatte. Ein Genosse trug ihr gewöhnlich den Jüngsten. Während sie sprach, wurden die Kinder schlafen gelegt. Nach der Versammlung halfen die Genossen ihr, die Kleinen heimzubringen. Clara sprach vor allem über die internationale Arbeiterbewegung, aber auch über Bebels Werk »Die Frau und der Sozialismus«, das gerade damals in Leipzig diskutiert wurde. Die illegale Versammlungstätigkeit war, obwohl die Zusammenkünfte als Geburtstagsfeiern und ähnliches getarnt und immer sichere Wachen um die Lokale aufgestellt waren, für Clara nicht ungefährlich. Wilhelm Liebknecht, den sie in seinem Exil in

Borsdorf bei Leipzig besuchte und mit dem sie von dieser Zeit an befreundet war, fürchtete für die junge Genossin. Für Clara aber war es eine herrliche Zeit, denn sie hatte einen Sieg über sich selbst errungen, zudem beglückte sie die Verbundenheit, die zwischen ihr und den Leipziger Genossen entstand, eine Verbundenheit, die für immer bestehen bleiben sollte.

Nach einigen Monaten reiste sie ab, erholt, gesundheitlich gefestigt. Auf dem Bahnhof erwartete sie eine Überraschung. Viele Arbeiter waren mit ihren Frauen gekommen. Sie brachten Blumen für Clara und Süßigkeiten und Äpfel für die Kinder. Es war eine regelrechte Demonstration. Der Bahnhofsvorsteher war hilflos und verwundert, daß sie einer jungen Frau und zwei kleinen Kindern dargebracht wurde. Als der Zug sich in Bewegung setzte, riefen die Arbeiter: »Hoch die internationale Sozialdemokratie!« Froh, den Kopf voller Pläne, fuhr Clara nach Paris.

»Es gibt kein ›Ich kann nicht!‹«

Doch bald legten sich schwere Schatten über Claras Leben. Kaum war sie nach Paris heimgekehrt, zwang eine tückische Rückenmarkerkrankung, die seit langem an ihm gezehrt hatte, ihren Mann nieder. Er blieb gelähmt, und der Arzt machte ihr keinerlei Hoffnung. Clara mußte hilflos zusehen, wie Ossip sich auf dem Siechbett verzehrte. Auf ihren Schultern allein lag nun die Last des Kampfes um den Lebensunterhalt, dem sie gemeinsam kaum gewachsen gewesen waren. Zuweilen meinte sie, zusammenbrechen zu müssen. Damals prägte sie für sich und alle proletarischen Kämpferinnen die Worte: »Es gibt kein ›Ich kann nicht!‹« Mit äußerster Willensanspannung und Selbstverleugnung gelang es ihr, das Unmögliche möglich zu machen: Der Familie die Existenzgrundlage zu sichern, ihre politische Arbeit zu leisten und zugleich dem Gatten die zärtlichste Pflege angedeihen zu lassen. Wieder erfuhr sie, wie so oft zuvor, die Solidarität der Genossen. Ihre alte Freundin, Madame Robin, stand ihr zur Seite, nahm ihr fast die ganze Sorge um den Haushalt ab, kümmerte sich noch mehr als zuvor um die Kinder.

Ossip selbst ertrug seine Krankheit tapfer und bemühte sich, obwohl er seelisch und körperlich schwer litt, dennoch zum Unterhalt der Familie beizutragen. Sie fanden eine Arbeitsteilung, die das möglich machte. Clara ging in die Bibliotheken und sammelte Material, dann schrieben sie gemeinsam. So entstanden unter anderem jene bereits erwähnte, hoch interessante Artikelserie über die wirtschaftlichen und politischen Verhältnisse in Frankreich sowie Artikel über das Leben der russischen Arbeiter, die in der »Berliner Volkstribüne« erschienen.

Clara nahm auch Ossips Parteiarbeit auf sich, sprach statt seiner in Versammlungen. Bald war sie eine beliebte Rednerin, weil sie als wahre Revolutionärin und mit großer innerer Anteilnahme sprach.

Ihr Mann sah beglückt, wie sie wuchs. Es war die letzte Freude, die er erlebte. Um die Mitte des Jahres 1888 schwanden seine Kräfte zusehends. Seine Tage waren gezählt. Auch Clara wußte es. Und wenn – wie es jetzt oft der Fall war – seine Augen traurig und lange auf ihr ruhten, mußte sie sich abwenden, damit er ihre Tränen nicht sah. Sie durchlebte verzweifelte Stunden, mochte kaum an die Zukunft denken.

Clara hatte nun auch die literarische Arbeit ohne Ossips Hilfe zu leisten. Das fiel ihr nicht nur deshalb schwer, weil dies ihre erste größere schriftstellerische Arbeit war, sondern vor allem, weil damit ihre Gemeinsamkeit mit Ossip noch weiter eingeschränkt wurde. Unter Ossips Namen – denn einer Frau nahm damals kaum jemand eine journalistische Arbeit ab –, wesentlich von ihr verfaßt, erschien eine Artikelreihe über die Führer der marxistischen Arbeiterbewegung Frankreichs: Jules Guesde, Paul Lafargue, Édouard-Marie Vaillant und andere. Mitreißend geschrieben, offenbarte sie, wie Claras schriftstellerisches Talent sich zu entwickeln begann.

Unter ihrem eigenen Namen veröffentlichte die junge Frau ihre erste größere Arbeit zur Frauenfrage. Sie erschien, wie die übrigen Aufsätze, in der »Berliner Volkstribüne«.

Ende Januar 1889 starb Ossip Zetkin. Viele Freunde gaben ihm das letzte Geleit. In dankbaren Reden gedachten an seinem Grabe Sozialisten aus Rußland, Deutschland, Frankreich, Dänemark, Spanien und anderen Ländern seines aufopferungsvollen Lebens für die Revolution. Seine russischen Freunde würdigten seine Verdienste in einem ehrenvollen Nachruf. Die deutschen Genossen schrieben in der »Berliner Volkstribüne« vom 9. Februar: »Ein Opfer des unerbittlichen Parteikampfes der Gegenwart und insbesondere auch ein Opfer des deutschen Sozialistengesetzes, hat der Russe Ossip Zetkin sich ein volles Anrecht auf die Dankbarkeit aller deutschen Arbeiter und Gesinnungsgenossen erworben.«

Mit seinem Tode waren für Clara Zetkin die schmerzensreichsten Tage ihres Lebens gekommen. Tage, die sie bis ins hohe Alter hinein nicht vergaß, vor allem deshalb nicht, weil ihr Mann in die Bewußtlosigkeit versank, ohne daß sie hatten voneinander Abschied nehmen können. Nur einmal noch im Leben hat sie, wie sie später versicherte, ähnliches durchgemacht, das war nach der Ermordung von Rosa Luxemburg und Karl Liebknecht.

»Nie, nie werde ich«, schrieb sie im Herbst 1923, also 34 Jahre später, einer nahen Freundin über den Tod ihres Mannes, »den schrecklichen Tag vergessen. Es war mir und ist mir noch heute, als ob dieser Tag weder Anfang noch Ende hatte, eine Ewigkeit war. Ossip lag fast zwei Jahre, der Unterkörper gelähmt. Der Arzt hatte mich vorbereitet, daß sein Leben vor dem Erlöschen stünde ... Dann kam der furchtbare 29. Januar. Ich hatte die ganze Nacht durch gewacht, gearbeitet, Ossip gepflegt, seine Medizin gegeben. Gegen 5 Uhr früh empfand ich deutlich: der Tod griff nach dem Leben. Ich war allein mit dem Sterbenden und den beiden kleinen Jungen. Ich weckte die Nachbarin auf dem gleichen Korridor und bat sie, zum Arzt und zu russischen Freunden in der Kolonie zu gehen. Der Arzt erklärte, es sei das Letzte, Ossip sei schon ohne Bewußtsein. Er könne nur eins tun: ihn ins Bewußtsein zurückrufen, aber das werde mit großen physischen und psychischen Schmerzen verbunden sein. So hielt ich es für Pflicht und Liebesbeweis, daß ich verzichtete, den Sterbenden ins Bewußtsein zurückrufen zu lassen. Es forderte viel Selbstüberwindung von mir. Eine schwere Tragik war in unser Leben gekommen, und alles in mir schrie nach einer Antwort auf eine bestimmte Frage. Es hat viele Jahre marternd auf mir gelegen, daß ich diese Antwort nicht hatte. Aber ich empfand, daß ich verzichten mußte.«

Wir kennen den Zweifel nicht, der Clara quälte. Doch mag sie sich gefragt haben, ob Ossip, der mit Leib und Seele an der revolutionären Arbeit der Heimat hing, nie bereut habe, zusammen mit dem deutschen Mädchen eine Familie gegründet zu haben, statt, wie er vorgehabt hatte, nach Rußland zurückzukehren.

»Einige Freunde kamen und gingen«, schrieb sie weiter. »Ich erlebte alles wie im Traum. Klar, bewußt war mir nur das Eine, Furchtbare, Unfaßbare: Ossip stirbt. Abends, nach acht Stunden, standen Herz und Atem still. Es war mir, als müsse auch mein Leben stillstehen ... Ich bin damals nur durch die Kinder zum Leben zurückgekommen und namentlich durch den Sozialismus, meine Arbeit als revolutionäre Kämpferin.« Sie muß ganz von Sinnen gewesen sein. Wie ihr Sohn Maxim der Autorin erzählte, machte sie einen Selbstmordversuch.

Tatsächlich brauchte die Partei ihre Kraft dringend, wies ihr die bis dahin größte Aufgabe ihres Lebens zu. Nach Paris wurde ein internationaler Arbeiterkongreß einberufen. Anknüpfend an die Traditionen der einst von Karl Marx geleiteten Internationalen Arbeiterassoziation, wollten sich die revolutionären Arbeiterorganisationen erneut international zusammenschließen. Das war ein Ereignis, das gerade Ossip Zetkin sehr herbeigewünscht hatte und gern noch erlebt hätte. Und schon um dessentwillen rang Clara ihren Schmerz nieder, tat sie die Arbeit, die sie unter anderen Umständen mit ihrem Mann gemeinsam getan hätte. Als Vertrauensperson der deutschen Sozialdemokratie im Pariser Vorbereitungskomitee leistete sie neben umfangreicher organisatorischer eine große politische Arbeit; sie korrespondierte, diskutierte, nutzte alle von ihr und Ossip angeknüpften Verbindungen, schrieb in der Presse, entlarvte in Deutschland die Intrigen der französischen Opportunisten gegen den bevorstehenden Kongreß und bereitete zugleich ihre erste große Rede zur Frauenfrage vor.

Plötzlich gezwungen, die Verantwortung gegenüber der Bewegung, die sie sonst mit Ossip geteilt hatte, allein zu tragen, fand sie zu neuen tiefen Quellen ihrer Kraft, machte sie ihre ersten großen Schritte in der internationalen Wirksamkeit.

II. Teil

Unterdrückte von heute – Siegerinnen von morgen

1889–1897

»In uns ist die gewaltigste Ideologie lebendig, welche je des Lebens Not in ihrer Umarmung mit dem Geist stolzer Erhebung gezeugt hat. Die zeiten- und weltenumspannende Ideologie des Sozialismus, und sie bewirkt, daß wir sozialistischen Frauen von einer stolzeren Rasse sind als die Königinnen. Königinnen mögen zu Kreuze kriechen, sozialistische Frauen kriechen nicht zu Kreuze. Sie kämpfen für den Umsturz der Gesellschaft, deren Ketten den Leib bedrücken, dem Geist die Flügel knicken; sie tragen Stein um Stein zum Aufbau der sozialistischen Ordnung bei. Und sie wissen, daß sie in diesem ihrem Tun unsterblich weiterleben.«

Clara Zetkin

Wir stehen in euren Reihen

Im Juli 1889 pulsierte das Leben in der Riesenstadt Paris stärker als gewöhnlich. Die Pariser Weltausstellung und der eben erbaute Eiffelturm, damals als ein Weltwunder angesehen, hatte Scharen von Fremden in die Stadt gelockt. Zudem feierte das Pariser Volk den 100. Jahrestag der Erstürmung der Bastille, des Beginns der Französischen Revolution. Clara Zetkin, die sonst so aufgeschlossen für das Leben in der französischen Hauptstadt war, bemerkte dies alles kaum. Sie saß, eine der wenigen Frauen unter 400 Versammelten, in einem Tagungslokal der Pariser Arbeiter. Von den Saalwänden leuchtete rotes Tuch, hinter der Tribüne, die ebenfalls rot bespannt war, prangten in goldenen Buchstaben die Worte: »Proletarier aller Länder, vereinigt euch!« Die Delegierten der revolutionären Arbeiter Europas und Amerikas waren nach Paris gekommen, um eine neue, die II. Internationale zu gründen.

Zum erstenmal seit dem Tode ihres Mannes lag über Claras Gesicht wieder ein Schimmer von Freude. Sie kannte einen großen Teil der Kongreßteilnehmer und hatte viele Freunde unter ihnen. Unter denen, die sie herzlich begrüßten, war außer Paul Lafargue und Jules Guesde auch Eleanor Marx-Aveling, Marx' jüngste Tochter, waren die Berliner Frauenfunktionärin Emma Ihrer und andere Deutsche sowie Genossen aus Italien, der Schweiz, Spanien und Österreich, waren August Bebel und ihr alter Freund Wilhelm Liebknecht. Doch jedesmal, wenn die teilnehmenden Blicke der Genossen ihr schwarzes Kleid streiften, mußte sie Tränen unterdrücken. Wie sehr hatte Ossip gewünscht, einen solchen Kongreß zu erleben!

Man hörte in der Versammlung viele Sprachen; überwiegend aber war neben dem Französischen das Deutsche. Das stellte Clara mit Befriedigung fest; denn es lag nicht nur daran, daß neben den Deutschen auch Österreicher und Schweizer anwesend waren. Vielmehr hatten die deutschen Arbeiter, dem Sozialistengesetz und allen Verboten und Polizeischikanen zum Trotz, teils in Versammlungen, teils auf Listen und in Werkstätten, in Fabriken und Arbeiterlokalen 81 Delegierte zum Kongreß gewählt und für sie die Reisekosten aufgebracht. Unter ihnen waren zwei Vertreter der westfälischen Bergarbeiter, die eben einen großen Streik ausgefochten hatten.

Clara Zetkin war, weil sie hervorragend an den Kongreßvorbereitungen beteiligt gewesen war und neben Deutsch auch fließend Französisch sprach sowie sich in Italienisch und Englisch verständigen konnte, zu einem der elf Sekretäre des Kongresses gewählt worden. Sie war sehr beschäftigt. Hatte sie die Möglichkeit, im Kongreßsaal zu sitzen, so lauschte sie aufmerksam den Reden der Delegierten, überwältigt von der Kraft des proletarischen Internationalismus, die hier so sichtbar zum Ausdruck kam.

Redner der verschiedensten Nationen traten auf und berichteten von dem harten Leben und dem Kampf der Arbeiter in ihrer Heimat. Sie gedachten der Kommunarden, deren Blut vor noch nicht zwanzig Jahren in der Stadt vergossen worden war, in der sie sich zusammenfanden. Wilhelm Liebknecht sprach von Karl Marx, der gemeinsam mit Friedrich Engels die Arbeiter nicht nur internationale Solidarität gelehrt, sondern auch den Marxismus in die proletarische Massenbewegung hineingetragen und damit die Voraussetzung für die Bildung marxistischer Parteien im nationalen Rahmen geschaffen hatte.

August Bebel berichtete von dem heldenhaften Kampf der deutschen Genossen unter dem Sozialistengesetz, von dem Aufschwung, den die Partei in den letzten Jahren genommen hatte. Seine Rede löste Beifallsstürme aus. Die deutsche Sozialdemokratie hatte sich, das stellte Clara Zetkin mit Stolz fest, die Liebe und Achtung der Werktätigen aller Länder erworben, nahm in der in Paris geschaffenen Internationale einen Ehrenplatz ein.

Der Kongreß dauerte sieben Tage. Am sechsten Tag sagte der Vorsitzende: »Die Bürgerin Zetkin hat das Wort.« Da erhob sich Clara und ging zum Rednerpult.

Der Vortrag, den sie über die Lage der Arbeiterinnen im Kapitalismus hielt und in dem sie ihnen den Ausweg aus Ausbeutung und Sklaverei wies, verriet die geschulte Marxistin. Aber nicht allein dies war es, was ihrer Rede Kraft verlieh. Sie sprach aus, was sich in den harten Kampfjahren an der Seite ihres Mannes in ihr geformt hatte und was in den Herzen Tausender proletarischer Frauen Gestalt zu gewinnen begann. Auch jene Delegierten, die sie zunächst nur mit Neugier betrachtet hatten, folgten mit Spannung den Worten der Frau, die da vor ihnen stand, im schmucklosen, billigen schwarzen Kleid, das rotblonde Haar im Nacken zu einem Knoten aufgesteckt, und in deren Augen, die zwingend und fordernd auf sie gerichtet waren, die Sehnsucht und die Stärke der Frau und Mutter lebte, die für ihre und der Ihren Zukunft kämpft.

»Die Sozialisten müssen wissen«, sagte sie, »daß bei der gegenwärtigen wirtschaftlichen Entwicklung die Frauenarbeit eine Notwendigkeit ist ... Die Sozialisten müssen vor allem wissen, daß auf der ökonomischen Abhängigkeit oder Unabhängigkeit die soziale Sklaverei oder Freiheit beruht.

Diejenigen, welche auf ihr Banner die Befreiung alles dessen, was Menschenantlitz trägt, geschrieben haben, dürfen nicht eine ganze Hälfte des Menschengeschlechtes durch wirtschaftliche Abhängigkeit zu politischer und sozialer Sklaverei verurteilen. Wie der Arbeiter vom Kapitalisten unterjocht wird, so die Frau vom Manne; und sie wird unterjocht bleiben, solange sie nicht wirtschaftlich unabhängig dasteht. Die unerläßliche Bedingung für diese ihre wirtschaftliche Unabhängigkeit ist die Arbeit ...

Die Arbeiterinnen sind durchaus davon überzeugt, daß die Frage der Frauenemanzipation keine isoliert für sich bestehende ist, sondern ein Teil der großen sozialen Frage. Sie geben sich vollkommen klare Rechenschaft darüber, daß diese Frage in der heutigen Gesellschaft nun und nimmermehr gelöst werden wird, sondern erst nach einer gründlichen Umgestaltung der Gesellschaft ... Die Emanzipation der Frau wie die des ganzen Menschengeschlechtes wird ausschließlich das Werk der Emanzipation der Arbeit vom Kapital sein. Nur in der sozialistischen

Gesellschaft werden die Frauen wie die Arbeiter in den Vollbesitz ihrer Rechte gelangen.«

Clara Zetkin meldete den Anspruch der Frauen an, in den Reihen der sozialistischen Parteien um ihr Recht zu kämpfen.

»Ohne Beihilfe der Männer«, erklärte sie, »ja, oft sogar gegen den Willen der Männer, sind die Frauen unter das sozialistische Banner getreten ...

Aber sie stehen nun unter diesem Banner, und sie werden unter ihm bleiben! Sie werden unter ihm kämpfen für ihre Emanzipation, für ihre Anerkennung als gleichberechtigte Menschen.

Indem sie Hand in Hand gehen mit der sozialistischen Arbeiterpartei, sind sie bereit, an allen Mühen und Opfern des Kampfes teilzunehmen, aber sie sind auch fest entschlossen, mit gutem Fug und Recht nach dem Siege alle ihnen zukommenden Rechte zu fordern.«

Die Rede wurde von Eleanor Marx-Aveling ins Französische und Englische übersetzt.

Claras Auftreten trug dazu bei, daß der Kongreß sich für die Berufsarbeit der Frau erklärte und die Parteien verpflichtete, die Einbeziehung der Frauen und Mädchen in die Bewegung durchzusetzen. Der Kongreßbeschluß ging allerdings weiter, als Clara gefordert hatte. Unter dem Einfluß so erfahrener Arbeiterführer wie August Bebel wurde auch die Forderung der I. Internationale nach einer besonderen Schutzgesetzgebung für die Frau aufgenommen.

Clara war mit ihrem Auftreten zufrieden und konnte es sein, zumal es ihr auch viele neue Freunde gewonnen, ihr den Weg in die internationale Öffentlichkeit gebahnt hatte.

Bald nach dem Kongreß verließ sie Paris, um mit ihren Kindern in die Schweiz zu gehen, wo sie Arbeitsmöglichkeiten gefunden hatte. Der Abschied von der Stadt fiel ihr schwer. Hier hatte sie gelernt, hatte sie ihre Kinder geboren, war sie mit Ossip glücklich gewesen. Als sie zum letztenmal Blumen auf sein Grab niederlegte, weinte sie.

Heimkehr

Der Lehrer Arthur Eißner öffnete die Wohnungstür und prallte zurück. »Clara!« Sie stand vor ihm, ärmlich, abgerissen, hohlwangig, zu Tode erschöpft. An jeder Hand hielt sie einen Jungen, neben ihnen stand ein schäbiger Koffer. Erschrocken zog Arthur Eißner die Schwester in die Stube.

Nachdem Clara sich einige Tage ausgeruht hatte, begannen Bruder und Schwägerin mit ihr über ihre Zukunft zu sprechen. Sie meinten, es sei für sie an der Zeit, ihren erlernten Beruf auszuüben, sie müsse leben, die Jungen müßten lernen. Aber Clara dachte nicht daran. Die Partei brauche sie, die Frauen müßten für den Kampf um den Sozialismus gewonnen werden. Nichts anderes zähle.

Vorerst allerdings mußte Clara gesund werden, denn sie war – das stellten Bruder und Schwägerin besorgt fest – sehr krank. Die Monate, die sie, von Paris kommend, in einem Dorf bei Zürich zugebracht hatte, hatten sie die letzte Kraft gekostet; denn die Einnahmen aus ihrer journalistischen Arbeit waren so gering gewesen, daß Clara, um die Jungen satt zu bekommen, sich das Notwendigste versagt hatte. Der Arzt stellte Tuberkulose fest. Durch die Vermittlung August Bebels kam sie in ein Sanatorium in Nordrach im Schwarzwald. Es lag nahe der Schweizer Grenze, wurde von Genossen geleitet und hatte eine Rolle beim Transport der »Roten Feldpost« gespielt. Die Jungen durften sie begleiten und erhielten dort zusammen mit den Kindern anderer Patienten ihren ersten regelmäßigen Unterricht, teils von der Frau des Heimleiters, teils von der Mutter selbst.

Unter vorzüglicher ärztlicher Betreuung erholte sich Clara bald. Die Natur, die sie von Kindheit an liebte, tat das Ihre, um Körper und Seele genesen zu lassen. Weite Wanderungen durch die Wälder gaben ihr Ruhe und Kraft zurück. Auch die Kinder genossen begeistert das ungebundene Leben und die nahe Bekanntschaft mit der Natur. Noch ehe ein Jahr vergangen war, konnte Clara das Sanatorium verlassen.

Es hieß nun, für sich und die Kinder eine Existenz zu schaffen.

Sie bat August Bebel, ihr eine Arbeit zu besorgen, mit der sie der Partei dienen könnte. Aber das Vorurteil gegen berufstätige Frauen war selbst in weiten Kreisen der Sozialdemokratie noch so groß, daß nicht einmal August Bebel in der Lage war, etwas anderes für sie zu finden als die Stellung eines Annoncenwerbers. Da beschloß sie, es mit literarischer Arbeit zu versuchen. Sie ließ sich in Stuttgart nieder, wo sie die besten Arbeitsmöglichkeiten hatte. Hier befand sich der von Johann Heinrich Wilhelm Dietz geleitete sozialdemokratische Verlag, der neben anderer Parteiliteratur die theoretische Zeitschrift »Die Neue Zeit« herausbrachte. Hier lebte der Redakteur Karl Kautsky, damals noch ein führender marxistischer Theoretiker. Hier wußte Clara außer ihm, von dem sie viel Anregung erhoffte, noch einen weiteren Kreis theoretisch geschulter Genossen, auch eine Gruppe russischer Studenten. Hier auch war es – im Gegensatz zu Preußen und den meisten übrigen Ländern des Deutschen Reiches – den Frauen erlaubt, an politischen Versammlungen teilzunehmen. Clara fand, wie erhofft, Arbeit bei der »Neuen Zeit« und im Verlag von J.H.W.Dietz, die ihr ein bescheidenes Auskommen garantierte. Unter anderem übersetzte sie Edward Bellamys damals viel gelesenen utopischen Roman »Rückblick aus dem Jahre 2000« ins Deutsche und schrieb für die »Neue Zeit« Berichte über die Arbeiterbewegung im Ausland.

Mit Hilfe des Bruders und ihrer Genossen richtete sie sich eine Wohnung am Stadtrand ein. Daß sie im vierten Stock, unter dem Dach, lebten und ihre Wohnung spärlich möbliert war, kümmerte weder Clara noch die Kinder. Eine Freude aber war es allen dreien, daß sie so nahe an dem die Stadt umgebenden Gartenland wohnten, die Wälder nicht weit waren und sie aus dem Fenster tief ins schwäbische Land hinausschauen konnten. Noch mehr entzückte die Jungen die nahe bei dem Haus gelegene »Alte Schießbahn«. Längst ihrer Bestimmung als Exerzierplatz entzogen, war sie jetzt ein idealer Spielplatz mit herrlichen Erdwällen und einem großen, mit Pappeln umstandenen Platz, ein wahres Kinderparadies, in dem Maxim und Kostja zusammen mit ihren Spielgefährten, den Arbeiterjungen der Umgebung, herumtollten und leidenschaftlich Fußball spielten.

Im übrigen aber brachte die Umsiedlung den beiden Kindern allerlei Mißhelligkeiten. Da war vor allem der im kaiserlichen Deutschland geschürte Franzosenhaß. Die Jungen hatten französische Mäntelchen und Kapuzen und sprachen ein Kauderwelsch von Deutsch, Französisch, Russisch und Englisch. Das trug ihnen allerhand Feindseligkeit ein, namentlich den Zorn eines Invaliden aus dem Deutsch-Französischen Krieg, der an ihrer Straßenecke bettelte und seinen Haß gegen die unschuldigen Kinder richtete statt gegen jene, die an seinem Elend schuld waren. Er beschimpfte sie und drohte ihnen mit seiner Krücke. Sie gingen erhobenen Hauptes vorbei, ließen sich auch nicht provozieren, so hatte es ihnen die Mutter gesagt.

Auch in der Schule wurde es für sie nicht leicht. Clara schickte sie auf das Karlsgymnasium. Sie bekamen ein Stipendium. Mangelhafte Deutschkenntnisse erschwerten ihnen das Lernen, und als Kinder einer »Roten« waren sie allen möglichen Drangsalierungen von Lehrern und Mitschülern ausgesetzt. Aber bald lernten sie mit Hilfe der Mutter gutes Deutsch, und da beide begabt waren, rückten sie in die ersten Reihen der Schüler auf. Die Sache der Mutter aber vertraten sie gegen jedermann mit Stolz. Sie fühlten sich als kleine Revolutionäre, sie hatten ja Kommunehelden gekannt, und ihr Vater war ein russischer Revolutionär gewesen. Auch hatte die Mutter ihnen von Anfang an eingeprägt, daß die Armen von den Reichen bitteres Unrecht erleiden, das der Sozialismus aus der Welt schaffen werde.

Clara brannte darauf, in Stuttgart aktiv am Kampf der Partei teilzunehmen. Die Stuttgarter Behörden waren zwar nicht so stockreaktionär wie etwa die preußischen, gingen aber nicht so weit, daß sie der ehemaligen Emigrantin und schon recht bekannten Revolutionärin Clara Zetkin das politische Auftreten erleichtert hätten. Sie bestritten auf Grund ihres Zusammenlebens mit Ossip Zetkin ihre deutsche Staatsbürgerschaft, um sie jederzeit als mißliebige Ausländerin ausweisen zu können. Doch Clara nahm den Fehdehandschuh auf, siegte und war glücklich. »Kaum war meine Staatsbürgerschaft gesichert«, erzählte sie später, »stürzte ich mich in den politischen Kampf.«

Es war ein hartnäckiger Kampf, den sie zu führen hatte. In der Stuttgarter Sozialdemokratischen Partei waltete schwäbische Gemütlichkeit, dafür mangelte es am rechten Kampfgeist, und die leitenden Genossen waren keineswegs erbaut von der Art und Weise, in der die junge Genossin nun in ihre Angelegenheiten eingriff. Da hatte zum Beispiel ein Genosse – just nach dem Fall des Sozialistengesetzes – an der von den Behörden veranstalteten Bismarck-Ehrung teilgenommen. Als Clara sein Verhalten in der Parteiversammlung rügte, wurde ihr erwidert, daß man es doch nicht an Anstand fehlen lassen könne und daß sie als Frau, dazu noch junge Frau, über so schwerwiegende Parteiangelegenheiten nicht urteilen könne. Doch statt, wie erwartet, nach dieser Belehrung bescheiden zu schweigen, gab Clara zurück, daß ein Sozialdemokrat nicht im Gemeinderat sei, um seine Wohlerzogenheit zu beweisen, sondern um den Klassenstandpunkt zu vertreten, und hatte damit den Beifall der Versammlung. Dies war nur eine von vielen Auseinandersetzungen. Doch Claras Selbstvertrauen war mit ihrem Auftreten auf dem Internationalen Sozialistenkongreß gewachsen und sicher geworden. Dazu war sie den Stuttgarter Genossen weit überlegen durch ihr fundiertes theoretisches Wissen und die umfassende Kenntnis der internationalen Arbeiterbewegung und ihrer Probleme, die sie in Paris erworben hatte. Auch hatte sie, wieder auf heimatlichem Boden, ihre alte Streitlust zurückgewonnen. So setzte sie sich nicht nur durch, sondern spielte bald in der Stuttgarter Organisation eine dominierende Rolle.

Sie konnte bald feststellen, daß dank ihrem Auftreten ein frischerer Wind in die Stuttgarter Sozialdemokratie einzuziehen begann.

Interessante Arbeit, eine Existenz, politische Anerkennung, das also hatte Clara im ersten Jahr nach ihrer Rückkehr in die Heimat erreicht, und manche Frau wäre damit zufrieden gewesen. Clara Zetkin war es nicht, denn die große Aufgabe, die sie sich gestellt hatte, die Organisierung der proletarischen Frauen zum Kampf um ihre Interessen, war noch nicht einmal in Angriff genommen. Dann aber kam eine Stunde, in der sich für sie mit einem Schlage alles veränderte.

Ein bedeutungsvolles Gespräch

Der Verleger J. H. W. Dietz blickte über seinen Schreibtisch hinweg auf die junge Frau, die ihm gegenüber Platz genommen hatte. Auf seinem schmalen, klugen Gesicht lag ein Ausdruck gespannter Erwartung. Doch sein Beruf hatte ihn Geduld gelehrt, und er wartete schweigend. Er hatte Clara auseinandergesetzt, daß er beabsichtige, die von Emma Ihrer ins Leben gerufene Zeitschrift »Die Arbeiterin« in seinen Verlag zu übernehmen als ein Organ, das der sich entwickelnden Bewegung der sozialistischen Frauen Führung und Anleitung geben könne, daß er jedoch einer fähigen, theoretisch geschulten und energischen Frau als Redakteurin bedürfe und nur, wenn dies gewährleistet sei, das Wagnis eingehen wolle. Und dann hatte er an sie die Frage gestellt, ob sie bereit sei, die Redaktion zu übernehmen.

In Claras Zügen arbeitete es. Hier war ihr die große, vielleicht einmalige Möglichkeit gegeben, das Werk zu beginnen, das ihr am Herzen lag. Doch während schon Pläne durch ihren Kopf schwirrten, sie die Möglichkeiten der Arbeit erwog, ihre Begeisterung und ihr Mut sich entzündeten, fragte sie sich, gewohnt, vor der Übernahme einer Arbeit gewissenhaft, ja geradezu pedantisch alles zu überprüfen, ob sie die Aufgabe auch bewältigen könne. Sie war Journalistin, keine schlechte, konnte schreiben, das wußte sie recht gut, doch sie hatte nie in einer Redaktion gesessen, nie in einer Druckerei gestanden, um den Umbruch einer Zeitung zu besorgen. Der erfahrene Verleger hörte ihre Bedenken lächelnd an, zerstreute sie. »Wenn es Schwierigkeiten geben sollte«, sagte er, »bin ich auch noch da und immer für sie zu sprechen.« Dies gab den Ausschlag.

Die neue Zeitung erhielt den Namen »Die Gleichheit. Zeitschrift für die Interessen der Arbeiterinnen«, und Clara Zetkin hat sie mit großem politischem Können, auf höchstem kulturellem Niveau, mit viel Fleiß und zuweilen etwas übertriebener Gewissenhaftigkeit 25 Jahre lang redigiert, bis zu jenem Tage im Mai 1917, an dem die rechten sozialdemokratischen Führer, ins Lager des deutschen Imperialismus übergegangen, sie ihren Händen entrissen.

Das Gespräch hatte gegen Ende des Jahres 1891 stattgefunden, die Abzüge der Probenummer der neuen Zeitschrift lagen im gleichen Jahr auf Claras Weihnachtstisch. Noch vor Jahresende ging die Nummer hinaus, nach Berlin, nach Sachsen, nach Hamburg, nach Frankfurt am Main, kurz überall dahin, wo Sozialistinnen waren, die nach Zusammenschluß und einem Mittelpunkt für die sich formierende sozialistische Frauenbewegung strebten. Clara Zetkin hatte damit die Aufgabe übernommen, zu der es sie vor allem drängte.

»Hundert Hemden in der Woche!«

»›Hundert Hemden in der Woche!‹
Trügt mein Auge? Täuscht mein Sinn,
Nein! So steht's im Großstadtblatte,
›Liefert eine Näherin‹.

›Hundert Hemden in der Woche,
Glatt und faltig, eng und weit;‹
Ist das nicht das größte Wunder
Dieser wunderreichen Zeit?
...

Hundert Hemden in der Woche
bringen Ehre nicht und Brot,
Doch Erniedrigung und Mangel,
Herzeleid und frühen Tod.«

Aus einem Gedicht
des Arbeiterdichters Robert Seidel,
»Die Gleichheit«, 2. Juli 1902

Wie in England, Amerika, Frankreich und anderen Ländern waren durch die kapitalistische Wirtschaftsweise auch in Deutschland die Frauen der arbeitenden Klassen in Massen in das Erwerbsleben einbezogen worden. Schon 1882 hatte die Zahl der erwerbstätigen Frauen rund 5 500 000 betragen, bei der Berufszählung von 1895 war sie bereits auf 6 578 350 angeschwollen. Von diesen Frauen waren 1 521 118 in der Industrie, 2 753 154 in der Landwirtschaft, 579 608 in Handel und Verkehr, 233 865 in Lohnarbeit wechselnder Art und 176 648 in öffentlichen Diensten und freien Berufen tätig. Weit über eine Million arbeiteten als »Dienstboten«, wie man damals die Hausangestellten nannte. Hatten die Arbeiter allen Grund, die kapitalistische Ordnung zu hassen, so mußten die Arbeiterinnen sie geradezu verfluchen: Arbeitstage von 11, 12, 13, ja 16 und 18 Stunden, neben denen die verheiratete Frau die Familie versorgen mußte; Löhne, die nicht mehr als zwei Drittel, ja oft nur die Hälfte der Männerlöhne ausmachten; kaum ein Schutz für Mutter und Kind.

In schier endlosem Zug läßt »Die Gleichheit« sie an uns vorüberziehen: die Heimarbeiterinnen und die Fabrikarbeiterinnen, die Landarbeiterinnen und Dienstmädchen, die Mütter, die mit Mann und Kindern als Hausweberinnen oder Spielzeugmacherinnen schufteten, die Kellnerinnen, die meist einzig für Trinkgelder arbeiteten und sich oft nur durch die Prostitution am Leben hielten; die Verkäuferinnen, die – so wollte es der Chef – für ihre 20 bis 40 Mark Monatslohn Florstümpfe und elegante Fähnchen kaufen mußten; die proletarischen Hausfrauen, die mit dem schmalen Lohn ihres Mannes niemals die Familie satt bekamen.

Da waren die Arbeiterinnen der Konfektionsindustrie. Sie lebten in einer Hölle. Ihr Elend war bis weit in bürgerliche Kreise hinein sprichwörtlich. Die Konfektionsindustrie beruhte in erster Linie auf der Heimarbeit oder aber auf dem »Schwitzsystem«, das heißt der Arbeit für Zwischenmeister, die ihrerseits die Waren an große Unternehmer ablieferten. Sie ließen die Arbeiterinnen in kleinen dunklen Werkstätten arbeiten, eng gedrängt, in einer Luft, die verpestet war von den Ausdünstungen der vielen Menschen und dem Geruch des Maschinenöls. Das Licht war trübe, verdarb den Arbeitenden frühzeitig die Augen. Während der Saison dauerte der Arbeitstag der Frauen und Mädchen 14, 16, ja 17 Stunden und länger, und oft gab ihnen der Meister noch Arbeit mit nach Hause. Auch an Sonn- und Feiertagen wurde gearbeitet.

Die Leiden dieser Arbeiterinnen dauerten an, bis Schwindsucht oder Erschöpfung ihr Leben beendete.

Fast ebenso schlimm war es für diejenigen, die zu Hause arbeiteten. Oft waren das verheiratete Frauen und Mütter von Kindern. Sie hatten die Illusion, daß die Heimarbeit besser mit ihren Hausfrauenpflichten zu vereinen sei als die Fabrikarbeit. Auch sie arbeiteten vom Morgendämmern bis in die Nacht, und dabei mußten alle im Haushalt mitarbeiten, die halberblindete Mutter der Konfektionärin, ihr Kind, dem bei der Arbeit vor und nach der Schule fast die Augen zufielen. Das Einkommen war kläglich. Das Statistische Jahrbuch der Stadt Berlin für 1897 nennt als Jahresverdienst für Wäschenäherinnen 486 Mark, für Schneiderinnen 457 Mark und für Knopflochnäherinnen 554 Mark.

Die Konfektionsnäherinnen gehörten zu jenen Arbeiterkategorien, die der Arbeiterschutzgesetzgebung nicht unterstanden, also unbeschränkt ausgebeutet werden konnten. Das gleiche galt für die in Kleinstbetrieben Beschäftigten, die Wäscherinnen und andere, auch für die Landarbeiterinnen und die Dienstboten.

Die Landarbeiterin arbeitete, in Hitze und Regen, 14 Stunden auf dem Felde, nur von einer halbstündigen Frühstückspause und einer halbstündigen Mittagspause unterbrochen. Sie verdiente durchschnittlich 1 bis 1,20 Mark pro Tag. Die Gesindeordnung gestattete ihrer »Herrschaft«, sie zu schlagen. Lief sie in Verzweiflung aus einem Dienst fort, so konnte sie durch die Polizei zurückgeholt werden.

Dieser mittelalterlichen Gesindeordnung unterstanden auch die Dienstmädchen, deren schweres Los »Die Gleichheit« ununterbrochen beschäftigte. Der Arbeitstag der Dienstmädchen war nahezu unbegrenzt, durchschnittlich 16 Stunden, ihr Verdienst überstieg selten 150 bis 180 Mark im Jahr, das heißt 12,50 bis 15 Mark pro Monat oder $2\frac{1}{2}$ bis 3 Pfennig die Stunde. Als Schlafstätte wurde ihnen, wenigstens in den Großstädten, zumeist der Hängeboden in der Küche zugewiesen. Die Kost war gewöhnlich äußerst knapp. Das Mittagessen bestand häufig aus den Resten vom Tisch der »Herrschaft«. Mit Recht bezeichnete »Die Gleichheit« diese Mädchen als moderne Sklavinnen.

Die Fabrikarbeiterinnen unterstanden der – allerdings völlig unzureichenden – Arbeiterschutzgesetzgebung. Sie arbeiteten »nur« 11 Stunden, verbrachten also, die Pausen eingerechnet, 12 Stunden in der Fabrik und waren somit nur wenig besser gestellt als die Heimarbeiterinnen.

Über das Elend der Textilarbeiterinnen der Firma Metz und Söhne hieß es in einer Einsendung aus Freiburg im Breisgau, der schönen alten Stadt im Schwarzwald: »Die Arbeitszeit ist eine elfstündige, von 6½ Uhr [morgens] bis 6½ Uhr [abends] ... Für die Arbeit unter solchen Umständen gibt es einen Tagelohn von sage und schreibe 70 Pfennig, der allmählich auf 1,30 Mark steigt ... Eine alte Arbeiterin, die 30 Jahre bei der Firma beschäftigt ist, hat einen Monatsverdienst von 30 Mark ... [und] muß beispielsweise für ein recht bescheidenes ›Heim‹ 13 Mark pro Monat zahlen. Ihr verbleiben also für Kost, Bekleidung, Beheizung, Beleuchtung etc. ganze 17 Mark pro Monat, das macht 57 Pfennig pro Tag.«

Die Textilarbeiterinnen aus Wuppertal schufteten, wie sie mitteilten, 11 Stunden und noch länger in großen Sälen, beim Höllenlärm der Maschinen, in schwüler Luft, bleich und unterernährt, immer unausgeschlafen und stumpf vor Müdigkeit. Ständig drang der feine Staub aus Baumwoll- oder Wollfasern in ihre Lungen. Viele von ihnen raffte die Schwindsucht frühzeitig dahin, jene Krankheit, die man in allen kapitalistischen Ländern die Proletarierkrankheit nannte. Ihr Wochenlohn lag – allerdings nur für flinke, ausgelernte Arbeiterinnen – zwischen 7 und 12 Mark.

Die Tabakarbeiterinnen aus Dresden schrieben: »Viele von uns arbeiten in der Hausindustrie, andere auch in Fabriken, alle quälen wir uns lange Stunden des Tages, verdienen Hungerlöhne, leiden schwer an unserer Gesundheit durch die giftigen Nikotindünste, denen wir sowohl in der Wohnung wie auch in der Fabrik schutzlos in schlechtgelüfteten Räumen ausgesetzt sind. Wenn eine Arbeiterin während der Betriebszeit lacht, so muß sie dieses todeswürdige Verbrechen mit fünfzig Pfennig Strafe büßen. Hat sie einen ›großen Mund‹, das heißt verantwortet sie sich, so muß sie zwanzig Pfennig Strafe blechen usw. Die Heimarbeiterin aber wird beim Abwiegen des Tabaks betrogen, so daß auch sie nur einen Teil des ihr zustehenden Lohnes erhält.«

Die große Schar dieser Frauen für den Klassenkampf zu gewinnen, war – wie Clara Zetkin wußte – keine leichte Aufgabe. Jahrhundertelang ausgeschaltet vom Leben außerhalb der Familie, als zweitrangige, unmündige Wesen behandelt, ohne Möglichkeit, ihre Gaben und Talente zu entfalten, war die Masse der Frauen in ihr Schicksal ergeben. Überzeugt von ihrer Minderwertigkeit, nahmen sie ihr Leben hin, wie es war, denn so war es bei der Mutter, bei der Großmutter, so war es immer gewesen, und so würde es, meinten sie, immer bleiben. Die Mehrheit der Arbeiter dachte ebenso, sah in den Frauen lediglich unliebsame Konkurrentinnen, Lohndrückerinnen. Es hieß also, in diesen Millionen weiblichen Lohnsklaven nicht nur das Klassenbewußtsein zu wecken, sondern ihnen überhaupt erst das Bewußtsein ihrer Menschenwürde zu geben. Es hieß gleichzeitig, die männlichen Arbeiter zu lehren, in der Frau die gleichberechtigte Arbeitskollegin, die Mitkämpferin zu sehen, die sie in ihre Kampfreihen aufnehmen mußten.

War diese Aufgabe zu lösen? Nein, niemals, schallte es Clara von vielen Seiten, selbst von Genossen, entgegen. Ja, sagten ihre nächsten Freunde, sagten August Bebel und Wilhelm Liebknecht. Ja, hatte Julius Motteler, hatte ihr Mann gesagt. Ja, das lehrte die Geschichte, ja, das wußte sie nach dem Studium der Schriften von Marx und Engels, und das sagte ihr die eigene Überzeugung.

Ja und tausendmal ja. Das bewiesen alle jene Frauen, die in revolutionären Erhebungen gekämpft hatten, das bewiesen jene Frauen in Deutschland, einige tausend an der Zahl, Arbeiterinnen und proletarische Hausfrauen, die aus dem der Frau gesetzten engen Kreis ausgebrochen waren, viel energischer und kräftiger, als Clara dies je bei bürgerlichen Frauenrechtlerinnen erlebt hatte. Ihr erwachtes Selbstbewußtsein wie ihr Klasseninstinkt hatten sie zur Sozialdemokratie getrieben, der Partei, deren Führer als einzige für die Gleichberechtigung der Frau eintraten, darüber hinaus ihnen und ihren Kindern den Weg zu einem besseren Leben wiesen. War die Schar dieser Frauen auch klein, im Vergleich zu der der anderen sehr klein, so mußte sie doch, gut geführt, zu einer starken Kraft werden. Und dazu stand hinter ihnen und ihr, Clara Zetkin, die Partei, die im Jahre 1891 in ihr Erfurter Programm ausdrücklich die Forderung nach voller politischer, ökonomischer und rechtlicher Gleichberechtigung der Frau aufgenommen hatte, stand an ihrer Seite August Bebel, der große Vorkämpfer für die Befreiung der Frau. Und auch das wußte Clara Zetkin: Der gleiche Funke, der in den Sozialistinnen zur Flamme angefacht worden war, schlummerte auch in den Millionen der noch gleichgültigen, getretenen Frauen und Mädchen des Proletariats. Und sie machte sich ans Werk, an ihre neue Parteiaufgabe.

Eine Gerichtsverhandlung und was ihr folgte

Ende Juli oder Anfang August 1893 – das genaue Datum ist aus der »Gleichheit« nicht zu ersehen – fand in Düsseldorf eine Gerichtsverhandlung gegen sieben Frauen statt, eine Sache, die weder dem beteiligten Richter noch dem Staatsanwalt bis dahin in ihrer Laufbahn vorgekommen war. Beide Herren fühlten sich ziemlich unbehaglich. Es sollten ja ganz Gefährliche sein, diese Sozialdemokratinnen. Ob sie keifen würden? Oder randalieren? Als die sieben Frauen hereingeführt wurden, blickten die Herren recht verwundert drein. Die Frauen gingen in sicherer Haltung auf die Anklagebank zu, wo sie unbefangen Platz nahmen. Ihre Kleidung war sorglich gehalten und schlicht, nicht so elegant, wie sie die weiblichen Bekannten der beiden Herren zu tragen pflegten, ihre Hände verarbeitet, der Ausdruck ihrer Gesichter war klar und offen. Der Richter verlas die Anklage. Die Frauen wurden beschuldigt, einen verbotenen Verein gegründet zu haben.

Die Frauen reagierten auf ganz unerwartete Weise. Für den Richter wie für den Staatsanwalt wurde es eine recht überraschende Verhandlung. Denn die Angeklagten, die sich selbst verteidigten, rückten dem Gericht nicht nur mit äußerstem Geschick und beachtlicher Energie, sondern auch mit verblüffender Kenntnis der Gesetze zu Leibe. An Hand eines Urteils des Reichsgerichts bewiesen sie, daß der beanstandete Verein – nämlich die aus sieben Frauen bestehende Düsseldorfer Frauenagitationskommission – kein Verein im Sinne des Gesetzes sei, weil er keinen Vorstand hatte. Aufs äußerste in Verlegenheit gebracht, mußte das Gericht von der Anklage abrücken. Darauf fällte der Richter folgendes salomonisches Urteil: Der Verein könne nicht aufgelöst werden, weil er kein Verein sei. Die Vereinigung der Frauen sei aber dennoch zu verbieten, und die Frauen seien zu bestrafen. Die Frauen legten Berufung ein und setzten ihre Arbeit fort.

Als dieser Prozeß stattfand, waren eineinhalb Jahre vergangen, seit Clara Zetkin die Redaktion der »Gleichheit« übernommen hatte, Jahre, auf die sie mit Befriedigung zurückblickte, obwohl es ihr anfangs nicht leichtgefallen war, sich durchzusetzen.

Damals waren die Gruppen, in der Mehrheit nach dem Fall des Sozialistengesetzes von begeisterten Sozialistinnen in verschiedenen Teilen Deutschlands begründet – Frauenagitationskommissionen und Frauen- und Mädchenbildungsvereine –, nahezu ohne Verbindung miteinander gewesen. Dazu hatte es ideologische Unklarheiten gegeben. Einige Führerinnen der Bewegung – Clara nennt vor allem Emma Ihrer – traten, aus dem bürgerlichen Lager kommend, zwar aufopfernd für die Arbeiterinnen ein, bekannten sich auch mutig zu der verfemten Sozialdemokratie, waren aber keineswegs Marxistinnen und Revolutionärinnen. Ihnen war es vielmehr im wesentlichen um soziale Verbesserungen zu tun, während sie die Eigenständigkeit, den Klassencharakter, die weitergehenden Ziele der Bewegung verkannten, ja, in ihr ein Kind der bürgerlichen Frauenbewegung sahen.

Womit beginnen, hatte sich Clara Zetkin damals gefragt. Doch sie war nicht umsonst bei den Lafargues und damit indirekt bei Friedrich Engels in die Schule gegangen, der die Schaffung der französischen marxistischen Partei und die Arbeit der Zeitung »Le Socialiste« persönlich angeleitet hatte. Ihr erstes Ziel war, ideologische Klarheit zu schaffen, der Bewegung ein festes Kampfziel zu geben, sie zu einer einheitlichen zu machen.

Unter ihrer Leitung begann die politisch-ideologische Klärung, in deren Verlauf sich die proletarische Frauenbewegung von der bürgerlichen löste und sich auf ihre eigene Klassenposition stellte, sich fest in den Kampf der Arbeiterklasse für den Sozialismus eingliederte. Entbehren die ersten Jahrgänge der »Gleichheit«, besonders der allererste, noch der Vielfalt und des Reichtums der späteren, so prägten sie dafür den Leserinnen nachhaltig ein: Du bist eine Proletarierin, du gehörst zu deiner Klasse.

Clara ließ es nicht bei dem geschriebenen Wort. Es gelang ihr in Berlin, dem wichtigsten Zentrum der Bewegung, eine Versammlung der Genossinnen zu organisieren, auf der sie ihre Meinung darlegte. Die Herzen der Frauen flogen ihr zu; denn was Clara ihnen sagte, mit tiefer Überzeugung sagte, entsprach dem, was die Mehrheit von ihnen selbst wollte: kämpfen in den Reihen ihrer Partei, für den Sieg der Arbeiterklasse, für den Sozialismus. So übermächtig flammte die Begeisterung auf, daß auch – wenigstens zunächst – Emma Ihrer und ihr Kreis mitgerissen wurden, zu Claras Freude.

Schnell hatte sich eine Wendung der Bewegung bemerkbar gemacht, vor allem in Berlin. Neben die bisherigen Führerinnen waren neue Frauen getreten, Genossinnen, die unter dem Sozialistengesetz illegal für die Partei gearbeitet hatten, politisch zu denken und zu handeln verstanden. Hervorragend unter ihnen war Margarete Wengels, Mutter Wengels, wie die Berliner Arbeiter sagten, gebürtige Rheinländerin, Mutter von neun Kindern, ein Jahr älter als Clara und bald ihre intime Freundin, in deren Familie sie manche frohe Stunde verbrachte. In kurzer Zeit war daher in Berlin aus einer schwächlichen, vornehmlich auf soziale Verbesserungen gerichteten Bewegung eine eminent politische geworden, die bald Tausende von Frauen um sich scharen, eine wichtige Rolle in der Berliner Arbeiterbewegung spielen, den Sozialistinnen ganz Deutschlands führend vorangehen sollte. Auch in Dresden, Leipzig, Hamburg und in Süddeutschland hatten sich rührige Zentren gebildet.

Kurz vor der Düsseldorfer Gerichtsverhandlung, in den Reichstagswahlen vom Juni 1893, in denen die Sozialdemokratie gegen die Militärforderungen der Regierung kämpfte, hatte die sozialistische Frauenbewegung zum erstenmal ihre politische Reife bewiesen. Tausende Sozialistinnen in den großen und mittleren Städten vor allem der Industriegebiete hatten den Genossen bei der Wahlarbeit geholfen, Flugblätter und Agitationsschriften verteilt, Nachtstunden geopfert, um Wählerlisten abzuschreiben, Geld für den Wahlfonds der Partei gesammelt, sich ein Vergnügen oder sogar ein Stück Brot versagt, um selbst geben zu können. Sie waren, obwohl sie nicht wählen durften, am Wahltag in den Wahllokalen gewesen, hatten Propaganda für die Kandidaten der Partei gemacht, Wählerlisten geführt, säumige Arbeiterwähler zur Wahlurne geholt. Clara Zetkin hatte diese Aktivitäten in der »Gleichheit« vom 26. Juli in freudigem Stolz geschildert, hatte mit dem gleichen freudigen Stolz die junge aufblühende Bewegung auf dem Internationalen Sozialistischen Arbeiterkongreß vertreten, der vom 6. bis 12. August 1893 in Zürich stattgefunden hatte. Und nun also dieser Prozeß!

Clara befiel, obwohl sie beim Empfang der Nachricht schmunzelte, dennoch Sorge. War das eine zufällige Begebenheit oder ein Vorbote eines gegen die junge Bewegung heraufziehenden Sturms? Die führenden Genossinnen, mit denen sie sich beriet, machten gleichfalls bedenkliche Gesichter.

Die Reihen fester schließen, sagte sie. Sie setzte durch, daß die Berliner Frauenagitationskommission zur führenden Gruppe der Bewegung erklärt und ein Agitationsfonds angelegt wurde. In der »Gleichheit« erschien ein von Clara Zetkin und der Leiterin der Berliner Frauenagitationskommission, Margarete Wengels, unterzeichneter Aufruf, der zur Einsendung von Spenden zur Verstärkung der Agitation aufforderte. Schon bald gingen von allen Seiten Gelder ein, Groschen, die sich die Sozialistinnen vom Munde absparten.

Danach schlugen die Behörden zu. Der bayrische Innenminister von Feilitzsch hielt eine scharfmacherische Rede gegen die sozialistische Frauenbewegung, die das Signal zum Beginn einer Verfolgungswelle in Bayern gab. Ihm folgte der preußische Minister Graf zu Eulenburg mit einem Erlaß an die Regierungspräsidenten und Landräte über die Bekämpfung der Sozialdemokratie, der die besondere Aufmerksamkeit der Behörden auf die proletarische Frauenbewegung richtete. Und dann begann – zunächst in diesen beiden größten deutschen Ländern, bald sich auf fast ganz Deutschland ausdehnend – eine Verfolgungswelle gegen die proletarische Frauenbewegung, wie sie den deutschen Frauen bis dahin unbekannt gewesen war.

Würden die Sozialistinnen kämpfen? Clara Zetkin zweifelte keinen Augenblick daran. War nicht in ihnen der Wille übermächtig, in der Partei zu stehen, in ihrer Partei, die als einzige ihre Nöte verstand, die für sie aufstand, gegen ihre Ausbeuter? Waren sie nicht gestählt durch ihr hartes Proletarierleben? Hatten sie nicht unter dem Sozialistengesetz gezeigt, aus welchem Holz sie geschnitzt waren? Ja, sie würden kämpfen, dessen war sich Clara gewiß, wenn ein Banner da war, um das sie sich scharen konnten, eine Führerin, die ihnen voranging. Dieses Banner aber würde »Die Gleichheit« sein, und sie selbst, Clara Zetkin, würde – mochte der Kampf noch so heiß werden – an der Spitze stehen.

»Her mit dem vollen Vereinsrecht und Versammlungsrecht der Frauen!« schrieb sie in der »Gleichheit«, nachdem der bayrische Innenminister die bewußte Rede gehalten hatte, und in einem Leitartikel rechnete sie furchtlos mit dem hohen Herrn ab. Gleichzeitig forderte sie die Sozialistinnen auf, die sozialdemokratische Reichstagsfraktion zu unterstützen, die in ihrer Vorlage zum Versammlungs- und Koalitionsrecht auch für die politischen Rechte der Frauen eintrat. Dem preußischen Grafen aber antwortete sie in der »Gleichheit« vom 13. Dezember 1893: »Minister, Regierungspräsidenten und Landräte samt dem Chor der ›Wohlgesinnten‹ werden in Zukunft noch mehr Gelegenheit haben als bisher, darüber ihre bedächtigen Häupter zu schütteln und zu jammern, daß der Sozialismus in immer weitere Schichten der proletarischen Frauenwelt dringt. Denn die sozialistische Bewegung wird diese Schichten mächtiger und mächtiger mit unwiderstehlicher Gewalt erfassen in dem Maße, als die wirtschaftliche Entwicklung ihren Lauf geht, die Klassengegensätze zwischen Besitzenden und Besitzlosen verschärft werden, die Frauen des Proletariats als Berufsarbeiterinnen unmittelbar unter das Joch des Kapitalismus geraten und die Beteiligung am Kampf ihrer Klasse für sie zur unabweisbaren Notwendigkeit wird ... Man kann eben Minister sein und sich doch mit seiner staatsmännischen Weisheit ganz gründlich auf dem Holzwege befinden.«

»Frauenspersonen, Schüler und Lehrlinge«

Essen, Stralsund, Nürnberg, Fürth, München, das Rheinland, Thüringen, Sachsen: Verfolgungen, Verbote, Versammlungsauflösungen, Vereinsschließungen, Rüpeleien, Prozesse, Gefängnis. Immer neue Nachrichten über Unterdrückungsmaßnahmen der Polizei und der Behörden gingen von nun an Jahre hindurch bei der Redaktion der »Gleichheit« ein, forderten Clara Zetkins Mut, ihre Energie, ihre Findigkeit heraus, ließen sie zusammen mit ihren führenden Mitarbeiterinnen ständig neue Wege suchen, stählten ihre Kampfkraft, ihren Willen zum Sieg.

Die junge proletarische Frauenbewegung sollte zur Strecke gebracht werden. Die Reaktion, die auch nach dem Fall des Sozialistengesetzes ihre Pläne gegen die Sozialdemokratische Partei nicht aufgegeben hatte, war noch weniger gesonnen, der sozialistischen Frauenbewegung den Weg freizugeben. Bemühte sie sich – freilich vergebens –, gegen die Partei neue Verfügungen und gesetzliche Bestimmungen zu schaffen, so brauchte sie sich den Frauen gegenüber dieser Mühe nicht erst zu unterziehen. Politischen Vereinen sei, so hieß es im alten preußischen Vereinsgesetz, die Aufnahme von Frauenspersonen, Schülern und Lehrlingen verboten, auch dürften solche Personen nicht an Versammlungen und Sitzungen teilnehmen, in denen politische Gegenstände verhandelt würden. Und in den meisten der deutschen Länder und Ländchen existierten ähnliche Bestimmungen.

Gegen die bürgerlichen Frauenverbände wurden sie kaum angewandt. Diese nannten sich unpolitisch. Und wer hätte es auch als politische Handlung bezeichnen wollen, wenn die sogenannten Vaterländischen Frauenvereine mit allen ihnen zur Verfügung stehenden Mitteln, auch moralischem und materiellem Druck, den Chauvinismus verbreiteten, Kaiser, Reich und Armee verherrlichten, wenn – um die Jahrhundertwende – der Allgemeine Deutsche Frauenverein in einem Aufruf die Frauen aufforderte, für den Bau einer deutschen Kriegsflotte zu sammeln, wenn bürgerliche Frauenorganisationen den Kolonialismus unterstützten. Sie gehörten ja zu den »Wohlgesinnten«, standen treu zu Kaiser und Reich und wurden daher nicht angetastet.

Dafür wurde der frauenfeindliche Paragraph mit voller Härte gegen die Sozialistinnen angewandt. Und was konnte nicht reaktionäre Böswilligkeit mit dieser Bestimmung anfangen! Was alles konnte nicht dem Begriff »politisch« zugeordnet werden! Welche Schikanen gab es, auf die nicht die Gehirne kaiserlicher Polizeischergen verfallen konnten! Sie waren so zahlreich und ausgefallen, daß Clara Zetkin, der Reaktion zum Hohn, in der »Gleichheit« schließlich eine besondere Spalte einrichtete, die den Titel hatte: »Die Behörden im Kampfe gegen die proletarischen Frauen.«

Die kaiserlichen, königlichen, großherzoglichen und sonstigen Behörden begnügten sich keineswegs mit dem Verbot von Frauenagitationskommissionen und sozialistischen Frauenvereinigungen, nicht mit der Bestrafung von Funktionärinnen. In Ottensen und Nürnberg und wer weiß, wo noch, wurden ganze Vereine vor Gericht gestellt. Massenweise wurden Frauen aus Gewerkschaftsversammlungen ausgewiesen. War es denn nicht ein politisches Verbrechen, wenn sich Schneiderinnen und Schneider über ihre Lohn- und Arbeitsbedingungen aussprachen, Tabakarbeiter und Tabakarbeiterinnen, Lederarbeiter und Lederarbeiterinnen ähnliches taten? Selbst Arbeitertanzvergnügen wurden verboten, weil Frauen daran teilnehmen sollten. Frauen war, beispielsweise in Magdeburg, auch der Zutritt zu Arbeitertheatervorstellungen untersagt. Die Behörden von Berlin-Weißensee verstiegen sich sogar dazu, ein sozialdemokratisches Weihnachtsvergnügen mit Bescherung zu verbieten, weil Frauen dabei sein sollten. Was hatten auch die Frauen und Mädchen der Arbeiterklasse auf Tanzvergnügungen und gar im Theater zu suchen! Warum sollten die Frauen der »Roten« ihren Kindern eine Weihnachtsbescherung bereiten! Verbote von Frauenversammlungen waren an der Tagesordnung. Jede von der Partei oder den Gewerkschaften organisierte Agitationstournee für die Frauen bedeutete Kampf für die Organisatoren, für die Referentinnen, für die Frauen, die an den Versammlungen teilnahmen oder teilnehmen wollten! Endlose Verhandlungen mit den Behörden gingen voraus, bei denen die Veranstalter oder Veranstalterinnen sich Grobheiten an den Kopf werfen lassen mußten. Bedingungen wurden gestellt. Traf die Referentin ein, wartete neben den Genossen auch die Polizei schon auf sie, verbot die Versammlung oft im letzten Augenblick oder schüchterte den Wirt so ein, daß er seinen Saal nicht zur Verfügung stellte. So kamen von den angesetzten Versammlungen häufig nur die Hälfte, oft noch weniger zustande. Immer sprach die Referentin unter strengster Polizeiaufsicht. Bei dem kleinsten Wort, das dem Überwachenden mißfiel, setzte er den Helm, die Pickelhaube, auf, das bedeutete, daß die Versammlung aufgelöst war. Die Referentin aber wurde danach gewöhnlich noch vor Gericht gestellt.

Doch wenn die Reaktion geglaubt hatte, mit den Genossinnen leichteres Spiel zu haben als mit den Genossen, so bemerkten die Herren schnell, daß sie sich gründlich geirrt hatten. Es gab keine Maßnahmen der Reaktion, die die Sozialistinnen ohne Gegenwehr hingenommen hätten, kein Verbot eines Vereins, ohne daß die Frauen sich vor Gericht klar und scharf verteidigt, ihre Rechte gefordert hätten, kein Urteil, gegen das nicht Berufung eingelegt worden wäre. Das traf nicht nur auf die Funktionärinnen zu, sondern auch auf alle Vereinsmitglieder. In Ottensen bei Hamburg legten 141 Frauen gegen ihre Verurteilung Berufung ein, in Nürnberg, wo ein Monsterurteil gegen die Mitglieder des dortigen Sozialistischen Frauen- und Mädchenvereins gefällt worden war, legten 59 Frauen Berufung ein, 56 von ihnen erschienen zur zweiten Gerichtsverhandlung, drei waren krank. Der erschrockene Richter hatte eine Frauenversammlung vor sich, die für ihn wenig behaglich verlief.

Versagten die sogenannten Rechtsmittel, was durchweg der Fall war, arbeiteten die Frauen illegal weiter. Jahrelang trafen sich Frauen und Mädchen in Berlin und anderen Städten heimlich in den Hinterstuben von Wirtshäusern, die verschwiegenen Genossen gehörten.

Wurde eine Frauenagitationskommission verboten, so griffen die Frauen auf eine unter dem Sozialistengesetz erprobte Form der halblegalen Arbeit zurück. Sie wählten eine Vertrauensperson, die die Bewegung nach außen und vor allem den Behörden gegenüber vertrat, da man, wie sie sagten, »eine Person weder verbieten noch auflösen könne«. Natürlich hatte aber diese Genossin ein Gremium neben sich, das mit ihr gemeinsam arbeitete. Sie traf sich mit den Mitgliedern ihrer Leitung in aller Heimlichkeit – in Proletarierküchen, beim Schein einer Petroleumfunzel hinter gut verhängten Fenstern. Und wenn die Frauen zu diesen Sitzungen gingen, waren sie darauf bedacht, daß die »Pickelhaube« an der Ecke sie nicht sah und argwöhnisch ihren Schritten folgte und auch keine schwatzhafte Nachbarin wußte, was vor sich ging.

Bei alledem hörten aber die Frauen niemals auf – und mochte es noch so viele Opfer kosten –, öffentlich für ihr Recht auf Teilnahme am politischen Leben zu demonstrieren. Immer, wenn die Genossen in Erscheinung traten – am 18. März zum Beispiel, wenn die großen Demonstrationen zu Ehren der Märzgefallenen von 1848 stattfanden, am 1. Mai, in Wahlkampagnen –, erschienen der Polizei zum Trotz auch die Frauen. Sie beteiligten sich auch an den großen Aktionen der Partei: am Widerstand gegen die Umsturzvorlage 1894, eine Neuauflage des Sozialistengesetzes, die die Reaktion im Jahre 1895 vergeblich durchzubringen versuchte; an den Solidaritätsaktionen für die streikenden Konfektionsarbeiter und -arbeiterinnen im Februar 1896 und für die um die Jahreswende 1896/1897 streikenden Hamburger Hafenarbeiter; an den Kämpfen während der Krankenkassen- und Gewerbegerichtswahlen. Sie besuchten nach wie vor die Versammlungen ihrer Gewerkschaft, obgleich sie riskierten, von der Polizei hinausgeworfen zu werden. Sie lauschten Referenten, denen im Versammlungssaal zuzuhören ihnen verboten war, in Nebenzimmern der

Wirtshäuser, ja, drängten sich in kalten Hinterhöfen an die Fenster. Sie folgten Referentinnen, die nicht reden durften, in ihr Gasthaus oder holten sie in ihre Wohnungen. Auch die von den Frauen selbst und von den Gewerkschaften organisierten Frauenversammlungen wurden keinen Augenblick eingestellt. Gefängnisstrafen und Anpöbeleien schreckten weder die Einberuferinnen noch die Referentinnen, noch die Besucherinnen. Tausende namenloser Frauen aus dem Volk schlugen auf diese Weise – ohne viel zu reden, klassenbewußt und erfüllt vom Glauben an eine neue, bessere Welt, die zu schaffen sie mitberufen waren – eine Schlacht für die Zukunft, geschart um eine Frau und Marxistin, die sie unbeirrbar vorwärts führte.

Die Polizei- und Justizgewaltigen aber, wurden ihnen die Berichte der Polizei und der Spitzel über die Vorgänge in der proletarischen Frauenbewegung auf den Tisch gelegt, bekamen rote Köpfe, zuweilen tobten sie. Das war kein spontaner Widerstand, das war organisierte Abwehr, und das Zentrum des Kampfes, das fanden sie schnell heraus, war in Stuttgart.

»Besten Dank für die Quittung, Herr Minister!«

Die Jahre, in denen die proletarische Frauenbewegung sich so tapfer ihr Daseinsrecht erkämpfte, ließen Clara Zetkins Kräfte wachsen. In dem Krieg mit den Behörden ganz in ihrem Element, machte sie ihre Dachkammer zum Generalstabsquartier der Bewegung. Hier wurden Artikel geschrieben, Notizen zusammengestellt, hier wurden Reden konzipiert, Reisepläne gemacht, wurde die Taktik der Bewegung ausgearbeitet, wurden wohl auch Besprechungen abgehalten, und vor allem wurde hier die »Gleichheit« redigiert, die Claras wichtigste Kampfwaffe war. Jede einzelne Nummer der Frauenzeitung war ein flammender Ruf nach politischen Rechten für die Frau, eine Aufforderung zum Widerstand gegen die Verbotskampagne der Reaktion, bezog die Frauen ein in die großen Kämpfe der Partei, prangerte die kapitalistische Ausbeuterordnung und die in ihr herrschenden Klassen an, wies die Frauen auf das große und schöne Ziel, für das sie kämpften, schulte sie für die Arbeit.

»Gebt uns Waffen!«, »Klassenkampf ist die Losung«, »Das Ende jeder Klassenherrschaft«, »Neues Jahr, neue Kämpfe, neue Siege«, ein Porträt des Industriemagnaten Stumm unter dem Titel »König Stumm«, das sind einige Leitartikel aus diesen ersten Jahren. Auch eine Antwort auf die Polizeiherrschaft des preußischen Innenministers und Sozialistenfressers von Köller fehlt nicht. Sie trägt den Titel »Wir pfeifen drauf!«. Keine einzige Nummer erschien, in der nicht auch die Vertreter der Behörden – vom Minister bis herunter zum Schutzmann – angegriffen oder lächerlich gemacht wurden und dem schlichten Heldentum der Sozialistinnen ein Denkmal gesetzt war.

Clara Zetkin steigerte ihre propagandistische und organisatorische Tätigkeit. Wenn immer die Arbeit an der »Gleichheit« ihr Zeit ließ, war sie unterwegs – vor allem nach Berlin. Hier hatte sich mit ihrer Hilfe ein prächtiges, von Margarete Wengels geführtes Kollektiv gebildet, aus fünf oder sechs tapferen Proletarierfrauen bestehend. Eine von ihnen war die Heimarbeiterin Ottilie Baader, die neben ihrem harten Broterwerb nichts anderes kannte als Arbeit für die Partei, eine gute Organisatorin und Agitatorin. Ebenso wie Margarete Wengels sollte sie in der proletarischen Frauenbewegung ganz Deutschlands Bedeutung erlangen.

Mit diesen Genossinnen, auf die sich Clara fest verlassen konnte, beriet sie nicht nur die Arbeit in Berlin, sondern auch Fragen, die die Arbeit im ganzen Lande betrafen. Sie unterstützten Clara auch, wenn es hieß, die Bewegung gegen den Opportunismus zu verteidigen, der der proletarischen Frauenbewegung den Kampfcharakter nehmen, sie in eine Reformbewegung verwandeln wollte, die lediglich um die Verbesserung der Lage der Arbeiterinnen unter dem kapitalistischen System bemüht war. Nicht ganz so eng, aber nicht weniger herzlich, waren Claras Beziehungen zu den übrigen führenden Frauen der Bewegung, namentlich zu den Genossinnen in Sachsen, unter denen vor allem Auguste Eichhorn und Auguste Lewinsohn hervortraten. Erstere, unter dem Sozialistengesetz in Leipzig tätig und von den Genossen hochgeachtet, war der jungen Clara Eißner Vorbild gewesen. Später, als Führerin der Dresdener Sozialistinnen, wurde sie ihr nahe Freundin, deren frühen Tod durch eine Lungenkrankheit Clara schmerzlich betrauerte. Auguste Lewinsohn, Frauenorganisatorin in Dresden-Neustadt, fand wie Clara zur Kommunistischen Partei. Sie blieb Clara bis zum Tode fest verbunden und hat sie in den letzten Jahren ihres Lebens jährlich in Birkenwerder besucht.

Alle Besprechungen Claras mit den leitenden Genossinnen wurden, schon um das Fahrgeld aufzubringen, mit Versammlungstourneen verbunden. Wie Clara später erzählte, hat sie in der Frühzeit der Bewegung in einigen Jahren wohl dreihundert Versammlungen im Jahr abgehalten. Es handelte sich vornehmlich um Frauenversammlungen, aber auch um Massenversammlungen, zu denen Frauen wie Männer strömten. Sie lernte nicht nur immer besser mit der Feder zu kämpfen, sondern auch zündend und aktivierend zu sprechen, ihre Hörer mitzureißen, Tausenden ihre Pflicht im Klassenkampf bewußt zu machen, erwarb jene Schlagfertigkeit, für die sie berühmt geworden ist.

Wo immer sie hinkam, erfüllt von Siegeszuversicht, nahm die Bewegung einen Aufschwung, wurden nicht nur die Genossinnen angespornt, sondern steigerten auch die Genossen ihre Bemühungen zur Gewinnung der Frauen für die Bewegung. Standen diese aber der Aufgabe ablehnend gegenüber, konnte Clara ihnen kräftig zusetzen. Es gab in einigen Bezirken leitende Funktionäre, die Clara Zetkin nach Möglichkeit aus dem Wege gingen.

Es war selbstverständlich, daß Clara, unterstützt von ihren Mitkämpferinnen, vornehmlich auf den sozialdemokratischen Parteitagen – sie hat von 1892 bis zum ersten Weltkrieg an allen teilgenommen – kräftig die Sache der proletarischen Frauenbewegung vertrat, im Plenum die Hilfe der Partei für die Frauen forderte, in den Pausen die Delegierten wie die Mitglieder des Parteivorstandes bestürmte. Vor allem aber führte sie viele Gespräche über ihre Arbeit mit August Bebel, zu dem sie alle ihre Sorgen tragen konnte und von dem sie stets Rat, Hilfe und Unterstützung erhielt.

Die Reaktion haßte Clara Zetkin mehr als jede andere Funktionärin der sozialistischen Frauenbewegung. Sie hätte sie gern und für lange Zeit hinter Schloß und Riegel gebracht, aber sie wurde mit Clara Zetkin nicht fertig. Clara verstand ihre Worte so ausgezeichnet zu setzen, daß die Polizei schwer eine Handhabe fand. Sie sagte, was zu sagen war, so geschickt, daß die Zuhörer sie ausgezeichnet verstanden, ehe noch der Polizeigewaltige begriffen hatte, um was es ging. Vor allem aber fürchteten die Behörden, in einem Prozeß gegen diese kühne und fähige Gegnerin eine Niederlage einstecken zu müssen. Einmal wurde ihr ein Verfahren angehängt, aber niedergeschlagen. Einige Male wurden ihr Versammlungen verboten oder unterbrochen oder durch Schikanen gestört, aber Clara berichtete darüber in der »Gleichheit« derart, daß solche Maßnahmen zu einem Sieg für die Bewegung wurden.

Von einer Versammlung, die sie im Jahre 1895 in dem rheinischen Städtchen Neuwied abhielt, schrieb sie: »Die Polizei sorgte dafür, daß sämtliche Plakate, welche die Versammlung anzeigten, abgerissen wurden, kaum daß sie angeklebt waren. Nur ein einziges von allen war der ordnungsretterischen Hand entzogen, weil es am Laden eines Parteigenossen angeschlagen war. Um auch dieses zu entfernen, intervenierte die Polizei bei der Hauswirtin, der nahegelegt ward, doch den ›Schandfleck‹ nicht an ihrem Haus zu dulden. Der Versammlung selbst wohnte ein großer Teil der Besucher nicht in dem Lokal bei, sondern vor den geöffneten Fenstern im finstern Hofe, weil die Leute nach den gemachten Erfahrungen fürchteten, ihren Arbeitgebern durch die Polizei denunziert zu werden.« Für die Neuwieder Behörden war das gewiß eine peinliche Lektüre.

Recht unangenehm war es für Clara Zetkin, daß ihr Spitzel auf den Hals geschickt wurden.

»Einmal«, so erzählt ihr Sohn Maxim, »als ich – ein Junge von elf oder zwölf Jahren – meine Mutter abends von der Bahn abgeholt hatte, fanden wir bei der Heimkehr zwei Männer im Wohnzimmer, die sich an Claras Schreibtisch zu schaffen machten: sie verschwanden bei unserem Eintritt durch das Fenster und stiegen über den Balkon in die unter der unseren gelegenen Wohnung. Spitzel und Horcher sogar im eigenen Haus!«

Doch auch solche Dinge schreckten Clara nicht; sie war von Paris her daran gewöhnt.

Der mutige Kampf Clara Zetkins und ihrer Genossinnen konnte jedoch nicht verhindern, daß die Reaktion eine Agitationskommission nach der andern verbot, einen sozialistischen Frauenverein nach dem andern auflöste. Schon im Herbst 1894 war die Mehrheit der Frauenagitationskommissionen geschlossen oder in der Arbeit so behindert, daß die Bewegung zu neuen Kampfformen übergehen mußte. Clara Zetkin und ihre Mitarbeiterinnen waren so kluge Taktikerinnen, wie sie kühne Kämpferinnen waren. Bei einer Zusammenkunft im Jahre 1894 anläßlich des Parteitages der Sozialdemokratischen Partei Deutschlands in Frankfurt am Main beschlossen sie, die restlichen Agitationskommissionen aufzulösen und allgemein Vertrauenspersonen wählen zu lassen. Einzig die Berliner Agitationskommission wurde von dem Beschluß ausgenommen. Zugleich forderten Clara und ihre Genossinnen stürmischer denn je die Unterstützung von der Partei. Es ist wohl vor allem der Autorität August Bebels zu verdanken, daß die Sozialdemokratie den Genossinnen im Kampf um ihre Rechte energisch half. Der ursprünglich für die Stadt Nürnberg vorgesehene Parteitag des Jahres 1894 war bereits nach Frankfurt am Main verlegt worden, weil, wie der Parteivorstand erklärt hatte, die unbehelligte Beteiligung der Frauen in Nürnberg nicht gesichert sei. Dort hatte eine scharfe Verfolgung der Sozialistinnen eingesetzt. Der Parteitag selbst faßte wichtige Beschlüsse zur Frage der Arbeit unter den Frauen. Er rief alle Parteieinheiten, die Parteipresse, vor allem die Gewerkschaften auf, Maßnahmen zur Verstärkung dieser Seite der Arbeit zu ergreifen. Folgten diesem Beschluß auch nicht überall Taten, so setzte doch ein sichtlicher Aufschwung der Arbeit ein. Wichtige Bezirke wie das Rheinland nahmen die Frauenagitation in ihr Arbeitsprogramm auf. Und als die Behörden des Rhein-Ruhr-Gebietes so weit gingen, die weiblichen Delegierten vom Bezirksparteitag der Sozialdemokratie auszuweisen, so hatte das nur eine Verstärkung der Arbeit unter den Frauen zur Folge.

Allen voran ging die sozialdemokratische Reichstagsfraktion. Gemeinsam mit Clara Zetkin und der Berliner Frauenagitationskommission organisierte sie im Reichsmaßstab eine große Kampagne der Partei für die Gleichberechtigung der Frau, die allen Genossinnen neuen Mut gab, ihre Widerstandskraft stärkte, der Bewegung Tausende neue Freunde gewann. Sie brachte im Deutschen Reichstag, wo sie schon zuvor für die Vereins- und Koalitionsrechte der Frauen eingetreten war, zwei Initiativanträge ein, deren erster die bereits gestellte Forderung nachdrücklich wiederholte, deren zweiter das Wahlrecht für die Frauen forderte.

Die Sozialdemokratische Partei warf damit als erste große Partei Deutschlands, ja der ganzen Welt, in aller Form und unüberhörbar die Frage der politischen Gleichberechtigung der Frauen auf. August Bebel, der von Hunderttausenden Frauen verehrte Vorkämpfer der Gleichberechtigung, hielt zur Begründung der Anträge eine große Rede. Clara Zetkin hat sie in der »Gleichheit« veröffentlicht. Gleichzeitig aber gingen die Sozialistinnen selbst zum Angriff über.

In der »Gleichheit« forderte Clara Zetkin ihre Genossinnen auf, die Reichstagsfraktion durch kraftvolle Kundgebungen zu unterstützen. Die Frauen folgten diesem Aufruf. In Berlin wurden Anfang Februar durch die Frauenagitationskommission vier große, jeweils von mehr als tausend Frauen besuchte Kundgebungen organisiert, in denen unter anderen August Bebel und Wilhelm Liebknecht aufrüttelnde Reden hielten. Auch in Stettin, Leipzig, Dresden, Elberfeld, Frankfurt am Main, Chemnitz, Kiel, Königsberg und anderen Städten fanden große Versammlungen statt. Die Antwort der Behörden blieb nicht aus. Wie erwartet, wurde vor allem die Berliner Frauenagitationskommission verboten, bald darauf auch der Berliner Frauen- und Mädchenbildungsverein mit seinen Filialen in den verschiedenen Teilen der Hauptstadt aufgelöst. Die führenden Berliner Frauen mußten Haussuchungen über sich ergehen lassen, wurden unter Anklage gestellt, Margarete Wengels zu Gefängnis verurteilt. Auch an anderen Orten wurden die Unterdrückungsmaßnahmen verschärft. Doch dies alles konnte die Bewegung nicht aufhalten; im Gegenteil – die Frauen fühlten sich als Siegerinnen, sagten: Nun erst recht! In Berlin veranstalteten sie unmittelbar nach dem Verbot ihrer Kommission vier weitere von Tausenden Frauen besuchte Versammlungen, in denen sie Vertrauenspersonen wählten, die nunmehr verstärkt die illegale Arbeit organisierten. Auch im übrigen Deutschland wurde der Kampf hartnäckiger denn je fortgesetzt.

Es waren schließlich nicht die Frauen, sondern die Behörden, die zurückwichen. Im Jahr 1900 konnten die Sozialistinnen anläßlich des Parteitages der Sozialdemokratischen Partei in Mainz ihre erste legale Frauenkonferenz abhalten. Acht Jahre später dann, als ein neues Reichsvereinsgesetz verabschiedet wurde, wurden die Frauen rechtlich zu den politischen Parteien zugelassen, ein Sieg, den die Sozialistinnen nicht nur für sich selbst, sondern für alle Frauen in Deutschland erkämpft hatten.

»Die Gleichheit«

Es ist keine einfache Aufgabe, eine zentrale sozialistische Zeitung aufzubauen und zu leiten, eine Zeitung, für Frauen bestimmt, die ihre ersten Schritte in die Politik tun. Ein klarer, marxistisch geschulter Geist gehört dazu, Weitblick und Organisationstalent, großes, immer neu erworbenes Wissen auf allen Lebensgebieten, ständige wache Teilnahme am politischen Leben, viel Mut, Phantasie, Ideenreichtum, aber auch große Erfahrung und ständiger Kontakt mit den Lesern.

Clara Zetkin besaß viele dieser Voraussetzungen in hohem Maße, doch die Erfahrung wollte erst erworben, der Kontakt mit den Lesern aufgebaut sein. Sie hatte es um so schwerer, als sie unter primitiven Bedingungen beginnen mußte. Sie hatte keinen Mitredakteur, keine Schreibkraft, niemanden für Botengänge, keinen Redaktionsraum. Alles, was nicht in der Druckerei erledigt wurde, spielte sich in ihrer engen Wohnung ab. Porto und manches andere mußte von dem verhältnismäßig kleinen Gehalt bestritten werden, das Clara zunächst bezog, 240 Mark monatlich. Sie hatte längere Zeit nicht einmal Mitarbeiter, schrieb alle Artikel und Notizen selbst. Doch was nur wenigen gelungen wäre, gelang dieser Frau. Die »Gleichheit«, der Clara damals wie später ihre Hauptkraft widmete, wurde zum Motor der Bewegung, der diese unablässig vorwärtstrieb, entwickelte sich von Jahr zu Jahr zu immer größerer Breite und Tiefe.

Die Leitartikel Clara Zetkins wurden zunehmend von packender Aktualität, behandelten brennende Gegenwartsfragen – Fragen der Frauen, Fragen der Arbeiterklasse, Fragen der großen Politik. Immer das Wesentliche findend und präzisierend, nach Inhalt und Form aus einem Guß, sorgfältig überarbeitet und ausgefeilt, verrieten sie Claras großes literarisches Talent, auch die ihr eigene Kunst, auf einfache Art Probleme zu erklären, ihre Auswirkung auf das tägliche Leben aufzuzeigen.

Seit ihren Pariser Jahren glühende Internationalistin, spannte Clara den Bogen weit über die deutschen Grenzen hinaus. Sie berichtete von internationalen Kongressen, auf denen die Sozialisten aus Deutschland, Frankreich, Rußland, England, Italien und anderen Ländern um ihre gemeinsamen Probleme rangen, brachte – ihre reichen internationalen Beziehungen nutzend – schon lange vor dem internationalen Zusammenschluß der Sozialistinnen Berichte über die Lage und den Kampf der arbeitenden Frauen in anderen Ländern, arbeitete gewissenhaft die internationale Presse durch auf Nachrichten über das Leben, die Erfolge, die Bestrebungen und Leistungen der Frauen in allen Teilen der Welt. Die Leserinnen, von denen manch eine von der Sozialdemokratischen Partei bis dahin nicht mehr gekannt hatte als den lokalen Wahlverein und kleine Broschüren und Flugblätter, verwuchsen nun immer fester mit ihrer Partei, fühlten immer stärker ihre Kraft. War ihnen bis dahin der proletarische Internationalismus mehr Gefühl als Begriff gewesen, weil sie wenig von dem Leben jenseits der schwarzweißroten Grenzsteine wußten, so erfüllte er sich ihnen nun mit Leben, und das Bewußtsein, nicht nur zu einer großen, starken Partei zu gehören, sondern zu einer brüderlichen internationalen Gemeinschaft, erhöhte ihr Siegesbewußtsein. Die Worte des Kommunistischen Manifestes »Proletarier aller Länder, vereinigt euch!«, ihnen aus den Losungen der Partei vertraut, gewannen einen ganz neuen Inhalt.

Auch vieles andere vermittelte die Zeitung den Sozialistinnen, das manch einer ohne die »Gleichheit« niemals zugänglich geworden wäre. Sie führte sie in die Grundbegriffe des Marxismus ein, lehrte sie das Wesen der kapitalistischen Ausbeutung verstehen, ließ sie durch spannende Erzählungen und mitreißende Lebensbilder kühner Frauen an den revolutionären Erhebungen der Menschheit in ferner und naher Vergangenheit teilhaben. Sie brachte – trotz bescheidenster Mittel – schon in ihren ersten Jahrgängen ausgezeichnete Feuilletons, die den Leserinnen ersten Zugang zu den Schätzen der Kultur gewährten. Dies dankten sie, die meist einfache Frauen und von den herrschenden Klassen von allen Schönheiten des Lebens ausgeschlossen waren, Clara Zetkin besonders.

Große Sorgfalt widmete Clara Zetkin jenem Teil der Zeitung, der die Lage und den Kampf der werktätigen Frauen schilderte. Sie sammelte mit außerordentlichem Fleiß statistisches Material, Berichte der Gewerkschaften, wissenschaftliche Erhebungen aufgeschlossener bürgerlicher Sozialpolitiker und verwandte vor allem viel Mühe auf die Gewinnung von Arbeiterkorrespondenten und -korrespondentinnen, deren sie in kurzer Frist eine große Anzahl heranbildete und mit denen sie geduldig arbeitete.

Hunderte von Frauen und Männern, Funktionäre der Partei und der Gewerkschaften, Betriebsarbeiterinnen, Landarbeiterinnen, Dienstmädchen, proletarische Hausfrauen berichteten in der »Gleichheit« über ihre und ihrer Kinder Drangsale und Nöte, vor allem aber über ihren Kampf. Ihre schlichten Schilderungen, oft ungelenk im Stil, tragen nicht wenig dazu bei, daß in den Jahrgängen dieser alten Zeitschrift das werktätige Deutschland der Kaiserzeit lebt, mit seinen Sorgen und seinem Sehnen, seinem Kämpfen und seinem Hassen und seinem zuversichtlichen Hoffen auf eine glückliche Zukunft.

Clara Zetkin verstand, zum Schreiben zu ermuntern, half Wesentliches herauszustellen, Überflüssiges beiseite zu schieben. Sie redigierte gewissenhaft jede Arbeit – so hat sie selbst erzählt, und so erzählten der Verfasserin auch ehemalige Mitarbeiterinnen der »Gleichheit«, unter ihnen die Leipzigerin Auguste Hennig – und sandte sie zurück mit der Begründung der Korrekturen und der Bitte um Zustimmung zu den Änderungen, ehe sie sie veröffentlichte.

Wie sorgfältig Clara Zetkin mit ihren Korrespondentinnen arbeitete, zeigt ein Brief an die Leipziger Genossin Clara Wehmann aus dem Jahre 1902.

»Meine liebe Genossin Wehmann!

...

In Nr. 12 habe ich erst Ihren Bericht über den Bildungsverein veröffentlicht, weil ich mit dem Bericht über die gewerkschaftliche Agitation eine besondere Absicht habe. Nr. 13 erscheint während des hier tagenden Gewerkschaftskongresses. Ich will nun diese Nr. in der Hauptsache gewerkschaftlichen Fragen widmen und unseren Genossen Dietz bitten, jedem Gewerkschaftsdelegierten ein Exemplar zu überreichen. Da schien mir [doch] Ihre letzte, sehr interessante Einsendung über die gewerkschaftliche Agitation unter den Arbeiterinnen fürtrefflich geeignet, in dieser ›Kongreßnummer‹ veröffentlicht zu werden. Ich gedenke Ihre Arbeit mit den bereits früher eingeschickten Mitteilungen über die Agitation unter den Arbeiterinnen zusammenzustellen und etwa unter dem Titel zu veröffentlichen: ›Gewerkschaftliche Frauen-Agitation in Leipzig‹ oder so ähnlich. Allerdings muß in Ihrer ersten Einsendung manches gekürzt werden, aber das Wesentlichste und Wichtigste wird in den Gesamtartikel übernommen. Ich hoffe, liebe Genossin, daß Sie damit einverstanden sind.«

Die »Gleichheit« erschien vierzehntäglich, und vierzehntäglich erwarteten die Leserinnen sie mit Ungeduld. Kam sie, so ging sie von Hand zu Hand. Danach trafen sich die Genossinnen zumeist, um über den Inhalt zu sprechen. Er war für sie, die nur die Volksschule, die »Armeleuteschule« – wie Clara Zetkin sie nennt –, besucht hatten, nicht immer leicht zu verstehen. Zuweilen beklagten sich die Frauen bei Clara, daß manche Artikel zu schwer für sie seien. Aber bei allem Verständnis lehnte Clara es ab, das Niveau der Zeitung zu senken, vielmehr half sie den Frauen, das gemeinsame Studium zu organisieren, auch Genossen zu finden, die ihnen dabei mit Rat und Tat zur Seite standen.

Die »Gleichheit« war vor allen Dingen eine Zeitung für die Frauen der Arbeiterklasse, aber sie gewann Bedeutung auch für die um ihre Gleichberechtigung ringenden Frauen aus dem Bürgertum. War Claras Haltung zur bürgerlichen Frauenbewegung namentlich Anfang der neunziger Jahre gelegentlich schroff, so war das bedingt durch die Notwendigkeit, den Klassencharakter und die Eigenständigkeit der Bewegung der Sozialistinnen herauszuarbeiten. Im ganzen gesehen hatten die bürgerlichen Frauen kaum eine bessere Helferin als Clara Zetkin. Es gab kein Problem der Lehrerinnen, Schauspielerinnen, der um Zulassung zum Studium und zum Beruf ringenden Ärztinnen und Juristinnen, das in der »Gleichheit« nicht behandelt, keine wichtige Literatur, zu der nicht Stellung genommen worden wäre. Es gab auch keinen Kongreß, keine Kampagne, keine größere Veranstaltung der bürgerlichen Frauen, über die die »Gleichheit« nicht berichtet hätte. Clara Zetkin stand auch zu einer Reihe bürgerlicher Frauenrechtlerinnen in freundlichen Beziehungen. Diese betrachteten die Bekanntschaft mit Clara Zetkin als einen Gewinn. Zu ihnen gehörte in der Zeit vor dem ersten Weltkrieg die aufrechte Demokratin Minna Cauer, die in den Wahlrechtskämpfen des Jahres 1910 mit den Arbeitern auf die Straße ging, zusammen mit Karl Liebknecht einem Komitee zur Unterstützung verfolgter russischer Revolutionäre angehörte. Unter ihnen waren auch jene bürgerlichen Pazifistinnen, aus deren Kampf gegen den ersten Weltkrieg die Internationale Frauenliga für Frieden und Freiheit hervorging, schließlich die bürgerliche Friedenskämpferin Helene Stöcker.

Daß Clara Zetkin an der bürgerlichen Frauenbewegung im großen und ganzen mehr zu kritisieren als anzuerkennen fand, geht zu deren Lasten, die unter anderem in ihrer großen Mehrheit damals nicht einmal die Frage des Frauenwahlrechts gestellt haben, weil ein Teil ihrer Führerinnen meinte, die Frauen seien noch nicht reif dafür, und die bereits in den Jahren, die dem ersten

*Clara Zetkin zur Zeit
des Internationalen
Arbeiterkongresses
in Paris 1889*

*Titelblatt
der ersten Broschüre Clara Zetkins
zur Frauenfrage*

*Titelblatt
einer der von Clara und Ossip Zetkin
gemeinsam verfaßten Schriften*

Berliner Arbeiterbibliothek.

Herausgegeben von **Max Schippel**.
III. Heft.

Die

Arbeiterinnen- und Frauenfrage der Gegenwart.

Von

Clara Zetkin (Paris).

— ❦❦❦ —

Preis 20 Pfennige.

Verlag der „Berliner Volks-Tribüne".

Berliner Arbeiterbibliothek.

Herausgegeben von **Max Schippel**.
V. Heft.

Charakterköpfe

aus der

französischen Arbeiterbewegung.

Von

Ossip Zetkin - Paris

— ❦❦❦ —

Preis 20 Pfennige.

Verlag der „Berliner Volks-Tribüne"

Arbeiterinnen in einer Stahlfederfabrik

August Bebel spricht

Clara Zetkin zu Beginn der neunziger Jahre

Nr. 2.   **3. Jahrgang.**

Die Gleichheit.

Zeitschrift für die Interessen der Arbeiterinnen.

Herausgegeben von Emma Ihrer in Velten (Mark).

Die „Gleichheit" erscheint alle 14 Tage einmal. Preis der Nummer 10 Pfennig, durch die Post (eingetragen unter Nro. 2509) vierteljährlich ohne Bestellgeld 66 Pf.; unter Kreuzband 85 Pf. Inseratenpreis die zweigespaltene Petitzeile 20 Pf.	**Stuttgart** **Mittwoch, den 25. Januar 1893.**	Zuschriften an die Redaktion der „Gleichheit" sind zu richten an Fr. Klara Zetkin (Eißner), Stuttgart, Rotebühlstraße 147, IV. Die Expedition befindet sich in Stuttgart, Furtbachstraße 12.

Nachdruck ganzer Artikel nur mit Quellenangabe gestattet.

Zeichen der Morgendämmerung.

Der am 29. Dezember vorigen Jahres ausgebrochene Ausstand der Arbeiter auf den königlichen preußischen Kohlenwerken des Saarreviers hat eine für Deutschland ganz neue Erscheinung gezeitigt: den Masseneintritt der Frauen in einen Kampf zwischen Arbeit- und Kapital.

Sonst waren es bei Streiks gerade die Frauen, welche sich mit ihrem ganzen Einfluß der Ausstandsbewegung widersetzten, mit Bitten und Thränen, mit Grollen und Keifen ihre männlichen Angehörigen von einer solchen zurückzuhalten suchten. Sie waren es auch, die, wenn das Wort der Entscheidung gefallen, am ehesten Opfer, welche gerade diesmal, bei den ungünstigen Umständen, unter denen der Streik begonnen ward, recht schwere sind. In der Familie und in öffentlichen Versammlungen tragen sie Begeisterung in die Reihen der Streikenden, widersetzen sie sich mit Zähigkeit jedem Gedanken an ein Nachgeben, wollen sie den Kampf fortgeführt wissen bis zur Erfüllung der erhobenen Forderungen.

Die Thatsache hat im ersten Augenblick überrascht, sie erklärt sich aber sehr gut aus den Verhältnissen, welche im Saarrevier für die Bergarbeiter vorliegen müssen, und gerade die Massenbewegung der Frauen zu Gunsten des Streiks rückt diese Verhältnisse in helles Licht.

In den offiziellen „Nachrichten von der Verwaltung der preußischen Staatsbergwerke, Hütten und Salinen für das Etats-

»Die Gleichheit« vom 25. Januar 1893

Clara Zetkin (3. v. l.) neben Friedrich Engels zur Zeit des Internationalen Sozialistischen Arbeiterkongresses in Zürich 1893

*Politische Mitkämpferinnen
Clara Zetkins in der deutschen
proletarischen Frauenbewegung*

Auguste Eichhorn

Margarete Wengels

Luise Zietz

Das Haus Blumenstraße 34 in Stuttgart, in dem die Zetkins nach der Rückkehr aus der Emigration Wohnung nahmen

Maxim und Kostja Zetkin

Gotha um die Jahrhundertwende: Schloß Friedenstein und Rathaus mit Markt

Clara Zetkin auf dem Internationalen Kongreß für gesetzlichen Arbeiterschutz in Zürich 1897

Weltkrieg vorangingen, ganz und gar im Kielwasser des deutschen Imperialismus schwammen.

Selbstverständlich war und blieb für die »Gleichheit« der Kampf der Proletarierinnen, der Kampf der Arbeiterklasse die Hauptfrage, wie die Zeitung ja auch den Untertitel führte »Zeitschrift für die Interessen der Arbeiterinnen«. Jedoch war die »Gleichheit« nicht nur deshalb die große deutsche und internationale Frauenzeitung ihrer Zeit, weil sie für die sozialistische Zukunft kämpfte, die den Interessen aller Frauen entspricht, sondern auch deshalb, weil sie für die Gegenwartsinteressen aller Frauen eintrat.

Auf billigstem Papier gedruckt, aufs bescheidenste aufgemacht, nimmt sie für alle Zeiten einen bedeutenden Platz in der Arbeiterpresse der Welt ein.

Genossin und Freundin

Obwohl Claras Tage wie einst in Paris randvoll ausgefüllt waren mit Arbeit, suchte sie immer wieder das persönliche Gespräch mit Frauen und Mädchen, nahm sich viel Zeit, die Sorgen und Probleme jeder einzelnen anzuhören. Nach Versammlungen wurde sie stets bis auf die Straße hinaus von Frauen umdrängt, beantwortete geduldig ihre Fragen. Sie stand wohl auch vor Fabriktoren, verteilte Flugblätter, sprach mit jungen und alten Arbeiterinnen. Sie ging nicht nur in große Versammlungen, sondern war stets bereit, auch vor kleinem und kleinstem Kreise zu sprechen.

»Meine Mutter hat sich auch nicht geschont«, so erzählte ihr Sohn Maxim der Autorin, »wenn nur fünf oder sechs Frauen zugegen waren. Sie fuhr in abgelegene Städtchen und Dörfer, scheute keine mühseligen Fahrten mit Lokalbähnchen oder im Pferdeomnibus, nicht einmal meilenweite Fußwege in Wind und Wetter. Im Gegenteil, gerade die kleinen Versammlungen gaben ihr viel, spürte sie doch hier den besonders engen Kontakt mit ihren Hörerinnen. Clara sprach über viele Themen: über die Frau und den Sozialismus, über den Militarismus, über Steuerfragen, über Probleme der Ethik und der Ehe, über die Religion. Aber immer zeigte sie das schwere Leben der Arbeiterfrauen, enthüllte sie den Kapitalismus als Schuldigen an ihrem Elend, sagte sie ihnen, daß allein der Kampf sie aus der Not führen und daß diese völlig nur beseitigt werde, einem sinnvollen Leben Platz machen könne in der sozialistischen Ordnung.«

Wo aktive Sozialistinnen am Ort waren, saß Clara nach den Versammlungen noch halbe Nächte mit ihnen zusammen, irgendwo in einer Küche oder in einer Kellerwohnung, eine Frau unter Frauen, eine Mutter unter Müttern, eine Genossin unter den Genossinnen. Diese Zusammmenkünfte – vier oder fünf Frauen, manchmal auch einige mehr – waren für die Frauen Feierstunden, auf die sie sich auch äußerlich lange vorbereiteten. Kaffee wurde getrunken – sie hatten dafür gespart –, dazu wurde Selbstgebackener gegessen, auch wohl ein Gläschen Selbstgekelterter getrunken. Dabei sprachen sie über politische Fragen, örtliche Probleme, über ihre Arbeit, ihre Schwierigkeiten, über Methoden, die sich bewährt hatten. Clara half nach Kräften, ermutigte, bestätigte, lobte.

Klagten die Genossinnen, daß die Männer sie nicht unterstützten, oder fand sie heraus, daß die Frauen nicht wagten, in Sitzungen und Versammlungen aufzutreten und ihre Rechte durchzusetzen, dann konnte sie ärgerlich mit ihnen zanken: »Ihr müßt euch durchsetzen!«

Aber die Frauen wußten, daß sie Gelegenheit nehmen würde, mit den Genossen zu sprechen; denn Clara verstand, daß trotz der bedeutsamen Beschlüsse von Frankfurt am Main in dieser Hinsicht noch vieles im argen lag. Sie sprachen auch über Persönliches. Clara kannte eine jede ihrer Funktionärinnen gut, ihre Veranlagung und ihre Begabungen, ihre Lebensverhältnisse, war mit ihren Männern, Kindern und Enkeln bekannt. Sie half ihnen denn auch immer, so gut sie konnte, beriet sie in ihren Problemen, stand ihnen bei in Nöten, lehrte sie nicht nur, politisch zu arbeiten und sich fortzubilden, sondern zeigte ihnen auch, wie sie mit ihren geringen Mitteln am besten ihren Haushalt führen, die Ihren am zweckmäßigsten ernähren und kleiden konnten, wie sie

Säuglinge zu pflegen, ihre Kinder zu erziehen hatten. Sie erzählte ihnen zuweilen aus ihrem eigenen Leben, zum Beispiel die Geschichte ihrer ersten Rede und wie sie dabei steckengeblieben war, auch von ihrem schweren und doch so reichen Leben in Paris und von ihren Studien, die unter soviel Opfern betrieben worden waren.

Am meisten freuten sich die Genossinnen, wenn Clara von ihren Jungen sprach. Dann merkten sie, wie schwer es Clara wurde, die beiden so oft allein lassen zu müssen, wie sehr sie sich stets nach ihnen sehnte. Sie merkten dann auch, daß sich Clara die gleichen Gedanken machte, die sie sich in ihrer Lage gemacht hätten: Werden sich die Kinder morgens ordentlich anziehen, rechtzeitig in die Schule gehen? Machen sie ihre Schularbeiten sorgfältig? Kommen sie rechtzeitig ins Bett? Haben sie, die auf die Hilfe guter Genossen angewiesen waren, ein warmes Mittagessen? Sind sie gesund? Ist ihnen nichts zugestoßen auf dem Schulweg oder beim Herumtollen? Die Frauen fühlten, wie sehr sich Clara in diesen Gesprächen das Herz erleichterte. In solchen Stunden war sie ihnen besonders nahe.

Clara erzählte auch von den schönen Stunden, die sie mit den Kindern verlebte: Da sind die so seltenen Sonntage, an denen sie daheim ist. Dann wandert sie wohl mit den beiden durch die Stuttgarter Umgebung, sie betrachten Gesteine, sammeln Blumen, die sie bestimmen, beobachten Tiere – Forellen, Füchse, Dachse, Vögel –, plaudern und tollen herum. Da sind auch Stunden, in denen sie gemeinsam lesen oder in denen die beiden Jungen neben ihr mit heißen Köpfen über den Büchern hocken, die sie sorgfältig ausgewählt hat und ihnen erklärt. Zuerst waren es Grimms, Bechsteins und Andersens Märchen, dann Lessing, Schiller, Goethe, Heine und Shakespeare, später auch Balzac, Zola, Ibsen, Tolstoi, Turgenjew.

Sie erzählt von Maxim, der sich schon damals ein wenig als Familienvater fühlt. Öfter holt er sie abends von der Bahn ab, um ihr, wie er sagt, »seinen männlichen Schutz angedeihen zu lassen«. Nimmt sie ihn zu einer Versammlung mit, zappelt er, sobald sie das Podium betritt, weil er immer fürchtet, die Mutter könne steckenbleiben. Er ist geistig vielseitig interessiert. Wie glücklich ist er gewesen, als sie ihm von einer Versammlungstournee durch die Insel Rügen versteinerte Seeigel mitgebracht hat, so glücklich, daß er augenblicklich begann, sich mit der Erdgeschichte zu beschäftigen, und seine Studien so hartnäckig verfolgte, daß es ihm sogar gelang, in eine Korrespondenz mit Fachwissenschaftlern zu kommen. Sie selbst hat sich Geld vom Munde abgespart, damit er Fachliteratur erwerben konnte. Sie hat auch einen Genossen gefunden, der mit ihm und dem jüngeren Bruder Ausflüge unternimmt, um geologische Studien zu treiben. Und was sonst beschäftigt den Jungen nicht alles! Er liest Religions- und Kirchengeschichte, so viel davon, daß er imstande ist, mit seinen Lehrern über komplizierte Probleme zu diskutieren. Dann wieder liest er philosophische Werke, Kant und Feuerbach. Aber auch Bücher platter Vulgärmaterialisten kommen ihm unter die Finger. Dies macht sie ein wenig besorgt. Sie hat ihm deshalb Engels' »Anti-Dühring« gegeben, dazu Arbeiten von Franz Mehring, den die Jungen persönlich kennen und sehr verehren.

Ihren Jüngsten liebt Clara nicht weniger, vielleicht noch ein wenig mehr, weil er Ossip sehr ähnelt, auch ihr Sorgenkind ist und immer bleiben wird. Nervös, überempfindlich, ist er dem Leben nicht recht gewachsen. Dabei ist er hochintelligent wie sein Bruder, verteidigt wie dieser in der Schule und wo es sich sonst trifft hitzig die Sache des Sozialismus. Bei alledem ist er ein kleiner Pfiffikus und Schmeichler. Wie hatte er ihr doch gesagt, als er eines Tages in der Schule vom Platz des Klassenersten auf den zweiten Platz rücken mußte? »Gönn' einer anderen Mutter doch auch mal die Freude, daß ihr Junge Erster ist!« Sie hatte sich – obwohl über sein Abfallen im Lernen betrübt – nur mühsam das Lachen verbissen.

Vor allem wollten die Genossinnen natürlich wissen, was Clara tat, um ihre Kinder zu Sozialisten und Kämpfern zu erziehen. Und Clara antwortete nur allzu gern. Erzählte, wie sie den Kindern die Ursachen von Armut und Reichtum klarmachte, sie für die revolutionären Kämpfe und Kämpfer der Vergangenheit und Gegenwart begeisterte, sie Arbeiterlieder singen gelehrt hatte, sie anhielt, den Mitschülern und den Lehrern gegenüber für ihre Sache einzutreten, sie mit tüchtigen und klugen Genossen zusammenbrachte, so daß sie stolz wurden auf die Partei, wie sie die rote Fahne der Arbeiterklasse liebten, mit welcher Freude sie alle drei an den Parteidemonstrationen, vor allem an der Maifeier, teilnahmen, sich an den roten Mainelken freuten. Aber nie unterließ es Clara, die Frauen auf das wichtigste Moment in der Erziehung aufmerksam zu machen: das Beispiel der Eltern.

Die nahe Begegnung mit den Arbeiterfamilien und ihrem Leben, näher, als diese in Paris trotz ihrer lebhaften Teilnahme an der französischen Arbeiterbewegung je hatte sein können, ließ Clara Zetkin ganz und gar mit der Arbeiterklasse verwachsen, so sehr, daß sie dem geheimsten Fühlen und Wollen der proletarischen Frau Ausdruck zu geben vermochte, immer den Schlüssel zu ihrem Herzen fand. Zwischen ihr und den übrigen Frauen der Bewegung wurde ein Band geknüpft, so fest und unzerreißbar, daß später die Revisionisten sich vergebens bemühten, Clara Zetkin von der sozialistischen Frauenbewegung zu trennen.

Brennende Frauenfragen

Stand die Forderung nach politischen Rechten für Clara Zetkin und ihre Mitkämpferinnen im Vordergrund der Bestrebungen, so war sie doch keineswegs das einzige Problem, das sie beschäftigte. Mit dem Übergang des Kapitalismus in sein imperialistisches Stadium und der damit einhergehenden Zunahme der Frauenarbeit verschärfte sich alle durch den Kapitalismus hervorgebrachte Unterdrückung und Ungleichheit der Frauen, vermehrten sich die dadurch hervorgerufenen gesellschaftlichen Spannungen, wurden neue Fragen aufgeworfen, Forderungen auf den verschiedensten Lebensgebieten laut.

So kam es, daß in den neunziger Jahren des vorigen Jahrhunderts leidenschaftliche Diskussionen über die Stellung der Frau in der Gesellschaft einsetzten, die weit über die Kreise der Sozialisten hinausgingen, neben bürgerlichen Reformern und bürgerlichen Frauenrechtlerinnen auch Vertreter der katholischen und evangelischen Kirche erfaßten, aber auch Dunkelmänner aller Art auf den Plan riefen. Selbstverständlich blieben Clara Zetkin und ihre Mitstreiterinnen nicht abseits. Im Gegenteil: Es ist erstaunlich und bewundernswert, mit welcher Kraft die junge, so schwer verfolgte sozialistische Frauenbewegung die verschiedensten Frauenprobleme aufgriff, stets der bürgerlichen Frauenbewegung und den bürgerlichen Reformern voraus, weil sie alle Fragen von marxistischer Grundposition aus anfaßte, von der Position des Klassenkampfes aus stellte.

Da wurde zum Beispiel im Deutschland der neunziger Jahre die Frage der familienrechtlichen Stellung der Frau aufgeworfen. Der Entwurf eines neuen, des bürgerlichen Gesetzbuches lag vor und hielt, obwohl bereits Millionen von Frauen ihren eigenen Lebensunterhalt verdienten, die Entmündigung der Frau in der Familie aufrecht. Konnte die sozialistische Frauenbewegung an dieser Tatsache vorbeigehen? Sie konnte es nicht und tat es auch nicht, wie Clara Zetkin in der »Gleichheit« in einer Polemik mit bürgerlichen Frauenrechtlerinnen feststellte. Clara selbst, die Genossinnen, aber auch viele von den Genossen nahmen in Wort und Schrift gegen die frauenfeindlichen Paragraphen des bürgerlichen Gesetzbuches Stellung und das mit um so größerem Nachdruck, als ja die Forderung nach familienrechtlicher Gleichstellung der Frau im Erfurter Programm der Sozialdemokratie verankert war. Darüber hinaus unterbreitete Clara Zetkin dem Parteitag der Sozialdemokratischen Partei in Breslau 1895 folgenden Antrag: Der Parteitag solle die sozialdemokratische Reichstagsfraktion beauftragen, entschieden für die zivilrechtliche Gleichstellung der Frau als Gattin und Erziehungsberechtigte in der Ehe und für die gleichen Rechte unverheirateter Mütter und ihrer Kinder einzutreten. Schon die letztgenannte Forderung, die weit über das hinausging, was die Mehrheit der bürgerlichen Frauenrechtlerinnen vertrat, zeigte die Überlegenheit der Sozialistinnen.

Der Antrag wurde vom Parteitag angenommen und gab dem

Auftreten der sozialdemokratischen Reichstagsfraktion Nachdruck.

Da war auch die bittere Frage der Prostitution, die Diskussionen in der Öffentlichkeit auslöste, weil sie immer mehr zum gesellschaftlichen Problem wurde. Die skandalöse Unterentlohnung der Arbeiterinnen und weiblichen Angestellten trieb ihr Hunderttausende Frauen in die Arme, die unter anderen Verhältnissen gute Familienmütter geworden wären. Diese Frage führte sogar – ebenso wie die der familienrechtlichen Stellung der Frau – für eine kurze Wegstrecke zum Zusammengehen der Sozialistinnen mit den bürgerlichen Frauenrechtlerinnen und Sozialreformern. Auch auf diesem Gebiet erwies sich die sozialistische Frauenbewegung dank ihrem Einblick in die Triebkräfte der gesellschaftlichen Entwicklung als stärkerer Partner. August Bebel selbst, der Parteivorsitzende, war es ja gewesen, der in seinem Werk »Die Frau und der Sozialismus« als erster den Mut gehabt hatte, diese scheußliche Sumpfblüte der kapitalistischen Gesellschaft bloßzulegen. Er hatte die Prostitution als eine dieser Ausbeutergesellschaft zugehörige Institution bezeichnet, der erst nach der Machtergreifung durch die Arbeiterklasse der Boden entzogen würde. Clara Zetkin und die anderen Sozialistinnen blieben nicht hinter ihm zurück. Sie rührten an den Grund der Dinge, prangerten schonungslos den Ausbeuterstaat an, der die Prostitution reglementierte, die Prostituierten schimpflich behandelte, die Männer aber unbehelligt ließ.

Die Forderung jedoch, die für die sozialistische Frauenbewegung, ja für die ganze Arbeiterklasse damals neben dem Kampf um politische Rechte für die Frauen die brennendste war, war die nach einer sozialen Schutzgesetzgebung für die Arbeiterin. Sie hat auch Clara Zetkin stark beschäftigt. Hatte sie zunächst in Deutschland ihre Pariser Haltung noch verteidigt, so überzeugte der enge Kontakt mit den Arbeiterfamilien und deren Sorgen, den sie in der Heimat gewann, Clara schnell davon, daß diese unhaltbar war und daß vielmehr der kapitalistischen Gesellschaft auf diesem Gebiet schleunigst Zugeständnisse entrissen werden mußten. Die maßlose Ausbeutung der weiblichen Arbeitskraft führte nicht nur zu schwersten Schädigungen der Frauen selbst, sondern auch der jungen Generation. Wie dringlich sie helfen wollte, schnell helfen wollte, zeigt die Zähigkeit, mit der sie in der »Gleichheit« die Sofortforderungen von Partei und Gewerkschaften für die Arbeiterinnen vertrat: nach dem freien Sonnabendnachmittag für die Arbeiterinnen, nach der Einstellung weiblicher Fabrikinspektoren, nach der Einbeziehung der ganz und gar ungeschützten Arbeiterinnen in die bestehende spärliche Schutzgesetzgebung; das zeigt auch die ständig wiederholte Aufforderung an die Gewerkschaften, alles zu tun, um die Arbeiterinnen für die Verbände zu werben. Selbstverständlich nahm sie an der Ausarbeitung der grundsätzlichen Forderungen für die Arbeiterinnen teil, die in jenen Jahren von den sozialistischen Parteien gemeinsam aufgestellt wurden. Sie gehörte der Kommission an, die auf dem Internationalen Sozialistischen Arbeiterkongreß in Zürich im August 1893 unter dem Vorsitz von Luise Kautsky-Freyberger, der engen Mitarbeiterin von Friedrich Engels, jenes Programm ausarbeitete, das im wesentlichen zur Grundlage der späteren Politik der Sozialisten hinsichtlich der arbeitenden Frau geworden ist. Es verlangte unter anderem den Achtstundentag vordringlich für die Arbeiterin, gleichen Lohn für gleiche Arbeit, Verbot der Frauenarbeit in Betrieben, wo die Gesundheit der Frau gefährdet ist, ferner eine Schonzeit für Schwangere und junge Mütter, die damals auf zwei Wochen vor und vier Wochen nach der Geburt festgelegt, und später erweitert wurde, und nicht zuletzt die Einbeziehung aller bis dahin ungeschützten Frauenkategorien in diese Schutzgesetzgebung.

Clara Zetkins innere Anteilnahme an der Diskussion um die Arbeiterinnenschutzgesetzgebung war um so stärker, als diese sich zu einem leidenschaftlichen Meinungsstreit über die Rolle der Frau in der Gesellschaft ausweitete. Dieser Meinungsstreit wurde in breitester Öffentlichkeit geführt, in der Literatur, auf Tagungen. Clara Zetkin beschäftigte sich eingehend mit der zu diesem Thema erscheinenden Literatur. Besonders interessierten sie die Schriften zweier Schwedinnen, Laura Marholm und Ellen Key, die gegenüber den eingefleischten, nach Vermännlichung der Frau strebenden Frauenrechtlerinnen das Recht der Frau auf Liebe und Mutterschaft betonten und auf die Kräfte hinwiesen, die der Frau aus diesem Bereich zuwachsen. Besonderen Eindruck machte auf sie der Internationale Kongreß für gesetzlichen Arbeiterschutz im Jahre 1897 in Zürich, wo die Sozialisten, allen voran August Bebel, die sozialistische Auffassung von der Gleichberechtigung der Frau nach zwei Seiten verteidigten: gegen die extremen Frauenrechtlerinnen, die den Arbeiterinnenschutz ablehnten, weil er angeblich die Konkurrenzfähigkeit der Frau schmälere, wie gegen die reaktionären Vertreter der Kirchen, die ein Verbot der Frauenarbeit verlangten.

Wie vielen Sozialistinnen wurde Clara Zetkin in diesen Jahren zum erstenmal die ganze Vielschichtigkeit der Frauenfrage klar, wurden ihr die Probleme und Aufgaben deutlich, die die Vereinigung von Beruf und Mutterschaft der Frau wie der Gesellschaft stellen; sie wurden ihr um so deutlicher, als sie selbst Frau und Mutter und dabei Repräsentantin des neuen Frauentyps war. »Gerade in den letzten Jahren«, schrieb sie in ihrem 1905 veröffentlichten Artikel »Krähwinkel«, »sind manche der tiefsten und innerlichsten Probleme der Frauenfrage erst aufgeworfen und geklärt worden.«

Die Gedanken, die sich damals in ihr zu formen begannen, hat sie um die Jahrhundertwende in verschiedenen Arbeiten entwickelt. Vorerst aber wartete eine andere Aufgabe auf sie. Es war notwendig, aufbauend auf dem, was Marx und Engels zur Frauenfrage gelehrt hatten, was August Bebel geschrieben hatte, die Theorie der Frauenbewegung weiterzuentwickeln, vom marxistischen Standpunkt aus ihre Triebkräfte und ihr Wesen zu durchleuchten und damit dem Kampf der proletarischen Frauenbewegung eine feste marxistische Grundlage zu geben.

Der Parteitag zu Gotha

Es war Herbst 1896. Clara Zetkin wanderte durch die Straßen und Gassen von Gotha, betrachtete die alten, engbrüstigen Bürgerhäuser, den Schellenbrunnen, das Rathaus, war auch im »Tivoli«, jenem Lokal, in dem im Mai 1875 die Vereinigung der Eisenacher mit den Lassalleanern stattgefunden hatte. Doch obwohl ihr die kleine, für die deutsche Arbeiterklasse traditionsreiche Stadt so lieb war wie allen ihren Genossen, wandten sich ihre Gedanken immer wieder dem bevorstehenden Parteitag zu, der vom 11. bis 16. Oktober in dem Dorf Siebleben bei Gotha stattfinden sollte. Auf seiner Tagesordnung stand zum erstenmal in der Geschichte der deutschen Arbeiterbewegung ein Referat über die Agitation unter den werktätigen Frauen als ein Hauptpunkt, und sie – Clara Zetkin – sollte es halten.

Die Gegner der von ihr vertretenen Klassenlinie innerhalb und außerhalb der Partei knüpften allerlei Hoffnungen und Spekulationen daran. Sie hofften, daß der Parteitag die Auffassungen Clara Zetkins zurückweisen würde. Clara wußte das und hatte sich daher entschlossen, ein grundlegendes Referat zu halten, die Frauenfrage als Klassenfrage zu behandeln.

Sie hatte sich sorgfältig vorbereitet, noch einmal die Werke von Marx und Engels zu Rate gezogen, Bebels Buch wieder studiert, den Blick zurückgerichtet in die Jahrhunderte des Leidens, die die Frauen durchlebt hatten, nach den Ursachen geforscht, die Gegenwart und ihre Probleme sich eingehend vor Augen geführt, den Blick in die Zukunft gerichtet, auf den Weg in die Freiheit, den die Frauen zu gehen im Begriff waren, auf das schöne Ziel an seinem Ende.

Würde sie sich durchsetzen? Sie war sich dessen sicher, denn die Mehrheit der Partei, die Mehrheit ihrer Mitarbeiterinnen stand hinter ihr.

Wenige Tage später stand sie vor dem Kongreß. Ihr Referat war ein wichtiger Beitrag zur marxistischen Theorie und ist in seinen Grundgedanken noch heute gültig.

»Erst die kapitalistische Produktionsweise«, sagte sie, »hat gesellschaftliche Umwälzungen gezeitigt, welche die moderne Frauenfrage entstehen ließen; sie schlugen die alte Familienwirtschaft in Trümmer, die in der vorkapitalistischen Zeit der großen Masse der Frauenwelt Lebensunterhalt und Lebensinhalt gewährt hatte. Wir dürfen freilich auf die alte hauswirtschaftliche Tätigkeit der Frauen nicht jene Begriffe übertragen, die wir mit der Tätigkeit der Frau in unserer Zeit verbinden, den Begriff des Nichtigen und Kleinlichen. Solange die alte Familie noch bestand, fand die Frau in derselben einen Lebensinhalt durch produktive Tätigkeit, und daher kam ihre soziale Rechtlosigkeit ihr nicht zum Bewußtsein, wenn auch der Entwicklung ihrer Individualität enge Schranken gezogen waren ... Die Maschinen, die moderne Produktionsweise grub dann aber nach und nach der eigenen Produktion im Haushalt den Boden ab, und nicht für Tausende, sondern für Millionen von Frauen entstand nun die Frage: Wo nehmen wir den Lebensunterhalt her, wo finden wir einen ernsten Lebensinhalt, eine Betätigung auch nach der Gemütsseite? Millionen wurden jetzt darauf verwiesen, Lebensunterhalt und Lebensinhalt draußen in der Gesellschaft zu finden. Da wurde ihnen bewußt, daß die soziale Rechtlosigkeit sich der Wahrung ihrer Interessen entgegenstellt, und von dem Augenblicke an war die moderne Frauenfrage da.«

Die moderne Frauenbewegung, weist sie damit nach, ist ein Kind der kapitalistischen Produktionsweise. Doch gibt es keine einheitliche Frauenbewegung, denn die Gründe, die bürgerliche und proletarische Frauen in den Kampf um die Gleichberechtigung treiben, sind ganz verschiedene. Für die Frauen der klein- und mittelbürgerlichen Kreise und der bürgerlichen Intelligenz verschlechtern sich infolge der verlängerten und komplizierten Berufsausbildung der Männer, die einhergeht mit gesteigerten Lebensansprüchen, die Heiratsaussichten. Zugleich schrumpft die Hauswirtschaft, die zuvor nicht nur der Gattin, sondern auch den unverheirateten Familienangehörigen einen ausreichenden Wirkungskreis bot. Immer mehr der zuvor im Haushalt durchgeführten Arbeiten, wie das Spinnen und Weben, das Schneidern und das Backen des Brotes, gehen an Industrie und Handwerk über.

»Die Frauen und Töchter jener Kreise«, stellte Clara Zetkin fest, »werden in die Gesellschaft hinausgestoßen, um sich eine Existenz zu gründen, die ihnen nicht nur Brot verschafft, sondern auch ihren Geist zu befriedigen vermag. In diesen Kreisen ist die Frau dem Manne nicht gleichberechtigt als Besitzerin von Privatvermögen wie in den höheren Kreisen; sie ist auch nicht gleichberechtigt als Proletarierin, wie in den Proletarierkreisen; die Frau jener Kreise muß vielmehr ihre wirtschaftliche Gleichstellung mit dem Mann erst erkämpfen, und sie kann das nur durch zwei Forderungen, durch die Forderung auf gleiche Berufsbildung und durch die Forderung auf gleiche Berufstätigkeit für beide Geschlechter ... Die Verwirklichung dieser Forderung entfesselt einen Interessengegensatz zwischen den Frauen und Männern des Mittelbürgertums und der Intelligenz. Die Konkurrenz der Frauen in den liberalen Berufen ist die treibende Kraft für den Widerstand der Männer gegen die Forderungen der bürgerlichen Frauenrechtlerinnen ... Dieser Konkurrenzkampf drängt die Frau dieser Schichten dazu, politische Rechte zu verlangen.«

Und sie fuhr fort: »Ich habe hiermit nur das ursprüngliche, rein wirtschaftliche Moment gezeichnet. Wir würden der bürgerlichen Frauenbewegung Unrecht tun, wenn wir sie nur auf rein wirtschaftliche Motive zurückführen wollten. Nein, sie hat auch eine tiefernste geistige und sittliche Seite. Die bürgerliche Frau verlangt nicht nur ihr eigenes Brot, sondern sie will sich auch geistig ausleben und ihre Individualität entfalten. Gerade in diesen Schichten finden wir jene tragischen, psychologisch interessanten Noragestalten, wo die Frau es müde ist, als Puppe im Puppenheim zu leben, wo sie teilnehmen will an der Weiterentwicklung der modernen Kultur; und sowohl nach der wirtschaftlichen als nach der geistig-sittlichen Seite hin sind die Bestrebungen der bürgerlichen Frauenrechtlerinnen vollständig berechtigt.«

Damit kennzeichnete Clara Zetkin die bürgerliche Frauenbewegung als eine berechtigte, aber ihrem Inhalt nach begrenzte Bewegung, die, auf dem Boden der kapitalistischen Ordnung stehend, die Interessen der bürgerlichen Frauen vertritt und selbst diese nur begrenzt zu verwirklichen imstande ist, die aber keinesfalls das Recht hat, als Interessenvertreterin der Arbeiterinnen aufzutreten.

Nach ihren Darlegungen über die bürgerliche Frauenbewegung ging Clara Zetkin auf die Spezifik der proletarischen Frauenbewegung ein. Sie zeigte diese als eine Bewegung mit grundsätzlich anderen Problemen und Zielen, die keinen Konkurrenzkampf gegen den Mann führt, sondern mit den Männern ihrer Klasse gegen den gemeinsamen Feind, den Kapitalisten, zu Felde zieht, auch als die weitergehende, umfassende Bewegung, die die Mitwirkung an der Errichtung der sozialistischen Gesellschaft und damit an der Befreiung aller Frauen zum Ziele hat.

»Für die proletarische Frau ist es das Ausbeutungsbedürfnis des Kapitals, unaufhörlich Rundschau zu halten nach den billigsten Arbeitskräften, das die Frauenfrage geschaffen hat ... Dadurch ist auch die Frau des Proletariats einbezogen in den Mechanismus des wirtschaftlichen Lebens unserer Zeit, ist sie in die Werkstatt, an die Maschine getrieben worden ... Die Frau des Proletariers hat infolgedessen ihre wirtschaftliche Selbständigkeit errungen. Aber wahrhaftig! Sie hat sie teuer erkauft und hat praktisch für den Augenblick nichts dabei gewonnen. Wenn im Zeitalter der Familie (gemeint ist die Familie als Wirtschaftsorganisation – L.D.) der Mann das Recht hatte – denken Sie an das kurbayrische Recht –, gelegentlich mäßig die Frau mit der Peitsche zu züchtigen, so züchtigt sie der Kapitalismus jetzt mit Skorpionen. Damals wurde die Herrschaft des Mannes über die Frau gemildert durch die persönlichen Beziehungen, zwischen Arbeiter und Unternehmer aber gibt es nur ein Warenverhältnis. Die Frau des Proletariats hat ihre wirtschaftliche Selbständigkeit erlangt, aber weder als Mensch noch als Frau, noch als Gattin hat sie die Möglichkeit, ihre Individualität voll ausleben zu können ...

Deshalb kann der Befreiungskampf der proletarischen Frau nicht ein Kampf sein wie der der bürgerlichen Frau gegen den Mann ihrer Klasse; umgekehrt, es ist der Kampf mit dem Mann ihrer Klasse gegen die Kapitalistenklasse ... Hand in Hand mit dem Manne ihrer Klasse kämpft die proletarische Frau gegen die kapitalistische Gesellschaft.«

Eindringlich forderte sie von der Partei die wirkungsvolle Agitation unter den Frauen, auf wie große Hindernisse diese auch stoßen mag.

»Die Frauenagitation ist schwer, ist mühsam, erfordert große Hingabe und große Opfer«, schloß Clara Zetkin ihr Referat, »aber diese Opfer werden belohnt werden und müssen gebracht werden. Denn wie das Proletariat seine Befreiung nur erlangen kann, wenn es zusammen kämpft ohne Unterschied der Nationalität, ohne Unterschied des Berufes, so kann es seine Befreiung auch nur erlangen, wenn es zusammensteht ohne Unterschied des Geschlechts. Die Einbeziehung der großen Masse der proletarischen Frauen in den Befreiungskampf des Proletariats ist eine der Vorbedingungen für den Sieg der sozialistischen Idee, für den Ausbau der sozialistischen Gesellschaft.«

Nach den grundlegenden Darlegungen von Marx und Engels zur Frauenfrage, nach dem flammenden Appell August Bebels an die Frauen, an die gesamte Arbeiterklasse war mit dem richtungweisenden Referat Clara Zetkins ein weiterer großer Schritt in der Entwicklung der Theorie der sozialistischen Frauenbewegung getan, waren die ökonomischen Wurzeln der sozialistischen und der bürgerlichen Frauenbewegung ans Licht gezogen, die historische Bedeutung und klassenmäßige Stellung beider Bewegungen bestimmt, war eindeutig bewiesen, daß die Arbeiterklasse und ihre revolutionäre Partei der Hauptträgerin des Kampfes um die Gleichberechtigung der Frau ist.

Die erste hohe Parteifunktion

Der Parteitag in Gotha bestätigte – die Reden zweier Nichtmarxistinnen zurückweisend, die gegen Clara Zetkin aufgetreten waren – Claras Ausführungen, beschloß ihre Drucklegung und nahm auch die von Clara Zetkin vorgelegte Resolution an. Das war für sie eine große Genugtuung, aber nicht die einzige Freude, die ihr in diesen Tagen zuteil wurde.

Sie war ein Jahr zuvor in die Kontrollkommission gewählt und damit in den Rang eines Vorstandsmitgliedes erhoben worden – jedoch mit nur siebenundsechzig Stimmen und an letzter Stelle. Diesmal erhielt sie 118 Stimmen. – Ein großer Triumph.

Es ist schwer zu sagen, was sie tiefer berührte; denn wie Clara Zetkin ihren Kampf um die Organisierung der werktätigen Frauen nicht nur führte, um ihren unterdrückten Geschlechtsgenossinnen zu helfen, sondern vor allem, um die Kraft der Arbeiterklasse zu stärken, so nahm sie selbstverständlich an allen anderen Problemen der Partei den gleichen Anteil wie an den Frauenfragen. Nach der Rückkehr in die Heimat im Jahre 1891 hatte sie trotz der Zurückweisung, die sie von Stuttgarter und wohl auch anderen Genossen erfuhr, sich ihr Recht als Genossin nicht nehmen lassen, hatte sowohl in Versammlungen und in der »Gleichheit« wie auch auf Parteitagen zu allen Problemen des politischen Kampfes und der Parteiarbeit Stellung genommen. Besonders gründlich hatte sie sich an der Diskussion über die Bauernfrage beteiligt, die in den Jahren 1894 und 1895 in der Partei geführt wurde, ausgelöst durch die wachsende Not der Kleinbauern, die infolge der zunehmenden Kapitalisierung der Landwirtschaft den Großbetrieben gegenüber technisch in hoffnungslosen Rückstand geraten waren. Da hatte sie, das ehemalige Dorfmädchen, sich mit der Agrarfrage beschäftigt, auf dem Parteitag in Breslau tatkräftig in die Diskussion eingegriffen und gemeinsam mit Karl Kautsky dazu beigetragen, daß der Parteitag das ihm von einer Kommission vorgelegte Agrarprogramm zurückwies, das in wichtigen Punkten opportunistisch war, den Bauern nicht den Weg zum sozialistischen genossenschaftlichen Großbetrieb wies, sondern den bäuerlichen Kleinbetrieb zu erhalten suchte.

So war Clara Zetkins Wahl in die Kontrollkommission der Partei keineswegs ein formales Zugeständnis an die Genossinnen, sondern ein Zeichen der Achtung, die sie sich als Parteifunktionärin erworben hatte. Mit der Wahl in Gotha wurde sie zu einer anerkannten Parteiführerin; denn diese Kommission hatte die Pflicht, die Arbeit des Parteivorstandes zu kontrollieren, Beschwerden gegen Vorstandsbeschlüsse zu prüfen, tagte auch von

Zeit zu Zeit mit dem Parteivorstand gemeinsam, trat gemeinsam mit ihm politisch in Erscheinung, wie zum Beispiel eine von Clara Zetkin im Namen beider Instanzen vor dem Parteitag in Nürnberg 1908 begründete Resolution gegen die Kriegshetze zeigt. Ja, die Kontrollkommission hatte das Recht, in außergewöhnlichen Fällen einen Parteitag einzuberufen, wozu es jedoch in der Praxis nicht gekommen ist. Clara Zetkin konnte auf diese Wahl stolz sein; sie verließ denn auch den Parteitag von Gotha gestärkt in ihrer Autorität wie in ihrer schöpferischen Kraft und erfüllt von neuem Elan und neuen Plänen. Die Tage von Gotha im Herbst 1896 gehören zu den Höhepunkten ihres Lebens.

Tag der Besinnung

Ein knappes Jahr nach den für sie so erfolgreichen Tagen von Gotha, am 5. Juli 1897, beging Clara Zetkin ihren 40. Geburtstag, diesen Festtag auf der Höhe des Lebens, an dem der Mensch mehr als gewöhnlich über seine Lebensumstände nachdenkt, sich fragt, was er erreicht hat und wie es weitergehen wird.

Ist Clara Zetkin wirklich 40 Jahre alt? Zuweilen wirkt sie älter, dann, wenn sie spätabends nach hartem Tagewerk todmüde in der Druckerei steht, um den Umbruch ihrer Zeitung zu leiten, oder auch, wenn sie am frühen Morgen nach anstrengender Agitationstour unausgeschlafen in Stuttgart aus dem Schnellzug klettert. Zu anderen Zeiten aber wirkt sie viel jünger, vor allem, wenn sie mit ihren Jungen zusammen ist und mit ihnen über ihre kindlichen Fragen und Probleme spricht oder auch wenn sie mit den Kindern ihres Bruders Arthur oder ihrer Freundin Margarete Wengels herumtollt, wie sie das immer noch liebt.

Clara Zetkin hat sich seit ihren Pariser Tagen äußerlich sehr verändert – zu ihrem Vorteil, wie ihre Freunde meinen. Gesicht und Körperformen sind voller geworden. Die Schärfe der Züge ist gemildert und zeigt sich nur noch, wenn Clara mit Nachdruck die Forderungen der Frauen, der Partei vertritt, mit Gegnern abrechnet. Sonst liegt auf ihrem Antlitz, obwohl es Willensstärke und Tatkraft ausdrückt, viel Wärme und Mütterlichkeit.

Ihr starkes rotblondes Haar, das sie gewöhnlich schlicht zurückgekämmt trägt – nur selten kann sie sich die Zeit nehmen, eine Brennschere zu gebrauchen –, weist, wie Clara mit Befriedigung feststellt, noch keine einzige graue Strähne auf. Sie ist nicht schön. Ihr Wuchs ist gedrungen, ihre Bewegungen sind eckig. Dennoch wirkt ihre ganze Gestalt harmonisch, weil sie so lebensvoll ist. Bemerkenswert sind ihre Augen. Sie sind graugrün, hell, groß, strahlend. Sie kleidet sich so einfach, wie es ihren bescheidenen Lebensverhältnissen entspricht, jedoch geschmackvoll, ja elegant, denn wie eh und je liebt sie schöne Dinge. Fährt sie zu Kongressen, legt sie großen Wert auf ihr Aussehen, versteht auch zu repräsentieren.

Sie zieht alle in ihren Bann, die mit ihr in Berührung kommen, in Gesprächen, in Versammlungen, auf Konferenzen, findet auch international bereits große Beachtung. Der deutsche brügerliche Schriftsteller Alfred Kerr schildert die Ovationen, die sie in der 2000 Menschen fassenden Londoner Queen's Hall auf dem internationalen sozialistischen Arbeiter- und Gewerkschaftskongreß von 1896 erhielt, wo sie als Dolmetscherin fungierte: »Clara Zetkin, wohnhaft in Stuttgart. Das ist die Heldin des Kongresses ... Sie verdolmetscht die französischen Kongreßreden in die schwäbische Sprache. Ich meine: ins Deutsche. Aber mit so viel Temperament, mit so viel Raschheit und Entschiedenheit, daß alles die Bedeutung selbständiger rhetorischer Leistungen gewinnt ... man verliert keinen Augenblick das Bewußtsein, daß sie sehr ernst zu nehmen ist; daß man ein Menschenkind von ungewöhnlicher Leistungskraft vor sich hat. Sie steht in der Sache drin wie keine zweite; beherrscht den Stoff trotz einer ganzen Kommission. Es kommt ihr nicht darauf an, den Franzosen eine lange deutsche Rede eins, zwei, drei in fließendem energischem Französisch ausführlich wiederzugeben; und als die gegen den Inhalt lärmend Einspruch tun (es handelt sich vermutlich um die Gruppe französischer Anarchisten, deren Mandate vom Kongreß nicht anerkannt wurden – *L. D.*) ..., sieht sie scharf hin und ruft ihnen entgegen: ›Citoyens, – si vous n'avez pas des égards pur une camarade de lutte, ayez des égards pour une femme!‹, ›Genossen, – wenn ihr keine Rücksicht auf eine Mitkämpferin nehmt, nehmt Rücksicht auf eine Frau!‹, worauf die Gallier hingerissen in wahnsinnigen, minutenlangen Beifall ausbrachen und der Kongreß mit ihnen.«

Sie hat viele Freunde gewonnen, seit sie nach Deutschland zurückkam. Es sind nicht nur die Frauenfunktionärinnen mit ihren Familien, junge und alte Genossinnen und Genossen. August und Julie Bebel, Wilhelm und Natalie Liebknecht sowie der Verleger J. H. W. Dietz und seine Frau Helene gehören zu ihrem engsten Kreis. Mancherlei Anregungen kommen von Karl Kautsky. Obwohl Clara sein trockenes Wesen, sein zögerndes Auftreten in theoretischen Konflikten nicht recht gefallen wollen, hat sie doch zu ihm und seiner zweiten Frau, Luise, zunächst ein herzliches Verhältnis. Sie kann daher, ihre beiden heranwachsenden Söhne an der Seite, den Tag in einer Atmosphäre menschlicher Wärme und Freundschaft verbringen.

Immer wieder aber gleiten ihre Gedanken an diesem 40. Geburtstag von solchen persönlichen Dingen zu jener Frage, die ihr allen andern vorausgeht, an der sie ihren Wert und ihr Leben mißt, zu der Frage: Wie stehe ich in meiner Partei? Wie vor der revolutionären Arbeiterklasse? Was habe ich geschafft? Ist mein Weg richtig gewesen? Sie kann mit vollem Recht sagen, daß sie nicht nur für die Frauen, sondern für die gesamte revolutionäre Arbeiterklasse eine große Leistung vollbracht hat, daß es vor allem ihr Verdienst ist, wenn die junge sozialistische Frauenbewegung zu einem Faktor im Kampf der Partei geworden ist, für alle Frauen die Zukunft verkörpert. Ja, sie hat recht getan, diese Bewegung auf den revolutionären Weg zu führen, sie hat damit einen entscheidenden Beitrag zum Kampf um den Sozialismus geleistet, denn ohne die Frauen kann die Arbeiterklasse ihre historische Mission nicht erfüllen. Dessen ist sie sich jetzt stärker bewußt als je zuvor.

Friedrich Engels selbst, der Mitbegründer des wissenschaftlichen Kommunismus – daran muß sie an diesem Tage mehr denn je denken –, hat es ihr bestätigt, hat ihr Mut gemacht in ihrer konsequenten Haltung; das war vor vier Jahren, als sie ihn auf dem Internationalen Sozialistenkongreß in Zürich 1893 kennengelernt hat. Und war es ihr eine große und unvergeßliche Freude, sich mit ihm in fröhlicher Runde zu unterhalten, mit dem munteren alten Herren zu tanzen, später mit ihm in Berlin das Theater zu besuchen, so ist es doch vor allem die Selbstbestätigung als Genossin, die sie durch ihn erfuhr, die ihr das Zusammentreffen so wertvoll gemacht hat.

Und wie wird es weitergehen? Sie sieht neue heftige Klassenkämpfe voraus. Sie hat schon zwei Jahre zuvor, auf dem Parteitag in Breslau, erklärt, daß die Bildung von Monopolen den Arbeitern nicht, wie einige Genossen glauben, Erleichterung bringen, sondern vielmehr die Klassengegensätze verschärfen wird. Sie verfolgt aufmerksam die immer deutlicher hervortretenden Aggressionsgelüste der deutschen Monopole, ihre offen angemeldeten Ansprüche auf Kolonialbesitz, führt bereits einen heftigen Kampf gegen die wahnwitzige Aufrüstung und die sich abzeichnende Expansionspolitik, das Streben nach Weltherrschaft. Sie fürchtet sich nicht vor den kommenden Auseinandersetzungen, wird auch weiterhin helfen, die Kampfkraft der Partei zu stärken, neue Wege zu suchen, wird alles tun, damit auch die Frauen in diesen Klassenauseinandersetzungen nicht zurückbleiben. Sie ist um diese Zeit noch fest davon überzeugt, daß die Sozialdemokratische Partei, seit dem Fall des Sozialistengesetzes stürmisch in die Breite gewachsen, ihren revolutionären Weg fortsetzen, auch aus den neuen Kämpfen siegreich hervorgehen wird.

Wohl ist sie nicht blind gegen die innerhalb der Partei immer stärker hervortretenden opportunistischen Strömungen, hat mit Stirnrunzeln Bernsteins Artikel gelesen, der die Sozialdemokratische Partei zu einer Reformpartei innerhalb der kapitalistischen Gesellschaft machen will. Aber sie ist der Meinung, daß die Partei diese revisionistischen Anschläge überwinden wird, wie sie auch vorher opportunistische Gruppierungen überwunden hat. Und sie selbst – das gehört zu den Vorsätzen, die sie an diesem Geburtstag faßt – wird kräftig dazu beitragen. Und hätte ihr jemand an diesem Tage gesagt, daß sie an ihrem 50. Geburtstag zwar viele äußere Ehrungen empfangen, zugleich aber von dem inzwischen erstarkten rechten Flügel der Partei heftig angefeindet werden würde und daß an ihrem 60. Geburtstag die gleichen Kräfte den ganzen Partei- und Gewerkschaftsapparat in den Dienst des Krieges der deutschen Imperialisten gestellt haben würden, sie selbst aber von der Redaktion der »Gleichheit« vertrieben sein würde wie eine Verbrecherin, so hätte sie diese Mutmaßung wohl mit großem Unwillen zurückgewiesen. Sie ahnte nicht, daß sie den Gipfel ihrer Kraft und Weisheit nicht in der Sozialdemokratischen Partei erreichen würde, sondern in einer neuen, wahrhaft revolutionären, der Kommunistischen Partei; sie ahnte auch nicht, daß sie, die Schülerin von Marx und Engels, im Alter die Weggefährtin eines dritten Großen der Menschheit werden würde, die Weggefährtin Wladimir Iljitsch Lenins.

III. Teil

Sage mir, wo du stehst

1897–1914

»Für den entfalteten Kapitalismus sind Kriegsrüstungen und Kriege Lebensnotwendigkeiten, durch sie sucht er seine Herrschaft aufrechtzuerhalten. Er macht daher die gewaltigsten Machtmittel dem Kriege verschwenderisch dienstbar: die Ergebnisse wissenschaftlicher Forschung, Wunder der Technik, ungezählte Reichtümer, Millionen Menschen. Daher kann das internationale Proletariat in seinem Kriege gegen den Krieg nur erfolgreich sein, wenn auch von seiner Seite in gewaltigen Massenaktionen alle verfügbaren Machtmittel aufgeboten, alle Kräfte mobilisiert werden.«

Clara Zetkin

»So ist der Imperialismus eine geschichtliche Erscheinung, die gerade die proletarischen Frauen zu energischem Widerstand herausfordert.«

Clara Zetkin

Eine denkwürdige Frauenversammlung

Es ist Februar. In dieser Zeit des Jahres haben die Berliner Arbeiterfrauen größere Sorgen als gewöhnlich. Ein wenig mehr Fleisch soll in den letzten Winterwochen auf den Tisch, damit der Mann bei seiner schweren Arbeit durchhält. Ein wenig mehr Milch, Brot, Gemüse, Schmalz brauchen die Kinder. Für heile Schuhe muß gesorgt werden, weil sonst das Schneewasser durch das Leder dringt, Erkältungskrankheiten sich in der Familie ausbreiten. Kohlen sind herbeizuschaffen, sack- oder eimerweise – das Einkellern von Feuerung kann sich eine Familie, in der der Vater 20 oder 30 Mark in der Woche heimbringt, auch dann nicht leisten, wenn die Mutter waschen oder putzen geht.

Dennoch sind sie an diesem Februarabend des Jahres 1898 alle gekommen, einzeln oder in Gruppen, aus Moabit und vom Wedding, vom Prenzlauer Berg, aus Steglitz und aus Charlottenburg, manche von ihnen mehr als eine Stunde zu Fuß gegangen. 3000 Berliner Frauen und Mädchen sitzen in dem großen, schlechtgeheizten Saal der Brauerei Lipps im Berliner Friedrichshain dicht an dicht auf harten Holzstühlen. In Wintermänteln aus dünnem, billigem Stoff oder auch in Küchenschürzen und großen Umschlagtüchern warten sie auf Clara Zetkin, bei der sie sich Begeisterung und Wissen holen wollen.

Seit länger als einem Jahr steht die Sozialdemokratische Partei Deutschlands wieder im Kampf gegen hohe Rüstungsforderungen der deutschen Militaristen, viel höhere und gefährlichere als jene, gegen die die Partei im Jahre 1893 zu Felde gezogen war. Neben der Forderung nach weiterer Verstärkung des Landheeres steht die nach dem Bau einer mächtigen Kriegsflotte, stark genug, sich mit der englischen Kriegsmarine zu messen. Neue Schlagworte ertönen: »Platz an der Sonne«, »Weltgeltung«, »Unsere Zukunft liegt auf dem Wasser«, »Deutschland braucht Kolonien«. Sie machen starken Eindruck auf breite Kreise des deutschen Bürgertums, namentlich auf die Jugend. Nationalismus breitet sich verstärkt aus, Hoffnungen auf Wohlstand, der aus Kolonialeroberungen erwachsen soll, werden wach, der Wahn vom »Herrenrecht« der Deutschen ergreift Hunderttausende. Geldsammlungen für die Flotte werden veranstaltet, und die Spenden fließen reichlich. Schulen, Universitäten, bürgerliche Frauenverbände machen begeistert mit. Nach der vor einigen Jahren erfolgten Gründung des Alldeutschen Verbandes, der chauvinistischen Propagandaorganisation des Großkapitals, die über ein Heer von Propagandisten und über reiche Geldmittel verfügt, wird mit großem Aufwand die Gründung des Deutschen Flottenvereins betrieben.

Das alles bewegt die Frauen, bewegt sie weit mehr als ihre Alltagssorgen. Keine von ihnen will daher bei der Versammlung fehlen. Lautet doch das Thema des Abends »Marinevorlage, Kolonialabenteuer und die Interessen der Frauen des Volkes«, und sie betrachten dieses Meeting als eine energische Kundgebung der Frauen und Mütter gegen die Weltmachtpläne des Kaiserreiches, als einen Teil des Kampfes ihrer Partei für Demokratie, Frieden und Sozialismus. Als klassenbewußte, politisch aktive Sozialistinnen weit über den Millionen ihrer Schwestern stehend, die sich gleichgültig beiseite halten oder freudig mitschwimmen in dem chauvinistischen Strom, fühlen sie, daß große Gefahren auf sie und die Ihren zukommen, wollen sie teilhaben an dem Feldzug gegen die Eroberungspolitik der deutschen Imperialisten, den die Sozialdemokratie unter der Führung von August Bebel eingeleitet hat.

Als Clara Zetkin den Versammlungssaal betritt, hat sie bereits einen schweren Tag hinter sich. Aber ihre Müdigkeit verfliegt, da sie den großen Raum überblickt, die erwartungsvollen Gesichter der Besucherinnen sieht. Als sie sich zu ihrer Rede erhebt, wird sie mit freudigem Beifall begrüßt.

Die konservativen Organe, beginnt sie, entrüsten sich darüber, daß Frauen zu den vorliegenden politischen Fragen Stellung nehmen wollen. Sie finden es jedoch ganz in der Ordnung, daß der

Admiral von Tirpitz ein Dankschreiben an die Schüler des Realgymnasiums in Ludwigslust richtet, die durch eine Geldsammlung Stellung zur Marinevorlage genommen haben. Wir Frauen und Mütter aber, fügt sie unter Beifall hinzu, die wir unseren eigenen Unterhalt erwerben, ernste Pflichten im Hause erfüllen, alle Staatslasten mittragen, werden uns das Recht nicht nehmen lassen, über die Fragen mitzusprechen, die auch uns und unsere Kinder betreffen. Sie spricht von den 482,8 Millionen Mark, die allein von 1898 bis 1904 aufgebracht und vom Reichstag im voraus bewilligt werden sollen. Und diese Summe, sagt sie, zieht andere Hunderte und aber Hunderte von Millionen Mark für weitere Panzerschiffe, Kreuzer, Torpedos und so weiter nach sich. Die Herren aber, die von Deutschlands Weltmachtstellung zur See schwärmen, sie zahlen die Panzerkolosse nicht aus ihrer Tasche, obwohl diese recht gut gefüllt ist. Zahlen sollen vielmehr die Werktätigen, die Frauen und Mütter des Volkes beispielsweise – in Gestalt erhöhter Steuern zunächst, später aber mit dem Blut ihrer Männer und Söhne. Und sie zitiert Staatssekretär von Hollmann, der gesagt hat, daß die Marine nicht im Hafen liegen, sondern sich schlagen solle. An Hand eines reichhaltigen Zahlenmaterials über die Stärke der vorhandenen Handels- und Kriegsflotte, die Stärke der Bemannung der einen und anderen in Deutschland und England, über die Entwicklung des deutschen Seehandels weist sie nach, daß die schon bestehende Flotte für ein friedliches Deutschland ausreiche, ihre Erweiterung nur aggressiven Zwecken dienen solle, auch auf lange Zeit das Budgetrecht des Reichstages außer Kraft setze, die demokratischen Rechte des Volkes zugunsten des selbstherrlichen persönlichen Regimes schmälere, was immer mehr überhand nehme.

Die Aufmerksamkeit der Frauen bleibt unvermindert, als Clara Zetkin auf die Kolonialpolitik des Reiches zu sprechen kommt. Alle erinnern sich der Transvaalkrise der Jahre 1895/1896, die, durch den deutschen Imperialismus heraufbeschworen, die Arbeiterklasse in starke Erregung versetzt hatte. Um sich die Vorherrschaft über Südafrika zu sichern, hatte das Kaiserreich versucht, die Schutzherrschaft über die Burenrepublik Transvaal zu erlangen, und dadurch eine heftige Auseinandersetzung mit der alten Kolonialmacht England heraufbeschworen. Diesem aggressiven, freilich mißglückten Akt war Ende des Jahres 1897 ein anderer, ebenso unverschämter Vorstoß gefolgt. Das kaiserliche Deutschland hatte die Ermordung zweier Missionare in der Provinz Schantung zum Vorwand genommen, um den chinesischen Hafen Kiautschou zu besetzen, und dann die korrupte Mandschu-Dynastie gezwungen, ihm diesen Stützpunkt samt dem umliegenden Gebiet auf 99 Jahre zu »verpachten«. So wollte es sich seinen Anteil an der Ausplünderung Chinas durch die übrigen kapitalistischen Großmächte sichern. Clara Zetkin nennt diesen Vertrag eine verhüllte Besitzergreifung. Die geplante Weltmachtpolitik, schließt sie, dient nicht den werktätigen Menschen, sondern leistet vielmehr den volksfeindlichen Bestrebungen auf wirtschaftlichem wie auf politischem Gebiet Vorschub, wirkt der demokratischen Entwicklung entgegen, behindert den Kampf um den Sozialismus; sie muß von der Arbeiterklasse auf das schärfste bekämpft werden.

Der begeisterte Schlußapplaus beweist ihr, daß die Frauen auf ihrer Seite stehen.

Der evangelische Theologe Friedrich Naumann, der nach Clara Zetkin das Rednerpult betritt, wird mit unverhohlener Abneigung empfangen. Er ist gekommen, um Clara Zetkin entgegenzutreten. Ein wortgewaltiger Redner und geschickter Demagoge, sucht dieser Vorkämpfer deutscher imperialistischer Expansionspolitik die Frauen zunächst zu umschmeicheln. Er sei, sagt er, in vielem mit der Rednerin einverstanden, es gäbe keine Männerinteressen, die nicht zugleich auch Fraueninteressen seien. Dann aber sucht er die Frauen zu überzeugen, daß ihre Partei viele Vorteile für sie und die Ihren erreichen könne, wenn sie von der Opposition zur positiven Mitarbeit im kapitalistischen Staat übergehe, das heißt die Weltherrschaftsbestrebungen des deutschen Imperialismus unterstütze. Doch der Beifallgewohnte begegnet eisigem Schweigen, tritt betreten ab. Er kennt das Bewußtsein, die Würde und den Stolz revolutionärer Sozialistinnen nicht. Stürmisch stimmen die Hörerinnen Clara Zetkin zu, die ihm entgegnet, daß er einen gemeinen Schacher empfehle, und hinzufügt, daß die Regierung die Interessenvertreterin der herrschenden Klassen sei und die Arbeiter wüßten, daß in der Politik nur eins zum Ziele führe, die Macht.

Mit dem gleichen brausenden Beifall nehmen die Frauen die von Clara Zetkin vorgelegte Resolution an, in der nicht nur dem geplanten Ausbau der deutschen Kriegsflotte und jeglicher Aufrüstung, sondern dem Kolonialismus überhaupt entschiedenster Kampf angesagt wird.

Eine denkwürdige Versammlung ist damit zu Ende gegangen. 3 000 Arbeiterfrauen haben ihr Klassenbewußtsein unter Beweis gestellt, der deutschen Frauenbewegung ein Ruhmesblatt geschrieben. Clara Zetkin weiß es und fühlt sich von dem Vertrauen und dem Mut ihrer Genossinnen beflügelt.

Der Feind Imperialismus

Die Frauenversammlung in der Brauerei Lipps fiel in jene Zeit, da der Kapitalismus in sein imperialistisches Stadium eintrat, die Herrschaft der Monopole begann und damit jene Epoche, die Lenin als die des Imperialismus und der proletarischen Revolution kennzeichnete. Clara Zetkin war wie alle Revolutionäre vor neue Aufgaben und Probleme gestellt.

Grenzenlose Ausbeutung und Unterdrückung, Kriege von nie dagewesener Ausdehnung, Entwürdigung des Menschen, Faschismus und Rassismus, Konzentrationslager, Folterungen, Massenvernichtung von Männern, Frauen und Kindern, Ausrottung ganzer Völker, Vernichtung blühender Länder durch chemische Giftstoffe, Auslieferung von Millionen Jugendlichen an Hoffnungslosigkeit und Lebensüberdruß, ihre systematische Erziehung zu Werkzeugen der imperialistischen Verbrechen – das waren und sind die Gaben, die der Monopolkapitalismus im Laufe seiner Entwicklung der Menschheit bringt. Den Imperialismus niederzuringen, die sozialistische Gesellschaft zu errichten wurde mit der

Wende vom 19. zum 20. Jahrhundert zur unmittelbaren Aufgabe der internationalen Arbeiterklasse und ihrer Verbündeten.

In Deutschland waren es die Herren von Kohle und Stahl, der Elektro- und der Chemiegiganten, der Rüstungsbetriebe und Großbanken, die im Bündnis mit den Junkern das Geschick der Nation bestimmten. Sie verschärften die Ausbeutung, zeigten den Arbeitern die gepanzerte Faust, lehnten ihre bescheidensten Forderungen ab, preßten alle Teile der Bevölkerung durch Steuern und Zölle aus, unternahmen immer neue Vorstöße gegen die ohnehin bescheidenen Rechte der Bürger. Vor allem unterwarfen sie die Außenpolitik des Reiches ihren Profitinteressen. Die Kolonialgebiete, die skrupellose Ausbeuter wie der Bremer Großkaufmann Adolf Lüderitz, der durch seine Grausamkeit berüchtigte Carl Peters und andere dem Kaiserreich in Afrika und in der Südsee »erworben« hatten, genügten ihnen bei weitem nicht. Sie wollten reichere Kolonien, mehr Macht, strebten nach ergiebigeren Rohstoffquellen, größeren Einflußsphären, nach Stützpunkten auf allen Kontinenten. Den Aggressionen, gegen die die Sozialistinnen in der Brauerei Lipps Stellung genommen hatten, folgten weitere. Um seinen Einfluß in Asien auszudehnen, mischte sich der deutsche Imperialismus Ende 1898 in jenen ersten imperialistischen Krieg, in dem der USA-Imperialismus die spanischen Kolonien an sich riß. Das unterlegene Spanien erpressend, »kaufte« das Deutsche Reich die Inselgruppe der Karolinen und Marianen und einen Teil der Palau-Inseln im Stillen Ozean. Zugleich nisteten sich die deutschen Imperialisten im Nahen Osten ein. Das Projekt der Bagdadbahn entstand. Im Herbst 1898 unternahm der deutsche Kaiser, angeblich als Pilgerfahrt nach Jerusalem, eine Reise nach Konstantinopel, Syrien und Palästina, um diese Pläne zu fördern.

Bei der Verteilung der Welt unter die kapitalistischen Mächte zu spät gekommen, nahm der deutsche Imperialismus offen und aggressiv Kurs auf die Neuaufteilung der Welt und damit auf den Krieg.

Vor jeden Deutschen war die Frage gestellt: Sage mir, wo du stehst. Die revolutionäre deutsche Arbeiterklasse verstand dies und nahm den Kampf auf gegen die Innen- und Außenpolitik des deutschen Imperialismus, gegen Militarismus und Aufrüstung, für demokratische Rechte auf politischem und ökonomischem Gebiet, für ihr Recht auf Bildung und Kultur. Clara Zetkin stand in diesem Ringen in den ersten Reihen. Sie hoffte inbrünstig, daß es zur Schaffung einer demokratischen Republik führen und schließlich mit der Machtergreifung durch die Arbeiterklasse enden möge.

Doch verlagerte sich um die Jahrhundertwende das revolutionäre Zentrum, das nach der Niederlage der Pariser Kommune in Deutschland gelegen hatte, nach dem zaristischen Rußland. Es war hier, wo der internationalen Arbeiterklasse nach Marx und Engels ihr dritter großer Führer erstand, Wladimir Iljitsch Lenin, mit dessen Namen die Epoche des Übergangs vom Kapitalismus zum Sozialismus und Kommunismus unlösbar verbunden ist.

Lenin analysierte den Imperialismus in seinem Wesen und seinen Widersprüchen. Im Jahre 1917 veröffentlichte er in seinem Werk »Der Imperialismus als höchstes Stadium des Kapitalismus« die geschlossene Theorie des Imperialismus, den er als höchstes und zugleich letztes Entwicklungsstadium des Kapitalismus, als faulenden und sterbenden Kapitalismus charakterisierte. Bereits um die Jahrhundertwende sah er die große Aufgabe, die vor allem der internationalen Arbeiterklasse gestellt war. Der revolutionäre Übergang zum Sozialismus mußte vorbereitet und vollzogen werden. W. I. Lenin schuf schon zu Beginn des Jahrhunderts in der Partei der Bolschewiki die Partei neuen Typs, die, ausgerüstet mit einer revolutionären Theorie und gegründet auf bewußte Disziplin, fähig war, die Arbeiterklasse im Kampf um die Macht zu führen, und die nach der Großen Sozialistischen Oktoberrevolution für die revolutionären Parteien aller Länder zum Vorbild wurde. Er arbeitete die Strategie und Taktik der Arbeiterklasse zur Eroberung der politischen Macht aus, zeigte die Bedeutung der Bauernmassen für die proletarische Revolution und begründete die Notwendigkeit des Bündnisses der Arbeiter mit den Bauern. Er erkannte in den nationalen Befreiungsbewegungen der unterdrückten Völker und der kolonialen Länder Bundesgenossen der Arbeiterklasse gegen den Imperialismus und begründete die Idee der Verbindung des Klassenkampfes der Arbeiterklasse mit dem nationalen Befreiungskampf.

Im Sieg der Großen Sozialistischen Oktoberrevolution fand die revolutionäre, umgestaltende Rolle der marxistisch-leninistischen Theorie, ihre Einheit mit der revolutionären Praxis in der Tätigkeit der bolschewistischen Partei unter Lenins Führung ihren glänzenden Ausdruck. Damit war der ganzen Welt der Weg zum Sozialismus gewiesen.

Wie andere revolutionäre Arbeiterführer der westlichen Länder hat auch Clara Zetkin erst zu diesem Zeitpunkt die Leistung Lenins voll erkannt, ist sie erst nach den Tagen des Roten Oktober tief in sein Werk eingedrungen. Das bedeutet jedoch keineswegs, daß sie in der Auseinandersetzung mit dem deutschen Imperialismus und seinen Weltmachtplänen auch nur einen Augenblick gezögert hätte, Stellung zu nehmen.

Schon im Jahre 1897 erklärte sie in einem Artikel in der »Gleichheit« zu den Flottenplänen der deutschen Militaristen: »Für diese Marine keinen Kahn und keinen Groschen!« Von dieser Zeit an wurde der Kampf gegen den deutschen Imperialismus und Militarismus zum wichtigen, ja bald zum zentralen Punkt in ihrem politischen Wirken, wußte sie, daß die deutsche Arbeiterklasse im Ringen mit dem deutschen Imperialismus die Interessen des ganzen deutschen Volkes vertrat. Im Jahre 1900 sprach sie dies zum erstenmal aus. Es geschah, als die deutschen Imperialisten zusammen mit den übrigen Großmächten in China einfielen und der deutsche Kaiser die Soldaten des deutschen Expeditionskorps aufforderte, in China »wie die Hunnen« zu hausen. Die Soldaten, von ihren Offizieren aufgehetzt und auf sogenannte Strafexpeditionen geschickt, raubten, plünderten, metzelten und berichteten über ihre Schandtaten stolz nach Hause. Clara Zetkin griff jene an – und das waren nicht wenige –, die behaupteten, das blutige Unternehmen diene der Verbreitung der deutschen Kultur. Die einzige Schützerin und Bewahrerin der deutschen Kultur, sagte sie in einer großen Versammlung, sei die deutsche Arbeiterklasse, der Chinafeldzug aber sei eine Schändung des deutschen Namens.

Wenn Clara Zetkin im Jahre 1907 auf dem Internationalen Sozialistenkongreß zu Stuttgart zusammen mit ihren linken Freunden in der deutschen Sozialdemokratie in der Frage des Kampfes gegen den imperialistischen Krieg und den Kolonialismus fest an der Seite Lenins stand, wenn sie später als einer der ersten Arbeiterführer der Welt die Große Sozialistische Oktoberrevolution begrüßte, sich den Leninismus aneignete, so war dies alles kein Zufall, sondern logisches Ende eines Prozesses, der um die Jahrhundertwende begann und Clara Zetkins tiefer marxistischer Erkenntnis und ihrem revolutionären Wollen entsprang.

Wirksamer werden

Wirksamer werden! Das war die Aufgabe, die Clara Zetkin zu Beginn der imperialistischen Phase des Kapitalismus für die sozialistische Frauenbewegung stellte. Zweifellos war es vor allem ihrer immer wachen Initiative zu verdanken, daß die junge Bewegung um die Jahrhundertwende Kurs auf die verstärkte Arbeit unter den Massen der werktätigen Frauen nahm. Die beiden ersten Frauenkonferenzen der deutschen Sozialistinnen im Jahre 1900 und 1902 waren, von Clara Zetkin sorgfältig vorbereitet und geleitet, Meilensteine in dieser Entwicklung.

Die Notwendigkeit einer Stärkung der Organisation erkennend, legte Clara Zetkin der im September 1900 abgehaltenen sozialistischen Frauenkonferenz zu Mainz, der ersten von den Behörden genehmigten zentralen Konferenz der Sozialistinnen, ein Regulativ vor, das es den Genossen in allen größeren Orten zur Pflicht machte, weibliche Vertrauenspersonen wählen zu lassen, das Aufgabengebiet der Frauenfunktionärinnen auf den verschiedenen Ebenen regelte und die Wahl einer Zentralvertrauensperson für ganz Deutschland vorsah. Das Regulativ wurde von der Frauenkonferenz angenommen und vom Mainzer Parteitag bestätigt. Zentralvertrauensperson wurde Ottilie Baader. Ihrer energischen Arbeit, durchgeführt in engster Verbindung mit Clara Zetkin, war es zu danken, daß die Zahl der weiblichen Vertrauenspersonen schnell wuchs, die Bewegung sich zu verbreitern begann.

Ebenso wichtig war es für die Sozialistinnen, neue Wege zur Masse der werktätigen Frauen zu suchen, um so mehr als unter den sich verschärfenden Klassenauseinandersetzungen bei vielen Frauen der Arbeiterklasse das Klassenbewußtsein erwachte. Es war nicht leicht, in breiteren Frauenkreisen Fuß zu fassen, namentlich nicht, in die Betriebe zu gelangen. Knüpft – eine oder mehrere von euch –, sagte Clara Zetkin ihren Genossinnen, freundschaftliche Beziehungen zu einer einzelnen aufgeschlossenen Arbeiterin eines Betriebes an. Laßt diese wiederum mit ihren Freundinnen reden. Baut auf solche Weise eine planmäßige Agitation auf. Danach beruft eine Versammlung einer Abteilung, einer Werkstatt, eines Betriebes ein. Laßt euch nicht schrecken, wenn zuerst nur wenige kommen. Macht weiter!

Die Sozialistinnen gingen in die Betriebe und in die Wohnviertel, in die Küchen der Arbeiterfrauen. Sie gingen auch zu den Frauen kleiner Geschäftsleute, bei denen Arbeiterfrauen kauften, der Handwerker, die ihnen Brot buken, ihre Schuhe flickten. Sie wandten die von Clara Zetkin empfohlenen Methoden an und fanden neue. Unter tatkräftiger Hilfe auch vieler Genossen entwickelte sich die Werkstubenagitation unter den Arbeiterinnen, entstanden in Leipzig und Berlin sogenannte Beschwerdekommissionen, zu denen die Arbeiterinnen ihre Sorgen tragen konnten. Auf mannigfache Weise wurden Agitatorinnen geschult. Studienzirkel, die sogenannten Leseabende, kamen auf, in denen Frauen und Mädchen Probleme des Marxismus, das Programm ihrer Partei sowie wichtige Tagesfragen behandelten, sich auch mit Literatur und Kunst beschäftigten. Die Wirkung dieser Arbeit zeigte sich im Jahre 1902, als unter den nahezu $3\frac{1}{2}$ Millionen Unterschriften gegen eine Preiserhöhung für Lebensmittel, die die Sozialdemokratie der Regierung präsentierte, Hunderttausende von Frauen und Mädchen waren. Die Sozialistinnen hatten sie in Kampfbegeisterung gesammelt. Ihre und besonders Claras Genugtuung über diesen Aufschwung der sozialistischen Frauenbewegung wurde zum Hochgefühl, als im Jahre 1903 jener historische

Streik der Crimmitschauer Weber für den Zehnstundentag und eine zehnprozentige Lohnerhöhung ausbrach, in dem 9 000 Arbeiter und Arbeiterinnen in einer Klassenschlacht dem gesamten Unternehmertum und dem reaktionären Staatsapparat gegenüberstanden. In diesem ersten in der Reihe großer Streiks, in denen die deutsche Arbeiterklasse vor dem ersten Weltkrieg dem Monopolkapital entgegentrat, waren es vor allem auch die Frauen, die die Bewegung vorwärtstrieben. Sie gehörten den Streikkomitees an, nahmen an den Streikversammlungen teil, standen auf Streikposten, fuhren, als das verboten war, mit ihren Kinderwagen vor den Fabriken hin und her, halfen Streikbrecher abfangen, diskutierten mit ihnen, verteilten Flugblätter. Das alles, obwohl sich in Crimmitschau ein Heerlager von Gendarmen – aus ganz Sachsen zusammengezogen – befand. Mehr noch: Als in Crimmitschau alle Versammlungen und Zusammenkünfte unmöglich geworden waren, wanderten die Frauen, dürftig gekleidet, mit schlechtem Schuhwerk, durch Kälte und Schnee gemeinsam mit den Männern meilenweit, um auf Thüringer Gebiet ihre Versammlungen durchzuführen – würdige Nachfolgerinnen jener Lyoner Seidenweberinnen, die Clara Zetkin so sehr bewunderte.

Hat Clara Zetkin nie gefehlt, wenn es hieß, Solidarität mit Männern und Frauen zu üben, die für ihre gerechten Forderungen streikten, so war sie kaum mit einem anderen Streik so eng verbunden wie mit diesem, in dem deutsche Arbeiterinnen zum erstenmal zeigten, daß auch sie zu kämpfen verstanden. Aus den nahezu vier Monaten, die der Streik währte, gibt es keine Nummer der »Gleichheit«, in der nicht dem Mut der Streikenden Tribut gezollt, ihr Beispiel nicht vor die Leser und Leserinnen der »Gleichheit« gestellt, die Niedertracht der Unternehmer gegen die Crimmitschauer Textilarbeiter nicht angeprangert, vor allem nicht zur Solidarität gerufen worden wäre – und dies in einer Weise, die zeigt, das Claras Herz ganz bei den Arbeitern und Arbeiterinnen von Crimmitschau war. Ihre Appelle aber wurden – das erzählt uns ebenfalls die »Gleichheit« – von den Genossinnen beantwortet. Hochherzig und opferbereit marschierten die Sozialistinnen in den ersten Reihen derer, die Solidaritätsbeiträge sammelten, sich selbst sauer verdiente Groschen absparten, die vor allem zum Weihnachtsfest mit unendlicher Liebe Gaben zusammentrugen, den Crimmitschauer Streikenden ein Weihnachtsfest bereitend, wie sie es noch nie erlebt hatten.

Clara Zetkin ließ es sich nicht nehmen, selbst ins Streikgebiet zu fahren und zu den Crimmitschauer Arbeiterinnen zu sprechen. Das war im September 1903, nach dem Dresdener Parteitag der Sozialdemokratie. Die Versammlung, die sie im »Odeum« abhielt und die hauptsächlich von Arbeiterinnen besucht war, ist bis heute in Crimmitschau unvergessen. Aber auch für sie war der Besuch in der kleinen sächsischen Weberstadt, der Wiege der deutschen proletarischen Frauenbewegung, eindrucksvoll, zumal sie hier manch eine der Kampfgefährtinnen August Bebels und Julius Mottelers traf, die beim Aufbau der ehemaligen Crimmitschauer Gewerksgenossenschaft mit tätig gewesen war. So mag der Besuch zugleich Anregung dafür gewesen sein, daß Clara Zetkin wenig später gemeinsam mit den Mottelers die Geschichte jener Frauen schrieb, die in den siebziger Jahren in Crimmitschau gewirkt hatten.

Verlust alter Gefährten

Wirksamer werden, den wachsenden Einfluß gegen die Monopolherren und Militaristen einsetzen, das forderte Clara Zetkin auch von der Partei. Doch brachte ihr der Fortschritt der sozialistischen Frauenbewegung um die Jahrhundertwende manch gute Stunde, so war ihre Arbeit in der Partei selbst – und diese nahm immer mehr Raum in ihrem Leben ein – weniger befriedigend.

Der Kampf gegen die Theorie Bernsteins erwies sich als weit schwieriger, als Clara zunächst angenommen hatte. Eduard Bernstein forderte die Revision des Marxismus, verlangte von der Sozialdemokratie, daß sie die Lehre von der proletarischen Revolution und der Diktatur des Proletariats aufgäbe, da diese unter den neuen Bedingungen des Klassenkampfes überholt sei. Er berief sich auf verschiedene, mit dem Monopolkapitalismus aufkommende wirtschaftliche Erscheinungen – die zunehmende Elastizität des Kreditwesens, das sich entwickelnde Verkehrswesen sowie die sich bildenden Kartelle und Trusts – und behauptete, daß sich die dem Kapitalismus innewohnenden Widersprüche allmählich ausgleichen, die durch die kapitalistische Produktionsweise erzeugten Wirtschaftskrisen verschwinden würden und – durch eine »politische Demokratisierung« des kapitalistischen Staates – der Sozialismus sich ohne Machtergreifung der Arbeiterklasse, im Rahmen der bestehenden kapitalistischen Gesellschaft, verwirklichen lasse. Mittel dazu seien, sagte er, der politische Kampf der Arbeiterklasse um soziale Reformen, der gewerkschaftliche Kampf und der Ausbau der Genossenschaften. Ziel Bernsteins war es, die Sozialdemokratische Partei zu einer bürgerlichen Reformpartei zu machen, und das in einer Zeit, da die Klassengegensätze sich zusehends verschärften, da die Vorbereitung der Arbeiterklasse auf die proletarische Revolution auf die Tagesordnung gesetzt war.

Stieß die Bernsteinsche Theorie auf den heftigen Widerstand aller revolutionären Kräfte in der Partei, so scharten sich um Bernstein alle alten und neuen Opportunisten in der Sozialdemokratie, froh, ihre Kompromißpolitik mit einer Theorie rechtfertigen zu können. War der Kreis der Revisionisten zunächst nicht groß, so war er doch einflußreich, denn zu ihm gehörten Abgeordnete, Redakteure, führende Gewerkschafter.

Auch fand die Lehre Bernsteins eifrige Unterstützung seitens der Monopolbourgeoisie, die die Revisionisten förderte, ihre Presse über die »Mauserung der Sozialdemokratie« frohlocken ließ. Mehr noch, der Revisionismus fand allmählich Anklang und Nährboden bei der durch die Monopole geschaffenen Arbeiteraristokratie, das heißt, bei jenen von den Konzernherren bessergestellten Arbeiterschichten, die nunmehr ein bescheidenes Auskommen hatten und zu kleinbürgerlichen Lebensauffassungen neigten.

Clara Zetkin war mit namhaften Vertretern der revisionistischen Richtung in der deutschen Sozialdemokratie durch langjährige enge Kampfgemeinschaft, ja durch Freundschaft verbunden.

Eduard Bernstein, ihrem alten Lehrer, hatte sie viel zu verdanken; sie hatte lange ihre Verehrung für ihn bewahrt, zumal er zu jenen Genossen gehörte, die auch nach dem Fall des Sozialistengesetzes für längere Zeit aus Deutschland verbannt waren. Es traf sie sehr, daß er aus dem englischen Exil als ein Gewandelter zurückkehrte.

Zu ihren alten Freunden gehörte auch der Revisionist Max Schippel. Er hatte als Ossips Studienkamerad und enger Freund in ihren schweren Pariser Jahren treu zu ihnen gestanden, ihnen nach Kräften geholfen. Mit einem anderen prominenten Revisionisten, mit Ignatz Auer, hatte Clara manche Stunde in fröhlichem Kreise verbracht. Sie schätzte ihn, weil er unter dem Sozialistengesetz der Partei treu gedient hatte, und mochte ihn auch gern als glänzenden, mit bissigem Humor begabten Gesellschafter, obwohl sie selbst nicht selten das Opfer seines Spottes geworden war.

Sehr schmerzlich war es für Clara schließlich, daß sich ihre Mitkämpferin Emma Ihrer, mit der sie so manche schwierige Aufgabe gelöst hatte, dem revisionistischen Lager zuwandte.

Es mag Clara hart angekommen sein, diesen Freunden in aller Öffentlichkeit den Fehdehandschuh hinzuwerfen, da Freundschaften, in gemeinsamer Kampf- und Notzeit gereift, feste Bindungen schaffen. Dennoch tat Clara Zetkin dies als eine der ersten in der Partei, eher noch als August Bebel.

Im Herbst 1898 forderte sie von dem Parteitag zu Stuttgart, daß er die von Bernstein und seinen Anhängern vertretene Auffassung diskutiere und zurückweise. In ihrer Rede nahm sie neben Bernstein besonders den Berliner Rechtsanwalt Wolfgang Heine aufs Korn, dessen Parole »Kanonen für Volksrechte« sie empörte. Sie verschonte auch Schippel nicht, der der Regierung in der Frage der Zölle und des Militarismus Zugeständnisse machen wollte. Neben jenen aber, die dem Klassengegner offen die Hand entgegenstreckten, griff sie Karl Kautsky an, der in der »Neuen Zeit« die Artikel Bernsteins kommentarlos abgedruckt hatte.

Es war ihr erster gemeinsamer Waffengang mit Rosa Luxemburg. Diese – trotz ihrer Jugend bereits erfahrene Revolutionärin und Mitbegründerin der Sozialdemokratischen Partei Polens – war soeben nach Deutschland gekommen und wandte sich gleichfalls leidenschaftlich gegen die neue revisionistische Richtung. Sie hatte kurz vor dem Stuttgarter Parteitag in der »Leipziger Volkszeitung« den ersten Teil ihrer Artikelreihe gegen Bernstein veröffentlicht. Clara Zetkin hatte diese Arbeiten mit Aufmerksamkeit gelesen und der Autorin, wie Rosa Luxemburg ihrem Freunde Leo Jogiches sehr zufrieden mitteilte, in einem Brief an den Chefredakteur der »Leipziger Volkszeitung«, Bruno Schoenlank, hohes Lob gespendet. So fanden sich die beiden Frauen schnell zu vereintem Handeln zusammen. Obwohl sie sich durch keinerlei Beschwichtigungsversuche beirren ließen, auf ihrer Forderung beharrten, setzten sie sich nicht voll durch. August Bebel, der ihr Auftreten zwar begrüßte, Bernstein jedoch noch eine Chance zur Umkehr geben wollte, ließ die Diskussion über den Revisionismus auf die Tagesordnung des nächsten Parteitages setzen, wo er dann – im Oktober 1899 in Hannover – den Revisionisten mit seiner ganzen Autorität entgegentrat.

Nichtsdestoweniger war mit dem Stuttgarter Parteitag die Diskussion in der Partei entflammt und wurde vor allem von Rosa Luxemburg mit aller Schärfe geführt. Sie vollendete ihre Artikelserie in der »Leipziger Volkszeitung«. 1899 – fünf Monate vor dem Parteitag zu Hannover – erschien die Broschüre »Sozialreform oder Revolution?«

In diesem Werk, der glänzendsten Widerlegung Bernsteins im Deutschland jener Zeit, zerpflückte Rosa Luxemburg gründlich Bernsteins Behauptung, daß durch die Entstehung der Kartelle und Trusts sowie durch die Tätigkeit der Gewerkschaften und Genossenschaften die Widersprüche der kapitalistischen Gesellschaft allmählich beseitigt würden. Entgegen der Bernsteinschen Anpassungstheorie wies sie nach, daß die Marxsche Lehre vom gesetzmäßigen Untergang der kapitalistischen Ordnung und dem Sieg des Sozialismus auch in dem sich fortentwickelnden Kapitalismus ihre volle Gültigkeit behielt, daß die Entstehung der Kartelle und Trusts die Widersprüche des Kapitalismus verschärfte, vor allem zu internationalen Konflikten führte, daß Kampf um soziale Reform und Demokratie und Kampf um Revolution und Sozialismus keine Gegensätze, sondern eine dialektische Einheit waren. Folgerichtig forderte sie Bernstein auf, sich als das zu bekennen, was er war, als kleinbürgerlich-demokratischer Fortschrittler.

Clara Zetkin setzte an Rosa Luxemburgs Seite ihre Überzeugungsarbeit fort. Es gab keine Versammlung, in der sie sich nicht mit den Revisionisten auseinandersetzte. Vor dem Parteitag in Hannover forderte sie in der »Gleichheit« deren Ausschluß aus der Partei. Das wurde ihr sehr übel vermerkt, und auf dem Parteitag standen denn auch weder August Bebel, der in einer großen Rede den Revisionismus verurteilte, noch der Theoretiker der Partei, Karl Kautsky, im Mittelpunkt der revisionistischen Angriffe, sondern Rosa Luxemburg und Clara Zetkin. Wie Rosa Luxemburg mußte Clara viele Verunglimpfungen und Beleidigungen einstecken. Unter anderem kam es zu einer heftigen Auseinandersetzung zwischen ihr und Ignatz Auer. Als sie diesem zurief, er solle sich keine Clara Zetkin backen, die es nicht gäbe, antwortete er wütend: »Die Genossin meint, ich hätte das Bedürfnis gehabt, eine neue Zetkin zu konstruieren. Sie irren sich, ich habe an der wirklichen Genossin Zetkin mehr als reichlich genug!«

Mehr als solche ironischen Bemerkungen erbitterte Clara die Tatsache, daß die Revisionisten, die sich in Hannover scheinheilig unterworfen hatten, in der Partei weiter wühlten, immer mehr Plätze in den Redaktionen der Parteipresse, in den Parlamenten und in den Gewerkschaften besetzten, ihren Einfluß steigerten, sich nach dem Tode Wilhelm Liebknechts sogar des »Vorwärts« bemächtigten.

Clara Zetkin hatte unter den neuen Kampfbedingungen ihren Weg gewählt. Immer kräftiger griff sie von nun an in die Parteipolitik ein, trat immer stärker als Parteiführerin hervor. Verlor sie dieses Kampfes wegen alte Freunde, wurde sogar ihre Freundschaft zu den Kautskys kühler, so gewann sie dafür jene neuen Weggefährten, mit denen sie der leidenschaftliche Drang verband, die deutsche Arbeiterklasse vorwärtszuführen bis zur Eroberung der Staatsmacht, bis zur sozialistischen Revolution, Weggefährten, die ihrer weiteren Entwicklung entscheidende Impulse gaben.

Die neuen Freunde

»Alles geben die Götter, die unendlichen,
Ihren Lieblingen ganz;
Alle Freuden, die unendlichen,
Alle Schmerzen, die unendlichen ganz.«

Dieses Goethewort kann über die Freundschaft zwischen Clara Zetkin und Rosa Luxemburg gesetzt werden, die Clara unendlich reich machte und durch Rosa Luxemburgs Ermordung so tragisch endete. Ob die beiden Frauen einander schon vor dem Stuttgarter Parteitag, wo sie zuerst gemeinsam auftraten, kannten oder ob sie dort zum erstenmal zusammenkamen, ist unbestimmt. Sicher aber ist, daß die Stunde ihrer ersten Begegnung für Clara Zetkin eine Sternstunde war.

Was Rosa Luxemburg für sie bedeutete, hat Clara Zetkin vielfach ausgesprochen, am schönsten wohl zwei Jahre nach Rosas Tod, als sie auf dem III. Weltkongreß der Kommunistischen Internationale ihren Genossen für eine Geburtstagsehrung dankte. Da sagte sie: »Ich kann hier nicht vor Ihnen stehen, ohne daß mich nicht die Erinnerung überwältigt an diejenige, die ein Teil meines Wesens war und bleiben wird, an Rosa Luxemburg. All das, was ich war und wirkte, es war gemeinsam Werk mit Rosa Luxemburg. Und ich kann den Schmerz nicht zurückhalten, daß sie heute nicht mehr neben mir steht, nicht unter uns ist. All diese Blumen hier, ich lege sie im Geist auf ihr Grab.«

Die Freundschaft zwischen beiden Frauen wurde schnell geschlossen, sozusagen auf den ersten Blick. Es konnte nicht anders sein. Für Clara Zetkin, die es schwer hatte, sich in der Partei als Vorwärtsdrängende wie als Frau durchzusetzen, mußte es als ein großes und unerwartetes Glück erscheinen, eine Gefährtin zu haben, auf der äußersten Linken der Partei stehend wie sie, eine Freundin, in der sie sich bestätigt fand. Und was für eine Freundin! Schon bald wurde ihr klar, daß Rosa Luxemburg, obwohl noch verhältnismäßig jung, eine große Führerpersönlichkeit war, eine leidenschaftliche Kämpferin und glühende Revolutionärin, eine Marxistin, die tief eingedrungen war in die marxistische Lehre, fähig, sie anzuwenden und weiterzuentwickeln weit tiefschürfender, als sie selbst dies konnte, dazu eine hervorragende Wissenschaftlerin, die in Zürich Staatswissenschaft und Nationalökonomie studiert und den Doktorhut erworben hatte. Eine Genossin auch, die, obwohl sie sich bei ihrer Ankunft bescheiden als einen Rekruten in der deutschen Bewegung bezeichnete, immer einen festen proletarischen Klassenstandpunkt hatte und sogleich wegweisend vorwärtsstürmte.

Ebenso wie die brillanten Geistesgaben und den kühnen Kampfesmut der Freundin bewunderte Clara Zetkin Rosa Luxemburg um ihrer völligen Hingabe an die Sache der Unterdrückten willen, die sie ihr eigenes Glück und Leben hintansetzen ließ im Kampf um das Glück ihrer Mitmenschen.

»An dem Tage«, schrieb Clara Zetkin in »Revolutionäre Kämpfe und revolutionäre Kämpfer 1919«, »wo Rosa Luxemburg beginnt, ein bewußtes Leben zu leben, gehört es den Mühseligen und Beladenen. Nicht in jenem rührseligen Wohltun, das nur zu oft sich selbst bewundernd genießt – obgleich niemand ein leiseres Ohr und eine offenere Hand für der Nächsten Nöte hätte als die großherzige Frau –, sondern in dem Streben, die Mühseligen und Beladenen durch den erweckten einsichtgeführten Willen zu adeln, ihre Ketten zu brechen und eine Welt zu gewinnen.«

Und noch ein Drittes mußte Clara die vierzehn Jahre Jüngere von vornherein teuer machen. Hatte Rosa Luxemburg in Polen doch an dem illegalen Kampf gegen den Zarismus teilgenommen, war von den Henkern der gleichen zaristischen Polizei verfolgt worden, die auch Ossip Zetkin gejagt hatten, und blieb eng verbunden mit jener Bewegung der russischen Revolutionäre, die Clara Zetkin so teuer war.

Umgekehrt schloß sich auch Rosa Luxemburg der Älteren schnell und in warmer Herzlichkeit an, zumal beide Frauen neben den politischen Interessen auch viele andere gemeinsam hatten: die Aufgeschlossenheit für allgemeine wissenschaftliche Probleme, die Liebe zu Literatur und Kunst, zur Musik, die Freude an der Natur und am Wandern.

Noch ehe das Jahrhundert zu Ende war, war Rosa in Claras bescheidenem Heim völlig zu Hause, verbrachte manchen Tag, manche Woche in Stuttgart, war mit Claras Familie ebenso vertraut wie mit Clara selbst. Clara hingegen wohnte, wenn Sitzungen sie nach Berlin führten, bei Rosa, und da wurde nicht nur über Politik gesprochen, sondern es gab wohl auch Stunden für einen gemeinsamen Spaziergang, für den Besuch eines Theaters, einer Ausstellung oder bei gemeinsamen Freunden.

Einige frühe Briefe Rosa Luxemburgs an Clara Zetkin – Briefe von Clara an die Freundin sind leider kaum erhalten – zeigen, wie innig die Freundschaft der beiden großen Arbeiterführerinnen von Beginn an war.

»Liebes Clärchen!« schrieb Rosa der Freundin um 1900, nachdem diese eine Krankheit überstanden hatte. »Wie herzlich haben mich Ihre Zeilen heute früh erfreut! Es geht Ihnen also schon besser! Ich war sehr unruhig und dachte die ganze Zeit mit Schmerzen an Ihr Krankenlager, an dem ich am liebsten selbst sitzen mochte, um Sie zu pflegen. Sie Ärmste, was haben Sie ausstehen müssen! Wenn Sie sich jetzt nur schonen, um nicht wieder einen Rückfall zu kriegen. Denken Sie an die Partei, der Sie schuldig sind, sich zu schonen und kräftig zu erhalten! Schreiben Sie auch nicht zu viel jetzt, das muß Sie doch auch anstrengen ... Ich möchte mit Ihnen so gern über alles mögliche reden und mein Herz ausschütten, aber brieflich geht das nicht, ich muß mich nun gedulden, bis ich Sie wieder bei mir habe ...

Meine Liebste, Gute, schonen Sie sich und werden Sie bald ganz, ganz gesund und munter.

Ich küsse Sie herzlich vielmals und grüße Ihre Männer von Herzen
Ihre Rosa«

Rosa Luxemburg war in der Freundschaft beider Frauen die geistig und politisch Führende. Clara erkannte dies wohl auch an. Sie hat in allen politischen Kämpfen, namentlich in den Auseinandersetzungen in der Partei, an Rosa Luxemburgs Seite gestanden, sich über ihre eigenen Pläne und Arbeiten mit ihr beraten und stets bereitwillige Hilfe gefunden.

Clara Zetkin war jedoch in der Freundschaft der beiden keineswegs allein die Nehmende. Auch sie gab vieles. Ihre große organisatorische Fähigkeit, ihre gründliche Kenntnis des deutschen Parteilebens, seiner Stärken und Schwächen, und ihre enge Verbundenheit mit dem täglichen Leben, den Nöten und Sorgen der einfachen Menschen waren für Rosa Luxemburg ebenso wichtig wie die Treue, mit der Clara Zetkin in allen Kämpfen und Auseinandersetzungen an ihrer Seite stand.

Die Verbundenheit der beiden Frauen wurde mit der Zeit immer fester und bewährte sich besonders in den letzten Jahren vor dem ersten Weltkrieg und während des Krieges, als beide von der Reaktion verfolgt und zugleich von den rechten Sozialdemokraten gehetzt und geschmäht wurden.

Die Freundschaft zwischen Clara Zetkin und Franz Mehring war, äußerlich betrachtet, ein wenig förmlich. Niemals kam es zwischen Clara und den Mehrings zum vertrauten Du wie etwa zwischen ihr und August Bebel oder den Kautskys. Dennoch gingen ihre Beziehungen weit über eine rein politische Freundschaft hinaus. Franz Mehring schätzte Clara Zetkin so hoch, daß er ihr seine Marx-Biographie gewidmet hat. Was Clara Zetkin für Franz Mehring empfand, drückte sie einige Jahre nach Beginn ihrer näheren Bekanntschaft in einem Brief zur Jahreswende 1903/1904 aus. »Hochverehrter, lieber Freund«, schrieb sie. »Es drängt mich, Ihnen und Ihrer lieben Frau zum Jahreswechsel meine aufrichtigen Wünsche zu senden. Nicht nur als Ausfluß treuer Gesinnung, wie sie unter wahren Freunden selbstverständlich ist. Vielmehr auch als Ausdruck meiner Überzeugung, daß Sie zu den ganz wenigen führenden Persönlichkeiten in unserem Parteileben gehören, für welche meine Hochschätzung und Sympathie im Laufe der Zeit und in schwierigen Situationen steigen durfte, steigen mußte, zu den ganz wenigen dieser Persönlichkeiten, mit denen auch fernerhin zu verkehren, das Herz auf der Zunge, ohne ängstliches Zurückhalten und Mißtrauen, ich mir als ein großes Glück anrechne.«

Sie verehrte in Mehring den Politiker, der, ganz und gar hingegeben an die geschichtliche Mission der Arbeiterklasse, von der Jahrhundertwende an den Marxismus verteidigte, den zuverlässigen Genossen, bewunderte vor allem den streitbaren marxistischen Publizisten und Literaturkritiker, den Meister der deutschen Sprache.

In einem Brief vom 6. Januar 1902 schrieb sie ihm: »... wir haben die tiefste Verehrung für Ihre Werke. Und zwar gilt unsere hohe Wertschätzung nicht nur Ihren glänzenden und fruchtbaren wissenschaftlichen Leistungen, sondern auch Ihrer Tagespublizistik. Durch die Beherrschung des historischen und ökonomischen Tatsachenmaterials, durch das konsequente und feinsinnige Nachspüren nach den geschichtlichen Zusammenhängen alles Geschehens, durch die Klarheit und Festigkeit der Auffassung werden Ihre Artikel in der ›N[euen] Z[eit]‹ und der ›L[eipziger] V[olkszeitung]‹ hoch über eine ephemere Bedeutung hinausgehoben. In ihnen führt neben dem unvergleichlichen Publizisten der Historiker und der Nationalökonom das Wort. Ich finde oft in einem Ihrer Artikel mehr wahre Wissenschaftlichkeit als in einem dickleibigen Folianten zünftiger Gelehrsamkeit. So müssen meines Erachtens Artikel sein, die an der Hand der Tagesereignisse das Proletariat für den Tageskampf und zugleich damit über diesen selbst hinaus zum Verständnis seiner geschichtlichen Mission erziehen.«

Eifrig suchte sie für ihre eigene publizistische Tätigkeit bei Mehring zu lernen. »Wenn es Ihnen möglich ist«, schrieb sie ihm, »ab und zu einmal ein paar verlorene Minuten der Lektüre der ›Gleichheit‹ widmen zu können, so werden Sie hoffentlich finden, daß Ihre Lehrerschaft keine ganz vergebliche ist.«

Besondere Hochachtung hatte Clara für Mehrings wissenschaftliches Werk, vor allem für den Marx-Forscher, der das Marxsche Erbe hütete und unter anderem schon 1902 eine Sammlung der Frühschriften von Marx und Engels veröffentlichte, die lange Zeit die international gültige blieb, aber auch für den antimilitaristischen Historiker, der in seinen Arbeiten zur Geschichte Preußens ein für allemal jene Legende ad absurdum führte, die der preußisch-deutsche Militarismus um das Haus Hohenzollern, namentlich um Friedrich II., den »Großen«, gesponnen hat. Vor allen anderen liebte sie die »Lessing-Legende«, die 1893 zuerst in der

»Neuen Zeit« erschien. Sie hat dieses Werk und auch andere Werke Mehrings nicht nur ihren Söhnen, sondern vielen suchenden jungen Menschen in die Hand gegeben.

Sie kamen einander menschlich schnell näher, Clara Zetkin und Franz Mehring und auch seine Frau Eva. Wahre Feste waren für Clara – weilte sie in Berlin – die Abende in der Steglitzer Wohnung des Ehepaares, nicht nur der klugen, geistvollen Gespräche wegen, die sie mit dem hochgebildeten, auf so vielen Gebieten wissenschaftlich tätigen Mehring führte, und des liebenswürdigen Verständnisses, das Eva Mehring ihr entgegenbrachte, sondern auch darum, weil sie sich hier offen und ehrlich alles, was sie erfüllte und was sie bedrückte, vom Herzen reden konnte.

Bei Claras Gesprächen mit den Mehrings spielten neben den politischen und historischen Fragen Kunst und Literatur eine große Rolle; Clara las Mehrings Arbeiten über das Kulturerbe wie seine Theaterrezensionen mit großem Genuß.

Wenn Clara Zetkin Mehring mehrfach gegen die infamen Angriffe der Opportunisten in der Partei verteidigte, entsprach dies ihrer politischen Überzeugung wie auch ihrer persönlichen Wertschätzung, um so mehr als das, was die Gegner ihm immer wieder hämisch vorwarfen, sein langer und schwerer Weg vom bürgerlichen Journalisten zum geschätzten marxistischen Historiker und Politiker, ihn ihr um so wertvoller machte.

»Mehrings zähe, gründliche Natur«, schrieb sie in ihrem Artikel zu seinem 70. Geburtstag im Februar 1916, »konnte den alten politischen Glauben nicht früher einsargen und sich dem neuen Gotte verschreiben, bis sie den Sozialismus als Wissenschaft, als Theorie sich völlig zu eigen gemacht hatte .... Von dem Augenblick an, wo Franz Mehring im Sozialismus die Erfüllung seines glühenden Verlangens nach Erkenntnis, nach Wahrheit fand, hat er sich ihm ganz und mit einer Treue ergeben, die weder äußere noch innere Stürme zu wandeln imstande gewesen sind.«

Sie hat recht gehabt. Als im ersten Weltkrieg jene, die Mehring immer wieder verunglimpft hatten, in das Lager des deutschen Imperialismus übergingen, wurde Franz Mehring ein Führer der Spartakusgruppe, scheute er das Gefängnis nicht, begrüßte er die

Große Sozialistische Oktoberrevolution, war er nach der Novemberrevolution Mitarbeiter der »Roten Fahne«, und nur der Tod hinderte ihn, mit an die Spitze der Kommunistischen Partei zu treten.

Bald erweiterte sich der Kreis vorwärtsdrängender revolutionärer Führer, mit dem Clara Zetkin fortan durch politischen Kampf und durch persönliche Freundschaft verbunden war. Einige polnische Kampfgefährten Rosa Luxemburgs kamen hinzu. Unter ihnen war Leo Jogiches, Rosas naher Freund, den Clara Zetkin als deren politisches Gewissen bezeichnet hat, und bei dem sie während des ersten Weltkrieges und nach der Ermordung Karl Liebknechts und Rosa Luxemburgs des öfteren politischen Gedankenaustausch suchte, sodann Julian Marchlewski (Karski), ein ebenfalls als Emigrant in Deutschland lebender Führer der polnischen Sozialdemokratie, der wie Leo Jogiches aufopfernd für die deutsche revolutionäre Bewegung arbeitete. Mit ihm und seiner schönen, hochgebildeten Frau Bronislawa war Clara auch durch gemeinsame literarische Interessen verbunden.

Schon früh entwickelte sich außerdem die Kampfgemeinschaft Clara Zetkins mit Karl Liebknecht, der sich, nachdem er den Staatsdienst quittiert und in Berlin ein Rechtsanwaltsbüro eröffnet hatte, um die Jahrhundertwende der Parteiarbeit verschrieb.

Clara Zetkin, seit der Zeit des Sozialistengesetzes eng mit der Familie Liebknecht befreundet, hatte Karl Liebknecht aufwachsen sehen und erlebt, wie aufgeschlossen dieser eine unter den Söhnen ihres alten Freundes für den Kampf der Partei war, wie er selbstbewußt und trotzig aufbegehrte gegen ein Regime, das seinen Vater und dessen Genossen brutal verfolgte. Sie hatte, wenn sie in Berlin Karl Liebknechts Eltern besuchte, seine weitere Entwicklung verfolgt. Als Karl Liebknecht nach seiner Zulassung als Rechtsanwalt im Jahre 1900 seinen Platz in der Partei einnahm, freute sie sich, mehr noch als er im Jahre 1902 auf dem Parteitag zu München die revolutionäre Ehre seines Vaters gegen die Revisionisten verteidigte, die Wilhelm Liebknecht zu einem der Ihren stempeln wollten. Wenn sie, was wir als sicher annehmen können, gehört hat, daß August Bebel von einigen Mitgliedern des Parteivorstandes gebeten wurde, auf den »Hitzkopf« mäßigend einzuwirken, so muß das der temperamentvollen Clara Zetkin ein besonderes Vergnügen bereitet haben.

Ihren ersten gemeinsamen Strauß fochten sie im Jahre 1904 auf dem Parteitag in Bremen aus, wo beide eine Parteidiskussion über die unter den Bedingungen des Imperialismus neu aufkommende Kampfwaffe der Arbeiterklasse, den politischen Massenstreik, forderten. Zwei Jahre später führte sie der Kampf um die antimilitaristische Organisierung der Jugend zu gemeinsamem Wirken.

Schon in diesen Jahren schätzte Clara Zetkin den Kämpfer Karl Liebknecht hoch, den furchtlosen Organisator der Jugend zum antimilitaristischen Kampf, den unerbittlichen Streiter gegen Militarismus und Kriegsgefahr, den revolutionären Parlamentarier, der nach bester sozialdemokratischer Tradition den Preußischen Landtag und später auch den Deutschen Reichstag zur Tribüne des Klassenkampfes machte, den von der Reaktion gefürchteten politischen Anwalt, der überall zu finden war, wo es galt, Recht gegen Unrecht zu verteidigen, der in großen politischen Prozessen der reaktionären Justiz schwere Niederlagen zufügte.

»Karl«, schrieb sie nach seiner und Rosa Luxemburgs Ermordung in einem Gedenkartikel vom 3. Februar 1919 in der »Leipziger Volkszeitung«, »war ein heldenhaft voranstürmender Soldat der Revolution. Er hatte das prachtvoll ungestüme, überschäumende Temperament des geborenen Kämpfers, seinen frisch-fröhlichen Wagemut und seine trotzige Ausdauer. In ihm pulsierte altes Bekennerblut, war der Glaube, der Berge versetzt. Ihm eignete die stolze Tapferkeit, sich allein gegen eine Welt von Feinden zu stellen. Gefahren und Opfer schreckten ihn nicht, Verleumdungen und Beschimpfungen glitten an ihm ab. Er empfand es als schlichte Selbstverständlichkeit, für seine Überzeugung seine Stellung und sein Leben einzusetzen. Gleich seinem Vater war er von spartanischer Anspruchslosigkeit und Einfachheit, dabei voller Güte für andere ... Eine durch und durch ritterliche Natur ließ gegen jede Ungerechtigkeit seinen Zorn emporflammen, und er war stets bereit, die Sache Schwacher, Benachteiligter, Getretener als seine eigene Sache zu führen.«

Es kam zwischen beiden nicht zu der gleichen tiefen Freundschaft wie zwischen Clara Zetkin und Rosa Luxemburg, auch nicht zu dem regen Gedankenaustausch, wie er zeitweilig zwischen Clara Zetkin und den Mehrings bestand, wohl aber zu einer festen, auf gegenseitigem Vertrauen und beiderseitiger Wertschätzung gegründeten Kameradschaft, und – namentlich während des ersten Weltkrieges – zu gegenseitiger herzlicher Fürsorge, in die Clara auch Liebknechts Familie einbezog.

Es war in diesen Kriegsjahren, daß sie in ihm den großen revolutionären Führer der deutschen Arbeiterklasse erkannte, dessen kühner Kampf sie tief anrührte, ihr Impulse gab.

»In allen Ländern«, heißt es in dem Gedenkartikel vom Februar 1919, »beriefen sich die dem Imperialismus dienenden Sozialpatrioten auf die Scheidemann und David; die schwankenden Gestalten der zahmen, grundsatzunsicheren Opposition schworen auf Kautsky. Wenn aber in Frankreich, England, Italien, Rußland Proletarier dem Gefühl ihrer Solidarität mit den Brüdern der ganzen Welt und namentlich mit den Brüdern in Deutschland Ausdruck geben, wenn sie sich als internationale Sozialisten bekennen wollten, so ertönte der Ruf: Hoch Karl Liebknecht!«

Clara Zetkin hat Karl Liebknechts und Rosa Luxemburgs Ermordung bis an das Ende ihrer Tage nicht verwunden und sehr gut verstanden, was die deutsche und die internationale Arbeiterklasse an diesen beiden großen Führern verloren hat.

Noch einmal sei ihr Gedächtnisartikel vom 3. Februar 1919 zitiert: »Rosa Luxemburg, Karl Liebknecht nicht mehr! Der revolutionäre Vortrupp der deutschen Arbeiterklasse hat seine zielentschlossensten, kühnsten, kraftvollsten Führer verloren ... Karl Liebknecht, Rosa Luxemburg, die Namen waren ein Programm, das Programm des internationalen Sozialismus, ein Programm nicht welken, müden Lippenbekenntnisses, sondern kraftstrotzenden, opferbereiten Tatwillens. Wie das rote Banner der Internationale selbst leuchteten sie über den feigen Verrat, den ängstlichen Verzicht, den zerfleischenden Zweifel, kurz, alle Wirrungen und Irrungen, die der Weltkrieg aus seiner Pandorabüchse über das Weltproletariat und seine sozialistische Vorhut ausschüttete.«

Nach bitterer Anklage gegen die Konterrevolution, die Karl Liebknecht und Rosa Luxemburg ermorden ließ, und gegen die sozialdemokratischen Führer, die sich mitschuldig gemacht hatten, schloß sie: »Die Gemeuchelten sind nicht tot. Ihr Herz schlägt in der Geschichte fort, und ihr Geist leuchtet weit über diese düsteren und doch nicht hoffnungslosen Tage hinaus. Das Proletariat wird das reiche Erbe antreten, das ihm Karl Liebknecht und Rosa Luxemburg in Wort und Tat, in Lebenswerk und Beispiel hinterlassen. Die Gemeuchelten leben, sie werden die Sieger der Zukunft sein.«

Doch bevor sie schmerzerfüllt diese Zeilen schreiben mußte, waren ihr reiche Jahre gemeinsamen Kampfes mit ihren neuen Freunden beschieden.

»Als seien mir Flügel gewachsen«

Die Freundschaft mit Rosa Luxemburg und Franz Mehring wirkte sich nachhaltig auf Clara Zetkins Schaffen aus. »Mir ist, als seien mir Flügel gewachsen«, hatte die junge Clara gesagt, nachdem sie ihre erste Rede gehalten und damit ihre Angst vor dem Sprechen überwunden hatte. Sie hätte das jetzt mit weit größerem Recht sagen können. Angesichts der durch den wachsenden revisionistischen Einfluß verschuldeten Verflachung des Parteilebens, wirkten die Kraft und die politische Schärfe, mit der Franz Mehring, namentlich aber Rosa Luxemburg in den politischen Kampf eingriffen, auf Clara Zetkin anfeuernd, ja geradezu erlösend. Wie stark sie dies empfand, geht aus einem Brief an Franz Mehring hervor, in dem sie auf die Bedeutung der »Leipziger Volkszeitung« hinweist, die unter Franz Mehrings Führung und durch Rosa Luxemburgs Mitarbeit zum Zentrum der revolutionären Kräfte in der Partei wurde. Sie schrieb diesen Brief am 2. Juni 1902 nach der Lektüre von Mehrings Artikel »Unser Programm«.

Clara Zetkin bezeichnete diesen Artikel als »ebenso wuchtig wie taktisch geschickt und klug«. »Er setzte für mich«, fuhr sie dann fort, »den Schlußpunkt hinter mancherlei, was ich in den letzten Wochen erfahren, beobachtet, gedacht hatte. Und er setzte ihn so meisterlich, wie nur Sie es können. Ich fühlte deshalb das dringende Bedürfnis, Ihnen dankbar die Hand zu drücken und zu sagen, welch' tiefe Genugtuung mir gerade dieser Artikel bereitet hat. Und von dieser Genugtuung war's nur ein Sprung bis zum Verweilen bei der Situation, ein Sprung, der logischerweise getan werden mußte, weil die LV[Z] – das heißt Sie und Rosa – ungeheuer viel dazu beigetragen hat, einen Umschwung, eine Bewegung der Geister in der Partei in Fluß zu bringen. Kein Zweifel: Die Lage hat begonnen, sich langsam für den Marxismus zu bessern. Nach und neben der Krise haben die Ereignisse in Belgien, Rußland und Schweden wirklich revolutionär auf Deutschland zurückgewirkt. Daß aber in der Partei die Konsequenzen der Tatsachen wieder zum Teil schärfer gezogen wurden als seit langem, das ist in erster Linie und in noch größerem Maße das Verdienst der LV[Z]. Hätte nicht sie rasch und stets bei jedem Anlaß aufs neue die grundsätzlichen Schlußfolgerungen aus den Vorgängen gezogen und den Revisionismus an den Tatsachen geprüft, ich glaube, unsere Presse würde sich im allgemeinen auch jetzt noch mit den Mode gewordenen moralisch-ästhetischen Kultur-Sonntagnachmittagspredigten begnügt haben, welche die force Kurt Eisners und damit das Charakteristikum des ›tonangebenden‹ ›Vorwärts‹ sind. Die LV[Z] ist wie mit Posaunentönen in das kleinbürgerliche Idyll unseres parlamentarisch und journalistisch durchseuchten Parteilebens gefahren, wo die Geister zwar nicht in der Hut von ›32 Monarchen‹ schlummern, wohl aber in der von 58 Parlamentariern, die zum Teil vom parlamentarischen Kretinismus angekränkelt sind – ja ihn hier und da in Reinkultur repräsentieren –, und in der nicht besseren Hut von Berufsjournalisten, die ihre Stellung vor allem bürgerlich salonfähig machen wollen ... Auf der anderen Seite lockt sie durch ihre grundsätzliche Schärfe und ihren Ton die Revisionisten aus dem Dunkel abstrakter Gemeinplätze, in dem für die ›Politik der positiven Erfolge‹ so gut munkeln ist, und zwingt sie, zu bestimmten, klar umgrenzten Realitäten Stellung zu nehmen. Endlich aber hat sie die gegnerische Presse gereizt, uns wieder mehr bitter ernst als Sozialdemokraten zu nehmen, als sie es seit langem getan. Dank dieser Umstände beginnt in den Massen der Genossen jetzt auch das Bewußtsein der Situation lebendig zu werden.«

Clara ging wie alle revolutionären Genossen gehobenen Mutes in den Wahlkampf des Jahres 1903, bereiste das Rheinland, Hessen, Schlesien, Sachsen. Ihre Reden waren von größerer Schärfe und Präzision, besaßen stärkere Überzeugungskraft, wirkten noch mobilisierender als ihre früheren. Mehr denn je strömten ihr die Menschen zu, ihre Popularität als Arbeiterführerin stieg sichtbar. In einer Massenversammlung in Dresden kam es zu einem bezeichnenden Zwischenfall. Als sie die Junker Zollräuber nannte, forderte der Überwachungsbeamte sie auf, sich einer gemäßigteren Sprache zu bedienen. Sie antwortete: »Nun gut, die Tatsachen sind da und beweisen, auf welcher Seite die Maßlosigkeit, auf welcher Seite die Mäßigung zu finden ist.« Die Zuhörer klatschten stürmisch Beifall. Wütend löste der Beamte die Versammlung auf. Ein großes Polizeiaufgebot begann unverzüglich, den Saal zu räumen. Da ertönte aus Hunderten von Kehlen der Ruf: »Am 16. Juni die Quittung! Nun erst recht!« Lange Zeit dauerte es, bis die Zuhörer unter nicht enden wollenden Hochrufen auf die Sozialdemokratie den Saal verlassen hatten. Nach dieser Erfahrung ließ die Dresdener Polizei eine zweite Versammlung, in der Clara sprach, unbehelligt. Die Dresdener hielten übrigens Wort: Das Wahlergebnis in Dresden war so glänzend wie im ganzen Deutschen Reich.

Clara Zetkin knüpfte an den Wahlsieg der Partei große Hoffnungen. Das geht aus dem Leitartikel hervor, den sie am 9. September 1903 in der »Gleichheit« zum bevorstehenden Parteitag in Dresden veröffentlichte. Sie umriß darin umfassend die Aufgaben, die als nächste vor der Partei standen.

»Der bevorstehende Parteitag zu Dresden«, schrieb sie, »tritt unter bedeutsamen Umständen zusammen, und wichtige Aufgaben sind es, die seiner harren. Ihm geht ein glänzender, ruhmreicher Sieg der Sozialdemokratie voraus. Die Partei des klassenbewußten Proletariats ist mit mehr als drei Millionen Wählern zur stärksten Partei des Reiches geworden, sie verfügt über 81 eroberte Mandate. Sieg und Macht verpflichten ...

Eine überquellende Fülle sozialer Reformarbeit größten wie kleinen Stiles, durchgreifender gesetzgeberischer Aufgaben tritt an die Partei heran. Auf allen Gebieten springt die Notwendigkeit gründlichen Wandels in die Augen. Die Arbeiterschutzgesetzgebung und Arbeiterversicherung schreien förmlich nach Fortschritten. Die Koalitionsfreiheit der Werktätigen muß endlich gegen Textauslegung, Polizeiwillkür und Unternehmergewalt sichergestellt werden, das Vereins- und Versammlungsrecht aller Gesellschaftsglieder ist freiheitlich und einheitlich zu regeln. Der organische Ausbau der Volksbildung wie der Kampf gegen das Wohnungselend von seiten des Reiches sind unabweisbar.

Der Dalles in den Kassen der Bundesstaaten wie im Reichsschatz fordert gebieterisch eine Reichsfinanz- und Steuerreform. Die Strafrechtspflege entsprechend den Forderungen der veränderten ethischen Begriffe und fortgeschrittenen Einsicht umzugestalten ist dringend nötig. Es gilt den Kampf gegen den Militarismus – wie gegen seine Geschwister Marinismus und Weltpolitik – mit aller Energie in grundsätzlicher Schärfe weiterzuführen. Dem Rechte der Frau als Persönlichkeit in der Familie, als Bürgerin in Staat und Gemeinde muß gesetzliche Anerkennung errungen werden usw. usw.«

Sie warnte vor neuen Anschlägen der Reaktion gegen die demokratischen Rechte der Werktätigen, besonders vor den Bestrebungen nach Abschaffung des allgemeinen, geheimen Reichstagswahlrechts, die, wie sie sagte, unzweideutig darauf hinwiesen, »daß das Ringen des klassenbewußten Proletariats sich immer mehr zu einem Kampf um die Eroberung der politischen Macht zuspitzt«. Sie rief zu einer »Kampagne für die Demokratisierung des Wahlrechts im Reiche, in den Bundesstaaten und Gemeinden« auf.

Endlich – doch darum nicht weniger nachdrücklich – forderte sie erneut den entschiedenen Kampf zur Niederringung des Einflusses der Revisionisten und Opportunisten, um die Durchsetzung des revolutionären Klassenstandpunktes in der Partei. Der

Parteitag in Dresden dürfte sich einer Aufgabe nicht entziehen: Er müßte in »aller Klarheit und Bestimmtheit aussprechen, wie die Sozialdemokratie ihre Gegenwartsarbeit leisten, ihr Zukunftsziel erstreben soll: als proletarisch-revolutionäre Klassenkampfpartei oder als ›sozialistisch-demokratische Reformpartei‹«.

Auf dem Parteitag in Dresden kam es in der Tat zu einer harten Auseinandersetzung mit den Rechten, die nach dem Wahlsieg forderten, daß die Partei sich offen als Reformpartei bekennen und mit dem kaiserlichen Deutschland ihren Frieden machen solle.

Die überwiegende Mehrheit der Delegierten nahm gegen die Revisionisten Stellung. Allen voran kämpfte August Bebel für den revolutionären Charakter der Partei. In leidenschaftlicher Anklagerede rechnete er mit den Revisionisten ab. Er forderte den Parteitag auf, die Marschroute für die von den Opportunisten beherrschte Reichstagsfraktion unter der Parole zu bestimmen: »Wer nicht pariert, fliegt hinaus.« Seine Rede, die immer wieder von stürmischem Beifall der Delegierten unterbrochen wurde, gipfelte in den Worten: »Solange ich atmen und schreiben und sprechen kann, soll es nicht anders werden. Ich will der Todfeind dieser bürgerlichen Gesellschaft und dieser Staatsordnung bleiben, um sie in ihren Existenzbedingungen zu untergraben, und sie, wenn ich kann, beseitigen.«

Die Revisionisten aber traten so arrogant auf wie nie zuvor. Sie griffen in überheblichem Ton August Bebel an, sie inszenierten eine schmutzige Attacke gegen Franz Mehring. Bebend vor Wut griff Clara Zetkin in die Debatte ein, um Mehring zu verteidigen. Sie meldete sich zum zweitenmal, um zur Frage des Revisionismus und zu den vor der Partei stehenden Aufgaben grundsätzlich zu sprechen. Doch zu diesem, dem wichtigsten Punkt des Kongresses, kam weder sie noch Rosa Luxemburg zu Wort. War es Zufall, oder war es das Resultat der Intrigen der Revisionisten, die die Zeit der Delegierten durch übermäßig lange, nichtssagende Reden in Anspruch nahmen? Clara Zetkin empfand es bitter, daß sie schweigen mußte (so bitter, daß sie die Tatsache in der »Gleichheit« vermerkte), wie denn der Verlauf des Parteitages, der die Revisionisten zwar scharf verurteilte, jedoch nicht aus der Partei ausschloß, ihr eine große Enttäuschung bereitete. Und das mit Recht: Die Inkonsequenz, die sich in Dresden im Kampf gegen den Revisionismus gezeigt hatte, war für die weitere Entwicklung der deutschen Arbeiterbewegung äußerst verhängnisvoll. Sie ermöglichte es den Revisionisten, die die Parteitagsbeschlüsse zwar formal anerkannten, aber keineswegs ihre politische Haltung änderten, vielmehr weiterwühlten, ihren Einfluß in der Partei, den Gewerkschaften und den übrigen Arbeiterorganisationen auszubauen und zunehmend in entscheidende Positionen einzudringen.

Clara Zetkin hat den Ausgang des Parteitages nicht öffentlich kritisiert, ihren Freunden gegenüber jedoch ihren Kummer keineswegs verhehlt.

Das letzte Jahr sei das schwerste in ihrem bisherigen Parteileben gewesen, äußerte sie in einem Brief zur Jahreswende 1903/1904 an Franz Mehring.

Drei Wochen, nachdem sie dies geschrieben hatte, erlebte sie eine weitere Enttäuschung. Über die Köpfe der Streikenden hinweg, brach die rechte Gewerkschaftsführung den Streik in Crimmitschau ab, obwohl die Solidarität der deutschen und der internationalen Arbeiter längst nicht ausgeschöpft, die Streikfront ungebrochen war. Clara Zetkin war, das zeigt der Ton ihres abschließenden Leitartikels in der »Gleichheit«, ebenso erbittert und verstört wie die Crimmitschauer Weber und Weberinnen selbst. Sie litt mit den Streikenden, die so viel Tapferkeit durch die Haltung rechter Gewerkschaftsführer mit einer Niederlage bezahlen mußten, fühlte mit den Aktivsten von ihnen, die die Rache der Unternehmer ihrer Arbeitsplätze beraubte und in die Fremde trieb. Sie begriff, daß die verratene Schlacht von Crimmitschau eine Niederlage der ganzen deutschen Arbeiterklasse war. Zugleich erkannte sie aber auch, daß die Haltung der 9 000 Zeugnis von dem erwachenden Kampfgeist der Werktätigen ablegte, dem Streik von Crimmitschau weitere große Kämpfe folgen würden.

»Die Arbeiter«, schrieb sie in der »Gleichheit« vom 27. Januar 1904, »sind mit ihrer Forderung unterlegen. Aber nur für den Augenblick, und als moralischer Sieger gehen sie aus dem Kampfe hervor. Ihr Ringen ist außerdem kein vergebliches gewesen ... Der Kampf um den Zehnstundentag in Crimmitschau ist zu Ende, der Kampf um den gesetzlichen Normalarbeitstag steht auf der Tagesordnung! Vorwärts zum festeren Zusammenschluß der Kampfreihen! Kopf hoch und Blick hell, Ihr Crimmitschauer Preisfechter, auch Euer die Zukunft, trotz alledem!«

Ende 1908 wurde der Zehnstundentag für Arbeiterinnen in allen Betrieben mit mehr als zehn Arbeitern Gesetz.

In Sillenbuch

Auf einem waldigen Höhenrücken südlich von Stuttgart, den Fildern, lag nahe bei dem Ort Sillenbuch ein Landhaus. Es war klein und schlicht, aber schön, von Künstlerhand entworfen und gebaut. Ein gepflegter Garten, gleichfalls von der Hand eines Künstlers gestaltet, gehörte dazu, auch eine große Wiese und ein Stückchen Wald. Im Garten ein Maleratelier, von Rosen umrankt. Das Haus, von einem hohen Bretterzaun eingefaßt, war 1903 erbaut, und Ende des Jahres waren seine Bewohner eingezogen.

Die Sillenbucher sahen einen jüngeren stattlichen Mann im Malerkittel, braunhaarig, die Gestalt ein wenig gedrungen, die Gesichtszüge scharf geschnitten und lebendig, eine lebhafte Frau mit rötlichblondem Haar, gelegentlich auch zwei junge Burschen. Sie betrachteten das Landhaus mit einiger Scheu. Die Bewohner sollten »Rote« sein. Namentlich die Frau, die oft nach Stuttgart hinunterwandere, eine Zeitung mache, auch viel im Lande herumreise, wäre – das sagten wenigstens der Gemeindevorsteher und der Dorfpolizist –, so liebenswürdig und hilfsbereit sie auch sei, eine gefährliche Aufrührerin.

Wie war es gekommen, daß Clara Zetkin, ehemalige Inhaberin einer Stuttgarter Dachwohnung, Hausherrin in einem Landhaus geworden war?

Eine lange Geschichte war vorausgegangen. Sie begann schon vor Claras 40. Geburtstag – und zwar in der Stuttgarter Kunstakademie, deren Studierende sich mit der Bitte an Clara Zetkin gewandt hatten, ihnen einen Streik organisieren zu helfen. Sie half bereitwillig und half auch weiter, als zwei junge Künstler, der Graphiker Felix Hollenberg und der Maler Georg Friedrich Zundel, die sich offen zur Sozialdemokratie bekannt hatten, von der Leitung der Akademie hart verfolgt und schließlich gemaßregelt wurden. Namentlich für den letzteren war die Verweisung von der Akademie ein harter Schlag. Er war Meisterschüler gewesen, hatte an der Akademie ein Atelier gehabt, durch sie auch Aufträge erhalten. Beides war ihm nun genommen, so daß er ernster Existenznot ausgesetzt war. Clara beschaffte ihm zusammen mit anderen Genossen ein neues, billiges Atelier, vor allem aber Aufträge. So kam es, daß der junge Mann sich enger an sie anschloß, daß aus seiner Bewunderung für die kühne, temperamentvolle und liebenswürdige Frau eine heiße und überschwengliche Liebe wurde, die ihn eines Tages um ihre Hand anhalten ließ.

Clara erwog lange, ob sie seinem Verlangen nachgeben solle. Friedrich Zundel kam aus bäuerlicher Familie. Er hatte – mit 14 Jahren als Anstreicherlehrling in die Stadt gekommen – manche Winternacht, einen Sack über die Knie gezogen, in kalter Kammer gesessen, um bei Kerzenschein seine armselige Dorfschulbildung zu ergänzen; hatte auch als Junge schon heimlich gezeichnet. Das Geld zum Besuch der Akademie hatte er sich als Dekorationsmaler verdient. Er kannte also das harte Arbeiterleben und haßte Unterdrückung und Ausbeutung. Das alles mochte eine gute Grundlage für ein Zusammenleben abgeben. Auf der anderen Seite war Zundel ein feinnerviger Künstler, mehr Schwärmer als Kämpfer. Würde er auf die Dauer den harten Anforderungen des Klassenkampfes gewachsen sein? Zudem war er neun Jahre jünger als Clara. Ihre Freunde, besonders August Bebel, der ein ausgezeichneter Menschenkenner war, warnten Clara. Doch Clara war Frau, war lange allein gewesen, sehnte sich nach Liebe, nach einem Gefährten, lebte auf unter dem Werben des jungen Mannes. Zudem hatte sie Schwierigkeiten bei der Erziehung ihrer Söhne, zu denen Zundel Zugang gefunden und auf die er wohltuend Einfluß genommen hatte.

So tat sie etwas, was zu jener Zeit ganz ungewöhnlich war. Sie wandte sich an ihre Söhne, »vor allem an mich«, erzählte ihr Sohn Maxim der Autorin, »den älteren, und fragte, ob wir mit der Eheschließung einverstanden wären. Sie machte die Entscheidung ganz abhängig von unserer Zustimmung! Für mich war die Sache klar: Die Mutter sollte selbst eine für sie so wichtige Entscheidung treffen; wir durften kein Hindernis sein. Und Clara – mit unserer Zustimmung – schloß denn auch die neue Ehe.« Die Einwilligung der beiden Söhne wurde wohl um so bereitwilliger gegeben, als sie selbst sich mit Friedrich Zundel herzlich angefreundet hatten.

Clara Zetkin und ihr zweiter Gatte nahmen, in freier Gemeinschaft verbunden, später auch standesamtlich getraut, zunächst eine wenn auch bescheidene, so doch der neuen Situation entsprechende Wohnung in Stuttgart. 1903 aber hatte sich ihre finanzielle Lage wesentlich gebessert. Claras Gehalt war gestiegen, Broschüren hatten einiges Geld eingebracht. Friedrich Zundel bekam Aufträge, die verhältnismäßig gut honoriert wurden. So konnten sie sich einen Wunsch erfüllen, der vor allem von ihr lange und sehnsüchtig gehegt worden war: Sie zogen aus der Stadt hinaus.

Clara liebte das neue Heim, das auch in seiner Inneneinrichtung bescheiden, aber von beider ästhetischem Sinn und von Claras starker Persönlichkeit geprägt war. Sie hatten die Einrichtung – ländliche Schränke, Truhen, Sessel –, ländliches Geschirr und Stickereien und manches andere bei Bauern der Umgebung billig zusammengekauft. Besondere Freude bereitete Clara der Garten. Fand sie auch keine Zeit, darin mitzuarbeiten – das oblag ihrem Mann –, so nahm sie sich doch gelegentlich eine Viertelstunde, um die Blumen zu betreuen oder um Sträuße zu pflücken, die sie im Hause verteilte oder Freunden schenkte. Zuweilen lag sie auch im Sonnenschein auf der Wiese, spielte mit den großen Ulmer Doggen ihres Mannes. Überhaupt hatte sie wieder, wie in der Kindheit, allerlei Tiere um sich, vor allem Katzen, von denen häufig in ihrem Briefwechsel mit Rosa Luxemburg die Rede ist. Auch Rosa Luxemburgs Katze Mimi war ein Zetkinsches Geschenk.

Was ihre neue Ehe anbelangte, so behielten zunächst ihre Jungen recht. Das Zusammenleben mit Friedrich Zundel – die Freunde des Hauses nannten ihn Friedel, wohl auch den »Dichter«, er selbst unterschrieb gelegentlich mit »der Maler« – brachte viel Freude in Claras Leben: Liebe, Zärtlichkeit und die Fürsorge eines Mannes, die sie so lange hatte entbehren müssen, ständigen geistigen Austausch mit einem klugen, aufgeschlossenen, gebildeten Menschen, Teilnahme an ihren Sorgen, auch ein stabileres Familienleben für ihre Söhne. Stunden der Muße und Entspannung, zuvor fast aus ihrem Leben entschwunden, wurden – das ergab sich aus der neuen Gemeinschaft und ihren Forderungen – wieder häufiger. Später allerdings kam es, wie ihre älteren Freunde vorausgesagt hatten. Ihre Ehe mit Friedrich Zundel hatte keinen Bestand, was Clara für lange Zeit schwer belastete. Bis dahin sollten allerdings noch Jahre vergehen.

Besonders glücklich machte es Clara, daß das Zusammenleben mit Zundel in ihr Saiten zum Klingen brachte, die vorher zwar nicht stumm gewesen waren, aber doch im Gedränge des Kampfes oft hatten schweigen müssen. Sie begann sich intensiv und schöpferisch mit Fragen der Literatur und Kunst zu beschäftigen, fand den Weg zu neuen und tiefen Gedanken und Erkenntnissen auf diesem Gebiet. Das wird vor allem in der »Gleichheit« sichtbar, deren kultureller Teil sich entfaltete und vertiefte, in unvergleichlich reicherer Weise als in den ersten Jahren ihres Bestehens die Leser und Leserinnen mit dem Kulturerbe wie mit der zeitgenössischen Kunst bekannt zu machen sich bemühte. Gedichte von Goethe wie »Mignon« und der »Harfenspieler« finden sich und von Heinrich Heine, darunter »Die Schlesischen Weber« und »Die Wanderratten«; Arbeiten über Schiller und andere Große der Menschheitskultur erscheinen. Werke von Joseph von Eichendorff, Ferdinand Freiligrath, Theodor Storm, Gottfried Keller, Conrad Ferdinand Meyer, Friedrich Hebbel, Wilhelm Raabe, von Percy Bysshe Shelley und Honoré de Balzac, von Nikolai Gogol, Iwan Turgenjew und Lew Tolstoi sind abgedruckt, aber auch solche von zeitgenössischen Schriftstellern wie Henrik Ibsen, Richard Dehmel, Ada Christen, Maxim Gorki, Else Lasker-Schüler und von Arbeiterdichtern wie Otto Krille, denen sie bei der Gestaltung ihrer Beiträge wesentlich half.

Clara Zetkin selbst veröffentlichte Aufsätze über Friedrich Schiller, Henrik Ibsen, Richard Wagner und andere, zur marxistischen Literaturwissenschaft, feinsinnig, wenn auch in allen Einzelauffassungen nicht mehr ganz mit unseren heutigen Ansichten übereinstimmend. Im Jahre 1911 erschien, ebenfalls in der »Gleichheit«, Claras wichtigste Arbeit über Fragen der Kunst, der Aufsatz »Kunst und Proletariat«. Er entstand, wie sie Franz Mehring mitteilte, aus einem Vortrag, den sie in einer Veranstaltung des Stuttgarter Arbeiterbildungsausschusses gehalten hatte. »Ich tat das auch«, heißt es in ihrem Brief, »um meinem Mann eine Freude zu bereiten. – Ich verdanke ihm für Arbeit, Denken und Genießen auf dem Gebiete der Kunst unendlich viel ...« Freilich war Friedrich Zundel nur derjenige, der sie angeregt hatte, die Arbeit zu übernehmen. Die tiefen Gedanken des Artikels, die klare Absage an die dekadente Kunst der absteigenden Bourgeoisie, das Bekenntnis zur künstlerischen Schöpferkraft der Volksmassen und zur Arbeiterklasse als der Hüterin des kulturellen Erbes und berufenen Schöpferin einer neuen, sozialistischen Kunst – diese Gedanken waren die der Marxistin Clara Zetkin.

Friedrich Zundel war Clara, solange die Gemeinschaft dauerte, ja darüber hinaus, ein guter Kamerad. Clara beriet sich mit ihm in allen Dingen, auch in politischen Fragen. Immer wieder heißt es in ihren Briefen »Dies muß ich mit meinen Männern besprechen« oder »Meine Männer meinen«. Ihre »Männer«, das waren Friedrich Zundel und ihre Söhne. In Zeiten der Krankheit und Erschöpfung – und diese waren nach der Jahrhundertwende häufiger – pflegte ihr Mann Clara mit viel Fürsorge, tröstete sie auch, wenn sie sich über Parteifragen aufregte. Als Künstler und Kunstverständiger unterstützte er, wo er konnte, die Stuttgarter Parteigruppe. Er malte Plakate, schmückte Säle aus, half bei der Ausgestaltung von Heimen. Seine Kunst diente, solange er an Claras Seite lebte, vornehmlich der Sozialdemokratischen Partei. Er malte Arbeiterporträts – Bilder von Arbeitern im Elend und Bilder von Arbeitern, die sich gegen die kapitalistische Gesellschaftsordnung aufbäumten. Er hat auch seine Frau gemalt. Ein von ihm geschaffenes Bild von ihr hängt in der Clara-Zetkin-Gedenkstätte in Birkenwerder. Es ist ein schönes Porträt, in dunklen Farben gehalten, mit den Augen der Liebe konzipiert, und zeigt uns die Denkerin Clara Zetkin, die tief hineinblickt in die Gesetze des Lebens und des Werdens der Menschheit, ihren Sinn begreift.

Mit seiner Frau zusammen arbeitete Zundel im Stuttgarter Bildungsausschuß, nicht nur beratend, sondern aktiv eingreifend. Der Arbeiterveteran Jacob Walcher, der damals in Stuttgart lebte, erzählte der Autorin von einem großen Konzert in der Stuttgarter Liederhalle, das Friedrich Zundel und Clara Zetkin organisiert hatten. Auf dem Programm standen Lieder von Hugo Wolf. Der Saal, der einige tausend Menschen faßte, war voll besetzt, die Stimmung festlich. Damit Papierrascheln nicht den Kunstgenuß störe, hatte Clara die Programme auf einem besonderen, weichen Papier drucken lassen.

Friedrich Zundel war – das zeigen uns seine Bilder – kein außergewöhnliches Talent, jedoch ein tüchtiger Maler. Er nahm häufig an Ausstellungen teil und fand Anerkennung, doch stand seinem Fortkommen als Maler seine politische Überzeugung im Wege und vor allem die Tatsache, daß er Claras Mann war, wie Clara selbst einmal gegenüber Franz Mehring äußerte. Er trug es und hat auch – wohl Clara zuliebe – eine Berufung als Professor an die Münchener Kunstakademie abgelehnt.

War Sillenbuch von Stuttgart aus damals schwer zu erreichen, so blieb Claras Haus dennoch geistiger Mittelpunkt für die linksstehenden Stuttgarter Genossen wie auch für die Freunde der Familie. Oft kamen Funktionäre und Funktionärinnen der Partei, oft auch einfache Arbeiter und Hausfrauen den langen Weg durch den Bopserwald herauf, um sich mit Clara auszusprechen und zu beraten.

Noch häufiger wurden diese Besuche in späteren Jahren, als dicht bei dem Hause das »Waldheim«, das Volkshaus der Stuttgarter Linken, entstand, bei dessen Errichtung und Ausgestaltung Claras Mann mitwirkte. Vor allem an den Sonntagen wurde es oben lebendig. Stuttgarter Genossinnen kochten im »Waldheim« ein

Sonntagsessen, um die Genossinnen und die Frauen der Genossen ein wenig zu entlasten. Clara Zetkin ging dann mit den Ihren gewöhnlich hinüber, nicht nur um ihrer Haushaltshelferin einen Ruhetag zu verschaffen, sondern auch, um mit ihren Freunden zu plaudern.

Fast immer hatte Clara in ihrem neuen Heim junge Menschen um sich, die ihr bei der Arbeit halfen, von ihr geleitet wurden. Unter ihnen waren Edwin Hoernle, zeitweilig zweiter Redakteur der »Gleichheit«, Marie Wengels, die Tochter von Claras Freundin Margarete, und die von Clara sehr geliebte Nichte Elisabeth Eißner, die Tochter ihres Bruders Arthur, die sehr an der Tante hing und von ihr zu einer guten Genossin erzogen wurde.

Unter den vielen, die Clara auf der Durchreise besuchten und beeindruckt von ihr waren, war auch die Kunstgewerblerin und Schriftstellerin Gertrud Alexander, nach der Novemberrevolution eine geschätzte Mitarbeiterin Clara Zetkins und geachtete Kulturfunktionärin der Kommunistischen Partei. Gelegentlich erklangen in Sillenbuch fröhliche Kinderstimmen. Sie gehörten den Jungen und Mädchen aus Familien befreundeter Genossen, die wochenlang bei den Zundels zu Gast waren. Fiel dem gutherzigen »Dichter« die Hauptlast ihrer Betreuung zu, so hatte doch auch Clara, die bis ins Alter Kinder über alles liebte, ihre helle Freude an den Kleinen und stahl sich für sie so oft wie möglich eine Stunde.

Claras Söhne waren, als die Familie nach Sillenbuch zog, eben flügge geworden. Maxim, der Älteste, studierte seit 1902 an der Universität München Medizin. Er erwarb 1910 den Doktortitel und arbeitete dann bis zum ersten Weltkrieg in Augsburg und Schöneberg bei Berlin an Krankenhäusern. Später wurde er ein hervorragender Chirurg in der Sowjetunion und wirkte schließlich im Gesundheitswesen der Deutschen Demokratischen Republik. Kostja, der Jüngere, begann bald nach ihm gleichfalls zu studieren, zunächst Medizin, dann Nationalökonomie, da er sich weit mehr noch als sein Bruder zur Politik hingezogen fühlte. Beide jedoch verbrachten ihre Ferien stets in Sillenbuch. Kostja wohnte sogar die letzten Jahre vor dem Kriege dort, da er als zweiter Redakteur an der »Gleichheit« tätig war. Er ist bis zu Claras Tod enger Mitarbeiter seiner Mutter geblieben. Während der Hitlerdiktatur lebte er als Emigrant in Frankreich. Die Faschisten brachten ihn nach ihrem Einmarsch ins Konzentrationslager. Doch konnte er zusammen mit anderen Genossen freigekämpft werden und nach Kanada gelangen, entfremdete sich aber dann leider bald von der Sache seiner Mutter und der unseren.

Selbstverständlich hielt das Ehepaar Zetkin-Zundel enge Beziehungen zu Künstlern und Geistesschaffenden, vor allen Dingen aus Stuttgart, die von Clara und ihren Freunden stark beeinflußt wurden. Zu ständigen Gästen des Hauses gehörte der bereits erwähnte Graphiker Felix Hollenberg, den Clara und die Ihren nicht nur als Künstler, sondern auch als Mensch schätzten, gehörte die Schauspielerin Gertrud Eysoldt, berühmte Darstellerin moderner Frauenrollen am Theater Max Reinhardts in Berlin, gehörte der feinsinnige Stuttgarter Arzt Hans Diefenbach, später ein naher Freund auch Rosa Luxemburgs, gehörte vor allem der Stuttgarter Rechtsanwalt Hugo Faißt, der in diesem Kreis eine besondere Rolle spielte und der »Meister« genannt wurde. Faißt war ein enger Freund des großen Liederkomponisten Hugo Wolf gewesen. Sensibel, großherzig, enthusiastisch, dazu begabt mit einem herrlichen Bariton, widmete er sein Leben und sein Vermögen der Verbreitung der Musik seines Freundes. Er trat in großen Konzerten auf und war, so heißt es in der Literatur über Hugo Wolf, ein hervorragender Interpret seiner Musik.

Claras gesellige Abende, erzählte Claras Nichte Elisabeth Luft der Autorin, waren unter ihren Freunden und Genossen berühmt: »Für mich und andere junge Menschen war es eine große Ehre, daran teilnehmen zu dürfen. Wir saßen dann in Tante Claras schönem Zimmer.« Das war ein größerer Raum, im Erdgeschoß gelegen. Er war mit antiken Möbeln ausgestattet, darunter eine große Truhe und Sessel mit zartroten und blauen Bezügen. Die Wände waren mit Gemälden von Friedrich Zundel und Radierungen von Felix Hollenberg geschmückt. Auch Claras Piano, ein Steinweg-Klavier von herrlichem Klang, stand dort. Ein besonderer Genuß war es, wenn Hugo Faißt sang. Clara selbst spielte Klavier und ihr Sohn Maxim begleitete sie auf der Geige, wenn er daheim war.

Immer wurde diskutiert: über Politik, Parteifragen, internationale Probleme, wissenschaftliche Themen, vor allem natürlich über Kunst und Künstler, Literatur, Musik, Ästhetik. Es waren kluge und geistvolle Gespräche, meist mit großer Leidenschaft geführt, besonders wenn es um die Kunst ging. Zuweilen waren Claras politische Freunde dabei: die Mehrings, Karl und Luise Kautsky, August Bebel, der Verleger Dietz mit seiner Gattin, Julian Marchlewski mit seiner Frau Bronislawa; auch wohl prominente ausländische Freunde – Russen, Franzosen, Italiener, Schweizer. Längere Zeit gehörte zu den Gästen des Hauses die russische Revolutionärin Alexandra Kollontai. Am interessantesten war die Unterhaltung, wenn Rosa Luxemburg zugegen war, sie hatte dann die geistige Führung der Gespräche.

Selten war Sillenbuch ohne Logiergäste. Unter diesen waren neben Verwandten und Freunden häufig Mitarbeiterinnen der sozialistischen Frauenbewegung, namentlich aus Süddeutschland, aber auch Ottilie Baader kam.

Noch eine andere Art von Besuchern sah Sillenbuch: Revolutionäre – vor allem russische, die aus ihrer Heimat hatten flüchten müssen und in Deutschland illegal lebten. Unter ihnen war ein Matrose des aufständischen Panzerkreuzers »Potemkin«, den Clara verbarg, bis er von Genossen nach Hamburg und von da auf ein Schiff geleitet werden konnte.

Claras liebster Logiergast war Rosa Luxemburg, die oft in dem kleinen Landhaus weilte. Und obwohl Rosa in späteren Jahren in Sillenbuch vor allem die Gegenwart Kostjas suchte, der während seines Berliner Besuches bei ihr gewohnt hatte und mit dem sie seit ihrem Bruch mit Leo Jogiches eine Liebesbeziehung verband, saßen die Freundinnen dennoch weiterhin gern in Claras Arbeitsstube oder im Garten zusammen, tauschten Gedanken aus, arbeiteten. Gern unternahmen sie, wenn Claras Gesundheitszustand das erlaubte, gemeinsame Wanderungen – Rosa, die Pflanzen sammelte, immer mit der Botanisiertrommel. Sie wohnte auf ihren Wunsch hin in einer Mansarde, die ihr vorbehalten war und von der aus sie den weiten Blick über die Stuttgarter Landschaft bis zur Schwäbischen Alb hin genießen konnte. Sillenbuch ist ihr in ihrem schweren und unruhigen Leben stets ein Ort der Erholung gewesen, dessen sie in Briefen oft gedenkt, besonders des Gartens, den sie zu allen Jahreszeiten kannte und liebte.

Später, als Rosa Luxemburg im ersten Weltkrieg in der Festung Wronke gefangengehalten wurde, schrieb sie sehnsüchtig an Clara von den riesigen Rosenstöcken hinter dem Haus, unter denen es welche gab, die große weiße Blüten von herrlicher Schönheit hatten, von den zartroten Rosen am Hauptweg, dem kletternden Krimson an der Veranda, den violetten Scabiosen am Eingang, den leuchtenden Malven am Zaun neben Claras Laube, dem Portulak an Zundels Atelier und von dunklen, duftenden Nelken.

Clara ließ die Freundin auch dann an der Pracht des Gartens teilhaben, wenn Rosa in Berlin war. Viele Eilpakete mit Blumen gingen zu ihr – zum Geburtstag und zu anderen Zeiten. Immer erhielt Rosa die ersten Schneeglöckchen und Veilchen, vor allem aber Sendungen mit prachtvollen Rosen.

Besonders freuten sich alle, auch Rosa, als Friedrich Zundel im Jahre 1907 ein Auto anschaffte und damit die mühselige Wanderung zur Höhe aufhörte. Rosa Luxemburg, die die Nachricht im Gefängnis in der Barnimstraße erhielt, schrieb entzückt an Clara: »Auf das Autosausen jeden Abend und Morgen freue ich mich schon diebisch. Dein Dichter hat wahrhaft dichterische Einfälle (wenn er nur dabei nicht pleite macht).«

Mit dem Ausbruch des ersten Weltkrieges wurde der engere Freundeskreis auseinandergerissen – auf verschiedenste Weise. Rosa Luxemburg wurde bald verhaftet, mußte in der Barnimstraße ein Jahr Gefängnis verbüßen, zu dem sie vor dem Kriege wegen ihres antimilitaristischen Kampfes verurteilt worden war, und wurde dann – nach kurzer Zeit der Freiheit – in »Schutzhaft« genommen. Claras Söhne wurden eingezogen, ebenso Hans Diefenbach. Er fiel. Hugo Faißt, der »Meister«, starb zu Anfang des Krieges. Von dem weiteren Kreis war Kautsky schon längst dem Freundeskreis entfremdet. Von seiner zentristischen Position aus verteidigte er den Verrat der rechten Führung der Sozialdemokratie. Der Verleger Dietz, obwohl schwankend, verblieb schließlich im Lager der rechten Parteiführung.

August Bebel war 1913 in der Schweiz gestorben.

Am schwersten für Clara Zetkin aber war, daß sich ihr Mann in dieser Zeit von ihr löste. Er wich zurück, als es hieß, im Lager der deutschen Linken, unter der Fahne Karl Liebknechts, den illegalen Kampf gegen den Krieg aufzunehmen. Nun 40jährig, zum Mann gereift, als Künstler anerkannt und gefördert, hatte Friedrich Zundel zudem bereits seit einigen Jahren ohne Claras Wissen seine Liebe einer schönen Tochter des Fabrikanten Bosch zugewandt, mit dessen Familie Clara und er freundschaftlich verkehrten. Sie war jünger, wohl auch anschmiegsamer als Clara, deren sehr dominierendes und auch reizbares Wesen auf ihrem Mann sicherlich gelastet hat.

Über Liebe, Ehe und Mutterschaft

In der freundlichen Atmosphäre von Sillenbuch fand Clara Zetkin nicht nur Zeit und Möglichkeit, sich enger mit Fragen der Kunst zu beschäftigen, sondern konnte auch ihre Gedanken zu einer Reihe von gesellschaftlichen Problemen klären und formulieren, die sich aus der sich wandelnden Stellung der Frau in Familie und Gesellschaft ergaben und die sie, wie wir wissen, seit den neunziger Jahren beschäftigt hatten.

In der »Gleichheit« vom 22. März und 5. April 1905 veröffentlichte sie ihren bereits erwähnten Artikel »Krähwinkel«, geschrieben gegen den Reformisten Edmund Fischer, der in den »Sozialistischen Monatsheften« die Frau in Haus, Küche und Kinderstube zurückverwies. Diese Arbeit sowie andere Schriften und gelegentliche Bemerkungen Clara Zetkins, vor allem ein Vortrag, den sie zu Beginn ihres Zusammenlebens mit Friedrich Zundel vor Studenten hielt und der unter dem Titel »Der Student und das Weib« veröffentlicht wurde, zeigen, daß ihre Erkenntnisse und Gedanken weit in die sozialistische Zukunft reichten.

Schön und klar, mit dem feinen Gefühl und dem stolzen Selbstbewußtsein der Frau, die selbst in dem ebenso schwierigen wie auch beglückenden Wandlungsprozeß steht und dabei über marxistische Einsicht in die Entwicklungsgesetze verfügt, zeichnet sie uns das Bild der modernen Frau, die sich in dem harten Kampf der neuen, besseren Welt gegen die überlebte, alte Welt formt.

Die moderne Frau, sagte Clara Zetkin, durch die Berufsarbeit aus dem Haus in die Welt gezogen, ist in ihrem Denken und Fühlen sehr verschieden von der Frau der alten Zeit, stellt weit höhere Ansprüche an das Leben als jene. Sie will beides sein: Liebende, Gattin, Mutter und zugleich Berufstätige, mitten im gesellschaftlichen Leben Stehende.

Als Liebende aber will sie nicht, wie die Frau von gestern, dem Mann untergeordnet, nicht seine Dienerin sein, die ihm Gehorsam schuldet, von seinem Leben außerhalb des Hauses ausgeschlossen ist. Vielmehr will sie neben ihm stehen als eine Freie, Ebenbürtige, die gemeinsam mit ihm vorwärtsschreitet. Diese Art der Liebe aber, diese Gemeinsamkeit der Gatten, die für Clara Zetkin die Grundlage der Ehe ist, entspricht nicht nur dem neuen Lebensgefühl der Frau, sondern des modernen Menschen überhaupt. »Die Entwicklung der Frau zu einer starken, freien Individualität«, schrieb sie, »wird mehr und mehr zu einer unerläßlichen Vorbedingung für Liebe und Ehe. Die Geschlechtsliebe der modernen Menschen unterscheidet sich wesentlich von der Geschlechtsliebe unserer Voreltern. Sie ist von einem mehr generellen zu einem individuellen Gefühl geworden. Immer einflußreicher wird deshalb für volles Liebesglück neben der physischen Anziehung die geistig-sittliche Eigenart von Frau und Mann. In den alten Zeiten fanden sich die Menschen damit ab, daß die Ehe in der Hauptsache eine wirtschaftliche Einheit war ... Die ökonomische Entwicklung schlägt die Ehe als Wirtschaftsganzes in Trümmer, und die moderne Persönlichkeit sehnt sich danach, die Ehe zu einer sittlichen Einheit zu gestalten.«

Die moderne Frau, führte sie dann weiter aus, will auch in einer neuen Art Mutter sein, eine gebildete, kluge Mutter, fähig, ihre Kinder zu tüchtigen, gebildeten Menschen zu erziehen.

»Die Frau ist ›begehrlich‹ geworden«, heißt es in der Arbeit »Der Student und das Weib«, »sie will nicht bloß die treue Wärterin und Hüterin des Kindes sein, sie setzt ihren Stolz darein, die Bildnerin des Menschenlebens zu werden, das sich aus ihrem Schoße ringt ... Als kraftvolle Persönlichkeit will sie lernend, wirkend, genießend in der Welt und im Hause stehen, um ihre Kinder zu starken Persönlichkeiten von ungebrochener Eigenart zu erziehen, aber auch zu weitblickenden, weitherzigen Gesellschaftsbürgern.«

»Liebe, Ehe und Mutterschaft ist«, so betonte Clara Zetkin mit Recht, »eine natürliche, unzerstörbare Wurzel des leiblichen und geistigen Lebens jeder Frau. Allein sie ist nicht seine einzige Wurzel. *Die Frau ist nicht nur Geschlechtswesen, sie ist ein Mensch, ein weiblicher Mensch ...*

Wer dem Weib unter Berufung auf seine tiefste Natur das Ausleben als Mensch wehren«, schrieb sie dem »Krähwinkler« Edmund Fischer ins Stammbuch, »wer es in den engen Kreis der Verpflichtungen bannen will, die von der Natur gewiesene Bürden des Geschlechtes sind, der verschüttet wertvollste, unersetzliche Quellen des Lebens, welche die Kräfte der Gattin und Mutter speisen und zur höchsten Blüte entfalten.«

Basis der gesellschaftlichen Wirksamkeit der Frau ist und bleibt für Clara Zetkin ihre Berufsarbeit. Sie ist das Fundament ihrer Unabhängigkeit, durch sie steht sie dem Manne gleichberechtigt gegenüber, kann sie sich voll in das gesellschaftliche Leben einordnen, Charakter, Geist, Willen entwickeln, ihre Gaben und Talente entfalten, bewußt am gesellschaftlichen Leben teilnehmen. Selbstverständlich ist es für Clara Zetkin jedoch, daß die gesellschaftliche Tätigkeit der Frau über die berufliche Arbeit hinausgehen, auch die politische umfassen muß. Sie muß Partei nehmen für Freiheit, Recht und Frieden, aktiv im Kampf gegen Unterdrückung und Ausbeutung stehen, muß stets an sich arbeiten, lernen, am kulturellen Leben ihrer Zeit teilzunehmen, sich Wissen und kulturelle Schätze immer neu erobern. Das hat Clara Zetkin nicht nur immer wieder ausgesprochen, sondern uns vor allem selbst vorgelebt.

Wie aber soll, so fragt sie, die Frau diesen an sie gestellten großen Anforderungen gerecht werden? Kann sie es überhaupt? Sie, die für sich selbst das Wort geprägt hatte: »Es gibt kein ›Ich kann nicht!‹« machte sich viele Gedanken darüber, wie diese für die Frau so schwierigen Probleme zu lösen waren.

In der kapitalistischen Welt, das wußte Clara Zetkin nur zu gut, in der der Kampf ums Dasein in ungezügelter Wildheit tobt, ist härtester Konflikt zwischen Berufspflichten und Familienpflichten unvermeidlich. Bald müssen die einen, bald die anderen leiden; nur ausnahmsweise starke Fraueindividualitäten können beiden gerecht werden, und auch sie nur um den Preis einer vorzeitigen Hinopferung ihrer Kraft.

Diese Erkenntnis hielt jedoch Clara nicht von dem Bemühen ab, der kapitalistischen Gesellschaft so viele Vorteile wie nur möglich für die arbeitende Frau abzuringen. Darüber hinaus versuchte sie, den Frauen auch auf andere Weise zu helfen. Die ab 1905 der »Gleichheit« angefügte besondere Beilage für Mütter und Hausfrauen enthielt viele wertvolle Artikel zu Fragen der Gesundheit, der Hygiene, Ratschläge für eine trotz bescheidener Mittel möglichst gesunde Ernährung, für die Kranken- und Säuglingspflege, führte auch den Kampf gegen die damals übliche gesundheitsschädliche Frauenkleidung – den langen faltenreichen Rock, die zu schwere Unterwäsche, das die Taille einschnürende Korsett.

Vor allem aber richtete Clara Zetkin ihre Gedanken und Erwägungen auf die Maßnahmen, die die kommende, sozialistische Gesellschaft treffen wird, um die Probleme der Frau und Mutter zu lösen.

Als geschulte Marxistin wußte sie, daß schon die gesellschaftliche Umwälzung als solche die Konflikte der Frau mindern mußte, denn mit der Bourgeoisie verschwindet jene Klasse, die die Frauen unmenschlich ausbeutet, daran interessiert ist, die billige Frauenarbeit gegen die Männerarbeit auszuspielen, die der Frau daher wirtschaftliche und politische Rechte vorenthält, ihr den Weg zum Studium und zur beruflichen Entwicklung versperrt, für die sie nicht Mensch und Mutter ist, sondern billige Arbeitskraft. Auch jener barbarische Kampf ums Brot würde verschwinden, der gerade das Leben der berufstätigen Frau so schwer belastete. Die verbesserten Arbeitsbedingungen, der gleiche Lohn wie der

Mann, die Möglichkeit zu lernen, sich zu qualifizieren und beruflich aufzusteigen, ihre Anerkennung als gleichberechtigte Bürgerin würden ein übriges dazu tun, daß die Berufsarbeit für die Frau nicht länger bittere Notwendigkeit und verhaßte Qual war, sondern ihr Freude, Stolz und Genugtuung schenkte.

Mehr noch: Sie wußte, daß die sozialistische Gesellschaft die Mutterschaft als gesellschaftliche Leistung der Frau werten und ihr helfen würde, Mutterschaft und Beruf zu vereinen. Das, sagte sie, werde einmal durch den Aufbau jenes von der revolutionären Arbeiterklasse geforderten großzügigen Systems von Schutzmaßnahmen für Mutter und Kind geschehen. Aber auch andere Wege zur Erleichterung des Lebens der Frau werde man beschreiten. Verschiedene werden in der »Gleichheit« erörtert: Möglichkeiten zur Gemeinschaftsspeisung, Ausbau von Dienstleistungen, wie Wäschereien, Bügelanstalten, Hilfe bei der Hausreinigung. Die Erleichterung der Hausarbeit durch den Fortschritt auf dem Gebiet der Technik und der Chemie wird ebenfalls in Betracht gezogen, obwohl die Frau um die Jahrhundertwende von so durchgreifenden Hilfsmitteln, wie sie uns heute der wissenschaftlich-technische Fortschritt bringt, nicht einmal zu träumen wagte.

Besondere Aufmerksamkeit schenkte Clara Zetkin den Veränderungen im Familienleben, die sich im Sozialismus vollziehen werden. Die Stellung der Frau und Mutter, die nun ökonomisch unabhängig und gesellschaftlich voll gleichberechtigt ist, wird sich im Hause grundlegend verändern. »Sie waltet und schaltet auch im Heim, ohne dadurch der sozialen Herrschaft des Mannes unterworfen zu sein.« Umgekehrt wird die gleichberechtigte Teilnahme der Frau an der Produktion, die Beendigung des tödlichen Existenzkampfes dazu führen, daß der Mann sich stärker der Familie und dem Heim widmen kann. Das will Clara Zetkin nicht nur auf die Hausarbeit bezogen wissen, obgleich sie die kameradschaftliche Hilfe des Mannes auf diesem Gebiet keineswegs negiert. Sie denkt vor allem an die Erziehung der Kinder, die nicht mehr wie in alter Zeit ausschließlich Angelegenheit der Mutter sein darf, sondern Sache beider Ehepartner und der ganzen Gesellschaft sein wird, um so mehr, als die Erziehung der Kinder im modernen Sinn nur auf diese Weise zu sichern ist. »Die Erziehung des Kindes muß denn doch von einem anderen Standpunkt aus betrachtet werden«, sagte sie dem kleinbürgerlich eingestellten Reformisten Fischer, »als dem des erhabenen Gefühls: das ist *meine* Frau, die in *meinem* Haushalt *mein* Kind erzieht ...

Die Erziehung des Kindes muß das harmonisch zusammengestimmte Werk von Heim und gesellschaftlichen Einrichtungen, von Mutter und Vater sein ... Und wie sich bei der Zeugung des Kindes die Eigenart von Vater und Mutter mischt, so muß sie sich bei der Erziehung – dem zweiten Schöpfungsakt und oft dem wichtigsten – harmonisch vereinigen, damit das Beste von beiden Seiten her zur Blüte gelangt.«

Clara Zetkin wußte gut und sprach es in ihrem Vortrag vor den Studenten aus, daß sich die volle Gleichberechtigung der Frau, die Vereinigung von Beruf und Mutterschaft, die Entfaltung der Frauenpersönlichkeit auch unter dem Sozialismus nicht ohne stetes Ringen und ohne Konflikte durchsetzen wird.

Aber sie wußte auch, daß das Ringen der Frau um Gleichberechtigung im Sozialismus ein Ringen um Vollendung ist, Kampf gegen ein im Absterben begriffenes Altes, und daß alle gesellschaftlichen Kräfte diesen Kampf der Frau und Mutter unterstützen werden, bis er siegreich beendet sein wird, die Frau dank der Hilfe der Gesellschaft die Pflichten der Mutterschaft und des Berufes harmonisch vereinen kann.

Zu Fragen der Erziehung

In den gleichen Jahren, in denen Clara Zetkins Arbeiten über die sich verändernde Stellung der Frau veröffentlicht wurden und in engem Zusammenhang mit diesen, entstand ihr pädagogisches Werk. Es hat in jener Zeit, da der verstärkte Kampf des deutschen Imperialismus um das Kind und um die Jugend begann, der revolutionären Arbeiterbewegung wichtige Wege gewiesen, neue Wirkungsfelder erschlossen.

Clara Zetkin kannte und liebte die großen Pädagogen der Vergangenheit, die die Erzieher lehrten, Menschen zu bilden, und deren Werk in der kapitalistischen Gesellschaft eine schlechte Heimstatt gefunden hatte – Johann Amos Comenius, Johann Heinrich Pestalozzi, Friedrich Fröbel; sie bewunderte die Kleinkinderschulen des utopischen Sozialisten Robert Owen. Wie sie in der Arbeiterklasse die Erbin des Kulturreichtums sah, so erblickte sie in ihr auch die Erbin der humanistischen Pädagogik. Gestützt auf diese und auf die pädagogischen Gedanken von Marx und Engels, die in der produktiven Arbeit das wichtigste Erziehungsmittel sahen, wurde sie zur Vorkämpferin für ein neues, sozialistisches Erziehungs- und Bildungsprogramm. Es enthält in wesentlichen Punkten bereits Erziehungsgrundsätze, die von der modernen sozialistischen Pädagogik vertreten werden.

Den ersten Niederschlag fanden ihre Gedanken zu Fragen der Pädagogik in dem Referat über die Schulfrage, das sie im Jahre 1904 auf der Frauenkonferenz der Sozialdemokratischen Partei in Bremen hielt. In diesem Vortrag wies sie die sozialistischen Frauen auf die große Bedeutung der Schule im Leben des Volkes hin, machte ihnen die schweren Mängel, die verderbliche Rolle der Volksschule im kaiserlichen Deutschland deutlich, die sie selbst besucht hatten und der sie ihre Kinder anvertrauen mußten. Sie zeigte ihnen, wie die kapitalistische Gesellschaft sie und ihre Kinder nicht nur um ihr Recht auf Bildung und Kultur betrog, sondern die Schule mißbrauchte, um die Kinder der Werktätigen zu willigen Werkzeugen der Kapitalistenklasse zu erziehen.

»Wie unter der Herrschaft der indischen und ägyptischen Kasten«, sagte Clara, »so ist heute die Bildung ein Monopol, und nicht Begabung und Neigung verleiht es, sondern nur das Geld, der Besitz.« Bitter klagte sie den kaiserlichen Staat an, der Milliarden für die Aufrüstung vergeudete, aber für die Kinder der arbeitenden Menschen kein Geld hatte.

»Im Deutschen Reich gab es 1899 nach der Schulstatistik 59 300 Volksschulen für 8 660 000 Schüler und Schülerinnen. Für diese wurden im ganzen 341 700 000 Mark aufgewendet, davon 243 Millionen von den Gemeinden und den Unterhaltspflichtigen der Kinder. Die Bundesstaaten steuerten nicht ganz 99 Millionen bei. Vergleichen Sie das mit den 1018 Millionen, die wir im letzten Jahre für Heer und Marine ausgaben, so haben wir die Barbarei und Schmach unseres heutigen Volksschulwesens vor Augen.«

Clara sprach von den elenden Schulgebäuden, der mangelnden gesundheitlichen Fürsorge für die Kinder, sie forderte Schulkinderspeisung und prangerte die Junker an, die auf ihren Gütern praßten und ihre Verpflichtungen den Schulen gegenüber so wenig erfüllten, daß der Jammer der Landschulen, meist Einklassenschulen, gerade in den Provinzen der Ostelbier sprichwörtlich war. Die kaiserliche Volksschule, die allen Anforderungen an eine Bildungsanstalt hohnsprach, diente statt dessen – darauf wies Clara Zetkin mit besonderem Nachdruck hin – als Propagandainstitution der deutschen Imperialisten und war ausgerichtet auf die Erziehung der Kinder im Geiste des Militarismus, der imperialistischen Weltmachtpläne, des Völkerhasses. Sie verlangte nachdrücklich von den Müttern und Vätern, daß sie den Kampf gegen die Vergiftung der Seelen ihrer Kinder aufnahmen.

»Aber nicht nur betreffs der Dotierung«, sagte sie, »ist die Volksschule das Aschenbrödel unter den Schulen, die herrschenden und regierenden Klassen brauchen und mißbrauchen sie auch, um durch engherzigen religiösen Dogmenunterricht, durch gefälschten Unterricht in der Geschichte und den Naturwissenschaften den Geist der Kinder des Volkes zu vergiften.

An die Spitze unserer Reformforderungen zugunsten der Volksschule stellen wir die Forderung nach Einheitlichkeit und Unentgeltlichkeit des Schulwesens vom Kindergarten bis zur Hochschule. Grundlage muß die obligatorische einheitliche Elementarschule sein, die alle Kinder ohne Unterschied der Klasse und des Geldbeutels der Eltern besuchen müssen ...

Neben der Weltlichkeit der Schule fordern wir eine vollständige gründliche Reform des Unterrichts in allen Fächern, vor allem in der Geschichte, im Deutschen, in der Naturwissenschaft. Diese Fächer müssen die gebührende Bedeutung im Unterrichtsplan gewinnen, sie müssen nach den besten Methoden unterrichtet werden, sie müssen in Übereinstimmung mit der wissenschaftlichen Forschung Kenntnisse vermitteln, die geistige Entwicklung fördern. Der Geschichtsunterricht muß vom Bann des Mordspatriotismus erlöst werden, der naturwissenschaftliche Unterricht vom Joche der biblischen Legenden, des kirchlichen Dogmas. Der erstere soll in das soziale, der letztere in das natürliche Leben einführen, auch in das des Menschen.«

Damit forderte Clara Zetkin nicht nur einen Unterricht im Geiste der Wissenschaftlichkeit und Wahrheit, sondern auch im Geiste des Fortschritts, des Friedens, des Humanismus und der Völkerfreundschaft. Zugleich trat sie für eine enge Verbindung des Unterrichts mit der Arbeitswelt ein, ebenso für die damals verpönte gemeinsame Erziehung der Geschlechter.

Sie verlangte auch gesunde, schöne Schulgebäude und ausreichende gesundheitliche Betreuung der Kinder durch Schulärzte, und selbstverständlich wollte Clara Zetkin, die Anhängerin des Sports und Turnens, Sport-, Turn- und Spielplätze für die Kinder.

Sie, die Lehrerin, sprach auch von den Lehrern, von ihrer unzulänglichen Ausbildung, von der Unterbezahlung, die sie zwang, Abschreibarbeiten oder andere Nebenverdienste zu suchen, damit ihre Familien leben konnten.

Selbstverständlich forderte sie, daß die Lehrerin dem Lehrer gleichgestellt werde – im Unterrichtswesen wie in der Schulverwaltung und im Gehalt.

Claras zweites Referat, gehalten auf dem Parteitag in Mannheim im Jahre 1906, etwa ein Jahr nach der Veröffentlichung ihres Artikels »Krähwinkel«, in dem sie bereits zu dieser Frage Stellung genommen hatte, war der Erziehung in der Familie gewidmet. Sie behandelte darin wichtige Probleme der Familienerziehung, mit denen sie sich äußerst sorgfältig auseinandersetzte. Sie sprach über den hohen erzieherischen Wert des elterlichen Beispiels, das tiefer und nachhaltiger wirkt als alles, was die Eltern dem Kind sagen können. Sie verlangte von den Eltern Wahrhaftigkeit, Konsequenz und Hilfsbereitschaft ihren Kindern gegenüber, hielt sie dazu an, ihren Kindern höflich zu begegnen, sie ernst zu nehmen, in ihnen den künftigen Bürger zu achten, forderte selbstverständlich für die Mädchen die gleiche Erziehung und die gleichen

Rechte wie für die Jungen. Sie hob die Bedeutung der Arbeit auch in der häuslichen Erziehung hervor. Ohne Unterschied des Geschlechts sollte das Kind zu häuslichen Verrichtungen herangezogen werden und in der Familie kleine Pflichten übernehmen. Dabei sollte es Hand- und Kopfarbeit schätzen lernen, sollte sich ihm fest einprägen, daß es für die soziale Wertung der Arbeit nur einen einzigen Maßstab geben kann: daß sie gesellschaftlich nützlich ist.

Sie verlangte von den Eltern, daß sie ihre Kinder nicht nur zu tüchtigen, fleißigen, ehrlichen Menschen und vor allem zu Humanisten, zu Kämpfern für Freiheit und Frieden heranbilden, sondern sie auch allmählich, ihrem kindlichen Denken entsprechend, in die sozialistische Weltanschauung einführen, zu sozialistischem Denken und Handeln erziehen.

Sie wußte, daß sie hohe Ziele setzte, denn sie kannte die Schwierigkeiten aller Art, die der Erziehungsarbeit der proletarischen Eltern in der kapitalistischen Gesellschaft entgegenstehen – der Druck der reaktionären Schule und der Behörden, das schwere Leben von Vater und Mutter, der Mangel an eigenem Wissen und eigener Bildung.

»Sie werden wahrscheinlich sagen«, erklärte sie und ging damit weit über die allgemeinen Anschauungen ihrer Zeit hinaus, die in Vererbung und Milieu die bestimmenden Kräfte des menschlichen Seins sahen, »wir sind Produkte unseres Milieus; wir können nicht über die materiellen und geistigen Schranken hinaus, die uns verhindern, mit Takt und Verständnis an der Erziehung unserer Kinder, mit Strenge an unserer Selbsterziehung zu arbeiten. Ich warne Sie davor, dieser Auffassung zu huldigen. Das ist kein historischer Materialismus, das ist ein verderblicher Fatalismus. Wer hat Ihnen gesagt, wo die Schranke ist, über die Sie nicht hinwegkommen? Wie weit die Kraft reicht, das kann man mit ernstem Streben erproben. Die fatalistische Auffassung übersieht völlig, daß der Wille auch ein Faktor in der Gestaltung des Milieus ist. Dieser Fatalismus dient nur als Ruhekissen für alle Feigen, Faulen, für alle Zweideutigen. Man soll nicht vergessen, daß der Mensch mit seinen höheren Zwecken wächst.«

Das pädagogische Werk Clara Zetkins konnte erst heute, in der sozialistischen Gesellschaft, voll wirksam werden. Doch übte es bereits auf ihre Zeitgenossen einen tiefgehenden Einfluß aus. Ihrem Ruf folgend, versuchten Funktionäre und vor allem Funktionärinnen der Sozialdemokratischen Partei, aber auch fortschrittliche Erzieher, Einfluß auf die Schul- und Erziehungsverhältnisse in den Gemeinden zu gewinnen, wurden in vielen Orten durch die Frauen Kinderschutzkommissionen geschaffen, die gegen die Kinderausbeutung auftraten, Ferienspiele organisierten und auf andere Weise die Kinder der Arbeiter förderten, halfen die Sozialistinnen ihren Jungen und Mädchen beim Aufbau von Jugendeinrichtungen. Vor allem aber bemühten sich Zehntausende sozialdemokratischer Eltern, Clara Zetkins Gedanken in der Familie zu verwirklichen, ihre Ehen kameradschaftlich zu gestalten, ihre Kinder zu Kämpfern zu erziehen. Clara Zetkin hatte mit diesen ihren ersten Arbeiten über die sich wandelnden Beziehungen der Menschen nicht nur tiefe gesellschaftliche Probleme behandelt, sondern auch ihre ersten Beiträge als Mitbegründerin einer neuen, sozialistischen Ethik geleistet, denen in der Zukunft weitere folgen sollten, darunter ihre Arbeiten über die sozialistische Jugendbewegung, über »Kunst und Proletariat« und die Kapitel über die proletarische Moral, die ihr Werk »Erinnerungen an Lenin« enthält. Sie wird mit Recht als eine Mitschöpferin der sozialistischen Ethik bezeichnet.

Zeit großer Erwartungen

Das Jahr 1905 war ein unruhiges Jahr für Deutschland und für die ganze Welt. Für Clara Zetkin und ihre Freunde aber und für alle anderen, die die Freiheit liebten und Ausbeutung und Unterdrückung haßten, wurde es ein Jahr voller Hoffnungen und neuer tiefgreifender Erkenntnisse. Mitte Januar erhoben sich in Deutschland die Ruhrbergarbeiter im Streik gegen die Kohlenbarone, die trotz ihrer wachsenden Profite die Löhne der Arbeiter senkten, die Arbeitszeit zu verlängern trachteten, die Arbeiter bei jeder Gelegenheit mit Strafen schikanierten.

Nachdem Clara Zetkin die Meldung aus dem Ruhrgebiet erhalten hatte, setzte sie sich sofort nieder, um in letzter Minute vor der Drucklegung noch einen neuen Leitartikel für die »Gleichheit« zu schreiben. Sie verteidigte darin die Rechte der Bergarbeiter, wandte sich mit eindringlichem Appell an deren Frauen. Dann stieg sie hinunter in die Druckerei, trieb ungeduldig die Setzer und Drucker an, damit die Zeitung rasch ins Ruhrgebiet gelangte, wo die Essener Genossinnen bereits im Einsatz waren.

Die »Gleichheit« war noch nicht ausgedruckt, als die ersten Nachrichten vom Petersburger Blutsonntag und vom Beginn der ersten Revolution in Rußland nach Deutschland gelangten. »In Rußland ist die Revolution ausgebrochen. Und die Arbeiterklasse ist ihre Trägerin. Das bürgt uns dafür, daß diese Bewegung nicht wieder im Keime erstickt werden wird ... Russischer Sieg ist deutscher Sieg, ist europäischer Sieg, ist internationaler Sieg«, schrieb die »Leipziger Volkszeitung«. Als Clara Zetkin diese Zeilen las, war es ihr, als tue ihr Herz einen großen Sprung. Revolution in Ossips Heimatland, Aufstand gegen die finstere zaristische Barbarei! Heldentaten ihrer russischen Freunde!

Hatten Clara und ihre linken Freunde die Entwicklung in Rußland seit der Jahrhundertwende auch noch nicht in ihrer vollen welthistorischen Bedeutung erfaßt, so hatten sie sich doch mit den Vorgängen im Zarenreich stark beschäftigt: mit dem wachsenden Widerstand der Arbeiter gegen die Unternehmer, den politischen Streiks und Demonstrationen, die im Jahre 1904 in mehreren russischen Industriestädten stattfanden, den zunehmenden Erhebungen von Bauern gegen die Gutsbesitzer, den Studentenunruhen, den Kämpfen der Arbeiter in den vom zaristischen Rußland unterdrückten Nationen. Sie hatten den Verlauf des Russisch-Japanischen Krieges und die Niederlagen der zaristischen Armee verfolgt, die die Fäulnis und Korruption der zaristischen Selbstherrschaft vor aller Augen enthüllten. Nun, nach Ausbruch der Revolution, kam für sie eine Zeit nicht nur einer gesteigerten politischen Aktivität, sondern auch tiefgreifender neuer Erkenntnisse. Die bürgerlich-demokratische Revolution in Rußland war die erste Volksrevolution unter Führung des Proletariats im Imperialismus. Die von Lenin geführte revolutionäre Partei der russischen Arbeiterklasse, die Partei der Bolschewiki, trat in ihr als selbständige politische Kraft mit einem eigenen revolutionären, marxistischen Programm, einem eigenen strategischen Plan und einer eigenen taktischen Linie auf. Die Revolution brachte jene neuen Formen und Methoden des Kampfes hervor, die den mit dem Übergang zum Imperialismus veränderten historischen Bedingungen entsprachen und die auch für die Arbeiterklasse in den übrigen Ländern von äußerst großer Bedeutung waren.

Schon im Jahre 1904 hatte Clara Zetkin so wirkungsvoll zur Solidarität mit den russischen Revolutionären aufgerufen, daß sie dafür unter Hochverratsanklage gestellt worden war. Es war im Frühjahr 1904 in Breslau gewesen, als sie in ihrer Anklagerede gegen die zaristische Selbstherrschaft und ihrem Bericht über den opfervollen Kampf der russischen Revolutionäre jene Stelle aus Schillers »Wilhelm Tell« zitiert hatte, die da lautet:

> »Nein, eine Grenze hat Tyrannenmacht:
> Wenn der Gedrückte nirgends Recht kann finden,
> Wenn unerträglich wird die Last – greift er
> Hinauf getrosten Mutes in den Himmel
> Und holt herunter seine ew'gen Rechte,
> Die droben hangen unveräußerlich
> Und unzerbrechlich wie die Sterne selbst –
> Der alte Urstand der Natur kehrt wieder,
> Wo Mensch dem Menschen gegenübersteht –
> Zum letzten Mittel, wenn kein andres mehr
> Verfangen will, ist ihm das Schwert gegeben.«

Die Versammelten hatten gejubelt, der Überwachungsbeamte aber war aufgesprungen und hatte die Versammlung für geschlossen erklärt. Mehr noch, draußen war es zu Tumulten gekommen, Polizei war in die Masse der Versammlungsteilnehmer hineingeritten, denn Breslau gehörte zu den Ostgebieten des Reiches, wo die Behörden besonders nervös waren. Dennoch war sogleich eine neue Versammlung einberufen worden, und schon wenige Tage später hatte Clara Zetkin noch einmal in Breslau gesprochen.

Sie war danach der Aufreizung zum Klassenhaß und anderer politischer »Verbrechen« angeklagt worden. Doch war es zu keinem Prozeß gekommen – zu Claras Leidwesen. Die Behörden wagten angesichts der Massensympathie für die russischen Revolutionäre nicht, die Sache vor Gericht zu bringen. Sie »kniffen«, wie Rosa Luxemburg in einem Brief an Clara Zetkin schrieb. Und so war denn Clara im Januar 1905 frei und konnte sich voll und ganz mit den Vorgängen in Rußland beschäftigen.

Nie hatte das kleine Sillenbucher Landhaus bisher so aufgeregte Tage gesehen. Jede neue Nachricht versetzte Clara in Erregung. Aus dem übrigen Ausland kamen ebenfalls ermutigende Neuigkeiten. In Frankreich und in Italien hatten, auf Initiative der sozialdemokratischen Führer, riesige Solidaritätskundgebungen stattgefunden.

In Deutschland selbst dehnte sich der Ruhrbergarbeiterstreik aus, griff auf Oberschlesien über. Im Aachener Revier begann es zu gären. Eine feste Einheitsfront sozialdemokratischer, christlicher und parteiloser Kumpel bildete sich. Anfang Februar standen 200 000 Bergarbeiter im Ausstand. Es war der größte Streik, den Deutschland bis dahin erlebt hatte. Die gesamte deutsche Arbeiterklasse, ohnehin empört über die Arroganz und Nichtachtung, mit der die Reaktion über alle Arbeiterforderungen hinwegging, und erregt durch die Ereignisse in Rußland, unterstützte die Streikenden mit nie dagewesener Solidarität. Jede Nummer des »Vorwärts« brachte ganze Seiten mit Spendenlisten. Zugleich fanden in Leipzig und anderen Städten die ersten Solidaritätskundgebungen für die russischen Klassenbrüder statt.

»Russischer Sieg ist deutscher Sieg, ist europäischer Sieg, ist internationaler Sieg.« Wie dankbar war Clara Zetkin dem Freunde Franz Mehring für diese Worte in der »Leipziger Volkszeitung«. Wie dankbar auch, daß sie sich in Gedanken und Empfindungen eins wußte mit ihrer Freundin Rosa Luxemburg, die ihr fast postwendend den erbetenen Leitartikel für die »Gleichheit« schickte, geschrieben in wenigen Stunden, Ausdruck höchster Begeisterung, flammender Appell zur Kampfbereitschaft und Solidarität. Die schweren Sorgen, die Clara hinsichtlich der Entwicklung der deutschen Partei hegte, traten für den Augenblick zurück hinter dem Hochgefühl über die revolutionäre Entwicklung, namentlich dann, wenn sie in Stuttgart, Cannstatt oder anderswo mit Genossen und Genossinnen, mit Arbeitern und Jugendlichen sprach und fühlte, daß auch sie erregt und voller Hoffnungen waren, aber auch dann, wenn sie die betretenen Gesichter der Stuttgarter Revisionisten erblickte. Er ahne nicht, schrieb sie an Franz Mehring, welchen großen inneren Auftrieb sie durch die Revolution in Rußland finde.

Als jedoch der Januar zu Ende war, hatten sich bereits Schatten auf Claras erste Begeisterung gelegt. Sie hatte als selbstverständlich angenommen, daß der Parteivorstand der deutschen Sozialdemokratie, dem Beispiel der französischen und italienischen Sozialisten folgend, machtvolle Solidaritätskundgebungen für die Revolution in Rußland einleiten werde, das um so mehr, als der deutschen Sozialdemokratischen Partei, der damals stärksten unter den sozialistischen Parteien, politisch die größte Verantwortung zufiel und zudem das Deutsche Reich unmittelbar an das Zarenreich grenzte. Der Ruf der Parteiführung aber blieb aus, er blieb auch aus, als die deutsche Polizei und die übrigen Behörden in Alarm versetzt und an der russischen Grenze Truppen zusammengezogen wurden. Das war für Clara zuviel. Sie fuhr nach Berlin, um zusammen mit ihren Freunden die Parteiführung zum Handeln zu bewegen. In der Parteiführung saßen aber nicht nur August Bebel und Paul Singer, sondern auch Laue und Unentschlossene. So stieß Clara sowohl bei der zentralen Führung wie auch bei den Berliner Vertrauensmännern auf verlegene Gesichter, begegnete Ausflüchten. Man müsse mit Verboten und Repressalien rechnen, es gäbe Prozesse und anderes mehr. Mit Tränen des Zorns in den Augen fuhr sie zu ihrer Freundin Margarete Wengels.

Was die Männer nicht fertigbringen, werden die Frauen können, sagte die resolute Rheinländerin. So kündete denn Margarete Wengels am 2. Februar im »Vorwärts« an, daß Clara Zetkin am 9. Februar im Moabiter Gesellschaftshaus zur Revolution in Rußland sprechen werde.

Das half! Die Berliner Vertrauensmänner, die sich von den Genossinnen dann doch nicht beschämen lassen wollten, riefen für den gleichen Tag zu weiteren Versammlungen auf. August Bebel, Paul Singer, Karl Liebknecht, Georg Ledebour und andere führende Genossen sprachen. Alle Säle waren überfüllt, auf allen Straßen Arbeiter und ihre Frauen, die Berliner Arbeiterklasse war auf den Beinen. So machtvoll und elementar waren diese Kundgebungen, daß die Polizei ratlos war. »Zwei Frauen«, sagte Franz Mehring, wie Clara Zetkin später mit Stolz erzählte, »hatten die Ehre der Partei gerettet.«

Clara Zetkin sprach, wie angekündigt, in Moabit, und es wurde eine der besten Versammlungen ihres Lebens. Der große Saal des Moabiter Gesellschaftshauses, der einige tausend Menschen faßte, reichte nicht aus, so berichtete der »Vorwärts«, die Teilnehmer, vor allem Frauen, zu fassen. Enger als sonst waren die Stühle gestellt, die Versammelten standen dicht an dicht in den Gängen, saßen in Wandnischen, auf den Fensterbänken, und viele standen auf der Straße, ohne sich wegzubewegen. Als Clara zu sprechen begann, wurde es so still, daß man eine Stecknadel fallen gehört hätte.

Mit bewegten Worten schilderte sie die grausame Despotie der zaristischen Regierung, die Leiden der russischen Arbeiter und Bauern, erzählte von den russischen Revolutionären, von der gewaltigen Bewegung der Massen, die mit dem Januar 1905 eingesetzt hatte. Ihre Zuhörer lauschten mit großer Anteilnahme, fühlten sich erhoben, zu revolutionärem Handeln begeistert. »Die Arbeiter, geführt von den Sozialdemokraten«, rief Clara den Versammelten zu, »werden die Despotie des Zaren stürzen, uns vorangehen in unserem Kampf.« Die deutschen Arbeiter, forderte sie zum Schluß, müssen ihre Stimme erheben, um zu verhindern, daß der blutige Zarismus vom deutschen Militärstaat gestützt wird. Mehr als einmal rauschte Beifall auf, und nachdem Clara geendet hatte, steigerte sich der Beifall zum Sturm.

Dreimal sprach Clara in Berlin. Andere Versammlungen

folgten. Wie ihre Freunde Rosa Luxemburg und Franz Mehring, wie Karl Liebknecht sah sie ihre Hauptaufgabe darin, den deutschen Arbeitern den Kampf der russischen Werktätigen und die Probleme der Revolution in Rußland nahezubringen, ihre Solidarität zu entflammen. Obwohl sie seit längerem kränkelte, schien ihre Kraft in diesen ersten Monaten des Jahres 1905 riesengroß, fühlte sie keine Müdigkeit, keine Schwäche, kannte nur Begeisterung und leidenschaftliche Hingabe an das große Geschehen.

Welche starken Impulse sie empfing, welche Fragen die deutschen Linken und vor allem ihre Führer beschäftigten, widerspiegelte sich in der »Gleichheit«, deren Nummern in dieser Zeit ein außerordentlich hohes Niveau aufweisen. Klangvolle Namen tauchen auf. Neben dem August Bebels der Rosa Luxemburgs und anderer Arbeiterführer, die zur Revolution in Rußland Stellung nehmen. Biographien großer russischer Revolutionärinnen erscheinen: die Wera Figners, der Volkstümlerin, die Jahrzehnte in der Schlüsselburg schmachtete; die der jungen, von Gendarmen zu Tode gequälten Revolutionärin Esther Riskind; die der Petersburger Arzthelferin Maria Berditschewskaja, die auf den Barrikaden fiel. Jede einzelne dieser Biographien von Clara Zetkins Hand ist ein politisches wie literarisches Meisterwerk.

Von besonderer Bedeutung sind jene Artikel, in denen Clara Zetkin sich theoretisch mit den Ereignissen in Rußland und ihren Lehren für die internationale Arbeiterklasse beschäftigte. Sie zeigen uns, daß sie sich grundlegend mit dem Geschehen auseinandersetzte, zeigen auch, wie ihr politischer Blick sich weitete, tiefer, umfassender als zuvor über die deutsche Sphäre hinaus auch die internationale umfaßte. Sie war sich klar über die Weltbedeutung der ersten Revolution in Rußland wie über ihren Hauptträger. Obwohl sie die führende Rolle Lenins und der Bolschewiki erst viel später erkannte, sah sie die führende Rolle der russischen Arbeiterklasse, deren politische Kraft und deren Klassenbewußtsein in der Revolution stürmisch wuchsen.

In dem Artikel »Für die Preisfechter des revolutionären Proletariats« schilderte Clara Zetkin den mächtigen Strom der Erhebung, der in Rußland außer der Arbeiterklasse auch Bauernmassen, Intelligenz, Studenten, Soldaten, Matrosen, ja selbst zaristische Beamte mitriß.

»Der ruhende Pol in der Erscheinungen Flucht, die stärkste Kraft der Ereignisse bleibt aber die revolutionäre Aktion der Proletarier«, betonte sie, »die ohne Unterschied der Nationalität, der Rasse, des Glaubens ... zur Niederzwingung der Bestie des Despotismus brüderlich zusammenstehen. Der Massenstreik, der heute in diesem, morgen in jenem Industrierzentrum mit vulkanischer Gewalt ausbricht und um sich greift, bald die, bald jene Gewerbe stillegt, hier abgebrochen wird, dort um so wuchtiger einsetzt, sich durch keine Gewalt hintertreiben und unterdrücken läßt: er erschüttert unerträglich die wirtschaftliche Grundlage des sozialen Lebens, lähmt die selbstherrliche Staatsgewalt und treibt sie aus den Fugen. In alle Schichten der Bevölkerung trägt er die revolutionäre Gärung, er hält die erwachten revolutionären Geister lebendig, er peitscht sie vorwärts zum Kampfe ... Das junge Proletariat des Moskowiterreiches ... ist gleich groß im Kämpfen wie im Leiden, als Held und Märtyrer den Besten aller Zeiten und Völker ebenbürtig. Zu Hunderttausenden hungert es, hungert wochenlang, monatelang; zu Tausenden und Zehntausenden füllt es die Kerker, stirbt im Straßenkampf, durch Standrecht, am Galgen. Und es kämpft weiter, ohne Klagen und ohne Ruhmredigkeit, schlicht, selbstverständlich, erhaben ...

In brüderlicher Solidarität an die Seite der glorreichen Soldaten der Revolution in Rußland zu treten ist Pflicht des gesamten internationalen Proletariats.«

Das ist im Juli 1905 geschrieben. Anfang Oktober 1905 ging sie noch weiter. Da sie die führende Rolle der russischen Arbeiterklasse in den revolutionären Kämpfen erfaßt hatte, erfaßte sie auch, daß die erste Revolution in Rußland, obwohl zunächst demokratisch, auf den Sturz der zaristischen Herrschaft gerichtet, dennoch weit hinausführte über alle bürgerlich-demokratischen Bewegungen der Vergangenheit, wesensverschieden von ihnen war, den Übergang zu künftigen proletarischen Revolutionen einleitete. »Bürgerlich«, schrieb sie, »ist ihr Charakter, ihr Ziel, nichtsdestoweniger steht sie als erste an der Schwelle künftiger proletarischer Revolutionen.« Es war Clara Zetkin klar geworden – das zeigt der zuvor erwähnte Artikel und noch besser der letztbehandelte –, daß die Führung der internationalen revolutionären Bewegung, die nach der Niederlage der Pariser Kommune zunächst in Deutschland gelegen hatte, nach Rußland übergegangen war – eine für ihre Zeit weitreichende Erkenntnis, die sie mit Rosa Luxemburg und Franz Mehring teilte. Alle drei haben sich darüber wohl auch gründlich ausgetauscht.

Clara Zetkin, die immer für den eigenen Kampf lernen mußte und wollte, beschäftigte sich zusammen mit ihren linken Freunden intensiv mit den damals neuen Methoden des außerparlamentarischen Kampfes, die in Rußland zum erstenmal in großem Umfang angewandt wurden, vor allem mit der Einsetzung der Waffe des Streiks nicht nur für wirtschaftliche, sondern auch für politische Forderungen, mit dem politischen Massenstreik. Und politischer Massenstreik auch gegen die deutschen Konzernherren und Militaristen, das war die Parole, die Rosa Luxemburg, Karl Liebknecht, Clara Zetkin, Franz Mehring und alle anderen revolutionären Funktionäre und Mitglieder der Sozialdemokratischen Partei unter die Massen trugen. Sie fanden williges Gehör. Es war nicht nur die Begeisterung für die revolutionären Ereignisse im Zarenreich, sondern auch die Situation in Deutschland selbst, die die Arbeiter in Bewegung brachte.

Der Wahlerfolg der Partei im Jahre 1903 hatte den Werktätigen keineswegs jene Besserung ihrer Lage gebracht, die sich viele versprochen hatten. Im Gegenteil: Die Trusts, Syndikate und Unternehmerverbände verstärkten ihre Angriffe auf die arbeitenden Menschen und zwangen der ganzen werktätigen Bevölkerung ihren Willen auf. Im Reichstag sah sich die Sozialdemokratische Partei einer geschlossenen Front der Großbourgeoisie und der Junker gegenüber, die ihr jede Forderung ablehnte. Unbeirrt durch die sozialdemokratischen Proteste setzten die deutschen Imperialisten ihre Politik der Aufrüstung, der Massensteuern und Massenzölle, der kolonialen Aggression fort. Im Jahre 1905 ließ sie ihre Furcht vor den Ereignissen in Rußland ihre Unterdrückungspolitik noch weiter verschärfen. Da die Arbeiter nicht gewillt waren, ihre Provokationen hinzunehmen, vielmehr begeistert nach Rußland blickten, höhere Löhne und bessere Arbeitsbedingungen forderten, nahmen Streiks und Aussperrungen zu. Dem großen Streik an der Ruhr folgte die Aussperrung von mehr als 10 000 Bauarbeitern in Rheinland-Westfalen und an der Unterweser, folgten Aussperrungen in der bayrischen Metallindustrie und in der Dresdener Zigarettenindustrie sowie große Kämpfe im sächsisch-thüringischen Textilgebiet und in der Berliner Elektroindustrie. An den Kämpfen nahmen Zehntausende Frauen teil.

Kämpfe und Konflikte anderer Art kamen hinzu: der Kampf der Werktätigen gegen neue volksfeindliche Zollverträge, gegen die wucherische Erhöhung der Fleischpreise und vor allem gegen die von der Reaktion betriebene Verschlechterung des Wahlrechts in Hamburg, Sachsen und anderen deutschen Bundesstaaten. Und zu alledem beschwor der deutsche Imperialismus die erste Marokkokrise herauf. Da das mit Frankreich verbündete Rußland nun außerstande war, sich in europäische Angelegenheiten zu mischen, hoffte er ungestört einen Raubzug in das Interessengebiet der französischen Imperialisten machen zu können.

Alles dies steigerte die Erbitterung der Arbeiter maßlos. Sie verlangten zu kämpfen wie ihre russischen Brüder. Die Versammlungen der linken Führer waren überfüllt, namentlich die Rosa Luxemburgs, die als eine Führerin der polnischen revolutionären Bewegung in besonders enger Beziehung zur Revolution in Rußland stand und ihre feurigste Propagandistin war. Wie keine andere zog sie die Zuhörer in ihren Bann, wenn sie ihnen von der Bedeutung der Revolution in Rußland für die gesamte internationale Arbeiterklasse und für alle freiheitliebenden Menschen sprach. Die Revolution, so schrieb sie, »ist also nach Inhalt und Methoden ein ganz neuer Typus der Revolution. Formell bürgerlich-demokratisch, in ihrem Wesen proletarisch-sozialistisch, ist sie sowohl nach Inhalt wie Methoden *eine Übergangsform* von den bürgerlichen Revolutionen der Vergangenheit zu den proletarischen Revolutionen der Zukunft, in denen es sich bereits um die Diktatur des Proletariats und die Verwirklichung des Sozialismus handeln wird.«

Mit gleichem Feuer forderte sie, daß die deutsche und die internationale Arbeiterklasse aus dem Kampf des russischen Volkes Lehren ziehe, daß dieser auch in Deutschland nicht im wesentlichen auf der Ebene des Parlaments geführt werden dürfe, sondern daß die Arbeiter ihren Forderungen mit außerparlamentarischen Kampfmitteln, vor allem mit dem politischen Massenstreik, Nachdruck zu geben hätten. Von Rosa Luxemburg hörten viele deutsche Arbeiter zum erstenmal von Lenin.

Stark besucht waren auch die Versammlungen Karl Liebknechts, der als Anwalt die Sache der aus der Heimat vertriebenen und von den deutschen Behörden verfolgten Revolutionäre, namentlich einiger führender Bolschewiki, vertrat und zum Widerstand gegen die deutschen Behörden aufrief, die der blutigen Zarentyrannei Hilfsdienste leisteten. »Wir wären erbärmliche Kerls, und der Teufel sollte uns holen«, erklärte er, »wenn wir nicht dafür sorgen würden, daß jeder etwaige Versuch, der russischen Revolution aus Deutschland in den Rücken zu fallen, mit einer gründlichen Niederlage auch der preußisch-deutschen Reaktion enden würde.«

Unter dem Eindruck der Ereignisse in Rußland begann er in dieser Zeit seinen konsequenten Kampf gegen den deutschen Militarismus, begann vor allem den antimilitaristischen Geist in die sich entwickelnde proletarische Jugendbewegung zu tragen.

Die meistgelesene Arbeiterzeitung aber war damals die von Franz Mehring redigierte »Leipziger Volkszeitung«, die so zuverlässig wie parteilich über die Kämpfe in Rußland berichtete, immer wieder zur aktiven Solidarität aufrief, immer wieder auch auf die große weltgeschichtliche Bedeutung der ersten Revolution in Rußland hinwies.

Mit einer Begeisterung wie nie zuvor wurde auch die »Gleichheit« gelesen.

Dem energischen Auftreten der revolutionären Kräfte in der Partei, der Autorität August Bebels und dem starken Druck der Werktätigen war es zu verdanken, daß der Parteitag in Jena im September 1905 den politischen Massenstreik als Kampfwaffe anerkannte und die rechte Gewerkschaftsbürokratie verurteilte, die auf dem Kölner Gewerkschaftskongreß im Mai des gleichen Jahres eine Ablehnung des politischen Massenstreiks durchgesetzt hatte und sogar bestrebt war, den 1. Mai von einem Kampftag in eine Frühlingsfeier zu verwandeln.

Gemeinsam mit ihren Freunden nahm Clara Zetkin in Jena erregt gegen diese Machenschaften Stellung. »Das Proletariat«, hatte sie schon vor dem Jenaer Parteitag geschrieben, »geht sehr ernsten Zeiten entgegen, Zeiten, welche die höchsten Anforderungen an seine Einsicht, Reife, Energie und Hingabe stellen. Und die Sozialdemokratie als Führerin und Vorkämpferin des Proletariats muß auf Sturm und Wogendrang vorbereitet sein. Dieser Verpflichtung gemäß wird ihr bevorstehender Parteitag vor allem einer Musterung und Vervollständigung ihres Rüstzeugs gelten und einer sorgfältigen Prüfung der Kampfeswaffen, welche das Proletariat anwenden kann und unter bestimmten Umständen anwenden muß.«

Auf dem Parteitag selbst sagte sie: »Die bürgerliche Gesetzlichkeit ist schließlich nichts als die in bindende juristische Normen gebrachte Gewalt der besitzenden und herrschenden Klassen ..., wir müssen damit rechnen, daß die bürgerlichen Klassen jederzeit die Maske des gesetzlichen Kampfes gegen uns fallen lassen und mit brutaler Gewalt gegen uns ankämpfen, und da meine ich: Auf einen Schelm gehören anderthalbe. Wenn die Reaktion russisch mit uns reden will, dann wird auch das Proletariat russisch antworten können!«

Im November und Dezember 1905 erreichte die Revolution in Rußland in großen bewaffneten Kämpfen ihren Höhepunkt. In Deutschland begann unter dem Einfluß der Ereignisse in Rußland die erste große Bewegung der Arbeiter für ein demokratisches Wahlrecht. Sie wurde durch Massenversammlungen und Straßendemonstrationen in Leipzig, Dresden und anderen Städten Sachsens eingeleitet. Die königlich-sächsische Regierung ergriff solche Furcht, daß sie das Militär in Bereitschaft versetzte. Kurze Zeit später, am 17. Januar, marschierten die Arbeiter Hamburgs. Sie führten den ersten politischen Massenstreik in Deutschland durch. Nie hatte Hamburg, nie hatte Deutschland seit der Revolution von 1848 so mächtige politische Demonstrationen erlebt. Zugleich setzte eine neue Welle der internationalen Solidarität für die Revolution in Rußland ein.

Den Revisionisten war diese Bewegung ein Dorn im Auge. Mit allen Mitteln suchten sie, den Kampfeswillen der Massen einzudämmen. In der Auseinandersetzung um die Stellung zur ersten Revolution in Rußland und zu ihren Lehren verschärfte sich spürbar der Gegensatz zwischen ihnen und den Marxisten. Ja, die Zuspitzung des Klassenkampfes führte in der Folgezeit zu einem zunehmenden Prozeß der Differenzierung in der deutschen wie in der internationalen Arbeiterbewegung.

Neben den Revisionisten, die in der Sozialdemokratischen Partei wie in den freien Gewerkschaften bereits einen beträchtlichen Einfluß errungen hatten, kristallisierte sich in den Jahren nach der Revolution in Rußland eine zweite opportunistische Strömung, der Zentrismus, heraus. Die Zentristen bekannten sich weiter in Worten zum Marxismus, wichen jedoch vor den Konsequenzen zurück, die sich aus den Erfahrungen der Revolution in Rußland für den revolutionären Klassenkampf der Arbeiter ergaben, und damit vor dem ernsthaften Kampf um den Sturz des Imperialismus und die Aufrichtung der sozialistischen Ordnung. Sie stützten in der politischen Praxis die revisionistischen Kräfte gegen die revolutionäre Taktik der Marxisten und verschleierten die prinzipiellen Gegensätze zwischen der von den Marxisten, namentlich von den Linken, vertretenen proletarischen und der von den Rechten vertretenen bürgerlichen Klassenlinie.

Der Zentrismus hatte für die deutsche Sozialdemokratie verhängnisvolle Auswirkungen. Er ebnete, wenn das auch manchem seiner Anhänger nicht bewußt war, den offenen Opportunisten den Weg zur Eroberung der deutschen Sozialdemokratie. Den Zentristen gesellte sich um 1910 Clara Zetkins alter Kampfgefährte Karl Kautsky zu, der zu einem ihrer bekanntesten Führer wurde. Auch Funktionäre der proletarischen Frauenbewegung, vornehmlich Luise Zietz und Ottilie Baader, unterlagen den zentristischen Einflüssen.

Auf der andern Seite begannen sich, unter dem Eindruck der

Revolution von 1905 und der Verschärfung des Klassenkampfes unter der Führung von Rosa Luxemburg, Karl Liebknecht, Clara Zetkin und Franz Mehring die deutschen Linken als politisch-ideologische Strömung herauszubilden. Sie waren bemüht, die Lehren der Revolution in Rußland auf Deutschland anzuwenden, die deutsche Arbeiterklasse entschieden zum Massenkampf gegen den deutschen Imperialismus und Militarismus zu führen. Zu dieser Richtung gehörten viele tatkräftige, klassenbewußte Funktionäre und Parteimitglieder in Berlin, im Rhein-Ruhr-Gebiet, in Sachsen, Thüringen, in Karl Liebknechts Wahlkreis Potsdam-Spandau-Osthavelland, in Württemberg und in anderen Gebieten. Die deutschen Linken waren die damals besten Vertreter einer revolutionären Klassenpolitik in der deutschen Sozialdemokratie, die einzige Kraft in der deutschen Arbeiterbewegung, die dieser eine revolutionäre Orientierung gab.

Clara Zetkin und ihre Freunde konnten Ende 1905 noch nicht erkennen, daß mit dem Zentrismus eine neue Gefahr für die Partei heraufzog, denn das Entstehen dieser Strömung machte sich erst 1906 leise bemerkbar. Wohl aber war ihnen die in der Partei zunehmende Spannung bewußt, wie auch die Tatsache, daß sie selbst sichtbar an theoretischer Erkenntnis wie auch an Kampfentschlossenheit der Mehrheit der revolutionären Sozialdemokraten voranzueilen begannen, am zielbewußtesten für die Anwendung neuer Kampfmethoden in Deutschland eintraten und die Massen zu begeistern verstanden.

Doch nun, da es Clara Zetkin unter die Kämpfenden trieb wie nie zuvor, mußte sie aus dem Kampf ausscheiden, weil schweres körperliches Leiden sie an das Krankenbett fesselte, auf Wochen, auf Monate.

Bitteres Krankenlager

Zu den wertvollsten Gütern des Menschen gehört das Augenlicht. Clara Zetkin, der Lesen und Schreiben wichtiger waren als das tägliche Brot, die schönheitshungrig war wie wenige, die die Sonne und die Blumen liebte, die so gern in den Zügen eines Menschenantlitzes las, Clara Zetkin, die Gattin eines Malers, dessen Kunst sie beglückte, mußte um ihr Augenlicht bangen.

Sie hatte bereits im Jahre 1900 eine Staroperation durchgemacht, doch Mitte 1905 zeigte sich das Übel von neuem. »Meine Augen haben sich derart verschlimmert, daß ich seit Wochen fast gar nichts lesen und schreiben kann und nur mit fremder Hilfe zu arbeiten vermag«, klagte sie im November 1905 in einem Brief. Eine zweite Operation wurde notwendig und Mitte November ausgeführt. So lag denn Clara Zetkin, während draußen der Kampf tobte, in der Klinik, im Dämmer des Krankenzimmers, die Binde vor den Augen, schwach und elend, kaum fähig sich zu bewegen und in Angst um den völligen Verlust des Sehvermögens, voller Ungeduld auf Nachrichten von draußen harrend und voller Qual, weil sie nicht dabeisein konnte. Und zu der schweren Erschütterung kam bald eine zweite. Noch war über den Erfolg der Operation nicht entschieden, als Franz Mehring ihr mitteilte, daß Rosa Luxemburg illegal nach Warschau gegangen sei, um an den revolutionären Kämpfen teilzunehmen, die mit Rußland auch Polen ergriffen hatten. Sie hatte die Freundin nicht benachrichtigen, noch weniger von ihr Abschied nehmen können.

Obwohl dieser Entschluß Rosa Luxemburgs für Clara Zetkin nicht überraschend kam, vermutlich mit ihr erörtert worden war, traf sie die Nachricht hart. »... daß Rosa gegangen ist«, antwortete Clara am 5. Februar 1906 – der Brief ist von fremder Hand geschrieben –, »erfuhr ich zuerst von Ihnen. Wie tief mich die Nachricht erschütterte, kann ich Ihnen nicht sagen. Mich schmerzt nicht nur, daß wir sie zunächst für unseren Kampf verlieren, sondern ich empfinde auch die persönliche Seite tief. Als Mensch habe ich sie vielleicht besser gekannt und verstanden als alle anderen Freunde, und sie ist mir nicht nur als hervorragender

Kampfgenosse, sondern als Freundin unendlich teuer geworden. Daß sie ging, ist nur zu begreiflich, und wie die Dinge liegen, mußte es früher oder später eintreten.« Dem ersten Abschiedsschmerz folgte eine lange Zeit, in der sie ohne Nachricht war, danach, im März, die Schreckensmeldung, daß die Freundin verhaftet und – nach einem kurzen Zwischenaufenthalt im Stadtgefängnis – in den berüchtigten X. Pavillon der Warschauer Zitadelle eingeliefert worden war, den nur wenige Häftlinge lebend verließen.

Auch als Rosa von ihren Freunden freigekämpft worden war, dauerte die Trennung fort, denn Rosa Luxemburg ging nach Kuokkala in Finnland, einem Sommererholungsort in der Nähe von Petersburg. Hier schrieb sie ihr Werk »Massenstreik, Partei und Gewerkschaften«, kam auch häufig mit Lenin zusammen, der sich, um den nach der Niederschlagung des Moskauer Dezemberaufstandes einsetzenden verschärften Verfolgungen zu entgehen, gleichfalls nach Kuokkala begeben hatte. In vielen Fragen stellten sie Übereinstimmung fest. Rosa Luxemburg diskutierte auch mit Menschewiki, über deren Zerfahrenheit und Schwäche sie bitter enttäuscht war.

Claras Augenoperation war erfolglos und mußte wiederholt werden. Erst nach Ostern 1906 konnte sie die Klinik endgültig verlassen – aber keineswegs gesund, denn es waren nicht nur die Augen. Ihre Ärztin stellte einen völligen physischen Zusammenbruch, eine totale Erschöpfung aller Körperkräfte fest. Auch von Herzkrankheit war nun und in der Folge immer wieder die Rede. Der ärztliche Freund Dr. Hans Diefenbach und nach ihrer Rückkehr nach Deutschland auch Rosa Luxemburg beschworen Clara immer wieder, diese sehr ernst zu nehmen. Den ganzen Sommer 1906 war ihr das Reisen unmöglich, an Auftreten in Versammlungen kein Gedanke. Selbst die »Gleichheit« mußte vorwiegend von anderen gemacht werden, vor allem von ihrem Mann, von ihren Söhnen und Freunden, die Clara mühselig anleitete. Einzig die Leitartikel diktierte sie.

Das alles war bitter für diese immer tätige Revolutionärin, noch schwerer ertrug sie, daß sie in großer Isolierung leben mußte.

Wohl gaben die Ihren sich Mühe, sie mit Nachrichten zu versorgen, kamen gelegentlich Genossen und Genossinnen, aber dennoch fehlte der lebendige Austausch mit den nächsten Kampfgefährten, das Fluidum der Massenversammlungen, die Teilnahme an Kommissionssitzungen.

Um der Bewegung dennoch etwas zu geben und da sie auch ohne Arbeit nicht leben konnte, nahm sie jene Untersuchung über die Anfänge der proletarischen Frauenbewegung Deutschlands in der Internationalen Gewerksgenossenschaft der Manufaktur-, Fabrik- und Handarbeiter in Crimmitschau in Angriff, die später in ihre Arbeit »Zur Geschichte der proletarischen Frauenbewegung Deutschlands« aufgenommen wurde. Doch obwohl diese Arbeit für die Partei nützlich war und Clara, wie aus ihrer Korrespondenz mit den Mottelers hervorgeht, auch Freude bereitete, konnte sie sie keineswegs über ihre hilflose Lage trösten. Sie wußte nur allzugut, wie dringend jeder revolutionäre Sozialdemokrat draußen gebraucht wurde, besonders auch in den sich verschärfenden Auseinandersetzungen in der Partei.

Die Rechten, auf dem Parteitag in Dresden hart verurteilt, aber nicht ausgeschlossen, hatten in der Zeit danach ihre Positionen in der Partei weiter gefestigt. Die Beschlüsse des Jenaer Parteitages mißachtend, taten sie weiterhin alles, um den aufflammenden Kampfgeist der Arbeiter abzuwiegeln, die Diskussion über die neuen, der Lage entsprechenden Kampfmethoden abzuwürgen, die Kämpfe in Rußland zu bagatellisieren. Auch blieb es Clara Zetkin trotz ihrer Abgeschiedenheit keineswegs verborgen, daß die Rechten, obwohl sie in Jena eine Niederlage erlitten hatten, sich über alle Parteitagsbeschlüsse hinwegsetzten, ihre Positionen weiter ausbauten, ihre reformistischen Anschauungen verbreiteten, um einen weiteren Aufschwung der Arbeiterbewegung unter dem Einfluß der Revolution in Rußland zu verhindern.

So war es denn kein Wunder, daß Clara auf ihrem Krankenlager von Ungeduld verzehrt wurde, ja sich im Herbst 1906 gegen das strikte Verbot ihrer Ärztin auf den Weg nach Mannheim machte, um auf dem Parteitag der Sozialdemokratie und auf der sozialdemokratischen Frauenkonferenz ihr Wort mitzureden, zumal sie dem Wiedersehen mit Rosa Luxemburg entgegenfieberte und gemeinsam mit ihr den Rechten ihre Meinung sagen wollte. In einem Brief hatte sie die Freundin und Kampfgefährtin dringend zur Mitwirkung am »rheinischen Musikfest« gerufen.

Das große Referat, daß Clara Zetkin auf der Frauenkonferenz hielt, zeigte, wie eng allen Behinderungen zum Trotz der Kontakt der Kranken zu den Fragen war, die der revolutionäre Kampf aufwarf. Sie packte ein Problem an, das der sozialistischen Bewegung mit dem neuerwachten Klassenbewußtsein breiter Kreise von Arbeiterinnen und proletarischen Hausfrauen erwuchs. Was mußte geschehen, um diese Frauen in die wachsenden Klassenauseinandersetzungen, vor allem in die in fast allen europäischen Ländern anschwellende Bewegung für ein demokratisches Wahlrecht, einzubeziehen? »Kämpft für das Frauenwahlrecht!« sagte sie ihnen. »Geht mit auf die Straße!« Ihr Referat bewies, daß ihr revolutionärer Kampfeswille durch das lange Krankenlager nicht nachgelassen hatte. Sie ließ große Sorge walten, daß sie mit ihrer Forderung nicht in die Gesellschaft der bürgerlichen Frauenrechtlerinnen oder der Revisionisten geriet. »Die Proletarierin«, sagte sie, »bedarf des Wahlrechts nicht nur, um ihre ökonomischen und kulturellen Lebensinteressen zu verteidigen ... Nein! Wir verlangen gleiche politische Rechte mit dem Manne, um ungehemmt durch gesetzliche Schranken mitarbeiten zu können, um diese Gesellschaft zu stürzen, zu zerschmettern.«

Auch auf dem Parteitag selbst trat sie auf, hielt ihr schon erwähntes Referat »Sozialdemokratie und Volkserziehung«, wurde in den auf dem Parteitag zu Mannheim neu eingesetzten Bildungsausschuß gewählt, in dem sie in der Folge eine bedeutende Rolle spielte. Doch hatte sie sich zuviel zugemutet. Mitten in ihrem großen Bildungsreferat brach sie zusammen und mußte aus dem Saal geführt werden. Leider ist sie auch später nicht dazu gekommen, dieses Referat, das auf Beschluß des Parteitages als Broschüre erscheinen sollte, für den Druck fertigzustellen, so daß uns wichtige Gedanken Clara Zetkins zur Frage der Familienerziehung verlorengegangen sein mögen.

Unser Patriotismus

Dem Parteitag von Mannheim folgten für Clara Zetkin neue Monate der Krankheit. Erst im Frühjahr 1907 konnte sie wieder in das Parteigeschehen eingreifen. Das war notwendig – für sie, für alle revolutionären Sozialdemokraten, denn immer deutlicher begannen sich die Revisionisten zum deutschen Imperialismus und seinen Welteroberungsplänen zu bekennen. Am 25. April 1907 versicherte der rechte sozialdemokratische Abgeordnete Gustav Noske in der Militärdebatte im Reichstag, die Sozialdemokraten würden im Falle eines Angriffes auf Deutschland ihr »Vaterland« begeistert verteidigen. Den deutschen Militärbehörden war seine Rede angenehm. In der Sozialdemokratischen Partei jedoch kam es zu erregten Auseinandersetzungen. Auch Clara Zetkin erhob ihre Stimme gegen die von Gustav Noske gemachten Äußerungen. Sie antwortete ihm mit dem Artikel »Unser Patriotismus«, später trat sie ihm auch auf dem Parteitag entgegen, der im Herbst des Jahres in Essen stattfand.

Ihr Artikel, der im Mai und Juni 1907 in Fortsetzungen in der »Gleichheit« erschien, gehört zu den besten und tiefsten Arbeiten Clara Zetkins vor dem ersten Weltkrieg, zu den großen Beiträgen der deutschen Linken im Kampf gegen den deutschen Imperialismus.

Indem Clara Zetkin grundsätzlich und scharf die Stellung der Arbeiterklasse zum Staat der Imperialisten klärte, schleuderte sie dem deutschen Imperialismus so offen wie nie zuvor den Fehdehandschuh hin. Der Artikel zeigt – ebenso wie die nachfolgenden Arbeiten –, daß die erzwungene Ruhezeit für sie eine Zeit inneren Reifens gewesen war, eine Zeit, in der sie die Probleme, die vor der internationalen Arbeiterklasse durch die Ereignisse der Jahre 1905/1906 standen, gründlich durchdachte. Dieses Reifen wurde zweifellos noch beschleunigt durch Rosa Luxemburg, die von ihrer Teilnahme an der Revolution in Rußland voll revolutionärer Energie heimkehrte, und durch den antimilitaristischen Kampf Karl Liebknechts.

»National und international, patriotisch und vaterlandslos«, schrieb Clara Zetkin in ihrem Artikel »Unser Patriotismus«, »... sind Worte, die für das kämpfende Proletariat Träger ganz anderer Begriffe und Kündiger ganz anderer Willensimpulse sind als für die satte und reaktionäre Bourgeoisie ... Wie denn liegen die Dinge«, fragte sie, »für jeden, der nicht Betrogener oder Betrüger sein will?« Und sie antwortete: »Die Stammes- und Nationalitätsgemeinschaft ist in den modernen Gesellschaftsorganismen keine Kraft, welche die Klassenunterschiede aufhebt oder auch nur ihrer wachsenden Verschärfung entgegenwirkt, um Arme und Reiche, Ausgebeutete und Ausbeuter, Knechte und Herren als ein ›einig Volk von Brüdern‹ zusammenzuschweißen. Die Klassenscheidung erweist sich mächtiger als sie ... Dank der herrschenden bürgerlichen Ordnung stehen die besitzenden Klassen den werktätigen Massen in der Machtposition von Eroberern, Herrschern, Unterdrückern gegenüber. Und wahrlich: Keine Stammesgemeinschaft, kein Nationalitätsprinzip hindert sie daran, diese ihre Macht zu gebrauchen und zu mißbrauchen ... Unbeschwert durch patriotische Bedenken verurteilt der steinreiche Unternehmer Arbeiter und Arbeiterinnen durch Lohnkürzungen und kapitalistische Ausbeutungskniffe zum Entbehren und Darben. Seelenruhig wirft er die teuren Volksgenossen aufs Pflaster, um sie durch billigere Fremdlinge aus aller Herren Länder zu ersetzen. Mittels der Hungerpeitsche der Schwarzen Listen treibt er Mann und Frau aus der Heimat und hetzt sie gleich Nomaden von Ort zu Ort. Zum Niederreiten ›meuternder‹ Lohnsklaven ruft er immer öfter ausländische Streikbrecher ins Land, die ihm um so willkommener sind, je tiefer sie noch in der Unkultur stecken.

Der fremde Eroberer kann nicht fühlloser, gewissenloser die Zeit, die Gesundheit, das Leben selbst der Unterjochten einfordern, als das die ausbeutenden Klassen tun ...

Sie identifizieren«, erklärte sie, »das Vaterland mit sich und ihren Interessen. Im Namen des Vaterlandes sprechen sie, zu Nutz und Frommen ihrer eigenen Interessen handeln sie, unbekümmert um das Wohl und Wehe der Millionen, die ihnen unterworfen sind ... Dieses Vaterland«, fuhr sie fort, »schanzt den Lieferanten für den Heeres- und Marinebedarf Riesenaufträge und fette Profite zu, es läßt sich dabei von den ›Ehrenmännern‹ Krupp, Tippelskirch und Kompanie patriotisch übers Ohr hauen, denn nur die steuernden und zinsenden Massen sind es ja, die dafür zahlen müssen. Es verteuert den Werktätigen in Stadt und Land durch indirekte Steuern und ganz besonders durch eine räuberische Zollpolitik den nötigsten Lebensbedarf, denn es muß den Geldsack der Besitzenden respektieren und ihn noch mehr füllen helfen. Es läßt seine Gesetzesparagraphen, seine Büttel und Juristen gegen die Werktätigen los, die sich gegen Ausbeutung und Unterdrückung auflehnen. Es macht sie durch Ausnahmegesetze innerhalb seiner Grenzen zu Rechtlosen, zu Heimatlosen. Es droht, sie als ›inneren Feind‹ niederkartätschen zu lassen von Söhnen, die auf Vater und Mutter schießen sollen ...

Wo ist das Anrecht der Ausgebeuteten auf den Heimatboden?« fragte sie. »Es ist für viele zum Mietkontrakt des Laubenkolonisten zusammengeschrumpft, für noch mehr zur Anwartschaft auf das Grab im Armenfriedhof. Wo hat das Vaterland ihnen an der Tafel geistiger Kultur gedeckt? Fragt die Männer und Frauen danach, welche Zöglinge der Volks- und Armenschulen gewesen sind und die nicht einmal ihre Muttersprache korrekt zu sprechen und noch weniger korrekt zu schreiben verstehen.«

Das Vaterland zu erobern, damit es zum Vaterland für alle werde, das war die patriotische Aufgabe, die Clara Zetkin der Arbeiterklasse stellte.

»Und dem proletarischen Klassenkampf«, betonte sie, »bleibt es vorbehalten, das Vaterland und seine Kultur aus dem Monopol einer kleinen Minderheit in die Heimat und den Besitz aller zu verwandeln! Denn auch den ›vaterlandslosen Gesellen‹ ist ihre Nationalität wert und ihr Vaterland teuer. Aber dank der aufgezeigten Verhältnisse muß ihr Patriotismus wesensverschieden von dem der besitzenden Klassen sein. Der Patriotismus der Bourgeoisie und der Aristokratie ist reaktionär, sein Ziel ist, das Vaterland als ihre Ausbeutungs- und Herrschaftsdomäne zu erhalten und damit all die Übel, all die Schmach, die dieser Ausbeutung und Herrschaft Erbteil sind. Der Patriotismus des Proletariats ist dagegen revolutionär. Er will nicht erhalten, er muß umwälzen ... Jenseits der zerschmetterten bürgerlichen Ordnung winkt dem Proletariat das freie Vaterland.«

Sie wiederholte damit die Forderung des Kommunistischen Manifests, das den Arbeitern die Aufgabe gestellt hatte, die Macht im Staate zu erobern, sich als herrschende Klasse und damit als Nation zu konstituieren, eine Aufgabe, die, wie Clara Zetkin in ihrem Artikel nachwies, im imperialistischen Staat keineswegs veraltet, vielmehr dringender ist als zuvor, in einer Zeit, da das Monopolkapital die Kluft zwischen Kapitalisten und Arbeitern vergrößert hat, ja, Gut und Blut der Werktätigen in blutigen Kriegen seinen Profitinteressen zu opfern bereit ist.

So wesensverschieden wie in der nationalen Sphäre, schrieb sie dann weiter, sind auch die Interessen des Proletariats von denen der Ausbeuterklassen in der internationalen Sphäre.

»Wie steht es im Grunde«, fragte sie, »mit dem Gegensatz zwischen den Nationen, von dem die Kapitalistenklassen wirtschaftlich und fast mehr noch politisch zehren? Reißt man ihm respektlos vor tönenden Worten und gedankenlos übernommenen Begriffen die ideologischen Hüllen ab, so zeigt er sich nackt als Gegensatz zwischen den Kapitalistenklassen der verschiedenen Länder.«

Wie schon so oft nach der Jahrhundertwende sprach sie von der Ära der Weltpolitik, die angebrochen war und die Imperialisten immer stärker gegeneinandertrieb. Doch diesmal behandelte sie das Thema gründlicher als zuvor, sah auch weiter, erkannte schärfer die heraufziehende Gefahr eines imperialistischen Weltkrieges.

»Es beginnt die Ära der Kolonialerwerbungen, der Pachtungen und Kolonialkriege«, schrieb sie, »welche abermals Seiten blutigster Schmach in die Geschichte der Kulturnationen schreiben; die eroberungssüchtige Weltmachtpolitik wird Trumpf. Hinter der Politik der Schutzzölle und Kolonialabenteuer aber lauert der Zollkrieg, hockt die Kriegsgefahr mit ihren Vorläufern und Wegbereitern: steigenden, erdrückenden Rüstungen zu Lande und zu Wasser, die Kriegsgefahr nicht bloß zwischen einzelnen Nationen, sondern vor allem die Möglichkeit des Weltkriegs. Dazu kommt, daß Rüstungen, kapitalistische Kreuzzüge zur Erlösung des gebundenen Profits, Kriegsgefahr und Kriege selbst reichlich zinsende Kapitalanlagen für die ausbeutenden Klassen schaffen, die Geld ohne Ekel aus einer Kloake und ohne Entsetzen aus einem Blutmeer aufheben ...

Der Patriotismus der nationalen Kapitalistenklassen«, folgerte sie, »muß heute dem Ausland gegenüber feindselig, kriegerisch, kriegsbereit sein ... Und das inmitten einer geschichtlichen Entwicklung, die wie keine andere vor ihr die Keime der Völkerverbrüderung und des Weltfriedens in sich birgt.«

Die Ausführungen Clara Zetkins verdeutlichten: Niemals kann es die Aufgabe der Arbeiterklasse sein, die Aggressionspolitik der Imperialisten zu unterstützen. Vielmehr steht sie dem Militarismus wie dem Imperialismus in Todfeindschaft gegenüber, lehnt den von den Imperialisten als »Patriotismus« ausgegebenen Chauvinismus nicht nur ab, sondern bekämpft ihn mit aller Kraft, streckt, da sie nichts mit den Monopolherren des eigenen Landes verbindet, vielmehr alles von ihnen trennt, den Klassenbrüdern jenseits der Grenze die Hand zum gemeinsamen Kampf gegen die Ausbeuter entgegen.

»Das Wesen des proletarischen Patriotismus«, schrieb Clara Zetkin, »charakterisiert sich in seinem Verhalten zum Ausland als internationale Solidarität der Ausgebeuteten und Unterdrückten aller Nationen und Rassen. Diese internationale Solidarität ist weder ein luftiges Phantasiegebilde theoretischer Spekulation noch ein bloßes Erzeugnis des Zufalls, das heute im Spiel der Verhältnisse entsteht und morgen in ihm vergeht ... Wie der bourgeoise Prozent- und Mordspatriotismus der legitime Abkömmling des Klassengegensatzes zwischen Ausgebeuteten und Ausbeutenden innerhalb jeder Nation ist, wie er von diesem seinen Odem, seine Wesenheit, seine Ziele empfängt, also auch die internationale Gesinnung des kämpfenden Proletariats.

Aber freilich: Sie wird jenseits der unüberbrückbaren Kluft geboren, welche die Klassen scheidet und jenseits welcher das Stammhaus des kriegerischen kapitalistischen Patriotismus steht.

Rosa Luxemburg in ihrem Heim, Berlin-Steglitz

Franz und Eva Mehring
Karl Liebknecht

Clara Zetkin in ihrem Garten in Sillenbuch

Friedrich Zundel

Das Haus der Familie Zetkin-Zundel in Sillenbuch

*Teilnehmer des Jenaer Parteitages im September 1905,
unter ihnen Franz Mehring (2. v. l.), Rosa Luxemburg (3. v. l.),
Clara Zetkin (im Vordergrund)*

*Teilnehmerinnen der ersten Internationalen Sozialistischen Frauenkonferenz
in Stuttgart 1907*

W. I. Lenin
Clara Zetkin lernte ihn auf dem Internationalen Sozialistenkongreß in Stuttgart 1907 kennen

Clara Zetkin und Rosa Luxemburg auf dem Wege zum Magdeburger Parteitag 1910

Hermann und Käte Duncker   *Johann Friedrich Westmeyer*

Clara Zetkin mit Stuttgarter Funktionären

Das Folkets Hus in Kopenhagen, Tagungsort der zweiten Internationalen Sozialistischen Frauenkonferenz 1910

Demonstration zum Internationalen Frauentag in Berlin, 1911

Das besagt nicht mehr und nicht weniger, als daß sie einer anderen Welt angehört als er.«

Und sie fragt: »Welches ist aber die Kraft, die mit zwingender Gewalt und doch in Selbstbestimmung die millionenköpfigen Massen der Lohnarbeitenden als Klassenstreiter zu immer fester geschlossenen, immer größeren Heeren zusammenfaßt, deren Ringen weitere und weitere Kreise zieht, sich höhere und höhere Ziele steckt und schließlich in dem Kampfe um das eine erhabene Endziel seinen Gipfelpunkt erreicht? Es ist die proletarische Klassensolidarität, in welcher die Gemeinsamkeit der Interessen aller durch den Kapitalismus Ausgebeuteten und Beherrschten ihren Ausdruck findet. Sie hat ihre starke Wurzel in der Gemeinsamkeit der Leiden, welche der proletarischen Klassenlage Erbteil sind, sie trägt als fruchtbare Blüte die Gemeinsamkeit des Kampfes, zu der jene aufruft ... Fester noch als die graue Internationale des Klassenelends schweißt ihre streitbare Schwester, die rote Internationale des Klassenkampfes, das Proletariat aller Länder solidarisch zusammen. Auf höherer Stufenleiter, international, geht der gleiche Entwicklungsprozeß vor sich, der national die Ausgebeuteten in Solidarität der Erkenntnis und Gesinnung einander zu zielsicherer Aktion nähert.« Und sie wies dann darauf hin – und das konnte sie nach der mächtigen internationalen Auswirkung der Revolution in Rußland von 1905 mit vollem Recht –, daß mit den sich steigernden Klassenkämpfen des Proletariats und der übrigen Werktätigen der proletarische Internationalismus sich immer stärker entwickelt. »Je mehr sich innerhalb jeder Nation die Klassengegensätze vertiefen«, schrieb sie, »je schärfer die wirtschaftlichen und politischen Klassenkämpfe sich zuspitzen, um so mächtiger sind auch die Wellen, die sie über die Landesgrenzen hinausschleudern. Die nationalen Klassenkämpfe wachsen sich zu internationalen Schlachten aus, in denen Arbeit und Kapital sich messen.«

Daß den Ereignissen des Jahres 1905 neue größere Auseinandersetzungen folgen würden, die internationale Kampfgemeinschaft der Werktätigen stärker und stärker werden würde, dessen war sich die Internationalistin und Patriotin Clara Zetkin sicher. Von den Werktätigen, vor allem denen ihres eigenen Landes, forderte sie, sich für diese neuen Kämpfe zu rüsten, indem sie in Gemeinschaft mit der internationalen Arbeiterklasse dem Imperialismus und Militarismus die Stirn boten.

Die neue Aufgabe

Clara Zetkins Artikelreihe über den proletarischen Patriotismus erschien wenige Wochen vor dem Internationalen Sozialistenkongreß von 1907, der in Stuttgart stattfand, und hat wohl auch mit seiner Vorbereitung gedient. Wie ihre linken Freunde maß Clara Zetkin diesem Kongreß außerordentliche Bedeutung zu. War es doch das erste große internationale Zusammentreffen der sozialistischen Parteien nach der Revolution in Rußland, und standen doch auf seinem Programm so wichtige Fragen wie der Kampf der Arbeiterklasse gegen Imperialismus, Militarismus und Krieg und gegen den Kolonialismus. Wenn Clara Zetkin daher in der »Gleichheit« forderte, daß die Tagung die Lehren aus der Revolution ziehe und ernsthafte Beschlüsse fasse, um die Kräfte der internationalen Arbeiterklasse gegen Militarismus, Kolonialismus und imperialistische Kriegsrüstungen zu vereinen, sprach sie aus, was die große Masse der werktätigen Menschen in Deutschland und in allen anderen kapitalistischen Ländern verlangte.

Noch ein zweites Problem beschäftigte Clara Zetkin vor dem Kongreß. Das war die Vorbereitung der ersten Internationalen Sozialistischen Frauenkonferenz, die zugleich mit dem Internationalen Sozialistenkongreß in Stuttgart stattfinden sollte. Dieser Pflicht unterzog sie sich mit besonderer Hingabe, denn die Schaffung einer internationalen Organisation der Sozialistinnen war ein Gedanke, der sie seit langem beschäftigte. Hatten nicht schon die Beratungen in Zürich und in London gezeigt, daß es viele besondere Frauenprobleme gab, die zu besprechen und zu lösen sich die Frauen und Mütter aller Länder zusammenfinden mußten, daß der Kampf um Rechte für die Frau und um den Schutz von Mutter und Kind die Frauen aller Länder gleichermaßen anging? Mußte nicht vor allem der Kampf um den Frieden die Frauen und Mütter aller Länder zusammenführen? Lange waren Claras und ihrer Mitkämpferinnen Versuche in dieser Richtung fehlgeschlagen. Jetzt aber waren – angesichts der Massenkämpfe der Arbeiter – die Voraussetzungen günstig, und nicht nur unter den deutschen Frauen lebte das Verlangen nach internationalem Zusammenschluß. Auch von Frauen aus anderen Ländern waren die deutschen Sozialistinnen gebeten worden, die Initiative zu einer Zusammenkunft der Frauen in Stuttgart zu ergreifen.

Zweierlei sollte auf der Konferenz durchgesetzt werden, davon überzeugte Clara auch ihre Mitarbeiterinnen: als erstes und vordringlichstes die Schaffung einer internationalen Zentralstelle und einer internationalen Zeitschrift. Dies konnte einzig und allein, darüber waren sich die deutschen Sozialistinnen einig, durch Clara Zetkin geschehen, die den Sozialistinnen vieler Länder gut bekannt war und zugleich in der »Gleichheit« ein Organ geschaffen hatte, das, im Geiste des proletarischen Internationalismus geleitet, zum Verbindungsblatt ausgebaut werden konnte. Zum zweiten aber – darauf drängte Clara Zetkin – sollte die Frauenkonferenz und auf ihre Initiative hin auch der Internationale Sozialistenkongreß alle Parteien verpflichten, die Losung des Frauenwahlrechts in ihre Wahlrechtslosungen aufzunehmen. Clara wußte wohl, daß es nicht leicht sein würde, diese Forderungen durchzusetzen, denn auch auf internationaler Ebene hatten die Opportunisten stark an Boden gewonnen. Einige Parteien, darunter die österreichische, hatten bereits die Forderungen der Frauen geopfert, um zu einem faulen Kompromiß mit bürgerlichen Parteien zu kommen. Aber sie vertraute ihrer Überzeugungskraft und Autorität und war gewillt zu kämpfen, um die Einbeziehung der Frauen in die sich in den kapitalistischen Ländern ausbreitenden Wahlrechtskämpfe zu erreichen und die Einrichtung einer Zentralstelle in Stuttgart durchzusetzen. Dies letztere nicht um eigenen Ehrgeizes willen, sondern weil damit eine Stärkung der linken Kräfte in der internationalen sozialistischen Frauenbewegung und somit in der II. Internationale überhaupt erreicht werden konnte.

Der Widerhall, den die Einladung der deutschen Genossinnen – gezeichnet von Ottilie Baader – fand, war über Erwarten groß. So begannen denn am 17. August 1907, einen Tag vor dem Beginn des Internationalen Sozialistenkongresses, jene äußerlich bescheidenen, aber wahrhaft historischen Verhandlungen, in denen erste Grundlagen zum gemeinsamen Kampf der Frauen und Mütter aller Länder gegen Ausbeutung und Krieg, für Gleichberechtigung, Frieden, Demokratie und Sozialismus gelegt wurden.

Auf der Konferenz waren insgesamt 58 Frauen aus 15 Ländern anwesend, Vertreterinnen der deutschen sozialistischen Frauenbewegung und der Frauen Rußlands; Italienerinnen, die für die Arbeiterinnen Turins und die armen Landarbeiterinnen Süditaliens sprachen; Delegierte der französischen Frauen mit ihrer großen Kampftradition; Frauen aus Holland, Belgien, Schweden, Norwegen, Ungarn, der Schweiz, den USA, aus England, Böhmen, Österreich, Finnland. Unter den letzteren, die sich während der Revolution in Rußland das Wahlrecht erkämpft hatten, war das erste weibliche Parlamentsmitglied Europas, von der finnischen Sozialdemokratie in den finnischen Landtag entsandt.

Als Gast wohnte der Konferenz eine Inderin bei, die gekommen war, die Solidarität der Konferenz für ihr von den englischen Imperialisten gequältes Land anzurufen.

Die Delegierten vertraten die verschiedensten Ansichten, die wenigsten kannten sich. Dennoch fanden sie schnell den Weg zueinander, denn die werktätigen Frauen, für die sie sprachen, waren Schwestern im Leiden und im Ringen um eine bessere Welt. Als Ottilie Baader im Namen der deutschen Sozialistinnen die Konferenz eröffnete, packte alle tiefe Erregung, auch Clara Zetkin. Hat sie auch später bedeutendere internationale Frauenkonferenzen erlebt, namentlich nach der Großen Sozialistischen Oktoberrevolution die von Leninschem Geist getragenen Frauenkonferenzen der III., Kommunistischen Internationale, so hat sie doch diesen ersten Anfang, mühsam vorbereitet und durchgeführt, nie vergessen.

Der erste Konferenztag verging mit der Berichterstattung. Die Gastgeberinnen, die als erste sprachen, konnten stolz auf ihre Bewegung sein. Doch auch in den anderen Ländern wurde tapfere Arbeit unter den Frauen geleistet, auch in solchen, in denen nur kleine Organisationen die erste Bresche schlugen. Allen Delegierten gemeinsam war die Verehrung für die tapferen Frauen des zaristischen Rußlands, von denen eine Genossin aus Estland und eine Textilarbeiterin aus Łódź anwesend waren. Wie überall, sagte die Estin, kämpfen auch wir einen heißen Kampf gegen den zaristischen Despotismus. Unsere Genossinnen standen bei diesem Kampf in den ersten Reihen. Sie wurden mit in die Festungen geworfen, sie wurden gemartert, und sie haben mit ihrem Blute das rote Banner des Sozialismus brennender und röter gefärbt. Es war ganz selbstverständlich, daß der erste Tag der Konferenz mit der Annahme einer Resolution schloß, in der die Konferenz ihre Solidarität mit den russischen Genossinnen bekundete, die allen Vorbild waren.

Die sachlichen Beratungen wurden durch Clara Zetkin eingeleitet. Sie sagte, daß die zunächstliegenden Forderungen aus den Berichten aller Länder sich so zusammenfassen ließen: mehr Schutz der Frau als Arbeiterin, als Mutter, als Gattin, als Staatsbürgerin gegen Ausbeutung und auf der anderen Seite Eroberung der politischen Gleichberechtigung, damit sie die klassenbewußten Proletarier in ihrem Kampfe gegen die bürgerliche Gesellschaft unterstützen, ihnen helfen kann, die kapitalistische Gesellschaftsordnung zu stürzen. Ohne allen Zweifel, fuhr sie fort, wird die proletarische Frauenbewegung noch kräftiger, noch wirksamer arbeiten können, wenn die Frauen aller Länder miteinander kämpfen und voneinander lernen, lernen aus der reichen Mannigfaltigkeit der einzelnen nationalen Frauenbewegungen.

Sie erhielt stürmischen Beifall.

Jedoch mangelte es auch nicht an Intrigen der Rechten, die mit allen Mitteln zu verhindern suchten, daß Clara Zetkin an die Spitze der Bewegung gelangte. Doch Rosa Luxemburg, die ebenfalls anwesend war und von den Frauen wegen ihrer Teilnahme am revolutionären Kampf in Polen hoch verehrt wurde, setzte ihre ganze Autorität als internationale Arbeiterführerin und als Mitglied des Internationalen Sozialistischen Büros, dem sie als polnische Vertreterin angehörte, ein, um den Revisionisten Paroli zu bieten. Auch die energische Hamburgerin Luise Zietz, seit der Jahrhundertwende eine führende Funktionärin der deutschen sozialistischen Frauenbewegung, schlug sich gut. Vor allem aber war Clara Zetkin selbst so sehr Mittelpunkt, Herz und führender Kopf der Konferenz, daß die Versuche der Revisionisten wirkungslos blieben. Sie wurde auf der Konferenz zur Sekretärin des Internationalen Frauensekretariats gewählt; die Zentralstelle der Bewegung wurde nach Stuttgart gelegt, die »Gleichheit« zum internationalen Organ der Bewegung erklärt. Große Auseinandersetzungen gab es auch in der Wahlrechtsfrage, vor allem mit den Österreicherinnen, die das Zurückweichen ihrer Partei in der Frage des Frauenwahlrechtes zu beschönigen suchten. Doch auch in ihrem zweiten Anliegen blieb Clara Zetkin siegreich.

Obwohl es in der entsprechenden Kommission des Sozialistenkongresses noch zu einer heftigen Auseinandersetzung zwischen Clara Zetkin und dem österreichischen Parteiführer Victor Adler kam, obwohl namentlich Lily Braun und Emma Ihrer ihr Auftreten zu verhindern suchten, hielt sie doch auf dem Kongreß eine großangelegte Rede zur Frage des Frauenwahlrechts. Sie wies die Delegierten eindringlich darauf hin, daß die schweren Kämpfe der Arbeiterklasse niemals ohne die Frauen der Arbeiterklasse gewonnen werden könnten, und konnte so den von ihr und ihren Kampfgenossen so dringend geforderten Kongreßbeschluß durchsetzen. Er verpflichtete alle sozialdemokratischen Parteien, sich für das Wahlrecht von Mann und Frau ohne Unterschied einzusetzen.

Das war ein großer Sieg in der internationalen Sphäre, der sich bald auswirkte, zumal Clara Zetkin verstand, ihn voll auszunutzen. Mit Energie und gestützt auf die Autorität, die die neue Funktion ihr verlieh, begann sie augenblicklich mit der Entfaltung einer großen internationalen Aktivität. Die Verbindungen wurden gefestigt, ausgebaut, neu angeknüpft, neue Kräfte wurden geweckt, Anregungen gegeben, Vorschläge gemacht. Kurz, Clara Zetkin tat alles, was in ihrer Kraft stand, um die sozialistischen Frauen zum gemeinsamen Kampf zu sammeln, vor allem aber die revolutionären marxistischen Ideen in ihre Reihen zu tragen. Schon bald nach dem Stuttgarter Kongreß nahm die internationale sozialistische Frauenbewegung einen sichtbaren Aufschwung, wurde auch die Bedeutung der von Clara Zetkin durchgesetzten Resolution zur Wahlrechtsfrage sichtbar. In Holland, Dänemark, Schweden, Österreich begannen die sozialdemokratischen Parteien aktiv für das Frauenwahlrecht zu agitieren und gewannen damit viele Frauen. In Böhmen wurde, auf einem alten Recht fußend, eine Genossin als Parlamentskandidatin aufgestellt. In Frankreich, England und in den USA verstärkte sich die Aktivität der Sozialistinnen. Die »Gleichheit«, nun internationales Organ der Sozialdemokratie, ist ein Spiegelbild der aufblühenden Bewegung.

Auch die Arbeit der deutschen Sozialistinnen erhielt durch den internationalen Zusammenschluß einen kräftigen Impuls.

Als Anfang 1908 in Berlin und vielen anderen preußischen Städten die Kämpfe gegen das ungerechte Dreiklassenwahlrecht wieder aufflammten, beteiligten sich auch die Frauen lebhaft an ihnen. Überall, so berichtete die »Gleichheit«, vor allem in Berlin, demonstrierten sie mit den Männern, verteilten Flugblätter, zogen um Mitternacht mit Pinsel und Farbtopf aus, um Parolen zu malen, und wichen nicht vor der Polizei zurück.

Clara selbst war mitten im Kampf. In Berlin sprach sie in vier, in Breslau in zwei machtvollen Wahlrechtskundgebungen. Drei der Berliner Versammlungen und eine Versammlung in Breslau wurden von Frauen einberufen. Im Verlauf der Kampagne wurde Clara erneut des Hochverrats angeklagt. Sie freute sich auf die Auseinandersetzung, die dieser Prozeß bringen mußte. Doch die Reaktion kniff wiederum, wußte sie doch genau, daß der Prozeß eine machtvolle Aktion der deutschen und der internationalen Bewegung der Sozialistinnen zur Folge haben würde.

Konnte es Clara Zetkin unter den damaligen Zeitumständen noch nicht gelingen, die internationale sozialistische Frauenbewegung zu einer geschlossenen revolutionären Bewegung der Frauen für Frieden, Demokratie und Sozialismus zusammenzuschmieden, so konnte sie doch auf vielen Gebieten gemeinsames

Vorgehen erreichen: so in der Frage des Arbeiterinnenschutzes und des Schutzes von Mutter und Kind, im Kampf gegen die durch Preiswucher der Monopole und durch das Wettrüsten ausgelösten Teuerungswellen, im Ringen um politische Rechte für die Frauen. Ja, sie konnte sogar gemeinsame große Friedensaktionen organisieren, Erfolge, die sie zur weltweit anerkannten und verehrten Führerin der internationalen sozialistischen Frauenbewegung machten und die im ersten Weltkrieg Früchte trugen.

Eine schmerzliche Erkenntnis und ein mutiges Wort

Hatte Clara Zetkin mit dem Verlauf der ersten Internationalen Sozialistischen Frauenkonferenz zufrieden sein können, hatte sie lebhaften Anteil genommen an dem Auftreten Karl Liebknechts, der gelegentlich des Internationalen Sozialistenkongresses zu Stuttgart die Rolle eines spezifischen antiimperialistischen Kampfes der Partei im Ringen der Arbeiterklasse um die Eroberung der Macht erstmalig vor breitester internationaler Öffentlichkeit begründete und zum Präsidenten der Sozialistischen Jugendinternationale gewählt wurde, so enttäuschte sie der Verlauf des Internationalen Sozialistenkongresses selbst um so bitterer. Er zeigte mit erschreckender Deutlichkeit, daß der Riß, der seit Jahren durch die Reihen der internationalen Sozialdemokratie ging, sich gefährlich vertieft hatte. Die äußerlich glänzenden Kongreßveranstaltungen, darunter eine Riesendemonstration auf den Cannstätter »Wasen«, konnten nicht darüber hinwegtäuschen, daß sich die Positionen der Revisionisten in der Internationale bedrohlich verstärkt hatten. Die Verhandlungen des Kongresses verliefen stürmisch.

Zu harten Auseinandersetzungen kam es namentlich in den für die internationale Arbeiterklasse so wichtigen Fragen des Militarismus und des Kolonialismus. Als besonders schmerzlich empfand Clara, daß gerade Vertreter der deutschen Sozialdemokratie offen gegen die Prinzipien des proletarischen Internationalismus Stellung nahmen.

Sie hatte keine Möglichkeit, auf dem Kongreß selbst zu diesen Fragen aufzutreten. Dafür beteiligte sie sich energisch an den außerhalb der Sitzungen geführten Diskussionen. Das um so mehr, als ihr Haus in Sillenbuch für die Kongreßdelegierten ein gesellschaftlicher Mittelpunkt war. Nicht nur deutsche Gäste fanden sich ein, sondern auch bedeutende ausländische Delegierte, unter ihnen der französische Arbeiterführer Jean Jaurès und Georgi Plechanow, den Clara von Zürich her kannte. Mehr noch: In Sillenbuch hat höchstwahrscheinlich auch die Besprechung zwischen den deutschen Linken und W. I. Lenin stattgefunden. Daß Clara Lenin persönlich näher kennenlernte, seine leidenschaftliche Art zu diskutieren, seine Überzeugungskraft bewundern konnte, gehörte für sie zu den Lichtblicken des Kongresses und blieb ihr für immer unvergessen. »Rosa Luxemburg«, so schrieb sie später, »der das Auge eines Künstlers für das Charakteristische eignete, zeigte mir Lenin mit der Bemerkung: ›Schau den da gut an! Das ist Lenin. Sieh den eigenwilligen, hartnäckigen Schädel! Ein echt russischer Bauernschädel mit einigen leicht asiatischen Linien. Dieser Schädel hat die Absicht, Mauern umzustoßen. Vielleicht, daß er daran zerschmettert. Nachgeben wird er nie.‹«

Und ein Lichtblick war es für sie auch, daß Lenin in Gemeinschaft mit Rosa Luxemburg einen Zusatzantrag zu der von August Bebel eingebrachten Resolution des Kongresses über Militarismus und Kriegsgefahr durchsetzte, der diese Stuttgarter Entschließung zu einem Kampfdokument machte.

Die Begegnung mit W. I. Lenin ermutigte Clara gewiß, etwas zu tun, was sie noch nie gewagt hatte: Sie kritisierte die deutsche Partei in ihrer Gesamtheit. In einem Artikel in der »Gleichheit« vom 2. September 1907, der von Lenin besonders hervorgehoben und auch zitiert wurde, schrieb sie: »So hat der Stuttgarter Kongreß ein großes und ein gediegenes Werk geleistet. Wie sein Vorgänger, der Amsterdamer Kongreß, hat er die Fahne des revolutionären Klassenkampfes mit kräftiger Faust wieder hoch auf der internationalen Plattform der Arbeiterbewegung aufgepflanzt.

Nur ein Unterschied – ein schmerzlicher – springt in die Augen bei dem Vergleich der beiden letzten Kongresse der Internationale. In Amsterdam siegte die grundsätzliche Auffassung des Sozialismus vorwiegend dank der deutschen Delegation und *mit* den Deutschen, in Stuttgart – vielfach *gegen* die Deutschen ... In den meisten Fragen und Kommissionen waren die Vertreter Deutschlands diesmal die Wortführer des Opportunismus.

Dadurch hat sich aber die Vertretung der deutschen Arbeiterschaft gerade auf dem ersten auf deutschem Boden abgehaltenen Kongreß der Internationale der geistigen Führerschaft entschlagen. Und so enthält der Stuttgarter Kongreß eine bittere, aber fruchtbare und schätzenswerte Lehre für uns Deutsche: Die Vertreter des Proletariats aller Länder sind zu uns ins Land gekommen, um uns zu sagen, daß eine Partei nur insofern und nur so lange Anspruch auf die Führerschaft, auf die Rolle der Vorhut des Weltproletariats erheben darf, als sie auch in ihrer Auffassung die entschlossenste, prinzipienfesteste Kampfmethode vertritt. Nicht durch die reichsten Kassen, nicht durch die zahlreichsten Wählermassen, nicht nur durch die stärksten Organisationen allein, so hochwichtig diese sind, behält man die Stellung des Vordertrupps im internationalen Sozialismus: die klarste, revolutionärste Position im großen Meinungskampf der Gegenwart gehört unbedingt auch dazu.«

Es mag Clara Zetkin nicht leichtgefallen sein, diesen Artikel zu veröffentlichen, zumal ihr Angriff, da die »Gleichheit« nunmehr internationales Organ der sozialistischen Frauenbewegung geworden war, vor der Weltöffentlichkeit erfolgte. Und vielleicht wäre ihre Warnung nicht in dieser aufsehenerregenden Form ausgesprochen worden, hätte nicht die Haltung der deutschen Delegation auf dem Internationalen Sozialistenkongreß so deutlich die Gefahr gezeigt, in die der unaufhaltsam wachsende Einfluß der Revisionisten die deutsche Sozialdemokratie trieb.

Weil wir Mütter sind

Im Februar 1907 – Clara Zetkin lag noch auf dem Krankenbett – erschien jenes Werk, das Karl Liebknecht seinen ersten Hochverratsprozeß und die Verurteilung zu anderthalb Jahren Festungshaft eintrug. Sein Titel lautete »Militarismus und Antimilitarismus unter besonderer Berücksichtigung der internationalen Jugendbewegung«. Er legte darin die furchtbare, mit der dem deutschen Militarismus eigenen Systematik geschaffene Maschinerie bloß, die im kaiserlichen Deutschland den Großteil der Bevölkerung von der Wiege bis zum Grabe erfaßte und mit dem Gift des Militarismus verseuchte, und er forderte, daß vor allem die Jugend vor diesen Einflüssen geschützt werde.

Clara Zetkin gehörte zu den ersten, die das kleine, dynamitgeladene Werk in den Händen hielten. Karl Liebknecht selbst schickte es ihr mit einer Widmung zu. Sie studierte es mit Interesse, weil hier klar jene Gedanken ausgedrückt waren, die sie selbst bewegten, weil hier zu einem Kampf um die junge Generation aufgerufen wurde, der die Frauen und Mütter mehr als alle anderen anging.

Clara Zetkin kannte allzugut die Wege, auf denen das chauvinistische Gift in die Herzen und Hirne der Jugend gepumpt wurde, auch die große Gefahr dieser Propaganda, der nach dem Abenteuer dürstende junge Menschen so leicht erlagen; sie kannte sie aus eigener Erfahrung, aus tausend Gesprächen mit Müttern, Kindern, Jugendlichen, aus dem Studium der chauvinistischen Presse und der einschlägigen Literatur.

Nicht umsonst hatte sie sich eingehend mit der Volksschule befaßt. Dort begann es. Da wurde den Kindern die glorifizierte Kriegsgeschichte Preußens und Deutschlands eingetrichtert, ihnen, notfalls mit dem Stock, die »Ehrfurcht vor dem angestammten Herrscherhaus« beigebracht. Da lernten sie, daß Frankreich der »Erbfeind« sei, daß Deutschland Kolonien brauche, daß am »deutschen Wesen die Welt genese«, vor allem, daß des »Kaisers Rock« ein Ehrenkleid sei und daß der junge Mann als sein höchstes Glück betrachten müsse, für »Kaiser und Reich« zu sterben, das junge Mädchen als höchste Erfüllung, ihn dafür zu bewundern. Nicht nur der Deutsch- und der Geschichtsunterricht dienten der nationalistischen Verhetzung. Auch der Erdkundeunterricht, der Naturkundeunterricht, die Rechenstunden, ja die Religionsstunden wurden dazu mißbraucht. Wie oft hatte Clara Zetkin Schulbücher betrachtet, mit Empörung und mit Abscheu. Fremd war ihr auch nicht der Geist, der in den Gymnasien herrschte, das Treiben in den chauvinistischen Jugendorganisationen und an den Universitäten mit ihren sogenannten Verbindungen, der entehrende Drill in der kaiserlichen Armee, fremd auch nicht die gängige Jugendliteratur. Mehr als einmal war sie in Buchhandlungen gewesen, wo eifrige Verkäufer ihr herbeischleppten, was für Jungen und Mädchen bereitgehalten wurde, ganze Berge von Zeitschriften, Stöße von Büchern, manche schlicht, sehr billig, andere illustriert, einige schwarzweiß, andere farbig, alle gleich gefährlich. Es waren Bücher über den »Alten Fritz« und seine Schlachten, über die Ostlandzüge der Ordensritter, über Kaiser Barbarossa, der im Kyffhäuser schläft und eines Tages erwachen und ein »Tausendjähriges Reich« begründen wird.

Noch mehr als diese seit Jahrzehnten verkauften und gelesenen Machwerke beunruhigte sie eine seit der Jahrhundertwende ständig zunehmende neue Kategorie von Schriften. Es waren die Kolonialbücher, deren Verbreitung forciert wurde, um die gesunde Sehnsucht der Jugend nach dem Abenteuer dem deutschen Imperialismus dienstbar zu machen, die jungen Köpfe zu vergiften, mit rassistischen Wahnvorstellungen zu füllen. Diesen Büchern schenkte sie besondere Aufmerksamkeit, nahm sich auch einige von ihnen mit nach Hause, um sie gründlicher betrachten zu können. Sie trugen Titel, die für junge Menschen verlockend waren: »Auf ungebahnten Pfaden im Kaiser-Wilhelm-Land«, »Bilder aus dem Kolonialleben«, »Aus unserm Kriegsleben in Südwestafrika«, »Peter Moors Fahrt nach Südwest«, »Mit Schwert und Pflug in Deutsch-Südwestafrika«. Verschieden im Inhalt, suggerierten sie alle einen Gedanken: Die Großindustriellen, die die deutschen Kolonien in der Südsee und in Afrika ausbeuteten, ihre Kapitalien im Nahen und Fernen Osten und in Südamerika anlegten, seien Vorkämpfer für Deutschlands »Größe«, ebenso auch die reichen deutschen Farmer in Afrika, die das seinen Bewohnern geraubte Land besiedelten und die rechtmäßigen Besitzer zu Arbeitssklaven herabdrückten. Die Kolonialbeamten, Lehrer, Krankenschwestern, Kindermädchen, Köchinnen, die in die Kolonien zogen, seien Sendboten deutscher Kultur, lebten ein Leben voll Kühnheit und Abenteuer. Die Kolonialsoldaten, die die Ureinwohner vertrieben oder niederhielten, die mordeten, plünderten, schändeten, friedliche Dörfer niederbrannten, seien brave deutsche Jungen. Ihre Anführer, der General von Trotha etwa, der die Hottentotten und Hereros nahezu ausrottete, Tausende Afrikaner – Männer, Frauen, Kinder – mit ihren Viehherden in die brunnenlose Wüste Kalahari jagte und dort verdursten ließ, wurden zu Helden gestempelt, die Afrikaner aber, die tapfer Heimat und Freiheit verteidigten, zu »schwarzen Teufeln«, die zu Recht niedergehalten wurden.

Clara kannte auch die Folgen dieser Erziehung, der in den meisten Familien, sei es aus Gleichgültigkeit, sei es aus Furcht, sei es, weil die Eltern selbst der chauvinistisch-rassistischen Hetze erlagen, wenig entgegengesetzt wurde. Sie hatte die Kinder in den Straßen spielen sehen, Knirpse noch, halb verhungert, in geflickten Anzügen, zerrissene Schuhe an den Füßen oder auch barfuß, riesige Helme aus Zeitungspapier auf den Köpfen, Stöcke geschultert wie Gewehre; sie hatte kleine blasse Mädchen – in Rinnsteinen sitzend – singen hören »Der Kaiser ist ein lieber Mann und wohnt in Berlin«. Es war das erste Lied, das sie in der Schule lernten, noch ehe sie Buchstaben auf die Schiefertafel kritzeln konnten. Sie hatte mehr als einmal gesehen, wie Jungen und Mädchen militärischen Aufmärschen nachliefen, Bürgermädchen und auch Arbeiterinnen sich in bunte Uniformen vergafften. Sie war auf Rummelplätzen gewesen, wo in den Schießbuden Halbwüchsige auf den »Feind« zielten, und dieser war ein Franzose, ein Russe, ein Chinese oder ein Afrikaner.

Für Clara Zetkin bedurfte es kaum des Appells, den Karl Liebknecht besonders auch an die Frauen und Mütter richtete. Sie wußte um die Kraft der Mütter und ihre große Verantwortung angesichts der Verhetzung der jungen Menschen. Sie hatte das Ringen um die Herzen der Jugend bereits von sich aus in das Programm der sozialistischen Frauenbewegung aufgenommen. Neben einer intensiven Kampagne gegen die chauvinistische Jugendliteratur wies sie die Frauen wieder und wieder auf gute Jugendbücher hin, schuf als Beilage für die »Gleichheit« ein vorzügliches Kinderblatt. Doch zweifellos gab der Kampf Karl Liebknechts um die Schaffung der deutschen und der internationalen antimilitaristischen Jugendbewegung ihrem eigenen Ringen starke Impulse.

Sie dehnte ihre Sorge auf die heranwachsende Jugend aus, half tatkräftig beim Aufbau der antimilitaristischen Jugendorganisationen in Nord- und Süddeutschland; sie stellte der Jugend ihre Zeitschrift zur Diskussion ihrer Probleme zur Verfügung. Als Karl Liebknecht als »Hochverräter« vor Gericht gestellt und zu anderthalb Jahren Festung verurteilt wurde, stand sie mit an der Spitze der großen Protestaktion, in die sie mit leidenschaftlichen Worten die Frauen einbezog.

In ihrem Artikel »Ein Flammenzeichen« schrieb sie in treffender Kennzeichnung der Klassenlage: »Wie stets in der Geschichte, bekunden die herrschenden Klassen auch jetzt wieder den feinsten Instinkt für die Stelle, wo sie sterblich, wo sie am tiefsten verwundbar sind. Indem sie die Klassenjustiz aufrufen, die schützende Hand juristischer Deutelung über den Militarismus zu breiten und ihre schwersten Strafen über die zu verhängen, die ihn prüfend anzutasten wagen, lenken sie die Blicke des Proletariats mit Gewalt auf den Punkt, wo die bürgerliche Klassenherrschaft tödlich getroffen werden kann und getroffen werden muß.« Und Liebknechts mutige Tat in ihrer Bedeutung würdigend, fügte sie hinzu: »Großzügig hat er den Rechtshandel als politischen Tendenzprozeß durchgeführt, ... mit energievoller Entschlossenheit und Würde hat er das Banner der Partei im Lager erbitterter Gegner entfaltet, ein lebendiger Beweis von der Macht der Idee, ein Beispiel für alle, die kämpfen.«

Erfahren in der illegalen Arbeit, verstand Clara Zetkin, den jugendlichen Sozialisten auch Hinweise zu vermitteln, die sie ihnen nur versteckt geben konnte. So enthielt die »Gleichheit« vom 31. August 1908 einen ausführlichen Bericht über die opfervolle Tätigkeit der belgischen »Jungen Garde« in der Armee. Er erschütterte nicht nur, sondern rüttelte auf, rief zur Nachahmung.

Unter diesen Umständen war es denn auch ganz selbstverständlich, daß Karl Liebknecht sich an Clara Zetkin wandte, als die Arbeiterjugendorganisationen in Gefahr gerieten. Das war im Herbst 1908 der Fall, als Liebknecht seine Haft auf der Festung Glatz verbüßte. Die rechten Führer der Sozialdemokratie und der Gewerkschaften benutzten einen Paragraphen des neuen Vereinsgesetzes, das die politische Betätigung für Jugendliche unter 18 Jahren verbot, um die Auflösung der ihnen so unbequemen antimilitaristischen Jugendorganisationen zu betreiben. Clara Zetkin sprang für Karl Liebknecht ein – das war ihr selbstverständliche Pflicht –, und sie kämpfte mit ganzer Kraft für die Erhaltung der Bewegung, hielt auf der Frauenkonferenz in Nürnberg ein Referat zur Jugendfrage, setzte eine Resolution durch, die vom Nürnberger Parteitag die Erhaltung und Unterstützung der sozialistischen Jugendbewegung forderte.

Um die sozialistische Jugendorganisation

War Clara Zetkins Rede zu den Problemen der Jugend ein kräftiger Vorstoß gegen den Militarismus und ein Beitrag zum Kampf der revolutionären Sozialisten, so gehört sie zugleich in die Reihe ihrer grundlegenden pädagogischen Arbeiten. Sie untersuchte darin die in der kapitalistischen Gesellschaft beginnende Wandlung der Beziehungen der Jugendlichen zu ihren Eltern, ihre sich verändernde Stellung innerhalb der Familie, die sich auf ähnlicher Grundlage entwickelte wie die neuen Beziehungen zwischen Mann und Frau und die zunächst in der Arbeiterklasse sichtbar wurden.

»Die Erwerbstätigkeit emanzipiert die jugendlichen Proletarier und Proletarierinnen wirtschaftlich von der Familie und verleiht ihnen gegenüber Unabhängigkeit und Selbständigkeit«, sagte sie auf der Frauenkonferenz in Nürnberg 1908. »Die Familie hört auf, für sie eine Stätte des Schutzes und der Erziehung zu sein, an die ihre wirtschaftliche Existenzmöglichkeit geknüpft ist. Sie essen ihr eigenes Brot ... Damit setzt eine Umwälzung des alten Verhältnisses zwischen Eltern und Kindern ein ... Soweit die Autorität der Eltern über die Kinder sich nur auf den Beutel, den Brotkorb stützt, geht sie in die Brüche. Nicht mehr als Ausfluß wirtschaftlicher Macht, nur noch als Ausdruck geistiger und sittlicher Überlegenheit vermag sie sich zu behaupten. Das Verhältnis zwischen Eltern und Kindern steht nicht mehr im Zeichen des rücksichtslosen Befehlens und blinden Unterwerfens, sein Leitmotiv ist, Kameradschaft, Freundschaft zwischen beiden heranblühen zu lassen.«

Aber noch in einer anderen Weise verändert sich das Leben des jungen werktätigen Menschen. Als jugendlicher Arbeiter lernt er die Solidarität, die Kraft kennen, die aus der Gemeinschaft erwächst – und er wird in den Kampf geführt.

Aus diesen Gründen, betonte Clara Zetkin, erfülle die Jugendorganisation eine wichtige, unersetzliche Funktion, und sie wies ihr hohe Aufgaben zu: Bildung des Charakters in der Gemeinschaft der Jugendlichen, körperliche Erziehung, Anleitung zum Studium der Natur- und der Gesellschaftswissenschaften, in der kapitalistischen Gesellschaft auch Kampf gegen Schmutz- und Schundliteratur, Kampf um die Verbesserung der Lebenslage der Jugendlichen, zum Beispiel der Arbeitsbedingungen der Lehrlinge und Jungarbeiter, vor allem aber Kampf gegen Militarismus und imperialistischen Krieg. Sie rief die jungen Menschen auf, um ihr Recht auf politische Betätigung zu ringen, wie die Frauen um ihr Recht kämpften, kühn und beharrlich.

Sie wies der antimilitaristischen Jugendbewegung den Weg, den sie unter der damaligen Gesetzgebung gehen mußte, um politische Arbeit zu leisten. Eine nach außen hin unpolitische Form sollte es sein, aber die Jugend sollte mit der legalen die illegale Arbeit verbinden, immer und überall um ihr Recht kämpfen. Das Referat, von der Mehrheit der weiblichen Delegierten begrüßt, versetzte die Revisionisten in helle Wut. Der anwesende Vertreter des sozialdemokratischen Parteivorstandes, von Elm, versuchte mit allen Mitteln, wenigstens die Abstimmung über die von Clara Zetkin vorgelegte Resolution zu verhindern. Es war umsonst. Clara Zetkin führte eine Kampfabstimmung durch, in der sich die Frauen bis auf wenige Ausnahmen hinter sie stellten. Weder Karl Liebknecht noch Clara Zetkin konnte die Jugendorganisation retten. Doch Clara setzte auf dem Nürnberger Parteitag der Sozialdemokratie, der anschließend an die Frauenkonferenz stattfand, zusammen mit anderen revolutionären Parteitagsdelegierten durch, daß neben den zu gründenden Jugendausschüssen die Möglichkeit für das Bestehen lokaler Jugendorganisationen offenblieb. Sie erfüllte weiter ihre Pflicht der Jugend gegenüber. Clara Zetkin unterstützte ihre Organisationen und die Jugendausschüsse, wo immer sie eine Gelegenheit dazu fand, und rief die gesamte sozialistische Frauenbewegung mit Erfolg auf, ein Gleiches zu tun.

Als eine Jugendzeitung geschaffen wurde, stritt sie dafür, daß die Redaktion einem linken Genossen übertragen wurde. (Allerdings täuschte sie sich in der Person dessen, den sie in diese Stelle brachte, denn er ging schon nach einigen Jahren zu den Revisionisten über und wurde im ersten Weltkrieg zum Chauvinisten.) Vor allem hörte sie nicht auf, an die Mütter zu appellieren, sie an ihre Pflicht und Verantwortung der jungen Generation gegenüber zu mahnen. Aus der Forderung, die Kinder zu aufrechten Sozialisten zu erziehen, wurden in den Jahren vor dem ersten Weltkrieg, da sich die Situation zuspitzte, glühende Appelle zur revolutionären antimilitaristischen Erziehung. »Wir müssen dafür sorgen«, sagte sie schon auf dem Parteitag in Essen im Herbst 1907, »daß die proletarische Jungmannschaft so vom sozialistischen Geiste erfüllt in die Kaserne kommt, daß sie ihrerseits unbrauchbar wird zum Kampfe gegen den ›äußeren Feind‹. Zu diesem Zwecke müssen wir die Bestrebungen zur sozialistischen Bildung, zur Organisierung der proletarischen Jugend unterstützen, wir müssen darauf hinwirken, daß diese von zartester Kindheit an auch im Hause durch die Eltern im sozialistischen Geiste erzogen wird. Bei der

Erfüllung dieser Aufgaben aber sollen wir Frauen vorangehen. Wir müssen unseren ganzen Einfluß aufbieten, unsere Kinder als Klassenkämpfer, als Streiter für die Befreiung des Proletariats zu erziehen. Dann werden unsere Söhne auch im Waffenrock wissen, was sie zu tun haben.«

Sie fügte hinzu: »Und ich möchte den Staatsanwalt sehen, der Hunderttausenden von Frauen den Prozeß wegen Hochverrats macht, wenn sie im Schatten des Heims ihre Kinder mit der heiligen Überzeugung erfüllen: Es gibt nur einen Feind, den wir alle hassen, und es gibt nur eine Freiheit, für die wir alle kämpfen und alle zu sterben bereit sind!«

Nun erst recht

»Ich fand hier Dein Brieflein«, schrieb Rosa Luxemburg einmal im Jahre 1909 an Clara Zetkin, »und war so froh, wenigstens eine Spur noch von Deinem lieben Aufenthalt zu sehen. Wie Du Dich irrst mit den Befürchtungen um meine ›Unruhe‹! Begreifst Du denn nicht, daß wenn ich höre und weiß, Du hast allerlei Pein zu ertragen, und ich bin nicht dabei, kann Dich nicht sehen und sprechen, daß dann meine Unruhe viel größer ist? Ich möchte jetzt am liebsten immer in Deiner Nähe sein; ich weiß wohl, daß ich Dir nicht viel helfen kann, aber für mich selbst ist es so beruhigend, wenn ich mit Dir wenigstens besprechen kann, was uns beide peinigt. Denn ich fasse doch alle diese Sachen nicht als Deine bloß, sondern als unsere gemeinsamen auf. Jetzt bin ich mit mir selbst im Zwiespalt. Einerseits kann ich einfach nicht länger sehen, wie Du Dich abrackerst, und möchte mich auch rächen an den Leuten, deshalb wäre ich froh, wenn Du alles hinschmeißt und anfängst, wie ein freier Mensch, nicht wie ein Sklave zu leben. Andererseits aber sage ich mir, daß doch bald Zeiten kommen können, wo in der Partei ein gründlicher Aufschwung stattfindet, ... denen gegenüber der ganze Dreck mit der Zietz und dem Parteivorstand einfach verschwindet, und wo Menschen nötig sind, um den Massen Mut gegen ihre feigen Führer zu geben. Und da solltest Du fehlen? Ich kann mir das nicht denken.«

Was war geschehen? Was hatte Rosa Luxemburg veranlaßt, diesen Brief zu schreiben?

Clara Zetkin war den Opportunisten in der Sozialdemokratie schon um die Jahrhundertwende ein Dorn im Auge gewesen. Um wieviel mehr war sie es jetzt.

Die Opportunisten, deren Macht in der Partei immer größer geworden war, denen es gelungen war, immer mehr einflußreiche Positionen in Partei, Gewerkschaft und Presse an sich zu reißen, versuchten die unermüdliche Kämpferin und Kritikerin Clara Zetkin beiseite zu schieben, so wie sie auch Rosa Luxemburg, Karl Liebknecht und Franz Mehring beiseite zu schieben versuchten. Eine erste Gelegenheit, gegen Clara Zetkin vorzugehen, bot sich den Rechten schon im Jahre 1908.

Auf dem Nürnberger Parteitag, wo auf Grund des neuen Reichsvereinsgesetzes von 1908 die Aufnahme der Frauen in die Partei erfolgte und diese einen Sitz im Parteivorstand erhielten, gelang es den Rechten, einen infamen Schlag gegen die Führerin der sozialistischen Frauenbewegung zu führen. Nicht sie wurde in den Parteivorstand gewählt, sondern Luise Zietz, die damit zugleich verantwortlich mit der politischen Leitung der Arbeit unter den Frauen beauftragt war.

Kind einer armen Hausweberfamilie in Schleswig-Holstein, das schon im zartesten Alter am harten Broterwerb der Seinen teilhatte; mit 14 Jahren Dienstmädchen; dann eine schwer erkämpfte Ausbildung als Kindergärtnerin; schließlich Funktionärin der Hamburger Gewerkschaftsbewegung und der sozialistischen Frauenbewegung – das war der Lebensweg der damals dreiundvierzigjährigen Luise Zietz bis zum Jahre 1908. Sie war klug, fleißig, eine glänzende Referentin, tüchtige Lehrerin und fähige Organisatorin, und sie war – von Clara Zetkin gefördert – in der Bewegung schnell emporgestiegen. Sie vertrat aufopferungsvoll die Interessen der Frauen, namentlich jener, die ihr besonders nahestanden, der Dienstmädchen und Landarbeiterinnen, hatte am Kampf gegen die Revisionisten teilgenommen und noch auf dem Internationalen Sozialistenkongreß in Stuttgart aktiv an Clara Zetkins Seite gekämpft. Auch nach ihrer Wahl in den Parteivorstand – das bezeugten der Autorin inzwischen verstorbene Arbeiterveteranen – verlor Luise Zietz keineswegs ihr mütterlich-herzliches Verhältnis zu den Frauen der Bewegung, bewahrte sie sich Verständnis für ihre Sorgen und Nöte, verstand sie, die Fähigkeiten der Frauenfunktionärinnen zu entwickeln.

Doch bei aller Verbundenheit mit ihrer Klasse besaß Luise Zietz nicht den revolutionären Feuergeist Clara Zetkins und war schon gar nicht wie diese eine tiefe marxistische Denkerin. Sie wandte sich den Zentristen zu; und hat sie auch mit den Rechten im Parteivorstand manches harte Wort gewechselt, so hielt sie sich doch als Frauenleiterin der Partei im wesentlichen an die Anweisungen des Vorstandes, in dem die Revisionisten immer mehr an Einfluß gewannen. So wurde es den Rechten möglich, Luise Zietz gegen Clara Zetkin auszuspielen. Häßliche Intrigen gegen Clara wurden von den Revisionisten gesponnen. Traurige Konflikte zwischen den beiden Frauen waren die Folge, die zweifellos durch Claras empfindliche Reaktion noch verschärft wurden. Was es für Clara bedeutete, von der Bewegung, für deren Aufbau sie Jahre ihres Lebens geopfert hatte, auf solche Weise zurückgedrängt zu werden, vermochte nur sie selbst zu ermessen. Diejenige, zu der sie sich in Stunden des Kummers flüchtete, und die ihr treulich zur Seite stand, war Rosa Luxemburg, zumal sie selbst Ähnlichem ausgesetzt war.

Trug Clara Zetkin an ihrer Zurücksetzung auch sehr schwer, so war sie doch kein Mensch, der aufgab. Und wenn sie zuweilen zu Rosa oder auch zu den Ihren sagte, daß sie alles hinwerfen werde, es ihren Freunden auch sehr schwer machte, irritierbar wurde, so daß alle im Umgang mit ihr viel Geduld aufbringen mußten, so war doch gerade sie es, die immer wieder energisch von den Linken in der Partei den Kampf um wichtige und leitende Positionen forderte. Dem jungen Genossen Karl Korn, den sie im Dezember 1908 dazu drängte, die Redaktion der Jugendzeitung zu übernehmen, machte sie eindringlich klar, daß man Parteiarbeit nicht als eine Aufgabe zu betrachten habe, die man sich wählen könne oder nicht, sondern sie dort erfüllen müsse, wo es am notwendigsten sei.

»Aber wir leben«, schrieb sie dem Zögernden, der sich von seiner gewohnten Arbeit nicht trennen wollte, »in einer revolutionären Epoche, stehen mitten im Kampfe ... Tatsächlich ist dies Jugendblatt ein Paß, eine Festung, über welche der Weg nicht bloß zu der proletarischen Jugend, sondern zum wissenschaftlichen Inhalt, zum Wesen unserer ganzen Bewegung geht ... Die Revisionisten haben das sofort mit ihrem sicheren Instinkt für Macht und Praxis begriffen. Sie haben daher alles vorbereitet, um sich in der Festung festzusetzen. Und wir sollten sie ihnen in die Hände spielen?«

Und sie selbst handelte, wie sie es von den Genossen forderte. Sie hielt tapfer aus, konzentrierte zunächst ihre Hauptenergie auf die internationale sozialistische Frauenbewegung. Die sich mehrenden internationalen Berichte in der »Gleichheit« zeugen vom Erfolg dieser Bemühungen.

Als im Jahre 1910 im Gefolge einer beginnenden Wirtschaftskrise Not und Teuerung über die Menschheit hereinbrachen, als in England, Schweden, den USA und anderen Ländern neue große Streiks begannen, als vor allem im Januar und Februar 1910 in Preußen, Anhalt, Braunschweig, Elsaß-Lothringen und Hessen der Kampf um ein gerechtes Wahlrecht Hunderttausende Arbeiter sowie auch Angehörige des Mittelstandes auf die Straßen trieb, diesen Demonstrationen in Deutschland neue große Streiks folgten, da war auch Clara Zetkin wieder dabei. Und als in diesem stürmischen Jahr, da Deutschland am Vorabend einer politischen Krise stand, Rosa Luxemburg den Massen zurief »Kämpft für eine demokratische Republik!«, als auch Karl Liebknecht und die anderen Führer der Linken sich bemühten, die erbittert um demokratische Rechte ringenden Massen in diese Richtung zu lenken, griff Clara Zetkin in der »Gleichheit« die von der Freundin aufgestellte Losung auf. Immer mehr wuchs diese Frauenzeitung über ihre eigentliche Bestimmung hinaus, wurde zur Zeitung der Linken, in zahlreichen Arbeiterfamilien von Mann und Frau eifrig studiert.

Zugleich sah Clara Zetkin die Zeit gekommen, wieder nachdrücklich in die Entwicklung der deutschen sozialistischen Frauenbewegung einzugreifen. Über den Kopf des Parteivorstandes hinweg, auch über den des Frauensekretariats, und wohl wissend, daß sie einen Sturm heraufbeschwor, forderte sie im Januar 1910 in der »Gleichheit« die Durchführung einer sozialistischen Frauenkonferenz im Jahre 1910, forderte die Funktionärinnen auf, zu dieser Frage Stellung zu nehmen.

Viele Briefe kamen. Sie zeigten, daß unter den Frauen große Unzufriedenheit herrschte, daß sie dringend eine Konferenz wünschten. Zeigten auch, daß es in der sozialistischen Frauenbewegung nicht zum besten stand. Die Bewegung hatte, seit sie den lokalen und bezirklichen Leitungen unterstellt war, zwar zahlenmäßig zugenommen, stagnierte aber, was die Aktivität anging, war vielfach in Handwerkelei verfallen. Nur dort zeigte sich Leben, wo, wie in Berlin, Leipzig, Dresden, Halle, im Ruhrgebiet und Württemberg, alte, erfahrene Leiterinnen saßen. Vielfach, so klagten die Funktionärinnen in der »Gleichheit«, wurden zwar Frauen geworben – und wie sich später herausstellte, waren es oft genug einfach die Frauen der Genossen –, aber nichts wurde getan, sie zu schulen, ihnen Aufgaben zu stellen. Und Luise Zietz war keineswegs die Frau, die sich gegen solche Politik durchgesetzt hätte. Kläglich bekannte sie in der »Gleichheit«, daß die Frauenleitung beim Parteivorstand nicht einmal die Möglichkeit habe, mit den Frauenleiterinnen in den Bezirken und an den Orten direkt in Verbindung zu treten, sondern nur mit den Parteileitungen verhandeln könne. Vor alledem hatten die Frauenfunktionärinnen das Bedürfnis, sich über neue, der Situation entsprechende Arbeitsmethoden zu beraten, sich überhaupt politisch auszusprechen. Es kam zu einer heftigen Auseinandersetzung, die sich über Wochen hinzog.

Clara Zetkin wurde dabei von Rosa Luxemburg und anderen linken Freunden unterstützt.

Der energische Vorstoß Clara Zetkins und ihrer Freunde wirkte zwar nachhaltig, führte aber nicht zu dem gewünschten Ziel. Der Parteivorstand beschloß: keine Frauenkonferenz. Fadenscheinige Begründung war, daß die Internationale Sozialistische Frauenkonferenz von Kopenhagen bevorstehe und die Partei finanziell nicht in der Lage sei, zwei Konferenzen zu beschicken, diese Partei, deren Kassen gefüllt waren wie die keiner anderen! Die Wahrheit war, daß der Parteivorstand keine Konferenz wollte, die Clara Zetkins Autorität sichtbar stärken, zu heftiger Kritik an der Arbeit von Luise Zietz führen mußte. Zudem sprach sich herum, daß die Linken beabsichtigten, Luise Zietz abzuwählen und Käte Duncker an ihre Stelle zu bringen. Um die Genossinnen zu beschwichtigen, wurden Bezirkskonferenzen einberufen. Zusammen mit anderen Mitgliedern des Parteivorstandes nahm Luise Zietz an ihnen teil; Clara Zetkin aber, die Chefredakteurin der »Gleichheit«, wurde – welche Infamie! – von diesen Konferenzen ausgeschlossen. Doch sosehr sie dies kränkte, konnte sie mit einer gewissen Befriedigung feststellen, daß ihre Aktion nicht ganz umsonst gewesen war. Neues Leben zog in die sozialistische Frauenbewegung ein, die Verbindung zwischen der zentralen Frauenleitung und den Leitungen der Orte und Bezirke wurde hergestellt, noch einmal wurde ein sichtbarer Aufschwung erreicht.

So richtete denn Clara Zetkin ihre Gedanken vor allem darauf, wie den Hindernissen zum Trotz die Bewegung weiter vorwärtsgestoßen werden konnte. Und sie fand den Weg. War sie nicht Internationale Sekretärin? Bereitete sie nicht die Internationale Frauenkonferenz von Kopenhagen vor, und konnte nicht von dieser Konferenz der neue Anstoß kommen, den sie auf einer deutschen Frauenkonferenz nicht geben durfte?

Der Beschluß von Kopenhagen

Der Internationale Sozialistenkongreß, der im Jahre 1910 in Kopenhagen stattfand, wies jenes äußere Gepränge auf, das, wie Clara Zetkin später einmal bemerkte, für die Kongresse der II. Internationale vor dem Weltkrieg charakteristisch war. Es mangelte nicht an geselligen Veranstaltungen, an Ausflügen, an Besichtigungen, an Besuchen im »Tivoli« und an anderen Vergnügungen.

Ein großer Empfang im Rathaus fand für die Delegierten statt. Der politische Verlauf des Kongresses aber war für die revolutionären Kräfte der internationalen Arbeiterklasse wenig befriedigend. Mit Recht kritisierte Clara Zetkin in der »Gleichheit«, daß der Kongreß in Anbetracht der Klassenkämpfe des Jahres 1910 keine ernsthaften Schritte zur Verstärkung des Kampfes gegen die Kriegsgefahr unternommen hatte, mit um so größerem Recht, als sich die internationalen Spannungen verschärft hatten. Seit 1907 standen sich in Europa bis an die Zähne bewaffnet zwei große Kriegsblocks gegenüber: der Dreibund mit Deutschland, Österreich-Ungarn und Italien auf der einen Seite, die Entente, die England, Frankreich, Rußland vereinte, auf der anderen.

Doch brachte der Kongreß selbst Clara Zetkin mehr noch als der Stuttgarter Stunden des Zorns; so waren jene Stunden, die sie im Kreis der Delegierten zur zweiten Internationalen Sozialistischen Frauenkonferenz zubrachte, für sie hell und schön. »Noch sehen wir sie strahlend vor uns stehen«, schrieb nach ihrem Tode ihre holländische Genossin und Freundin Heleen Ankersmit, die der Konferenz beiwohnte, »wie sie über die proletarischen Frauen spricht: daß wir verstehen müssen, sie zu wecken, damit sie die Schätze, die ihnen verborgen sind, zu ihrer eigenen Befreiung verwenden, zu der Befreiung ihrer Klasse, und daß die Frauen der Arbeiterklasse im Befreiungskampf ebenso unentbehrlich sind wie die Männer.«

An der Tagung nahmen Vertreterinnen aus 17 Ländern teil. Sie zeigte politisch wie sachlich ein ungleich höheres Niveau als die Konferenz von Stuttgart – Resultat der von Clara Zetkin geleisteten Arbeit. Nach einem Referat Käte Dunckers wurde zunächst die den Frauen stets am Herzen liegende Frage des Schutzes von Mutter und Kind behandelt. Weitere Beratungspunkte waren der Kampf gegen die Teuerung, die international eingesetzt hatte, und – wie schon in Stuttgart – die Frage des Frauenstimmrechtes.

Ferner nahm die Konferenz – ein Zeichen ihrer politischen Reife – eine von Clara Zetkin vorgeschlagene Resolution an, in der der Unabhängigkeitskampf Finnlands gegen den Zarismus begrüßt wurde, und eine andere, in der die Sozialistinnen ihren Entschluß bekräftigten, in den Reihen der Arbeiterklasse für den Frieden zu kämpfen. Neben den übrigen Resolutionen aber lag den Frauen eine weitere, von Clara Zetkin formulierte Entschließung vor, an deren Schluß folgende Sätze standen:

»Im Einvernehmen mit den klassenbewußten politischen und gewerkschaftlichen Organisationen des Proletariats in ihrem Lande veranstalten die sozialistischen Frauen aller Länder jedes Jahr einen Frauentag, der in erster Linie der Agitation für das Frauenwahlrecht dient. Die Forderung muß in ihrem Zusammenhang mit der ganzen Frauenfrage der sozialistischen Auffassung gemäß beleuchtet werden. Der Frauentag muß einen internationalen Charakter tragen und ist sorgfältig vorzubereiten.«

Um diese Resolution hatte es zuvor in der deutschen Delegation eine heftige Auseinandersetzung gegeben. Die rechten Parteiführer erkannten sehr wohl, daß die schlichten Sätze es in sich hatten, daß die Resolution revolutionären Geistes war. Sie trug denn auch dieses Streites wegen nur die Unterschrift: Clara Zetkin, Käte Duncker und Genossinnen. Luise Zietz hatte nicht gewagt, sie zu unterschreiben.

Die Idee entsprach so sehr den Wünschen der Delegierten, löste solche Begeisterung aus, daß die Resolution einstimmig angenommen wurde und auch die gesamte deutsche Delegation ihr zustimmen mußte. Die Frauen ahnten allerdings nicht, daß von ihren Beschlüssen, so wichtig sie alle sein mochten, dieser eine weltgeschichtliche Bedeutung erlangen sollte, daß bereits nach einigen Jahrzehnten am Internationalen Frauentag alljährlich Millionen Frauen der Welt für die Gleichberechtigung der Frau, für Demokratie, Frieden und Sozialismus demonstrieren würden, auch nicht, daß 50 Jahre später Frauen aus aller Welt im gleichen Kopenhagen zusammenkommen würden, um jenes Beschlusses zu gedenken, der schließlich Frauen aller Erdteile, aller Hautfarben, aller Weltanschauungen zusammengeführt hat.

Schon im Jahre 1911 zeigte sich, daß Clara Zetkins Appell tief an die Herzen der Frauen gerührt hatte. In Deutschland, Österreich, Dänemark und der Schweiz begingen über eine Million Frauen am 19. März 1911 zum erstenmal »ihren« Tag.

Allein in Berlin und Umgebung fanden 42 Versammlungen mit mehr als 45 000 Teilnehmern statt. Die Wellen der Begeisterung hatten nicht nur Arbeiterinnen, sondern auch linke bürgerliche Frauenrechtlerinnen erfaßt. Minna Cauer, mit Clara Zetkin in freundschaftlichen Beziehungen, brachte Grüße, auch ihre Sekretärin Else Lüders, später stellvertretende Vorsitzende des Demokratischen Frauenbundes Deutschlands, ebenso Lida Gustava Heymann, später Mitbegründerin der Internationalen Frauenliga für Frieden und Freiheit.

Das übrige Deutschland blieb nicht zurück. Westfalen meldete 25, Hamburg und Umgebung 19, Württemberg 33, Pommern 22 Versammlungen; 21 Orte Braunschweigs wurden genannt, auch Hannover und seine Schwesterstadt Linden, die Städte Göttingen, Stade und Harburg. In Düsseldorf führten mehrere tausend Frauen – damals etwas Neues – eine Straßendemonstration durch, desgleichen in Dresden, wo die Frauen eine Standarte mit der Inschrift »Hoch das Frauenwahlrecht!« trugen. Auch in den anderen Gebieten Sachsens fanden Massenversammlungen statt. Kurz, überall, wo es Sozialdemokratinnen gab, ließen sie es sich nicht nehmen, diesen Tag mit Hingabe vorzubereiten und würdig zu begehen. Und obwohl die Parteiinstanzen sich bemühten, die Kundgebungen auf die Forderung des Frauenwahlrechtes zu beschränken, war dieser Tag doch für die Mehrheit der Teilnehmerinnen ein glühendes Bekenntnis zu Demokratie, Frieden und Sozialismus. Clara Zetkin hatte zu den Feierlichkeiten eine Festschrift »Frauenwahlrecht!« mit Beiträgen führender Sozialistinnen aller Länder, Symbol der internationalen Solidarität der Sozialistinnen, herausgegeben, das Frauensekretariat der Partei und die Parteibezirke Millionen von Flugblättern.

Mit vollem Recht stellte Clara Zetkin in der »Gleichheit« fest, daß dies die wuchtigste Demonstration für die Gleichberechtigung der Frau gewesen sei, die die Welt bis dahin gesehen hatte.

Die Demonstrationen hatten in den Frauen so viel Kraft und Initiative ausgelöst, daß der Vorstand der deutschen Sozialdemokratie, wie sehr er sich winden mochte, auch in den folgenden Jahren die Organisierung des Internationalen Frauentages in

Deutschland zulassen mußte, und jedesmal waren die Sozialistinnen gleich erfolgreich. Weitere Länder schlossen sich den vier ersten an. 1912 waren es Holland und Schweden; 1913 organisierten die russischen Frauen – und das war von besonderer Bedeutung – eine machtvolle Frauendemonstration, und trotz starker polizeilicher Verfolgungen gestaltete sich der Tag für sie zu einem bedeutenden Erfolg, stand am Anfang einer machtvollen revolutionären Frauenbewegung im Zarenreich, die während des ersten Weltkrieges eine große Rolle spielen sollte.

»Kunst und Proletariat«

Für Clara Zetkin war die Kunst ein kostbares Gut der Menschheit, Ausdruck der Schöpferkraft der Volksmassen, aber auch eine Waffe im Klassenkampf. Deshalb widmete sie der kulturellen Arbeit in den bewegten Jahren vor dem ersten Weltkrieg weiterhin große Aufmerksamkeit. Ende 1910 hielt sie vor Stuttgarter Arbeitern und Intellektuellen ihren Vortrag »Kunst und Proletariat«, den sie auch in der »Gleichheit« veröffentlichte. Mit ihm griff sie in die große Klassenauseinandersetzung über Probleme der Kunst ein, die damals begonnen hatte und sich bis heute fortsetzt.

»Es könnte ein Hohn dünken, zugleich von Kunst und Proletariat zu sprechen. Die Lebensbedingungen, welche die kapitalistische Gesellschaft ihren Lohnsklaven schafft, sind kunstfeindlich, ja kunstmörderisch. Kunstgenießen und noch mehr Kunstschaffen hat zur Voraussetzung einen Spielraum materieller und kultureller Bewegungsfreiheit, einen Überschuß materieller Güter, leiblicher, geistiger und sittlicher Kräfte über das Notwendige, das bloß Materielle hinaus. Aber materielle Not und damit auch Kulturarmut ist das Geschick der Ausgebeuteten und Beherrschten gewesen, seitdem Klassengegensätze die Gesellschaft zerklüften. Daher ist wiederholt die Frage aufgetaucht, ob die Kunst überhaupt eine sittliche, eine gesellschaftliche Berechtigung habe, ob die Kunst für die Menschheitsentwicklung fördernd oder hindernd sei«, so begann Clara Zetkin ihren Artikel »Kunst und Proletariat«.

Sie verwarf diese Fragestellung.

»Es ist eine Tatsache«, schrieb sie, »daß die Kunst eine alte, urwüchsige geistige Lebensäußerung der Menschheit ist. Wie das Denken, ja, vielleicht noch früher als das abstrakte Denken, hat sich der Drang nach künstlerischem Schaffen an der Tätigkeit, der Arbeit des primitiven Menschen entwickelt, und zwar an der gesellschaftlichen Arbeit ... Kein Wunder daher, daß leidenschaftliches Begehren nach künstlerischem Genießen und Schaffen zu allen Zeiten in den frondenden und beherrschten Gesellschaftsschichten lebendig gewesen ist. Auch darin hat das Feuer jenes prometheusischen Trotzes geleuchtet, der allen knechtenden Gewalten zuruft: ›Ihr könnt mich doch nicht töten!‹ So sind aus den breitesten Volksmassen heraus der Kunst wieder und wieder verständnisvolle Jünger und Mehrer ihrer Schätze erwachsen. Aber eins müssen wir dabei festhalten ... Erst wenn die Beherrschten als emporstrebende, rebellierende Klasse einen eigenen geistigen Lebensinhalt bekommen; erst wenn sie kämpfen, um drückende soziale, politische, geistige Fesseln zu sprengen: erst dann wird ihr Einfluß auf das künstlerische Kulturerbe der Menschheit zu einem selbständigen und daher wirklich fruchtbaren, zu einem entscheidenden. Ihr Anteil daran geht dann nicht bloß in die Breite, sondern in die Tiefe, er treibt neuen, weiteren Horizonten entgegen. Immer wieder sind es aus Knechtschaft zur Freiheit drängende Massen, die die Kunstentwicklung aufwärts- und vorwärtstragen, aus denen die Kraft erwächst, Perioden des Stillstandes, ja, des Verfalls der Kunst zu überwinden. Diese allgemeinen Zusammenhänge treffen auch für das Verhältnis des Proletariats zur Kunst zu. Sie irren, die im proletarischen Klassenkampf nur das Begehren nach Füllung des Magens sehen. Dieses weltgeschichtliche Ringen geht um das ganze Kulturerbe der Menschheit, es geht um die Möglichkeit der Entfaltung und Betätigung vollen Menschentums für alle. Das Proletariat kann als Klasse nicht an den Toren der kapitalistischen Trutzburg rütteln, es kann nicht aus der Nacht und Not der Fabriken empordrängen, ohne sich mit seinem eigenen Kunstsehen und der Kunst unserer Zeit auseinanderzusetzen.«

Wie aber, fragt Clara Zetkin, findet das Proletariat die Kunst, seine Kunst? Kann es sich mit der Kunst der kapitalistischen Gesellschaft bescheiden? Clara Zetkin sagt: nein, und mit Recht. Die Kunst, so betonte sie, ist im Kapitalismus nicht frei – wie alles andere in der kapitalistischen Ordnung ist sie Ware. »Die Kunst geht nach Brot, muß nach Brot gehen, weil der Künstler leben will. Um zu leben, ist er gezwungen zu verkaufen, was sein Genius ihm zu schaffen befahl ... Dieser harte Tatbestand bricht den hohen Idealismus so manches Künstlers, der in faustischem Drange Himmel und Erde in seine Werke bannen wollte, der gierig nach goldenen Schätzen der Kunst grub und sich schließlich damit begnügte, die Regenwürmer einer angesehenen und einträglichen Stellung in der Gesellschaft zu finden.« Die bürgerliche Kunst unserer Tage, so fügte sie hinzu, »ist nicht die gesunde, entwicklungsfrohe Kunst einer jugendfrischen Klasse, die um ihre ganze Freiheit kämpft und sich damit als Trägerin der höchsten Menschheitsideale empfindet. Es ist die Kunst einer herrschenden Klasse, die sich auf dem absteigenden Ast ihrer geschichtlichen Entwicklung bewegt, einer Klasse, die den Boden ihrer Macht unter vulkanischen Kräften erzittern fühlt ...

In der Welt des geschichtlichen Seins der bürgerlichen Klassen klaffen heute Idee und Wirklichkeit weit auseinander. Daher sind Anschauung und Stimmung dieser Klassen pessimistisch. Grober, kleinlicher Materialismus bei den einen, mystische Weltflucht bei den andern wird zur Signatur der Zeit und damit der Kunst.« Und sie folgerte: »Wie könnte solcher Inhalt das Proletariat befriedigen? Es muß seinem ganzen historischen Sein nach optimistisch empfinden und denken.«

Im Proletariat selbst, fuhr sie dann fort, »mehren sich die Zeichen, daß es als aufstrebende Klasse nicht bloß kunstgenießend sein will, sondern auch kunstschöpferisch. Das beweisen vor allem die Arbeitersänger und Arbeiterdichter. Die Welt bürgerlicher Kunstfreunde und Kunstverständiger«, fügte sie in harter, aber gerechter Kritik der bürgerlichen Kunstwissenschaften hinzu, »die über die primitiven künstlerischen Erzeugnisse grauer Vorzeit und wilder Völkerschaften als über Offenbarungen des Menschheitsgenius in Ekstase gerät, hat im allgemeinen nur Hohn oder Mitleid für das, was Proletarier oft mit noch unbeholfener Hand, aber mit heißer, zuckender Seele zu gestalten versuchen. Es fehlen ihr die Organe für das richtige Erfassen und Werten dieser Kunst von ›Primitiven‹, deren Schöpfungen Symptome sind, mit denen sich eine Weltwende ankündigt, die eine Renaissance der Kunst in ihrem Schoße trägt.« Eine solche Renaissance erfolgt jedoch weder künstlerisch noch sozial, erklärte sie, »aus dem Nichts. Sie knüpft an Vorausgegangenes, Vorhandenes an. Aber die Kunst einer ins Licht der Kultur emporsteigenden Klasse kann ihre Anknüpfungspunkte und ihre Vorbilder nicht von der Kunst einer geschichtlich verfallenen Klasse nehmen. Das bestätigt die Geschichte der Kunst ... Die Renaissance knüpfte an die Kunst Griechenlands und Roms an, die deutsche klassische Kunst an die Antike und die Renaissance. Bei aller Würdigung der künstlerischen Anregungen und Ausdrucksmittel, um welche die zeitgenössischen Kunstströmungen das künstlerische Erbe bereichern, wird darum die Kunst der Zukunft für ihre Wegweiser über sie hinweg zur klassischen Kunst des Bürgertums greifen ... Ist es nicht reichstes, lebendigstes, künstlerisches Sein, das uns grüßt aus Goethes Osterspaziergang, in dem die Sehnsucht nach dem Hinaus aus den drückenden Schranken der feudalen Gesellschaft eine künstlerisch vollendete Verklärung gefunden hat? Aus Schillers wonnetrunkenem Weltverbrüderungsruf: ›Seid umschlungen, Millionen! Diesen Kuß der ganzen Welt!‹ Aus dem ungeheuren Jubel einer befreiten Menschheit in Beethovens Neunter Symphonie, der elementar, riesenhaft in dem Chor durchbricht ›Freude, schöner Götterfunken!‹

Friedrich Engels hat das stolze Wort gesprochen, daß die deutsche Arbeiterklasse die Erbin der klassischen Philosophie ist. Sie wird in dem aufgezeigten Sinne auch die Erbin der klassischen Kunst ihres Landes sein.«

Es sei jedoch – so betonte sie – noch ein weiter Weg, den die Arbeiterklasse zu gehen habe, um diese Aufgabe zu erfüllen, und soweit er unter der Ungunst der bürgerlichen Gesellschaft gegangen werden müsse, ein überaus schwieriger Weg. Und voll gerecht werden könne die Arbeiterklasse ihrer großen Kulturaufgabe erst in der sozialistischen Gesellschaft. »Dann«, erklärte sie, »wird mit der Sicherung des materiellen Lebens und kultureller Entwicklungsmöglichkeit für alle auch die Kunst aus einem Vorrecht verhältnismäßig weniger zu einem Gemeingut für alle.«

Die ersten Kriegswolken

Nach den Kämpfen und Auseinandersetzungen der Jahre 1909 und 1910 war Claras Gesundheitszustand wiederum recht angegriffen. Als der Sommer 1911 gekommen war, im Garten des Landhauses in Sillenbuch die Rosen blühten, warmer Sonnenschein über dem Rasen lag, vom nahen Waldhaus die Stimmen der Stuttgarter Genossinnen und ihrer Kinder, ihr Lachen und ihr Gesang herüberdrangen, wünschte auch sie sich sehnlichst ein paar Wochen des Ausruhens. Doch es kam nicht dazu, sollte viele Jahre lang nicht mehr dazu kommen.

Am 1. Juli 1911 ließ die deutsche Regierung das Kanonenboot »Panther« in den Hafen von Agadir einlaufen, forderte mit Drohreden gegen Frankreich erneut Besitz in Marokko. Die Provokation rief England auf den Plan. Krieg? Offen begrüßte das imperialistische Deutschland die Situation. »Hurra, eine Tat!« schrieb die »Rheinisch-Westfälische Zeitung«, das Organ der deutschen Schwerindustrie. »Die Verständigung mit uns über die Aufteilung Marokkos steht den Franzosen noch frei, wollen sie nicht, dann mag der ›Panther‹ die Wirkung der Emser Depesche haben.« Der Emser Depesche, die – von Bismarck gefälscht – 1870 den Krieg zwischen Deutschland und Frankreich auslöste! Die Generale zitterten denn auch vor Ungeduld, endlich ihren Krieg zu haben, die Monopolherren und Junker gierten nach Kriegsraub und Kriegsgewinn, heizten den Chauvinismus an. Die werktätigen Menschen aber waren voller Sorge. Mütter gedachten ihrer Söhne in den Kasernen, Frauen nahmen den Gestellungsbefehl aus der Schatulle, der ihrem Mann alljährlich angab, wo er sich im Mobilmachungsfall zu melden habe. In vielen Familien – namentlich auf dem Lande – wurde gebetet.

Die Arbeiter in den Betrieben aber ballten die Faust, gingen in England und in Frankreich auf die Straße. In Deutschland waren es die Linken, die in den Versammlungen der Sozialdemokratie gegen die abenteuerliche Marokkopolitik des deutschen Imperialismus Stellung nahmen. In einer von 6000 Menschen besuchten Versammlung in Stuttgart sprach Karl Liebknecht; die Versammelten forderten in einer Resolution den Kampf bis zum Äußersten gegen das marokkanische Abenteuer.

Der Parteivorstand ließ sich indessen Zeit, obwohl die deutschen Sozialdemokraten in allererster Linie hätten hervortreten müssen. Erst Anfang August rief er unter dem wachsenden Druck der Massen zu Protestkundgebungen auf. Die Linken hatten ihm hart zugesetzt. Nach dem Aufruf der Parteiführung nahm die antiimperialistische Protestbewegung stürmische Formen an. In Leipzig, Nürnberg, München, Hannover und vielen anderen Städten fanden Massenkundgebungen statt. In Berlin versammelten sich am 3. September 200000 Arbeiter im Treptower Park. Das deutsche Volk wollte den Krieg so wenig wie die anderen Völker Europas.

Wie hätte Clara Zetkin da schweigen, sich eine Erholungspause gönnen können? In der »Gleichheit« erschien nach anderen Beiträgen zur Marokkofrage am 14. August ein von glühendem Kampfesmut durchdrungener Leitartikel Rosa Luxemburgs. Ebensowenig fehlte Claras zornige Stimme unter jenen, die dem Parteivorstand seine Lauheit vorwarfen. Auf dem Parteitag zu Jena 1911 übte sie heftige Kritik, verteidigte die Freundin, gegen die die Rechten ein Disziplinarverfahren anstrengen wollten. Diese hatte – wohl kaum ohne Wissen und Billigung ihrer Freundin Clara – einen Brief Hermann Molkenbuhrs an das Internationale Sozialistische Büro veröffentlicht. Molkenbuhr hatte Demonstrationen gegen die Kriegsgefahr abgelehnt, weil sie angeblich der bevorstehenden Wahlkampagne schadeten.

Die dramatischen Ereignisse des Sommers 1911 wühlten Clara Zetkin tief auf. Das zeigt der leidenschaftliche, geradezu beschwörende Ton, den ihre Reden und Artikel gegen die Kriegsvorbereitungen des deutschen Imperialismus nunmehr annehmen. Hatte die Marokkoprovokation nicht deutlich gemacht, daß es täglich zum Weltkrieg kommen konnte? Auf der sozialistischen Frauenkonferenz zu Jena, der letzten, die die Partei veranstaltete, solange ihr Clara Zetkin noch angehörte, hielt sie das Referat »Die Frauen und die Reichstagswahlen«. Es war eine bittere, zum Handeln drängende Anklage gegen den Imperialismus und jene, die die Weltmachtpolitik der deutschen Imperialisten unterstützten, ein Ruf vor allem an die werktätigen Frauen, deren schlimmster Feind der Imperialismus ist und die besonderen Grund haben, ihn zu hassen. Sie sind es, sagte Clara Zetkin, die in einem kommenden Weltkrieg ihre Söhne hergeben, in der Heimat alle Kriegslasten tragen sollen. Aber auch in Friedenszeiten, das machte sie ihnen klar, vereint der Imperialismus »alle Übel, alle Infamien der kapitalistischen Klassenherrschaft in sich: Steigerung der wirtschaftlichen Ausplünderung der Massen durch schamlose Steuer- und Liebesgabenwirtschaft, durch Preistreiber- und Scharfmacherorganisationen, brutales Zurückdrängen der sozialen Reformarbeit und Verzicht auf die Lösung der Kulturaufgaben; Knebelung des politischen Rechts der Massen. Damit tritt«, fügte sie hinzu, »diese Entwicklung der Dinge in unversöhnlichen Widerstreit zu den Interessen der proletarischen Frauen.« Sie rief die Frauen auf, ihre Macht zu gebrauchen, die sie durch die umfassende Einbeziehung in die kapitalistische Produktion gewonnen hatten, sich nicht zu beugen, als Klassenkämpferinnen zu handeln, gegen ihren Todfeind, den Imperialismus, zu kämpfen.

Unversöhnlicher Kampf gegen den deutschen Imperialismus, für Demokratie, Frieden und Sozialismus! Das war auch die Forderung, die sie in dem bald darauf beginnenden Wahlkampf immer wieder erhob. Sie sprach in Mainz, Worms, Schweinfurt, Berlin, Frankfurt am Main, in den Kreisen Zwickau-Crimmitschau, Reichenbach, Plauen, in Essen, Elberfeld, Lennep, Mettmann, Barmen, Nürnberg, Fürth und Düsseldorf.

Die Angriffe der Linken gegen die Revisionisten wurden mit der deutlicher werdenden Kriegsgefahr schärfer. Das galt auch für Clara Zetkin. Sie hatte schon im Jahre 1910 auf dem Parteitag in Magdeburg mit ihnen einen Zusammenstoß von bisher nicht dagewesener Heftigkeit gehabt. Damals hatten Rosa Luxemburg und Karl Liebknecht empört jene süddeutschen Parteiführer angegriffen, die seit längerer Zeit vorbehaltlos mit den Liberalen zusammengingen, entgegen den Parteibeschlüssen die Staatsbudgets bewilligten, und ihren Ausschluß aus der Partei gefordert. In Magdeburg hatte auch August Bebel noch einmal mit den Rechten abgerechnet, seine revolutionäre Haltung bekräftigt. »Wir sind eine Partei von Sozialdemokraten«, hatte er ihnen zugerufen, »wenn Nationalliberale unter uns sind, dann müssen sie hinaus ... Die Klassengegensätze werden nicht milder, sie werden schärfer. Wir marschieren sehr, sehr ernsten Zeiten entgegen ... Wenn es gar dazu kommt, daß 1912 ein europäisches Kriegsgewitter losbricht, dann sollt Ihr sehen, was wir erleben und wo wir zu stehen haben. Sicherlich ganz woanders, als man jetzt in Baden steht ...«

Clara Zetkin selbst hatte sich gegen die Zentristen gewandt, die die Delegierten beschworen, die Einheit der Partei zu wahren. »Um welchen Preis«, hatte sie gefragt, »auf welchem Boden wollen wir die Geschlossenheit? Wollen wir sie durch einen Schritt nach rechts, auf dem Flugsand der Konzessionspolitik, der Konjunkturalpolitik mit Wenn und Aber, oder wollen wir sie auf dem festen Granit der prinzipiellen Auffassung, auf dem die Sozialdemokratie bis jetzt gestanden hat, auf dem sie noch steht und auf dem sie stehen muß, wenn sie bleiben will, was sie ist: der politische Ausdruck, die politische Organisation der kämpfenden, revolutionären Arbeiterklasse.«

Die innerparteilichen Diskussionen, die sie daheim in Stuttgart wie in der Kontrollkommission und im Bildungsausschuß führte, die Auseinandersetzungen mit den Revisionisten selbst in der Öffentlichkeit waren zermürbend, um vieles mehr als jene vor und nach der Jahrhundertwende. Damals war Clara belebt gewesen von der Hoffnung auf baldige Veränderung in der Partei, hatten August Bebel und Paul Singer in der ersten Reihe der Kämpfer gestanden, waren für sie Revisionisten wie Bernstein, Schippel, Auer, Emma Ihrer, die der Partei unter dem Sozialistengesetz viel geopfert hatten, trotz heftiger Auseinandersetzungen immerhin noch alte Kampfgefährten gewesen.

Mit den Ebert und Noske, den Scheidemann und David hatte Clara nichts, aber auch gar nichts gemein. Es waren böse, kalte Worte, die sie mit ihnen auf Sitzungen und Kongressen wechselte. Der Kampf nahm ihr ganz und gar die alte Fröhlichkeit, verdüsterte ihr Leben. Doch sie klagte nicht mehr. Der Haß gegen den Imperialismus, das offensichtliche Herannahen des Weltkrieges machten sie hart. Sie kannte nur eines: Vorwärts im Kampf! Das Vertrauen der Werktätigen rechtfertigen.

Die Stuttgarter Linken

Größere Bedeutung als zuvor maß Clara Zetkin ihrer Arbeit in Württemberg bei. Württemberg, Bayern und Baden waren Hochburgen des Revisionismus. Hier saß sie, die süddeutsche Fronde, die auf dem Magdeburger Parteitag im Mittelpunkt der Auseinandersetzungen gestanden hatte, saßen die Ludwig Frank, Hugo Lindemann, die Berthold Heymann und andere, denen das Ideal des Sozialismus etwas völlig Fremdes war.

Sie fanden in Clara Zetkin, die seit 1910 als Vertreterin der Frauen der württembergischen Landesleitung der Sozialdemokratie angehörte, zum wenigsten im Schwäbischen eine beachtliche Gegnerin. Und Genugtuung bereitete es ihr, daß – nicht ohne ihre Mitwirkung – in Württemberg eine starke revolutionäre Opposition sich aufgebaut hatte, die den Rechten ordentlich zu schaffen machte. Sie konnte um so wirksamer werden, als sowohl in Stuttgart, Sitz der Bosch-Werke, als auch in Göppingen, Eßlingen und Heilbronn Industriezentren mit Großbetrieben waren, die Tausende Arbeiter beschäftigten. Namentlich in Stuttgart hatte sich ein Kreis tüchtiger oppositioneller Sozialdemokraten versammelt, in dem Clara sich wohl fühlte, wo sie sich aussprechen konnte, sich Kraft und Anregung holte, und wo sie geschätzt und respektiert wurde.

Zu diesem Kreis gehörten Käte und Hermann Duncker. Sie eine Lehrerin aus verarmter Bürgerfamilie, die zweimal ihrer politischen Gesinnung wegen aus Amt und Brot gejagt worden war, er ein mittelloser Student der Philosophie, hatten die Dunckers im Jahre 1898 geheiratet und zunächst in der Leipziger und dann in der Dresdener Arbeiterbewegung gewirkt. Käte war bald zu einer bedeutenden Funktionärin der proletarischen Frauenbewegung geworden und in den Jahren vor dem ersten Weltkrieg Clara Zetkins festeste politische Stütze. In der Redaktionsarbeit kam es jedoch zu keiner gedeihlichen Zusammenarbeit, da Käte Duncker den strengen Anforderungen, die Clara an marxistisches Wissen stellte, nicht gewachsen war und auch beider Charaktere sich aneinander stießen. Da sie 1906 zeitweilig als zweite Redakteurin in der »Gleichheit« arbeitete und Hermann Duncker – wie seine Frau Vertreter der Linken – begann, als Wanderlehrer der Partei marxistische Kurse zu halten, hatten sie sich in Degerloch bei Stuttgart niedergelassen, eine halbe Stunde vom Zetkinschen Heim entfernt. Beide leisteten neben ihren zentralen Verpflichtungen auch im Sozialdemokratischen Verein Stuttgarts tüchtige Arbeit. Käte war längere Zeit Mitglied der Stuttgarter Leitung der Sozialdemokratie und sehr aktiv. Hermann Duncker, obwohl bei seiner Tätigkeit als Wanderlehrer der Partei viel unterwegs, bezog dennoch seine Heimatstadt in seine Schulungstätigkeit ein.

Dem Kreis der führenden Stuttgarter Linken gehörte auch Johann Friedrich Westmeyer an. Gelernter Schornsteinfeger, seit 1898 Redakteur an sozialdemokratischen Zeitungen in Nürnberg und Hannover, war der Zweiunddreißigjährige 1905 nach Stuttgart gekommen, um an der »Schwäbischen Tagwacht«, der Parteizeitung Württembergs, zu arbeiten; 1911 wurde er auf Betreiben der Rechten entlassen. Er war ein echter Revolutionär, fähig, vorwärtsdrängend, marxistisch geschult. Von 1908 bis 1917 war Friedrich Westmeyer Vorsitzender des Sozialdemokratischen Vereins in Stuttgart und blieb es auch, als die Rechten zu Beginn des Weltkrieges die Organisation spalteten und die übergroße Mehrheit der Stuttgarter revolutionären Sozialdemokraten sich der oppositionellen Gruppierung anschloß. Von 1912 an vertrat er die Linken im württembergischen Landtag. Wegen seines konsequenten Kampfes gegen den imperialistischen Krieg wurde er unter Mißachtung seiner Immunität 1917 zum Militär eingezogen und starb im gleichen Jahr in einem Militärlazarett an der Westfront an Ruhr – viel zu früh für die deutsche Arbeiterklasse. Mit Clara Zetkin verband ihn eine feste Kameradschaft. Wie oft, erinnert sich die Arbeiterveteranin Hertha Walcher, stieg er nach Sillenbuch hinauf, um sich mit ihr zu beraten!

Zu diesen besonders markanten Gestalten in der Stuttgarter Linken kam eine große Anzahl mittlerer und unterer Funktionäre von revolutionärer Gesinnung, kamen auch viele jüngere Genossen, die vorwiegend in der sozialistischen Arbeiterjugend arbeiteten. Eine Reihe von ihnen kämpfte später in der Kommunistischen Partei Deutschlands; einige konnten noch beim Aufbau der DDR mitwirken, so Edwin Hoernle, Heinrich Rau, Jacob Walcher, Albert Schreiner. Andere wie August Thalheimer und Fritz Rück, damals ebenfalls sehr aktiv, trennten sich in den zwanziger Jahren von der revolutionären Arbeiterbewegung.

Von besonderer Bedeutung für die Arbeit der Linken war die Anwesenheit einer Gruppe von Bolschewiki in Stuttgart, die im Einvernehmen mit Lenin Mitglied der Stuttgarter sozialdemokratischen Parteiorganisation geworden waren. Sie gehörten zu den Flüchtlingen, die nach 1905 Rußland verlassen mußten. Clara Zetkin hatte ihnen, vornehmlich in den Bosch-Werken, Arbeit vermittelt.

Zweifellos ging es mit auf Claras Einfluß zurück, daß sich die Opposition in Stuttgart zu entschlossenem, zielstrebigem Vorgehen zusammenfand. Die Stuttgarter Linken trafen sich regelmäßig, so berichtet der Stuttgarter Arbeiterfunktionär und spätere Vorsitzende der württembergischen kommunistischen Landtagsfraktion Karl Schneck in seinen Erinnerungen, zunächst in kleinem Kreis, später auch in größerem, um alle Schritte zu beraten, wichtige politische Entscheidungen vorzubereiten. So kam es, daß sie in der 12 000 Mitglieder starken Ortsgruppe erheblichen Einfluß erlangten, in den letzten Jahren vor dem Krieg nicht nur den Vorstand besetzten, sondern auch zehn von zwölf Bezirksvorständen und die Mehrzahl der Unterkassierer auf ihrer Seite hatten.

Wie Karl Schneck weiter erzählt, führten sie »Mitgliederversammlungen in Fortsetzungen« durch, die von 3 000 bis 4 000 Genossinnen und Genossen besucht wurden. Dort hatten sich die rechten württembergischen Führer mehrfach in recht unbequemer Weise zu verantworten. So groß war der Einfluß der Linken in der Stuttgarter Gruppe, daß die Rechten bei Beginn des ersten Weltkrieges die Gruppe ausschlossen und eine eigene bildeten.

Der Einfluß der Stuttgarter Linken dehnte sich auch auf andere Orte aus. Zudem hatten sie bis in den Krieg hinein die »Stuttgarter Tagwacht« in der Hand, zeitweilig auch die Göppinger »Freie Volkszeitung«.

Konnte Clara Zetkin bei ihrer Überlastung mit Arbeit den Linken in Stuttgart auch nur einen Bruchteil ihrer Zeit widmen, so spielte sie doch bei dieser Entwicklung eine beträchtliche Rolle. Sie nahm öfter an den Besprechungen im kleinen Kreis teil, auf jeden Fall aber, wenn es ihr möglich war, an den Mitgliederversammlungen.

»Clara Zetkin ...«, heißt es in den Erinnerungen von Karl Schneck, »sprach bei den großen Auseinandersetzungen in der Partei immer ein entscheidendes Wort mit, ja, man kann ruhig sagen, oft war ihr Eingreifen der entscheidende Faktor im Widerstreit der Meinungen.« Sie hielt auch, soweit es ihre Kraft gestattete, Kurse, sprach in öffentlichen Versammlungen in Stuttgart und anderen Orten Württembergs wie auch in Baden, Hessen und anderenorts.

Dabei kam ihr das Auto sehr zustatten, das ihr Mann gekauft hatte, und auch, daß sie den jungen schwäbischen Fahrer Hans Dieterle hatte, der mit den Linken durch dick und dünn ging. Er war immer bereit, wenn Clara ihn brauchte, ganz gleich, ob sie im Morgengrauen losfuhren oder die Heimfahrt spät nach Mitternacht gemacht werden mußte.

Clara nahm diese lokalen Versammlungen wie alle anderen Verpflichtung sehr ernst. Wie ernst, zeigt auch eine Erinnerung Hans

Dieterles. »Wir hatten einmal«, erzählte er, »auf dem Wege nach Schwenningen eine Panne, und Clara, sonst die Güte selbst, war schrecklich nervös. Was sollen die Menschen denken, die da auf uns warten! jammerte sie. Die Reparatur dauerte über zwei Stunden, aber Clara bestand darauf, dennoch weiterzufahren – mit Recht, denn die ganze Versammlung war noch beisammen, als wir ankamen. Fest vertrauend auf Claras Zuverlässigkeit, hatten einige Genossen die verflossene Zeit mit Reden ausgefüllt.«

Besondere Dienste leistete Clara Zetkin der württembergischen Opposition als Vorsitzende der Preßkommission, die von den Linken für die »Stuttgarter Tagwacht« eingesetzt wurde und sowohl auf die Geschäftsführung wie auf die Redaktion Einfluß nahm. Es gelang durch Claras geschickte Verhandlungen mit dem Parteivorstand nicht nur, daß nach der Entlassung Westmeyers und eines zweiten linken Redakteurs, dennoch eine für die Linken annehmbare Redaktion eingesetzt wurde, die bis zum Anfang des Krieges tätig war; sie half auch, den kämpferischen Geist und die revolutionäre Linie zu entwickeln.

War Clara auf solche Weise mit ihren linken württembergischen Freunden verbunden, so wußten diese ihre Bedeutung wohl zu schätzen. Bis zum heutigen Tage gedenken die Kommunisten Württembergs ihrer Kampfgefährtin, die ihnen damals und in den schweren Kämpfen, die mit dem ersten Weltkrieg einsetzten, so vieles gab, in besonderer Dankbarkeit und Verehrung. Was aber jene bitteren Jahre vor dem Weltkrieg betrifft, so mag der Halt, den Clara Zetkin in der Gemeinschaft ihrer württembergischen Genossen fand, wohl mit dazu beigetragen haben, daß Clara nach wie vor, namentlich in ihrem öffentlichen Auftreten, jenen Zauber ausstrahlte, jene Gewalt über ihre Hörer hatte, die nicht nur zu Beifallsstürmen führten, sondern die Begegnung mit Clara Zetkin zu einem unvergeßlichen Erlebnis machten.

Ruf an die Frauen der Welt

»Sie spricht. Sie spricht nicht wie eine einzelne Frau, wie eine Frau, die für sich selbst eine große Wahrheit gewonnen hat, wie eine Frau, der außerordentliche Umstände die Kenntnisse und Fähigkeiten eines Mannes gegeben haben, wie eine geniale Frau, die aus dem Laboratorium der Menschheit hervorgegangen ist.

Sie spricht vielmehr wie eine Frau für alle andern Frauen, um auszudrücken, was alle Frauen einer Klasse denken. Sie spricht wie eine Frau, deren Denken sich in der Unterdrückung, mitten in der unterdrückten Klasse gebildet hat. Sie ist keine Ausnahmeerscheinung. Was sie sagt, gilt, weil Tausende und Millionen von Frauen mit ihr dasselbe sagen. Sie hat ihre Bildung empfangen wie jene, nicht in der gesicherten Ruhe des Studiums und des Reichtums, sondern im Kampf gegen Elend und Ausbeutung. Sie ist einfach die in hohem Grad vollendete Erscheinung der neuen Frau, die nichts mehr zu tun hat mit jener Puppe, die Versklavung, Prostitution und Nichtstun bis zum heutigen Tage zum Gegenstand der Lieder und Gesänge der Dichter aller menschlichen Gesellschaftsformen gemacht haben.

Sie ist die Frau von morgen, oder besser, wagen wir es auszusprechen: Sie ist die Frau von heute.«

Diese Sätze sind dem Roman des französischen Dichters Louis Aragon »Die Glocken von Basel« entnommen. Sie beziehen sich auf jene Rede Clara Zetkins, die den Höhepunkt ihres Kampfes vor dem ersten Weltkrieg bildet und – von Generation zu Generation weitergegeben – Millionen und aber Millionen Frauen, Männer und Jugendliche erreicht hat.

Clara Zetkin hielt sie im Saal der Burgvogtei zu Basel auf dem Internationalen Sozialistenkongreß Ende November 1912 in einer Atmosphäre neuer, durch ganz Europa gehender politischer Erregung.

Im Oktober 1912 war der Balkankrieg ausgebrochen. In den Befreiungskrieg der Balkanvölker mischten sich die europäischen Großmächte, insbesondere die österreichisch-ungarische Monarchie, die, ermuntert durch den deutschen Imperialismus, Bosnien an sich gerissen hatte. Ein Jahr nach der Marokkokrise war die Gefahr eines Weltkrieges erneut akut, gingen die Arbeiter Europas wiederum auf die Straße.

Diesmal war die Massenempörung so groß, daß das Internationale Sozialistische Büro einen außerordentlichen internationalen Kongreß hatte einberufen müssen. Clara Zetkin wohnte ihm als Vertreterin der internationalen sozialistischen Frauenbewegung bei. Ihr waren fünf Minuten Redezeit gewährt. Sie verstand sie zu nutzen.

»Daß ich die Bedeutung unserer Mitwirkung als Mütter stark betonen mußte«, schrieb sie einige Zeit nach ihrem Auftreten auf dem Kongreß an ihre holländische Freundin Heleen Ankersmit, »das stand für mich von vornherein fest, ich hielt es aber für meine Pflicht als Sozialistin, auch in dieser Hinsicht klar zum Ausdruck zu bringen, welch tiefe grundsätzliche Kluft uns von den vulgären bürgerlichen Friedensaposteln trennt. Ich hielt es für meine Aufgabe, unverhüllt zum Ausdruck kommen zu lassen, daß ich nicht als Frau und Mutter ›an und für sich und als solche‹ spräche, vielmehr als sozialistische Frau und Mutter, das besagt aber als Kämpferin.«

»Wie immer sich die sozialen Verhältnisse im Laufe der Zeiten gewandelt haben«, sagte sie in Basel, »ist durch die Jahrhunderttausende mit unserem Geschlecht die Aufgabe gegangen, neues menschliches Leben zu tragen, zu hegen und zu pflegen. Diese Aufgabe ist unsere Bürde gewesen und unsere Glückseligkeit auch. Alles, was in uns lebt als persönlicher Ausdruck allgemeiner Menschheitsentwicklung, allgemeiner Kulturideale, empört sich, wendet sich schaudernd ab von dem Gedanken an die drohende Massenzerstörung, Massenvernichtung menschlicher Leben im modernen Kriege. Haben nicht alle diese Leben einst unter dem Herzen einer Mutter gelegen, sind sie nicht von einer Mutter in Leid und Freud betreut worden? ... Sind es nicht die Söhne der werktätigen Massen, die getäuscht, verhetzt, verblendet gegeneinandergeführt werden, um einander abzuschlachten? Sie, die Brüder, Genossen sein sollten im Kampfe für die gleiche Freiheit!

Gegen dieses Verbrechen wehren wir uns als Frauen und Mütter. Wir denken nicht bloß an die zerschmetterten, zerfetzten Leiber unserer Angehörigen, wir denken nicht weniger an den Massenmord der Seelen, der eine unausbleibliche Folge des Krieges ist. Er bedroht, was wir als Mütter in die Seele unserer Kinder gesät, was wir ihnen übergeben haben als das kostbarste Erbe der Kultur, der Menschheitsentwicklung. Es ist das Bewußtsein der internationalen Solidarität, der Völkerverbrüderung ...

Wenn wir Frauen und Mütter uns gegen den Massenmord erheben, so geschieht das nicht, weil wir in Selbstsucht und Kleinmut unfähig wären, um großer Ziele und Ideale willen große Opfer zu bringen. Wir sind durch die harte Schule des Lebens in der kapitalistischen Ordnung gegangen, und wir sind in ihr zu Kämpferinnen geworden. Uns ist die Stärke zu Opfern gekommen, die viel schwerer fallen als die Hingabe unseres eigenen Blutes. Darum können wir die Unsrigen kämpfen und fallen sehen, wenn es die Sache der Freiheit gilt ... Unsere brennende Sorge soll eine Entwicklung des heranwachsenden Geschlechts sein, die unsere Söhne davor bewahrt, zum Brudermord für kapitalistische und dynastische Interessen, für die kulturwidrigen Zwecke des Profits, der Herrschsucht, des Ehrgeizes einer Minderheit gezwungen zu werden, die sie aber gleichzeitig stark und reif macht, in freiem, zielbewußtem Wollen ihre ganze Existenz im Freiheitskampf einzusetzen.«

Über die Frauen hinaus wandte sie sich an die Völker: »Für den entfalteten Kapitalismus sind Kriegsrüstungen und Kriege Lebensnotwendigkeiten, durch sie sucht er seine Herrschaft aufrechtzuerhalten. Er macht daher die gewaltigsten Machtmittel dem Kriege verschwenderisch dienstbar: die Ergebnisse wissenschaftlicher Forschung, Wunder der Technik, ungezählte Reichtümer, Millionen Menschen. Daher kann das internationale Proletariat in seinem Kriege gegen den Krieg nur erfolgreich sein, wenn auch von seiner Seite in gewaltigen Massenaktionen alle verfügbaren Machtmittel aufgeboten, alle Kräfte mobilisiert werden.«

Wie ihr Appell an die Frauen und Mütter sind auch diese Worte bis zum heutigen Tage voll gültig.

»Schreien muß ich es dem Sturme«

Als Clara Zetkin ihre Rede vor dem Internationalen Sozialistenkongreß zu Basel hielt, betrieb der deutsche Imperialismus fieberhaft seine letzten Vorbereitungen für die kriegerische Auseinandersetzung im Weltmaßstabe.

Am 10. und 14. Mai 1912 stimmte die Mehrheit des Deutschen Reichstages einer Doppelvorlage über die weitere Vergrößerung von Heer und Marine zu. Ein drittes Flottengeschwader sollte gebildet, die Zahl der Großkampfschiffe auf 61 erhöht werden. Da die englischen und französischen Imperialisten die Antwort nicht schuldig blieben, folgte im Frühjahr 1913 eine weitere, für die damalige Zeit ungeheuerliche Rüstungsvorlage, die die Friedensstärke des Heeres von 600 000 auf 900 000 steigern sollte und eine Mehrausgabe von 1,3 Milliarden zum laufenden Etat brachte. Dabei waren die Militärausgaben des Deutschen Reiches bereits höher als die von England und Frankreich zusammen.

Hand in Hand mit der Rüstungssteigerung verschärften sich die ideologischen Kriegsvorbereitungen. Die Phrasen vom »Volk ohne Raum« und vom »Platz an der Sonne« erklangen häufiger und herausfordernder als in den Jahren vorher. Neue chauvinistische Hetzwellen überschwemmten das Land. Maßnahmen wurden getroffen, die Jugend noch enger als zuvor in die Kriegsvorbereitungen einzubeziehen. Im November 1911 wurde der halbmilitärische Jungdeutschlandbund geschaffen. Kurz vor Ausbruch des Krieges waren ihm nahezu alle bürgerlichen Jugendorganisationen angeschlossen. Die Arbeiterjugend war dem ärgsten Terror der Behörden ausgesetzt. Die Drohungen gegen die Sozialdemokratie und die freien Gewerkschaften mehrten sich, wurden immer unverhüllter.

Die Sozialdemokratie aber, die bei den Reichstagswahlen vom Januar 1912 4 250 000 von insgesamt 12 200 000 Stimmen erhalten hatte, Stimmen von Deutschen, die in dieser Partei die berufene Kämpferin gegen die Kriegsgefahr sahen, versank immer tiefer im Sumpf des Opportunismus. Am 30. Juni 1913 stimmte die sozialdemokratische Reichstagsfraktion zur Empörung der Linken dem einmaligen Wehrbeitrag zur Finanzierung der von ihr zuvor abgelehnten Heeresvorlage zu, damit ihren Verrat vom 4. August 1914 vorbereitend.

Gegen die Linken aber, und ganz besonders gegen ihre Führer, konzentrierte sich der Haß der Reaktion. Karl Liebknecht, der 1913 im Reichstag die hochverräterischen Umtriebe der deutschen Rüstungsmonopole enthüllte, die mit der ausländischen Rüstungsindustrie einen Ring bildeten, Patente auslieferten, Waffen dorthin verkauften, wo sie im Kriegsfall gegen deutsche Soldaten verwendet werden würden, erhielt Berge von Drohbriefen.

Rosa Luxemburg, wegen ihrer Propaganda gegen die Kriegsvorbereitungen der Reaktion besonders verhaßt, wurde vor Gericht gestellt und verurteilt, weil sie in einer Versammlung in Frankfurt am Main die Arbeiter aufgefordert hatte, die Waffen nicht auf ihre Klassenbrüder in anderen Ländern zu richten.

Clara Zetkin stand gleichfalls obenan auf der schwarzen Liste. Das sollte ihr bei Ausbruch des Krieges drastisch klargemacht werden.

Innerhalb der Sozialdemokratischen Partei waren die Linken nachgerade einem Kesseltreiben ausgesetzt – sowohl ihre Führer als auch die unteren Funktionäre und einfachen Parteimitglieder. Es hagelte Angriffe und Verleumdungen. Die Parteipresse war den Linken nahezu gesperrt. Franz Mehring wurde aus dem theoretischen Organ der Sozialdemokratie, der »Neuen Zeit«, herausgedrängt. Clara Zetkin sollte die »Gleichheit« entrissen werden. Auf den Parteitagen mehrten sich die Stimmen, die eine andere, »leichter verständliche« Frauenzeitung verlangten. In Wirklichkeit war die politische Linie der »Gleichheit« gemeint. Clara Zetkin verteidigte die Zeitung und konnte es um so besser, als die »Gleichheit« nicht nur Parteizeitung, sondern auch internationales Organ der Sozialistinnen war, an das der Parteivorstand nicht ohne weiteres herankonnte. Mit ihrer Auflage von 140 000, die sie vor dem Weltkrieg erreicht hatte, war die »Gleichheit« nahezu das einzige Massenorgan, das den deutschen Linken noch zur Verfügung stand. Sie war Zehntausenden deutschen Revolutionären Helferin im Kampf, reichte in ihrer Wirkung auch über die deutschen Grenzen hinaus. Zu ihren Lesern gehörte W. I. Lenin, der den Kampf der deutschen Linken aufmerksam verfolgte. Dies bestätigt der Arbeiterveteran Robert Siewert, der 1911 in Zürich den Literaturvertrieb des internationalen Arbeitervereins leitete. Er berichtet, daß Lenin, vor seinem Literaturstand von Genossen befragt, welche deutschsprachige Zeitung er ihnen empfehlen könne, die »Gleichheit« in die Hand nahm. Diese Zeitschrift, sagte er, müßt ihr lesen; hier findet ihr alles, was ihr braucht.

Clara Zetkins revolutionäre Propaganda nahm ungeachtet der Angriffe durch die Rechten an revolutionärer Schärfe zu. »Schreien muß ich es dem Sturme«, diese Worte Adelbert von Chamissos kann man über ihre Tätigkeit in diesen Vorkriegsjahren setzen.

Sie forderte vor dem Kriege immer eindringlicher, daß die Arbeiter gegen die Imperialisten alle ihnen verfügbaren Waffen des Kampfes, vor allem den politischen Massenstreik, anwenden sollten. »Wir sind die Kraft!« erklärte sie in ihrem Leitartikel zum 1. Mai 1913. »Als Demonstration gegen Wettrüsten und Kriegshetze, als Kundgebung für großzügige Reformen, als Auftakt zu dem Wahlkampf in Preußen muß die Maifeier mehr als je im Zeichen dieser Losung stehen.« Alle Räder stehen still, wenn Dein starker Arm es will! – das sagte sie den Arbeitern wieder und wieder.

Wie es nicht anders sein konnte, gehörte sie zu den schärfsten Anklägern der Kreditbewilliger im Deutschen Reichstag. Nach wie vor rang sie erbittert um die Durchsetzung revolutionärer Auffassungen in der Partei, rieb sich auf in den Sitzungen der zentralen und der württembergischen Parteigremien, denen sie angehörte, versäumte keine einzige Sitzung, um was immer es sich auch handeln mochte. War sie daheim, schrieb und studierte sie. Es war ein Leben, das ihr geschwächter Körper unmöglich durchhalten konnte und für das sie während des Krieges schwer zahlen mußte.

»Sie ging abends als letzte zu Bett, nach Mitternacht, war morgens um sechs wieder bei der Arbeit. Zuweilen fanden wir sie eingeschlafen auf dem Sessel vor ihrem Schreibtisch. Wann schläft Clara? fragten wir uns oft angstvoll.« Das erzählte der Autorin Claras Nichte Elisabeth Luft, die damals oft in Sillenbuch war. Rosa Luxemburg versuchte, die Freundin ihrem fieberhaften Mühen zuweilen zu entreißen. Vergebens.

»Bitte, laß das Jammern über Dein ›Vegetieren‹«, schrieb sie ihr später, am 1.Juli 1917, aus der Festung Wronke. »Gerade dies ist es, was Dir not tut, hast Du doch durch Dein wahnwitziges Drauflosschaffen Tage und Nächte durch während der ganzen Jahre, seit ich Dich kenne, ein solches Defizit an Ruhe und Ausspannen angehäuft, daß es jetzt durch Jahre von ›Vegetieren‹ kaum ausgeglichen werden kann. Daß ich das Pech haben muß, gerade in dieser nie dagewesenen Zeit Deines ›Vegetierens‹ nicht dabei sein zu können, um mit Dir wenigstens ein paar Tage lang ruhig zusammen im Garten zu sitzen oder im Walde zu spazieren und über alles zu plaudern. Gelang mir doch sonst weder in Berlin noch in Stuttgart je, Dich von Deinen ewigen Sitzungen, Manuskripten und Korrekturen loszukriegen und mit Dir ein bißchen ›menschlich‹ zusammenzuleben.« Diese Worte Rosa Luxemburgs beziehen sich vornehmlich auf die letzten Jahre vor dem Weltkrieg.

Was studierte Clara in dieser Zeit? Ihre Artikel und Reden verraten es uns. Neben den politischen Vorgängen in Deutschland und den Fragen der sozialdemokratischen Taktik beschäftigten sie die großen internationalen Ereignisse: die Entwicklung in Rußland, wo die revolutionäre Bewegung nach der Niederlage von 1907 einen neuen Aufschwung nahm; die bürgerliche Revolution in China unter der Führung Sun Yat-sens; die Lage auf dem Balkan und – vor allem anderen – die Frage Imperialismus, die so akut geworden war, daß sie als Thema auf den Parteitag der Sozialdemokratischen Partei 1912 gesetzt wurde.

Clara Zetkin hat, so stark sie von der Jahrhundertwende an zum Kampf gegen den deutschen Imperialismus beitrug, zum eigentlichen Problem des Imperialismus keinen theoretischen Beitrag geleistet. Sie ist jedoch bei ihren Studien, wie die übrigen Linken, zu Teilerkenntnissen gekommen. So sprach sie, beispielsweise in Basel, wie ihre Freunde vom entfalteten Kapitalismus, wies auch in ihrer Rede auf der Frauenkonferenz von 1911 darauf hin, daß sich das Kapital in immer weniger Händen konzentriere, hatte schon vor der Jahrhundertwende und auch später immer wieder betont, daß Monopolismus Verschärfung aller Widersprüche des Kapitalismus bedeute. Auch sie war wie die übrigen Linken der Meinung, daß die Zeit reif geworden sei für die proletarische Revolution. Doch sah sie so wenig wie ihre Freunde, daß der Imperialismus durch das gesetzmäßige Entstehen einer Arbeiteraristokratie im Opportunismus eine feste Stütze in der Arbeiterklasse besaß. Sie unterschätzte daher nicht nur die Rechten, sondern auch die Zentristen, setzte auch ungerechtfertigt große Hoffnungen auf die revolutionäre Grundhaltung breiter Massen, von denen sie im Falle eines Kriegsausbruchs spontane Aktionen erwartete, obwohl gerade sie die Bedeutung des organisatorischen Zusammenschlusses unter einer festen Führung besonders gut kannte.

Trotz dieser Schwächen aber tritt eines hervor und muß klar und entschieden gesagt werden: Wie die übrigen Linken erkannte Clara Zetkin im Imperialismus den Todfeind der Menschheit, der überwunden werden muß, wußte sie ganz sicher das eine: Imperialismus bedeutet Krieg. Und sie handelte dieser Erkenntnis entsprechend. Das trennt sie scharf von den Kautsky und Haase, den Führern der Zentristen.

Wie alle übrigen Linken, wie vor allem Rosa Luxemburg und Karl Liebknecht, so kämpfte auch Clara Zetkin bis zuletzt gegen die herannahende Kriegskatastrophe.

Ein flammender Protest gegen die Verurteilung Rosa Luxemburgs, ein Kampfaufruf zum Internationalen Frauentag im März 1914, die Organisierung einer internationalen Antikriegsdemonstration der Frauen in Berlin im April – das waren Claras letzte große Friedensaktionen vor Ausbruch des ersten Weltkrieges.

Und schließlich erhob sie ihre Stimme noch einmal in der »Gleichheit«. Unmittelbar vor Kriegsbeginn schrieb sie: »Verlieren wir keine Minute Zeit. Der Krieg steht vor dem Tor ... Lassen wir den Herrschenden und Besitzenden keinen Zweifel an dem Ernst unserer Entschlossenheit, bis zum letzten Hauch für den Frieden alles dranzugeben. Die ausgebeuteten Massen sind stark genug, auf ihren Schultern den Bau der ganzen heutigen Ordnung zu tragen ... Und sie sollten sich zu schwach erweisen, vor dem Darben zurückschrecken, Gefahren und Tod scheuen, wenn der Kampf für Frieden und Freiheit ruft? ... Das gewaltige Friedensgebot der arbeitenden Massen muß in den Straßen das mordspatriotische Geschrei zum Schweigen bringen. Und wo zwei oder drei ausgebeutete Männer und Frauen versammelt sind, da muß der Abscheu gegen den Krieg, der Wille zum Frieden unter ihnen sein ... Die Wucht, mit der die proletarischen Massen sich der Weltkriegsfurie entgegenstellen, wird eine gewonnene Schlacht in ihrem Befreiungskampfe sein. Die revolutionäre Energie und Leidenschaft ihres Auftretens ... wird ihnen Gefahren bringen und Opfer auferlegen. Was tut es? Es gibt Augenblicke im Leben des einzelnen und der Völker, wo man nur alles gewinnt, wenn man alles einsetzt. Ein solcher Augenblick ist da.«

Als dieser Artikel in der »Gleichheit« vom 5. August erschien, war der imperialistische Krieg bereits ausgebrochen, der Verrat der sozialdemokratischen Reichstagsfraktion vollzogen, und schon kurz danach wurde die »Gleichheit« unter Vorzensur gestellt.

Einzig die Linken unter Führung von Karl Liebknecht, Rosa Luxemburg, Franz Mehring und Clara Zetkin verteidigten in Deutschland die revolutionären Prinzipien und Traditionen der deutschen Arbeiterklasse, die Beschlüsse von Stuttgart und Basel, den proletarischen Internationalismus; sie enthüllten vor den Massen den imperialistischen Charakter des Krieges und riefen sie zum Kampf gegen ihn auf.

IV. Teil

Der Krieg

1914–1917

»Das Proletariat aller Länder muß selbst die Initiative zur Friedensbewegung ergreifen und aus einem toten Buchstaben zur lebendigen Wirklichkeit wandeln, was die Beschlüsse der Internationalen Sozialistenkongresse zu Stuttgart, Kopenhagen und Basel als Pflicht erklärten. Deshalb kein Verzichten auf den Sozialismus, umgekehrt: mehr internationaler Sozialismus, der den ganzen Menschen ergreift und aus dem der Wille zur Tat geboren wird.

Clara Zetkin

»Alles lernen, nichts vergessen!«

Karl Liebknecht

Clara Zetkin an Heleen Ankersmit

Aus einem Brief vom 3. Dezember 1914
»Liebe Genossin Ankersmit!
Zuerst nochmals die Sie beruhigende Mitteilung, daß ich vermutlich alle Ihre Zusendungen erhalten habe ... Ich schickte Ihnen zweimal meinen Aufruf als Internationale Sekretärin, in dem ich die Genossinnen aller Länder aufforderte, für den Frieden zu wirken. Das eine Exemplar lag zwischen alten Nummern der ›Gleichheit‹. Ich teilte Ihnen das in einer offenen Karte mit und bat um Empfangsbestätigung. Solche habe ich bis heute nicht erhalten, obgleich seitdem 14 Tage ins Land gegangen sind. Ich lege Ihnen nun den Aufruf nochmals in 2 Exemplaren bei, bitte Sie, für die rasche Veröffentlichung in der holländischen Parteipresse zu sorgen und ein Exemplar des deutschen Textes sicher an unsere englischen Genossinnen zu schicken. Mary Longman wird ihn gern und gut übersetzen.

Wundern Sie sich nicht, wenn ich Ihnen selten und nichtssagend schreibe. Solange die Briefe aus Deutschland offen gehen müssen, kann es nicht anders sein. Abgesehen von dem allgemeinen Zustand kommt in meinem Falle noch dazu, daß die Behörden meiner Überzeugung und Haltung wegen ein ›besonderes Auge‹ auf mich haben. Es ist gar kein Zweifel, daß ich persönlich wenigstens zeitweilig überwacht werde und daß meine Korrespondenz einer ›sorgsamen‹ Kontrolle untersteht. So überflüssig und lächerlich das ist, so lästig macht es sich fühlbar. Es kommt darin nicht bloß die allgemeine Situation zum Ausdruck, sondern auch – und das ist das Niederdrückende, Demütigende daran – der politische und moralische Bankrott der deutschen Sozialdemokratie, soweit sie jetzt als offizielle Partei existiert. Wenn ich Ihnen von alledem spreche, so geschieht dies nicht nur, damit Sie die Schwierigkeiten verstehen, die meine Tätigkeit als Internationale Sekretärin behindern, sondern auch, damit Sie die Entwicklung innerhalb der deutschen Sozialdemokratie kennenlernen und damit das Milieu, in dem wir jetzt hier leben und weben. Ich benutze die Gunst des Zufalls, Ihnen einen Brief zu schicken. Was ich Ihnen schreibe, ist zu Ihrer Information bestimmt wie zur Aufklärung der mit ihnen arbeitenden führenden Genossinnen, nicht aber zur Veröffentlichung. Damit will ich natürlich nicht etwa sagen, daß Sie die Tatsachen verschweigen sollen, die ich Ihnen mitteile ... Nur dürfen Sie – wie die Dinge liegen – meine Mitteilungen nicht als Brief von mir veröffentlichen. Meine Arbeit in Deutschland – die nationale wie internationale – würde sonst vollständig unterbunden.

Das Verhängnisvollste der gegenwärtigen Situation ist, daß der Imperialismus alle Kräfte des Proletariats, alle Einrichtungen und Waffen, die seine kämpfende Vorhut für den Befreiungskampf geschaffen hat, in den Dienst seiner Zwecke genommen hat. Daß er dies so restlos tun konnte, daran trägt die Sozialdemokratie die Hauptschuld und Hauptverantwortlichkeit vor der Internationale und der Geschichte. Die Bewilligung der Kriegskredite hat das Signal zu einem ebenso weitfassenden als schimpflichen Mauserungsprozeß der Mehrheit der deutschen Sozialdemokratie gegeben. Diese Mehrheit ist heute nicht mehr proletarische, sozialistische Klassenkampfpartei, sondern nationalistische soziale Reformpartei, die sich für Annexionen und Kolonialeroberungen begeistert. Ein Teil noch mit Phrase, ein anderer sans phrase.

Der Umwandlungsprozeß vollzieht sich um so schneller, als der Krieg eine Treibhausatmosphäre für diese Entwicklung schafft und der größte Teil unserer jüngeren, geschulten und energischen Genossen im Felde steht. Unsere Organisationen sind mehr als dezimiert. Unsere Kassen werden durch Unterstützungen geleert. In den Mitgliederversammlungen darf nur verhandelt werden, was die Behörden gestatten. Ein Teil der Parteiführer und Parteibürokraten geht noch weiter als sie und macht mittels des Organisationsapparates die Erörterung von Gegenständen unmöglich, die zur Beleuchtung der Ursachen und des Charakters des Krieges führen müßten, zur Kritik an der Haltung unserer Partei, zur Forderung: Friede, keine Annexionen etc. Von den 91 Organen unserer Parteipresse, von den vielen Gewerkschaftsblättern ist die erdrückende Mehrzahl durch und durch nationalistisch, ja chauvinistisch, und nicht wenige übertreffen an mordspatriotischer Gesinnungstüchtigkeit die anständigeren und besonnenen bürgerlichen Blätter. Sozialdemokratische und gewerkschaftliche Organe haben den völkerrechtswidrigen Einbruch in Belgien gebilligt, die Niedermetzelung aller als Franktireurs Verdächtigen, ihrer Frauen und Kinder, die Einäscherung ihrer Heimstätten in ganzen Ortschaften und Bezirken. Sozialdemokratische und gewerkschaftliche Organe fordern die Annexion des ganzen Landes von Antwerpen bis Calais, von ganz Lothringen etc. ...

Gewiß, liebe Genossin Ankersmit, es ist in der Sozialdemokratie und außerhalb ihrer in den proletarischen Massen eine zielklare und entschiedene Opposition gegen diesen Stand der Dinge und seine weitere Entwicklung vorhanden. Sie wissen ja, daß in der sozialdemokratischen Reichstagsfraktion 14 Mitglieder am 4. August gegen die Bewilligung der Kriegskredite waren. Weitere 3 Abgeordnete hätten sich ihnen zugesellt, würden sie an der Sitzung teilgenommen haben. In allen großen Orten ist Unzufriedenheit und Gärung vorhanden. Allein, die Opposition ist gefesselt und geknebelt. Der Belagerungszustand macht es ihr ganz unmöglich, in den Organisationen und der Presse zu Wort zu kommen. Die ›Revisionisten‹ – um diesen Ausdruck zu brauchen, der heute aber viel weiter faßt als früher und die Mehrheit der Genossen und Gewerkschaftler deckt – nutzen den Belagerungszustand systematisch und skrupellos aus, um den Massen ihren Standpunkt aufzureden, ja, aufzuzwingen und die Opposition vollends mundtot zu machen. Sie vermögen das um so leichter zu tun, als sie die unverhüllte oder auch verhüllte Gunst der Behörden für ihre Bestrebungen haben und als sich der größte Teil der Arbeiterpresse und der Organisationsleitungen in ihrer Hand befindet. Innerhalb der Organisationen stoßen die ›Revisionisten‹ mit ihren Bestrebungen jetzt nur auf schwachen Widerstand, eben weil die jüngeren und entschiedensten Genossen draußen ihrer Militärpflicht genügen. So ist die Opposition gegen die Verleugnung der sozialistischen Grundsätze wohl da, aber sie kann nicht reden und kann sich nicht zählen. Alles, was sie tun kann, beschränkt sich darauf, den Gang der Dinge genau zu verfolgen, ihn kritisch an unserer sozialistischen Auffassung zu prüfen, sich dem Verfall entgegenzuwerfen, wo und wie es geht, und eine Sammlung der zielklaren, entschiedenen Elemente für die unvermeidliche grundsätzliche Auseinandersetzung vorzubereiten. Ich sage die unvermeidliche Auseinandersetzung, weil eine solche der entschiedenen Linken bei allem Wünschen der Einheit der Partei durch die Entwicklung der Rechten aufgezwungen wird, die immer rascher und vollständiger über Bord wirft, was von der stolzen Vergangenheit und Tradition der deutschen Sozialdemokratie geblieben ist ...

Brauche ich Ihnen erst auseinanderzusetzen, liebe Freundin Ankersmit, daß und warum ich zur opponierenden Minderheit gehöre? Ich glaube, meine Lebensarbeit sagt Ihnen darüber genug. Sie haben wohl auch die Erklärung gelesen, die ich zusammen mit Rosa Luxemburg und den Genossen Liebknecht und Mehring veröffentlichte. Ich habe es von Anfang an als Ehrenpflicht der ›Gleichheit‹ angesehen, ein sozialistisches Blatt zu bleiben und unbefleckt von chauvinistischen Tendenzen das Banner zu erhalten, das sie nun fast ein Vierteljahrhundert den Frauen voranträgt. Es dünkt mir dies um so selbstverständlicher, als die ›Gleichheit‹ ja auch das internationale Organ der Genossinnen ist ... Ich habe auch die Genugtuung, daß die Haltung der ›Gleichheit‹ verstanden und gewürdigt wird. In den fast 24 Jahren, die ich die ›Gleichheit‹ redigiere, habe ich noch in keiner Periode ihrer kampffreichen Existenz soviel Zustimmungskundgebungen erhalten. Aus allen Gegenden des Reichs, von Frauen und Männern, von politisch und gewerkschaftlich Organisierten.

Aber, liebe Genossin, die ›Gleichheit‹ ist wegen ihrer Haltung den willkürlichsten Drangsalierungen durch die Zensur und das Militärkommando preisgegeben. Sie müssen bedenken, daß wir unter dem verhängten Belagerungszustand schlimmer daran sind als unter dem Sozialistengesetz. Dieses band die Behörden an bestimmte Normen, und uns blieb das Recht, ihre Entscheidungen vor Gericht anzufechten, unsere Sache vor alle Instanzen zu bringen und schließlich im Reichstag verfechten zu lassen. Bindende Normen kennt der Belagerungszustand nicht. Die Oberste Heeresleitung und ihre Vertretung in den einzelnen Bezirken kann ganz souverän verfügen, ohne Angabe von Gründen, und ihre Maßnahmen können nicht vor Gericht angefochten werden. Im Reichstag aber hat die Sozialdemokratie sich freiwillig knebeln lassen ... Die Behörden vermerken mit Unwillen, daß das Blatt nicht in den teutonischen Bardenchor der Parteipresse einstimmt. Gerade weil die ›Gleichheit‹ einen Ruf und ein Ansehen hat. Sie brauchen und mißbrauchen ihre Macht, um das Blatt dafür zu züchtigen, daß es sich ›beharrlich weigert, sich der großen Bewegung der Zeit und des Volkes anzupassen‹. Sie tun das um so überzeugter und rücksichtsloser, als sie wissen, daß unsere Zeitschrift mit ihrer Haltung leider in der Partei sehr isoliert steht; daß ein großer Teil der anderen Arbeiterblätter diese Haltung mißbilligt; ja, daß gar manche Genossen und Gewerkschaftler offen oder versteckt Beifall zu jedem Schlag klatschen, der die ›Gleichheit‹ trifft. Es fehlt sogar nicht an Leuten, denen nichts lieber wäre, als wenn dieses ›radikale Krakeelblatt‹ ganz verboten würde. Es ist beschämend, liebe Genossin Ankersmit, aber es ist so: Man braucht nicht die Finger beider Hände, um von den 91 Organen der Partei – die Gewerkschaftsblätter nicht mitgerechnet – jene aufzuzählen, die mutig und unbeirrt sich auf der gleichen Linie wie die ›Gleichheit‹ halten ... ›Gleichheit‹ Nr. 23 wurde konfisziert, obgleich sie noch vor dem Krieg geschrieben und gedruckt worden war und nach mehreren Wochen wieder freigegeben werden mußte. Als das Blatt wieder erscheinen durfte, waren wir zur äußersten Vorsicht gezwungen, wir mußten tastend das Terrain für den Versuch sondieren, zunächst wenigstens einen Teil der zerrissenen Verbindungen wiederherzustellen. Die Behörden hatten nämlich auch alle Bücher und Adressen des Verlags beschlagnahmt. Natürlich wachten sie auch mit Argusaugen über jedes Wort ... Bei jeder Nummer gab es nun die behördlichen Beanstandungen. Die Präventivzensur strich, was ihr mißfiel, oft in der kleinlichsten, ja in lächerlicher Weise. In den ersten Nummern nach dem Wiedererscheinen suchte ich die gestrichenen Stellen so gut als möglich durch neue Sätze ›zu flicken‹, die den Behörden nicht ›anstößig‹ erschienen. Es war dies eine schwere Arbeit, bei der ich meiner Überzeugung nichts zu vergeben suchte, die mich aber doch zwang, manches zu schlucken. Nach einigen Nummern war mir jedoch klargeworden, daß es um der Sache willen besser sei, einen andern Weg zu wandeln. Die ›geflickten‹ Stellen wurden leicht unklar und trugen die Gefahr in sich, mißverstanden zu werden … Deshalb lehnte ich nun Änderungen grundsätzlich ab und ließ die von der Zensur gestrichenen Stellen leer und weiß. Ich hoffe, daß die meisten Genossinnen aus dem gesamten Gedankeninhalt eines Artikels und seiner Logik das Fehlende ergänzen und den gestörten Zusammenhang finden. Außerdem reden die weißen Stellen ihre eigene Sprache …

Liebe Genossin Ankersmit, als der Krieg ausbrach, aller Verkehr mit dem Ausland gesperrt war und alle Verbindungsfäden zwischen den Genossinnen der einzelnen Länder zerrissen schienen, sagte ich mir sofort: *Nun erst recht!* Es war mir klar, daß ich als Internationale Sekretärin sobald als möglich danach trachten mußte, die Verbindungen wiederherzustellen, die Genossinnen zu sammeln und für eine gemeinsame Aufgabe wieder in Reih und Glied zu stellen. Ich war weiter nicht im Zweifel darüber, daß es zunächst nur eine solche gemeinsame Aufgabe geben könne: die Arbeit, den Kampf *für den Frieden*, und zwar einen Frieden, wie er den sozialistischen Grundsätzen entspricht und für den wir Sozialistinnen in allen Ländern mit Ausnutzung aller uns verfügbaren Mittel wirken müßten. Meiner Ansicht nach ist es das stolze Vorrecht und die Ehrenpflicht der Sozialistischen Fraueninternationale, jetzt, in dem Kampf für den Frieden, den Frauen aller Klassen und Länder weckend und führend voranzugehen …

Wir können über mancherlei korrespondieren, indem wir von der Internationale als der großen Familie reden, von den Parteien der einzelnen Länder als den ›näheren Verwandten‹, von den Zusammenkünften etc. als von Konzerten, Hochzeiten etc. Wir werden schon herausfinden, worauf es ankommt. Sehr gut wäre es ja, wenn Sie jemand ganz Zuverlässigen nahe der deutschen Grenze ausfindig machten, der wichtige Briefe für mich auf deutschem Boden einwerfen könnte, so daß sie *verschlossen* expediert würden. Für diesen Fall müßten Sie folgende Adresse benutzen: Fräulein Marie Plettner, bei Fink, Altenbergstraße 1 in Stuttgart. Der Brief für mich müßte besonders kuvertiert sein mit der Aufschrift: Für Clara ...

Ich hoffe, daß Sie es verstehen, warum in diesem endlosen Brief nur der Kopf in trockener Sachlichkeit gesprochen hat. Wollte ich das Herz reden lassen, ich fände kein Ende, und all das Leiden, die Enttäuschung, die Bitterkeit und Verzweiflung der letzten Monate käme aus dem Grunde herauf und alles, was dort jetzt mühsam gebändigt und noch nicht verschmerzt liegt, gebändigt durch den Willen, die Pflicht zu tun bis zuletzt. Als der Zusammenbruch kam, meinte ich, wahnsinnig werden oder mich töten zu müssen. Ich war einen Monat lang schwer krank, und noch jetzt geht es mir nicht gut.

Mein ältester Sohn steht als Arzt in Belgien – das durch einen schändlichen Bruch des Völkerrechts allen Greueln des Kriegs überantwortet wurde –, vielleicht ist er jetzt in Rußland. Ich bin fast ohne Nachricht von ihm. Wie oft die Kunde, daß einer unserer Treuesten, Einfachen gefallen ist. Doch was will das alles besagen angesichts der großen geschichtlichen Stunde, dem Zusammenbruch der Internationale!«

»*Alles lernen, nichts vergessen!*«

Als Clara Zetkin ihren Brief an Heleen Ankersmit schrieb, waren seit Ausbruch des Krieges vier Monate, 122 Tage, vergangen. Und jeder einzelne Tag hatte sich mit seiner Fülle von Enttäuschungen, Kummer, erbittertem Ringen unauslöschlich in ihr Gedächtnis eingebrannt. Auch die sieben Tage, die dem 1. August vorangegangen waren, die Tage, an denen sie mit übermenschlicher

Anstrengung gekämpft hatte, um eine Aktion der Partei, der Internationale zu erreichen.

Am 25. Juli, zwei Tage nach dem erpresserischen Ultimatum Österreich-Ungarns an Serbien, das den Krieg unvermeidlich machte, setzte sie in der Landesversammlung der Sozialdemokraten Württembergs eine Entschließung durch, in der die Genossen sich verpflichteten, mit allen verfügbaren Mitteln gegen den Ausbruch des Krieges zu kämpfen. Danach fuhr sie in aller Hast nach Brüssel, wo das Internationale Sozialistische Büro tagte, forderte als Internationale Frauensekretärin stürmisch, daß das Büro handle. Obwohl sie nicht viel Initiative erwartete – das Büro setzte sich vorwiegend aus Rechten zusammen –, war sie über die offene Ablehnung entsetzt. Nach eiliger Rückkehr sprach sie in Hamburg in einer Versammlung, der letzten vor dem Krieg. Von dort aus fuhr sie nach Berlin, wo sie mit ihren nächsten Freunden beriet, was noch geschehen könnte. Sie waren nur wenige: außer ihr Karl Liebknecht, Franz Mehring, Julian Marchlewski (Karski), die Dunckers, Wilhelm Pieck. Rosa Luxemburg war noch unterwegs. Einige Freunde meinten, daß Clara versuchen sollte, den Parteivorstand zu einer Aktion zu bewegen. Sie fand jedoch das Haus in der Lindenstraße fast leer. Die beiden anwesenden Vorstandsmitglieder, Reformisten, empfingen sie kalt. Die rechten Parteiführer waren sich bereits mit der Reaktion einig.

Als Clara in Stuttgart ankam, wurde – am Nachmittag des 1. August – vom deutschen Kaiser offiziell die Mobilmachung aller Land- und Seestreitkräfte befohlen, am gleichen Tag der Krieg an Rußland erklärt, zwei Tage später an Frankreich. Sie verlebte Tage und Stunden in qualvoller Erwartung, in Hoffnung, die aus der Verzweiflung geboren war. Würde der Parteivorstand sich besinnen, die Arbeiter aufrufen? Würde es zu spontanen Massenaktionen kommen? Nichts geschah. Statt dessen ergriff – von den Militaristen systematisch vorbereitet und organisiert – ein trunkener chauvinistischer Taumel große Massen von Kleinbürgern, selbst Teile der Arbeiterklasse. Menschenmengen wälzten sich durch die Straßen. Schmährufe auf Rußland, Serbien, Frankreich wurden ausgestoßen. Man sang die »Wacht am Rhein« und »Siegreich woll'n wir Frankreich schlagen«. In den Kneipen wurde auf Sieg und Beute getrunken. Auf den Straßen spielten sich auch in dem sonst so gemütlichen Stuttgart hysterische Szenen ab. Plötzlich sprang irgend jemand auf ein Auto und hielt eine chauvinistische Hetzrede, ertönten Hochrufe auf den Kaiser, fielen fremde Menschen einander um den Hals, wurden Autos angehalten, nach Spionen durchsucht. Gerüchte von vergifteten Brunnen, ermordeten Kindern verbreiteten sich. Jugendliche, namentlich die der höheren Schulen, wurden von wilder Kriegsbegeisterung erfaßt. Tausende meldeten sich freiwillig, fürchteten, »zu spät zu kommen«. Schüler, Studenten, ganze Schulklassen, auch junge Arbeiter waren dabei. Der größere Teil der Arbeiterklasse indessen war in dumpfer Unruhe. Würde die Sozialdemokratische Partei etwas unternehmen, das Unheil aufzuhalten?

Hysterie und Feindseligkeit drangen bis nach Sillenbuch hinauf. Menschen, die Clara bisher freundlich gegrüßt hatten, gingen ihr aus dem Wege oder warfen ihr drohende Blicke zu, und das war nicht alles. »Heute morgen um fünf Uhr«, schrieb sie am 2. August an Heleen Ankersmit, »wurde ich aus dem Schlaf geklingelt. Es fand die erste große Haussuchung statt. Nach dem ganzen Um und Auf muß ich schließen, daß ich unter dem Verdacht stehe, mit Rußland gegen Deutschland zu konspirieren und russische Emissäre bei mir zu beherbergen. Und das, obgleich vielleicht niemand in Deutschland so leidenschaftlich und zäh in aller Öffentlichkeit gegen den russischen Zarismus kämpft, wie ich seit 30 Jahren.

Daß solche Räuberphantasien möglich sind, beleuchtet Ihnen die Situation.« Später erfuhr Clara, daß sie von Menschen, denen sie nur Gutes erwiesen hatte, denunziert worden war.

Dann kam der schwerste Schlag. Am 4. August erfuhr sie über das Telefon, daß die sozialdemokratische Reichstagsfraktion den Kriegskrediten zugestimmt hatte und auch, daß im Fraktionszimmer jene erregte Debatte vorangegangen war, in der 14 Abgeordnete sich heftig gegen diesen Schritt gewehrt hatten, daß sich Karl Liebknecht nur nach äußerstem Widerstand und mit tiefem Widerstreben der Fraktionsdisziplin gebeugt hatte. Am gleichen Tag kam die Schreckensnachricht von dem deutschen Überfall auf Belgien, der zur Kriegserklärung Englands an Deutschland führte. Der imperialistische Weltkrieg war da. Die Ereignisse überstürzten sich in rasendem Wirbel. Dem Verrat der rechten Parteiführung, durch den die deutsche Sozialdemokratie nun offen gespalten wurde, folgte der Übergang nahezu der ganzen Parteipresse in das imperialistische Lager, der Abschluß des sogenannten Burgfriedens, folgten Beschlüsse der rechten Gewerkschaftsführung, die für die Kriegsdauer das Streikrecht knebelten, die Gewerkschaftsgelder der Kriegsfürsorge zur Verfügung stellten, Gewerkschaftsmitglieder zur Erntehilfe auf die Junkergüter beorderten, folgte die Kapitulation der Führungen der Sozialdemokratie in den meisten kriegführenden Ländern, der Zusammenbruch der II. Internationale. Einzig die Bolschewiki, die sozialdemokratische Partei Serbiens und die bulgarischen »Engherzigen« blieben den internationalen Beschlüssen, dem proletarischen Internationalismus treu.

Über die Werktätigen aber brach erste bittere Kriegsnot herein. Das Arbeitslosenheer, entstanden infolge der Umstellung der Wirtschaft auf Kriegsproduktion, blieb ohne Hilfe. Die Familien, die plötzlich des Ernährers beraubt waren, wurden mit neun Mark Unterstützung monatlich, einem kleinen Zuschuß der Gemeinden und einer kleinen Kinderzulage abgespeist, dazu von hartherzigen Hauswirten mit Exmittierung bedroht, wenn die Miete nicht pünktlich bezahlt werden konnte. Rieseneinkäufe der Heeresverwaltung und Angstkäufe der Besitzenden führten zu Lebensmittelknappheit und Preiswucher.

Zunächst wurden diese Nöte übertönt durch Siegesmeldungen. Im August wurde mit einem blutigen Handstreich die belgische Festung Lüttich genommen, danach Namur. Dann marschierten deutsche Truppen in Brüssel ein. In Frankreich fielen Metz, Charleroi, Longwy, St. Quentin. Im Osten erkämpften deutsche Truppen den Sieg bei Tannenberg. Täglich hingen in Hunderttausenden Fenstern schwarzweißrote Siegesfahnen, steckten in Kneipen, Schulen, Wohnungen Kinder und Alte auf großen Europakarten Fähnchen. Die Soldatenzüge, die an die Front fuhren, waren mit

Laub bekränzt, trugen Inschriften wie »Jeder Schuß', ein Ruß' – jeder Stoß', ein Franzos'«, »Hier werden noch Kriegserklärungen angenommen«. Auf den Bahnhöfen reichten Frauen und Mädchen mit schwarzweißroten Schleifen den Soldaten Erfrischungen. Und nie zuvor war von Hunderttausenden inbrünstiger gesungen worden »Von der Maas bis an die Memel, von der Etsch bis an den Belt«. Clara Zetkin, die den Einfluß der rechten Sozialdemokraten auf die Entwicklung der Partei maßlos unterschätzt hatte, die formale Parteieinheit gegen die Warnungen Lenins, der die Trennung der deutschen Linken von den rechten Sozialdemokraten forderte, verteidigt hatte, reagierte auf den offenen Verrat der Parteiführung mit heftigen Zornesausbrüchen.

Neben der niederschmetternden politischen Enttäuschung hatte sie auch schweres persönliches Leid zu tragen. Nicht nur, daß sie um ihren Ältesten bangte, der am Tage nach der Mobilmachung sofort als Militärarzt hatte einrücken müssen, auch täglich mit der Einberufung Kostjas rechnen mußte, nein, gerade in dieser Zeit kam ihr zur Kenntnis, daß ihr Mann sie seit Jahren betrogen hatte. Es milderte den Schlag nicht, daß sie nicht vermochte, so wie ihre Freundin Rosa ihr riet, alle Brücken abzubrechen, vielmehr sich mühte, eine Ehe aufrechtzuerhalten, die längst keine mehr war.

So litt Clara in den schweren Jahren des ersten Weltkrieges in vielfacher Weise; das um so mehr, als sie auch krank, häufig bettlägerig war.

Es zeugt von der Größe dieser Frau, daß sie trotz aller Belastungen als Revolutionärin keinen Augenblick versagte, vielmehr ihren politischen Kampf verstärkte, ja, nachdem ihr Anfang 1919 auch noch durch Mörderhand die Freundin entrissen worden war, politisch zu ihrer vollen Höhe aufstieg.

Sie lernte, daß die deutsche Monopolbourgeoisie eine starke, erfahrene Bourgeoisie war, die es verstand, das Volk für ihren Machtkampf einzuspannen, ja zu begeistern, daß sie äußerst brutal war, vor keinem Verbrechen zurückschreckte, nicht gegen das eigene Volk, nicht gegen andere Völker. Sie lernte es immer besser während des Krieges, als die Männer in entsetzlichen, aussichtslosen Schlachten der Eroberungsgier geopfert wurden, als dem Einmarsch deutscher Truppen in das neutrale Belgien die Zerstörung der Stadt Löwen folgte, die deutschen Militaristen am 22. April 1915 als erste Giftgas einsetzen ließen, der Passagierdampfer »Lusitania« von deutschen U-Booten versenkt wurde, die Erklärung des uneingeschränkten U-Boot-Krieges 1917 den USA den Vorwand zum Eintritt in den Krieg lieferte.

Sie lernte aber auch, daß eine revolutionäre Partei, will sie erfolgreich kämpfen, in ihren Reihen keine Revisionisten und Zentristen dulden darf und daß diese Duldung nichts mit freier Diskussion zu tun hat, wie sie selbst gelegentlich geschrieben hatte.

Mit Karl Liebknecht, Rosa Luxemburg, Franz Mehring gehörte Clara Zetkin zu den ersten Parteiführern, die sich im Ausland öffentlich von der offiziellen Politik der Sozialdemokratie abgrenzten, sie erwog auch ihren Austritt aus der Partei – allerdings erst, wenn der Krieg beendet sein würde, wie sie betonte. Sie verstärkte ihre Arbeit in Stuttgart, half den Genossen, hier unter den Bedingungen des Belagerungszustandes ein starkes Zentrum des revolutionären Kampfes gegen den Krieg zu schaffen, half ihnen auch, als ihnen von den Rechten die Parteizeitung entrissen worden war, bei der Schaffung eines eigenen Wochenblattes, das unter dem Titel »Der Sozialdemokrat« erschien.

Ihre Hauptaufgabe sah Clara Zetkin aber auf ihrem eigenen Arbeitsgebiet: Die »Gleichheit« erhalten, so gut das unter der Zensur möglich war, sie zu nutzen, die Reihen der aktiven Genossinnen zusammenzuhalten, die internationalen Verbindungen nicht abreißen zu lassen, überall, wo es möglich war, der Verwirrung und dem Chauvinismus entgegenzuarbeiten, das waren ihre ersten Sorgen. Ihre große politische Erfahrung, namentlich die in der illegalen Arbeit gesammelte, half ihr.

Gleich nach Kriegsausbruch brachte Clara Zetkin in der »Gleichheit« einen ehrenden Nachruf für den ermordeten französischen Friedenskämpfer Jean Jaurès. Später fanden die Leser Nachrichten über erste kleine Friedenskundgebungen im Ausland, fanden die Nachricht von der Verweigerung der Kriegskredite durch die bolschewistische Dumafraktion, fanden Friedensbotschaften Clara Zetkins an die Genossinnen der sozialistischen Fraueninternationale, fanden wieder und wieder in Claras Artikeln das Bekenntnis zu Frieden und Sozialismus, bald auch eindrucksvolle Berichte über die Kriegsnot der Werktätigen und die Kriegsgewinne der Reichen.

Im November 1914 prangerte Clara Zetkin in ihrem Artikel »Höchstpreise« die skrupellose Ausplünderung der Werktätigen unter dem Kriegsrecht an, verlangte Höchstpreise und staatliche Erfassung und Verteilung der Lebensmittel, forderte die Frauen auf, ihren Männern an der Front über die Zustände in der Heimat zu berichten.

Auf diese Weise fanden Zehntausende, Männer, Frauen, Jugendliche, die ihre Parteizeitung oder den »Wahren Jacob« oder auch Kautskys »Neue Zeit« angeekelt aus der Hand legten, in der »Gleichheit« Mut und Trost, fanden ihre Meinung bestätigt, daß dieser Krieg nicht ihr Krieg sei, daß die Werktätigen jenseits der Grenze keine Feinde, sondern weiterhin Brüder, Klassenbrüder, seien. Die »Gleichheit« wurde ihnen zum Freund und zum Halt – vielen zum einzigen Freund. Bis zu jenem 2. Dezember 1914, da Karl Liebknecht im Deutschen Reichstag den Militaristen und Imperialisten sein Nein zu neuen Kriegskrediten entgegenschleuderte, mit seinem Ruf die Lüge zerriß, daß das ganze deutsche Volk hinter seiner Regierung stünde, das Fanal zur Sammlung der revolutionären Kriegsgegner gab, für Tausende das erlösende Wort gesprochen war.

Clara Zetkin wußte seinen Kampfruf um so höher zu schätzen, als sie selbst zusammen mit ihm und Rosa Luxemburg versucht hatte, weitere Reichstagsabgeordnete für die Verweigerung der Kriegskredite zu gewinnen und überall auf feige Ausflüchte gestoßen war.

»Geehrter, lieber Genosse Liebknecht«, schrieb sie ihm, »wie oft habe ich Ihnen schon im Geist dankbar und erfreut die Hand gedrückt für Ihr mutiges Auftreten, wie oft geschrieben. Aber Sie wissen ja, wie es unsereinem geht. Die besten persönlichen Absichten bleiben unausgeführt und die schönsten Gefühle unausgesprochen, weil der Tag mit seinen hunderterlei Anforderungen dazwischentritt, erst recht in der Situation, wie wir sie hier haben. Schließlich sagte ich mir auch, es gäbe etwas Wichtigeres und Notwendigeres, als Ihnen in der Verschwiegenheit eines Briefs zu versichern, was Sie doch von Anfang an gewußt haben: meine große Freude darüber, daß Sie als würdiger Sohn Ihres Vaters gehandelt haben, des unvergeßlichen ›Soldaten der Revolution‹. Ich wollte in der ›Gleichheit‹ offen aussprechen, was sogar unter der jetzigen Situation meines Dafürhaltens ausgesprochen werden konnte, aber die Behörden haben mir wieder einmal einen Strich durch die Rechnung gemacht. Das Generalkommando hat die ganze Politische Rundschau verboten, sogar den Titel ...

Mit herzlichen Grüßen für Sie und Ihre liebe Frau auch von den Meinigen Ihre Clara Zetkin«

Was ihr indessen in ihrer Zeitung auszusprechen verboten war, sagte sie desto energischer, wo immer sie es aussprechen konnte, auch im Ausland.

»Gewiß«, schrieb sie in einem Brief an die Zeitung der englischen Unabhängigen Arbeiterpartei, den »Labour Leader«, »Liebknecht ist nur einer von den III sozialistischen Mitgliedern des deutschen Parlaments, aber Tausende und aber Tausende deutscher Männer und Frauen applaudieren seiner Tat und danken ihm dafür, daß er die glorreiche Tradition seiner Partei vom Jahre 1870/71 wieder zu neuem Leben erweckte.«

Sie konnte dies um so überzeugter aussprechen, als sie selbst bereits eine Friedensaktion vorbereitete und dabei der aufrichtigen Unterstützung Tausender deutscher Frauen, Männer und Jugendlicher sicher sein konnte.

»Wo sind eure Männer?«

Die Frauen und Mütter, die das Leben schenken, sind vor allen anderen dazu berufen, das Leben gegen die verbrecherischen Kriegsgelüste der Imperialisten zu verteidigen. Das hatte Clara Zetkin zwei Jahre vor Kriegsbeginn in Basel gesagt, und das blieb auch jetzt, da der Krieg schreckliche Wirklichkeit geworden war, ihre Meinung. Die Anregung, eine internationale Konferenz der führenden Sozialistinnen aus den kriegführenden und den neutralen Ländern gegen den Krieg einzuberufen, kam ihr von Inès Armand, der Korrespondentin der Bolschewiki beim Internationalen Frauensekretariat der Sozialistinnen. Daß der eigentliche Initiator des Gedankens wohl W. I. Lenin war, mag sie geahnt haben. Ihr selbst waren bereits ähnliche Ideen durch den Kopf gegangen. Nun aber, da der Vorschlag auch von außen an sie herangetragen worden war, ging sie gemeinsam mit ihren Berliner Freunden, namentlich mit Rosa Luxemburg und Karl Liebknecht, an die Arbeit.

Die Stimmung in Deutschland war im Winter 1914 bereits wesentlich verschieden von der des Sommers. Mit der Septemberniederlage an der Marne war die Blitzkriegsstrategie der deutschen Heeresleitung gescheitert, der Traum vom »Spaziergang nach Paris« ausgeträumt. Im Westen wie im Osten ging der Krieg in einen langwierigen Stellungskrieg über. Die Sorge der Frauen um ihre Männer, Väter, Söhne und Brüder nahm zu. Trotz der strengen militärischen Briefzensur wußten sie, welchen Unbilden die Ihren, die draußen in Schlamm, Dreck, Regen und Kälte lagen, ausgesetzt waren. Dazu wuchs die Unzufriedenheit über die Zustände in der Heimat.

Auch außerhalb Deutschlands, selbst in den neutralen Ländern, stieg die Erbitterung gegen den Krieg. In ihrer zweiten, Ende November veröffentlichten Botschaft »An die sozialistischen Frauen aller Länder«, die der ideologischen Vorbereitung der Konferenz diente, ging Clara Zetkin denn auch von dem Appell an die internationale Brüderlichkeit zum offenen Kampfruf gegen den imperialistischen Krieg über.

»Je länger dieser Krieg währt«, hieß es darin, »um so mehr verblassen und zerschleißen die schimmernden Redensarten und Gedankengänge, die sein kapitalistisches Wesen vor den Augen der Völker bemänteln sollen. Es fallen die Masken, die schön beblümten Hüllen, die so viele getäuscht haben. In nackter Häßlichkeit, als kapitalistischer Eroberungs- und Weltmachtskrieg, steht er da ...

Wir Sozialistinnen müssen in allen Ländern die Frauen rufen und sammeln, damit sie sich dem weiteren Wahnwitz des Völkerringens entgegenstemmen ...

Wohl sind wir Frauen fast in allen Ländern nur geringen politischen Rechtes, doch nicht ohne soziale Macht. Nützen wir jedes Fünkchen dieser Macht, von der Geltung unseres Wortes und unseres Wirkens im vertrauten Kreise der Angehörigen und Freunde bis zu unserem Einfluß in der Öffentlichkeit, den diese waffenstarrende Zeit gesteigert hat. Nützen wir alle Mittel der Rede und Schrift, der Betätigung einzelner und des Zusammenwirkens vieler, die uns in den verschiedenen Ländern zu Gebote stehen.«

Der Aufruf ging illegal ins Ausland, in Deutschland wurde er – ebenfalls illegal – als Flugblatt verteilt, da die Zensur die Veröffentlichung in der »Gleichheit« verbot.

Die Vorbereitungen zur Konferenz wurden tatkräftig vorwärtsgetrieben. Bis Ende Januar 1915 konnten sie, soweit sie sich von Deutschland aus erledigen ließen, abgeschlossen werden. Im Februar wollte Clara Zetkin nach Holland reisen, um mit den Genossinnen der neutralen Länder und der Ententeländer die letzten Verhandlungen zu führen. Rosa Luxemburg sollte sie begleiten. Da aber schlug die Reaktion, die die wachsende Aktivität der revolutionären Kriegsgegner fürchtete, zu. Kurz vor ihrer Abreise nach Düsseldorf, wo sie die Freundin treffen wollte, erhielt Clara Zetkin die Nachricht, daß Rosa Luxemburg am 18. Februar 1915 verhaftet und mit dem grünen Polizeiwagen in die Barnimstraße transportiert worden sei. Sie mußte das Jahr Gefängnis verbüßen, zu dem sie in Frankfurt am Main verurteilt worden war – trotz des »Burgfriedens«, wie Clara Zetkin in der »Gleichheit« feststellte. Am 7. Februar 1915 schon war Karl Liebknecht als Armierungssoldat eingezogen und unter Militärrecht gestellt worden. Clara Zetkin fuhr daher zuerst nach Berlin, um sich mit den Freunden zu beraten, vor allem Karl Liebknecht zu treffen, der für die Dauer der Reichstags- und Landtagssitzungen vom Militärdienst freigestellt werden mußte. Es gab ihr einen Stich, als sie ihn in seiner Schipperuniform sah, und auch, als sie Rosa in der

Barnimstraße gegenübersaß, ein Gitter zwischen ihnen, eine Wärterin dabei. Sie hatte als »Cousine« Besuchserlaubnis erhalten. Sie ahnte dabei nicht, daß die Militärbehörden auch gegen sie bereits einen Schlag vorbereiteten.

In Holland führte Clara Zetkin erfolgreiche Verhandlungen, konnte sich auch mit den englischen und französischen Genossinnen verständigen, als Tagungsort Bern festlegen. Zum Schluß allerdings wurde sie verhaftet und von den holländischen Behörden an die Grenze gebracht. Doch entging sie wenigstens der deutschen Polizei und konnte die Weiterreise nach Stuttgart antreten, zufrieden, daß die Vorbereitungen zu ihrem internationalen Unternehmen erfolgversprechend abgeschlossen waren, unzufrieden, daß sie die Aufträge Karl Liebknechts nicht ausführen konnte. Die führenden internationalen Sozialisten, mit denen sie verhandeln sollte, hatten sich nicht sprechen lassen.

Daheim aber erfuhr sie, daß während ihrer Abwesenheit ihr Sohn Kostja, zugleich zweiter Redakteur der »Gleichheit«, eingezogen worden war und sich bereits im Ausbildungslager befand. Doch die letzten Vorbereitungen für die Konferenz mußten weiterlaufen. Vor allem hieß es, eine fähige Delegation deutscher Genossinnen zusammenzustellen. Da Luise Zietz die Beteiligung an der Konferenz nach vielem Hin und Her abgelehnt hatte, übernahm Clara zusammen mit Käte Duncker diese Aufgabe. Neben Clara Zetkin und ihren beiden bewährten Mitkämpferinnen Käte Duncker und Margarete Wengels gehörten noch vier jüngere Genossinnen der Delegation an: Lore Agnes aus Düsseldorf, Martha Arendsee aus Berlin, Toni Sender aus Frankfurt am Main und Berta Thalheimer aus Stuttgart. Die Sieben reisten getrennt, damit es nicht zu Verhaftungen kam, und gelangten auch alle gut nach Bern. Einzig Clara Zetkin und ihre Sekretärin wurden von den Schweizern angehalten und gründlich durchsucht. Das allerdings war nicht erstaunlich, denn Clara Zetkin war den Schweizer Behörden nicht nur gut bekannt, sondern auch zur Vorbereitung der Konferenz bereits zweimal in der Schweiz gewesen, einmal sogar vor dem Parteitag der Schweizer Sozialdemokraten, wo sie gegen die Emissäre der deutschen Rechten aufgetreten war.

Am 26. März begann die Konferenz. Außer den deutschen Delegierten waren Frauen aus England, Frankreich, den Niederlanden, Italien, Polen und der Schweiz anwesend, vor allem aber eine starke Delegation der Bolschewiki, geführt von Nadeshda Krupskaja, der außerdem die Genossinnen Armand, Lilina, Rawitsch und Rosmirowitsch angehörten. Auch zwei Frauen von der Auslandsvertretung der Menschewiki waren erschienen.

Als die Frauen einander die Hände reichten, lag in ihren Augen der Schmerz über das Leid, das der Krieg über die Menschheit gebracht hatte, und die Bitterkeit über die Verräter in den eigenen Reihen.

Allen war die Bedeutung dieses Treffens klar. Zum erstenmal waren inmitten des Völkermordens Frauen aus Ländern, deren Heere einander im Krieg gegenüberstanden, und Frauen aus neutralen Ländern zu gemeinsamem Handeln gegen den verbrecherischen Krieg der Imperialisten zusammengekommen. W. I. Lenin, der leidenschaftlich für die Sammlung der revolutionären Kräfte gegen den Krieg kämpfte, verfolgte, wie Nadeshda Krupskaja in ihren Erinnerungen schreibt, mit gespannter Aufmerksamkeit den Gang der Konferenz. Er selbst hatte die Resolution entworfen, die die Delegation der Bolschewiki der Konferenz vorlegte. Sie enthielt eine scharfe und konsequente Verurteilung der rechten, der Sozialchauvinisten, und der zentristischen Führer der II. Internationale, die unter Bruch der internationalen Beschlüsse ihrer jeweiligen Regierung die Kriegskredite bewilligt hatten, und schlug die Umwandlung des imperialistischen Krieges in den Bürgerkrieg vor.

Auch Clara Zetkin wollte letztlich die Trennung von den Sozialchauvinisten, wußte, daß der inneren Trennung die Verurteilung vor aller Welt folgen müsse.

»Ich bin entschieden der Überzeugung«, hatte sie schon am 16. Januar 1915 an Heleen Ankersmit geschrieben, »daß die Vorbedingung für internationales Zusammenwirken eine grundsätzliche Klärung der Stellungnahme zum Militarismus und Krieg ist. Die ist aber nicht möglich ohne eine rücksichtslose Kritik an dem Verhalten der sozialdemokratischen Parteien in den kriegführenden

Ländern. Jede Nation hat die Pflicht, innerhalb ihrer Grenze für diese Klärung zu sorgen. Deshalb tue ich, was ich kann, um in Deutschland diese Klärung herbeizuführen, und stehe in schärfster Opposition zu dem Verhalten der Reichstagsfraktion und des Parteivorstandes.«

Aber Clara Zetkin wollte die offene Trennung verschoben wissen, fürchtete, zu einer Zeit, wo den Linken durch die Kriegsgesetze die Hände gefesselt waren, bei einer offenen Loslösung Mitstreiter zu verlieren, fürchtete auch ein Scheitern der Konferenz. Mit den Vertreterinnen der englischen und der holländischen Delegation arbeitete sie eine Resolution aus, in der darauf verzichtet wurde, den Sozialchauvinisten den schärfsten Kampf anzusagen, so daß die Konferenz trotz ihrer Bedeutung im Kampf gegen den imperialistischen Krieg keinen Beitrag zur Entlarvung der Sozialchauvinisten und der Zentristen leistete.

Das war für Lenin, der auf die Führer der deutschen Linken große Hoffnungen setzte, eine bittere Enttäuschung. Bis zuletzt kämpfte er für seine Entschließung.

Nadeshda Krupskaja, die in ihren »Erinnerungen an Lenin« die Vorgänge auf der Berner Konferenz schildert, schreibt:

»Ich entsinne mich folgender Episode: Ich saß mit Inès im Krankenhaus bei Abram Skowno, der irgendeine Operation hinter sich hatte. Da kommt Iljitsch und fängt an, Inès zu überreden, sofort zu Clara Zetkin zu gehen und sie von der Richtigkeit unseres Standpunktes zu überzeugen; sie (Clara Zetkin) müsse doch verstehen, daß man in diesem Augenblick nicht zum Pazifismus hinabsinken dürfe: alle Fragen müßten scharf formuliert werden. Und er führte immer neue und neue Argumente an, die die Genossin Zetkin überzeugen sollten. Inès wollte nicht gehen, ihrer Meinung nach konnte das Gespräch zu nichts führen. Lenin bestand darauf, und aus seinen Worten klang eine glühende Bitte. Zu einem Gespräch zwischen Clara Zetkin und Inès ist es damals aber nicht gekommen.«

Clara Zetkins Resolution wurde nach harten Auseinandersetzungen gegen die Stimmen der Bolschewiki und der polnischen Delegierten angenommen.

Ein von Clara Zetkin entworfener Appell an die Frauen aller Länder wurde von allen Delegierten unterzeichnet. Er ist als »Berner Flugblatt« in die Geschichte eingegangen. Darin heißt es:

»Nicht die Verteidigung des Vaterlandes, seine Vergrößerung ist der Zweck dieses Krieges. So will es die kapitalistische Ordnung, denn ohne die Ausbeutung und Unterdrückung des Menschen durch den Menschen kann sie nicht bestehen.

Die Arbeiter haben durch diesen Krieg nichts zu gewinnen, wohl aber alles zu verlieren, was ihnen lieb und teuer ist.

Arbeiterfrauen, Arbeiterinnen!

Die Männer der kriegführenden Länder sind zum Schweigen gebracht worden. Der Krieg hat ihr Bewußtsein getrübt, ihren Willen gelähmt, ihr ganzes Wesen entstellt.

Aber ihr Frauen, die ihr neben der nagenden Sorge um eure Lieben im Felde daheim Not und Elend ertragt, worauf wartet ihr noch, um euern Willen zum Frieden, euern Protest gegen den Krieg zu erheben? ...

Vereinigt euch in einem Willen, in einer Tat. Was eure Männer, eure Söhne nicht beteuern können, verkündet ihr es millionenfach:

Das Volk der Arbeit aller Länder ist ein Volk von Brüdern. Nur der einige Wille dieses Volkes kann dem Morden Einhalt gebieten.

Der Sozialismus allein ist der künftige Menschheitsfriede!

Nieder mit dem Kapitalismus, der dem Reichtum und der Macht der Besitzenden Hekatomben von Menschen opfert!

Nieder mit dem Kriege! Durch zum Sozialismus!«

Das Flublatt ging in alle kriegführenden und neutralen Länder, überall dahin, wo es Sozialistinnen gab. In Deutschland wurde es in 200 000 Exemplaren illegal verteilt, ging unter Hunderttausenden von Hand zu Hand, weckte in ihnen ersten Willen zum Widerstand, wurde für Hunderte und aber Hunderte Sozialistinnen und Sozialisten Antrieb, sich mutig dem illegalen Kampf zur Verfügung zu stellen. Hatte die Konferenz auch nicht offen mit den Sozialchauvinisten und Zentristen gebrochen, so war sie doch ein bedeutender Versuch, die Verbindungen der revolutionären Sozialdemokraten wiederherzustellen und trug wesentlich dazu bei, die Frauen der Arbeiterklasse zum Kampf gegen den Krieg zu mobilisieren; sie hatte Auswirkungen unter Millionen Werktätigen, ja bis weit in bürgerliche Kreise hinein.

»Daß ich nicht dreifach kühn gewesen bin«

»Ich hatte neulich eine sehr gründliche Haussuchung. Man bildet sich nämlich ein, daß bei mir die ›Zentralstelle‹ für alle oppositionelle Literatur sei. Es wurde nichts mitgenommen als eine Nummer der offiziellen Parteikorrespondenz, die der Parteivorstand herausgibt. Offenbar hatte man auf mehr gerechnet, denn im Walde hielt ein Auto, das jedenfalls für meinen Transport bestimmt war.« So schrieb Clara Zetkin am 23.Juli 1915 an Heleen Ankersmit.

Die Behörden waren, wenn sie bei Clara Zetkin eine »Zentralstelle« illegaler Literatur vermuteten, nicht ganz bei der Wahrheit, doch auch nicht allzuweit von ihr entfernt, denn häufig genug hatte Clara Flugblätter oder anderes im Hause, aber sie war Haussuchungen recht gut gewachsen. Auch diesmal, obgleich der Besuch recht ungelegen gekommen war, denn Clara hatte gerade gemeinsam mit ihrer Sekretärin in ihrem Büro illegale Flugblätter verpackt. Aber sie hatte die Beamten liebenswürdig und unbefangen empfangen, wie stets sie eifrig durch das ganze Haus geführt, zuletzt ins Büro, wo indessen ihre Helferin die Flugblätter dem Gärtner aus dem Fenster gereicht und dieser sie im Garten vergraben hatte.

Dennoch kam das Auto nach wenigen Tagen wieder und nahm Clara Zetkin mit, ins Untersuchungsgefängnis nach Karlsruhe, wo die Achtundfünfzigjährige am Abend des 29.Juli ihr Nachtlager in einer Zelle auf der Holzpritsche aufschlagen mußte. Für wie lange? Sie wußte es nicht.

Viele »Gründe« hatten die Behörden nach der Berner Konferenz, um Clara Zetkin zu verhaften. Da war zuerst die illegale

Konferenz selbst, dann das Flugblatt, das in allen Teilen Deutschlands auftauchte. Aber da war auch die immer sichtbarer hervortretende Aktivität der revolutionären Kriegsgegner allgemein.

Kurz nach der Berner Konferenz war die erste Nummer der »Internationale« herausgekommen, die auch einen Artikel von Clara Zetkin enthielt. Sie war die theoretische Zeitschrift der Linken, nach der sie sich fortan Gruppe »Internationale« nannten. Am 27. Mai erschien das von Karl Liebknecht verfaßte Flugblatt »Der Hauptfeind steht im eigenen Land!«, das die Arbeiterklasse zu revolutionären Massenaktionen gegen den imperialistischen Krieg aufrief. Und einen Tag später fand die erste große Demonstration gegen den Krieg vor dem Reichstagsgebäude statt. Die kaiserlichen Behörden hatten allen Grund, nervös zu sein, die rechten sozialdemokratischen Führer waren es ebenfalls. Die Hetze gegen die Linken steigerte sich. Die Behörden ergriffen noch schärfere Maßnahmen. Wilhelm Pieck wurde verhaftet, auch Gruppen von unteren Funktionären wurden festgenommen, weil sie verdächtig waren, das »Berner Flugblatt« verteilt zu haben.

Clara Zetkin war ungewiß, welches Schicksal die Militaristen ihr zugedacht hatten. Zuchthaus? Das war, wie sie wußte, die Strafe, die auf Hoch- und Landesverrat stand. Internierung für die Dauer des Krieges? Sie hatte erfahren, daß sie auf der Liste derer stand, die in »Schutzhaft« genommen werden sollten.

Sie nahm die volle Verantwortung für die Berner Konferenz wie auch für das Flugblatt vor dem Untersuchungsrichter auf sich.

»Ich habe«, sagte sie in der ersten Vernehmung am 30. Juli, »... sämtliche Vorarbeiten für die in Bern stattgehabte Konferenz gemacht.

Ich war Vorsitzende der Konferenz. Ich habe an all ihren Beschlüssen mitgewirkt und nehme die Verantwortung für dieselben auf mich. Ich habe auch den offiziellen Verhandlungsbericht über die Konferenz verfaßt, der in der ›Berner Tagwacht‹ vom 3. April erschienen ist ... Ich habe als Internationale Sekretärin die Verpflichtung zur Ausführung der Berner Beschlüsse; dazu gehört die Verbreitung des Manifestes.

Da meiner Überzeugung nach die weiteste Verbreitung des Manifestes ›Frauen des arbeitenden Volkes‹ zur Verbreitung der Friedensidee förderlich schien, wünschte ich sie. Ich fühle mich auch für die in Deutschland geschehene Verbreitung des Flugblattes verantwortlich, nicht aber für Einzel[vor]kommnisse bei dieser, über die ich ja nicht orientiert war und bin. Über die Organisation der Verteilung gebe ich keine Auskunft ... Wünsche auf Übersendung des Flugblattes zur Verbreitung in Deutschland habe ich weitervermittelt. Näher will ich mich darüber nicht aussprechen.«

Die Anklage lautete auf »versuchten Landesverrat«.

Eine zweite Anklage – wegen »Landesverrats« – war gegen sie, gegen Rosa Luxemburg und Franz Mehring schon Mitte Juli, kurz vor ihrer Verhaftung, erhoben worden, und zwar wegen ihrer Artikel in der Zeitschrift »Die Internationale«.

Schon bald bemerkten die Behörden wie auch die rechten sozialdemokratischen Führer, daß die Verhaftung Clara Zetkins für sie recht unangenehme Folgen hatte. Blitzschnell machte die Nachricht die Runde. Im neutralen Ausland setzte eine Protestbewegung ein, Sympathiebotschaften kamen aus der Schweiz, deren Bevölkerung in wohlwollender Neutralität zu halten die deutsche Regierung sich bemühte, sie kamen aus Holland, aus allen Teilen der USA, wo die deutsche Regierung gleichfalls jede gegen sie gerichtete Protestbewegung fürchtete. Selbstverständlich schwiegen die Sozialistinnen Rußlands, Frankreichs, Englands, Italiens nicht. Am unmittelbarsten spürbar aber war für die Behörden die Wirkung, die Clara Zetkins Verhaftung in Deutschland selbst hatte. Die Leserinnen und Leser der »Gleichheit« stellten sich hinter ihre Redakteurin und sagten: »Nun erst recht!« Ja, der Unwillen erfaßte breite Kreise jener Sozialdemokratinnen, die bis dahin, wenn auch mit steigenden Bedenken, die Politik der Parteiführung mitgemacht hatten.

Am 1. August schon kam es zu stürmischen Szenen auf einer Konferenz der Berliner Funktionärinnen, die der Berliner Vorstand der Sozialdemokratie einberufen hatte.

Der Reichstagsabgeordnete Hermann Molkenbuhr, der die Genossinnen beschwichtigen und ihnen die Kriegspolitik des Parteivorstandes mundgerecht machen sollte, wurde so oft durch Zwischenrufe der Frauen unterbrochen, daß er schließlich sein Referat abbrechen mußte. In der Diskussion nahmen 27 Frauen gegen ihn Stellung, und als schließlich der Versammlungsvorsitzende sich weigerte, über eine Resolution abstimmen zu lassen, die sich zur Berner Konferenz bekannte, kam es zum Sturm. Die Frauen übernahmen selbst den Vorsitz der Versammlung, beschlossen die Resolution und eine andere, die die Freilassung Clara Zetkins forderte.

Clara Zetkin wurde von der Solidaritätswelle, die sich für sie erhob, nicht nur politisch stark berührt, sie tat ihr auch menschlich wohl, zeigte sie ihr doch, wie tief die Verbundenheit der deutschen Sozialistinnen und auch die der internationalen Bewegung mit ihr war. Die Botschaften, die sie erhielt, waren meist von warmer Herzlichkeit; gar nicht recht war ihr jedoch, daß stets die Angst um ihre Gesundheit an erster Stelle stand, besonders, da auch der Parteivorstand, durch die Genossinnen in die Enge getrieben, heuchlerisch eine solche Linie bezog. Clara Zetkin war genau darüber informiert, wieviel gerade die Sozialchauvinisten zu ihrer Verhaftung beigetragen hatten. Ja, ihr war bei den Vernehmungen ein Rundschreiben des Parteivorstandes vorgelegt worden, das geradezu eine Denunziation darstellte und von den Behörden dann auch als Indiz betrachtet wurde.

In einem Brief an Heleen Ankersmit vom 7. September suchte sie die Kampagne für ihre Befreiung in mehr kämpferisch-prinzipielle Bahn zu lenken, hoffend, daß ihre Worte über Holland hinweg hinausdringen würden.

»Meine liebe Freundin Heleen, verzeihen Sie, daß ich Ihnen erst heute schreibe«, begann sie. »Mein Schweigen ist ein Widerspruch zu meinem Gefühl. Ich habe kaum an eine Freundin so viel und so innig gedacht wie gerade an Sie. Sie sind mir ja nicht bloß Ideen- und Arbeitsgenossin, sondern mir persönlich so nahestehend wie wenige. Trotzdem verschob ich den Brief an Sie von Tag zu Tag. Es ist eben so: was ich Ihnen schreiben möchte und müßte, das kann ich jetzt nicht schreiben. So bleibt nur das Persönliche. Und, liebe Heleen, Sie werden es verstehen und mir nachempfinden: es widerstrebt mir, immer und immer wieder von mir zu sprechen. Ich habe es mehr als genug tun müssen und muß es noch tun, um den Meinen die Sorge von der Seele zu nehmen, um Freunde zu beruhigen, die leider zu viel zur Sache meiner Person und meiner Gesundheit machen, was eine politische Angelegenheit ist. Ach, die Lieben! Ist es nicht genug, daß ich mich hier in der Zelle den ganzen Tag nur mit mir selbst beschäftigen kann? Die modernen Gefängnisse sind so hygienisch eingerichtet, daß kein Vogel ans Fenster kommen, kein Spinnlein im Winkel ein Netz spinnen kann. Und alles, was ich lese, studiere, dient doch zunächst nur mir zur Freude und zum Gewinn. Ob ich je damit anderen nützen kann, wie ich möchte? Das ist eine Frage, die, heute verscheucht, morgen wiederkehrt.

Liebe Heleen: ich weiß, daß Sie, daß Ihr alle in Treue zu mir steht. Was Ihr für mich tun könnt, wißt Ihr und tut Ihr: in einem Sinne mit mir weiterarbeiten, unbeirrt und unverzagt dadurch, daß eine Kugel mich zeitweilig aus Reih' und Glied gerissen hat. Ich brauche nicht zu versichern, daß ich trotz alledem und alledem die alte bin und bleibe. Ich glaube mein Euch gegebenes Wort redlich gehalten zu haben. Die Folgen trage ich mit ruhiger Gelassenheit, ja mit Seelenheiterkeit. Ich bin dieser Sache wegen weder unglücklich noch Märtyrerin, ich nehme sie als selbstverständlich hin, weil ich gehandelt habe, wie die ›Stimme im Innern‹ mir befahl. Wenn ich etwas bereue, so ist es mit Conrad Ferdinand Meyers ›Hutten‹ nur dieses:

> ›Mich reut die Stunde, die nicht Harnisch trug;
> Mich reut der Tag, der keine Wunde schlug;
> Mich reut, ich sag' es mit zerknirschtem Sinn,
> Daß ich nicht dreifach kühn gewesen bin.‹

Wie es um meine Sache steht, wann und wie sie weitergehen wird, das ist dunkel wie die Wege der Vorsehung. Ich bin auf allerlei gefaßt, und nichts kann mich schrecken. Ich bin mir klar über das, was ich meiner Überzeugung und Euch allen schuldig bin. Natürlich sind alle meine Leiden mit mir gegangen, aber meine Gesundheit ist nicht schlechter als die letzten Wochen daheim ... Ich tue, was ich kann, um Kraft zu sparen und zu sammeln mit der Losung: Später erst recht. Ich habe Selbstbeköstigung und Selbstbeschäftigung, lese und studiere viel, in der Hauptsache Literatur und Philosophie. Über die kleinen Widerwärtigkeiten der Lage hilft mir mein Humor hinweg, über die großen Schmerzen meine Weltanschauung. Sie wäre weniger als eine klingende Schelle, hätte sie nicht diese Kraft. – Ich hätte einen Wunsch, jawohl, liebe Freundin, mit Bezug auf Euch. Der wäre, noch einmal mit Euch wieder zusammen zu sein wie in den unvergeßlichen Tagen, da Sie mich so liebevoll ›bemutterten‹, mit Euch, die Ihr Euch bemüht, Eurer Überzeugung zu leben. Aber dieser Wunsch ist wohl ein Traum für lange, lange.«

Am 12. Oktober 1915 ist Clara Zetkin wieder frei. Unter dem Druck der Friedenskräfte griffen die Gegner zu einem faulen Kompromiß: Freigelassen wegen Krankheit, gegen eine Kaution, die der Verleger Dietz zahlte. Damit hoffte wohl auch der Parteivorstand, aus seiner unangenehmen Lage den Frauen gegenüber herauszukommen. Die Anklage aber blieb bestehen, ebenso wie eine zweite, die sie wegen der »Internationale« erhalten hatte. Doch schließlich – was sollte es! Das wichtigste war, daß Clara Zetkin wieder arbeiten konnte, und ohne sich zu besinnen, ging sie wieder in den »Krieg gegen den Krieg«.

Haftentlassen auf Widerruf

Clara Zetkin ist wieder in Sillenbuch und frei. Oder doch nicht frei? Die beiden Prozesse schweben, sie muß sich laufend vom Amtsarzt auf ihren Gesundheitszustand untersuchen lassen, kann täglich wieder verhaftet werden. Dazu ist sie weit kränker, als sie im Gefängnis wahrhaben wollte. Der Arzt fordert vollständige Ruhe und Schonung. Doch welcher Arzt hätte diese leidenschaftliche Kämpferin zügeln können, noch dazu in einer Zeit, wo ihre Kraft so dringend gebraucht wurde! Sie machte sich über die Berge von Zeitungen, Briefen und Materialien her, die sich aufgestapelt hatten, ließ sich von den Stuttgarter Genossinnen berichten (Genossen, die nach Sillenbuch kamen, wurden sofort eingezogen), was sie im Gefängnis nur in Andeutungen hören konnte, vor allem von der Internationalen Sozialistischen Konferenz, die vom 5. bis zum 8. September 1915 in dem Schweizer Ort Zimmerwald stattgefunden und 38 Delegierte aus den kriegführenden und einigen neutralen Ländern zusammengeführt hatte. Auch von dem Brief erfuhr sie, den der Armierungssoldat Karl Liebknecht, der selbst nicht in die Schweiz reisen konnte, an die Konferenz richtete. Er forderte, daß die Konferenz mit dem Verrat der rechten Sozialdemokraten abrechne, stellte deren Losung vom »Burgfrieden« mit den Imperialisten die des Burgkrieges entgegen. Er war damit Lenin nahegekommen, der in seiner der Tagung vorgelegten Resolution gleichfalls die unmißverständliche Abgrenzung von den Sozialchauvinisten forderte und die Losung von der Umwandlung des imperialistischen Krieges in den Bürgerkrieg, das heißt den Kampf für den Sturz der imperialistischen Kriegsregierungen verlangte.

Die beiden Vertreter der Gruppe »Internationale« jedoch hatten, auch das erfuhr Clara Zetkin, nicht für Lenin gestimmt, weil sie fürchteten, mit den auf der Konferenz gleichfalls anwesenden Vertretern der deutschen Zentristen zu brechen. Und auch Clara Zetkin hatte sich wohl, das enthüllen die bis zu ihrer Entlassung im Mai 1917 noch erscheinenden Nummern der »Gleichheit«, keinesfalls schon zu dem klaren Standpunkt Karl Liebknechts durchgerungen. Nach wie vor fürchtete sie, daß durch die offene Trennung von den Zentristen die revolutionäre Arbeit unter den Werktätigen erschwert werde.

Nichtsdestoweniger gab ihr die Konferenz, auf der eine Internationale Sozialistische Kommission mit Sitz in Bern gewählt wurde, Auftrieb. Sie fühlte: Es geht vorwärts. Sie nahm die Redaktion der »Gleichheit« wieder in die Hand, die ihr im Gefängnis viel Sorge bereitet hatte, suchte vor allem Verbindung zu den Berliner Freunden. Sie erreichte nur die Mehrings. Rosa Luxemburg war noch im Gefängnis, Karl Liebknecht an der Front, seit 8. November 1915 im Lazarett in Königsberg, bis zur Erschöpfung politisch tätig. Dann endlich – Mitte November – wurde er in ein Lazarett in Berlin-Schöneberg gebracht, so daß die Korrespondenz mit ihm leichter wurde. Auch er suchte Verbindung zu Clara, sehr dringend. Einmal zu der Frauenführerin, denn er machte sich viele Gedanken über die Arbeit unter den Frauen, die immer wichtiger wurde, für den Kampf gegen den Krieg an Bedeutung gewann, weil immer mehr Frauen in die Kriegsindustrie einbezogen wurden, Gedanken, die Clara natürlich gleichermaßen beschäftigten. Zum andern aber suchte Karl Liebknecht Verbindung mit der alten, von ihm tief verehrten Freundin, weil sich die Berliner Genossen ihretwegen ernsteste Sorgen machten.

»Liebste Freundin Clara! Ob Ihnen meine übrigen Briefe etc. zu Händen gelangt sind, weiß ich nicht; daß Ihre Gesundheit aber gebessert ist, hat mich glücklich gemacht«, schrieb er ihr am 29. November aus Schöneberg. »Das muß anhalten, um Ihret- und unseretwillen. Ihre Gesundheit ist ein kostbares Menschheitsgut, daß Sie mit Ihren treuen Angehörigen unter Assistenz besorgter und tüchtiger Ärzte und von unseren intensivsten Wünschen begleitet, verwalten; und Sie werden und dürfen auch hier, in dieser wichtigen Frage, nicht verzagen ... Wie steht's mit Montreux oder Vevey?

Meine Frau schickt Ihnen herzlichste Grüße u. Wünsche; Sie haben an dieser schwer zu Gewinnenden eine glatte, völlige u. dauernde Eroberung gemacht. Eine Eroberung unter so unzählig vielen. Denn Sie haben in Ihrem ganzen Wesen diese Summierung hohen Intellekts u. energischer Aktivität mit einer rührenden Güte und einem jugendfrischen Enthusiasmus, die seltene Kraft der Unwiderstehlichkeit für Freund u. selbst Feind, mitten im schärfsten Parteikampf u. doch zugleich hoch über ihn erhaben, transzendental. Synthese wissenschaftlich geschulten Verstandes und edelsten humanitären Gefühls: Sozialistin ...

Ich bin ganz bei Ihnen.

Alles, alles Beste – Ihnen u. den Ihren. Ihr Karl L.«

Die Fürsorge ihrer Berliner Freunde – auch Rosa Luxemburg und Franz und Eva Mehring machten sich ihretwegen viele Gedanken – tat Clara wohl. Aber eine Kur in Montreux oder Vevey?

Sie beschwichtigte ihre Kampfgefährten, wie sie den Arzt beschwichtigt hatte. Wie unwichtig war ihr ihre Gesundheit, wie unwichtig das über ihr hängende Damoklesschwert der beiden Prozesse. Das Kriegsgrauen mußte beendet, der Feind im eigenen Land geschlagen werden!

Mit voller Schwere lastet der Krieg jetzt auf dem deutschen Volk, endgültig fortgeblasen waren die Illusionen über sein schnelles und für Deutschland siegreiches Ende. An den Fronten wurde der Stellungskrieg durch sinnlose Offensiven unterbrochen, in denen Hunderttausende deutscher Soldaten verbluteten. Schon im Herbst 1914 waren bei einem Durchbruchsversuch an der Yser, bei Lille und bei Ypern ganze Armeekorps geopfert worden. Der deutschen Offensive war eine französische in der Champagne gefolgt. Dann, im Februar 1915, hatte im Osten die Winterschlacht an den Masurischen Seen gewütet, im Sommer die Schlacht am Narew, in der Tausende deutscher Soldaten in den Sümpfen ertranken. Weitere Offensiven wurden vorbereitet. Zu den vorhandenen Fronten waren neue gekommen. Deutsche Soldaten fielen in Galizien, auf dem Balkan, lagen in Tirol. Längst sprachen die Generale und Konzernherren nicht mehr von der Verteidigung der bedrohten Heimat. Offen wurden die wahnwitzigen Eroberungsziele des deutschen Imperialismus propagiert: die Annexion Belgiens, Nordfrankreichs, des Erzbeckens von Longwy und Briey, der baltischen Länder, Polens, der Ukraine, der reichen englischen Kolonien.

In den Betrieben herrschten die Unternehmer mit eiserner Faust, wurden Männer, Frauen, Kinder skrupellos ausgebeutet. Nie hatten die Konzernherren so hohe Profite eingesteckt. Der Kanonenkönig Krupp steigerte seinen Gewinn von 1914 bis 1916 um 350 Prozent, nach allen Abzügen ein Gewinn von 105 Millionen Mark. Die Vereinigten Köln-Rottweiler Pulverfabriken erhöhten ihren Reingewinn um 526 Prozent. Die AEG erzielte in den ersten drei Kriegsjahren einen Reingewinn von 80,8 Millionen Mark. Bei diesen Angaben handelt es sich um Berechnungen nach von den Monopolen veröffentlichten Statistiken, der wirkliche Gewinn dürfte sicher noch höher gelegen haben. Aber auch die übrigen Unternehmer verdienten nicht schlecht, ebensowenig die Junker. Das Leben der Werktätigen stand völlig unter den Kriegsgesetzen. Der Deutsche Reichstag hatte ein Gesetz verabschiedet, das den Unternehmern ermöglichte, alle Arbeiterschutzgesetzgebung für die Dauer des Krieges außer Kraft zu setzen. Mit einem Federstrich war aufgehoben worden, was sich Arbeiter und Arbeiterinnen in jahrelangem Ringen erkämpft hatten. Lohnkürzungen, Arbeitszeitverlängerungen, Nachtarbeit, Abbau des Gesundheitsschutzes waren an der Tagesordnung. Männliche Arbeiter, die sich auflehnten, wurden sofort kriegsverwendungsfähig geschrieben und an die Front geschickt. Besonders hart waren durch die Kriegsgesetzgebung die Frauen getroffen, von denen immer neue Hunderttausende, gezwungen, für sich und ihre Kinder das Brot zu verdienen, in die Fabriken strömten, vor allem in die Kriegsindustrie. Arbeit ohne Rücksicht auf die Gesundheit in Bergbau und Hüttenwesen, vor allem aber in Munitionsfabriken; Nachtschichten bis zu 11 Stunden, Tagschichten, die häufig von 7 Uhr in der Frühe bis 11 Uhr abends reichten, dazu lange und beschwerliche Wege zur Arbeit, Löhne, die nur die Hälfte der Männerlöhne oder wenig darüber betrugen, das waren die Geschenke der Kriegsgewaltigen an die Frauen, deren Männer, Brüder, Söhne im Felde lagen. In steigendem Maße wurden Frauen, Mütter von kleinen Kindern, fern von ihren Wohnorten beschäftigt, wo sie in Baracken oder bei hartherzigen Zimmerwirtinnen lebten, ohne Möglichkeit, ihre Kleinen unterzubringen. Erschütternde Berichte von Gewerkschafterinnen und Frauenfunktionärinnen der Sozialdemokratie fand Clara Zetkin in ihrer Redaktionspost. Berichte, bei deren Lektüre sie vor Zorn hätte laut aufschreien mögen. Sie wertete diese Mitteilungen sorgfältig aus, gab sie auch an die Freunde zur Auswertung in illegalen Flugblättern und Schriften weiter. Vor allem mußte sich die »Gleichheit« jetzt und in der Folge mit den Arbeitsverhältnissen in Metallindustrie beschäftigen, mehrmals mit der Kanonenfabrik Krupp, die im Kriege erstmalig Tausende Frauen einstellte und unter so unmenschlichen Bedingungen arbeiten ließ, daß schließlich die Behörden eingreifen mußten.

Zu den schweren Arbeitsbedingungen gesellte sich zunehmend der Mangel am Notwendigsten. Zügelloser Preiswucher verteuerte die Lebensmittel und andere Bedarfsgegenstände so erheblich, daß die Werktätigen sie kaum noch bezahlen konnten. Schon im März 1915 wurde die Brotkarte eingeführt, die Rationierung weiterer wichtiger Lebensmittel, wie Fett, Fleisch, Zucker, Eier folgte. Häufig fehlte es an Kartoffeln. Lebensmittelunruhen und Zusammenstöße mit der Polizei häuften sich. In der Sozialdemokratischen Partei wuchs die Unzufriedenheit mit der Politik der Parteiführung und ergriff auch Frauen wie Luise Zietz und Ottilie Baader. Wenige Tage nach Claras Freilassung hatten sich – nicht ohne das Zutun der ersteren – Berliner Genossinnen Zutritt zur Sitzung des Parteiausschusses erzwungen, um ihre Forderung auf Beendigung des »Burgfriedens« vorzubringen. Es war zu so erregten Szenen gekommen, daß die Frauen auf einzelne Vorstandsmitglieder mit Regenschirmen losgegangen waren.

Unter diesen Umständen mußte die Gruppe »Internationale« ihren Kampf verstärken, zumal die Situation die Zentristen auf den Plan rief, die – geführt von Karl Kautsky und dem Parteivorsitzenden Hugo Haase – sehr aktiv wurden, versuchten, die Werktätigen mit scheinrevolutionären Friedensphrasen an sich zu ziehen und vom Kampf abzuhalten. Clara Zetkin nahm ihr Teil auf sich, arbeitete, soviel ihr kranker Körper hergeben konnte. Sie leitete, so gut es ihr möglich war, die Redaktion der »Gleichheit«, unterstützte die Stuttgarter Genossen, deren Führer Friedrich Westmeyer kurz vor Claras Haftentlassung verhaftet worden war. Ihre Stimme fehlte auch nicht bei den weittragenden politischen Entscheidungen, die die »Internationalen« zu Ende des Jahres 1915 zu fällen hatten. Sie mußten sich fester zusammenschließen, ein Kampfprogramm aufstellen, das sie nicht nur von den Sozialchauvinisten, sondern auch von den Zentristen abgrenzte. Das war die erklärte Meinung Karl Liebknechts, Rosa Luxemburgs und der übrigen Berliner Führer. Das war auch die Auffassung Clara Zetkins.

Am 1. Januar 1916 wurde im Anwaltsbüro der Brüder Liebknecht in der Chausseestraße in Berlin in einer sorgfältig organisierten illegalen Zusammenkunft führender revolutionärer Linker aus Berlin und anderen Orten Deutschlands jene Gruppe geschaffen, die für immer in die Geschichte eingegangen ist: die Spartakusgruppe. Ihren Namen erhielt sie von den illegalen Flugschriften der Linken, die mit »Spartacus« unterzeichnet waren.

Rosa Luxemburg hatte im Gefängnis die »Leitsätze über die Aufgaben der internationalen Sozialdemokratie« entworfen, die den Genossen zur Beratung vorgelegt wurden; Karl Liebknecht hatte sie in einigen Punkten präzisiert. Die Leitsätze wiesen scharf und klar auf den tiefen, unüberbrückbaren Gegensatz zwischen der kleinen Clique von Imperialisten und Militaristen und der Masse des deutschen Volkes hin, brandmarkten den Verrat der Sozialchauvinisten und proklamierten den proletarischen Klassenkampf gegen den Imperialismus im Krieg wie im Frieden. »Das sozialistische Endziel«, erklärten sie, »wird von dem internationalen Proletariat nur verwirklicht, indem es gegen den Imperialismus auf der ganzen Linie Front macht und die Losung ›Krieg dem Kriege‹ unter Aufbietung der vollen Kraft und des äußersten Opfermutes zur Richtschnur seiner praktischen Politik erhebt.«

Die Leitsätze forderten die Schaffung einer neuen Internationale, deren Grundlage der revolutionäre Klassenkampf gegen den Imperialismus und die unverrückbare internationale Solidarität der Arbeiter aller Länder sein müsse und für deren Mitglieder die Durchführung der internationalen Beschlüsse oberste Pflicht zu sein habe.

Spartakus

Clara Zetkin hatte an der Gründungskonferenz der Spartakusgruppe nicht teilnehmen können. Sie hatte überhaupt seit der Berner Konferenz weder eine illegale noch eine legale Konferenz besucht, auch nicht reisen können, um zu organisieren oder in Versammlungen zu sprechen. Dennoch war es eine wohlverdiente Ehrung, wenn der Gründungsparteitag der Kommunistischen Partei Deutschlands sie telegrafisch als Vorkämpferin und treue Beraterin des Spartakusbundes begrüßte.

Clara Zetkin hatte nicht nur die Leitsätze der Gruppe gesehen und, wie Wilhelm Pieck berichtet, auch daran mitgearbeitet, sondern vom ersten Tage an ihr Schicksal mit dem von Spartakus verbunden. Schon allein die Tatsache, daß diese Arbeiterführerin, die weit über die deutschen Grenzen hinaus das Vertrauen der Werktätigen besaß, sich offen zu der Gruppe bekannte, war für diese unschätzbarer Gewinn, stärkte ihr Prestige namentlich dann, als Karl Liebknecht und Rosa Luxemburg hinter Kerkermauern saßen und die Leitung der Gruppe in den Händen des revolutionären polnischen Sozialdemokraten Leo Jogiches lag, der in der illegalen Arbeit erfahren, aber den deutschen Werktätigen kaum bekannt war. Ganz besonders wirkte ihr Beispiel auf die Frauen und Mädchen, und das war um so wichtiger, als diese unter den Kriegsverhältnissen nahezu die ganze illegale Arbeit zu leisten hatten. Die älteren unter ihnen standen Clara durchweg sehr nahe, hatten mit ihr jahrelang in der Frauenbewegung gearbeitet.

Da war vor allem Käte Duncker, die während des ganzen Krieges unbeirrbar und zielbewußt in der ersten Reihe kämpfte. Sie war Mitbegründerin der Spartakusgruppe, gehörte ihrer Leitung an und war unermüdlich unterwegs, um in illegalen Gruppen zu sprechen, zu leiten, zu organisieren, trat auch als Sprecherin der Gruppe auf der im September 1916 abgehaltenen Reichskonferenz der Sozialdemokratischen Partei auf. Das alles trotz Verfolgung, trotz der Haussuchungen und Verhöre, trotz des Sprechverbotes, das ihr auferlegt worden war. Immer, wie sie der Autorin dieses Buches selbst erzählte, mit Zahnbürste und Seife in der Tasche, da sie ständig mit ihrer Verhaftung rechnen mußte.

Da war Auguste Lewinsohn, eine langjährige Führerin der Dresdener Sozialistinnen und eine nahe Freundin Clara Zetkins. Seit der Zeit des Sozialistengesetzes im Kampf, stand sie Seite an Seite mit ihren Söhnen, die der Liebknecht-Jugend angehörten, in den vordersten Reihen, errang sich unter den Dresdener Arbeitern solche Achtung, daß sie nach der Novemberrevolution in den Dresdener Arbeiter- und Soldatenrat gewählt wurde.

Da war Valeska Meinig aus Limbach in Sachsen. Sie war so populär, daß selbst die Polizisten zu ihr hielten und sie warnten, wenn eine Haussuchung bevorstand. Sie konnte während des ganzen Krieges ungehindert in einer Limbacher Druckerei Spartakusflugblätter drucken lassen.

Da waren auch viele Jüngere, wie Hertha Geffke und Olga Körner, von Clara Zetkin für die Bewegung geworben und für sie geschult. Sie alle unternahmen gefährliche Reisen, transportierten Flugblätter in Wäschekörben und Kinderwagen, brachten sie heimlich in die Betriebe, schrieben wohl auch Texte auf Hausböden und in Kellern auf Schreibmaschinen und hatten dabei immer das Bewußtsein, im Geiste Clara Zetkins zu handeln. Neben ihnen standen Hunderte blutjunger Mädchen, 15, 16 Jahre alt. Manche von ihnen aus einem Hause, in dem die »Gleichheit« gelesen wurde, alle in Clara Zetkin und Rosa Luxemburg ihre großen Vorbilder verehrend.

Clara Zetkin war, obwohl sie über eine längere Zeit nicht unmittelbar mit der Führung der Spartakusgruppe zusammenarbeiten konnte – ihrer Krankheit wegen war sie unfähig, das Haus zu verlassen oder gar zu einem Treff oder einer Konferenz zu fahren und dabei die Spitzel abzuschütteln, die sie überall hin verfolgten –, über die Aktivitäten der Gruppe, auch über die aufopfernde Arbeit der Frauen und Mädchen, wohl informiert. In den Stunden, da sie innerlich raste, weil Krankheit und die Regeln der Illegalität ihre Mitarbeit so stark einengten, war es ihr ein Trost, eine Saat aufgehen zu sehen, die vor allem sie gesät hatte.

Doch gab sie der Spartakusgruppe trotz ihrer schwierigen Lage weitaus mehr als nur Namen und Bekenntnis. Sie half weiterhin den Genossen in Württemberg, verfaßte lokale illegale Flugblätter, arbeitete, wie ihr Sohn Maxim berichtete, an den Spartakusbriefen mit. Vor allem fuhr sie mit großem Geschick fort, die »Gleichheit« in den Dienst der revolutionären Bewegung zu stellen. Eine Zeitlang – von der Gründung der Spartakusgruppe bis zum Herbst 1916 – war ihre Verbindung mit den Berliner Freunden sogar noch einmal sehr eng und für die Arbeit außerordentlich fruchtbar.

Das war die Zeit, da die Stimme von Spartakus lauter und lauter erklang, zu den Massen zu dringen und die Kriegsbrandstifter und ihre sozialdemokratischen Helfershelfer in Furcht zu versetzen begann.

In diesen Monaten rief Karl Liebknecht – bis zu seiner Verhaftung am 1. Mai 1916 – durch seine »Kleinen Anfragen«, seine Geschäftsordnungsdebatten und Zwischenrufe im Deutschen Reichstag und im preußischen Landtag Stürme hervor, zwang er das kaiserliche Regime, sich zu seinen Eroberungsabsichten zu bekennen. In diesen Monaten erschien – im Februar 1916 – Rosa Luxemburgs »Junius-Broschüre«, jenes Werk, das den imperialistischen Charakter des Krieges entlarvte, in flammenden Worten zum aktiven Widerstand aufrief. Rosa Luxemburg hatte es im Gefängnis geschrieben. Von dort war es herausgeschmuggelt und über die Schweizer Grenze gebracht worden, wo es – vielleicht durch Vermittlung Clara Zetkins – in Zürich gedruckt worden war. In diesen Monaten fand zu Ostern 1916 die von Karl Liebknecht vorbereitete illegale Reichskonferenz der oppositionellen sozialistischen Jugend in Jena statt, die einen Aufschwung der revolutionären Jugendarbeit zur Folge hatte. Karl Liebknecht hatte in Jena zu den Jugenddelegierten über die Aufgaben der Arbeiterjugendbewegung im Kampf gegen den Krieg gesprochen. Ihr folgten die von Spartakus organisierten illegalen Maidemonstrationen in Dresden, Hanau, Jena, Stuttgart und anderen deutschen Städten, vor allem jene auf dem Potsdamer Platz in Berlin, auf der Karl Liebknecht wegen seines Rufes »Nieder mit dem Krieg! Nieder mit der Regierung!« verhaftet wurde, und die sich anschließende, anfänglich von Rosa Luxemburg geleitete Kampagne zur Befreiung Karl Liebknechts, die die Arbeiter vielerorts mit Proteststreiks unterstützten.

Waren diese Monate ein Höhepunkt im Kampf der Spartakusgruppe, so waren sie auch eine reiche Zeit im Leben Clara Zetkins. Sie stand durch Briefe, vermutlich auch telefonisch und durch Kuriere mit den leitenden Freunden in Berlin in Verbindung. Ja, sie empfing, zum letzten Mal, in Sillenbuch Rosa Luxemburg zu dreitägigem Besuch. Die gemeinsame Arbeit war um so intensiver, als Rosa Luxemburg und andere führende Genossen, darunter Julian Marchlewski, für die »Gleichheit« schrieben, die in dieser Zeit noch einmal einen glanzvollen Höhepunkt erreichte.

Unter ihren Leitartikeln, teils von Clara selbst, teils von den Berliner Freunden geschrieben, sind politische und literarische Meisterwerke. Dazu gehört ein Gedenkartikel für den Clara Zetkin so gut bekannten Kommunarden Édouard Vaillant, der bei Kriegsausbruch zu den französischen Imperialisten überging, damit auf tragische Weise sein Lebenswerk zerstörte und daran starb; auch eine ehrende Würdigung Franz Mehrings, der am 27. Februar 1916 seinen 70. Geburtstag beging. Ein Artikel, zum 1. Mai 1916 geschrieben, ist eine kaum verhüllte Aufforderung zur Beteiligung an den von Spartakus organisierten Maidemonstrationen. Andere Arbeiten entlarven die Politik der Sozialchauvinisten innerhalb und außerhalb Deutschlands. Die Arbeit »Rüsten und Abrüsten« weist auf die Gefahr der im Kriege zunehmenden Monopolbildung hin. Der Artikel »Die fallenden Hüllen« übt scharfe Kritik an den Zentristen, die begannen, sich als Kriegsgegner zu gebärden, im Parlament gegen die Kriegskredite auftraten oder sich der Stimme enthielten, aber den revolutionären Massenkampf gegen den Krieg mit allen Mitteln hemmten. Vor allen übrigen ragt die Arbeit »Pax Romana«, Römischer Friede, hervor. Sie zeigt am Beispiel des römischen Imperiums, was ein siegreicher Imperialismus den von ihm unterdrückten Völkern und den einfachen Menschen des eigenen Landes bringt: Sklaverei, Elend, Folter und Tod den einen, den anderen im besten Falle Brot und Spiele, nie aber Würde, Freiheit und Lebensperspektive.

Zugleich werden mit wachsender Schärfe und Kühnheit jene Probleme aufgegriffen, die die Menschen im zweiten Kriegswinter tagtäglich bewegen: der Hunger, die verschärfte Ausbeutung, die Not der Kinder, das Sterben an den Fronten. Auch finden die Genossen wie zuvor Mitteilungen über Verhaftungen und Prozesse, über Auseinandersetzungen in der Sozialdemokratischen Partei und in der Reichstagsfraktion, namentlich über das Auftreten Karl Liebknechts. Andere Artikel berichten von Friedensaktionen im Ausland. Vereinzelt erscheinen Nachrichten über Streiks in Rußland, Auszüge aus dem »Sozialdemokrat«, dem Organ der Bolschewiki.

Alle diese Berichte waren geschickt zwischen den anderen Texten versteckt, dazu gut verschlüsselt, doch die Genossen fanden sie. Nach Karl Liebknechts Verhaftung war die »Gleichheit« die einzige Zeitung, die sich vorbehaltlos an seine Seite stellte, besonders nachdem der Deutsche Reichstag seine Immunität aufgehoben und damit die Strafverfolgung möglich gemacht hatte. In dem Artikel »Genosse Liebknecht vom Reichstag preisgegeben« machte die Zeitschrift ihre Leser an Hand amtlicher Aussagen und Dokumente – anders war es ihr unter der Zensur nicht möglich – eingehend mit dem Kampf und den Zielen Karl Liebknechts, mit den Vorgängen auf dem Potsdamer Platz und mit Liebknechts mutigem Auftreten vor Gericht bekannt. Sie entlarvte die sozialchauvinistischen und zentristischen Reichstagsabgeordneten, bewies, daß gerade sie, obwohl sie gegen die Aufhebung der Immunität Liebknechts gestimmt hatten (sie wußten, daß sie in der Minderheit waren), über seine Ausstoßung aus dem Reichstag froh waren. Der Artikel, wenngleich in sachlicher Sprache geschrieben, in »Sklavensprache«, wie es damals hieß, war ein weithin hörbarer Ruf zur Solidarität und fand starken Widerhall, desgleichen die Artikelreihe »Ein Blatt Geschichte«. In ihr wurde am Verhalten des britischen Parlaments aus der Cromwell-Periode gezeigt, wie ein kühnes Parlament durch seine standhafte Haltung Geschichte machen, einen König stürzen konnte, während der Deutsche Reichstag, diese sogenannte Volksvertretung, vor den Militaristen und Imperialisten kuschte, ihre Geschäfte betrieb. Diese Artikel halfen, wie die Berichte über Prozeß und Verurteilung Liebknechts, die Empörung der Werktätigen zu schüren, ihre Liebe zu Liebknecht in Tatbereitschaft zu verwandeln.

Aber über eines durfte die »Gleichheit« nach den Kriegsgesetzen nicht berichten – über die großen Protestaktionen und Streiks, die für Karl Liebknecht geführt wurden, auch nicht über die wachsende Zahl der Friedens- und Hungerdemonstrationen und die blutigen Zusammenstöße der Werktätigen mit der Polizei. Von diesen aber erfuhren die Werktätigen durch die Briefe und Flugblätter von Spartakus.

Bald nach der erneuten Verhaftung von Rosa Luxemburg am 10. Juli 1916, der die Verhaftung von Julian Marchlewski bereits vorangegangen war und am 15. August die von Franz Mehring folgte, ging die schöne Zeit des Zusammenwirkens mit den Berliner Freunden für Clara zu Ende. Denn von nun an mußte die Arbeit von Spartakus in weit strengerer Illegalität geführt werden. Verlor die »Gleichheit« damit notwendig an Reichtum und Vielfältigkeit, so blieb sie dennoch Kampforgan gegen den imperialistischen Krieg, diente der Spartakusgruppe weiter mit gleicher Treue, bekannte sich zu ihr, bis die Sozialchauvinisten Clara Zetkin das Blatt aus den Händen rissen, es über Nacht zu einem Organ der Durchhaltepolitik machten.

Not, Sorgen, Solidarität

Der Kriegswinter 1916/1917 ist unter dem Namen Kohlrübenwinter in die Geschichte des deutschen Volkes eingegangen. Von denen, die ihn erlebten, hat ihn keiner vergessen, auch Clara Zetkin nicht.

Im Februar 1916 hatte die grausige Schlacht um Verdun begonnen, ihr war vom Juni bis November die an der Somme gefolgt. Im Osten waren 1915 unter schweren Opfern Galizien und Warschau besetzt worden. Die Zahl der Toten und Verwundeten, die die Menschheit zu beklagen hatte, ging in die Millionen. In Deutschland gab es kaum noch eine Familie, die nicht Trauer trug oder die Leiden eines Kriegskrüppels ansehen mußte.

In den Vierteln der Werktätigen ging das Gespenst des nackten Hungers um. 1200 Gramm eines klitschigen, ekelerregenden Brotes, das kaum noch Mehl enthielt, 80 Gramm Fett, zumeist Margarine, 250 Gramm minderwertiges Fleisch oder Kriegswurst, aus Sehnen und Knorpeln gemacht, 180 Gramm Zucker und ein halbes Ei, das war die Wochenration, die ein Erwachsener auf seine Lebensmittelkarte erhielt. Das heißt, wenn er Glück hatte, denn nicht immer waren diese Lebensmittel vorhanden. Milch – eine bläuliche, verwässerte Magermilch – erhielten nur Säuglinge, bestenfalls noch Kleinkinder. Kartoffeln, die Hauptnahrung der Armen, gab es überhaupt nicht. Es wurde gesagt, die Ernte sei mißraten. Später stellte sich heraus, daß diese Behauptung weit übertrieben war, vielmehr Junker und Händler die Kartoffeln zurückgehalten und auf dem Schwarzmarkt verkauft hatten. Auch die nichtrationierten Lebensmittel – Fisch, Gemüse, Obst – wurden von Spekulanten aufgekauft und verschoben. Dafür gab es Kohlrüben. Sie wurden zum Hauptnahrungsmittel. Kohlrüben»koteletts«, Kohlrüben»salat«, Kohlrüben»pudding«, Kohlrüben»frikadellen«, Kohlrüben»marmelade«, das waren die Rezepte, die gut bezahlte »Experten« den Frauen anpriesen, während »Wissenschaftler« ihnen von hohem Nährwert der Kohlrübe faselten, der sie zum vollwertigen Ersatz für Fleisch, Milch, Eier und Brot mache. Wie sollte ein Mensch dabei leben und arbeiten? Schon mitten in der Nacht sammelten sich vor den öffentlichen Verkaufsstellen der Kommunen bei Schnee, Regen und Kälte lange Schlangen von Greisen und Kindern, um ein wenig Zusatznahrung zu ergattern. Manchmal hatte man Glück und konnte einen armseligen Kohlkopf oder einige Heringe nach Hause tragen. An der Front sparten sich die Soldaten Kommißbrot, ein bißchen Zucker ab und schickten es den Ihren in die Heimat. An den Gulaschkanonen, die die Kommunen einrichteten, sammelten sich Kinder mit Geschirren, um einen Schlag »Blauen Heinrich« – eine bläuliche, fettlose Graupensuppe – zu empfangen. Wer konnte, fuhr viele Stunden mit der Bahn, nach Westfalen, ins Oldenburgische, ins Magdeburgische, auf Hamsterfahrt, ängstlich besorgt, daß die Polizeikontrolle das bißchen Speck oder die paar Kartoffeln, so mühsam erworben, auf dem Rückweg nicht wegnahm.

Nicht nur das Essen fehlte, auch Holz und Kohlen. An Schuhe und Wäsche war überhaupt nicht mehr zu denken. Tausende Menschen starben an Darmkrankheiten, Typhus, Ruhr, an Schwäche. Die Tbc nahm reißend zu. Und immer war noch kein Ende abzusehen, immer noch redeten die Generale vom Schwertfrieden, forderten für die Vorbereitung neuer Offensiven weitere

Scharen von Soldaten. Es waren Ältere und Kranke, die an die Front geschickt wurden, um die Reihen aufzufüllen. Auch blutjungen Rekruten, Knaben noch, wurde das Gewehr in die Hand gedrückt. Im Dezember 1916 beschloß der Reichstag das Gesetz über den »Vaterländischen Hilfsdienst« – gegen die Massenproteste der Werktätigen.

Eine Riesenkampagne wurde eingeleitet, um noch mehr Frauen zur Kriegsarbeit heranzuziehen. Hunderttausende von ihnen mußten im Verkehrswesen, im Bergbau, in der Metallindustrie arbeiten. Zum ersten Mal führten Frauen Straßenbahnen und Kräne, waren Eisenbahnschaffnerinnen; Frauen mußten Granaten drehen, Dynamit herstellen. Explosionen in Kriegsbetrieben kosteten Hunderte Frauenleben. Frauen und Mädchen waren auch bei der Herstellung von Giftgasen beschäftigt. Ihre quittegelben Gesichter, ihre gelben oder grünlichen Haare zeigten allen, wo sie arbeiteten.

Alle Frauen aber – wozu immer sie herangezogen wurden – schleppten sich mühsam von Tag zu Tag, waren zerfressen von Hunger und Sorgen. In den Arbeitspausen, wenn sie ihr Stück trockenes Kriegsbrot oder ein Stück Kohlrübe kauten, dazu lauen Kohlrüben»kaffee« aus der Feldflasche tranken, sprachen sie von ihren Toten oder davon, ob sie bald einen Feldpostbrief bekämen oder ob es der gefürchtete Brief von der Heeresleitung sein würde, in dem es hieß: »Auf dem Felde der Ehre gefallen.« Sie sprachen auch von den Kindern und davon, daß sie die wenigen Lebensmittel sorgfältig verschlossen halten müßten, damit es bis zum Ende der Dekade reichte, und wie die Kleinen, sobald die Mutter nach Hause kam, um ein Stück Brot betteln würden.

Aber wie die Menschen in den Schlangen gaben auch sie immer häufiger ihrer Wut auf die Generale und Kanonenfabrikanten Ausdruck, auf die Junker, die auf ihren Gütern praßten, als ob es keinen Krieg gäbe, auf die Etappenoffiziere, die, wie jeder wußte, ein Lotterleben führten und auch ihre Frauen daheim gut versorgten, sagten, daß man Schluß machen müsse. In vielen Fabriken zirkulierten heimlich Spartakusflugblätter, diskutierten mit Erfolg Spartakusleute.

Wenn Clara Zetkin – es geschah nur ganz selten – nach Stuttgart hinunter kam, den hageren Frauen mit den verhärmten Gesichtern, den gebeugten Rücken und den erloschenen Augen begegnete, die Kinder mit den vom Hunger aufgetriebenen Bäuchen sah, die der Krieg um das letzte bißchen Freude betrog, ballte sie zornig die Hand. In schlaflosen Nächten dachte sie an diese Frauen und Kinder, durchlebte auch die Berichte von der Front, hörte das Brüllen der Kanonen, das Röcheln der Sterbenden, sah sie zerfetzte Leiber in Stacheldrähten und Erdlöchern. Aber sie sah auch in den Gesichtern der Frauen den Haß, den gleichen glühenden Haß, den sie selbst in sich trug, die Härte in ihren Gesichtszügen, erkannte das neue Selbstbewußtsein, das ihnen aus dem Beruf und der Verantwortung erwuchs, die sie nun in der Familie allein zu tragen hatten.

An ihrem eigenen Leben ging die Härte des Krieges nicht vorüber. Von ihren Söhnen hörte sie, wie alle Mütter, nur durch kurze Feldpostbriefe, bei deren Ankunft sie nicht sicher war, ob der Absender noch lebte. Von ihren Jungen hätten sie bis zuletzt befriedigende Nachricht, aber was könne seither nicht alles geschehen sein? schrieb sie einmal an Rosa Luxemburgs Sekretärin Mathilde Jacob. Die seltenen Urlaubstage waren Tage der Freude, doch folgten ihnen verstärkte Sehnsucht und größerer Schmerz. Ihr Mann, im harten Einsatz für das Rote Kreuz, ihretwegen mehr denn je schikaniert – sogar von Einziehung des über Vierzigjährigen ist die Rede –, begann zu kränkeln. Sie lebe in einer Krankenhausatmosphäre, schrieb sie. Auch der Hunger ging am Sillenbucher Haus nicht vorüber. Die Redakteurin der »Gleichheit« erhielt keine Schwerarbeiterzulage, und die »Vaterlandsverräterin« hatte es auch schwer, etwas von den Bauern der Umgebung zu bekommen. Für den Garten aber fehlten Sämereien, fehlte der Dünger, für das Einmachen von Obst der Zucker, für die Hühner das Futter.

Auch war die finanzielle Lage des Ehepaares nicht rosig. Friedrich Zundel verdiente nichts. Wer wollte im Kriege schon Bilder kaufen oder sich porträtieren lassen! Alles mußte von Claras Gehalt bestritten werden, das so wenig wie alle anderen Löhne und

Gehälter mit der Teuerung stieg. Und die Zundels hatten nicht nur für sich selbst zu sorgen. Da war Edwin Hoernle, der junge, immer hungrige zweite Redakteur der »Gleichheit«, und da war Hanna, die stets einsatzbereite Sekretärin Claras. Da waren notleidende Stuttgarter Genossen und ihre Familien. Da waren die Eingekerkerten. Für sie und die Ihren mußten jene, die in Freiheit waren, einstehen, zusätzliche Lebensmittel besorgen, ihnen soweit wie möglich ihr Schicksal erleichtern.

Clara Zetkin, die in der Emigration gelernt hatte, was Solidarität bedeutet, widmete sich dieser Pflicht mit ganzer Kraft. Kein Genosse bat vergeblich um Rat, Hilfe, Trost. Sie half immer und weit über ihre Kräfte. Sie dachte an alle, an ihre Frauenfunktionärinnen, an die Stuttgarter Genossen, an Käte Duncker und deren Kinder, an den alten, kranken Franz Mehring und seine Frau.

Besondere Fürsorge mußte den beiden Führern der Bewegung, Karl Liebknecht und Rosa Luxemburg, gelten, deren Gesundheit es unter allen Umständen zu erhalten galt. Karl Liebknecht, der im Zuchthaus in Luckau unter härtesten Bedingungen Sträflingsarbeit verrichten mußte, verfiel infolge der schlechten Zuchthauskost, die noch unter der üblichen Ration lag, zusehends. Zusammen mit anderen Freunden schrieb Clara Zetkin empört an den Gefängnisdirektor. Sie setzten durch, daß Karl Liebknecht zusätzliche Eigenverpflegung zugestanden wurde. Als die Erlaubnis gegeben war, hieß es dann, die Lebensmittel beschaffen, und manches Päckchen, mühsam zusammengespart, ging auch von Sillenbuch an Liebknechts Berliner Freunde. »Sie haben gewiß«, schrieb Clara am 31. Mai 1917 an Mathilde Jacob, »das Päcklein mit etwas Mundvorrat für Karl erhalten. Lachen Sie nicht darüber. Ich erfuhr von Dritten, daß Karl hungere und flehentlich um Süßstoff und Fett bitte. Da schickte ich, was wir hatten. Sogar etwas richtigen Zucker, den unser Maxim aus dem Felde für meinen Mann uns gespendet hatte. Ich habe redlich geteilt, wie mein Mann es wollte.«

Auch um Liebknechts Frau Sophie, die schwer an ihrem Schicksal trug, bemühte sich Clara, namentlich als diese zur Erholung in Süddeutschland weilte.

Ihre besondere Sorge aber galt Rosa Luxemburg. Während der ganzen Zeit der Haft Rosas auf der Festung Wronke und in Breslau stand Clara mit Rosa Luxemburgs Sekretärin Mathilde Jacob in Verbindung, ängstlich besorgt um das Wohl der Freundin, immer bemüht, ihr kleine Freuden zu bereiten, kleine Wünsche zu erfüllen. Ihre neuerliche Verhaftung hatte Clara tief getroffen, zumal Rosa, zunächst in Militärgewahrsam in die Barnimstraße gebracht, wenig glimpflich behandelt wurde, Clara auch längere Zeit nichts von ihr gehört hatte.

»Ihre beiden letzten Briefe«, schrieb sie am 20. September 1916, also zwei Monate nach Rosa Luxemburgs Verhaftung, an Mathilde Jacob, »haben mir wirklich ein Stück Leben wiedergegeben. Ich war in tödlicher Unruhe und Sorge um R. und wußte dabei nicht, an wen ich mich wenden sollte, um die Wahrheit zu erfahren. Meine Karten, Briefe an R. selbst blieben ohne Antwort. Was ich über R.'s Befinden und ihren ›Fall‹ aus zweiter und dritter Hand zu wissen bekam, war nichtssagend, allgemein. Dann las ich Dittmanns Rede und schloß daraus, was ich schon geahnt, daß die Freunde mir in guter Absicht vieles verschwiegen, anderes geradezu aus grau in rosa umgefärbt hatten. Ich war außer mir vor Schmerz und ohnmächtiger Wut ... Doch ich darf mich nicht an Gefühle verlieren, sondern muß das nächstliegende Praktische erledigen. Also das wichtigste: Die nötigen Mittel für R.'s Unterhalt müssen selbstverständlich beschafft werden ... Sollten Sie nicht auskommen mit dem, was Ihnen zugeht, so ist es selbstverständlich, daß wir eintreten, soweit uns unsere Kraft reicht. *Davon darf aber R. nichts wissen*, denn sie weiß, daß wir in keiner guten materiellen Haut stecken. Sie wissen ja, wie zartfühlend und stolz sie ist. Nebenbei: R. hat noch vom Verlag der ›Gl[eichhei]t‹ das Honorar für die Übersetzung eines Kapitels aus ›Die Götter dürsten‹ zu bekommen. Soll ich es an Ihre Adresse senden lassen?

Wegen des Drahtzaunes will ich mit meinem Mann reden. Vielleicht kennt er eine Firma, die Angebote für die Gefängnisverwaltung machen kann. Staren- und Meisenkästen schicken wir R., ebenso Vogelfutter. Wo die Kästen am besten befestigt werden, weiß ich nicht. Ich habe sofort an einen Sachverständigen geschrieben, der mir ein gutes Buch über die einschlägigen Fragen namhaft machen soll. Das werde ich R. schicken. Blumen werde ich ihr wöchentlich senden, oder wenigstens ›Grünes‹ aus unserem Garten. Gern wüßte ich, ob ich ihr schreiben, Zeitungen schicken darf.«

Und am 11. Dezember des gleichen Jahres schrieb Clara:

»Vielen Dank für Ihren Brief mit den Fingerzeigen für R.'s Weihnachten. Ich habe bereits fast alle Bücher zusammen, die wir ihr schicken wollen. Sobald das fehlende Werk eingetroffen ist, sende ich das Paket an die Militärkommandantur Berlin ab ... Ich hatte die Freude, das Glück – die Worte sagen nicht, was es für mich bedeutete –, einen Brief von R. zu erhalten. Darin nannte sie auch ihre Weihnachtswünsche nach Blumen und Gebäck. Natürlich werden diese erfüllt, soweit es die Jahreszeit und die ›wohlorganisierte Hungersnot‹ erlauben.«

Den ganzen Krieg hindurch ließ Claras Fürsorge nicht nach. Friedrich Zundel war häufig unterwegs, um für Rosa Luxemburg etwas Butter, ein paar Eier, Mehl, Hülsenfrüchte aufzutreiben. Clara buk für sie, schickte ihr Gemüse und von dem wenigen Eingemachten, das sie hatte, schickte ihr, was immer der Garten an Blumen hergab, sandte ihr Bücher. Mehrfach fragte sie an, ob Rosa Kleider- oder Wäschestoff brauche, einmal schickte sie einen weißen Chiffon zurück, den die Freundin ihr in Friedenszeiten geschenkt hatte. Sie selbst könnte ihn nicht mehr tragen, fügte sie wehmütig hinzu, da sie älter aussehe als ihre Großmutter.

Harte Konflikte

Der Widerstand der Werktätigen gegen die Kriegsbrandstifter wuchs, wurde aktiver und explosiver. Seit Ende des Sommers 1916 rissen die Lebensmittelunruhen, Protestversammlungen, Massendemonstrationen und Streiks nicht mehr ab. Vor allem gärte es im Ruhrgebiet, in Hamburg, Berlin und Sachsen, überall dort, wo Industrie konzentriert war. Viele der Hungermärsche unterschieden sich wesentlich von denen des ersten und zweiten Kriegsjahres, zeigten die organisierende Hand der Spartakusgruppe. Wohlgeordnete Züge waren es, die zu den Rathäusern marschierten, um ihre Forderungen zu stellen. An der Spitze gingen Kinder und Mütter mit Säuglingen, so daß Polizei und Militär nicht zu schießen wagten, dann folgten die übrigen Frauen und Mädchen, den Schluß machten ältere Arbeiter. Die Demonstranten stellten nicht nur lokale Forderungen, nach Verbesserung der Versorgung mit Lebensmitteln und Kohlen, nach Unterbringung der Kinder, sondern marschierten häufig unter politischen Losungen: »Für Brot und Frieden!«, »Nieder mit dem Kriege!«

Die Presse durfte über diese wachsende Bewegung nicht berichten. Aber Clara Zetkin, obwohl sie wenig aus Sillenbuch herauskam, wußte Bescheid, weil Spartakusanhänger alle Nachrichten über den Widerstand gegen den Krieg sammelten und weitergaben. Bei jedem neuen Bericht, den sie las, empfand sie Genugtuung, doppelt große, weil vor allem Frauen und Mädchen die Träger der Aktionen waren und ihnen dabei immer mehr bewußt wurde, daß sie eine Macht darstellten.

Unter dem Druck der Massenbewegung nahmen die Auseinandersetzungen innerhalb der Sozialdemokratischen Partei an Heftigkeit und Schärfe zu. In offener Auflehnung gegen die sozialchauvinistische Parteiführung sperrten ganze große Bezirke die Parteibeiträge.

Die zentristischen Kräfte in der Sozialdemokratischen Partei waren bestrebt, diesen Radikalisierungsprozeß aufzufangen. Ihre 18 Abgeordneten hatten bereits seit Dezember 1915 die Kriegskredite abgelehnt und – aus der sozialdemokratischen Reichstagsfraktion ausgeschlossen – am 24. März 1916 die Sozialdemokratische Arbeitsgemeinschaft gebildet. Obwohl ihr Auftreten keineswegs wie das Karl Liebknechts und seiner Mitstreiter mit einer prinzipiellen Kampfansage gegen die Politik des 4. August verbunden war, stärkte es den Einfluß der Zentristen auf die Massen, zumal sie große Zeitungen wie die »Leipziger Volkszeitung« hatten, über Geld verfügten und von den Behörden wohlweislich geduldet wurden. So konnte sich auf ihren Antrieb zu Ostern 1917 in

Gotha die Unabhängige Sozialdemokratische Partei konstituieren, eine Arbeiterpartei unter zentristischer Führung. Viele Sozialdemokraten ließen sich durch die scheinradikalen Phrasen und die demagogische Politik der rechten zentristischen Kräfte, wie Hugo Haase, Karl Kautsky und andere, täuschen, sahen in der USPD die neue, revolutionäre Partei, zumal ihr so beliebte Männer und Frauen wie Georg Ledebour, Adolph Hoffmann, Margarete Wengels und andere angehörten.

In ihrer politischen Zusammensetzung war die Partei äußerst differenziert. Zu ihr gehörten klassenbewußte Arbeiter, die ehrlich den revolutionären Kampf gegen den deutschen Imperialismus wollten, andere, die zwar gegen den Krieg waren, aber parlamentarische Illusionen hatten, gehörten Pazifisten, gehörten die meisten der Frauenfunktionärinnen, die während des Krieges hinter der »Gleichheit« gestanden hatten. Bestimmten die rechten Zentristen in der Führung die Politik der Partei, so bildete sich doch in ihr ein starker linker Flügel, der in der Folge große Bedeutung gewinnen sollte.

Für Spartakus warf der Vorstoß der Zentristen die Frage auf: Wie weiter? Wie sollte die Gruppe sich zu der neuen Partei stellen? Unter dem Vorbehalt politisch-ideologischer Selbständigkeit schloß sie sich der USPD an, obwohl örtliche Führer, unter ihnen Fritz Heckert und Friedrich Westmeyer, für die organisatorische Trennung von den Zentristen eintraten. Dieser Schritt war die Folge mangelnder Klarheit über die Rolle der selbständigen marxistischen Kampfpartei.

Clara Zetkin, wie ihre Kampfgefährten mit den neuen schweren Problemen ringend, vermißte schmerzlich den Gedankenaustausch mit ihren nahen Freunden. Sie war sehr isoliert. Wohl hielten die Stuttgarter Genossen – namentlich, bis zu ihrer Verhaftung, Berta Thalheimer – Verbindung zu ihr; aber von der Führung der Spartakusgruppe in Berlin war sie fast völlig getrennt. Wieder und wieder flehte sie in ihren Briefen an Mathilde Jacob um ein Zusammentreffen mit einem führenden Genossen. Es konnte ihr nicht gewährt werden, da durch die ständige polizeiliche Überwachung Claras eine Begegnung mit ihr für jeden il-

August 1914

Annexionspropaganda der deutschen Imperialisten im ersten Weltkrieg

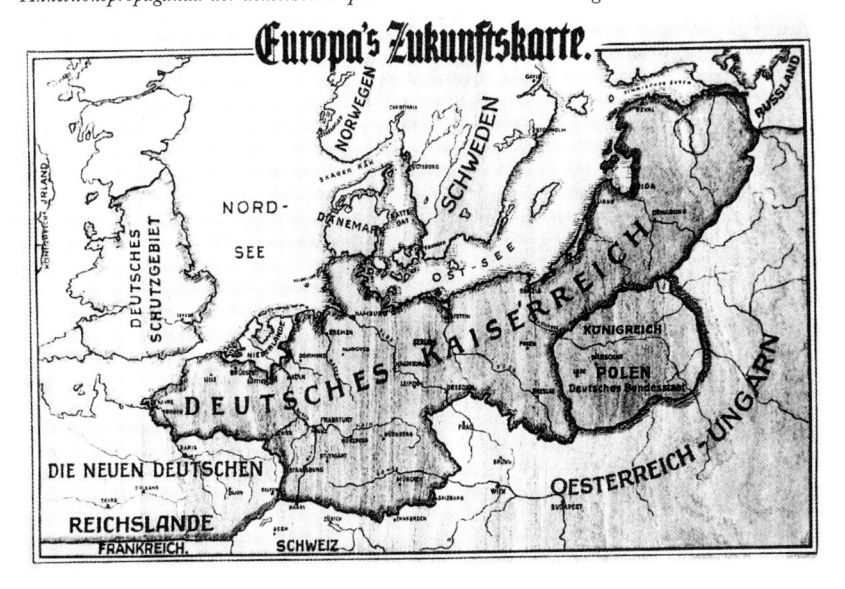

Geehrter, lieber Genosse Liebknecht,

Wie oft habe ich Ihnen schon im Geist dankbar und erfreut die Hand gedrückt für Ihr mutiges Auftreten, wie oft geschrieben! Aber Sie wissen ja, wie es unsereinem geht. Die besten persönlichen Absichten bleiben unausgeführt und die schönsten Gefühle unausgesprochen, weil der Tag mit seinen hunderterlei Anforderungen dazwischentritt, erst recht in der Situation, wie wir sie hier haben. Schliesslich sagte ich mir auch, es gäbe etwas wichtigeres und notwendigeres, als Ihnen in der Verschwiegenheit eines Briefs zu versichern, was Sie doch von Anfang an gewusst haben: meine grosse Freude darüber, dass Sie als würdiger Sohn Ihres Vaters gehandelt haben, des unvergesslichen "Soldaten der Revolution". Ich wollte in der Gleichheit offen aussprechen, was sogar unter der jetzigen Situation meines Dafürhaltens ausgesprochen werden konnte, aber die Behörden haben mir wieder einmal einen Strich durch die Rechnung gemacht. Das Generalkommando hat die ganze Politische Rundschau verboten, sogar den Titel. Ich schicke Ihnen hier die letzte Korrektur, wie sie der Zensur vorgelegt worden ist. Sie sehen daraus, wie hier die Zensur gehandhabt wird. Gerade, weil mir daran gelegen war, zur Sache wenigstens etwas von dem sagen zu können, was gesagt werden musste, war ich in der Form so "gemässigt" gewesen, dass ich darauf rechnete, die Politische Rundschau würde durchgehen. Was darin steht, hat in einigen wenigen Tagesblättern der Partei gestanden: die Kritik an dem schwächlichen Karakter der Erklärung über Belgien in der Bremer Bürgerzeitung, die Anerkennung

Armierungssoldat Karl Liebknecht auf dem Weg zum Reichstag

Ihres Mutes im Gothaer Volksblatt, Zweifel an der Berechtigung der Zustimmung unserer Fraktion an den Krediten in anderen Parteiblättern; aber hier in Stuttgart ist für die Gleichheit alles verboten. Letzten Endes trifft die Schuld daran gar nicht die Behörden, sondern unsere Partei. Die Handhabung der Presszensur bleibt ein Monument von ihrer Schande. Die Situation hätte sich gar nicht so entwickeln können, wenn die Sozialdemokratie von Anfang an den Kampf dagegen aufgenommen hätte. Zumal wäre es jetzt die elementarste Pflicht gewesen, im Reichstag darüber zu reden. Aber es kommt nun ein anderes hinzu. Die überpatriotische Haltung von reichlich 9/10 unserer Partei- und Gewerkschaftspresse ist ein starker Anreiz für die Behörden, von dem opponierenden Teil die gleiche hundedemütige Gesinnungstüchtigkeit zu fordern. Das umso mehr, als sie wissen, dass die opponierenden Blätter von den führenden Instanzen nicht gedeckt, sondern mindestens im stillen gemissbilligt werden. Hier in Stuttgart gar, hat der Schurkenstreich des Landesvorstandes Tür und Tor für alle Unterdrückungsmassregeln der Behörden geöffnet. Doch, es lohnt nicht der Mühe, darüber zu sprechen.

Ich muss Sie natürlich bitten, die beiliegende Nummer der Gleichheit mit der Politischen Rundschau nicht weiter zu geben, sondern für sich zu behalten, als Zeichen, meiner persönlichen Freundschaft. So gleichgültig wie mir persönlich alle Folgen sind, muss ich alles vermeiden, was als Vorwand für Lassregeln gegen den Verlag bei guten oder schlechtem Willen ausgelegt werden könnte.

Zum Vergleich die Nummer, wie sie mit dem "Segen" der Behörde erscheint.

Mit herzlichen Grüssen für Sie und Ihre liebe Frau auch von den Meinigen

Ihre

Brief Clara Zetkins an Karl Liebknecht, 12. Dezember 1914

Nadeshda Krupskaja

Inès Armand

Teilnehmerinnen der Internationalen Sozialistischen Frauenkonferenz in Bern, März 1915

Clara Zetkin

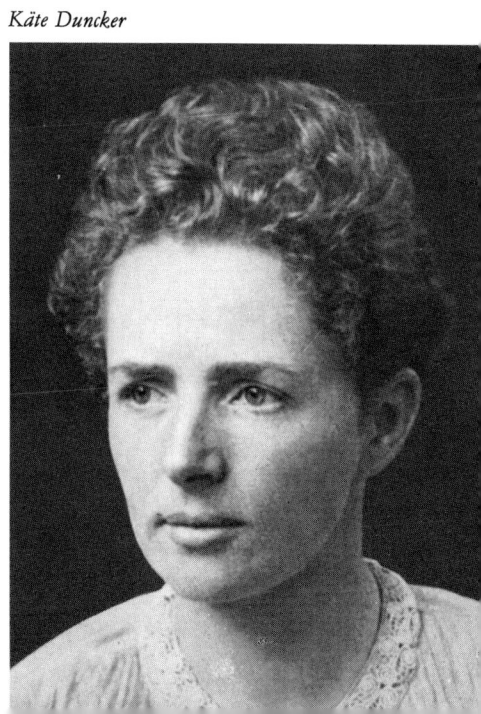

Käte Duncker

Nr. 15   25. Jahrgang

Die Gleichheit

Zeitschrift für die Interessen der Arbeiterinnen
Mit den Beilagen: Für unsere Mütter und Hausfrauen und Für unsere Kinder

| Die Gleichheit erscheint alle vierzehn Tage einmal. Preis der Nummer 10 Pfennig, durch die Post vierteljährlich ohne Bestellgeld 55 Pfennig; unter Kreuzband 85 Pfennig. Jahres-Abonnement 2,60 Mark. | **Stuttgart**
16. April 1915 | Zuschriften an die Redaktion der Gleichheit sind zu richten an Frau Clara Zetkin (Zundel), Wilhelmshöhe, Post Degerloch bei Stuttgart. Die Expedition befindet sich in Stuttgart, Furtbach-Straße 12. |

---

80   Die Gleichheit   Nr. 15

Auffassung zog er Schlußfolgerungen für die Praxis der Friedensarbeit.

die Löhne drücken, die gesamten Arbeitsbedingungen verschlechtern und namentlich Frauen und Kinder einer verschärften Ausbeutung unterwerfen. Gegen diese Praktiken fordert die Resolution trotz des „Burgfriedens" energische Gegenwehr.

Ein weitergehender Gegenentwurf der obengenannten einen russischen Gruppe wurde nur von dieser und von der polnischen Delegierten befürwortet. Rednerinnen aller Delegationen wendeten sich entschieden dagegen, darunter auch die Vertreterinnen der zweiten Gruppe russischer sozialdemokratischer Frauenvereinigungen, die dem „Organisationskomitee" angegliedert sind. Sie alle erklärten übereinstimmend, daß auch ihre persönliche Überzeugung die kritisierten Erscheinungen verurteile, daß jedoch diese Konferenz sozialistischer Frauen nicht der Ort sei, sich darüber auseinanderzusetzen. Die Abrechnung mit der Taktik der sozialistischen Parteien, bezw. ihrer Mehrheit sei zunächst Sache der nationalen sozialdemokratischen Parteitage in den einzelnen Ländern und eines allgemeinen internationalen Sozialistenkongresses. Dem Entwurf der russischen Gruppe beitreten, würde darauf hinauslaufen, die inneren und äußeren Widerstände und Schwierigkeiten gegen das internationale Friedenswerk der Frauen zu vermehren und zu vergrößern und damit dieses selbst zu schwächen.

Des weiteren dürfe die Konferenz sich nicht als Tribunal einsetzen, das einseitig Verurteilungen über politische Handlungen ausspreche, deren Begründung und Rechtfertigung hier nicht versucht werden könne, wo niemand sie billige und verteidige. Diese Auffassung bewirkte, daß die Beratungen straff auf die praktische Friedensarbeit der Genossinnen konzentriert blieben und nicht von dem bewußt abgesteckten Boden abirrten.

Das Ergebnis der Abstimmungen entsprach dem vorhandenen Gegensatz. Der Entwurf der einen russischen Delegationsgruppe fiel mit allen Stimmen gegen die der Gruppe selbst und die der polnischen Delegierten. Der zuerst erwähnte Entwurf wurde gegen diese Stimmen von allen Delegationen gutgeheißen. Die Vertreterinnen des „Zentralkomitees" gaben zu ihrem ablehnenden Votum eine „Erklärung" ab.

Mit der Abfassung des Manifestes wurde eine internationale Kommission beauftragt.

Nach Erledigung der Tagesordnung trat die Konferenz einstimmig und debattelos zwei Anträgen der holländischen Delegation bei. Der eine davon richtet die Aufforderung an alle auf der Tagung nicht vertretenen sozialistischen Frauen- und Arbeiterinnenorganisationen wie an alle Genossinnen überhaupt, den gefaßten Beschlüssen beizutreten und in ihrem Sinne zu wirken.

Eine weitere Resolution wurde von der englischen Delegation eingebracht. Sie betont die grundsätzliche Auffassung, auf deren Boden die Friedensarbeit der sozialistischen Frauen steht, und würdigt unbeschadet der prinzipiellen Unterschiede zwischen sozialistischer und bürgerlicher Friedensbewegung den Mut, mit dem jetzt nichtsozialistische Friedensfreunde dem Krieg und Rationalismus weltbürgerliche Ideale entgegenstellen. Sie begrüßt her weiteren insbesondere die internationalen Friedensströmungen in der bürgerlichen Frauenwelt und den im April bevorstehenden Internationalen Friedenskongreß der Frauen zu Amsterdam. Auch diese Resolution fand debattelos und fast einmütig Zustimmung, nur die Vertreterinnen des russischen „Zentralkomitees" stimmten gegen sie. Die Konferenz schloß mit Worten herzlichsten Dankes für Genossin Bala

---

»Die Gleichheit« vom 16. April 1915 mit von der Zensur gestrichenen Stellen in dem Bericht über die Internationale Sozialistische Frauenkonferenz in Bern

Frauen des arbeitenden Volkes!

Wo sind Eure Männer? Wo sind Eure Söhne?

Seit acht Monaten stehen sie draußen im Felde. Sie sind ihrer Arbeit, ihrem Heim entrissen: Jünglinge, die Stütze und Hoffnung ihrer Eltern, Männer in der Blüte ihrer Jahre, Männer mit ergrauendem Haar, die Ernährer ihrer Familien. Sie alle tragen den bunten Rock, hausen in den Schützengräben, sind kommandiert zu vernichten, was fleißige Arbeit aufgebaut hat.

Millionen ruhen bereits in den Massengräbern. Hunderttausende und aber Hunderttausende liegen in den Lazaretten — mit zerfetzten Leibern, mit zerschmetterten Gliedern, mit erblindeten Augen und zerstörtem Hirn, gepackt von Seuchen oder niedergeworfen von Erschöpfung.

Verbrannte Dörfer und Städte, zertrümmerte Brücken, vernichtete Wälder und zerwühlte Äcker sind die Spuren ihrer Taten.

Proletarierfrauen!

Man hat Euch gesagt, Eure Männer und Söhne seien hinausgezogen, Euch, die schwachen Frauen, Eure Kinder, Euer Haus und Euern Herd zu schützen.

Wie ist die Wirklichkeit?

Auf den Schultern der „schwachen" Frauen ist doppelte Last gehäuft. Schutzlos seid Ihr dem Kummer und der Not überantwortet. Eure Kinder hungern und frieren, das Dach über Eurem Kopf droht man Euch zu nehmen, Euer Herd ist kalt und leer.

Man hat Euch geredet von der einen großen Brüder- und Schwesternschaft zwischen hoch und niedrig, von dem Burgfrieden zwischen arm und reich. Nun, der Burgfriede zeigt sich darin, daß der Unternehmer Eure Löhne drückt, der Händler und gewissenlose Spekulant die Preise steigert, der Hauswirt Euch auf die Straße zu setzen droht. Der Staat hat lange

Ausland erkämpfen. Kolonialländer sollen erobert werden, wo die Kapitalisten die Schätze des Bodens rauben und billigste Arbeitskräfte ausbeuten.

Nicht die Verteidigung des Vaterlandes, seine Vergrößerung ist der Zweck dieses Krieges. So will es die kapitalistische Ordnung, denn ohne die Ausbeutung und Unterdrückung des Menschen durch den Menschen kann sie nicht bestehen.

Die Arbeiter haben durch diesen Krieg nichts zu gewinnen, wohl aber alles zu verlieren, was ihnen lieb und teuer ist.

Arbeiterfrauen, Arbeiterinnen!

Die Männer der kriegführenden Länder sind zum Schweigen gebracht worden. Der Krieg hat ihr Bewußtsein getrübt, ihren Willen gelähmt, ihr ganzes Wesen entstellt.

Aber Ihr Frauen, die Ihr neben der nagenden Sorge um Eure Lieben im Felde, daheim Not und Elend ertragt, worauf wartet Ihr noch, um Euren Willen zum Frieden, Euren Protest gegen den Krieg zu erheben?

Was schreckt Ihr zurück?

Bisher habt Ihr für Eure Lieben geduldet, nun gilt es, für Eure Männer, für Eure Söhne zu handeln.

Genug des Mordens!

Dieser Ruf erschallt in allen Sprachen. Millionen von proletarischen Frauen erheben ihn. Er findet Widerhall in den Schützengräben, wo das Gewissen der Volkssöhne sich gegen das Morden empört.

Frauen des werktätigen Volkes!

In diesen schweren Tagen haben sich Sozialistinnen aus Deutschland, England, Frankreich und Rußland zusammengefunden. Eure Nöte, Eure Leiden haben ihre Herzen

*Aus dem von der Internationalen Sozialistischen Frauenkonferenz
in Bern angenommenen Manifest*

*Erste Seite von Karl Liebknechts Flugblatt
»Der Hauptfeind steht im eigenen Land!«, Mai 1915*

Der Hauptfeind steht im eigenen Land!

Was seit 10 Monaten, seit dem Angriff Oesterreichs auf Serbien, täglich zu erwarten war, ist eingetreten: **der Krieg mit Italien ist da.**

Die Volksmassen der kriegführenden Länder haben begonnen, sich aus den amtlichen Lügennetzen zu befreien. Die Einsicht in die Ursachen und Zwecke des Weltkriegs, in die unmittelbare Verantwortlichkeit für seinen Ausbruch hat sich auch im deutschen Volk verbreitet. Der Irrwahn heiliger Kriegsziele ist mehr und mehr gewichen, die Kriegsbegeisterung geschwunden, der Wille zum schleunigen Frieden mächtig emporgewachsen, allenthalben — auch in der Armee.

Eine schwere Sorge für die deutschen und österreichischen Imperialisten, die sich vergeblich nach Rettung umsahen. Sie scheint ihnen jetzt gekommen. Italiens Eingreifen in den Krieg soll ihnen die willkommene Gelegenheit bieten, neuen Taumel des Völkerhasses zu entfachen, den Friedenswillen zu ersticken, die Spur ihrer eigenen Schuld zu verwischen. Sie rechnen auf die Vergeßlichkeit des deutschen Volkes, auf seine nur allzu oft erprobte Langmut.

Würde der saubere Plan glücken, das Ergebnis zehnmonatiger blutiger Erfahrung wäre zu nichte, das internationale Proletariat stünde wiederum entwaffnet da, völlig ausgeschaltet als selbständiger politischer Faktor.

Der Plan muß zuschanden werden — sofern der dem internationalen Sozialismus treu gebliebene Teil des deut-

Jede Brandmarkung verdienen die italienischen Kriegshetzer. Aber sie sind nichts als die Abbilder der deutschen und österreichischen Kriegshetzer, jener Hauptschuldigen am Kriegsausbruch. **Gleiche Brüder, gleiche Kappen!**

Wem hat das deutsche Volk die neue Heimsuchung zu danken? Von wem hat es Rechenschaft zu fordern für die neuen Opfer-Hekatomben, die sich türmen werden?

Es bleibt dabei: das österreichische Ultimatum an Serbien vom 23. Juli 1914 war die **Brandfackel**, die die Welt entzündete, wenn auch der Brand erst spät auf Italien übergriff.

Es bleibt dabei: dieses Ultimatum war das **Signal für die Neuverteilung der Welt** und rief mit Notwendigkeit alle kapitalistischen Raubstaaten auf den Plan.

Es bleibt dabei, dieses Ultimatum wollte die Frage der **Vorherrschaft auf dem Balkan**, in Kleinasien und im ganzen Mittelmeer und damit auch alle Gegensätze zwischen Oesterreich-Deutschland und Italien mit einem Schlage auf.

Wenn sich die deutschen und österreichischen Imperialisten jetzt hinter dem Busch der italienischen Raubpolitik, hinter der Kulisse der italienischen Treulosigkeit zu verstecken suchen; wenn sie die Toga der moralischen Entrüstung, der gekränkten Unschuld umwerfen, während sie doch in Rom nur eben Ihresgleichen gefunden haben, so verdienen sie die Lauge des grausamsten Hohns.

Bilder ohne Worte.

Rosa Luxemburg im Weibergefängnis Berlin Barnimstraße

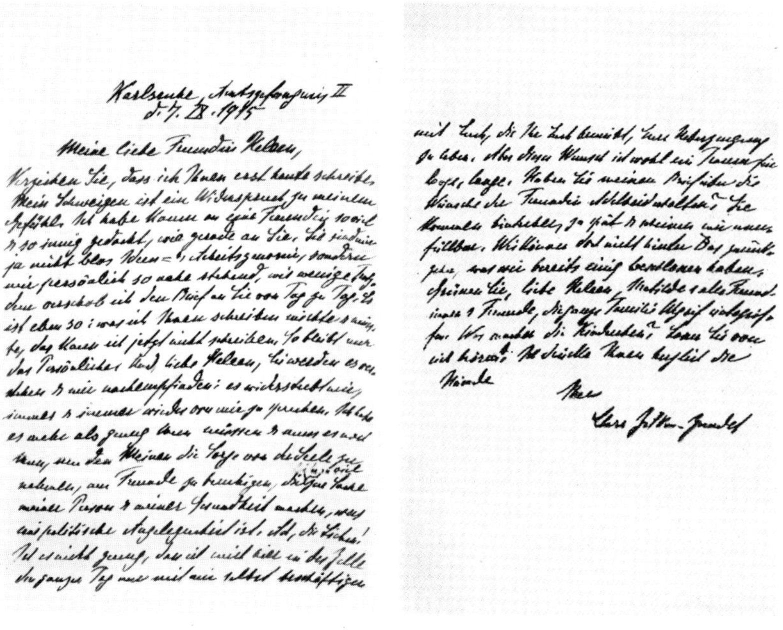

Clara Zetkin im Untersuchungsgefängnis in Karlsruhe

Aus einem Flugblatt der Spartakusgruppe

*Brief Clara Zetkins an Heleen Ankersmit
aus dem Gefängnis in Karlsruhe*

Proletariermutter mit ihren Kindern

Frauen und Kinder vor einer Suppenküche

Arbeiterinnen in einer Munitionsfabrik

Jugenddemonstration in Göppingen, 1917

Streik der Leunaarbeiter, 1917

legalen Kämpfer gefährlich war. So mußte sie denn mit den durch die Geschehnisse aufgeworfenen Problemen allein fertig werden. Sie litt schwerer als die übrigen Genossen unter der nun auch organisatorisch sich vollziehenden Parteispaltung, denn von ihnen allen war sie am längsten mit der Sozialdemokratie verbunden. »Wie die Dinge heute liegen«, schrieb sie am 16. Februar 1917 in dem Artikel »Was tun?«, »wird die Auseinandersetzung das Gefüge der Partei schwer erschüttern, jenen starken Bau, den berechtigten Stolz der deutschen Arbeiterklasse, an den Hunderttausende ihre beste Kraft gesetzt, den sie mit ihrem Herzblut gekittet haben. Beißen wir die Zähne zusammen, wir alle, die wir auch an der Arbeit gewesen sind.«

Schwer rang Clara Zetkin in der Frage des Verhaltens zu den Zentristen. In der »Gleichheit« widerspiegelt sich ihre quälende Unsicherheit. Sie kritisierte Kautsky, Haase und andere hart, verlangte von den Zentristen immer wieder Taten statt der Worte, lehnte bedingungsloses Zusammengehen mit ihnen entschieden ab. Die Kraft der Opposition, schrieb sie in der »Gleichheit« vom 13. Oktober 1916, liege »nicht in ihrer Zahl, sondern in der *Entschlossenheit und Klarheit ihres grundsätzlichen* Standpunktes ... Wo immer die ›Arbeitsgemeinschaft‹«, fügte sie hinzu, »sich auf grundsätzlicher Höhe bewegt, kann sie der Unterstützung durch die Spartakusgruppe gewiß sein. Wo immer aber opportunistische Schwächen und ein Mangel an praktischer Konsequenz sich zeigt, da werden sich die ›Internationalen‹ durch keinerlei Rücksicht zum Schweigen bestimmen lassen. Es genügt der Gruppe nicht, eine Weltanschauung zu besitzen, sie fordert, daß die Weltanschauung auch in die Praxis umgesetzt wird. Noch hat die Arbeitsgemeinschaft ihrer Kreditverweigerung im Parlament keine grundsätzlich unzweideutig zugespitzte Erklärung mit auf den Weg gegeben. Noch glaubt die Arbeitsgemeinschaft, man könne zurückkehren zu der ›alten, bewährten‹ Taktik, die in der Hauptsache rein parlamentarisch orientiert war, man könne die alte Internationale der Instanzen, Konferenzen und Resolutionen wiederaufbauen ... Die Gruppe ›Internationale‹ legt dagegen Gewicht darauf, daß man nicht nur dann und wann in Konferenzen usw. radikal und grundsätzlich spricht, sondern daß man überall, im Parlament wie im Volke, grundsätzlich *handelt*.«

Aber dabei unterschätzte Clara Zetkin die überaus große Gefahr, die zu einer Zeit, da breite Kreise der Sozialdemokratischen Partei die Kriegspolitik der Sozialchauvinisten ablehnten, gerade die Unabhängige Sozialdemokratie darstellte. Sie glaubte, daß die USPD von unten her revolutioniert, ihre rechte Führung beiseite gedrängt werden könne; sah damals noch nicht die Bedeutung, die eine selbständige revolutionäre, marxistische Kampfpartei hatte.

Im gleichen Artikel – er beschäftigt sich mit der Parteikonferenz der SPD vom September 1916 – sagte sie daher zu den Referaten Philipp Scheidemanns und Hugo Haases: »Wenn man die Ausführungen der Hauptredner auf ihre Grundgedanken zurückführt, so wird leicht erkennbar, daß zwei verschiedene *Weltanschauungen* einander gegenüberstehen, zwei Weltanschauungen, zwischen denen ein Kompromiß unmöglich ist ... Die Mehrheit und die Minderheit redeten auf der Konferenz zwei verschiedene Sprachen ...«

Die unklare Haltung der »Gleichheit« in diesen Monaten, die sich auch in anderen Artikeln zeigt, ist dabei keineswegs Ausdruck einer Wandlung in Clara Zetkins revolutionärer Haltung. Im Gegenteil. Nach wie vor rief sie die revolutionären Kräfte zum Kampf gegen den Krieg mit allen legalen wie illegalen Mitteln auf. Ganz offen schrieb sie in der »Gleichheit« vom 16. Februar 1917: »Die Opposition muß auf der ganzen Linie von der Verteidigung zum schärfsten Angriff gegen die Mehrheitspolitik übergehen ... Das geltende Kriegsrecht erschwert das ungeheuer ... Aber wo ein Wille ist, da ist ein Weg. Ist die deutsche Sozialdemokratie nicht unter dem Sozialistengesetz gediehen? Wenn und wo die Mittel der öffentlichen Agitation versagen, bleibt die Propaganda von Person zu Person, und deren großes Wirkungsfeld ist ›jede Werkstatt, drin es pocht, und jede Hütte, drin es ächzt‹.«

Was Clara Zetkins Haltung zum Eintritt der Spartakusgruppe in die USPD betrifft, lag der Verfasserin keine schriftliche Äußerung vor, doch scheint es angesichts der Stellungnahmen der »Gleichheit«, daß sie diesen Schritt für taktisch richtig hielt.

»Alles zieht mich nach Rußland«

»Alles zieht mich nach Rußland. Unter den Russen habe ich jung meine Heimat gefunden, politisch, menschlich, unter ihnen möchte ich bis ans Ende arbeiten, kämpfen.« Diese Worte schrieb Clara Zetkin, bald nachdem die russischen Arbeiter und Bauern in der Februarrevolution den Zaren gestürzt hatten, an die Sekretärin Rosa Luxemburgs. Sie zeugen von der tiefen inneren Verbundenheit mit den Kämpfen in Rußland, die im Februar 1917 ihren Anfang nahmen, zeigen, daß sie in ihnen den Beginn großer, weltgeschichtlicher Ereignisse sah, durch sie einen mächtigen Aufschwung empfangen hatte – ganz wie Karl Liebknecht und Franz Mehring, ganz wie alle deutschen Revolutionäre, die seit der Februarrevolution in Rußland voller Hoffnung und Erregung nach dem Osten blickten.

Selbstverständlich erwartete Clara Zetkin ebensowenig wie ihre Genossen etwas von der Provisorischen Regierung, die nach dem Februarsieg an die Macht gekommen war. Wie die übrigen Führer der Spartakusgruppe setzte sie ihre ganze Hoffnung auf die russischen Werktätigen, die Arbeiter, die Bauern, die Soldaten, verfolgte sie mit brennendem Interesse die Bildung der Arbeiter- und Soldatenräte. Es gelang ihr sogar, Nachrichten über deren Tätigkeit in die »Gleichheit« zu schmuggeln. Ein grundsätzlicher Artikel zur Februarrevolution allerdings wurde ihr, wie aus ihrer Korrespondenz hervorgeht, von der Zensur gestrichen. Dafür beteiligte sie sich um so eifriger an der illegalen Verbreitung von Nachrichten über die Kämpfe in Rußland, rief, soweit ihre Stimme reichen wollte, die deutschen Arbeiter auf, dem Beispiel der russischen Klassenbrüder zu folgen, den deutschen Kaiser zu stürzen und wie die russischen Arbeiter- und Soldatenräte für einen Frieden ohne Annexionen zu kämpfen.

Dem Gründungsparteitag der USPD, der Ostern 1917 in Gotha stattfand, sandte sie folgendes Telegramm:

»Wilhelmshöhe, den 5. 4. 1917

Werte Genossen und Genossinnen!

Eure Konferenz steht im Flammenzeichen der gewaltigen

Volkstat in Rußland, einer Volkstat, deren glühende, treibende Seele das junge Proletariat unter Führung einer Sozialdemokratie ist, die auch in den Kriegstagen den Massen das Banner des internationalen Sozialismus unbefleckt vorangetragen hat. Ich hoffe, ich wünsche: daß Eure Beratungen und Beschlüsse dieses erhebenden Zeitereignisses würdig seien! Lernen wir von der größten geschichtlichen Lehrmeisterin aller Völker und Zeiten, der Revolution. Eure Konferenz muß der Auftakt eines Handelns sein, das weder Zugeständnisse noch Zaudern kennt.

Ich brauche Euch nicht zu versichern, wie schwer das Muß mir ist, daß ich nicht aktiv eingreifend mit Euch sein kann. Aber soweit meine Kräfte reichen, werdet Ihr mich an Eurer Seite finden, wenn Ihr mit grundsätzlicher Klarheit und Schärfe und mit entschiedener Taktik vorwärtsgeht, vom Geiste des internationalen Sozialismus erfüllt. Die einige geschlossene Sozialdemokratie der Zukunft wird in Bekenntnis und Tat revolutionär sein, oder sie wird nicht sein. Sorgt dafür, daß die großen kommenden Stunden ein großes Geschlecht finden: Massen, die aktiv voranstürmen, und Führer, die mit ihnen sind.

Euren Arbeiten und Entscheidungen wünsche ich von Herzen vollen Erfolg.

Hoch der internationale Sozialismus! Clara Zetkin«

Die Furcht vor den Ereignissen in Rußland und vor der wachsenden Unruhe unter den deutschen Arbeitern ließ die deutschen Militaristen zu scheinheiligen Zugeständnissen greifen. Am 7. April 1917 verkündete der deutsche Kaiser eine Wahlrechtsreform in Preußen, die nach Kriegsende durchgeführt werden sollte. Clara Zetkin charakterisierte dieses Versprechen in einem Artikel als ein Bettelgeschenk. Die deutsche Arbeiterklasse müsse handeln, schrieb sie, sonst erhalte sie nur Almosen, bekomme aber niemals ihre großen, grundsätzlichen Forderungen erfüllt. Und angefeuert durch das Beispiel der russischen Arbeiter und Bauern, begannen die deutschen Werktätigen zu handeln.

Schon im Januar und Februar 1917 hatten in der Berliner Rüstungsindustrie Arbeiter und Arbeiterinnen gestreikt, war eine Streikwelle durch die Bergbaureviere des Rhein-Ruhr-Gebietes gegangen, hatten die Lebensmittelunruhen allerorts zugenommen. Im März war es an der Ostfront zu den ersten Verbrüderungen russischer und deutscher Soldaten gekommen. Dann – nachdem am 1. April die Brotration gekürzt worden war, am 6. April die USA gegen Deutschland in den Krieg eingetreten waren – brachen in Berlin, Braunschweig, Dresden, Hannover, Leipzig und anderen Städten von neuem Streiks aus, an denen sich Hunderttausende Arbeiter beteiligten, 300 000 streikten allein in Berlin. Unter den Streikenden waren zahllose Frauen. Ihr Ruf »Wir wollen Brot und Frieden!« hallte durch die Straßen. Unter der Führung der Spartakusgruppe entstanden die ersten Arbeiterräte.

Es waren vor allem die Zentren der deutschen Rüstungsindustrie, die von der Bewegung erfaßt wurden. Nur mit Unterstützung der rechten sozialdemokratischen Führer und infolge der schwankenden Haltung der Führer der USPD, die die Massen der Streikenden spalteten, konnte die Regierung der Lage Herr werden. Viele Arbeiter wurden verhaftet oder ins Feld geschickt, eine Reihe von Betrieben dem Militärrecht unterstellt. Die Behörden, die seit langem die steigende Aktivität der werktätigen Frauen registriert hatten, leiteten besondere Maßnahmen zur Beeinflussung der Arbeiterinnen und Hausfrauen ein. In einem vom Präsidenten des Kriegsernährungsamtes herausgegebenen Material vom 23. April 1917 hieß es unter anderem: Es ist eine großzügige Aufklärungsaktion unter den Frauen mittels Flugblättern, Versammlungen etc. zu veranlassen, zu der die Frauenorganisationen und Schulen in geeigneter Weise heranzuziehen sind.

Es war wohl kaum ein Zufall, sondern viel eher Resultat einer direkten Absprache mit den Behörden, daß der sozialdemokratische Parteivorstand nunmehr den schon lange geplanten Schlag gegen die »Gleichheit« führte. Er ging dabei mit einer Brutalität ohnegleichen gegen Clara Zetkin vor. Mitten in der Vorbereitung einer Nummer wurden sie, ihr zweiter Redakteur Edwin Hoernle und ihre Sekretärin Hanna Buchheim fristlos entlassen.

Die Genossen von ehemals jagten sie wie eine Verbrecherin von ihrem Arbeitsplatz. Acht Tage später erschien die Zeitung, die sie 25 Jahre lang in revolutionärem Geiste geführt hatte, mit gleichem Titel, ja, mit gleichem Kopf als proimperialistisches Blatt.

Doch wieder biß sie die Zähne zusammen:

»Mögen die Toten ihre Toten begraben«, schrieb sie am 29.Juni 1917 in ihrem Artikel »Abschied von der ›Gleichheit‹«, der in der »Leipziger Volkszeitung« erschien. »Seien wir ganz Lebende, die wirken wollen, die wirken müssen! Wir haben zusammenzustehen und zusammenzuarbeiten!

Der ungeheuerliche Weltkrieg hat die Auffassung des internationalen Sozialismus nicht erschüttert, vielmehr nur durch den Anschauungsunterricht der Tatsachen bestätigt ... Mitten unter uns ist die zu Fleisch und Blut verkörperte Geschichtsauffassung getreten, daß die Menschen die Geburtshelfer einer neuen Zeit sein können. Im Osten Europas ist der Tag angebrochen. Dort kündet in schöpferischer Tat jener seine Macht, der, gewaltiger als der waffenklirrende Imperialismus, nicht den Tod bringt, sondern neues, höheres Leben: der Sozialismus. Immer breiter, tiefer, unwiderstehlicher wird der Strom der Interessensolidarität der Proletarier, die sich zur Interessensolidarität der Menschheit weitet ...

Lassen wir uns nicht schrecken durch die Ungunst äußerer Umstände, haben wir für alle Schwierigkeiten nur eine Antwort: ›Erst recht!‹«

Und sie gab diese Antwort. Unmittelbar nach ihrer Vertreibung aus der »Gleichheit« appellierte sie nicht nur an die deutschen Genossen und Genossinnen, sondern auch an die internationale Solidarität: an die Leiterinnen der nationalen Gruppen der sozialistischen Fraueninternationale, an die russischen Revolutionäre, insbesondere an Lenin. Und sie appellierte nicht umsonst. In Deutschland bestellten ganze Bezirke die neue »Gleichheit« ab, aus dem Ausland kamen Solidaritätserklärungen, die Schweizer Sozialistinnen sammelten für eine neue internationale Zeitung.

Clara Zetkins 60. Geburtstag am 5.Juli 1917 wurde eine regelrechte Demonstration gegen den imperialistischen Krieg. Neben den offiziellen Begrüßungen von der Führung der USPD, die sie kühl beiseite legte, erhielt sie zahllose andere, die ihr Tränen der Freude in die Augen trieben: Briefe von treuen Kampfgefährten und Freunden in Deutschland und im Ausland, Grußbotschaften von sozialistischen Frauengruppen, mit rührender Liebe aufgesetzt, Grüße auf Feldpostkarten gekritzelt; Botschaften, deren jede einzelne Zeugnis ablegte von dem Vertrauen, das die revolutionäre Arbeiterklasse in die nun sechzigjährige Führerin setzte.

Franz Mehring feierte sie in der »Leipziger Volkszeitung« mit Worten, die allen Freunden Clara Zetkins aus dem Herzen gesprochen waren: »Diese unlösliche Verschmelzung von menschlicher Güte und menschlicher Leidenschaft macht das ganze Wesen unserer Freundin aus. Ihr Haß gegen die Unterdrücker fällt zusammen mit ihrer Liebe für die Unterdrückten.«

Der neu zu schaffenden internationalen Frauenzeitung wegen kam es zwischen Clara Zetkin und der Führung der USPD zum ersten heftigen Konflikt. Die Führer der USPD hatten Clara zugesagt, daß ein Ersatzblatt für die »Gleichheit« geschaffen werden sollte, aber sie waren in der Erfüllung ihres Versprechens mehr als lau und ließen es schließlich dabei bewenden, daß der »Leipziger Volkszeitung«, die keineswegs auf revolutionärem Boden stand, eine Frauenbeilage beigegeben wurde, die Clara redigieren, für die sie aber nicht verantwortlich zeichnen sollte. Das war eine Zumutung. Das entsprach keineswegs Claras Absichten, zumal ihr der Chefredakteur der »Leipziger Volkszeitung« von vornherein mitteilte, daß er gezwungen sei zu streichen, was der Existenz des Blattes schaden könne, so daß Clara sich nun einer doppelten Zensur ausgeliefert sah. Sie sagte nur widerstrebend zu. Doch schon bald, vor allem nach der Großen Sozialistischen Oktoberrevolution, zeigte sich, daß Clara Zetkin auch mit einer doppelten Zensur fertig zu werden imstande war.

V. Teil
Die Kampfgefährtin Lenins

1917–1923

»Mit leidenschaftlichem Interesse, mit angehaltenem Atem verfolge ich die Nachrichten aus Rußland. Dort geht es um der Menschheit große Dinge, dort ist das Leben wert, gelebt zu werden. Möchtet Ihr Kommunisten so siegreich sein, wie Ihr kühn und opferfreudig seid, möchten die Proletarier aller Länder endlich Eurer, endlich der russischen Proletarier und Massen würdig werden!«

Clara Zetkin an W. I. Lenin

Aus dem Osten kommt das Licht

Kann der Mensch mit 60 Jahren noch lernen? Clara Zetkin besaß in hohem Maße jenes »Stirb und Werde«, das Goethe von dem wahren Menschen fordert. Wenn sie später an die Zeit zurückdachte, da, wie die Menschen damals sagten, aus dem Osten das Licht kam, so meinte sie, daß damit auch für sie selbst noch einmal ein neues Leben angebrochen sei. Das, obwohl, wie sie auch selbst unter anderem in einem Offenen Brief an die holländische Sozialdemokratin Mathilde Wibeaut geäußert hat, ihre Haltung zur Großen Sozialistischen Oktoberrevolution und ihr gesamtes politisches Wirken nach 1917 die konsequente Entwicklung ihrer politischen Vergangenheit war.

In der Tat waren die Jahre nach der Oktoberrevolution für Clara Zetkin trotz aller Härten, Verfolgungen und Leiden, die sie zu erdulden hatte, die Jahre ihres reichsten und fruchtbarsten Schaffens. Eine briefliche Äußerung Clara Zetkins aus der unmittelbar den Oktoberereignissen folgenden Zeit liegt uns nicht vor. Wie ihr jedoch zumute gewesen sein muß, als sie die ersten Nachrichten aus dem jungen Sowjetstaat erhielt, können wir aus einem Brief entnehmen, den sie an W. I. Lenin im August 1918 schrieb. Darin heißt es:

»Sehr geehrter Genosse Lenin!

Der Überbringer dieser Zeilen, Genosse Moskowitsch, hat das Glück, Russe zu sein und mithin für den Sozialismus in Rußland kämpfen zu können, dem Land, das dank der kühnen Erhebung der Bolschewiki dem internationalen Proletariat wegweisend, führend vorangeht. Könnte ich mit dem Genossen tauschen! ...

Mit leidenschaftlichem Interesse, mit angehaltenem Atem verfolge ich die Nachrichten aus Rußland. Dort geht es um der Menschheit große Dinge, dort ist das Leben wert, gelebt zu werden. Möchtet Ihr Kommunisten so siegreich sein, wie Ihr kühn und opferfreudig seid, möchten die Proletarier aller Länder endlich Eurer, endlich der russischen Proletarier und Massen würdig werden!

Ich grüße Sie und alle unsere Freunde aufs herzlichste in aufrichtiger Hochschätzung und Sympathie Ihre Clara Zetkin«

Ihr Argwohn gegen die Menschewiki und die Sozialrevolutionäre war bereits im Juni 1917 wach geworden, als Kerenski seine Offensive an der russischen Südwestfront unternahm, und hatte sich während der Juliereignisse in Rußland, in deren Gefolge die Provisorische Regierung revolutionäre Arbeiter und Soldaten entwaffnete, die Bolschewiki verfolgte, verschärft. Und von da hat sie – das zeigen ihre Artikel, die unmittelbar der Oktoberrevolution folgen – manches Wort W. I. Lenins noch einmal und aus neuer Sicht überdacht, manche seiner Handlungen, die ihr vorher nicht voll begreiflich waren, neu eingeschätzt, manche seiner Arbeiten, die sie, soweit sie in Deutsch erschienen waren, kannte, noch einmal und mit neuen Augen gelesen.

Und so wurde ihr unmittelbar nach Veröffentlichung der ersten Nachrichten über die Große Sozialistische Oktoberrevolution klar, daß eine Tat von welthistorischer Bedeutung geschehen war.

Die Arbeiter und Bauern Rußlands hatten unter Führung der Bolschewiki erstmals in der Menschheitsgeschichte die Herrschaft der Ausbeuterklassen beseitigt und ihre eigene Macht errichtet. Die tiefgreifendste gesellschaftliche Umwälzung in der bisherigen Entwicklung der Menschheit wurde eingeleitet, eine neue Ära der Weltgeschichte eröffnet.

Am 6. November begannen die revolutionären Arbeiter, Bauern und Matrosen Petrograds den bewaffneten Aufstand; am 7. November war die Provisorische Regierung unter Kerenski gestürzt; am 8. November beschloß der II. Gesamtrussische Sowjetkongreß die Übernahme der Macht durch die Sowjets der Arbeiter-, Soldaten- und Bauerndeputierten. Schon in der Frauenbeilage der »Leipziger Volkszeitung« vom 16. November – und man bedenke, daß Clara Zetkin in Stuttgart lebte und der Artikel zudem noch durch Redaktion und Zensur gehen mußte – veröffentlichte sie unter dem Eindruck der Heldentat der Bolschewiki und ihres Friedensrufes »An alle! An alle!« eine Begrüßung und eingehende Würdigung des Ereignisses.

»Das Friedenswerk der russischen Revolution«, schrieb sie, »hat für die Völker eine neue, entscheidungsschwere Situation geschaffen ... Der Petersburger Arbeiter- und Soldatenrat hat zusammen mit dem Bauernrat und mit Unterstützung von Land- und Marinetruppen die vorläufige Koalitionsregierung gestürzt, die meisten Minister gefangengesetzt – ob der Diktator Kerenski dieses Schicksal teilt oder entkommen ist, weiß man im Ausland noch nicht – und die ganze Regierungsgewalt in die Hand des Kongresses der Arbeiter- und Soldatenräte gelegt. Der Petersburger Arbeiter- und Soldatenrat besteht in seiner übergroßen Mehrzahl aus radikalen Sozialisten der Partei der Bolschewiki oder Maximalisten, die nie mit den bürgerlichen Linksparteien paktiert, sondern von Anfang an die Auffassung vertreten hat, die Existenz und das Werk der Revolution könne nur durch die Diktatur des Proletariats und die Übernahme der ganzen Regierungsgewalt durch die Arbeiter- und Soldatenräte sichergestellt werden. Die Revolution in Petersburg und ihr Sieg ist der Triumph der konsequent festgehaltenen und durchgeführten grundsätzlichen und taktischen Auffassungen der Bolschewiki.« Und dann zitierte sie in der Übersetzung, die die »Frankfurter Zeitung« veröffentlicht hatte, das von Lenin verfaßte Manifest des II. Gesamtrussischen Kongresses der Sowjets der Arbeiter- und Soldatendeputierten mit seinem Programm: sofortiges Angebot eines demokratischen Friedens an alle Völker; entschädigungslose Übergabe der Gutsbesitzer-, Apanage- und Klosterländereien in die Verfügungsgewalt der Bauernkomitees; Demokratisierung der Armee; Einführung der Arbeiterkontrolle über die Produktion; Sicherung des Rechts auf Selbstbestimmung für alle in Rußland lebenden Nationen.

Und ihre Leser und Leserinnen verstanden: Hier ist eine Regierung, die mit der Klassenherrschaft der Arbeiterklasse ernst macht, die den Völkern das Beispiel im Kampf um den Frieden gibt. »Der Friede ist in greifbare Nähe gerückt«, schloß Clara Zetkin ihren Artikel, »wenn die heiße Friedenssehnsucht der Völker sich zum bewußten Friedenswillen zusammenballt, der Geschichte macht, wie er sie machen muß.«

Zwei Wochen später polemisierte sie in der Frauenbeilage der »Leipziger Volkszeitung« in dem Artikel »Der Kampf um Macht und Frieden in Rußland« gegen jene Auch-Revolutionäre, die, der Heldentat der Bolschewiki scheinheilig Beifall zollend, nachzuweisen versuchten, daß in dem rückständigen Rußland eine sozialistische Revolution nicht möglich sei. »Die Bolschewiki«, erklärte sie, »haben in kühnem Ansturm ohnegleichen ihr Ziel erreicht. Die Regierungsgewalt ist in den Händen der Sowjets. Die revolutionäre Diktatur des Proletariats ist Ereignis oder richtiger: Die Diktatur des werktätigen Volks, denn um das Industrieproletariat der großen modernen Wirtschaftszentren Rußlands, der Kristallisationsachse revolutionärer Kräfte, gruppieren sich Bauern und Kleinbürger in Arbeitsbluse und Waffenrock ...

Stellen diese Tatsachen nicht alles auf den Kopf, was wir gelernt und gelehrt haben über die Entwicklungsreife der gesellschaftlichen Dinge und der Menschen als unerläßliche Vorbedingungen solchen ›Umsturzes‹, wie er im Osten die Welt zu verändern verspricht? Und muß die ›Rückständigkeit‹ der wirtschaftlichen Entwicklung Rußlands und die seiner Volksmassen, muß die Spannung zwischen geschichtlicher Wirklichkeit und geschichtlichem Ziel nicht von vornherein die Erhebung der Bolschewiki zum Zusammenbruch verurteilen und damit die Revolution selbst? So meinen nicht nur Sozialisten des Auslandes, so meinen die gemäßigten Sozialdemokraten und Sozialrevolutionäre Rußlands selbst ... Rußland ist zu drei Vierteln ein agrarisches Land, spärlich und weit auseinanderliegend sind die großen Zentren kapitalistischer Industrie mit einem modernen Proletariat. Die Verkehrsverhältnisse stecken vorwiegend in den Kinderschuhen. Die Proletarier selbst stecken noch zum großen Teil im Banne bäuerlichen Empfindens und Denkens. Die breitesten Massen sind Analphabeten, ohne starke Organisationen mit wohlgefüllten Kassen, ohne politische Schulung durch Wahlzettel, Wahlkampf und Parlamentsreden. Welch leichtfertiger Frevel, unter diesen Umständen die Diktatur des Proletariats zu wollen!

Das klingt bestechend, ist aber nach unserer Meinung nicht stichhaltig, so wenig wir die gesteigerten, die ungeheuren Schwierigkeiten leugnen, die in den angedeuteten Verhältnissen beruhen. Die ›notwendige Reife‹ der Dinge und der Menschen zur Revolution ist eine Formel, die durch die geschichtliche Wirklichkeit Inhalt und Leben empfängt, und diese geschichtliche Wirklichkeit läßt sich nicht in das Schema F pressen. Der historische Materialismus ist keine Sammlung fertiger Rezepte für soziale Ärzte, Kurpfuscher und Apotheker. Er ist bisher das vollkommenste Werkzeug zur Erforschung und Durchleuchtung, zum Verständnis des geschichtlichen Werdegangs der Menschheit ...

Die russischen Proletarier und Bauern sind reif zur Revolution, zum Kampfe für die Eroberung der Staatsmacht, weil sie die Revolution, die Staatsmacht wollen und den Kampf nicht scheuen ...

Die Regierung der Sowjets will der Bauernschaft den Grund und Boden, will der Arbeiterklasse die Kontrolle über die industrielle Gütererzeugung übergeben, Umwälzungen das, denen Berge von Schwierigkeiten entgegenstehen, die aber auch der Erhebung der Bolschewiki die höchste geschichtliche Tragweite verleihen, für Rußland selbst wie für die ganze Welt. Die wichtigste Vorbedingung für die Durchsetzung des revolutionären Programms ist der Friede. Die revolutionäre Regierung erstrebt ihn getreu der Auffassung, die die Bolschewiki seit Kriegsausbruch konsequent in die Massen getragen haben:

›Das Proletariat Rußlands steht in unversöhnlichem Gegensatz nicht bloß zum Imperialismus der Mittelmächte, sondern zum Imperialismus aller Staaten, Rußland inbegriffen. Das Proletariat Rußlands ist in inniger Solidarität verbunden nicht bloß mit den Arbeitern der Ententemächte, sondern mit den Arbeitern der ganzen Welt, die Arbeiter der Mittelmächte inbegriffen.‹«

Stammt dies glühende Bekenntnis zu den Bolschewiki, dieser Ruf zur Solidarität mit den Bolschewiki von der gleichen Frau, die noch wenige Monate zuvor Lenin und Tschcheïdse, die Bolschewiki und die englischen und italienischen Pazifisten in einem Atem nannte? Nur in einer Zeit gewaltigen historischen Umbruchs kann ein Mensch in so kurzer Frist einen so entscheidenden Sprung in seinen Erkenntnissen machen, und auch dann ist dazu nur ein kühner, wahrhaft schöpferischer Geist, ein echter Revolutionär fähig. Claras Hochgefühl flammte um so stärker auf, als sie sich eins wußte mit allen revolutionären Arbeitern und vor allem mit ihren linken Freunden.

Der »ungeheure Prozeß der sozialen und wirtschaftlichen Revolutionierung Rußlands«, schrieb Karl Liebknecht am 11. November 1917 aus dem Zuchthaus an seine Frau Sophie, stehe bereits »im Beginn vor unbegrenzten Möglichkeiten, weit größer als die große Französische Revolution«.

In einem Grußschreiben vom 6. November 1918 an den VI. Allrussischen Sowjetkongreß erklärte er: »Wir stehen an einem Wendepunkt der Geschichte. Die Revolution ist für die Werktätigen und Unterdrückten aller Völker zum Appell und zum Kampfruf geworden. Die russische Sowjetrepublik wurde zum Banner der kämpfenden Internationale, sie rüttelt die Zurückgebliebenen auf, erfüllt die Schwankenden mit Mut und verzehnfacht die Kraft und Entschlossenheit aller. Verleumdung und Haß umgeben sie. Doch sie erhebt sich hoch über diesen ganzen schmutzigen Strom – ein großartiges Werk voll gigantischer Energie und edelsten Idealen. Eine neue, bessere Welt nimmt ihren Anfang.«

Rosa Luxemburg nannte in einem Brief aus dem Gefängnis in Breslau die Oktoberrevolution eine weltgeschichtliche Tat, deren Spur in Äonen nicht untergehen werde.

Der greise Franz Mehring, der sich gleichfalls vom ersten Augenblick an an die Seite der Bolschewiki stellte, schrieb in der »Leipziger Volkszeitung« vom 31. Dezember 1917: »Für sie gibt es kein Zurück mehr, nur ein Vorwärts, und wenn erst ein oder ein paar Jahre, ein oder ein paar Jahrzehnte die Massen des gewaltigsten Reichs ins Glühen gebracht haben, dann wird ihr heißer Hauch manchen ehernen Felsen schmelzen, der sich heute noch unerschütterlich dünkt.«

Solidarität mit der Revolution in Rußland üben, den Bolschewiki nacheifern, von ihnen lernen, das war nun Clara Zetkins einziger Gedanke, wie es der einzige Gedanke ihrer Freunde war.

Sie lebte auf bei den Nachrichten über die Solidaritätsdemonstrationen in Berlin und vielen anderen deutschen Städten, die in der Forderung gipfelten, das Angebot der Bolschewiki auf einen demokratischen Frieden anzunehmen, bei den Nachrichten über machtvolle Straßendemonstrationen in Österreich-Ungarn, verfolgte mit fieberhafter Erregung die großen Munitionsarbeiterstreiks, die sich im Januar 1918 von Berlin aus über ganz Deutschland ausbreiteten und in denen über eine Million Frauen und Männer für Brot und Frieden streikten, auf den Ruf von Spartakus nach russischem Beispiel ihre Arbeiterräte wählten. Insbesondere der aus den Berliner Betriebsvertrauensleuten gebildete Groß-Berliner Arbeiterrat erregte ihr Interesse. Stellte er doch so hochpolitische Forderungen wie die nach sofortigem Frieden ohne Annexionen entsprechend den sowjetrussischen Vorschlägen, nach Hinzuziehung von Arbeitervertretern zu den Friedensverhandlungen, nach Aufhebung des Belagerungszustandes und Freilassung aller politischen Gefangenen. Als mit Hilfe der rechten Führer der SPD auch diese Streikbewegung abgewürgt wurde, von neuem die Militärknute auf die deutschen Werktätigen niedersauste, weinte sie vor Erbitterung. Nie während des ganzen Krieges beklagte sie so sehr die ihr aufgezwungene Isolierung, nie so sehr die mangelnde Verbindung mit den Berliner Genossen. Doch die Waffe, die ihr zur Verfügung stand, die Frauenbeilage der »Leipziger Volkszeitung«, gebrauchte sie so gut, wie sie zuvor die »Gleichheit« gebraucht hatte.

Artikel nach Artikel erschien, in dem Clara Zetkin zur Solidarität rief. Mehrere Arbeiten waren den Friedensverhandlungen von Brest-Litowsk gewidmet, entlarvten die Eroberungsziele der kaiserlichen deutschen Regierung, erklärten den Arbeitern, warum die Bolschewiki den Frieden schließen mußten, selbst zu den härtesten Bedingungen, auch um den bitteren Preis, daß der deutsche Imperialismus die Hände frei bekam für verstärkte Offensiven im Westen.

»Wird nicht das Erlöschen der Kriegsfeuer im Osten«, fragte sie in ihrem Artikel »Kein bängliches Zagen« vom 11. Januar 1918, »den Weltbrand im Westen und Süden um so riesiger, fressender auflodern lassen? Und lauern nicht hinter den dadurch entfesselten Möglichkeiten schwerste Gefahren für die freiheitliche Entwicklung Europas, der ganzen Welt? In Rußland selbst aber wird das Friedens- und Freiheitswerk der arbeitenden Massen und ihrer Regierung, wird die Revolution in blutigem Bürgerkrieg umstritten, in dem es nicht bloß hart aufgeht, sondern um das nackte Sein oder Nichtsein.

Es wäre leichtfertig, den Blick vor den Schwierigkeiten und Gefahren der Stunde zu verschließen, und es wäre kleinmütig und ungeschichtlich, angesichts dieser Schwierigkeiten und Gefahren die richtige Wertung des gewaltigen, hoffnungsreichen Stücks historischen Lebens zu verlieren, das, vom sozialistischen Geist beseelt, sich in Rußland offenbart. Halten wir bei seiner Wertung unsre geschichtlichen Maßstäbe als internationale Sozialisten fest. Das Werk einer weitspannenden Revolution, wie der russischen, ist von langem Atem. Es darf nicht nach den nächstliegenden militärischen und politischen Rückwirkungen eingeschätzt werden. Jenseits dieser Rückwirkungen liegen neue, weitere Horizonte. Ein sich behauptendes revolutionäres Rußland, ein großer freier Bundesstaat freier Völker, in dem die reichsten Naturschätze und die Springquellen menschlicher Energie erschlossen werden, ist Dynamit zur Sprengung der Reaktion, zur Wegräumung des Alten und Überlebten überall.«

Ein wahrhaft visionärer Blick in die Zukunft! Aus dieser Zuversicht geboren, kommt dann auch nach Abschluß des Schandvertrages von Brest-Litowsk, der die Sowjetrepublik weiter Gebiete – darunter der baltischen Länder und der Ukraine – beraubt, ihre vertrauensvolle, in dem Artikel »Und sie bewegt sich doch« getroffene Voraussage, daß die Revolution in Rußland dennoch nicht sterben werde.

Sie verfehlte nicht, ihre Leser immer von neuem mit allem bekanntzumachen, was in Rußland vor sich ging, auf die Kühnheit hinzuweisen, mit der die Bolschewiki ohne Scheu die alten Gewalten zerschmetterten, innen- und außenpolitisch neue Maßstäbe setzten. War es nicht etwas Gewaltiges, daß sie während der Brest-Litowsker Friedensverhandlungen mit den Regeln der reaktionären Geheimdiplomatie brachen, offen vor ihrem Volk verhandelten, die zaristischen Archive öffneten und die imperialistischen Geheimverträge und Intrigen den Völkern preisgaben, damit diese die Kriegsschuldigen erkennen konnten? War es nicht auch etwas Großes, daß – nach der offiziellen Verkündung der Gleichberechtigung der Frau – eine Frau an den Friedensverhandlungen teilnehmen konnte?

Clara Zetkin, die auf diese Weise zugleich die Lügenflut bekämpfte, die die Reaktionäre aller Schattierungen einschließlich der rechten Führer der USPD gegen die Bolschewiki losließen, scheute sich nicht, in ihrer Frauenbeilage besonders Karl Kautsky anzugreifen, der behauptete, daß die Bolschewiki gegen die Demokratie handelten.

Ihre Artikel, jeder einzelne ein Hohelied auf die heldenhaften Kämpfer des Roten Oktober, kamen ebenso wie die Artikel Franz Mehrings, der in der »Leipziger Volkszeitung« gleichfalls gegen Kautsky auftrat, in Hunderttausende Hände, wurden gierig gelesen, selbst im Felde. Gut verstanden die revolutionären Kriegsgegner auch das, was Clara in der legalen Presse nicht schreiben konnte: Handelt, streikt, macht die Revolution nach russischem Muster!

Den rechten Führern der USPD paßte die Schreibweise Clara Zetkins, ihr vorbehaltloses Bekenntnis zur Oktoberrevolution keineswegs. Aber sie konnten diese Kämpferin so wenig zügeln, wie die rechten Führer der SPD die Redakteurin der »Gleichheit« hatten zügeln können. Und machte die Zensur der Redakteure wie der Polizei auch empfindliche Abstriche an Claras Artikeln, so wagten sie es doch nicht, diese ganz zu unterschlagen oder zu verfälschen; und noch weniger konnten sie Clara Zetkin die Zeitschrift entreißen, wie man ihr die »Gleichheit« entrissen hatte, denn damit hätten sie sich vor den revolutionären Arbeitern entlarvt.

W. I. Lenin schätzte die Hilfe, die ihm von deutschen Revolutionären kam, hoch ein.

Im Juli 1918, in der schweren Zeit, da Sowjetrußland sich im Krieg gegen die ausländischen Interventen und die Weißgardisten befand, da der deutsche Imperialismus die baltischen Länder und die Ukraine besetzt hielt, da die Kulaken das Getreide versteckten, in den russischen Städten der Hunger wütete, schrieb Lenin Clara Zetkin einen Brief:

»Sehr geehrte Genossin Zetkin!

Besten und wärmsten Dank für Ihren Brief vom 27.6., den mir Genossin Hertha Gordon gebracht hat. Ich werde alles tun, um der Genossin Gordon zu helfen.

Es freut uns alle in höchstem Maße, daß Sie, Genosse Mehring und andere ›Spartakusgenossen‹ in Deutschland ›mit Kopf und Herz‹ mit uns sind. Das bringt uns Zuversicht, daß die besten Elemente der westeuropäischen Arbeiterschaft uns doch – trotz aller Schwierigkeiten – zu Hilfe kommen werden.

Wir erleben hier jetzt vielleicht die schwierigsten Wochen der ganzen Revolution. Der Klassenkampf und Bürgerkrieg sind in die Tiefe der Bevölkerung gegangen: in allen Dörfern Spaltung – die Armen sind für uns, die Großbauern wütend gegen uns. Die Entente hat die Tschechoslowaken gekauft; der konterrevolutionäre Aufstand tobt, die gesamte Bourgeoisie macht alle Anstrengungen, um uns zu stürzen. Wir hoffen jedoch mit Zuversicht, daß wir diesen ›gewöhnlichen‹ (wie 1794 und 1849) Gang der Revolution vermeiden und die Bourgeoisie besiegen werden.

Mit großer Dankbarkeit, besten Grüßen und wärmster Hochachtung

Ihr Lenin

PS: Meine Frau bittet mich, Sie ganz besonders zu grüßen. An Genossen Hoschka (seine Rede wie Ihren Artikel haben wir übersetzt) wie an alle, alle Freunde beste Grüße!

PS: Man hat mir soeben das neue Staatssiegel gebracht. Hier der Abdruck. Die Aufschrift heißt: Sozialistische Föderative Sowjet-Republik Rußlands.

Proletarier aller Länder, vereinigt euch!«

Als Clara Zetkin diesen Brief erhalten und wohl dutzendmal gelesen hatte, verneigte sie sich innerlich vor den Bolschewiki, verneigte sich vor allem vor Lenin. Nun, da er vor den Augen der ganzen Welt wirkte als Revolutionär, Staatsmann, da er als internationaler Führer seiner Epoche voranschritt und gleichsam der ganzen Menschheit den Weg wies, offenbarte sich ihr seine Größe vollends.

Sie verstand und bejahte auch die Maßnahmen, die die Bolschewiki zur Sicherung der Arbeitermacht trafen, ganz im Gegensatz zu Karl Kautsky und den übrigen rechten Führern der USPD. Diese entrüsteten sich, weil die Bolschewiki die bürgerliche, unter der Kerenski-Diktatur gewählte Konstituierende Versammlung (Konstituante) auflösten und alle Macht den von den Werktätigen gewählten Räten übertrugen. Sie warfen der Sowjetregierung Mangel an Demokratie vor, stimmten in die Antisowjethetze der internationalen Reaktion ein, weil die Bolschewiki der immer noch starken und heimtückischen Reaktion mit allen Machtmitteln des Arbeiter-und-Bauern-Staates begegneten.

Clara Zetkin antwortete ihrer Heuchelei mit einem zornigen Brief an eine Konferenz des Reichsausschusses und der Frauenvertreter der USPD im Frühsommer 1918. Dieser Brief ist nicht nur ein stolzes persönliches Bekenntnis, sondern auch eine theoretische Leistung, die zeigt, mit welch wachen Augen und offenem Herzen Clara Zetkin alle ihr zugänglichen Reden Lenins aus der Zeit der Revolution und wohl auch schon sein Werk »Staat und Revolution« studierte, das 1918, ins Deutsche übersetzt, aus der Schweiz illegal nach Deutschland gebracht wurde, zugleich zeugt er davon, daß sie nicht nur manche Lehre aus der Revolution in Rußland von 1905 gezogen, sondern auch das frühere Studium der französischen Revolutionen ihr Nutzen gebracht hatte.

»Mit Entschiedenheit und Sympathie«, schrieb sie, »bin ich für die Bolschewiki eingetreten, je klarer und gefestigter in mir die Erkenntnis wurde von dem großen geschichtlichen Wesen und der weitreichenden Bedeutung des kühnen bolschewistischen Unterfangens. Ich erblicke und bewerte in diesem Unterfangen den zur Faust zusammengeballten, den Tat gewordenen Willen, sozialistische Auffassung und sozialistische Grundsätze von den gesellschaftlichen Dingen aus dem luftigen Reich der Ideen in die harte Wirklichkeit zu übertragen, die Entwicklung eines ganzen großen Volkes auf dem kürzesten Wege planmäßig, bewußt in der Richtung zur sozialistischen Ordnung zu orientieren. Das unter den gehäuften, beispiellosen Schwierigkeiten, wie sie in der gegebenen Lage durch die Verschlingung von Weltkrieg und Bürgerkrieg geschaffen werden, und in einer Zeit, wo das Proletariat und seine führende sozialistische Vorhut in den bisher für die Internationale ausschlaggebenden Ländern bewiesen haben, daß der idealgläubige, selbstvertrauende, opferbereite Wille fehlt, Erkenntnis zur Tat zu verdichten.

Der Zwang äußerer Umstände, in erster Linie der Zwang der Zensur, hatte verhindert, daß ich vor der breiten Öffentlichkeit meine Anschauungen darlegen und begründen konnte. Während die Zensur in der ›Leipziger Volkszeitung‹ die Angriffe sozialistischer Kritiker gegen die Bolschewiki zugelassen hat, hat sie meine Antwort darauf verboten, hat sie ebenso ganze Artikel und einzelne Absätze von Artikeln der Frauenbeilage gestrichen, die eine Stellungnahme zu den Vorgängen in Rußland enthielten.

Ich empfinde meine Gebundenheit um so schmerzlicher, je mehr es meines Dafürhaltens Pflicht ist, schärfsten Widerspruch gegen die Kritik zu erheben, die von einigen Genossen an den Bolschewiki geübt wird ...

Das Werk der Bolschewiki muß als Ganzes betrachtet und gewürdigt werden, als die konsequente Auswirkung eines zielsetzenden Willens. Der heutige Stand der revolutionären Dinge in Rußland ist die konsequente Fortentwicklung der Oktoberrevolution, ist das Ausleben der Grundsätze, von denen ihre Vorkämpfer und Führer geleitet wurden, der Taktik und Methoden, die sie zur Anwendung brachten. Um diese Grundsätze, um diese Taktik und diese Methoden geht der Streit. Damit aber nicht um russische Dinge allein, sondern um die Sache des internationalen Sozialismus, des Weltproletariats. Soll der heldenhafte Kampf der Bolschewiki zur Verwirklichung des sozialistischen Gesellschaftsideals beispielgebend sein, sollen die von diesen Genossen bestätigten Grundsätze und Methoden für die Praxis der sozialistischen Parteien in allen Ländern maßgebend werden, zu einer Revision der dort seither geltenden Grundsätze und Taktik führen? Das ist die Frage, die – gefesselt durch die Zensur – auf dem Grund aller Auseinandersetzungen über die Bolschewiki und ihr

Werk liegt. Ein Ringen also um Klarheit, um Selbstverständigung über Wesen und Weg des proletarischen Emanzipationskampfes, ein Ringen, das Recht und Pflicht ist.«

Und in diesen letzten Sätzen brachte sie ihr Hauptanliegen zum Ausdruck: von der Oktoberrevolution lernen, nach ihren Methoden und an ihrem Weg die Strategie und Taktik der gesamten revolutionären Weltbewegung ausrichten.

Jenen aber, die am 4. August 1914 vor den Völkern schuldig wurden, die auch kein Wort der Kritik für die verräterische Kerenski-Regierung fanden, sprach sie mit eisigem Hohn jedes Recht ab, die Bolschewiki zu kritisieren. Dann zerpflückte sie ihre Argumente.

Zunächst die Vorwürfe, die sie den Bolschewiki wegen des Friedens von Brest-Litowsk machten. »Die Bolschewiki haben den Frieden von Brest-Litowsk schließen und unterzeichnen müssen – allein, gerade sie tragen keine Verantwortung für seinen Charakter, seinen Inhalt, seine Konsequenzen«, sagte sie. Sie verwies auf die völlige Desorganisation des zaristischen Heeres, die Zerrüttung der Wirtschaft, die tiefe und unbezwingbare Friedenssehnsucht der russischen Arbeiter und Bauern, die Notwendigkeit der Organisierung einer neuen, der Roten Armee, die unter ungezählten Schwierigkeiten erfolgen mußte, und darauf, daß die Sozialisten der anderen Länder versagten. »Sie haben«, sagte sie von den Bolschewiki, »getan, was Pflicht jeder sozialistischen Partei eines Landes ist. Sie haben mit dem furchtbaren Gegner in der sehr konkreten Gestalt ihres eigenen nationalen Imperialismus gerungen, Brust an Brust, auf Tod und Leben. Und sie haben den heimischen Imperialismus in die Knie gezwungen, seine Waffen zerbrochen.

Allein, ungeachtet aller revolutionären Energie und Kühnheit konnten sie nicht das Unmögliche vollbringen, auch noch den Imperialismus in den Zentral- wie in den Ententestaaten zu überwältigen. Das war und ist die Aufgabe der Sozialisten, der Proletarier dieser Länder.«

Dann entkräftete sie die übrigen Scheinargumente eines nach dem anderen.

Die Bolschewiki setzen gegen die Reaktion staatliche Machtmittel ein? Sie wies auf die Attentate gegen W. I. Lenin und Urizki hin. »Wir alle«, schrieb sie, »stehen unter dem schmerzlichen Eindruck, daß die Bolschewiki die anderen sozialistischen und sozialrevolutionären Richtungen mit rücksichtsloser Faust anfassen. Aber können sie anders angesichts der unbestreitbaren Tatsache, daß diese die ungeheuren inneren und äußeren Schwierigkeiten und Gefahren der Stunde steigern, die revolutionären Kräfte zersplittern und – ob sie es wollen oder nicht – der Konterrevolution Wasser auf die Mühlen treiben?«

Die Bolschewiki haben die Konstituante aufgelöst? »Ihre Wahl war jedoch erfolgt«, sagte Clara Zetkin, »ehe die bürgerlichen Losungen, die bürgerlich-sozialistischen Kompromißprogramme ihre Anziehungskraft auf die breitesten Massen des arbeitenden Volkes verloren und sich abgewirtschaftet hatten; sie lag vor der entscheidenden und geschichtlichen Stunde, in der die Oktoberrevolution die Zustimmung der organisierten Arbeiter, Bauern und Soldaten der Sowjetregierung brachte und von den Programmen der ersten beiden Revolutionsperioden und der sie tragenden Parteien erklärte: ›Gewogen und zu leicht befunden!‹ ... Soweit man in Rußland von einem Volkswillen sprechen konnte, war er unzweifelhaft in den Entschließungen der Sowjets verkörpert. Sollte die provisorische Sowjetregierung ihre wirkliche Macht vor einem Trugbilde der Demokratie abdanken, sich von der Konstituante fortschicken lassen ...?«

Die Bolschewiki haben den bürgerlichen Parlamentarismus abgeschafft? »Gewiß, das Proletariat«, sagte Clara Zetkin, »hat sich des Parlamentarismus bis an die äußerste Grenze der Nutzbarmachung zu bedienen. Allein, auch er gehört zu den Staatseinrichtungen, die ein siegreiches Proletariat nicht einfach übernehmen und seinen eigenen Zwecken unterwerfen kann.«

Durften die Bolschewiki in den Revolutionsjahren Gruppen der Bevölkerung vom Wahlrecht ausschließen? »Die Auflösung des alten Rußlands, das Werden des neuen«, erläuterte Clara Zetkin, »ist noch nicht so weit fortgeschritten, daß die Sowjetregierung mit einem einzigen gewaltigen Griff, mit einem riesigen Federstrich, das Privateigentum an den Produktionsmitteln abschaffen kann. Die Stunde für die Expropriation aller Expropriateure hat in Rußland noch nicht geschlagen. Noch eignet Minderheiten wirtschaftliche und soziale Macht, die sie gegen die ungeheure Mehrzahl des arbeitenden Volkes brauchen und mißbrauchen können. Soll ihnen zu dieser Macht auch noch das politische Recht werden, ihre eigensüchtigen Ziele gegen die Interessen der Allgemeinheit durchzusetzen? ... Wie würde man über den Heerführer lachen, der der feindlichen Armee Kanonen, Munition schickt.« Gerade in dieser Frage mag sie sich besonders ihrer Freunde, der Pariser Kommunarden, erinnert haben, die für ihren Mangel an Wachsamkeit und ihre falsch verstandene Großmut gegenüber der Reaktion so schwer hatten büßen müssen.

Und dann die Behauptung, daß die Revolution in Rußland dem Buchstaben nach dem widerspreche, was Marx und Engels gelehrt haben. Clara Zetkin verwies darauf, daß die Welt seit der Zeit von Marx und Engels nicht stehenblieb, daß der Kapitalismus sich weiterentwickelte und daß der neuen Situation neue Methoden des Kampfes entsprechen.

»Marx und Engels«, sagte sie mit vollem Recht, »würden die letzten gewesen sein, den Bolschewismus in Theorie und Praxis an der ideellen Widerspiegelung der Geschichte in ihren Schriften zu messen, statt an der Wirklichkeit der Geschichte selbst. Das wissenschaftliche Ketzergericht hat bisher die Ablehnung einer neuen Taktik und neuer Kampfmethoden des proletarischen Emanzipationskampfes nicht gerechtfertigt. Das Gebot dieser geschichtlichen Stunde ist nicht Auslegung und Umdeutung aller grundsätzlichen Begriffe, sondern Selbstverständigung über die neuen Wege, die vom internationalen Proletariat beschritten werden müssen ...

Ich komme«, schloß sie, »zur praktischen Nutzanwendung meiner Ausführung auf den vorliegenden Fall. Ich bin grundsätzlich gegen eine Einschränkung der Kritik an dem Bolschewismus. Ich befinde mich im schärfsten Gegensatz zu der Art, dem Inhalt der Kritik, wie sie vom Genossen Kautsky und anderen geübt worden ist. Ich werde mich durch keine Konferenzbeschlüsse binden lassen, meiner eigenen Wertung des bolschewistischen Werkes Ausdruck zu geben.«

Und noch einmal, in ihrem Artikel »Ein Jahr proletarische Revolution in Rußland«, der einige Tage nach Ausbruch der Novemberrevolution in Deutschland in der Frauenbeilage der »Leipziger Volkszeitung« erschien, wies sie triumphierend darauf hin, wie die Oktoberrevolution sich nicht nur gegen alle Prophezeiungen der Neunmalklugen behauptet hatte, sondern ihren Weg vorwärtsgegangen war, ihn den anderen Völkern gewiesen hatte, stellte noch einmal fest, worauf es ankam: nicht formale bürgerliche Demokratie, nicht nur soziale Reformen, sondern wirkliche Machtergreifung der Arbeiter und Bauern zum Sturz der kapitalistischen Ordnung und zur Errichtung des Sozialismus, zur Verwirklichung der wahren, der sozialistischen Demokratie.

Ein Stück Geschichte in Briefen

Am 4. November 1918 Kiel, dann Brunsbüttel, Lübeck, Altona, Bremen, Hamburg, Cuxhaven, Rostock, das Rhein-Ruhr-Gebiet, Bayern, das mitteldeutsche Industriegebiet, Hannover, Sachsen, am Morgen des 9. November Stuttgart. Am gleichen Tage marschieren – auf den Ruf der Spartakusgruppe und des Ausschusses der revolutionären Obleute – die Arbeiter Berlins. Die Novemberrevolution fegt die Monarchie hinweg, stürzt die Fürstenthrone, erzwingt den Waffenstillstand. Der deutsche Kaiser flieht nach Holland. In allen Teilen Deutschlands werden Arbeiter- und Soldatenräte gewählt, viele von ihnen führen revolutionäre Maßnahmen durch, setzen Bürgermeister ab, beginnen mit der Demokratisierung der Verwaltung, bilden Arbeiterwehren, zensieren reaktionäre Zeitungen. Arbeiterräte in den Betrieben übernehmen die Kontrolle der Produktion.

Clara Zetkin weiß, daß diesem ersten Sieg noch schwere Kämpfe folgen müssen, daß der eigentliche Entscheidungskampf noch bevorsteht. Dennoch ist der 9. November für sie ein guter

Tag. Von der strengen Polizeiüberwachung befreit, ist sie wieder in lebendiger Verbindung mit der Bewegung. Schon am Morgen des 9. November holen sie die Genossen nach Stuttgart herunter. Sie spricht, von ihnen umgeben, auf dem Marktplatz, wird jubelnd begrüßt, ist wieder mitten drin.

»Alle Macht den Räten!« ist die Losung, die Spartakus unter die Arbeiter trägt, um diese für die Fortführung der Revolution bis zur Errichtung der sozialistischen Republik zu gewinnen. Doch kann Spartakus, eine Gruppe innerhalb der USPD und ohne eigene feste Organisation, in diesen für das deutsche Volk so schicksalsschweren Tagen die revolutionäre, marxistische Partei nicht ersetzen.

Die rechten Führer der SPD und der USPD reißen die Macht an sich mit dem einzigen Ziel, den Sturz der Herrschaft der deutschen Imperialisten zu verhindern. Unter dem Vorsitz von Friedrich Ebert wird am 10. November der sogenannte Rat der Volksbeauftragten gebildet, dem drei Vertreter der SPD und drei rechte Vertreter der USPD angehören. Am gleichen Tage schon schließt Ebert einen geheimen Pakt mit den kaiserlichen Generalen. Am 11. November wird der Waffenstillstand mit den Westmächten unterzeichnet, am 12. November ein Regierungsprogramm verkündet. Es enthält wichtige, von den Arbeitern seit langem geforderte Maßnahmen und Reformen, wie die Aufhebung des Belagerungszustandes, die Vereins-, Versammlungs-, Presse- und Religionsfreiheit, die Amnestie für politische Häftlinge, die Aufhebung der Gesindeordnung, die Einführung des Achtstundentages, das gleiche, geheime, direkte, allgemeine Wahlrecht für alle Bürger ab 20 Jahre. Zugleich aber kündigt es Wahlen für eine konstituierende Nationalversammlung an, zu der auch die mit riesigen Geldmitteln und einem machtvollen Propagandaapparat versehenen Parteien der Reaktion ihre Kandidaten aufstellen können.

Die Schaffung einer revolutionären Partei wird zur zwingenden Notwendigkeit.

Die Spartakusgruppe hatte bereits Anfang Oktober 1918 in Vorbereitung auf die Revolution ein Programm der Volksrevolution angenommen, das dem tiefsten Sehnen der Werktätigen wie den objektiven Gegebenheiten entsprach. Es forderte die sofortige Beendigung des Krieges, die Freilassung der politischen Gefangenen und der von Militärgerichten verurteilten Soldaten, die revolutionäre Erkämpfung demokratischer Reformen, die Entmachtung der Bankherren und der Schwerindustriellen als der Hauptschuldigen am Kriege, bekannte sich zu Sowjetrußland und proklamierte als Endziel die sozialistische Republik.

Am 11. November 1918 kamen die Führer der Spartakusgruppe zu ihrer ersten entscheidenden Sitzung nach der Novemberrevolution zusammen. Karl Liebknecht, von der Massenbewegung aus dem Zuchthaus freigekämpft, weilte seit Oktober in Berlin. Rosa Luxemburg, durch die Revolution aus dem Gefängnis in Breslau befreit, wo sie zuletzt eingekerkert gewesen war, war am 10. November in Berlin eingetroffen. Leo Jogiches, nach den Februarunruhen verhaftet, war am 9. November von den Massen befreit worden. Wilhelm Pieck, der im Oktober 1917 aus einem Militärtransport entkommen war und danach illegal in Holland gearbeitet hatte, weilte seit Ende Oktober gleichfalls wieder in Berlin. Auch Käte und Hermann Duncker waren anwesend. Er war während des Krieges eingezogen und – als Soldat – in die Hauptstadt beordert worden, wo er sich mit seiner Frau an der Vorbereitung der Revolution beteiligte. Neben diesen waren einige andere Funktionäre da, unter ihnen Willi Budich. Clara Zetkin und Franz Mehring fehlten, Franz Mehring war schwer erkrankt.

Auf dieser Konferenz wurde der Spartakusbund gegründet. Die Genossen beschlossen, zur Leitung der revolutionären Arbeit eine Zentrale zu bilden. Leo Jogiches übernahm die Verantwortung für die Agitation im Reich, Wilhelm Pieck die Arbeit in Berlin, Käte und Hermann Duncker die Arbeit unter den Frauen und der Jugend. Für die Agitation unter den Soldaten wurde unter der Leitung von Willi Budich der Rote Soldatenbund gebildet.

Vor allem aber wurde, unter der Redaktion von Karl Liebknecht und Rosa Luxemburg, eine zentrale Zeitung ins Leben gerufen, die unsterbliche »Rote Fahne«.

Das alles waren wichtige Schritte zur Schaffung einer revolutionären Partei der Arbeiterklasse. Diese selbst jedoch zu gründen hielten vor allem Rosa Luxemburg und Leo Jogiches für verfrüht. Sie hofften noch, die reaktionäre Führung der USPD verdrängen zu können.

Clara Zetkin beschäftigte sich gleichfalls mit der Frage: Wie weiter? Führende Stuttgarter Genossen verlangten die sofortige Trennung von der USPD, die umgehende Gründung einer eigenen Partei. Clara Zetkin indessen vertrat die gleiche Meinung wie Rosa Luxemburg. Sie wußte, daß diese revolutionäre Partei geschaffen werden mußte, aber sie war der Meinung, später, zu einem Zeitpunkt, an dem die Trennung des Spartakusbundes von der USPD die Massen mitzureißen vermochte. Fieberhaft suchte sie Verbindung mit den Berliner Freunden. Es scheint, daß sie, die noch nicht reisen konnte, Rosa Luxemburg telegrafisch um eine Aussprache gebeten hat, denn am 14. November, vier Tage nach ihrer Ankunft in Berlin, telegrafierte Rosa Luxemburg, die in der Hauptstadt im Wirbel der revolutionären Ereignisse stand:

»Tausend Grüße. Reise für mich unmöglich. Kann Deine Reise nicht auf mein Gewissen nehmen. Bin absolut gegen Deine Reise. Drahtantwort, ob Eilbrief-Verständigung möglich oder ob etwa Levi hinkommen soll ... Ich versuche, Dich telefonisch zu erreichen. Rosa«

Das Telefongespräch kam zustande, und am 17. November, sechs Tage nach der Gründung des Spartakusbundes, fixierte Clara Zetkin die erreichte Verständigung in einem Brief. Er gibt Aufschluß über ihre damaligen politischen Gedankengänge, zeigt uns, daß Clara die Novemberrevolution sehr richtig als eine bürgerlich-demokratische Revolution einschätzte, die in gewissem Umfang mit proletarischen Mitteln und Methoden durchgeführt wurde, zeigt aber auch, daß sie mit Rosa Luxemburg und Leo Jogiches der irrtümlichen Annahme war, der Spartakusbund könne noch innerhalb der USPD wirken, daß sie die Rolle der revolutionären Partei in der Revolution auch jetzt noch nicht in ihrer vollen Bedeutung erkannte, vielmehr sich darüber erst im Verlaufe der weiteren Kämpfe klar wurde.

»Wilhelmshöhe, d. 17. 11. 1918
Post Degerloch bei Stuttgart

Meine liebste Rosa,
kannst Du Dir vorstellen, wie glücklich es mich machte, gestern endlich, endlich wieder Deine Stimme zu hören? Dann hast Du erst eine Ahnung, wie unglücklich und wütend ich war, Dich nicht besser verstehen, mich nicht besser mit Dir verständigen zu können. Ach, Rosa, es ist eine Welt von Fragen, über die ich mich mit Dir aussprechen müßte. Du weißt, wie mißtrauisch ich gegen mein eigenes Urteil bin. Und hier habe ich liebe Menschen, deren Meinungen und Auffassungen mich anregen können, aber niemand, dessen Urteil über die Situation mir maßgebend für Selbstorientierung und Selbstverständigung wäre. Ich bin ganz auf mich gestellt, und noch habe ich meine alte Kraft und Frische nicht wieder. So ist das Bedürfnis nach einem Wiedersehen mit Dir stärker als je, von allen rein persönlichen Empfindungen abgesehen. Ich begreife, daß Du jetzt nicht fort kannst. Deshalb bleibt es meine Absicht, so bald es nur möglich sein wird, zu Dir zu kommen. Also wundere Dich nicht, wenn ich eines Tages einfach da bin. Noch eine andere Erwägung spielt dabei mit. Könnte ich nicht in Berlin nützlicher sein, mehr leisten als hier? Ich habe das Gefühl, als sei Stuttgart kein Boden für mein Wirken. Und ich möchte doch etwas mehr tun als das Leipziger Frauenblättle redigieren.

Ich sehe die Lage so: Der Ausgangspunkt der deutschen Revolution war eine Soldatenbewegung für soldatische Forderungen. Aber unter den gegebenen Bedingungen mußte sie ja ein revolutionär-politischer Kampf werden gegen den Militarismus, gegen das persönliche Regiment, für die politische Demokratie. Dieser Kampf mußte naturnotwendig von proletarischen Massen durchgefochten werden. Für die Bourgeoisie sind längst Militarismus und persönliches Regiment aus feindlichen Gewalten zu sorgsam gehüteten Stützen der bürgerlichen Ordnung geworden ... Indem aber proletarische Massen zu Trägern des Kampfes wurden, griff dieser über die Grenzen der politischen Demokratie, einer bürgerlichen Revolution hinüber. Er mußte diese Grenzen überspringen angesichts der Fragen, die durch den Weltkrieg, den Bankerott des internationalen Imperialismus, den katastrophalen Zusammenbruch der bürgerlichen Welt aufgerollt wurden. Die Schale des politischen Umsturzes ließ den in ihrem Innern ruhenden sozialen Kern sehen; die Notwendigkeit des wirtschaftlichen Umsturzes trat zutage, das Ammenmärchen von der Klassenharmonie verstummte vor dem Waffenklirren des Klassenkampfes. Die Bourgeoisie kriecht überall aus ihren Löchern hervor, um sich zur Niederwerfung der Revolution zu sammeln ... Die konstituierende Nationalversammlung ist der deckende Schild der bourgeoisen Gegenrevolution ...

Die Aufgabe der Internationalen (Clara Zetkin meint den Spartakusbund – L. D.) ist es, die Massen voranzutreiben zu grundsätzlicher Erkenntnis und revolutionärer Kühnheit. Mit der USP, soweit diese revolutionär auftritt, ohne sie und gegen sie, wenn sie darauf verzichtet. Die Frage ist, wie wir diese Aufgabe am wirksamsten erfüllen können. Dem Verband der USP eingegliedert oder als selbständige Partei. Meinem Empfinden würde die reinliche Scheidung entsprechen, aber meine Auffassung der Lage verwirft sie für den Augenblick. Möglich, sogar wahrscheinlich, daß die Trennung unvermeidlich wird. Aber dann sollen wir sie vollziehen unter den Umständen, die unserer Einwirkung auf die Massen am günstigsten sind, Umstände, die die Trennung aus einer Frage mehr oder minder großer Organisationen zur Sache größerer proletarischer Massen machen würden. Solche Umstände fehlen jetzt. Die Trennung würde ein kaum bemerktes Ereignis sein, ohne Verständnis und Echo bei den Massen zu finden. Und wir würden uns bei unserer notorischen Schwäche an führenden Menschen und Mitteln den Zugang zu den Massen erheblich erschweren. So bin ich der Ansicht, daß wir mit unbeugsamer grundsätzlicher Kritik zunächst in der USP bleiben. Thalheimer und Rück (Führer der Stuttgarter Spartakusgruppe –L. D.) waren für die sofortige Trennung. Sie wollten heute schon eine selbständige Partei gründen. Sie erklärten, daß ihrer Überzeugung nach und soweit sie aus bestimmten Indizien schließen könnten, auch Du für sofortige Verselbständigung seiest. Ich sagte ihnen, daß ich das nicht zu glauben vermöchte. Ich hatte eine lange und leidenschaftliche Aussprache mit ihnen, die aber ihre Auffassung nicht zu ändern vermochte. Ich sagte ihnen, daß meine Überzeugung mir verwehre, jetzt die Scheidung mitzumachen, daß ich aber – um Mißdeutungen zu vermeiden und in keine schiefe Stellung zu geraten – die Redaktion des Frauenblatts niederlegen würde. Einige Tage später hatte ich das Gespräch mit Dir, und ich atmete befreit auf, daß Du und Leo (Jogiches – L.D.) meine Auffassung teilt. Es hätte zu dem Schmerzlichsten in meinem schmerzensreichen Leben gehört, hätte ich mich in so entscheidender Sache und Stunde von Dir trennen müssen. Nun, da ich mit mir selbst klarer und einiger geworden bin, werde ich nach Kräften hier zu wirken suchen. Soweit es mein physisches Vermögen irgend gestattet, will ich an dem politischen Leben der Stuttgarter Spartakusgruppe teilnehmen, ich will unserer grundsätzlichen Auffassung entsprechend in der Öffentlichkeit tätig sein. Zumal auch für Frauen ... Durch das Frauenblatt kann ich nur auf die führende Elite der Frauen wirken. Auch das ist wichtig, aber es ist von höchster Wichtigkeit, daß wir unmittelbar proletarische Frauenmassen erfassen ...«

Clara Zetkin machte dann Vorschläge für diese besondere Arbeit, die in der Tat angesichts der starken Teilnahme der Frauen an den Kämpfen der letzten Jahre und an der Novemberrevolution und dadurch, daß gerade sie wirksamen Einfluß auf die heimkehrenden Soldaten ausüben konnten, von großer Bedeutung war. Sie schlug vor, Flugblätter zu verbreiten und eine einfache Frauenzeitung zu gründen; es sollte an die Sorgen der Frauen, die als Folge der Demobilisierung auftraten, angeknüpft werden: Ernährungssorgen, Arbeitslosigkeit. Sie bat die Freunde um Weisungen.

Dann erzählte sie von ihrer Familie. Beide Söhne waren krank aus dem Feld zurückgekehrt, ihr Mann lag mit schwerem Herzleiden im Krankenhaus.

»Du weißt auch ohne Worte«, schrieb sie weiter, »was diese Wochen mir auferlegt haben und was ich leide. Die Revolution habe ich Samstag bei den Soldaten mitgemacht, dann Sonntag endlose Besprechungen und Sitzungen ohne Ergebnis und Wert.

Montag war ich im Kriegsgefangenenlager Ulm, um die armen Teufel aufzuklären und zu beruhigen. Man fürchtete, sie würden ausbrechen, und die Militärgewalt war entschlossen, jede ›Auflehnung‹ mit Maschinengewehren niederzukartätschen. Ich hielt 5 Reden im Freien, vor: Franzosen, Italienern, Rumänen und Serben, Russen [und] den deutschen Wachmannschaften. Die Ausländer waren sehr beglückt und dankbar. Die Russen gaben mir einen herzlichen Gruß und Dank für das revolutionäre deutsche Volk mit. An diesem Tag noch zwei kurze Reden; in Ulm auf dem Münsterplatz und in Göppingen auf der Straße unter den Jahrmarktsbuden. Ich kam todmüde und heiser heim. Gestern große Frauenversammlung, leider einberufen von 17 Frauenorganisationen, darunter ganz reaktionäre. Das Publikum überwiegend bürgerlich. Trotz meiner Auffassung gab es viel Zustimmung, aber ich habe gelernt, solche Zustimmung des Augenblicks als nichts zu werten. Leider haben unsere Leute bis nun so gut wie nichts getan, um die Frauen zu wecken und aufzuklären, die dort mit für die Arbeiterräte zu wählen hatten. Ich fürchte, das Wahlresultat wird kläglich sein ...

Liebste Rosa, ich harre mit Ungeduld auf Deine Antwort. Von dem Unendlichen, was ich Dir noch sagen möchte, schweige ich. Ich drücke Dich fest, fest an mein Herz. Deine Clara
Grüße alle, zumal Karl und Leo.«

Dieser Brief, der einzige Clara Zetkins an Rosa Luxemburg, der uns aus den Tagen der Novemberrevolution bekannt ist, wurde auf makabre Weise der Nachwelt erhalten. Ein Offizier der Gardekavallerieschützendivision, jener Truppe, der die Mörder Karl Liebknechts und Rosa Luxemburgs angehörten, entnahm ihn Rosa Luxemburgs Handtasche als »Souvenir« und hob ihn auf. Er wurde am 1. Mai 1969 in der sozialdemokratischen Zeitung »Vorwärts« in Bonn veröffentlicht.

Dieser Brief leitete einen regen Gedankenaustausch und die enge Zusammenarbeit zwischen Clara Zetkin und ihren Berliner Freunden ein.

Am 18. November kam Rosa Luxemburg dazu, ihrerseits an die Freundin zu schreiben.

»Meine Adresse: Berlin, Hotel Moltke 18. II. 18.

Liebste, in aller Eile nur 2 Zeilen. Ich bin, seitdem ich aus dem Zug gestiegen bin, noch nicht mit einem Fuß in meiner Wohnung gewesen. Die ganze Zeit bis gestern war Jagd hinter der ›Roten Fahne‹ her. Erscheint sie, erscheint sie nicht? Darum drehte sich der Kampf von früh bis spät. Endlich ist sie da. Du mußt Geduld mit ihr haben, sie ist technisch noch nicht auf der Höhe, das kommt alles nach und nach. Vor allem aber will ich Dein Urteil über den Inhalt hören. Ich habe das Gefühl, daß wir völlig konform gehen werden, und das macht mich glücklich. Alle meine Gedanken und mein Herz sind bei Dir. Wenn ich nur zu Dir für einen Tag könnte! ... Einstweilen schreibe mir Eilbrief. Ich warte sehnlichst auf Deinen Artikel; ganz kurz! Mach Dir nicht viel Arbeit. Deinen Namen wollen wir gleich haben. Schreibe etwas vielleicht über Frauen, das ist so wichtig jetzt, und niemand von uns hier versteht was davon.

Liebste, in Eile tausend Grüße und Umarmungen

Deine R.«

Wie glücklich mag Clara über diesen Brief gewesen sein, den ersten, den ihr die Freundin nach ihrer Befreiung schrieb!

Am gleichen Tage ging aus Berlin noch ein Telegramm ab: »Schicke mir sofort für ›Rote Fahne‹ kleines Artikelchen mit Unterschrift. Thema beliebig. Erwünscht über Frauen. Tausend herzliche Grüße. Rosa, Hotel Moltke«

Schon drei Tage später folgte ein weiteres Telegramm: »Tausend Dank für Brief und Artikel. Mit Deiner Auffassung vollkommen einverstanden ... Herzliche Grüße. Rosa«

Der Artikel, den Clara sandte, trägt den Titel »Die Revolution und die Frauen« und erschien bereits am 22. November in der »Roten Fahne«. Getreu ihrer in dem Brief an die Freundin ausgesprochenen Forderung, wandte sie sich an die Frauen, warnte sie vor der sich sammelnden Konterrevolution, die unter offenem Terror oder auch unter der scheinheiligen Phrase von der »demokratisch« zu wählenden Nationalversammlung der Arbeiterklasse die Früchte der Novembertage zu entreißen versuchte, forderte sie auf, für die Fortsetzung der Revolution einzutreten.

»Die Forderung nach konstituierenden Nationalversammlungen für das Reich und die Einzelstaaten ist das Feigenblatt für den Vorstoß, die politische Macht für die besitzenden Klassen zurückzuerobern. Teilung der politischen Macht zwischen allen Schichten und Klassen des gesamten Volkes, wie harmlos und ideal, wie gerecht und demokratisch hört sich das an!

Allein, das Lammgewand verhüllt den Wolf ... Eine Teilung der Macht zwischen Arbeiterklasse und Bourgeoisie läuft stets auf die bürgerliche Klassenherrschaft hinaus, bleibt verhüllte, leicht geminderte Klassendiktatur der Besitzenden und Ausbeutenden ...

Das Trümmerfeld der kapitalistischen Ordnung, das der Weltkrieg geschaffen, fordert gebieterisch den Aufbau der Gesellschaft auf sozialistischer Grundlage, wenn nicht das arbeitende Volk an Leib und Seele verderben soll. Der Sozialismus – nicht als Gesellschaftstheorie – als Gesellschaftspraxis ist das Gebot der Zeit.«

Zwei Tage nach dem Erscheinen dieses Artikels nahmen die Berliner Freunde zu Claras Vorschlägen über die Agitation unter den Frauen Stellung. In dem von Rosa angekündigten und von Clara sehnsüchtig erwarteten Brief heißt es:

»Meine Adresse vorläufig Mathilde. (Ich war immer noch nicht zu Hause!!)

Liebste, in fliegender Hast statt des ellenlangen Briefes, der in meinem Herzen fertig ist, nur einige armselige Zeilen. Die Hauptsache ist, ich möchte Dich natürlich sehen und sprechen. Abkommen von hier für zwei Tage könnte ich erst in etwa zwei Wochen ...

Nun die Frauenagitation! Ihre Wichtigkeit und Dringlichkeit leuchtet uns genauso ein wie Dir. Wir haben ja in der ersten Sitzung unserer Korona auf meinen Antrag beschlossen, auch ein Frauenblatt herauszugeben, und Dich zu diesem Zwecke (oder richtiger mit diesem Mittel) von der Leipzigerin zu stehlen ... Jedenfalls muß hier in Berlin von uns ein Frauenblatt gemacht werden, ob als selbständiges Wochenblatt oder zweimal die Woche, ob als tägliche Beilage zur R[oten] F[ahne] – darüber hättest Du zu bestimmen, darüber müßten wir natürlich uns verständigen! Und die Sache ist so dringend! Jeder verlorene Tag ist eine Sünde.

Deine Idee mit Flugblättern ist natürlich glänzend. Es fragt sich bloß, ob nicht praktischer tägliche Beilage zur R[oten] F[ahne]? Alles das hängt davon ab, wo Du bist und wie wir das einrichten, damit Du es in der Hand hast.

Aber vor allem ausführliche Unterredung. Wie gesagt: Ich könnte erst in zwei Wochen zu Dir. Du willst hierherkommen? Kannst Du das wirklich riskieren? Können wir es auf unser Gewissen nehmen, Dir eine solche Strapaze zuzumuten?! Denn heute ist eine Reise von Stuttgart nach Berlin beinahe lebensgefährlich. Antworte offen! Deine Gesundheit ist denn doch wichtiger als alle anderen Rücksichten. Viel eher als ich zu Dir könntest Du doch nicht herkommen, denn die Züge gehen ja nicht ... Taktisch besteht wohl zwischen Dir und uns nicht der geringste Unterschied. Das ist ein großer Trost und Freude! Trotzdem wäre soviel zu bereden und zu beraten ...«

Am 29. November folgte ein weiterer Brief Rosas, in dem sie mitteilte, daß beschlossen worden sei, der »Roten Fahne« wöchentlich einen halben Bogen als Frauenzeitung beizugeben. »Du sollst sie machen. Disponiere darüber, wie Du für richtig hältst. Wir denken uns die Beilage nicht theoretisch – etwa im Stile der Beilage der LV[Z] –, sondern populär agitatorisch, ungefähr in dem Zuschnitt, wie die ›Rote Fahne‹ im ganzen. Material dazu mußt Du Dir natürlich aus der Presse selbst schaffen. Wir möchten Dich bitten, stets etwa einen Leiter in dieser Beilage zu bringen, so von 1–1½ Spalten, dann allerlei Rubriken und Nachrichten aus dem Ausland, Inland, bürgerliche Frauenbewegung, Wirtschaftliches etc. Wen Du an Mitarbeitern für nötig hältst, zieh selbst heran, aber aus Leuten, die auch offiziell auf unserem Boden stehen (z. B. Zietz und M. Wurm *nicht*).« Ihr falle, so fuhr sie fort, nur Käte Duncker und Regina Ruben ein. Die Hauptarbeit müsse Clara selbst machen. Die Kosten und auch ein Gehalt für sie könnten getragen werden. Nur die Papierfrage sei noch zu klären.

»Vor allem antworte sofort«, hieß es dann, »ob Du mit dem Plan einverstanden bist und wie Du die Sache zu machen gedenkst ...

Dein Vorschlag betr. Flugblätter ist allgemein akzeptiert, das erste sollst Du so bald als möglich schreiben. Nur Bedingung: kurz! Wir kriegen nämlich kein Papier für doppelte Flugblätter, rechne also nur mit zwei Seiten. Wir warten auf das Manuskript. Es soll ein allgemeines Flugblatt über Arbeiterinnen und Revolution sein ... Wenn Du wüßtest, wie viel ich Dir zu sagen hätte und wie ich hier lebe – wie im Hexenkessel! Gestern nachts um 12 Uhr bin ich zum erstenmal in meine Wohnung gekommen, und zwar nur deshalb, weil wir beide – Karl und ich – aus sämtlichen Hotels dieser Gegend (um den Potsdamer und Anhalter Bahnhof) ausgewiesen worden sind!

Tausend Grüße, ich muß schließen. Ich umarme Dich

Deine R.

Eben bekomme ich nach Rücksprache die Mitteilung, daß mit Papier für die Frauenbeilage keine Schwierigkeit besteht. Sie kann also beginnen, sobald Du fertig bist!«

Am 30. November folgte noch einmal ein Telegramm: »Bitte, schicke uns sogleich allgemeines Frauenflugblatt, kurz, populär, agitatorisch über Aufgaben der Frau in der Revolution. Brief heute abgesandt. Tausend Grüße Rosa«

Clara – Feuer und Flamme für die neue Aufgabe, glücklich über die bevorstehende gemeinsame Arbeit mit ihren Berliner Genossen – bereitete sich auf die für Anfang Dezember geplante Reise vor. Aber dann machte Krankheit ihren Plan zunichte, versetzte die Ihren wie die Berliner Freunde in Sorge. »Ich war so glücklich«, hieß es in einem undatierten, wohl Mitte Dezember geschriebenen Brief Rosa Luxemburgs, »über die Nachricht, daß es Dir besser geht. Ein schwerer Stein fiel mir vom Herzen, und ich konnte nochmal so frisch an die Arbeit gehen.«

Um diese Zeit hatte die Konterrevolution bereits ihre Kräfte gesammelt. Mit Riesenschritten trieb die Entwicklung den Kämpfen und den tragischen Ereignissen des Januar 1919 zu. Konterrevolutionäre Einwohner-, Bürger-, Studentenwehren, Offiziers- und Unteroffiziersvereinigungen, Grenzschutzformationen, Freikorps waren geschaffen, reaktionäre, von der Revolution nicht erfaßte Truppen waren vor allem rings um Berlin konzentriert. Ständige Verbindung war mit den imperialistischen Siegermächten hergestellt, die Aufnahme diplomatischer Beziehungen mit Sowjetrußland aber hintertrieben worden; das von der Sowjetregierung dem hungernden deutschen Volk in proletarischer Solidarität zur Verfügung gestellte Getreide war abgelehnt worden. Auf der anderen Seite wurde alles getan, die Werktätigen, die sich nach Frieden, Demokratie, Sozialismus sehnten, zu täuschen. Die bürgerlichen Parteien formierten sich neu, entdeckten ihr »demokratisches« Herz. Es gab keine, die sich nicht den Namen »Volkspartei« beilegte oder sich mindestens »demokratisch« nannte. »Die Sozialisierung marschiert«, hieß es, und Ruhe, Frieden, Ordnung seien das wichtigste. Die neue Regierung würde schon das Notwendige tun. Das alles war verbunden mit einer sich ständig steigernden Hetze gegen Spartakus, gegen Karl Liebknecht und Rosa Luxemburg. Schon Anfang Dezember 1918 wurden die Unternehmer frech, lehnten die Forderungen der Arbeiter ab. Eine Streikwelle antwortete ihnen. In Berlin aber fielen die ersten Schüsse – am 6. Dezember in der Chausseestraße. Auch in anderen Städten erhob die Gegenrevolution das Haupt, im Rhein-Ruhr-Gebiet vor allem, wo die Großindustriellen konspirierten, um die Ententetruppen zum Einmarsch ins Ruhrgebiet zu bewegen, ja um das Gebiet von Deutschland abzutrennen. Edmund Stinnes, August und Fritz Thyssen und andere wurden vom Arbeiter- und Soldatenrat, der von dem Komplott erfuhr, verhaftet.

Mit ganzer Kraft stellte sich der Spartakusbund überall der Konterrevolution entgegen, forderte leidenschaftlich die Absetzung der Regierung Ebert-Scheidemann, antwortete – vor allem in Berlin – auf die Provokationen mit machtvollen Protestkundgebungen, organisierte am 16. Dezember eine Demonstration von 250 000 Berliner Arbeitern, die vom Reichsrätekongreß verlangten, er solle die Übergabe der Macht an eine Nationalversammlung ablehnen, die Hand den russischen Brüdern entgegenstrecken.

Doch so leidenschaftlich die Genossen kämpften, so glühend die »Rote Fahne« die Forderung nach Weiterführung der Revolution unter die Werktätigen trug, so ernsthaft sie vor der vorrückenden Konterrevolution warnte, so rastlos gearbeitet wurde, um die Verbindung zu den Bezirken aufzubauen, so heldenmütig der

Ende Oktober ins Leben gerufene Verband Freie Sozialistische Jugend Deutschlands auftrat – es zeigte sich, daß der Spartakusbund organisatorisch zu schwach, nicht genügend fest in den Massen verankert war, um sich gegenüber den Mehrheitssozialisten und den Führern der USPD durchzusetzen, die mit einem riesigen, wohleingespielten organisatorischen Apparat auf die Massen einwirkten.

Gegen die Stimmen der linken Anhänger der USPD und der wenigen Spartakusgenossen, die auf dem Reichsrätekongreß vertreten waren, beschloß dieser, seine Macht der zu wählenden Nationalversammlung und zunächst der Regierung Ebert-Scheidemann zu übertragen. Er entschied sich damit gegen die Fortführung der Revolution, für die bürgerliche Republik. Auch zeigte sich, daß die rechten Führer der USPD nicht daran dachten, der Forderung nach einem Parteitag stattzugeben, der, wie Rosa Luxemburg und Clara Zetkin hofften, Spartakus Gelegenheit geben würde, den Bruch vor einer großen Öffentlichkeit zu vollziehen.

Die Schaffung einer revolutionären Partei war nunmehr unaufschiebbar geworden. Am 22. Dezember beschloß die Leitung des Spartakusbundes die Einberufung einer Reichskonferenz für den 29. Dezember nach Berlin.

Am 25. Dezember, einen Tag, nachdem die revolutionäre Volksmarinedivision im Berliner Marstall von reaktionären Truppen umzingelt und beschossen und nur dank dem Eingreifen von Spartakus durch die Berliner Arbeiter befreit worden war, saß Rosa Luxemburg für wenige Stunden in ihrer eigenen Wohnung und schrieb an die Freundin:

»Liebste Clara, heute sitze ich zum ersten Mal seit Breslau an meinem Schreibtisch und will Dir einen Weihnachtsgruß senden. Wieviel lieber wäre ich zu Dir gefahren! Aber davon kann keine Rede sein, da ich an die Redaktion angekettet bin und jeden Tag dort bis Mitternacht in der Druckerei bin, um auch den Umbruch zu beaufsichtigen, außerdem treffen bei diesen aufgeregten Zeiten erst um 10 und 11 Uhr nachts die dringendsten Nachrichten und Weisungen ein, auf die sofort reagiert werden muß. Dazu fast jeden Tag vom frühen Morgen Konferenzen und Besprechungen, dazwischen noch Versammlungen, und zur Abwechslung alle paar Tage die dringende Warnung von ›amtlichen Stellen‹, daß Karl und mir von Mordbuben aufgelauert wird, so daß wir nicht zu Hause schlafen sollen, sondern jede Nacht anderswo Obdach suchen müssen, bis mir die Sache zu dumm wird und ich einfach wieder nach Südende zurückkehre ...

Hier spitzen sich die Verhältnisse zu, sowohl außen – zu Ebert-Leuten – wie innen, in der USP. Du erhältst wohl die ›Rote Fahne‹ jetzt regelmäßig und siehst, daß wir nicht aufhören, nach einem Parteitag zu schreien. Gestern erfolgte darauf die förmliche Absage ... Ströbel, Haase, Barth(!), die ›Freiheit‹ fordern offen eine ›Abgrenzung nach links‹, d. h. gegen uns ...«

Aber Clara bekam die »Rote Fahne« nicht, hatte auch keinen Überblick über die Gesamtsituation, konnte sich ganz und gar nicht in diese hineinfinden. Rosa Luxemburg erhielt, kaum daß sie ihren Brief expediert hatte, von Clara die flehentliche Bitte, die Freundin zu besuchen.

Am 26. Dezember ließ sie daher ihrem Brief einen weiteren folgen: »Liebste, ich erhalte soeben Deine Zeilen vom 23. Daß ich zu Euch komme, ist undenkbar, ich kann das Blatt nicht für einen Tag verlassen. Die Aussicht, daß Du herkommst, begrüße ich mit tausend Freuden. Hier warten auf Dich sehnlich Freunde, ein großes Arbeitsfeld und ich mit offenen Armen. Mein Häuslein steht natürlich zu Deiner Verfügung und wartet auf Dich. Ich werde Dir von nun an jeden Tag die R[ote] F[ahne] selbst schicken.

Schreibe baldigst, ob und wann Du kommst. Ich bin glücklich bei dem Gedanken daran ...«

Doch noch war Clara nicht reisefähig, und so fehlte sie bei dem bedeutendsten historischen Ereignis der Novemberrevolution, erfuhr erst durch das Begrüßungstelegramm des Parteitages an sie von der Gründung der Kommunistischen Partei Deutschlands, ihrer Partei. Den Bericht über den Gründungsparteitag erhielt sie durch die Stuttgarter Genossen, die sie gleich nach der Heimkehr aufsuchten. Aufgeregt hörte sie die Freunde an, konnte nicht genug fragen, wollte alles wissen. Was war die Meinung ihrer nahen Freunde, was die Meinung der Vertreter der großen Arbeiterbezirke – Berlins, Sachsens, des Rhein-Ruhr-Gebietes, Mitteldeutschlands? Welche Referate wurden auf dem Parteitag gehalten, wer sprach zur Diskussion? Welche Probleme und Meinungsverschiedenheiten tauchten auf? Welche Beschlüsse wurden gefaßt? Sie ließ sich die Notizen der Genossen geben, studierte sie sorgfältig ebenso wie das Programm der jungen Partei, von dem die Genossen ihr eine Abschrift mitgebracht hatten. Es forderte die Entwaffnung der Konterrevolution und die Bewaffnung der Arbeiterklasse, die einheitliche deutsche sozialistische Republik, das Rätesystem, die Enteignung der Junker und Monopolherren, einschneidende soziale Maßnahmen.

Es war ein wahrhaft revolutionäres Programm, das die Lehren aus der deutschen Geschichte und aus dem Weltkrieg zog, das zum Sturz des deutschen Imperialismus und Militarismus aufrief. Den von den rechten Führern der SPD und der USPD verbreiteten reformistischen Vorstellungen vom »demokratischen Sozialismus« stellte es die marxistische Auffassung vom Sozialismus, der Kriegs- und Katastrophenpolitik der herrschenden Klassen Deutschlands die Politik des Kampfes für Frieden, Demokratie, Völkerfreundschaft entgegen. Es forderte den vollständigen Neubau des Staates, eine vollständige Umwälzung der wirtschaftlichen und sozialen Grundlagen der Gesellschaft.

»Nun, Parteigenossen«, hatte Rosa Luxemburg gesagt, »heute erleben wir den Moment, wo wir sagen können: Wir sind wieder bei Marx, unter seinem Banner. Wenn wir heute in unserem Programm erklären: Die unmittelbare Aufgabe des Proletariats ist keine andere als – in wenigen Worten zusammengefaßt – den Sozialismus zur Wahrheit und Tat zu machen und den Kapitalismus mit Stumpf und Stiel auszurotten, so stellen wir uns auf den Boden, auf dem Marx und Engels 1848 standen und von dem sie prinzipiell nie abgewichen waren.«

Clara Zetkin unterschrieb das Programm voll und ganz.

Einige Diskussionsreden auf dem Parteitag allerdings lehnte sie ab, das waren die Reden jener Genossen, die, unerfahren und zutiefst erbittert über den Verrat der Gewerkschaftsführung und der rechten sozialdemokratischen Führung, sich weigerten, in den reformistischen Gewerkschaften politisch weiterzuarbeiten, und die Reden der Delegierten, die die Beteiligung an den bevorstehenden Wahlen zur Nationalversammlung ablehnten. Daß das letztere gegen den Willen der Führung beschlossen wurde, erregte sie sehr. Nichtsdestoweniger aber war die endlich geschaffene Kommunistische Partei Deutschlands die Partei, der ihr Leben fortan gehörte.

Nur eine Frage war zu klären und wurde mit den Berliner Freunden geklärt: Wie konnte Clara Zetkin – noch Redakteurin der Frauenbeilage der »Leipziger Volkszeitung« und Mitglied des erweiterten Vorstandes der USPD – ihren Austritt aus dieser Partei, der Massen ehrlicher Revolutionäre angehörten, so wirkungsvoll vollziehen, daß mit ihr ein möglichst großer Teil von Arbeitern gleichfalls der USPD den Rücken kehrte? Sie vereinbarten, daß ihr offizieller Austritt auf dem Parteitag der Unabhängigen Sozialdemokratie stattfinden würde, nachdem sie vor den Delegierten die verräterische Politik ihrer rechten Führung entlarvt hatte. Dieser Parteitag wurde bald nach dem Gründungsparteitag der KPD für den März 1919 angesetzt.

»Ich will dort kämpfen, wo das Leben ist«

Gleich nach dem Gründungsparteitag der Kommunistischen Partei Deutschlands bereitete sich Clara Zetkin auf die Reise nach Berlin vor, ließ keinerlei Bedenken der Ihren und ihres Arztes mehr gelten. Sie teilte Rosa Luxemburg ihre bevorstehende Ankunft mit und äußerte gleichzeitig ihre starken Bedenken gegen den Beschluß des Gründungsparteitages, nicht an den Wahlen für die Nationalversammlung teilzunehmen.

Anfang Januar 1919 schlug die Konterrevolution zu. Am 4. Januar wurde der Berliner Polizeipräsident Emil Eichhorn abgesetzt, ein dem linken Flügel der USPD zugehöriger und der Sache der Arbeiterklasse ergebener Mann. Die Berliner Arbeiter antworteten mit machtvollen Demonstrationen, griffen zu den Waffen. Sie besetzten Zeitungsgebäude, darunter den »Vorwärts«, auch die Reichsdruckerei, das Proviantamt, die Eisenbahndirektion und mehrere Bahnhöfe. Zur Unterstützung des Berliner Proletariats führten die Arbeiter in vielen Städten – so in Braunschweig, Dortmund, Erfurt, Halle, Hamborn, Hamburg, Mühlheim, Wolfenbüttel, Zwickau – Kundgebungen und Streiks durch. In Dresden, Hagen (Westfalen), Leipzig, München, Nürnberg und Stuttgart kam es zu bewaffneten Zusammenstößen der Arbeiter mit der Reaktion. In Bremen wurde die Räterepublik ausgerufen.

Am 8. Januar begann der Angriff der konterrevolutionären Truppen Noskes auf Berlin. Die revolutionären Kräfte, von der Kommunistischen Partei unterstützt, wehrten sich heldenhaft, aber sie unterlagen. Am 14. Januar war Berlin völlig in den Händen der Noske-Truppen, der weiße Schrecken begann in den Berliner Arbeitervierteln zu rasen, viele Arbeiter wurden gefoltert, niedergemacht. Die Kommunisten und ihre Führer wurden gejagt.

Trotz aller Verfolgungen aber erschien dank dem Heroismus und Opfermut der Kommunisten, vor allem Karl Liebknechts und Rosa Luxemburgs, auch in diesen schweren Tagen die »Rote Fahne«. Sie veröffentlichte am 15. Januar den flammenden Kampfruf Karl Liebknechts »Trotz alledem!«, seine von Siegesgewißheit erfüllten Worte an die deutsche Arbeiterklasse:

»Jawohl! Geschlagen wurden die revolutionären Arbeiter Berlins! Jawohl! Niedergemetzelt an die hundert ihrer Besten! ...

Aber es gibt Niederlagen, die Siege sind; und Siege verhängnisvoller als Niederlagen.

Die Besiegten der blutigen Januarwoche, sie haben ruhmvoll bestanden; sie haben um Großes gestritten, ums edelste Ziel der leidenden Menschheit ...

Die Geschlagenen von heute werden die Sieger von morgen sein. Denn die Niederlage ist ihre Lehre ...

Denn Spartakus – das heißt Feuer und Geist, das heißt Seele und Herz, das heißt Wille und Tat der Revolution des Proletariats ... .

Denn Spartakus, das heißt Sozialismus und Weltrevolution.

Noch ist der Golgathaweg der deutschen Arbeiterklasse nicht beendet ... – Wir sind es gewohnt, vom Gipfel in die Tiefe geschleudert zu werden. Aber unser Schiff zieht einen geraden Kurs fest und stolz dahin bis zum Ziel.

Und ob wir dann noch leben werden, wenn es erreicht wird – leben wird unser Programm; es wird die Welt der erlösten Menschheit beherrschen. Trotz alledem!«

Dieser Artikel erschien am Morgen des Tages, an dem Karl Liebknecht und Rosa Luxemburg den weißgardistischen Truppen in die Hände fielen und ermordet wurden.

Vier Tage zuvor hatte Rosa Luxemburg einen Brief an Clara Zetkin geschrieben, den letzten, den Clara von der Freundin erhielt.

»Liebste Clara«, hieß es darin, »heute erhielt ich Deinen ausführlichen Brief ... nicht zu beschreiben, welche Lebensweise ich – wir alle – seit Wochen führen, den Trubel, den ständigen Wohnungswechsel, die unaufhörlichen Alarmnachrichten, dazwischen angestrengte Arbeit, Konferenzen etc. etc. Ich kam buchstäblich nicht dazu, Dir zu schreiben! Meine Wohnung sehe ich nur ab und zu für ein paar Nachtstunden. Heute wird es vielleicht doch mit dem Brief gelingen. Nur weiß ich noch nicht, wo ich anfangen soll, so viel habe ich Dir zu sagen.«

Dann ging sie auf die von Clara geäußerten Bedenken ein. »Also vor allem, was die Frage der Nichtbeteiligung an den Wahlen betrifft. Du überschätzt enorm die Tragweite dieses Beschlusses ... Unsere ›Niederlage‹ war nur der Triumph eines etwas kindischen, unausgegorenen, gradlinigen Radikalismus ... Vergiß nicht, daß die ›Spartakisten‹ zu einem großen Teil eine frische Generation sind, frei von den verblödeten Traditionen der ›alten bewährten‹ Partei – und das muß mit Licht- und Schattenseiten genommen werden. Wir haben alle einstimmig beschlossen, den Casus nicht zur Kabinettsfrage zu machen ... Du beurteilst die Frage (ich meine die Tragik des Beschlusses) ganz anders als wir, weil Du leider mit uns jetzt keine Fühlung ins Detail hast, vielmehr keine Fühlung mit der Situation, wie man sie unmittelbar durch eigene Wahrnehmungen empfinden muß. Meine erste Regung war, als ich Deinen Brief und Dein Telegramm über die Wahlfrage las, Dir zu telegrafieren: komm schleunigst her. Ich bin sicher, daß eine Woche Aufenthalt hier und unmittelbare Beteiligung an unsern Arbeiten und Beratungen genügen würde, um die völlige Konformität zwischen Dir und uns in allem und jedem herzustellen. Nun aber sehe ich mich gezwungen, Dir umgekehrt zu sagen, warte noch eine Weile mit dem Kommen, bis wir wieder einigermaßen ruhigere Zeiten haben. In diesem Trubel und dieser stündlichen Gefahr, Wohnungswechsel, Hatz und Jagd zu leben, ist nichts für Dich und namentlich gar keine Möglichkeit, ordentlich zu arbeiten und auch nur zu beraten ...«

Als dieser Brief seinen Weg nach Stuttgart nahm, wußte Clara bereits um die schwere Lage der Freunde, lebte ihretwegen in ständiger Angst. Die Zeitungen waren voll von den Ereignissen in Berlin, die infame Hetze gegen Spartakus und seine Führung war bis zum Siedepunkt gestiegen, zudem breitete sich der weiße Terror nicht nur in Berlin aus, sondern überall da, wo Arbeiter kämpften. Er hatte auch die Stuttgarter Kommunisten getroffen. Mehrere ihrer Führer waren verhaftet und von der Reaktion verschleppt worden. Am 13. Januar entschloß Clara Zetkin sich, nochmals an Rosa Luxemburg zu schreiben. Sie schrieb den Brief zweimal und sandte ihn an verschiedene Adressen.

»Meine liebste, meine einzige Rosa! Wird dieser Brief, wird meine Liebe Dich je noch erreichen? ... Ich schreibe trotzdem ... Ach Rosa, welche Tage! Vor meinem Geist steht die geschichtliche Größe und Bedeutung Deines Handelns. Aber das Wissen darum vermag die Stimme meines Herzens nicht zu übertäuben. Nicht zu übertäuben meine qualvollen Sorgen und Ängste um Dich ... Das Gefühl des Schmerzes, der Schmach, daß ich nicht bei Dir bin, Deinen Kampf nicht teile ... Gestern brachten die Zeitungen die Nachricht, die Regierungsbanditen hätten Dich gefangengenommen. Da brach ich zusammen. Abends kam ein Widerruf der Nachricht. Ich atmete auf und klammerte mich an Hoffnungsstrohhälmchen ... Ich drücke Dich fest, fest an mein Herz.

Immer Deine Clara«

Die Nachricht von der Ermordung Karl Liebknechts und Rosa Luxemburgs erhielt sie telefonisch, bald darauf las sie sie auch in den Zeitungen. »Auf der Flucht erschossen«, hieß es. Clara Zetkin glaubte keinen Augenblick daran. Später mußte die grausige Wahrheit eingestanden werden.

Clara Zetkin erlebte, wie sie später mehrfach gesagt hat, die schwersten Stunden ihres Lebens. Doch wichtiger, als die Freunde zu beweinen, war es für Clara Zetkin, das Werk der Freunde fortzusetzen, ihr Erbe zu hüten.

»Gestern früh kam die entsetzliche Kunde«, schrieb sie am 18. Januar 1919 an Rosa Luxemburgs Sekretärin Mathilde Jacob. »Am Nachmittag und Abend vorher brachten die Zeitungen die Nachricht von Karls und Rosas Verhaftung. Mir ahnte Schlimmes, und ich telegrafierte sofort an Haase und Frau Zietz, daß alles zum Schutz für die beiden aufgeboten werden müsse ... Ich war fest entschlossen, trotz Krankheit, Verkehrsschwierigkeiten und Rosas Abmahnungen nach Berlin zu reisen, um dort Himmel und Hölle zum Schutz der beiden Teuren, Unersetzlichen in Bewegung zu setzen. Da kamen schon die Morgenblätter. Alles aus! Ach, meine teure Mathilde, Sie müssen verstehen, wie es seither in mir aussieht. Denn wenn Sie auch nicht mit im politischen Kampfe standen, so haben Sie die beiden persönlich, menschlich besser gekannt und verstanden als sehr viele politische Kämpfer. Sie wissen, was mit ihnen gemacht worden ist ... Ich begreife es nicht, daß das Leben ohne Karl und Rosa seinen Gang weitergehen kann, daß draußen die Sonne scheint ... Mathilde, Mathilde, werden wir es tragen können, ohne die beiden, ohne Rosa zu leben? Der Versuch, es zu tun, hat für mich nur einen Sinn, dem Leben diesen Inhalt zu geben: im Geist der beiden unter den Massen und mit den Massen zu arbeiten und zu kämpfen, darüber zu wachen, dafür zu sorgen, daß der Geist der Gemeuchelten führend bleibt. Das ist Rosas Testament für mich. Dazu gehört auch, daß Rosas Arbeiten gesammelt und herausgebracht werden. Sie sind eine kostbare, lebendige Hinterlassenschaft, die den Massen gehört, sie werden, zusammen mit der künftigen Entwicklung der revolutionären Bewegung das Denkmal sein, dauerhafter als Erz, das Rosa gebührt. Ich will meine ganze Kraft daransetzen, daß Rosa und Karl dieses ihrer allein würdige Monument in der sozialistischen Literatur und in der proletarischen Geschichte erhalten.«

Sie handelte entsprechend ihren Worten, setzte ihren Schmerz in kämpferische Tat um. »Ich spreche viel in Versammlungen, seit den Greueltaten bei Gedenkfeiern zu Rosas und Karls Ehren«, schrieb sie Ende Januar 1919 an Mathilde Jacob. »Gestern großartige Feier in Eßlingen, der Saal faßt 1000 Personen, es waren aber 2000 Eintrittskarten abgegeben worden, die Überfüllung derart, daß jemand ohnmächtig hinausgetragen werden mußte, die Stimmung prächtig. Heute abend Gedächtnisfeier in Stuttgart, wo ich werde die Rede halten müssen.« Ein Teilnehmer an dieser Versammlung, Heinrich Rau, sagte der Verfasserin: Sie hatte von uns allen am meisten verloren, aber sie richtete uns alle auf, erklärte, daß es an die Mörder und ihre Hintermänner nur eine Antwort geben dürfe: härter und besser zu kämpfen für die großen Ziele, für die die Ermordeten ihr Leben gelassen hatten.

Ende Februar fuhr Clara Zetkin nach Berlin, wo sie an den Vorbereitungen zum Parteitag der USPD, der vom 2. bis 6. März tagte, teilnahm. Am 4. März, auf dem Parteitag selbst, rechnete sie mit der rechten Führung dieser Partei ab. In einer mehrstündigen Rede zeigte sie den Delegierten die Unzulänglichkeit und Verlogenheit der Politik der Parteiführung: Wie sie das Betrugsmanöver in der Frage der Sozialisierung unterstützte, die Bewaffnung der Konterrevolution zuließ, für den Schutz der bestehenden Machtverhältnisse unter der Losung »Ruhe und Ordnung« eintrat. Wie sie half, die Massen vom Kampf abzuhalten, sich auf Proteste hinter verschlossenen Türen beschränkte. Sie brachte den Delegierten Beispiele für die Zweideutigkeit in der Haltung der USPD gegenüber den Bolschewiki. Deutlich charakterisierte sie die Zwiespältigkeit in der Partei, das Bestehen einer revolutionären und einer opportunistischen Richtung in ihr; sie forderte die Trennung von den Rechten.

»Gestatten Sie mir«, schloß sie ihre Rede, »ein persönliches Wort. Obgleich ich nicht liebe, Persönliches vor die Öffentlichkeit zu ziehen: Mich stellt die Situation vor die schwerste und bitterste Entscheidung meines Lebens. Wie die Dinge liegen, erkläre ich offen: Für mich persönlich ist ein weiteres Zusammengehen mit der Rechten in der USP ein Ding der Unmöglichkeit. Ich sehe mich vor die Notwendigkeit gestellt, die Grenzlinie zwischen jener Richtung und mir mit der äußersten Schärfe zu ziehen. Fast seit 40 Jahren kämpfe ich für das sozialistische Ideal. So alt ich bin – und ich habe vielleicht nicht mehr viele Tage vor mir –, will ich doch die Zeit, in der ich noch wirken kann, dort stehen, dort kämpfen, wo das Leben ist, und nicht dort, wo mir Zersetzung und Schwäche entgegenstarren. Ich will mich nicht lebendigen Geistes vom politischen Tod anhauchen lassen.«

Sie sprach von sich, aber nicht nur für sich. Sie appellierte an das Gewissen aller Anwesenden und der Arbeiter überall in Deutschland.

»Wir stehen in einer Periode der Revolution, die uns die schärfsten, schwersten Kämpfe bringen wird. Die nächste Zukunft wird von dem Steigen und Verebben der revolutionären Flutwelle beherrscht werden. In einer solchen Zeit darf keine große Stunde ein kleines Geschlecht finden. Da bedürfen wir ganzer Menschen, die sich jederzeit ganz einsetzen. Und das können sie nur tun auf Grund ganzer Losungen. Ein Hüben und Drüben nur gibt es: Kapitalismus oder Sozialismus.«

Die Worte der im Kampf ergrauten Sozialistin, gesprochen in Tagen, da in Berlin neue Kämpfe entbrannt waren, wiederum der weiße Terror raste, machten tiefen Eindruck auf viele Delegierte, auch auf viele Arbeiter draußen, denen sie berichtet wurden oder die sie in der Presse lasen.

»Die Partei muß weiterleben«

Obwohl Clara Zetkin bis zum Parteitag im März 1919 noch Mitglied der USPD war, fühlte sie sich von der Gründung der Kommunistischen Partei Deutschlands an dieser völlig zugehörig, trennte sich in der Arbeit auch keinen Augenblick von ihren Stuttgarter Genossen, die im Januar 1919 eine Ortsgruppe der KPD gründeten. Diese berieten sich weiterhin mit ihr, erhielten in allen Angelegenheiten Claras Hilfe. Clara selbst vertrat in öffentlichen Versammlungen und in Konferenzen der Sache nach das Programm und die Forderungen der Kommunisten; auch in der Verfassunggebenden Württembergischen Landesversammlung, in die sie auf der Liste der Unabhängigen Sozialdemokratischen Partei gewählt worden war und der sie nun als einzige Kommunistin angehörte. Schon Ende Januar 1919 kritisierte sie in ihrer ersten großen Rede vernichtend die sozialdemokratische Regierung Blos, unterstrich, daß deren Programm weder sozialistisch noch auch nur demokratisch sei, trug die Forderungen der Kommunistischen Partei vor, verlangte Auskunft über die verschleppten kommunistischen Genossen. Welchen starken, ja entscheidenden Anteil sie an der revolutionären Arbeit in Württemberg hatte, geht aus zwei Briefen hervor, die Clara, aus Berlin zurückgekehrt, am 9. und 11. März an die dortigen Genossen schrieb und in denen sie ergänzende Bemerkungen zu dem Gespräch machte, das sie am 8. März mit der Leitung der KPD gehabt hatte. Dringend forderte sie intensive Arbeit unter den Kleinbauern und Landarbeitern in Schwaben, gab Anregungen für entsprechende Flugblätter. Vor allem beschäftigte sie sich mit der zu schaffenden Stuttgarter Parteipresse. Sie machte einen Vorschlag für die Besetzung der Redaktion wie auch für die Geschäftsführung und schrieb dann: »Für mich *beratende* Stimme in allen wichtigen geschäftlichen und redaktionellen Angelegenheiten fordern.«

Was ihre Arbeit in der Gesamtpartei betraf, so drängte sie zunächst auf die intensive Vorbereitung des Internationalen Frauentages. Die Arbeit unter den Frauen, der Aufbau eines Frauensekretariats der Partei, auf den sie auch in späteren Briefen weiter eingeht, war ihr immer noch besonders dringlich, um so mehr, als die Frauen das Wahlrecht erlangt hatten, alle übrigen Parteien, auch die am weitesten rechts stehenden, sie umschmeichelten. Sie selbst hatte schon vor ihrer Berliner Reise ein besonderes Frauentagsblatt vorbereitet, das »Die Kämpferin« heißen sollte, das dann aber – da die USPD ebenfalls ein Frauentagsblatt unter diesem Titel herausgab – unter dem Namen »Die Sozialistin« erschien.

Doch als Clara ihre Briefe absandte, war bereits ein Ereignis eingetreten, das den Radius ihrer Verantwortung und Arbeit um ein vielfaches erweitern sollte. Leo Jogiches war der Reaktion in die Hände gefallen und am 10. März ermordet worden. Für Clara Zetkin war dies ein neuer schwerer Schlag. Doch sie verstand, welche Verantwortung sie, die Überlebende der alten Führung der deutschen Linken (Franz Mehring war am 29. Januar 1919 verstorben), nunmehr trug, und nahm sie an.

»Ja, es ist so«, schrieb sie am 24. März Mathilde Jacob, an die sie sich in dieser für sie so schweren Zeit eng anschloß, »mit L. haben die Verbrecher Rosa ein zweites Mal erschlagen. Mit ihm lebte sie uns weiter. Was haben wir verloren ... Als ich Ihre Mitteilungen über das Begräbnis las, verdunkelten Tränen meinen Blick und schließlich schluchzte ich, daß ich nicht zu Ende lesen konnte ... Nun zu dem Allgemeinen. Es waren seither zwei Freunde aus B. bei mir, und ich habe ihnen meine Ansicht gesagt ... Wir müssen beweisen, daß die Partei lebt, auch wenn der Mann gefallen ist, daß sie lebt und kämpft. Alle Organisations- und Agitationsarbeit muß weitergehen. Vor allem muß das Zentralblatt erscheinen, ganz gleich wo, damit die geistige Verbindung zwischen den Mitgliedern und den einzelnen Organisationen hergestellt wird. Dann ist die Zentrale provisorisch zu ergänzen. Endlich eine Reichskonferenz gut vor[zu]bereiten. Das Frauensekretariat muß seine Arbeit baldmöglichst beginnen. Die Frauentagsversammlungen vom 6. April müssen gut vorbereitet werden. Die Mitgliedschaften sind in Kenntnis davon zu setzen, daß ich ein Frauentagsblatt herausgebe, ›Die Kämpferin‹, und aufzufordern, es baldigst beim hiesigen Verlag zu bestellen. Flugblätter, Broschüren müssen heraus als wäre nichts geschehen. Mit der Herausgabe des Frauenblatts beginne ich, sobald es nur technisch möglich ist. Auch das Stuttgarter Organ muß heraus ... Das Zentralblatt ist ja seither erschienen, unter dem alten Kriegsnamen.« (Clara Zetkin meint das unter dem Namen »Spartakus« erschienene Ersatzblatt für die verbotene »Rote Fahne« – L. D.)

Sie wollte für einige Zeit nach Berlin übersiedeln, Notwendigstes zu ordnen. Doch die Genossen litten es nicht, und das mit vollem Recht, denn die Hauptstadt war in jenen Tagen der gefährlichste Boden für Kommunisten, und Clara Zetkin stand auf der Mordliste der Reaktion an oberster Stelle, das wußte sie selbst. »Oft beschleicht mich die Frage, warum gerade ich weiter leben soll«, schrieb sie an Mathilde Jacob. In Stuttgart, so meinten die Genossen, sei sie relativ sicher, allerdings nur relativ. Die Mordbuben waren auch hier hinter ihr her. Niemals durfte sie ohne Schutz ausgehen. »Einmal«, so erzählte ihr Sohn Maxim der Autorin, »marschierte sogar ein Trupp weißer Konterrevolutionäre nach Sillenbuch und umzingelte unser Haus. Bewaffnete standen vor dem Tor und um den hohen Zaun, der das Grundstück einhegte. Einem von ihnen gelang es hinüberzuklettern. Da sprang ihn eine unserer großen Ulmer Doggen an, die ich losgelassen hatte. Mensch und Tier rangen miteinander. Der Bandit versuchte, den Hund zu erschießen, aber er hatte keine Pistole, und sein Gewehr war zu lang. Die draußen aber wagten nicht zu schießen, weil sie fürchteten, mit dem Hund auch den Mann zu treffen. Trotzdem hätte der Überfall uns wohl das Leben gekostet, wenn die Banditen nicht vergessen hätten, das Telefonkabel durchzuschneiden. Meine Mutter konnte telefonisch Hilfe aus Stuttgart herbeirufen. Als die Banditen Arbeitertrupps auf das Haus zukommen sahen, suchten sie das Weite.«

Fügte sich Clara Zetkin dem Wunsch der Genossen, in Stuttgart zu bleiben, so beließ sie es doch keineswegs, wie sie ihr vorschlugen, bei literarischer Tätigkeit.

»Ich habe all diese Tage bis zur Erschöpfung gearbeitet«, heißt es in dem Brief an Mathilde Jacob. »Eine Flugschrift für unsere hiesigen Leute. Lange Leitsätze zur Sozialisierung. Das Frauentagsblatt, das ich zum größten Teil allein schreiben mußte, da die Zeit zu kurz war, Mitarbeiterinnen heranzuholen. Viel Vorträge, darunter auswärts, mit Bahnfahrten, die Zeit verschlingen und mich kaputtmachen ... Ich bin heiser, und die Meinen schütteln jeden Tag mit mehr Besorgnis den Kopf, wenn ich vor ihnen auftauche. Ich schlafe kaum ...«

Fünf Tage später schon, am 29. März, tagte in Frankfurt am Main die von ihr geforderte Reichskonferenz der KPD, der sie beiwohnte. Sie wurde in die Zentrale der Partei gewählt. Auch bestätigte die Konferenz offiziell den Auftrag über die Herausgabe einer Frauenzeitung für die Partei, den noch Leo Jogiches ihr gegeben und in allen Einzelheiten mit ihr besprochen hatte.

»Unsere Totenklage ist Kampfschwur«

Die Jahre, die der Großen Sozialistischen Oktoberrevolution folgten, waren erregende Jahre, Jahre voller revolutionärer Erhebungen, erfüllt von leidenschaftlichem Sehnen nach einer neuen Welt.

Das Licht, das der Menschheit durch die Oktoberrevolution aufgegangen war, strahlte hell über den Erdball, erfüllte die Unterdrückten auf allen Kontinenten mit Mut, Hoffnung und Tatendrang.

In den meisten kapitalistischen Ländern folgte ein Massenstreik dem andern. Die Arbeiter verlangten höhere Löhne, Verkürzung des Arbeitstages, größere Rechte, forderten Nationalisierung der Großunternehmen, verteidigten in mächtigen Solidaritätsaktionen den jungen, erbittert mit dem Weltkapitalismus ringenden Sowjetstaat, der die Hoffnung aller Unterdrückten, Gequälten und Kämpfenden war.

In Ungarn wurde am 21. März 1919 die Räterepublik errichtet. Sie hielt sich, unterstützt von der Solidarität der internationalen Arbeiterklasse, bis zum 1. August. Die nationalen Befreiungsbewegungen in China, Indien, Korea, der Türkei und in andern Ländern nahmen an Kraft, Breite und Zielstrebigkeit zu.

In Deutschland folgten den Januarkämpfen, in denen die Arbeiterklasse eine Niederlage erlitten hatte, weitere revolutionäre Aktionen. Im Februar und März 1919 fanden große Streiks im Ruhrgebiet und in Mitteldeutschland statt, kam es zu erbitterten Kämpfen in Halle, dann zu Streiks in Oberschlesien und in Berlin, im April erneut zu Streiks im Ruhrgebiet und zum Generalstreik in Württemberg. Den Höhepunkt der proletarischen Massenkämpfe im Frühjahr 1919 bildete die Errichtung der Räterepublik in Bayern, die am 13. April ausgerufen wurde und sich bis zum 3. Mai gegen die Aktionen der Konterrevolution verteidigen konnte.

Alle diese Erhebungen wurden von den konterrevolutionären Truppen Noskes blutig niedergeschlagen. Die deutschen Arbeiter hatten ihre besten Führer verloren und beklagten 15 000 Tote und viele Verwundete. Die Gefängnisse waren überfüllt. Die rechten sozialdemokratischen Führer fügten zum Terror den Hohn, sprachen von sinnlos vergossenem Arbeiterblut.

Clara Zetkin aber, so bitter sie die Verluste schmerzten, sosehr sie selbst litt, wies immer wieder darauf hin, daß der Kampf weitergehe, daß sich die Werktätigen der ganzen Welt in Bewegung befänden, daß der Sowjetstaat ihnen eine feste Trutzburg sei. Im Januar 1920 erschien ihre Broschüre »Revolutionäre Kämpfe und revolutionäre Kämpfer 1919«. Sie ist Rosa Luxemburg, Karl Liebknecht, Leo Jogiches, Eugen Leviné, Franz Mehring und »all den treuen und kühnen Kämpfern und Kämpferinnen des Jahres 1919« gewidmet. Clara Zetkin zog darin das Fazit der Arbeiterkämpfe des Frühjahrs 1919, zeigte ihre geschichtliche Bedeutung für die deutsche Arbeiterklasse und für das deutsche Volk, stellte die Gefallenen neben die Toten des Bauernkrieges, ihre Führer neben Thomas Müntzer, zeigte, daß das Blut nicht umsonst geflossen war, die Opfer nicht umsonst gebracht wurden.

»Vergegenwärtigen wir uns, daß der Zeitabschnitt, der mit den Berliner Januarkämpfen beginnt und mit der Münchener Räterepublik endet, ausgefüllt und erschüttert wird von revolutionären Streiks und Kämpfen, bei denen es hart auf hart geht. In Bremen, Düsseldorf, in dem rheinisch-westfälischen Kohlengebiet, in Braunschweig, Halle, Erfurt, Hamburg, Stuttgart, Chemnitz, Leipzig, Oberschlesien und anderwärts werden die Arbeiter mit Waffengewalt über die Segnungen der kapitalistischen Ordnung belehrt. Überall im Reiche trinkt der Boden das Blut proletarischer Meuterer. Die Zersplitterung des revolutionären Ringens und die zeitliche Nähe mag den Blick für die Größe, den Umfang, die Bedeutung des Geschehens trüben. Faßt man jedoch das Zersplitterte und Vereinzelte zu dem Ganzen zusammen, das es dank innerer Verknüpfung ist, und versucht man, dieses Ganze perspektivisch zu betrachten, so erkennt man das bedeutsame, gewaltige Stück revolutionären Befreiungskampfes, den die Vorhut des deutschen Proletariats in diesen wenigen Monaten getragen hat ...«

»Allein«, fragte sie dann, »ist die Vorhut der deutschen Arbeiterklasse nicht trotz ihrer gewachsenen Erkenntnis von Niederlage zu Niederlage marschiert? Hat sie nicht viele Tausende ihrer unerschrockenen Kämpfer geopfert, Führer verloren, die unersetzlich sind, und steht nun mit leeren Händen? ... Nein und abermals nein, antwortet die Geschichte. Der Befreiungskampf des Proletariats geht zwar unaufhaltsam vorwärts, allein, keineswegs in gerader Linie von Sieg zu Sieg ...

Die revolutionären Kämpfe haben die deutschen Arbeiter um einen unschätzbaren idealen Wert bereichert, dessen Fehlen sich in ihrer Psyche wie in ihrer Geschichte schmerzlich fühlbar machte. Die Proletarier Deutschlands haben im Feuer des Bürgerkrieges ... revolutionär kämpfen gelernt ... Das gleichförmige Tack-tack der Maschinengewehre hat es ihnen in die Ohren geschrien, in die Seele gehämmert, daß es geschichtliche Augenblicke gibt, in denen der Proletarier ohne zu schachern und zu feilschen, sich selbst ganz, sein Leben für sein Ziel einsetzen muß ...

Diese Kämpfe haben uns Wunden geschlagen, die brennen, solange wir atmen, sie haben uns Verluste zugefügt, die nie ersetzt werden können. Trotz alledem entringt sich unserer Brust ein starkes: Und dennoch! Jawohl: Und dennoch! Spartakus wird Kampf und Opfer bleiben. Die revolutionären Kämpfe des ›roten Jahres‹ waren nicht umsonst, die schmerzlichsten Opfer nicht vergeblich ...

Unsere Totenklage für die entrissenen Führer ist Kampfschwur, unsere Trauer um sie Kampfrüsten, nicht Entmutigung und müde Resignation ... Was sie waren, was sie durch ihr Wesen und Wirken gaben, das ist unsterblich. Das ist eingegangen in ungezählte Proletarier und wird in ihnen Erkenntnis, Wille, Tat. Tausend

Liebknechts, Luxemburgs, Jogiches', Mehrings und Levinés muß das deutsche Proletariat, das Weltproletariat haben, den gemordeten Führern gleich an Größe und Reinheit der Gesinnung, an Charakterstärke und Überzeugungstreue, an Kühnheit und Opfermut. Darum klagen wir nicht, kämpfen wir!«

Claras Hauptanliegen war, bei der Stärkung und Festigung der KPD mitzuhelfen. Nicht nur weiterleben mußte diese, sondern zu einer revolutionären Kampfpartei, zu einer revolutionären Massenpartei werden, fähig, die Werktätigen in weiteren Kämpfen zu führen. Wieviel davon abhing, wußten wenige Genossen so gut wie die im Kampf ergraute Arbeiterführerin in Sillenbuch. Sie kämpfte, kämpfte, kämpfte. Sie wußte im Ringen um dieses Ziel die toten Führer der Partei an ihrer Seite und schöpfte aus dieser Gewißheit Mut. Mut gab es ihr auch, daß vertraute Gefährten aus den Tagen von Spartakus für das gleiche Ziel eintraten: Wilhelm Pieck, Fritz Heckert, der Führer der Chemnitzer Kommunisten, ihr Stuttgarter Freund Jacob Walcher und so mancher erprobte, tüchtige Funktionär in den Bezirken. Vor allem dieses Bestrebens wegen war ihr die Schaffung der neuen, kommunistischen Frauenzeitung dringlich, erhielt sie dadurch doch ein Forum, mit dessen Hilfe sie ihre politischen Erkenntnisse unter die Massen der Parteimitglieder tragen konnte.

Schon vor der Frankfurter Parteikonferenz der KPD vom März 1919 begann sie mit der Vorbereitung des Unternehmens. Doch Anfang April brach der württembergische Generalstreik aus. Die Streikenden forderten Freilassung der politischen Gefangenen, Wiedereinstellung der nach den Januarkämpfen Gemaßregelten, Wiederherstellung des unbeschränkten Versammlungsrechtes, Neuwahl der Arbeiter- und Soldatenräte. Es waren die Kommunisten, die dem Streik dies politische Gepräge gaben. Sie saßen mit den Vertretern der SPD und der USPD im Aktionsausschuß. Für Clara Zetkin, die unter den württembergischen Kommunisten die populärste war, brachte das Ereignis Tage äußerster Kraftanstrengung.

Nachdem der Streik durch Einsatz von Militär blutig niedergeschlagen war, setzte eine Welle wütender Kommunistenverfolgungen ein. Haussuchungen fanden statt, die Parteidruckerei wurde besetzt, alle führenden Genossen standen unter Haftbefehl und mußten sich verbergen. Clara Zetkin war durch ihre Immunität geschützt, dafür richtete sich der Haß der Reaktion gerade gegen sie. Doch das hielt sie nicht vom Kampf ab. Bald nach Beendigung des Streiks erhob sie in der Verfassunggebenden Württembergischen Landesversammlung ihre Anklagen gegen die Regierung Blos und ihre Helfer. Ein Hagel pöbelhafter Zwischenrufe ging auf sie nieder. Rechte Abgeordnete beschimpften sie unflätig, schämten sich nicht einmal, die ermordete Rosa Luxemburg mit Hohn zu übergießen. Aber Clara fertigte sie ab, wie sie auch in den Versammlungen ihre Gegner abfertigte. Schließlich sagte der Präsident, der wiederholt versucht hatte, die Versammlung zu beruhigen: »Ich bitte doch die Herren Abgeordneten, ein wenig Rücksicht zu nehmen auf das zarte Geschlecht, dem die Rednerin angehört.« Worauf Clara antwortete: »Ich freue mich, daß dem sonst so witzlosen Herrn Präsidenten auch einmal ein Witz gelungen ist – allerdings ein billiger Witz.«

Es blieb nicht die einzige Sitzung, in der Clara der reaktionären Meute standhalten mußte – und alles zwischen Versammlungen in Stuttgart und außerhalb, zwischen Beratungen und journalistischer Arbeit, zwischen Auseinandersetzungen mit politischen Gegnern und mit Scheinphilosophien religiöser Sekten, die nach der Novemberrevolution auf die Arbeiter Einfluß auszuüben suchten. »Ging Mittags ins Fegefeuer des Parlaments«, schrieb sie Mathilde Jacob am 27. Mai 1919 nach einer Parlamentstagung, »und büßte dort alle Vergangenheits-, Gegenwarts- und Zukunftssünden ab, erfüllte meine Aufgabe, die Sache der Genossen zu führen, die unter Haftbefehl stehen und zigeunern müssen, und ging mit dem Ergebnis heim, daß zwei Minister Lügen vortrugen, denen nicht widersprochen werden konnte, weil alle ›Volksvertreter‹ – mit Einschluß der hiesigen Scheidemänner – gegen die Besprechung unserer Anfrage waren. Freitags wieder Parlament und abends eine Riesenversammlung der KP[D] in Eßlingen, was alles zusammen allein 5 Stunden Fußmarsches bedeutete. Samstag abermals Parlament und zur Abwechslung eine Konferenz, wo ich mich wegen der Steinerschen ›Dreigliederung‹ (Clara Zetkin meint die Anthroposophie – *L.D.*) raufen mußte, die hier die Arbeiter zu verwirren beginnt.«

Dennoch brachte Clara Zetkin die Frauenzeitung der KPD, »Die Kommunistin«, die zum 1. Mai erscheinen sollte, mit nur wenigen Tagen Verspätung heraus. In ihrem Geleitwort stellte sie die Zeitung als Nachfolgerin der »Gleichheit« und der Frauenbeilage der »Leipziger Volkszeitung« vor und bekannte sich zur Kommunistischen Partei Deutschlands, zu Sowjetrußland und zur III., zur Leninschen Internationale, die Anfang März 1919 in Moskau gegründet worden war.

Die »Kommunistin« zeigte sich ihrer Vorgängerinnen würdig, ja überstrahlte sie. Einmal, weil Clara Zetkin sie unbehindert durch die Opportunisten gestalten konnte, zum andern, weil sie den geistigen Wachstumsprozeß widerspiegelte, der sich in Clara Zetkin nach der Oktoberrevolution vollzogen hatte und der sie auf schnellem Weg zur Aneignung des Leninismus führte.

Wie vordem die »Gleichheit« und die Frauenbeilage der »Leipziger Volkszeitung«, nahm die »Kommunistin« Stellung zu den Frauenproblemen, deren die Nachkriegszeit so viele aufwarf. Sie propagierte die Frauenforderungen und die sozialen Forderungen der Kommunistischen Partei: gleicher Lohn für gleiche Arbeit, gleiche Unterstützung und soziale Betreuung für die erwerbslose Frau, gerechte Verteilung der Lebensmittel und Textilien, Linderung der Wohnungsnot durch Erfassung der Paläste und Riesenwohnungen der Reichen, großzügiger Schutz für Mutter und Kind, Maßnahmen zur Erleichterung des Lebens der Frau.

Sie stellte, das war ein besonderes Verdienst, erste Verbindung zu den Frauen Sowjetrußlands her. Unter den großen in der »Kommunistin« veröffentlichten Artikeln zur Frauenfrage finden sich Artikel von Nadeshda Krupskaja, Alexandra Kollontai und Inès Armand, findet sich ein Bericht über die erste sowjetische Frauenkonferenz, auf der tausend Delegierte von Arbeiterinnen und Bäuerinnen sich begeistert zur Sowjetordnung bekannt und zu ihren Ehrenpräsidenten unter anderen Rosa Luxemburg, Karl Liebknecht und Clara Zetkin gewählt hatten.

Doch ist die »Kommunistin« in weit höherem Maße noch als ihre Vorgängerinnen eine politische Zeitung. Schon in der zweiten Nummer findet sich die erste von Clara Zetkins großen politischen Arbeiten aus der Zeit nach der Großen Sozialistischen Oktoberrevolution. Die Nummer erschien am 11. Mai 1919, eine Woche nach dem Bekanntwerden der Friedensbedingungen, die von den Imperialisten der USA, Englands, Frankreichs und ihren Verbündeten Deutschland auferlegt wurden und gegen die von allen Staaten einzig Sowjetrußland Protest einlegte.

In dem Leitartikel »Die Revolution als Friedensmacht« nahm Clara Zetkin zu dem Vertragsentwurf Stellung. »Es ist ein Gewaltfriede«, schrieb sie, »der in den vorgelegten Bedingungen dem Deutschen Reiche diktiert werden soll. Ein harter, ein grausamer Gewaltfriede, der jene bitter enttäuschen muß, die mit Ebert wie mit Kautsky und Haase auf Wilsons 14 Punkte und seinen Völkerbund geschworen haben. Er begnügt sich nicht mit dem, womit man unter den gegebenen Umständen als mit dem Selbstverständlichen rechnen mußte: Deutschlands Militärmacht zu Lande, zu Wasser und in der Luft zu vernichten, Elsaß-Lothringen an Frankreich zurückzugeben, die frevelhafte Zerstörung in Belgien und Nordfrankreich zu sühnen. Er führt Schläge von zermalmender Wucht gegen die deutsche Wirtschaft und ihre Entwicklungsmöglichkeiten in der Zukunft, er legt dem nationalen Selbstbestimmungsrecht drückende Fesseln an und bürdet dem Volk eine schier unerschwingliche Riesenlast auf ... Dieser Friede ist die naturwüchsige Folge des entsetzlichen Krieges, der das Werk des internationalen Imperialismus ist, für dessen Ausbruch, Dauer und Führungsart Deutschland aber in erster Linie die Schuld trägt ...

Deutschland war das Mutter- und Musterland des imperialistischen Militarismus, der mit seinem Wettrüsten schon vor dem Weltkrieg als Fluch auf den Völkern lastete.«

Scharf rechnete sie mit den Kriegsverbrechen der deutschen Imperialisten ab. »Deutschland hat sich eines systematisch betriebenen Bruchs des Völkerrechtes schuldig gemacht, indem es durch seine Unterseeboote Handels- und Passagierdampfer ohne Warnung versenken ließ. Es ist vorangegangen mit den militärisch sinnlosen Luftangriffen auf offene Städte, mit der Verwendung von Flammenwerfern und giftigen Gasen. Seine Heere haben auf Befehl das fruchtbare, hochkultivierte Sommegelände in eine Wüstenei verwandelt, in der jeder Brunnen gesprengt und verschüttet, jeder Obstbaum geknickt worden ist. Deutschland ließ in Belgien und Nordfrankreich die Industriebetriebe planmäßig zerstören, die Bevölkerung auspowern und in Deportationslager wegführen.«

Sie schüttet ihren Zorn über die rechten sozialdemokratischen Führer aus, die willig die Kriegsverbrechen der deutschen Imperialisten unterstützt, nicht einmal gegen den Frieden von Brest-Litowsk gestimmt hatten, der Entente anboten, die Rolle des Weltbüttels gegen Sowjetrußland zu übernehmen, und sich dennoch nicht schämten, im Interesse der deutschen Imperialisten die internationale Arbeiterklasse um Hilfe gegen den Versailler Vertrag anzuflehen.

In weiteren Artikeln setzte sich Clara Zetkin im besonderen mit den revanchistischen Forderungen auseinander, die die deutschen Imperialisten und mit ihnen die rechten sozialdemokratischen Führer an die Westmächte erhoben, vor allem mit der Forderung nach Rückgabe der Kolonien, mit dem Verlangen nach einem stärkeren als dem von der Entente zugebilligten Landheer von 100 000 Mann und der Verweigerung der Herausgabe der Kriegsverbrecher, welche allerdings von den imperialistischen Mächten mit nur wenig Nachdruck verlangt wurde.

Sie wies den einzigen Ausweg: Weiterführung der Revolution bis zum Sieg der Arbeiterklasse, Solidarität mit den Werktätigen der Welt, Kampfbündnis mit dem Sowjetvolk!

Nachdrücklich nahm die »Kommunistin« Stellung zu innerparteilichen Fragen. Hier, aber auch in Versammlungen und vor allem als Mitglied der Zentrale kämpfte Clara Zetkin gegen die ultralinken Auffassungen, die schon auf dem Gründungsparteitag gezeigt und sie so tief erregt hatten. Diese Auffassungen hatten sich – unter dem Einfluß der Blutbäder, die die Noske-Soldateska unter der Arbeiterklasse anrichtete, und der Politik der Regierung Ebert-Scheidemann, die nur die Interessen der Reichen vertrat –

noch verstärkt und hinderten die Partei an der Entfaltung ihrer Kraft. Es war indessen unter den bestehenden Umständen ein unvermeidlicher Prozeß, denn die meisten Mitglieder der Kommunistischen Partei waren, wie Rosa Luxemburg Clara gegenüber festgestellt hatte, junge Menschen, jederzeit bereit, für die Revolution ihr Leben einzusetzen, aber politisch unerfahren. Finster gedachten sie der Niederlagen, die die revolutionären Arbeiter durch die Schuld der rechten sozialdemokratischen Führer erlitten hatten, zornig und voller Gram der Kameraden, die auf Befehl des Sozialdemokraten Gustav Noske niederkartätscht, Karl Liebknechts und Rosa Luxemburgs und der anderen Revolutionäre, die bestialisch ermordet worden waren. Mit der Sozialdemokratischen Partei verwarf manch einer von ihnen jede disziplinierte Partei überhaupt, sah in den reformistischen Gewerkschaften nur unternehmerhörige Organisationen und verließ sie. Die bürgerlichen Parlamente nannten sie häufig »Quasselbuden«, in denen kein Revolutionär etwas zu suchen hätte. Es gab ganze Bezirke, darunter Berlin, Hamburg und Dresden, die in ihrer Mehrheit gegen die Zentrale standen. Auch in Claras engerer Umgebung machten sich ultralinke Einflüsse geltend.

Die Auseinandersetzungen waren für die Parteileitung um so schwieriger, als sie unter den Bedingungen strenger Illegalität geführt werden mußten. Die Partei war verboten, der Sitz der Zentrale mußte mehrfach an andere Orte verlegt werden. Verhaftung folgte auf Verhaftung. Die Parteibüros wurden ausgeplündert, zerstört, die Zeitungen der Partei wieder und wieder verboten, ihre Flugblätter und Broschüren beschlagnahmt, ihre Druckereien besetzt. Einmal konnte es in dieser Lage geschehen, daß, einer Erklärung der Zentrale in der »Kommunistin« vom 11. Oktober zufolge, die »Rote Fahne«, das Zentralorgan der KPD, unter ultralinker Redaktion Artikel syndikalistischen Inhalts veröffentlichte.

Der Weg der jungen Partei wäre noch schwerer gewesen, hätte nicht Lenin diese Entwicklung aufmerksam verfolgt und im Geiste des proletarischen Internationalismus der KPD geholfen – durch Entsendung von Beratern, durch persönliche Gespräche mit in Moskau weilenden deutschen Genossen, durch Beschlüsse der von ihm ins Leben gerufenen Kommunistischen Internationale, durch Briefe an die Parteiführung wie auch an die Opposition, in denen er der Partei den politischen Weg wies, aber die Genossen der Leitung auch zur Geduld mit den noch unerfahrenen revolutionären Parteimitgliedern mahnte.

So gelang es, daß auf dem vom 20. bis 23. Oktober 1919 illegal in Heidelberg tagenden 2. Parteitag der KPD die »Leitsätze über kommunistische Grundsätze und Taktik« durchgesetzt werden konnten, die eine entschiedene Abgrenzung vom Linksradikalismus waren. Sie legten die Rolle der Partei als bewußte und organisierte Vorhut der Arbeiterklasse dar und stellten fest, daß diese den Kampf um die politische Macht der Arbeiterklasse nur als politischen Kampf führen kann, in dem alle politischen und wirtschaftlichen Kampfmittel angewandt werden müssen, jede Tribüne und jede Methode zur Aufklärung und Organisierung der Werktätigen ausgenutzt werden, die Partei sich an den Wahlen zum Parlament beteiligen und in den reformistischen Gewerkschaften arbeiten muß.

Clara Zetkin, die sicherlich tatkräftig am Zustandekommen dieser Beschlüsse mitgewirkt hatte, erläuterte sie eingehend in der »Kommunistin«, wies auf ihre Bedeutung für die Zukunft der Partei hin. »Die Kommunistische Partei«, schrieb sie am 11. Dezember 1919 in ihrem Artikel »Die Krise«, »ist durch eine ernste Krise gegangen, die noch nachwirkt. Es handelte sich um Gegenwart und Zukunft unserer Partei, um ihren grundsätzlichen Charakter, um ihre Existenz als politische Partei.«

Besonders eingehend befaßte sie sich dann mit der revolutionären Ausnutzung des bürgerlichen Parlaments, erinnerte an das Auftreten der Bolschewiki in der zaristischen Duma, an das Auftreten Karl Liebknechts im Reichstag, das so große Auswirkungen hatte, sie hätte jedoch ebensogut von ihrem eigenen Auftreten in der Württembergischen Landesversammlung sprechen können.

Intensiv war Clara Zetkin auch an der Arbeit des 3. Parteitages beteiligt, der – gleichfalls illegal – am 25. und 26. Februar 1920 in Karlsruhe und Durlach stattfand. Deutlich zeigen ihre Beiträge ihre richtungweisende Mitarbeit in den verschiedensten Bereichen der Parteiarbeit. Sie sprach zur Frage der Arbeit unter den Frauen, forderte den Aufbau eines Apparates zur Schulung der Genossen, nahm noch einmal – scharf und ultimativ – Stellung zu den ultralinken Strömungen in der Partei. Vor allem hielt sie das Referat zur internationalen Lage. Es war – wie ihr Geleitwort zur »Kommunistin« – ein glühendes Bekenntnis zur Leninschen Internationale und zum Sowjetstaat. Eine von der Zentrale der KPD zu ihren Ausführungen vorgelegte Resolution forderte den Kampf für sofortige Aufnahme diplomatischer und wirtschaftlicher Beziehungen Deutschlands zu Sowjetrußland.

In der »Kommunistin« bezeichnete Clara Zetkin diesen Parteitag als Parteitag der Festigung.

Doch soll nicht verschwiegen werden, daß sie in der Diskussion über die Politik der Partei keineswegs immer jene Geduld aufbrachte, die ihr Rosa Luxemburg nach dem Gründungsparteitag anempfohlen hatte und die vor allem Lenin forderte und selbst bewies.

Die Arbeiterveteranin Roberta Gropper, damals eine junge Tabakarbeiterin in Ulm, erzählte der Autorin: Ich wurde von der Ulmer Ortsgruppe der KPD, deren Mitglied ich gleich nach der Gründung der Kommunistischen Partei geworden war, zu einer bezirklichen Beratung delegiert. Die Konferenz nahm zu einer wichtigen politischen Frage Stellung. In Ulm und in anderen Orten gab es unter den Genossen verschiedene Meinungen über die Beteiligung an den Wahlen zur Nationalversammlung, die von der Ebert-Regierung ausgeschrieben worden waren. Beteiligung oder Enthaltung? Leidenschaftlich wurde über diese Frage diskutiert. Ich selbst war, wie eine Reihe anderer Genossen, gegen die Beteiligung. Wir befinden uns in einer revolutionären Situation, meinte ich, und es ist falsch, die Arbeiter auf das Parlament zu orientieren, wo bestenfalls Reden gehalten werden.

Auf der Beratung erschien auch Clara Zetkin. Sie war für die Beteiligung an den Wahlen, sprach verschiedene Male und vertrat leidenschaftlich ihren Standpunkt. Das Parlament, sagte sie, sei eine Tribüne, von der zu den Massen gesprochen werden müsse: »Um zu den Massen sprechen zu können, stelle ich mich auf einen Misthaufen!« Sie kämpfte zäh und führte eine scharfe Sprache gegen die »Abstinenzler«. Sie blieb mit ihrer Auffassung in der Minderheit. Darüber war sie sehr ungehalten und so ärgerlich, daß sie, entgegen jeder Parteidisziplin, nach Hut und Mantel griff und die Konferenz verließ. Mir war nicht ganz wohl dabei, als ich die von mir so verehrte und geliebte Genossin gehen sah, und mir kamen Zweifel an der Richtigkeit ihrer Auffassung. Später begriff ich, daß sie recht gehabt hatte.

Doch grollten die Genossen Clara Zetkin ihrer gelegentlichen Heftigkeit wegen nicht, oder wenigstens nicht für lange. Es war eine Zeit scharfer Auseinandersetzungen, in der von allen Seiten hart diskutiert und gestritten wurde. Auch wußten die Genossen, daß Claras Haltung ihrer Sorge um die Revolution entsprang, die sie alle damals nahe glaubten.

Sie war und blieb ihre Clara, die Revolutionärin mit dem weißen Haar und den tiefen Falten im Gesicht, die die Weisheit des Alters mit dem Mut und dem Elan der Jugend verband und ihnen anfeuernd und wegweisend vorausschritt, Siegeszuversicht und Kampfesmut verbreitete, in jeder Lage dem Feind unerschrocken entgegentrat.

Keiner von jenen, die dabei waren, vergaß je im Leben Clara Zetkins Auftreten am Schluß des Parteitages in Karlsruhe. Dieser Parteitag wurde der Polizei verraten. Am zweiten Beratungstag umzingelten Sicherheitssoldaten das Lokal. Bewaffnete Kriminalpolizisten drangen ein, durch die Fenster wurden Revolver auf die Versammelten gerichtet. Eine laute Stimme ertönte: »Niemand verläßt den Saal, bei Fluchtversuch wird geschossen!« Die Delegierten sprangen erregt von den Sitzen. Der Vorsitzende verlangte einen schriftlichen Haftbefehl. Da die Beamten keinen vorweisen konnten, erklärten die Genossen, solange im Saal bleiben zu wollen, bis dieser vorgezeigt werde. Es herrschte große Unruhe, denn die Situation für die Partei war schlimm. Die gesamte Zentrale und die besten Genossen der Bezirke befanden sich in den Händen der Polizei.

Plötzlich erklang eine Frauenstimme: »Genossen!« Clara Zetkin stand auf einem Stuhl und sprach zu den Delegierten und den Sicherheitssoldaten vom Kampf und vom künftigen Sieg der Arbeiterklasse. Die Polizisten waren so verwundert, daß sie starr standen und zuhörten. Clara schloß ihre Rede mit dem letzten Vers des alten Luther-Liedes:

> »Und wenn die Welt voll Teufel wär'
> und wollt' uns gar verschlingen,
> so fürchten wir uns nicht so sehr,
> es muß uns doch gelingen.
> Und nehmen sie den Leib,
> Gut, Ehr, Kind und Weib,
> laß fahren dahin,
> sie haben's kein Gewinn,
> das Reich muß uns doch bleiben.«

Noch während die Delegierten Clara zujubelten, wurden sie von den Sicherheitssoldaten umringt, die sie in geschlossenem Zuge zur Straßenbahnhaltestelle brachten, um sie ins Karlsruher Polizeipräsidium einzuliefern. Vor dem Polizeipräsidium hatte sich eine große Menschenmenge versammelt. Die Verhafteten sangen revolutionäre Lieder. Clara Zetkin und Wilhelm Pieck protestierten in leidenschaftlichen Ansprachen an die Versammelten gegen die Maßnahmen der badischen Polizei, die sie als ungesetzlich bezeichneten. Der erschrockene Polizeipräsident ließ die Delegierten daraufhin frei. Kaum hatten jedoch die letzten das Polizeipräsidium verlassen, traf ein Telegramm des Reichswehrministers Noske ein, das den Befehl enthielt, alle Teilnehmer des Parteitages in Haft zu behalten! Aber diese waren bereits in Sicherheit, hatten sich in alle Winde zerstreut.

Wenige Tage danach riefen sie in ihren Bezirken und Heimatorten die Werktätigen zum Kampf gegen den Kapp-Putsch auf.

Am frühen Morgen des 13. März 1920 war die konterrevolutionäre Marinebrigade Ehrhardt in Berlin eingerückt. Auch in anderen Teilen Deutschlands hatte die Reaktion losgeschlagen. Die Putschisten, hinter denen das deutsche Monopolkapital stand, hatten unter Führung des ostpreußischen Generallandschaftsdirektors Kapp und des Generals von Lüttwitz eine neue Regierung eingesetzt. Die Reichsregierung des Sozialdemokraten Gustav Bauer war nach Dresden geflüchtet. Mit dem Kapp-Putsch wollten die reaktionärsten Kräfte des deutschen Imperialismus und Militarismus die Errungenschaften der Novemberrevolution beseitigen, die Arbeiterklasse blutig niederschlagen und eine Militärdiktatur errichten.

Auch Clara Zetkin war unterwegs, um den Widerstand gegen die Putschisten zu organisieren. Im Auftrag der württembergischen Genossen forderte sie in Arbeitervierteln und in Betrieben in Stuttgart, Cannstatt, Ulm und anderen schwäbischen Städten die Arbeiter auf, in den Generalstreik zu treten, sich zu bewaffnen, Arbeiterräte zu wählen. Sie war äußerst erbittert, daß es infolge der Sabotage der Führer der SPD und der USPD nur zu einem eintägigen Generalstreik mit verschwommenen Losungen kam.

Aber daß insgesamt zwölf Millionen Männer und Frauen – Kommunisten, Mitglieder der USPD, Sozialdemokraten und christliche Arbeiter – einmütig durch einen Generalstreik von bis dahin in Deutschland unbekannten Ausmaßen die Putschistenregierung hinwegfegten, machte ihr tiefen Eindruck, mehr noch, daß in Berlin, Sachsen, Thüringen, Mecklenburg erbittert mit der Waffe in der Hand gekämpft, daß im Ruhrgebiet eine Rote Armee aufgestellt wurde. Sie sah darin nicht nur den Beweis dafür, daß die deutsche Arbeiterklasse an revolutionärer Kraft gewachsen war, sondern auch dafür, daß die Arbeiterklasse, wenn sie einig ist und revolutionär handelt, siegen muß. Diese Wahrheit hat sie den deutschen Werktätigen bis an ihr Lebensende immer wieder zu vermitteln gesucht. Ebenso wie Wilhelm Pieck, Fritz Heckert und andere Führer der KPD intensivierte sie nach den Kämpfen des März 1920 ihre Arbeit unter den linken Anhängern der USPD, die in immer schärferen Gegensatz zu den opportunistischen Parteiführern gerieten und den Anschluß an die Kommunistische Internationale erstrebten.

Wenn Ende 1920 die Vereinigung der KPD mit dem linken Flügel der USPD zustande kam, die der Partei so erfahrene Arbeiterführer wie Ernst Thälmann, Wilhelm Florin, Walter Stoecker,

Wilhelm Koenen, Franz Dahlem zuführte, war das auch mit Clara Zetkins Verdienst, die nach dem Austritt aus der USPD ihre politische Arbeit unter den Mitgliedern dieser Partei niemals aufgegeben hatte. Vor allem war ihre Artikelreihe »Der Weg nach Moskau«, die sie im September 1920 und später als Broschüre veröffentlichte, eine wesentliche Hilfe in der Vorbereitung des Vereinigungsparteitages, der die Kommunistische Partei Deutschlands zu einer revolutionären Massenpartei machte.

Das erste Wort der Kommunisten im Reichstag

Bald nach dem Kapp-Putsch wurde die Nationalversammlung aufgelöst, und es wurden Wahlen zum Deutschen Reichstag ausgeschrieben. In den Industriebezirken, aber hie und da auch auf dem Lande sah man neben den anspruchsvollen Plakaten der bürgerlichen Parteien, der SPD und der USPD, die den Wählern Versprechungen machten, an deren Erfüllung sie niemals dachten, kleine, schlichte der Kommunisten. Auf diesen stand:

Wählt Kommunistische Partei Deutschlands (Spartakusbund)
Liste Zetkin

Wie so oft vor dem Kriege war Clara zur Wahlagitation – in Thüringen, Sachsen, in Berlin, im Rhein-Ruhr-Gebiet. Überall erklärte sie den werktätigen Männern und Frauen das Programm und die Politik der KPD, trat für die Freundschaft mit dem Sowjetland ein.

Es war eine strapaziöse Reise. Die Züge waren unbequem und überfüllt, verkehrten nur unregelmäßig, die drittrangigen Hotels, in denen Clara abstieg, waren schmutzig und ungepflegt, die Genossen, bei denen sie einkehrte, bitterarm, die Verpflegung mangelhaft, da die Lebensmittel noch knapp und streng rationiert waren. Die Versammlungen aber, die sie abhielt, waren überfüllt. Viele Mitglieder der USPD kamen. Bis in die Nächte hinein wurde heiß diskutiert. Sie habe eine schöne Versammlung gehabt, schrieb Clara aus Suhl, einer Hochburg der USPD, nach Hause.

»Ich bekam hier alles: Fleisch, Eier und sogar Butter ... nur eines ist kaum zu haben: Brot ... damit können mir die hiesigen Genossen nicht aushelfen.«

Allen Erschwernissen zum Trotz war Clara indessen glücklich, nach so langer Abwesenheit wieder unter den Werktätigen der Industriegebiete zu sein, an ihrem Leben teilzuhaben, dem sie so lange hatte fern sein müssen.

Da die KPD bei den Reichstagswahlen zwei Sitze errang, zog Clara Zetkin am 6. Juni 1920 in den Deutschen Reichstag ein, zusammen mit Paul Levi, dem damaligen Vorsitzenden der Kommunistischen Partei. Schom am 2. Juli hatte das Parlament seine große Sensation: Clara Zetkin hielt ihre erste Reichstagsrede, und das war zugleich die erste Rede eines Abgeordneten der KPD im Deutschen Reichstag überhaupt.

Als der Präsident des Reichstages sagte: »Das Wort hat die Abgeordnete Zetkin, Kommunistische Partei Deutschlands«, ging eine Bewegung durch das Haus. Während Clara sich erhob und zum Rednerpult ging, richteten sich Hunderte von Augenpaaren auf sie, die meisten kalt, einige voller Haß, andere neugierig, nur wenige wohlwollend. Diejenigen, die gemeint hatten, ein »Flintenweib«, eine Art Megäre zu sehen, waren enttäuscht. Ans Rednerpult trat eine alte Frau, schlicht, aufrecht, mit feinem, klugen Gesicht, in einem einfachen, geschmackvollen schwarzen Seidenkleid. Ruhig legte sie das Manuskript vor sich hin, ein umfangreiches Manuskript. Erwartend sahen die Abgeordneten sie an. Was würde diese Frau zu sagen haben? Clara Zetkin blickte in die Runde. Und dann entwickelte sie in einer großen Rede das Kampfprogramm der KPD.

»Das erste Wort der Kommunisten hier«, begann sie, »ist über dieses Haus, ist über Deutschlands Grenzen hinaus gerichtet. Es ist das Bekenntnis zur internationalen Solidarität der Proletarier aller Länder, mit denen wir uns verbunden wissen trotz der Blutströme des Weltkrieges, mit denen wir eins sind im revolutionären Klassenkampf zur Niederzwingung des Kapitalismus und zur Aufrichtung des Sozialismus, des Kommunismus. Es ist insbesondere ein Ausdruck dankbarer und bewundernder Brüderlichkeit für das unter den größten Schwierigkeiten gegen eine ganze Welt kämpfende und aufbauende sozialistische Räterußland. Es ist das Gelöbnis unverbrüchlicher Einheit des Kampfwillens und des Kampfzieles mit dem heldenmütigen russischen Proletariat, das unter der Führung der kühnen Bolschewiki den Arbeitern der ganzen Welt vorangegangen ist im Kampf für die Verwirklichung des Sozialismus, richtungweisend und beispielgebend.«

Anschließend legte sie die Stellung der Kommunisten zur außen- und innenpolitischen Lage Deutschlands dar. Ausgehend von den bevorstehenden Verhandlungen mit den Vertretern der Westmächte in Spa, wo die sich aus dem Versailler Friedensvertrag für Deutschland ergebenden Lasten im einzelnen festgelegt werden sollten, sagte sie:

»In Spa will der Ententeimperialismus durch weitere neue Verbrechen die Verbrechen des deutschen Imperialismus sühnen ... Die Kosten wird aber nicht der deutsche Imperialismus, werden nicht jene Klassen tragen, deren politischer Ausdruck er ist. Diesen Klassen genügt es, die reichen Gewinne des Krieges eingestrichen zu haben. Die Kosten des Krieges sollen die breitesten werktätigen Massen zahlen.«

Erbarmungslos zerstörte sie alle Illusionen, die in der Arbeiterklasse in bezug auf die USA-Imperialisten lebten, von den sozialdemokratischen Führern gezüchtet worden waren.

»Nur Bettler und hoffnungsvolle Toren konnten wähnen«, erklärte sie, »daß die Friedensbedingungen für das zusammengebrochene Deutschland gemildert werden würden durch Wilsons Programmpunkte und jenen Völkerbund ..., der die Internationale der Kapitalisten zur Ausbeutung der Werktätigen der ganzen Welt ist ...

Die düsteren Aussichten, die für uns mit dem Namen Spa verbunden sind, können unserer Auffassung nach nur durch ein anderes Wort verscheucht werden: Moskau. Ein Schutz- und Trutzbündnis Deutschlands mit dem sozialistischen Sowjetrußland würde die internationale Isoliertheit Deutschlands aufheben ...

Aber ein solches Bündnis hätte eine Voraussetzung: einen Bruch mit Deutschlands seitheriger Außenpolitik.«

Diese Politik der gepanzerten Faust, betonte sie, die die Republik von ihren Anfängen an gegen Sowjetrußland führte, habe den Gipfel der Kurzsichtigkeit und Schmach dadurch erklommen, daß auf deutschem Boden die zaristische Gegenrevolution sich sammeln durfte, daß der Entente die Hilfe deutscher Krieger im Kampf gegen die Bolschewiki im Baltikum angeboten worden sei. Eindrucksvoll wies sie nach, welche Möglichkeiten ein friedliches Abkommen mit dem Sowjetstaat dem wirtschaftlich zerrütteten Deutschland zu bieten vermochte: Absatzmöglichkeiten für die vom Weltmarkt verdrängte deutsche Industrie, Beschäftigungsmöglichkeiten für jene deutschen Arbeiter, Ingenieure, Handwerker, die nach dem Krieg ohne Arbeit waren. Stolz wies sie darauf hin, daß der junge Sowjetstaat, dem seine Gegner eine Lebensdauer von höchstens einigen Wochen gegeben hatten, sich gegen die Heere der russischen Konterrevolution und der Imperialisten der ganzen Welt behauptete. Sie rief die deutschen Werktätigen auf, außerhalb des Parlaments in machtvollen Kundgebungen zum Ausdruck zu bringen, daß die Vertreter der deutschen Regierung in Spa nicht im Namen des deutschen Volkes sprächen, vor allem aber ihren Willen zu einer neuen Außenpolitik in einer mächtigen Solidaritätsbewegung für den Sowjetstaat zu bekunden, der, ehe noch die Interventionsarmeen ganz vom sowjetischen Boden vertrieben waren, im Auftrag der imperialistischen Westmächte von dem von Weißgardisten beherrschten Polen überfallen worden war. Sie forderte, alle durch Deutschland geführten Waffentransporte der Entente nach Polen aufzuhalten.

»Das deutsche Proletariat«, rief sie den Arbeitern zu, »hat auch in dieser Stunde seine internationale Solidarität mit Räterußland tatkräftig zu bekunden. Wir fordern es auf, dem schönen Beispiel der italienischen und österreichischen organisierten Arbeiter zu folgen. Kein Waggon sollte fürderhin Deutschlands Grenzen überschreiten, der gefüllt ist mit Waffen, mit Munition, mit Kleidung, mit Heeresbedarf jeder Art für die polnischen Truppen, mit Werkzeugmaschinen für die Munitionsfabriken, die von den Ententekapitalisten in Polen errichtet worden sind.«

Dann sprach sie von den gewaltigen sozialen Aufgaben, die

nach dem Kriege zu lösen waren, von den furchtbaren Leiden der Bevölkerung – der Kriegsbeschädigten, der Kriegskrüppel, Kriegswitwen, Kriegswaisen –, von der durch den Krieg schwer geschädigten Volksgesundheit, von der Not an Schulen und Universitäten, dem Elend zahlloser Wissenschafter und Künstler, der Arbeiter, der Angestellten, der kleinen Beamten, von den Kindern, von der Wohnungsnot. »Bittere Sorgen, höchste Entbehrungen«, sagte sie, »sind das Los der Massen bis sehr hoch in die bürgerlichen Kreise hinein.«

Im Namen ihrer Partei forderte sie die Enteignung der Junker und Kriegsgewinnler, die Kontrolle der Produktion durch die Arbeiter bis zur späteren Überführung der großen Produktionsmittel in Allgemeinbesitz, die Unterstützung bäuerlicher Genossenschaften, trug sie dem Reichstag die dringenden Forderungen des Tages vor, wie sie ihr in Versammlungen, in Betrieben, in Arbeitervierteln, in Eisenbahncoupés zugetragen worden waren: gerechte Verteilung der Lebensmittel unter Mitwirkung der Arbeiter, Ankurbelung der darniederliegenden Produktion, die, wie sie hervorhob, von den Kapitalisten sabotiert wurde, ausreichende Unterstützung für die Arbeitslosen und Kurzarbeiter, eine grundlegende Verbesserung der Sozialfürsorge. Doch ließ sie keinen Zweifel darüber, daß auch diese Verbesserungen in der Lebenslage der arbeitenden Menschen nur in hartem außerparlamentarischem Kampf erzwungen werden konnten, machtvoller Massenaktionen bedurften.

Zum erstenmal seit die Reaktion Karl Liebknecht aus dem Reichstag vertrieben hatte, ertönte in diesem Haus wieder eine Stimme, die für die deutschen Werktätigen sprach, ihre wahren Lebensinteressen vertrat.

Einige Wochen später, am 28. Juli, nahm Clara Zetkin nochmals Gelegenheit, von der Tribüne des Reichstages aus gegen den Vertrag von Spa aufzutreten. Als sie im Laufe ihrer Rede vor der Weltöffentlichkeit die Greueltaten der deutschen Militaristen in Nordfrankreich und in Belgien anprangerte, erhob sich im Haus ein ähnlicher Sturm, wie er während des Krieges so oft gegen das Auftreten Karl Liebknechts entfacht worden war. »Das Ausland wird Ihnen dankbar sein!« rief ihr ein rechter Abgeordneter unter dem Toben seiner Parteifreunde zu. »Ich meine, geehrter Herr«, antwortete ihm Clara Zetkin, »Deutschland hat mir dankbar zu sein, wenn ich die Wahrheit ausspreche ... Durch Anerkennen und Aussprechen der Wahrheit gewinnt man mehr, als wenn man geschichtliche Tatsachen bestreitet und leugnet. Durch Bestreiten und Leugnen erhebt man sich nicht, dadurch erniedrigt man sich in den Augen des Auslandes und macht sich dort verächtlich!«

Mit gleicher revolutionärer Kühnheit trat sie auch auf, als der »Gesetzentwurf zur Entwaffnung der Bevölkerung« vor den Reichstag kam. Furchtlos wies sie darauf hin, daß dieses Gesetz, das angeblich die Weimarer Republik gegen Rechtsputschisten schützen sollte, in Wahrheit gegen die Arbeiterklasse gerichtet war.

»Während man jeden Arbeiter zu finden weiß«, sagte sie, »der meinethalben einen Karabiner oder sonst eine Waffe in seiner Wohnung aus der Zeit des Krieges hat, sind die pommerschen und mecklenburgischen Granden unbehelligt geblieben, die auf ihren Gütern große Waffenlager angelegt haben.« Und wenn sie der Reaktion zurief, daß die Arbeiterklasse sich nicht knebeln, nicht mit Bajonetten an die Arbeit treiben ließe, so wurde sie verstanden – von der Reaktion wie von den revolutionären Arbeitern –, wie sie sich verstanden wissen wollte: Der Kampf gegen Militarismus und Imperialismus geht weiter.

Reise nach Sowjetrußland

»Ich fuhr mit Clara Zetkin zusammen«, erzählt die italienische Kommunistin Camilla Ravera, die im Jahre 1922 zum erstenmal in das neue Rußland kam. »Die Stunden flogen dahin, und je näher wir der russischen Grenze kamen, desto mehr kreisten meine Gedanken um jenen großen Augenblick, da ich zum erstenmal auf dem Boden des Sowjetlandes sein würde. Aus dem Fenster des Wagens sah ich eine leuchtend weiße Schneelandschaft: Die Birkenhaine schienen durch dieses jungfräuliche Weiß der Erde, der Baumstämme, der Luft verzaubert zu sein.

Ich dachte an das große Rußland, das ich durch die Werke seiner Schriftsteller kennen- und liebengelernt hatte, an das russische Volk, das die Revolutionäre, die Bolschewiki und Lenin aus der jahrhundertealten, ungeheuerlichen Unterdrückung erweckt und mobilisiert hatten, um die Oktoberrevolution zu vollbringen, die den Anbruch einer neuen Ära in der Geschichte der Menschheit bedeutete. Plötzlich stand Clara Zetkin auf, trat ans Fenster und rief: ›Laßt uns das Sowjetland grüßen. Bald werden wir seine ersten Rotgardisten sehen.‹ Inmitten der endlosen, schneebedeckten Ebene markierte eine große rote Fahne der Sowjets die Grenze des Landes des Sozialismus.«

Diese Schilderung läßt uns erahnen, was Clara Zetkin empfunden hat, als sie die sowjetische Erde, den »freien Grund mit einem freien Volk«, wie sie schrieb, im Jahre 1920 zum erstenmal betrat. Um diese Zeit – es war im Spätsommer des Jahres 1920 – war die Reise noch recht anstrengend und unsicher. Der Verteidigungskrieg des Sowjetstaates gegen das weißgardistische Polen war nicht beendet. Die baltischen Staaten, von Rußland getrennt, hatten sich in Zentren der internationalen Konterrevolution verwandelt. Niemand konnte Clara Zetkin voraussagen, wie und ob sie ihr Ziel erreichen, welche Gefahren sie zu bestehen haben werde. Aber Clara hätte um keinen Preis auf die Reise verzichtet. Sie wollte selbst sehen, selbst teilhaben an dem gewaltigen Geschehen im Osten. Hastig traf sie die notwendigen Reisevorbereitungen und machte sich auf den Weg.

Sie kam nach Petrograd. Bei ihrer Ankunft stieg in ihr flüchtig das Bild der glänzenden zaristischen Hauptstadt auf, die sie als junges Mädchen besucht und bewundert hatte: der Newski-Prospekt und der Newa-Kai, wo vornehm gekleidete Beamte und Geschäftsleute, Offiziere in prächtigen Uniformen mit glänzenden Epauletten promenierten, juwelengeschmückte Damen in kostbaren Pelzen trippelten; sah sie die eleganten Geschäfte, die Paläste, hinter deren großen Fensterscheiben das Licht flutete, Musik und Lachen ertönten. Das alles war versunken, für alle Zeiten versunken.

Das Petrograd des Jahres 1920 war eine von Krieg und Bürgerkrieg schwer mitgenommene Stadt, grau und schmutzig. Die Straßen waren verödet, es gab weder Gas noch Strom, kaum Kohle und Holz. Auch alles andere zum Leben Notwendige fehlte: Medikamente, Kleider, Wäsche, Schuhe, selbst Nadel und Zwirn, um das zerlumpte Zeug zu flicken, um einen abgerissenen Knopf anzunähen. Die Menschen waren hager und runzelig vom Hunger; Tausende Kinder siechten wie Schatten dahin. Die Imperialisten hatten über den Sowjetstaat die Blockade verhängt, ihn von allen Zufuhren abgeschnitten. Im Lande selbst hatten Krieg und Interventionskriege den Großteil der Betriebe zerstört, die Felder verwüstet, in jenen Landesteilen, wo noch Ackerbau betrieben werden konnte, versteckten die Kulaken das Korn.

Aber schon vor ihrer Reise hatte Clara Zetkin jene westeuropäischen Politiker und Arbeiterführer hart angefahren, die einzig diese Seite im Leben des jungen Sowjetstaates sahen, nach ihrer Rückkehr fertigte sie sie noch härter ab. Für sie war Sowjetrußland, so tief sie die Leiden des Sowjetvolkes mitempfand, vor allem andern das Land, das der Menschheit den Weg zu ihrer Befreiung wies, war das Sowjetvolk, das seine Errungenschaften siegreich gegen eine Welt von Feinden verteidigte, ein Heldenvolk, war Petrograd, dessen Arbeiter und Arbeiterinnen zweimal den Angriff starker weißer Truppenverbände zurückgeschlagen hatten, die Geburtsstadt der Großen Sozialistischen Oktoberrevolution. Hier hatte der Panzerkreuzer »Aurora« durch seine Schüsse das Signal zum Beginn der Volkserhebung gegeben. Vom Smolny aus – Clara sah die Stätte voller Ehrfurcht – hatte Lenin den Aufstand geleitet. Von Petrograd war der Friedensruf der Bolschewiki in die Welt gegangen. Hier waren die ersten Gesetze des Sowjetstaates beschlossen worden: das Gesetz über den Frieden und das Gesetz über die Nationalisierung des Bodens. An alles dies mußte Clara Zetkin wieder und wieder denken, während sie durch die Stadt fuhr. Überall spürte sie den Atem der Revolution, die Keime des neuen Lebens, die große Wandlung, die die Revolution in den Menschen bewirkt hatte. Die Gesichter der Arbeiter, Soldaten, der werktätigen Frauen, namentlich aber der jungen Burschen und Mädchen, gezeichnet von Hunger, Entbehrung, Übermüdung, trugen einen Ausdruck, wie ihn Clara Zetkin nie zuvor bei einfachen Menschen gesehen hatte. Aus ihnen sprach Stolz, Härte, fester Wille, Selbstbewußtsein. Wir sind keine Knechte mehr, sagten ihre Augen. Dies alles gehört uns. Heute ist unser Leben schwer, aber unsere Zukunft wird glücklich sein. Und niemals wieder, auch das sagten diese Gesichter, werden wir das Errungene preisgeben.

»Ein Proletariat«, schrieb sie in einem der Artikel, die sie von Moskau aus an die »Rote Fahne« schickte, »das nicht mehr das träge, widerstandslose Objekt der Geschichte sein will, ein Proletariat, das drauf und dran ist, wagemutig selbst Geschichte zu machen, die entscheidende, herrschende geschichtliche Macht zu sein: Das ist in Sowjetrußland der alles andere zurückdrängende Eindruck, in dem, wie in einem Brennpunkte, alle Erscheinungen zusammenlaufen, die in unabsehbarer Fülle an dem ausländischen Beobachter vorüberfluten.«

Alle, denen sie begegnete, Arbeiter, Frauen, Jugendliche, wußten, daß nicht die Sowjetordnung, sondern der internationale Imperialismus und die von ihm ausgehaltenen weißen Generale Schuld an ihren Leiden trugen, und sie sagten das der deutschen Arbeiterführerin wieder und wieder ... »›Uns fehlt Brot, uns fehlen Stiefel, uns fehlt Kattun, weil Koltschak und Denikin, die Räuber, uns Getreide, Kohle und Naphtha weggenommen, weil sie unsere Eisenbahnen gesprengt, unsere Maschinen zerschlagen haben. Uns fehlen Werkzeuge, Maschinen, weil die Engländer und Franzosen nichts in unser Land hineinlassen, denn sie wollen, daß wir wieder für die Herren und nicht für uns arbeiten.‹ Das ist die Antwort«, so schrieb Clara Zetkin, »die meist auf die Frage nach der Ursache der Leiden und der Zerrüttung der Wirtschaft aus Proletariermund erfolgt ...

Diese Überzeugung verleiht dem Entbehren und Dulden der russischen Proletariermassen seine unvergleichliche geschichtliche Größe, seine schöpferische Kraft. Es ist nicht müde, sklavische Ergebung, nicht gedankenloses Sichfügen, nicht gleichgültiges Gehen- und Geschehenlassen. Es ist ein Leiden und Dulden der Aktivität, ein Martyrium, das zum bewußten Heldentum wird. Es ist die revolutionäre Kampfbereitschaft, es ist revolutionärer Widerstandswille. Das erhärten die Hunderttausende Arbeiter und Bauern, die bei jeder neuen Mobilisation zu den Fahnen strömen, um, ungeschreckt durch verschärfte Entbehrungen, Strapazen und Gefahren, Sowjetrußland gegen eine Welt von Feinden zu verteidigen. Es ist der höchste revolutionäre Kampf- und Behauptungswille, der das russische Proletariat die Zähne fest zusammenbeißen und erklären läßt: Sowjetrußland muß leben, und wenn wir sterben müssen.

Wie hölzern in ihrer Empfindung, wie bemitleidenswert sind die scharfsinnigen Gelehrten, die erfahrenen Praktiker, die durch das revolutionäre Rußland gegangen sind, ohne des revolutionären Geistes auch nur einen Hauch verspürt zu haben, der das russische Proletariat zum stürmenden Vortrupp der Enterbten aller Länder erhob.«

Dieser Geist, fand Clara Zetkin, zeigte sich nicht nur in den großen Massenkundgebungen unter wehenden roten Fahnen, die sie in Petrograd und Moskau erlebte. Viel stärker noch drückte er sich in schöpferischen Taten aus. »Da ist«, schrieb sie, »in Petrograd das Märzfeld, wo die Opfer der Revolution und die von der Gegenrevolution gemordeten Vorkämpfer, Wolodarski, Urizki und andere mehr, ruhen. Ein weiter, weiter Grund. Zur Feier des letzten 1. Mai wurde er von den Petrograder Proletariern und Proletarierinnen, die alle Schrecken des furchtbaren Abwehrkampfes gegen Judenitsch, alle Härten des Hungers und der Kälte getragen hatten, in freiwilliger, unentgeltlicher Arbeit umgeworfen und mit 60000 Bäumen und Sträuchern bepflanzt. Das Märzfeld soll ein herrlicher Park werden. Es steht keine Null zuviel: Ich schreibe in Buchstaben: sechzigtausend Bäume und Sträucher in einem freigewollten Tagewerk gesetzt für einen Park, dessen kühlender Schatten, erquickendes Grün und lustiges Vögelgezwitscher erst die Kinder und Enkel der begeisterten Maiarbeiter genießen werden. So großzügigen Planens und so großzügigen Tuns ist nur eine zukunftssichere, revolutionäre, vom höchsten Idealismus erfüllte Klasse fähig ...«

Tief beeindruckten Clara die Subbotniks, die kommunistischen Samstage und Sonntage des freiwilligen Aufbaus. »Es waren«, berichtete sie, »Tausende der edelsten, überzeugtesten Kommunisten, die mit diesem freiwilligen, unvergüteten Schaffen begannen, das bald als selbstverständliche Parteipflicht und unerläßliche Parteiehre betrachtet wurde. Heute sind es in ganz Rußland Ungezählte, die samstags und sonntags zu solcher Arbeit in die Betriebe, die Krankenhäuser, öffentlichen Anstalten, hinaus in den Wald zum Holzfällen und Holztransportieren ziehen. Diese freiwillige Mobilisation eines Arbeitsheeres hat kein Seitenstück in der Geschichte. Welche Kraft und Freudigkeit von ihr ausgeht, das verrät der jubelnde Klang der Internationale, die von Werkstätten und Höfen beim Mühen und auf der Straße von heimziehenden Gruppen gesungen wird. Stolz, froh schreiten diese daher, Männer und Frauen.«

Auch in anderer Weise lernte sie das hohe politische Bewußtsein, die unvergleichliche Reife der russischen revolutionären Arbeiter kennen. Sie wohnte im Moskauer Bolschoi-Theater einer Versammlung von 8000 Vertretern und Vertreterinnen der Moskauer Fabriken bei. Ein Bericht über die Außenpolitik der Sowjetregierung und über eine Konferenz der Vertreter der Ostvölker (so nannte man damals die Bewohner der heutigen mittelasiatischen Republiken) in Baku wurde gegeben, dem alle angespannt lauschten, um darüber in ihren Betrieben berichten zu können. Besonders berührte sie die begeisterte Begrüßung, die den ausländischen Besuchern, namentlich ihr selbst, der überlebenden Freundin von Karl Liebknecht und Rosa Luxemburg, zuteil wurde und die sie als Ausdruck eines aufs höchste entfalteten proletarischen Internationalismus wertete, wie sie überhaupt, wohin sie auch kommen mochte, lebhaftestes Interesse für den Kampf und das Leben der deutschen Arbeiterklasse vorfand.

Sie sprach mit vielen sowjetischen Frauen, den ersten Frauen der Welt, denen von ihrer Regierung die volle Gleichberechtigung gewährt worden war, denen ihre Regierung trotz der schweren Lage des Sowjetstaates half, diese Gleichberechtigung zu verwirklichen, und die selbst in der schweren Zeit der Intervention und des Bürgerkrieges das Ihre getan hatten, um die Kräfte der Frauen zu entfalten, sie zu vollberechtigten und gleichverpflichteten Staatsbürgerinnen zu entwickeln. Sie suchte sie überall auf: an ihren Arbeitsplätzen in den Betrieben, bei der Arbeit auf dem Lande, in der Verwaltung, in ihren Wohngebieten, auf Konferenzen und Versammlungen, wo sie – zum Teil noch schüchtern und unbeholfen, aber dennoch klug und zielbewußt – ihre Probleme und die Fragen des Sowjetstaates besprachen. Sie kam auch mit weiblichen Angehörigen der Roten Armee zusammen. Die Begegnungen mit ihnen allen, die – gestern noch weit unfreier und unterdrückter als ihre Schwestern in den übrigen kapitalistischen Ländern – in kürzester Zeit höher gestiegen waren als alle Frauen der übrigen Welt, Errungenschaften besaßen, um die sie die Frauen der kapitalistischen Länder beneiden mußten, waren für Clara Zetkin geradezu überwältigend.

Auf der Frauenkonferenz der KPD, die kurz nach ihrer Reise, im Dezember 1920, stattfand, gab sie über das Leben und die Taten der Sowjetfrauen einen Bericht, der die Tiefe ihres Erlebnisses widerspiegelte und die Delegierten zu Begeisterungsstürmen hinriß. Sie erzählte von der heldenhaften Beteiligung der Frauen und Mädchen an der Verteidigung der Heimat. Viele der besten Frauen waren bei der Roten Armee, nahmen alle Strapazen und Gefahren des Krieges auf sich. Sie kämpften mit der Waffe in der Hand, waren politische Kommissare. Sie arbeiteten in den Bildungsinstituten der Sowjetarmee, die – als erste Armee der Welt – zugleich eine riesige Schule, ein mächtiges Kulturinstitut war, in dem Land, das unter dem Zarismus über 80 Prozent Analphabeten gehabt hatte, Wissen und Kultur ausbreitete. Tausende Frauen arbeiteten als Rote Schwestern, Feldscherinnen, Ärztinnen. »Was die Frauen an der Front bei diesem Samariterdienst ertragen und leisten, ist bewundernswert«, sagte sie. »Die Verbindung zwischen der Front und der Heimat ist infolge des zerrütteten Verkehrswesens nicht immer gut, ist nicht immer gesichert, es stehen auch nicht immer regelmäßig genügend Vorräte an Kleidung, an Nahrungsmitteln usw. zur Verfügung. Die ›Roten Schwestern‹ – Ärztinnen wie Pflegerinnen – sind in der Regel diejenigen, die am ersten entbehren, wortlos entbehren und trotzdem durchhalten, ihre volle Pflicht tun und freudig tun. Infolge der Entbehrungen und Strapazen gesellen sich zu dem Ungemach an den Fronten häufig Epidemien: Typhus, Ruhr und andere. Dadurch wachsen die Anforderungen an die Pflichttreue und den Opfersinn der ›Roten Schwestern‹ geradezu ungeheuerlich. Mir ist eine Genossin bekannt, ein kleines, zartes Frauchen, die als ›Rote Schwester‹ an der Front gegen die Polen bereits dreimal den Typhus gehabt hat und doch draußen aushielt, bis sie nach dem Waffenstillstand abkommandiert worden ist. Was aber das Martyrium der ›Roten Schwestern‹ Sowjetrußlands auszeichnet, das ist nicht, wie soll ich sagen, als treibende Kraft das berufsmäßige oder das religiöse Gefühl, das auch bei uns in Westeuropa Krankenpflegerinnen oft zu bewunderungswürdigen Leistungen und selbstloser Aufopferung befähigt. Es ist vielmehr die revolutionäre Leidenschaft, der klare, bewußte Wille der Schwestern, durch ihre Leistungen Sowjetrußland verteidigen und die Revolution behaupten zu wollen.«

In der gleichen Rede sprach sie über die Mitarbeit der Frau in der Wirtschaft. »Die unerhörten militärischen Leistungen an der Front hätten nicht hingereicht, Sowjetrußlands Macht zu behaupten. Es mußte hinzukommen, daß die Frauen in den Schützengräben der Wirtschaft, der Verwaltung, aller geschäftlichen Einrichtungen den größten Opfermut, die größte Heldenhaftigkeit betätigen! ... Rußlands Landwirtschaft und Industrie würden vollständig zusammengebrochen sein, wenn die Frauen nicht an die Stelle der Männer getreten wären.« Sie sprach von den Bäuerinnen, die nach vier Kriegsjahren den Frieden ersehnten und dennoch, um das Sowjetland verteidigen zu helfen, weiter ohne Hilfe des Mannes pflügten und den Hof führten. Sie sprach vor allem von den Arbeiterinnen in den Betrieben. In dem Textilzentrum Iwanowo-Wosnessensk, in den Textil-, Bekleidungs- und Schuhfabriken in Moskau und Petrograd, wo vor dem Kriege 10 Prozent der Arbeitenden Frauen waren, waren es jetzt 90 Prozent. Diese Frauen, sagte sie, »sind aber zum großen Teil noch nicht beruflich, industriell geschult, noch nicht an die strenge Arbeitsdisziplin des modernen Großbetriebs gewöhnt, und ihre Kraft ist durch Unterernährung, durch Entbehrungen geschwächt. Um so mehr«, fuhr sie fort, »ist der Heldenmut zu bewundern, mit dem die Frauen Sowjetrußlands durchzuhalten entschlossen sind. Ich habe Frauen, Arbeiterinnen gesehen, die mir Wintersanfang ihre blutenden Füße zeigten, nackt oder höchstens mit Bastschuhen bekleidet. Die Proletarierinnen sagten: ›Wir arbeiten hart; wir leiden schwer. Wir tun es freudig, weil wir Sowjetrußland erhalten müssen. Wir wären aber dankbar, wenn die Ernährung besser werden würde und wenn wir Stiefel bekommen könnten.‹ Heldinnen!«

Besondere Genugtuung bereitete ihr, daß – in weit höherem Maße als in kapitalistischen Ländern – Frauen in leitenden Funktionen arbeiteten. »In allen Sowjetorganen«, berichtete sie, »in allen Ämtern der verschiedensten Gebiete des sozialen Lebens wirken Frauen, aber nicht nur als technische Hilfsarbeiterinnen und Ausführende, sondern auch als entscheidend Mitarbeitende, Bestimmende für den Aufbau der neuen Ordnung. Den Frauen ist hier Gelegenheit gegeben, alle ihre Talente in gesellschaftsnützlicher Tätigkeit zu entfalten ... In den verschiedenen Volkskommissariaten, nach der westeuropäischen Terminologie in den Ministerien, sitzen Frauen, in manchen in entscheidenden Stellen. Ganz besonders gilt dies für das Volkskommissariat der öffentlichen Gesundheitspflege, für das Volkskommissariat der sozialen Fürsorge und für das Volkskommissariat des Bildungswesens.« Auch die ganze praktische Arbeit auf dem Gebiet der Sozialfürsorge, der Fürsorge für Mutter und Kind wie des Bildungswesens liegt fast vollständig, so sagte sie, in Frauenhand. Noch mehr als diese Tatsache überwältigte Clara Zetkin die Großzügigkeit, mit der die Sowjetregierung trotz der schweren Kriegslage den Frauen half, sich zu qualifizieren, trotz des Kriegsgeschehens mit der Schaffung eines umfassenden Systems zum Schutz von Mutter und Kind begann, damit nicht nur die von der sozialistischen Frauenbewegung erhobenen Forderungen erfüllend, sondern weit darüber hinausgehend.

Die Sowjetfrau, das erkannte Clara Zetkin schon bei ihrem ersten Besuch, nahm eine Stellung ein, hatte Perspektiven und Möglichkeiten, von denen die Frauen der kapitalistischen Länder nicht einmal zu träumen wagten. Und so schloß sie denn ihren Bericht auf der Frauenkonferenz der Kommunistischen Partei Deutschlands mit den Worten:

»Alles, was ich vor Ihnen ausführte, gibt nur ein schwaches, ein dürftiges Bild des neuen, starken Lebens, das sich in Sowjetrußland entwickelt, ein Leben, das von der Revolution zum Werden und Wachsen gerufen worden ist. Nicht die sozialen Einrichtungen, die zahllosen Neuerungen sind das Entscheidende. Sie sind Anfangsschritte, manchmal tastende, suchende, zögernde, irrende Anfangsschritte. Entscheidend ist das Ziel, auf das sie Kurs halten, ist die Richtung der Entwicklung, der sie zustreben. Entscheidend für sie ist der klare, unerschütterliche eiserne Wille, der in ihnen sich verkörpert. Entscheidend ist die wundervolle, schrankenlose Hingabe der Menschen an das Ziel. Sowjetrußland muß erhalten, muß verteidigt werden bis zum letzten Atemzug, die Diktatur des Proletariats muß das Tor weit öffnen für die kommunistische Zukunftsgesellschaft: das ist die Erkenntnis, das ist der Wille, die in Sowjetrußland mit feurigen Zungen zu uns sprechen.«

Die Freundschaft mit Lenin und Nadeshda Krupskaja

Das wichtigste Erlebnis Clara Zetkins während ihrer ersten Reise in den Sowjetstaat war das Wiedersehen mit W. I. Lenin. Sie sah ihn zunächst, als sie – am 23. September – in Moskau eintraf, auf der IX. Gesamtrussischen Konferenz der KPR(B). Clara sei tief bewegt gewesen, erzählte später ein Konferenzteilnehmer. Beide hätten einander umarmt, Clara mit Tränen in den Augen. Später habe sie neben ihm auf dem Podium gesessen, und Lenin habe sie in einer herzlichen Rede willkommen geheißen.

Clara selbst schildert die Begegnung wie folgt:

»Lenin erschien mir unverändert, kaum gealtert. Ich hätte Eide schwören mögen, daß er den gleichen bescheidenen, sauber gebürsteten Rock trug, in dem ich ihn 1907 bei dem Weltkongreß der II. Internationale zu Stuttgart zum ersten Male gesehen hatte ...

In Haltung und Auftreten war Lenin ebenfalls ganz der alte. Die Debatten wurden ab und zu sehr lebhaft, ja stürmisch. Wie früher auf den Kongressen der II. Internationale zeichnete sich Lenin dabei durch aufmerksames Beobachten und Verfolgen der Verhandlungen aus, durch die große, selbstsichere Ruhe, die zusammengeballte innere Anteilnahme, Energie und Elastizität war. Das bewiesen seine gelegentlichen Zwischenrufe und Bemerkungen, seine längeren Ausführungen, wenn er das Wort ergriff. Seinem scharfen Blick, seinem klaren Geist schien nichts Bemerkenswertes zu entgehen. Als hervorragendsten Wesenszug Lenins empfand ich während der Sitzung – wie stets später – die Schlichtheit und Herzlichkeit, die Selbstverständlichkeit seines Verkehrs mit allen Genossen. Ich sage Selbstverständlichkeit, denn ich hatte den starken Eindruck: Dieser Mann kann sich nicht anders geben, als er sich gibt. Es ist natürlicher Ausdruck inneren Wesens, wie er sich zu den Genossen verhält ...

Unaufhörlich brachten Kuriere Mitteilungen von den verschiedenen Kanzleien, von Zivil- und Militärorganen. Mitteilungen, die oft durch ein paar rasch hingeworfene Zeilen beantwortet wurden. Lenin hatte für jeden ein freundliches Lächeln oder Zunicken, dessen Widerschein stets ein freudestrahlendes Gesicht war. Während der Verhandlungen fanden ab und zu unauffällige Verständigungen mit führenden Genossen statt. Während der Pausen ein wahrer Ansturm auf Lenin. Genossen und Genossinnen aus Moskau, Petrograd, aus den verschiedensten Zentren der Bewegung und Jugendliche, viele Jugendliche umdrängten ihn. ›Wladimir Iljitsch, bitte ...‹, ›Genosse Lenin, Sie dürfen nicht abschlagen ...‹, ›Wir wissen wohl, Iljitsch, daß sie ... aber ...‹ So und so ähnlich schwirrten Bitten, Anfragen, Vorschläge durcheinander.

Lenin war im Anhören und Antworten von unerschöpflicher, rührender Geduld. Er hatte ein offenes Ohr und einen guten Rat für jede Parteisorge wie für persönliche Schmerzen. Herzerquikkend war die Art und Weise, wie er mit der Jugend verkehrte – kameradschaftlich, frei von jeder pedantischen Schulmeisterei, von jedem Dünkel, daß das Alter allein schon eine unübertreffliche Tugend sei. Lenin bewegte sich als gleicher unter gleichen, mit denen er durch alle Fasern seines Herzens verbunden war.«

Clara Zetkin besuchte ihn und seine Familie mehrmals in seiner Wohnung im Kreml. Über den ersten dieser Besuche schrieb sie:

»Mein erster Besuch bei der Familie Lenins vertiefte den Eindruck, den ich auf der Parteikonferenz empfangen hatte und der seither bei mehreren Besprechungen verstärkt worden war. Gewiß, Lenin wohnte im Kreml, der früheren Zarenburg ... Lenin empfing auch, wenn es sein mußte, in prächtigen, goldstrotzenden Staatsgemächern. Jedoch seine Privatwohnung war von äußerster Einfachheit und Anspruchslosigkeit. Ich bin in mehr als einer Arbeiterwohnung gewesen, die weit reicher ausgestattet war als das Heim des ›allmächtigen moskowitischen Diktators‹. Ich fand Frau und Schwester Lenins beim Abendbrot, das zu teilen ich sofort herzlichst eingeladen wurde. Es war einfach, wie das die Schwere der Zeit forderte: Tee, Schwarzbrot, Butter, Käse. Später mußte die Schwester ›dem Gast zu Ehren‹ nachsehen, ob nicht etwas ›Süßes‹ da sei, und sie entdeckte glücklich ein kleines Gläschen mit eingemachten Beeren. Es war bekannt, daß die Bauern ›ihren Iljitsch‹ mit reichlichen Sendungen von weißem Mehl, Speck, Eiern, Obst usw. bedachten, aber man wußte auch, daß nichts davon in Lenins Haushaltung blieb. Alles wanderte in die Krankenhäuser und Kinderheime ...

Genossin Krupskaja, Lenins Frau, hatte ich seit der Internationalen Sozialistischen Frauenkonferenz zu Bern im März 1915 nicht gesehen. Ihr liebes Gesicht mit den warmen, gütigen Augen trug unverwischbare Zeichen der tückischen Krankheit, die an ihr zehrt. Aber davon abgesehen, war auch sie die gleiche geblieben, die Verkörperung der Aufrichtigkeit, der Bescheidenheit des Wesens und einer geradezu puritanischen Schlichtheit. Mit ihrem glatt zurückgekämmten Haar, am Hinterkopf in einem kunstlosen Knoten aufgesteckt, in ihrem schmucklosen Kleid konnte man sie für eine abgehetzte Arbeiterfrau halten, deren ewige Sorge ist,

Zeit zu sparen, Zeit zu gewinnen. Die ›erste Frau des großen russischen Reiches‹ – nach bürgerlicher Auffassung und Terminologie – ist unstreitig die erste an opferfreudiger Selbstvergessenheit, an Hingebung für die Sache der Mühseligen und Beladenen. Die innigste Gemeinschaft des Lebensweges und Lebenswerkes vereinigte sie mit Lenin. Unmöglich von ihm zu sprechen, ohne ihrer zu gedenken. Sie war ›Lenins rechte Hand‹, sein oberster und bester Sekretär, seine überzeugteste Ideengenossin, die kundigste Deuterin und Vermittlerin seiner Ansichten, ebenso unermüdlich darin, dem genialen Meister tatkräftig und mit Klugheit Freunde und Anhänger zu werben, als in seinem Sinne propagandistisch unter der Arbeiterschaft zu wirken. Daneben hatte sie ihren eigenen, persönlichen Tätigkeitskreis, dem sie sich mit ganzer Seele widmete: das Volksbildungs- und Erziehungswesen.

Die Vermutung wäre lächerlich, wäre beleidigend gewesen, daß Genossin Krupskaja im Kreml als ›Lenins Frau‹ repräsentierte. Sie arbeitete und sorgte mit ihm, für ihn, wie sie das ein Leben lang getan hatte, auch wenn die Illegalität und die härtesten Verfolgungen sie trennten. Eine tief mütterliche Natur, machte Genossin Krupskaja – von Lenins Schwester Maria Iljinitschna dabei liebevoll unterstützt – die Wohnung zu einem ›Heim‹ im edelsten Sinne des Wortes. Sicherlich nicht in der Bedeutung deutscher Spießbürgerlichkeit, wohl aber durch die geistige Atmosphäre, die es erfüllte und die der Ausfluß der Beziehungen war, die die hier lebenden und webenden Menschen miteinander verband. Man empfand es, in diesen Beziehungen war alles auf das Echte, auf Wahrhaftigkeit, Verstehen und Herzlichkeit gestimmt. Obgleich ich Genossin Krupskaja bis dahin nur wenig persönlich gekannt hatte, fühlte ich mich doch sofort in ihrem ›Reich‹ und unter ihrer freundschaftlichen Fürsorge wie zu Hause. Als Lenin kam und etwas später, von der Familie aufs freudigste begrüßt, eine große Katze erschien, die dem ›Schreckensführer‹ auf die Schulter sprang und es sich dann auf seinem Schoß bequem machte, hätte ich wirklich wähnen können, daheim zu sein oder bei Rosa Luxemburg und ihrer für die Freunde geschichtlich gewordenen Katze ›Mimi‹.«

Bei diesem Besuch hatte Clara Zetkin ihr berühmt gewordenes Gespräch über Kultur, Kunst und Volkserziehung mit Lenin. Sie war, als er kam, gerade dabeigewesen, ihre Bewunderung für die Kulturarbeit der Bolschewiki auszusprechen. Zugleich hatte sie ihren Eindruck nicht verhehlt, daß sich auch in Sowjetrußland noch unklares Tasten und Experimentieren auf kulturellem Gebiet zeige. Lenin griff sofort lebhaft in das Gespräch ein.

»Die Kunst gehört dem Volke«, sagte er. »Sie muß ihre tiefsten Wurzeln in den breiten schaffenden Massen haben. Sie muß von diesen verstanden und geliebt werden. Sie muß sie in ihrem Fühlen, Denken und Wollen verbinden und emporheben. Sie muß Künstler in ihnen erwecken und entwickeln. Dürfen wir einer Minderheit süßen, ja raffinierten Biskuit reichen, während es den Massen der Arbeiter und Bauern an Schwarzbrot fehlt? Ich meine das, was ja naheliegt, nicht nur im buchstäblichen Sinne des Wortes, sondern auch figürlich. Haben wir immer die Arbeiter und Bauern vor Augen. Lernen wir ihretwegen wirtschaften und rechnen, auch auf dem Gebiete der Kunst und Kultur.

Damit die Kunst zum Volk und das Volk zur Kunst kommen kann, müssen wir erst das allgemeine Bildungs- und Kulturniveau heben ... Riesengroß steht vor uns das erwachte und von uns angestachelte Bedürfnis der Arbeiter und Bauern nach Bildung und Kultur. Nicht bloß in Petrograd und Moskau, in den Industriezentren, auch draußen, bis in die Dörfer. Und wir sind ein armes Volk; ein bettelarmes Volk! Ob wir es wollen oder nicht, die meisten Alten bleiben kulturell die Geopferten, die Enterbten. Nun gewiß, wir führen einen wirklich hartnäckigen Feldzug gegen das Analphabetentum. Wir errichten Bibliotheken und ›Lesehütten‹ in den großen und kleinen Städten und Dörfern. Wir organisieren Kurse der verschiedensten Art. Wir veranstalten gute Theatervorstellungen und Konzerte, wir senden ›Bildungszüge‹ und ›Wanderausstellungen‹ durch das Land. Aber ich wiederhole: Was ist das alles für die vielen Millionen, denen es an dem elementarsten Wissen, der primitivsten Kultur gebricht! ...«

»Wir sprachen in dieser Nacht – es war spät geworden –«, schrieb Clara in ihren »Erinnerungen«, »noch über mancherlei

Fragen. Der Eindruck davon verblaßte, kaum daß die Worte verklungen, neben Lenins Äußerungen über Kunst, Kultur, Volkserziehung und Volksbildung. Wie aufrichtig und warm liebt er das Volk der Arbeit, ging es mir in der Erinnerung daran durch den Sinn, als ich mit heißem Kopf durch die kühle Nacht nach Hause fuhr.«

Noch ein zweites Gespräch hatte Clara Zetkin, das sie tief ergriff – ein Gespräch über die Leiden des heldenmütigen russischen Volkes in den Interventionskriegen. Es offenbarte ihr Lenins großes, von heißer Liebe zur Menschheit und seinem Volk erfülltes Herz.

»Unauslöschlich«, erzählte sie, »ist in meiner Erinnerung ein anderes Gespräch mit Lenin eingegraben. Ich hatte, wie viele, die zu jener Zeit aus dem Westen nach Moskau kamen, dem Wechsel der Lebensweise meinen Tribut zu zahlen und mußte das Bett hüten. Lenin besuchte mich. Fürsorglich wie die beste Mutter erkundigte er sich, ob ich entsprechende Pflege und Ernährung, gute ärztliche Behandlung usw. habe und was meine Wünsche seien ... Lenin zweifelte daran, daß alles so gut und so herrlich sei, wie ich es empfand. Besonders regte er sich darüber auf, daß ich im 4. Stockwerk eines Sowjethauses wohnte, ›das zwar theoretisch einen Lift hat, der jedoch praktisch nicht funktioniert. Genau wie die Liebe und der Wille der Kautskyaner zur Revolution‹, meinte Lenin sarkastisch. Bald lenkte das Schifflein unseres Gespräches in das politische Fahrwasser ein ...

›Wissen Sie, daß in der Partei der Friedensschluß mit Polen zuerst auf starken Widerstand gestoßen ist? Ähnlich wie der Friedensschluß zu Brest-Litowsk. Ich wurde auf das heftigste bekämpft, weil ich für die Annahme der Friedensbedingungen war, die unzweifelhaft sehr günstig für die Polen, hart für uns sind. Fast alle unsere Sachverständigen behaupteten, daß angesichts der Situation in Polen, insbesondere angesichts der miserablen Finanzlage dort, weit vorteilhaftere Friedensbedingungen für uns zu erreichen gewesen wären, wenn wir nur noch einige Zeit im Kriege ausgehalten hätten ...

Ich glaube selbst‹, spann Lenin nach kurzer Pause den Faden

seiner Gedanken weiter, ›daß wir durch unsere Lage nicht gezwungen waren, um jeden Preis Frieden zu schließen ..., aber: Durften wir ohne die allerzwingendste Notwendigkeit das russische Volk den Schrecken, den Leiden eines weiteren Kriegswinters preisgeben? Unsere heldenmütigen Rotarmisten an den Fronten, unsere Arbeiter und Bauern, die so viel entbehrt und geduldet! Nach den Jahren des imperialistischen Krieges und des Bürgerkrieges ein weiterer Kriegswinter, wo Millionen hungern, frieren, stumm verzweifelnd sterben! Lebensmittel und Kleider werden jetzt schon knapp. Die Arbeiter klagen, die Bauern murren, daß man ihnen nur nimmt, nicht gibt. – Nein, der Gedanke an die Qualen eines Kriegswinters mehr war unerträglich. Wir mußten Frieden schließen.‹

Während Lenin so sprach, war sein Gesicht vor meinen Augen zusammengeschrumpft. Furchen, große und kleine ohne Zahl, gruben sich tief hinein. Und jede Furche war von einer schweren Sorge oder von einem nagenden Schmerz gezogen. Ein Ausdruck unausgesprochenen und unsäglichen Leidens lag auf Lenins Gesicht. Ich war ergriffen, erschüttert ... Er ging bald darauf fort. Unter anderem hatte er mir noch mitgeteilt, daß zehntausend Lederanzüge, fest schließend, in Auftrag gegeben seien für die Rotarmisten, die vom Meere aus den Perekop nehmen sollten. Noch ehe diese Anzüge fertig waren, konnten wir über die Nachricht jubeln, daß die todesmutigen Schützer Sowjetrußlands unter Genossen Frunses ebenso genialer wie kühner Führung stürmender Hand die Landenge erobert und damit Wrangels Schreckensherrschaft auf der Krim ein Ende bereitet hatten. Eine beispiellose militärische Leistung von Führern und Geführten. Eine Sorge, ein Schmerz, war von Lenin genommen; eine Sorge, ein Leid war bei Lenin weniger! Auch an der Südfront gab es keinen Kriegswinter.«

Ehe Clara Zetkin von ihrem ersten Aufenthalt in Sowjetrußland die Heimreise antrat, schrieb sie Lenin am 17. November 1920 noch einen Brief:

»Morgen früh dampfe ich nach Reval ab. Hoffentlich komme ich noch zur Zeit zu unserem Parteitag. Ich habe hier noch viel gesehen und gelernt, auch gearbeitet. Mein Vortrag über Erziehungsfragen hat sich zu einer größeren Broschüre ausgewachsen. Vielleicht hat sie einigen Nutzen für Euch. Leider fand sich hier niemand, der das Manuskript abschreiben konnte, so daß ich den Text erst aus Deutschland schicken kann. Wie gern hätte ich über diese Arbeit mit Genossin Lenin gesprochen. Ich bin unsicher, ob ich für Rußland das Richtige getroffen habe ...

Doch Schluß! Lieber, lieber verehrter Freund Lenin, erhalten Sie sich uns, der Revolution! Die Freude über die Niederlage Wrangels wird Ihre Kräfte steigern, das heißt Sowjetrußlands Kräfte. Sie und Sowjetrußland sind ja eins. Der Sieg über Wrangel ist ein Sieg über die Entente und über das weißgardistische Polen. Die Aktien von Sowjetrußlands Außenpolitik werden wieder auf dem Markt der Bourgeoisie und der Kleingläubigen steigen.

Im guten Zeichen dieses Sieges grüße ich Sie, Ihre liebe Frau und die Schwestern aufs herzlichste und umarme Euch in treuer Freundschaft und froher Kampfesgenossenschaft

Ihre Clara Zetkin«

Mit dieser ersten Reise Clara Zetkins nach Sowjetrußland hat die nahe, historisch gewordene Freundschaft zwischen Clara Zetkin und Lenin ihren Anfang genommen.

Clara ist in den folgenden Jahren, als sie viele Aufträge der Kommunistischen Internationale ausführte, in ihre Exekutive gewählt und verschiedentlich mit wichtigen Referaten vor ihren Kongressen und dem Exekutivkomitee betraut wurde, häufig nach der Sowjetunion gefahren. Dabei ist sie jedesmal – abgesehen von jenen Zeiten, da Lenin schwer krank lag – mit ihm und den Seinen zusammengekommen. Wie für alle Revolutionäre, der damaligen wie der heutigen Zeit, war er für sie, die sich den Weg zu seiner Lehre so schwer und schrittweise erkämpft hatte, der unumstritten große Führer, dessen historische Bedeutung ihr tief eingeprägt war, dessen Autorität sie sich unterordnete. Wieder und wieder hat sie sich bei ihm politischen Rat geholt, mündlich, wenn es ihr möglich war, stets aber in seinen Werken, die zu studieren sie den Genossen, besonders den jungen Menschen, dringlichst empfahl. Ihre Bibliothek, die sich heute zum Teil in ihrem ehemaligen Haus in Birkenwerder bei Berlin befindet, enthält nicht nur viele Einzelausgaben der Leninschen Werke, sondern auch die erste große Gesamtausgabe, die in deutscher Sprache erschien. Clara hat auch, wie wir noch sehen werden, Lenins Kritik bedingungslos angenommen und sich bemüht, danach zu handeln.

W. I. Lenin wiederum, obwohl mit Arbeit, Verantwortung, Sorgen überbürdet, fand immer wieder Zeit, seine alte Freundin zu beraten oder auch mit ihr zu plaudern. Mehr als einmal nutzte er eine freie Viertelstunde und überraschte sie mit einem Besuch. Zuweilen wohnte sie während ihres Moskauer Aufenthaltes im Kreml. Dort konnte Lenin Claras Zimmer über eine Seitentreppe erreichen, so daß er gelegentlich unangemeldet kam, um sich nach ihrem Wohlbefinden zu erkundigen. Einmal, so erzählte ihre damalige Sekretärin Hertha Walcher, zu jener Zeit Hertha Gordon, die sie mehrfach auf ihren Reisen in die Sowjetunion begleitete, kam Lenin, als Clara sich gerade die Haare gewaschen hatte und sie eben trocknete. Clara war furchtbar verlegen. Lenin aber lächelte und verglich sie charmant mit der Lorelei. Und nach wenigen Scherzworten waren die beiden schon tief in ein politisches Gespräch verwickelt.

Clara Zetkin selbst ist jene Zusammenkunft in besonders lieber Erinnerung geblieben, die sie mit Lenin anläßlich dessen letztem Auftreten vor der Weltöffentlichkeit hatte. Damals war Lenins Gesundheit bereits völlig untergraben.

»Als ich Ende Oktober 1922 zum IV. Weltkongreß der Kommunistischen Internationale reiste, wußte ich, daß ich Lenin wiedersehen würde. Er war soweit hergestellt, daß er ein Referat halten sollte über: ›Fünf Jahre russische Revolution und die Perspektiven der Weltrevolution‹. Konnte es eine schönere Jubiläumsfeier der russischen Revolution geben, als daß ihr genesener genialster Führer über sie vor den Vertretern der revolutionären proletarischen Vorhut sprechen würde?

Am zweiten Tag nach meiner Ankunft kam der Genosse, der meine Wohnung betreute und offenbar vom alten zum neuen ›Regime‹ übergegangen war, in freudiger Erregung zu mir: ›Genossin, Wladimir Iljitsch will Sie besuchen. Das ist nämlich der Herr

Lenin. Er wird gleich hier sein.‹ Die Anmeldung wühlte mich so auf, daß mir für den Augenblick die Komik des ›Herrn Lenin‹ gar nicht zum Bewußtsein kam. Ich sprang sofort vom Schreibtisch auf und eilte zur Tür. Da war er schon, Wladimir Iljitsch, in einer grauen Flauschjoppe, frisch, kräftig aussehend wie vor den bösen Tagen der Krankheit. Während ich vor Glück lachte und weinte wie ein Kind, machte sich's Lenin neben dem Schreibtisch bequem. ›Seien Sie ohne Sorge!‹ erwiderte er auf meine Fragen nach seinem Befinden, ›ich fühle mich ganz wohl, ganz kräftig. Sogar „vernünftig" bin ich geworden, oder was die Herren Doktoren so nennen. Ich arbeite, aber ich schone mich, halte mich dabei streng an die ärztlichen Vorschriften. Ich danke schön, ich will nicht wieder krank werden! Das ist eine üble Sache. Es gibt so viel zu tun ...‹«

Bei einer weiteren Begegnung unterhielten sie sich noch einmal über die deutsche Arbeiterbewegung, danach über das Sowjetland. »Lenin«, erzählte Clara Zetkin, »äußerte dann seine Befriedigung über die sichere, wenn auch noch langsame Belebung der Wirtschaft in Sowjetrußland. Er nannte Tatsachen und führte Zahlen an für die Fortschritte. ›Doch darüber werde ich in meinem Referat sprechen‹, brach er seinen Gedankengang ab. ›Die mir von meinen ärztlichen Tyrannen zugebilligte Zeit für Besuche ist vorüber. Sie sehen, wie diszipliniert ich bin. Trotzdem muß ich Ihnen noch etwas erzählen, worüber Sie sich besonders freuen werden. Denken Sie, da bekomme ich neulich einen Brief aus dem abgelegenen Dörfchen ... (Den schweren Namen habe ich leider vergessen – C. Z.) Die etwa hundert Kinder eines Heimes schreiben mir: „Liebes Großväterchen Lenin! Wir wollen Dir erzählen, daß wir sehr brav geworden sind. Wir lernen fleißig. Wir lesen und schreiben schon gut. Wir machen viele und schöne Sachen. Wir waschen uns tüchtig jeden Morgen, und jedesmal waschen wir uns die Hände, wenn wir essen gehen. Wir wollen unserem Lehrer Freude machen. Er liebt uns nicht, wenn wir schmutzig sind" und so fort. Sehen Sie, liebe Clara, wir machen auf allen Gebieten Fortschritte, ernste Fortschritte. Wir lernen Kultur, wir waschen uns schon, und gar täglich. Bei uns arbeiten schon die Kinderchen im Dorf am Aufbau Sowjetrußlands mit. Und da sollten wir fürchten, nicht zu siegen?‹ Lenin lachte, lachte sein altes frohes Lachen, aus dem so viel Güte und Siegesgewißheit klang.«

In den Monaten der letzten schweren Krankheit Lenins war Clara Zetkin tief bedrückt. Sie wollte helfen, machte Genossin Nadeshda Krupskaja die besten deutschen Spezialisten namhaft, doch Hilfe war unmöglich. Nadeshda Krupskaja antwortete ihr am 19. Juni 1923:

»Geliebte Genossin Zetkin,

Ihren Brief habe ich gestern, den 18ten am Mittag gekriegt. Lenin hatte gestern die Nacht nicht geschlafen und war außerordentlich nervös und erregt. In solchem Zustand war es unmöglich, ihn zu untersuchen. Eine Menge Ärzte, russische, deutsche etc. hatten ihn schon früher untersucht. Das hatte ihn so erregt, daß einmal sogar eine starke Verschlechterung seines Zustandes eintrat. Also, man muß sehr vorsichtig sein und ohne dringende Notwendigkeit keine neuen Untersuchungen vornehmen. Das wichtigste ist jetzt nicht Diagnose, sondern sorgsame, aufmerksame Pflege. Alles hängt ab vom allgemeinen Zustand seiner Kräfte. In dieser Hinsicht hat im letzten Monat eine sichtbare Besserung stattgefunden, und es gibt Tage, wo ich anfing zu hoffen, daß die Genesung nicht ausgeschlossen sei.

Geliebte Genossin, in diesen schweren Monaten habe ich manchmal an Sie gedacht und sehne mich, Sie zu sehen, da ich weiß, daß Sie Lenin und mich von ganzem Herzen lieben.

Ich umarme Sie und danke für Ihre Liebe

Ihre N. Krupskaja«

Als Lenin starb, Millionen werktätiger Menschen der ganzen Welt trauerten, war Clara Zetkin tief erschüttert.

»Lenins Tod«, schrieb sie an ihre Freundin Jelena Stassowa, »hat mich bis ins Lebensmark getroffen ... Ich werde G[enossin] Krupsk[aja] in diesen Tagen sehen. Ich war mit ihr etwa zwei Stunden zusammen, ehe man die teure Leiche nach dem Kolonnensaal überführt hatte, dann mit ihr vor der Bahre. Ich sah und hörte sie dann in der feierlichen Sitzung des Kongresses der Räte, war neben ihr, als die Beisetzung erfolgte. Sie ist eine Heldin und Heilige. Wie sie es trägt! Es gibt keine Worte für ihren Heroismus!«

Mit Lenins Schwestern und vor allem mit Nadeshda Krupskaja, mit der sie häufig zusammentraf, blieb Clara Zetkin bis zu ihrem Tode in herzlicher Freundschaft verbunden.

Noch in ihren letzten Lebensmonaten schrieb sie der letzteren:

»Archangelskoje, den 21. Januar 1933 ...
Verehrte, teuerste Freundin und Genossin
Nadeshda Konstantinowna!

Morgen kehrt der schwarze Tag wieder, der uns allen den Unersetzlichen genommen hat, der Tag, an dem ich nicht fassen konnte, daß die Sonne weiter schien und der Gang des historischen Geschehens nicht stillstand. Wie schmerzhaft empfinden wir alle den Verlust des großen revolutionären Führers und des großen grundgütigen Menschen gerade jetzt, wo für den fortschreitenden sozialistischen Aufbau sein überragendes Talent, seine reife theoretische Schulung und sein reiner, selbstloser Charakter von besonderer Bedeutung sein würde.

Mein physisches und psychisches Empfinden macht es mir leider unmöglich, Ihnen ausführlich zu schreiben. Ich bin morgen mit meinem ganzen Herzen im Gedenken des uns Genommenen, der uns allen der Lebendige bleibt. In Gedanken flüchte ich zu Ihnen, die Sie für mich das weiterklopfende Herz und die getreue Testamentsvollstreckerin Lenins sind.

Wollen Sie bitte Maria Iljinitschna und der älteren Schwester Anna versichern, wie aufrichtig und heiß ich ihre Trauer teile.

Liebe, teure Freundin und Genossin, ich küsse und umarme Sie in treuester Verbundenheit

Ihre Clara Zetkin«

Clara Zetkin und Nadeshda Krupskaja sahen einander zum letzten Mal in den Maitagen des Jahres 1933, in jenen Tagen, da Clara so bitterlich litt, weil die Nacht des Faschismus über Deutschland hereingebrochen war. Einen Monat später war Clara Zetkin tot.

»Unsere Clara ist gestorben«, schrieb Nadeshda Krupskaja. »Doch ihr Kampf und ihre Arbeit vergehen nicht spurlos. Sie hat viel geleistet für die Sache der Weltrevolution, für die Weltrevolution, die näher denn je ist, trotz des Wütens des Faschismus.« Und im gleichen Nachruf heißt es: »Für unsere Generation, die soviel gelernt hat von der deutschen Arbeiterbewegung, war der Name Zetkin ein Banner. Wladimir Iljitsch liebte Clara ganz besonders, und er liebte es, mit ihr, von ›Herz zu Herz‹ zu sprechen.«

Wieder in der Heimat

Noch aber schrieb man das Jahr 1920. Anfang Dezember war Clara Zetkin, von ihrer ersten Reise nach Sowjetrußland zurückgekehrt, wieder in Berlin; sie war so stark verändert, daß ihre Genossen sie kaum wiedererkannten. Die Kraft ihres Auftretens war gewachsen, ihr Geist reicher, ihr Wissen weiter und tiefer geworden, ihre ohnehin ungewöhnliche Energie noch gestiegen. Sie hatte einen weiteren Schritt in der Aneignung des Leninismus getan. Ihre Solidarität mit dem Sowjetstaat, ihr Glaube an ihn waren zu unerschütterlicher Verbundenheit und glühender Liebe zum Sowjetvolk geworden.

Auf dem Vereinigungsparteitag der KPD mit dem linken Flügel der USPD im Dezember 1920, an dem Clara Zetkin teilnahm, entfaltete sie eine beispiellose Aktivität. Sie wurde als erster Genosse für die Programmkommission benannt und erstattete ihren Bericht. Im Namen der Kommission legte sie dem Parteitag ein Manifest vor, das den Zusammenschluß der revolutionären Arbeiter Deutschlands in einer revolutionären Massenpartei, der Vereinigten Kommunistischen Partei Deutschlands (VKPD), verkündete, mit den rechten sozialdemokratischen und den zentristischen Führern abrechnete und die Bildung der vereinigten Partei als einen Erfolg der revolutionären Arbeiterbewegung Deutschlands wertete.

Sie sprach – auf dem Parteitag wurde ausführlich die Massenarbeit der Partei behandelt – zur Arbeit der Genossen in den Schulen, insbesondere in den Elternbeiräten, und zur Arbeit unter den Frauen. Sie legte eine Resolution gegen den weißen Terror vor, der in Ungarn nach der Niederschlagung der Räterepublik herrschte, eine weitere, in der der Parteitag seine Solidarität mit Sowjetrußland erklärte und dem Sowjetvolk zum Sieg über die letzte vom Weltimperialismus ausgehaltene konterrevolutionäre Armee in der Sowjetunion, die Armee des Generals Wrangel, gratulierte, und sie rief auf zu einer Sammlung der Delegierten für die Rotarmisten, die sich noch immer in deutschen Kriegsgefangenenlagern befanden. Vor allem aber sprach sie wieder und wieder über das Sowjetland. Dem Parteitag überbrachte sie die Grüße der russischen Genossen und der Werktätigen des Sowjetlandes, der Frauenkonferenz die Grüße der russischen Frauen, und ihr erstattete sie zugleich den Bericht über die Teilnahme der Sowjetfrauen an der Oktoberrevolution und am Aufbau des Sowjetstaates.

Auf dem Parteitag selbst sagte sie unter anderem: »Sie wissen, daß ich in Rußland war. Ich habe mit Hunderttausenden und unter Hunderttausenden von russischen Proletariern gestanden – nicht nur bei politischen Manifestationen, sondern auch dort, wo die Proletarier arbeiten, auch unter den parteilosen Arbeitern und Arbeiterinnen, auf Sowjetkongressen der Bauern usw. Und ich kann es hier aussprechen: Ich bin nirgends und niemals mit russischen Proletariern in Berührung gekommen – bis zu den Kindern in den Schulen und Fürsorgeheimen –, wo mir nicht aufgetragen worden ist: Genossin Zetkin, überbringen Sie den deutschen Proletariern unsere herzlichsten Grüße. Sagen Sie ihnen, daß wir bis zur letzten Fiber mit ihnen empfinden. Überall wurde es ausgesprochen: Gewiß, wir leiden, wir leiden hart, wir haben blutige Opfer gebracht, wir müssen noch weiter ungeheure Opfer bringen. Das alles ist aber nicht Schuld der proletarischen Revolution ... Wir tragen deshalb die Leiden freudig, nicht nur in dem Bewußtsein, daß sie geschichtlich unvermeidlich sind, um unser eigenes teures Sowjetrußland zu behaupten, nein, wir opfern und leiden bewußt, mit dem Willen, auszuhalten und durchzuhalten, damit die Proletarier der ganzen Welt an unserem Beispiel lernen ...

Genossinnen und Genossen! Ich schäme mich nicht, Ihnen hier einzugestehen, daß ich angesichts dieses revolutionären Massenwillens die Empfindung hatte: Ziehe deine Schuhe aus; der Boden, da du stehst, ist heiliger, ist revolutionärer Boden.«

Clara Zetkin wurde in die Zentrale der Partei und zu einem ihrer Sekretäre gewählt.

Nach dem Parteitag war sie sehr rührig. Sie arbeitete intensiv in der Zentrale mit, war oft in Berlin, bemühte sich vor allem darum, daß die auf dem Parteitag beschlossene Massenarbeit in den Gewerkschaften, in den Schulen, in den Wohnvierteln eingeleitet wurde, half dem Frauensekretariat der Partei. Sie verstärkte ihre Versammlungstätigkeit, berichtete allerorts über ihre Erlebnisse im Sowjetland, stellte im Deutschen Reichstag den Antrag, diplomatische Beziehungen mit dem Sowjetstaat aufzunehmen. Vor allem aber widmete sie sich zwei großen Aufgaben, die sie in der nächsten Zeit stark beschäftigten: Sie setzte ihre ganze Kraft und Autorität als internationale Arbeiterführerin ein, um die Schaffung kommunistischer Parteien in Westeuropa vorwärtszutreiben und die politische Arbeit unter den Frauen der kapitalistischen Länder zu verstärken.

Die Frau mit dem Strickzeug

Unmittelbar nach dem Vereinigungsparteitag der KPD mit der linken USPD rüstete Clara Zetkin zu einer Auslandsreise, von der nur wenige Genossen wußten. Vom 25. bis 30. Dezember 1920 sollte in Tours jener Parteitag der Sozialistischen Partei Frankreichs stattfinden, der zum Gründungsparteitag der Französischen Kommunistischen Partei wurde. Clara Zetkin, die schon vor ihrer Reise nach Sowjetrußland in den westeuropäischen sozialistischen Parteien weit über die Frauenbewegung hinaus für die Kommunistische Internationale gearbeitet hatte und schon seit längerer Zeit Mitglied des Westeuropäischen Büros war, war in Moskau beauftragt worden, an dieser Tagung teilzunehmen. Das Exekutivkomitee der Kommunistischen Internationale hätte wohl kaum einen besseren Boten finden können als diese Frau, die seit langer Zeit eng mit der französischen Arbeiterbewegung verbunden war. Die französische Regierung versagte der deutschen Kommunistin die Einreise, die Clara Zetkin als deutsche Reichstagsabgeordnete hätte beanspruchen können. So fuhr sie dann an einem trüben Wintertag ohne diese Genehmigung über die französische Grenze. Mit Unterstützung ihrer französischen Genossen gelangte sie nach Tours und schließlich in die Manège, die von der örtlichen Organisation für die Tagung hergerichtet worden war. Als Clara ankam, war bereits heiß über die Frage diskutiert worden, ob die Partei einen revisionistischen oder den revolutionären Weg einschlagen sollte. Die Mehrheit der Bezirke hatte für den revolutionären Weg entschieden. Marcel Cachin, Chefredakteur der »Humanité«, hatte ihn, begeistert von seinem Besuch in Sowjetrußland, in einer hinreißenden Rede gefordert. Die französischen Revisionisten aber, vor allem Léon Blum und Marcel Sembat, hatten sich in antikommunistischen Hetzreden gegen die revolutionäre Klassenlinie gewehrt und waren entschlossen, die Partei zu spalten. Eben sprach Louis-Oscar Frossard, der Generalsekretär der Partei, der eine Rede voller Hintergedanken und Ausflüchte hielt, als der Vorsitzende ankündigte, Clara Zetkin sei angekommen.

Was dann geschah, schildert der französische Genosse und Historiker Jean Fréville in seinem Buch »Die Nacht endete in Tours«: »Als die weißhaarige Kämpferin, die tapfere Kameradin Karl Liebknechts und Rosa Luxemburgs ... auf der Tribüne erschien, begrüßte die Linke jubelnd diese ehrwürdige Gestalt des internationalen Sozialismus, dieses Symbol des Kampfes gegen den imperialistischen Krieg und für die proletarische Revolution.«

Clara Zetkin nahm das Wort – leidenschaftlich und in fließendem Französisch:

»Liebe Genossinnen und Genossen! Liebe Freunde! Ich danke euch auf das herzlichste für den brüderlichen Empfang, den ihr mir bereitet habt. Ich nehme euren Beifall jedoch keinesfalls für meine bescheidene Person in Anspruch, sondern sehe darin nur den Ausdruck eurer Sympathie für die kommunistische Idee und für die internationale Revolution, der wir alle dienen wollen ...

Ich überbringe euch«, fuhr sie fort, »die besten Wünsche der Exekutive der III. Internationale für das Gelingen der Arbeit eures Parteitages. Die Exekutive ist sich der großen historischen Bedeutung, die diesem Parteitag zukommt, bewußt. Ich verknüpfe mit den Grüßen der Internationale die herzlichsten und brüderlichsten Grüße der Zentrale der Kommunistischen Partei Deutschlands und – ich kann sagen – der kommunistischen Parteien aller Länder. Aber ich möchte noch mehr sagen: Diese Grüße widerspiegeln die Gedanken und Gefühle aller wirklich revolutionären Proletarier, die mit uns sind. Nicht nur die kommunistischen Arbeiter, sondern alle revolutionären Kämpfer in allen Ländern blicken mit gespannter Aufmerksamkeit auf die Diskussionen und vor allem auf die Entscheidungen eures Parteitages ... Hier auf diesem Parteitag wird nicht Geschichte geschrieben, sondern Geschichte gemacht ...

Ihr müßt euch von der Vergangenheit trennen, von der reformistischen, opportunistischen Politik der Mehrheitler und der Zentristen, von ihrer opportunistischen und konterrevolutionären Phraseologie und Ideologie, von der Phraseologie der Sozialpatrioten auf der einen Seite und der Sozialpazifisten auf der anderen Seite. Ihr müßt anstelle dieser Politik die unverfälschte, revolutionäre Politik und den proletarischen Klassenkampf setzen ...

Um vorwärtszuschreiten, braucht ihr die zuverlässige Einheit einer zentralisierten und straff disziplinierten Partei. Um diese Einheit zu erreichen, müßt ihr offen und ehrlich der III. Internationale beitreten, müßt ihr euren Willen, eine revolutionäre Politik zu betreiben anstatt einer Politik der Kompromisse und der Schande, einer Politik des Renegatentums, der Schwäche und der Schwankungen, in klarer und unzweideutiger Weise zum Ausdruck bringen. Ihr müßt euch klar, rückhaltlos und offen zur III. Internationale bekennen ...

Genossinnen und Genossen! Ihr müßt wählen! Ihr müßt euch

*Vom Smolny aus, dem Sitz des Zentralkomitees der bolschewistischen Partei
und des revolutionären Militärkomitees,
leitete W. I. Lenin den Oktoberaufstand in Petrograd 1917*

*Aus einem Brief
W. I. Lenins
an Clara Zetkin
vom 26. Juli 1918*

Novemberrevolution in Deutschland

Aus dem Brief Rosa Luxemburgs an Clara Zetkin vom 18. Oktober 1918

Die Rote Fahne

Zentralorgan der Kommunistischen Partei Deutschlands (Spartakusbund)

Schriftleitung: Karl Liebknecht und Rosa Luxemburg

Konstituierung der Kommunistischen Partei.

Die Ebert-Regierung für Krieg gegen Polen.

Breslau, 30. Dezember. In der heutigen Sitzung des Zentralvollzugsrates für Schlesien, die sich mit der Tschechen- und Polenfrage beschäftigte, gab der Volksbeauftragte Landsberg namens der Reichsregierung die Erklärung ab, daß die Regierung nicht gewillt sei, vor irgendeiner Machtformation, die etwa vor dem Griechenkongreß gebildet, zu Deutschland gehöre, herzumarschieren gewillt sei, zu kapitulieren, so habe sie die Macht zum Widerstande. Die deutsche Ehre sei der Regierung heilig, deutsches Land lasse sie sich nicht nehmen, sie werde allen übergriffen mit allen Machtmitteln entgegentreten. Ihr Volk habe, nachdem der Waffenstillstand abgelaufen sei, das Recht, den Krieg fortzusetzen und dem Friedenskongreß vorzugreifen.

Der Berliner Soldatenrat.

Die neueste Phase der Revolution wird gekennzeichnet durch einen tiefgreifenden Wandel, der in der Stellung der Berliner Soldaten zu den revolutionären Ereignissen eingetreten ist. Der Ausbruch vom 9. November war zunächst nur eine instinktmäßige Revolte gegen den Krieg, den Drill, die Kaserne und den Kadavergehorsam. Mit dem Erscheinen der Deputation der Marnetruppe im Rätekongreß haben die Soldaten zum erstenmal bewußt eigene revolutionäre Forderungen aufgestellt.

21 Regimenter noch Beitritt der noch fehlenden sich an Stelle des bisher bestehenden Soldatenrates setzt, oder ob die Selbsten derjenigen der Delegierten, die mit den Ereignissen nicht mitgegangen sind, durch andere ersetzen, ob eben ein anderer Weg eingeschlagen wird, ist gleichgültig, wenn nur das Ziel erreicht wird: den Groß-Berliner Soldatenrat als den zutreffenden Ausdruck der jetzt bei den Berliner Truppen erreichten Höhe des revolutionären Bewußtseins erscheinen zu lassen.

Wird dies durchgesetzt, — und daß es durchgesetzt wird, liegt allein an der Tatkraft der Truppen selbst, — so sind die

»Die Rote Fahne« vom 31. Dezember 1918

Mitglieder der Zentrale der KPD, gewählt auf dem Gründungsparteitag. 30. Dezember 1918 bis 1. Januar 1919

Karl Liebknecht  *Rosa Luxemburg*

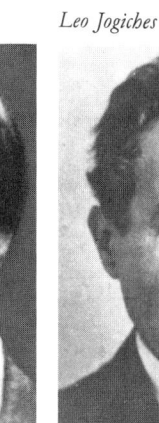

Hermann Duncker *Leo Jogiches*  *Wilhelm Pieck*

Das letzte Geleit für Karl Liebknecht und 31 der ermordeten Januarkämpfer, 25. Januar 1919

Berliner Arbeiter geben Rosa Luxemburg am 13. Juni 1919 das letzte Geleit

Nummer 2 — **Preis 15 Pfg.**

Die Kommunistin

Frauenorgan der Kommunistischen Partei Deutschlands
Herausgegeben von Klara Zetkin

Die Kommunistin erscheint am 1., 11. und 21. eines jeden Monats. Preis der Einzelnummer 15 Pfennig, durch die Post bezogen vierteljährlich 1.25 Mark (ohne Bestellgeld)

Stuttgart, 11. Mai 1919

Zuschriften für die Redaktion an Klara Zetkin, Wilhelmshöhe, Post Degerloch b. Stuttgart. — Zuschriften für den Verlag an Anna Stegmaier, Stuttgart, Ostendstr. 70.

Die Friedensmacht.

Der militärische Zusammenbruch des kriegsbegeisterten, eroberungsgierigen Imperialismus der Zentralstaaten hat den Waffenstillstand gebracht, nicht den Frieden. Endlich, endlich steht auch dieser in Aussicht. Vertretern der deutschen Regierung sind die Friedensbedingungen der Ententeregierungen ausgehändigt worden. In Versailles, das die prunkvolle Welt des Selbstherrschertums eines Ludwig XIV. gesehen; die Demütigung des Gottesgnadentums Ludwig XVI. durch das revolutionäre Volk von Paris; die Unterzeichnung des Frankreich demütigenden Friedens von 1871; die Proklamation des deutschen Kaiserreiches; die Noskes Blutregime vorbildende Organisierung der berüchtigten Thierschen „Ordnungsbanditen", zur Niederwerfung der Pariser Kommune.

Es ist ein Gewaltfriede, der in den vorgelegten Bedingungen dem Deutschen Reiche diktiert werden soll. Ein harter, ein durch den skrupellosen Neutralitätsbruch gegenüber Belgien und Luxemburg.

Deutschland wies brüsk den Friedensfühler zurück, der im Frühjahr 1915 durch die Vermittlung des Holländers Dresselhuys von England her ausgestreckt wurde. Es beantwortete 1916 Wilsons Vermittlungsversuch zu einem Frieden damit, daß es Mexiko ein paar Provinzen der Vereinigten Staaten versprach und den Unterseebootkrieg verschärfte. Es wollte nichts wissen von dem ernsten Friedensversuch, der noch im Winter 1917 durch die Vermittlung von Wilsons Freunden in der Schweiz möglich gewesen wäre, weil es durch die vorbereitete Frühjahrsoffensive einen vernichtenden Sieg über seine Gegner im Westen erstrebte. Seine Bereitschaft zu Waffenstillstand und Kriegsschluß ist nicht aus dem ernsten, aufrichtigen Willen zu einem Versöhnungsfrieden geboren worden, sondern aus dem vollständigen militärischen Zusammenbruch auf den Schlachtfeldern des Westens.

»Die Kommunistin«, Nr. 2 vom 11. Mai 1919

Clara Zetkin mit den Reichstagsabgeordneten Lore Agnes (SPD) (links) und Mathilde Wurm (USPD), 1920

W. I. Lenin und N. K. Krupskaja, Mai 1919

Dem Gedenken Lenins gewidmete Werke Clara Zetkins

CLARA ZETKIN

ERINNERUNGEN AN LENIN

VERLAG FÜR LITERATUR UND POLITIK
WIEN–BERLIN SW 61

CLARA ZETKIN

LENINS VERMÄCHTNIS FÜR DIE FRAUEN DER WELT

Clara Zetkin im Präsidium der zweiten Internationalen Frauenkonferenz der Kommunistischen Internationale 1921 in Moskau

Clara Zetkins Delegiertenausweis für den III. Weltkongreß der Kommunistischen Internationale 1921 in Moskau

*Clara Zetkin spricht auf einer Protestkundgebung
gegen die Ermordung Matthias Erzbergers, 31. August 1921*

»Die Kommunistische
Fraueninternationale«,
Heft 1/2 von Januar/Februar 1922

*Clara Zetkin mit ihrer
Sekretärin Hertha Gordon-Osterloh,
später Hertha Walcher, 1922*

Die Kommunistische Fraueninternationale

Doppelheft 1/2   Monatsschrift   Jan./Febr. 1922

Der Internationale Kommunistische Frauentag.

Begeisterungsstürme begrüßten den Antrag unserer bulgarischen Genossinnen und den Beschluß der Zweiten Internationalen Konferenz der Kommunistinnen zu Moskau, den Internationalen Frauentag einheitlich am 8. März abzuhalten, an dem die russischen Genossinnen ihn begehen. Hoch schlugen die Herzen, weithin flog der Blick, und der Wille reckte sich fest, kühn empor. Die Erinnerung flammte hinreißend auf, daß es die Riesendemonstration der Petersburger Proletarierinnen für Frieden und Freiheit gewesen, die am 8. März 1917 die russische Revolution eingeleitet hat. Die Erkenntnis und das Wollen der 82 Vertreterinnen kommunistischer Frauen von 28 Nationalitäten ballte sich zu einer einzigen großen Entschlossenheit zusammen. Unser heuriger Internationaler Frauentag muß ein gewaltiges Bekenntnis breitester Massen zum Kommunismus werden, ein unwiderstehlicher Kampfaufruf wider die bürgerliche Ordnung und für die Machteroberung durch das Proletariat. Er muß beweisen, daß wir Kommunistinnen nicht bloß wollen, sondern auch können, handeln können. Nun gilt es, unseren stillen, aber bindenden Eidschwur einzulösen, den Willen als Tat lebendig zu machen.

Die geschichtliche Stunde verpflichtet uns dazu. Was die Kapitalisten der einzelnen Länder national begonnen, das setzen sie international fort. Das Bemühen, die durch den Weltkrieg und seine Auswirkungen aus den Fugen gerissene, verfallende kapitalistische Wirtschaft wieder aufzurichten und für ewige Zeiten zu befestigen. Nicht etwa Dank der Säfte und Kräfte des eigenen geschichtlichen Lebens dieser Wirtschaft. Nein! Lediglich auf Kosten der blutigen Ausbeutung und härtesten Knechtung des Proletariats, des schaffenden Volks.

Die Bourgeoisie aller Länder hat während ihres imperialistischen Kriegs und in den Jahren seither bewiesen, daß ihr weder die Fähigkeit noch der Wille eignet, die märchenhaften Produktionskräfte und Produktivmittel, die sich unter ihrer Herrschaft entwickelt haben, zum Wohle der Gesamtheit zu verwalten, zu leiten. Sie kann sie nur noch durch den Jammer von Krisen und die Verbrechen von Kriegen lähmen, brachlegen, auf Vernichtung und Zerstörung richten. Der Kapitalismus vermag nicht, sich aus den Flammen und der Asche des Weltkriegs verjüngt zu neuem Leben zu erheben, dem Vogel Phönix der Sage gleich. Er ist ohnmächtig, auch nur das Chaos zu bändigen, das er geschaffen; er ist erst recht ohnmächtig, neues, höheres, materielles und kulturelles Dasein für alle aus den Ruinen erblühen zu lassen. Er kann nur noch „fortwursteln", mit dem Ergebnis, eine Minderheit von Millionären in Milliardären zu verwandeln. Satte an Brot und Kultur in Uebersättigte klar und entschieden von allen politischen Richtungen trennen, die das Proletariat weiter in den ausgefahrenen Gleisen der alten Politik der Kompromisse und des Opportunismus festhalten wollen. Ihr müßt euch andererseits national und international mit allen revolutionären kommunistischen Elementen vereinigen, nicht nur auf dem Boden Frankreichs, sondern auch jenseits der französischen Grenzen. Das ist eine absolute Notwendigkeit. Das französische Proletariat darf sich nicht unter der Herrschaft des Kapitalismus in die Barbarei zurückführen lassen. Es muß vorwärtsschreiten zur Eroberung der politischen Macht ...

Dieses Ziel kann nur durch den revolutionären Kampf erreicht werden. Die Geschichte zeigt uns nicht einen einzigen Fall einer herrschenden Ausbeuterklasse, die freiwillig auf die Macht verzichtet hätte ...

Die französische Bourgeoisie ist nicht durch Reden zur Macht gelangt und hat sich nicht durch Reden an der Macht erhalten. Nein! Es waren die an den Grenzen und notfalls auch im Innern des Landes gegen alle Armeen Europas kämpfenden Heere der Sansculotten, die die politische Freiheit und die Macht der Bourgeoisie in Frankreich begründet haben.

Das Proletariat muß die Lehren aus der Geschichte ziehen, die inzwischen durch die ruhmreiche russische Revolution bestätigt wurden.«

Clara Zetkin sprach von der Bereitschaft der deutschen Arbeiter, die französischen Werktätigen beim Aufbau der zerstörten Gebiete Frankreichs zu unterstützen, und forderte das französische Proletariat auf, sich mit den deutschen Arbeitern zu vereinen, um gemeinsam gegen den Imperialismus und gegen den Versailler Vertrag zu kämpfen, dessen ganze Lasten auf die Arbeiterklasse gewälzt würden. Allein die starke Hand des revolutionären Proletariats, sei es in Frankreich, sei es in Deutschland, könne diesen Vertrag zunichte machen und einen Pakt der Menschlichkeit, der Brüderlichkeit und der revolutionären Solidarität der beiden Völker errichten.

Dann sprach sie über die Große Sozialistische Oktoberrevolution, über den ersten Arbeiter-und-Bauern-Staat. »Die Proletarier aller Länder«, rief sie den Delegierten zu, »müssen mit allen ihnen zu Gebote stehenden Mitteln, mit legalen und wenn notwendig mit illegalen Mitteln, die russische Revolution verteidigen; sie verteidigen damit zugleich ihre eigene Revolution.«

Leidenschaftlicher Beifall antwortete ihr; die Delegierten erhoben sich und sangen die Internationale.

»Noch bevor die Ovationen verklungen waren«, erzählt Jean Fréville, »war Clara Zetkin verschwunden ... Sie kam als Botin der Revolution, die keine Grenzen kennt; sie verschwand, um anderswo mit demselben jugendlichen Feuereifer ihren heldenhaften Kampf fortzusetzen ...

Ihr müßt wählen! Diese drei Worte, die Clara Zetkin dem Parteitag zugerufen hatte und die das Telegramm der Exekutive zusammenfaßten, ließen keine Zweideutigkeiten zu und gestatteten keine doppelzüngige Haltung mehr. Der wahre Sinn des Problems der Einheit war klargestellt worden. Einheit, ja! Aber keine Einheit der äußeren Fassade, die Ohnmacht und Verrat verdecken soll! Es gibt nur eine Einheit auf revolutionärer Grundlage ...«

Am 29. Dezember 1920, 10 Uhr abends, wurde die Französische Kommunistische Partei geboren.

Daß die überwältigende Mehrheit des Parteitages von Tours diesen Beschluß faßte, war mit das Werk Clara Zetkins, wie sie auch durch ihr Auftreten in Tours half, über die Blutströme des Weltkrieges hinweg die Solidarität der deutschen und der französischen Proletarier zu schaffen, die zwei Jahre später, als die französischen Imperialisten nach einer Provokation der deutschen Monopole das Ruhrgebiet besetzten, so wirksam in Erscheinung treten sollte.

Noch ehe Clara Zetkin Frankreich wieder verlassen hatte, wurde ihre Anwesenheit den französischen Behörden bekannt. Sie setzten den gesamten Polizeiapparat in Bewegung, um der »gefährlichen Frau« habhaft zu werden. Clara Zetkin aber saß ruhig in einem Zuge, der der Grenze zueilte. Sie strickte. Ihre Mitreisenden rätselten darüber, wie die gesuchte deutsche Kommunistin über die streng bewachte Grenze hatte kommen können. Sie ahnten nicht, daß die liebenswürdige alte Dame, die ihnen erzählte, daß sie ihre Enkel besucht habe und nun auf dem Heimweg sei, die Frau war, um die ihre Unterhaltung sich gerade drehte.

Anfang Januar 1921 brachte die »Humanité« eine Notiz, in der es hieß, daß nach dem Erscheinen Clara Zetkins in Tours die französische Kammer ein Gesetz angenommen habe, das jeden Grenzübertritt ohne Einreiseerlaubnis und Paß mit sechs Monaten Gefängnis ahnde. Zugleich veröffentlichte die Zeitung einen Brief Clara Zetkins vom 30. Dezember 1920. Er lautete:

»Teure Genossen!

Die bürgerliche Presse zerbricht sich den Kopf über die Frage, wo Clara Zetkin die Grenze überschritten hat. Es ist nicht meine Aufgabe, den Polizisten ihren Beruf zu erleichtern und auf diese Frage zu antworten. Doch erkläre ich, daß ich mich weder verkleidet noch mich falscher Papiere bedient habe, sondern lediglich solche Dokumente bei mir hatte, die meine Identität einwandfrei feststellten. Es steht meinen Gegnern frei, aus meiner Reise nach Frankreich einen Roman zu dichten. Ich begnüge ich damit, Tatsachen zu vollbringen.

Mit brüderlichem Gruß! Clara Zetkin«

Mit ihrem Auftreten auf den Vereinigungsparteitag der KPD mit der USPD (Linke) in Deutschland und auf dem Gründungsparteitag der Französischen Kommunistischen Partei in Tours hatte Clara Zetkin einen wichtigen Beitrag zum Aufbau der Kommunistischen Internationale geleistet. Die französischen Kommunisten betrachten sie als Mitbegründerin ihrer Partei.

Ein ehrenvoller Auftrag

Trotz ihrer zunehmenden Aufgaben und der wachsenden Verantwortung war Clara Zetkin auch jetzt die politische Arbeit unter den Frauen so nahe wie eh und je, dem Herzen der Frau wie dem revolutionären Bewußtsein der Kommunistin. Das um so mehr, als unter dem Einfluß der Berufsarbeit, die die Frauen während des Weltkrieges geleistet hatten, und namentlich durch die Große Sozialistische Oktoberrevolution mit einem Schlage Millionen Frauen ungestüm ihre Fesseln abgeworfen hatten, zu sich selbst fanden, ihr Menschentum entdeckten.

Nicht nur die Sowjetfrauen eroberten sich ihren Platz im Weltgeschehen. Auch in den kapitalistischen Ländern nahmen Hunderttausende Frauen an den revolutionären Kämpfen teil, forderten volle Menschenrechte. Eifrig wie nie zuvor wurde Bebels Buch »Die Frau und der Sozialismus« studiert und diskutiert. Tausende griffen nach dem Buch der Französin Madeleine Marx »Weib«, der leidenschaftlichen Rebellion einer Frau gegen überkommene Vorstellungen. Heiß und erbittert wurde bis in bürgerliche Kreise hinein die Frauenfrage diskutiert. Kühn machten junge Mädchen bis dahin nie gehörte Berufspläne. Selbst in der nationalen Befreiungsbewegung der kolonialen und abhängigen Länder, die nach der Großen Sozialistischen Oktoberrevolution einen Aufschwung nahm, begannen Frauen aufzutreten. Dazu rückte die Befreiung der Sowjetfrauen und die Gründung der Leninschen Internationale Claras lange gehegten Traum von einer internationalen antiimperialistischen Kampfgemeinschaft der Frauen in greifbare Nähe. Dies alles hatte sie nach der Novemberrevolution immer wieder auf die Arbeit der Kommunisten unter den Frauen drängen lassen. Was aber die Große Sozialistische Oktoberrevolution für die Frauen der Welt bedeutete, war ihr in vollem Umfang in Sowjetrußland klargeworden – durch ihr Zusammensein mit den sowjetischen Frauen, die nunmehr berufen waren, den Frauen der Welt im Befreiungskampf vorauszugehen, und durch ein Gespräch mit Lenin. Dieser hatte ihr den Auftrag gegeben, nach Beratung mit den sowjetischen Genossinnen Richtlinien für die Arbeit der Kommunistischen Internationale unter den Frauen auszuarbeiten. Und er hatte, wie sie in ihren »Erinnerungen an Lenin« berichtet, selbst mit ihr die Konzeption durchgesprochen.

Waren sich Lenin und Clara Zetkin dabei völlig einig in der Grundtatsache, daß die Befreiung der Frau nur nach völliger Umgestaltung der Gesellschaftsordnung möglich ist, auch darin, daß diese Umgestaltung nicht ohne Mitwirkung der Frauen vollzogen werden kann, so hatte Lenin darüber hinaus Claras Blick erstmals auf die großen, nie gekannten Perspektiven gelenkt, die dem Kampf um die Befreiung der Frau durch die Große Sozialistische Oktoberrevolution und das Bestehen des Sowjetstaates gegeben waren, auf die starken Frauenkräfte vor allem, die neben den Arbeiterinnen in den Kampf einbezogen werden konnten und mußten. Das waren die werktätigen Bäuerinnen, die Frauen des kleinen Mittelstandes, der Intelligenz, vor allem auch die Frauen der kolonialen und abhängigen Länder, kurz alle Opfer des Kapitalismus oder eines Herrschaftsverhältnisses, alle Frauen, die ihrer gesellschaftlichen Stellung nach in die breite Front gegen den Imperialismus gehörten.

Das Gespräch hatte, wie die »Richtlinien« ausweisen, wie vor allem ein Vergleich zwischen diesen und den zur ersten Frauenkonferenz der Kommunistischen Internationale von Clara Zetkin eingesandten Thesen zeigt, Clara ganz neue Horizonte eröffnet, nicht nur in bezug auf die Arbeit unter den Frauen. Sie hatte überhaupt die Leninsche Konzeption des antiimperialistischen Kampfes wohl erstmals erkannt, die ganze Kraft der sich unter der Führung des Sowjetstaates formierenden antiimperialistischen Bewegung, die zu rühmen sie später nicht müde wurde, erstmalig voll erahnt. So stellten die »Richtlinien«, die während Claras Aufenthalt in Moskau ausgearbeitet und von einer Kommission diskutiert und angenommen wurden, noch einmal mit Entschiedenheit fest, was Marx und Engels bewiesen, was August Bebel gelehrt, was Lenins und Clara Zetkins fest begründete Überzeugung war: Die Befreiung der Frau ist nur möglich nach dem Sturz der kapitalistischen Gesellschaft, nach der Errichtung der sozialistischen Ordnung. Sie legten darüber hinaus die Verschärfung aller Frauenprobleme dar, die der Imperialismus, die Herrschaft des Monopolkapitals, mit sich bringt, verwiesen auf die Not, den Hunger und die anderen Leiden, die die Frauen in der Kriegs- und Nachkriegszeit getroffen hatten, auf das unsägliche Kinderelend. Sie wiesen auch hin auf die beispiellose Brutalität, mit der der Imperialismus die Frauen während des Krieges in »die Schützengräben der Wirtschaft« gezwungen hatte, um sie, die auf allen Gebieten ihre Fähigkeiten bewiesen hatten, nach der Heimkehr der Männer ebenso brutal wieder in Küche und Kinderstube zu verbannen.

Diese Leiden aber, das sagten die »Richtlinien« klar und deutlich, sind nicht einmalig. »Für alle die drückenden Gegenwartsnöte der Frauen«, hieß es, »ist aber das eine entscheidend. Sie sind der unvermeidliche Ausfluß von Wesensäußerungen des ausbeutenden und knechtenden Kapitalismus. Der Krieg hat sie aufs höchste verschärft und gesteigert und zum traurigen Los größter Frauenmassen gemacht. Sie sind jedoch nicht vorübergehende Erscheinungen, die mit dem Frieden verschwinden werden. Davon zu schweigen, daß der weitere Bestand des Kapitalismus die Menschheit mit neuen imperialistischen Raubkriegen bedroht, die sich schon heute deutlich genug ankündigen.« Eine Voraussage, die sich als allzuwahr erwiesen hat. Folgerichtig warnten die »Richtlinien« vor der bei vielen Frauen vorhandenen und von allen Gegnern der Revolution geflissentlich genährten Illusion, daß mit der Einführung des Frauenwahlrechts in vielen kapitalistischen Ländern für die Frauen eine neue Ära angebrochen sei.

Das Frauenwahlrecht, hieß es, sei zwar eine bedeutende Errungenschaft, schaffe aber bei Fortbestand der kapitalistischen Ordnung lediglich die formale bürgerliche Demokratie und beseitige keineswegs die kapitalistische Klassenherrschaft.

Scharf prangerten die »Richtlinien« die Haltung der Sozialdemokratie gegenüber den Frauen an. Die II. Internationale, die sich in ihren Anfängen so energisch für die Gleichberechtigung der Frau eingesetzt hatte, habe die Frauen unter dem wachsenden Einfluß der Revisionisten mehr und mehr im Stich gelassen, habe schließlich, indem sie im ersten Weltkrieg und in der Novemberrevolution Verrat übte, auch die Frauen verraten und verrate sie weiter.

Wie anders, hoben die »Richtlinien« hervor, liegen die Dinge dort, wo die Arbeiterklasse die politische Macht errungen hat. »Als gesellschaftliche Mitbesitzerin, Mitverwaltende und Mitanwendende der Produktions- und Verteilungsmittel, als gesellschaftlich Mitgenießende der materiellen und kulturellen Ergebnisse ihrer Anwendung und Ausnutzung ist die Frau in ihrer Entwicklung und in ihrer Betätigung einzig und allein durch die Bande der Solidarität von dem Gesellschaftsganzen abhängig – und nicht zufolge ihres Geschlechtes von der Einzelperson eines Mannes, auch nicht von der kleinen moralischen Einheit der Familie, aber ebensowenig von einem profitpressenden Kapitalisten und einer ausbeutenden herrschenden Klasse.«

So riefen die »Richtlinien« die Frauen auf, in die Reihen der Kommunistischen Internationale einzutreten, die, indem sie tatbereit und zielklar für die Überwindung des Kapitalismus kämpft, sich auch als einsichtsvollste und treueste Vertreterin der Fraueninteressen erweist, forderten alle Frauen, die unter der Herrschaft des Imperialismus litten, auf, unter der Führung der Kommunistischen Internationale gemeinsam mit den werktätigen Männern den Kampf gegen den Imperialismus, für eine neue Gesellschaft ohne Ausbeutung und Unterdrückung zu führen.

Für die kommunistischen Parteien aber, auch das sagten die »Richtlinien« mit aller Deutlichkeit, ist die Einbeziehung der Frauen eine Lebensnotwendigkeit. Ohne sie kann die Arbeiterklasse die Macht nicht erobern, ohne sie erst recht nicht die sozialistische Gesellschaft aufbauen. Die »Richtlinien« verpflichteten daher die kommunistischen Parteien, mit ganzer Kraft für die Einbeziehung der Frauen in ihre Reihen zu wirken, dazu stellten sie eine Reihe von Frauenforderungen auf, für die die kommunistischen Parteien verpflichtet waren, einzutreten. Diese Forderungen waren auf die Erfahrungen Clara Zetkins wie der Bolschewiki gegründet.

Für die Länder, in denen die Arbeiterklasse bereits an der Macht ist – das war damals nur Sowjetrußland – verlangten sie alle jene Maßnahmen, die notwendig sind, damit die Frau Beruf und Mutterschaft vereinen, alle ihre Fähigkeiten und Talente entfalten und voll in den gesellschaftlichen Aufbau einbezogen werden kann, jene Maßnahmen, mit deren Verwirklichung die Bolschewiki unter der Führung Lenins bereits begonnen hatten und die heute in allen sozialistischen Ländern durchgeführt werden.

Für die kapitalistischen Länder forderten sie breiteste Aufklärung unter den Massen der werktätigen Frauen, Kampf für die politische, ökonomische und rechtliche Gleichberechtigung der Frau, für ihr Recht auf Bildung und gleichberechtigte Stellung im Berufsleben, für gesellschaftliche Maßnahmen zur Entlastung der Mütter, für die Anerkennung der Mutterschaft als gesellschaftliche Leistung, für ein ausgedehntes öffentliches Gesundheitswesen und ein System der Fürsorge für das Kind, für eine Reform des Wohnungswesens.

Für die Länder im Stadium vorkapitalistischer Entwicklung wurde zudem der Kampf für die Überwindung jener Vorurteile, Sitten und Gebräuche gefordert, die die Frau zur rechtlosen Sklavin des Mannes machten.

Außerdem wurden die kommunistischen Parteien verpflichtet, besondere Abteilungen für die Agitation unter den Frauen zu schaffen, wurde beim Exekutivkomitee der Kommunistischen Internationale ein Frauenbüro eingerichtet.

Die »Richtlinien« schufen die Grundlage zu jener ersten großen internationalen Kampfgemeinschaft der Frauen und Mütter gegen Imperialismus, Krieg und Faschismus, für Frieden und Sozialismus, die, von Leninschem Geist getragen, Teil der III., Kommunistischen Internationale war und in den zwanziger und zu Anfang der dreißiger Jahre unseres Jahrhunderts gewaltige Kräfte mobilisiert hat. Später, als nach der faschistischen Machtergreifung in Deutschland die Volksfrontbewegung entstand, noch stärker während des zweiten Weltkrieges, wurde der Kampf der Frauen gegen den Imperialismus auf breitere Basis gestellt, bis sich nach dem zweiten Weltkrieg in der Internationalen Demokratischen Frauenföderation Millionen und aber Millionen Frauen aller Klassen und Schichten, aller Weltanschauungen und Hautfarben zum gemeinsamen Kampf für die Gleichberechtigung der Frau, Demokratie und Frieden zusammenfanden.

Dies erlebte Clara Zetkin nicht mehr. Wohl aber erlebte sie noch das Aufblühen der internationalen kommunistischen Frauenbewegung, mit der sie bis in ihre letzten Lebenstage eng verbunden blieb.

Vorerst aber machte sie sich nach ihrer Heimkehr daran, für die zweite Internationale Kommunistische Frauenkonferenz zu wirken, die die »Richtlinien« annehmen und damit die planmäßige Arbeit der Kommunistischen Internationale unter den Frauen einleiten sollte. Sie begann auf dem Vereinigungsparteitag der KPD mit dem linken Flügel der USPD, wo Clara Zetkin das Referat über die Arbeit unter den Frauen hielt. Diese Rede – ebenso eindringlich und überzeugend wie warmherzig und klar – gehört zu ihren schönsten in der Nachkriegszeit.

»Wo ist der archimedische Punkt«, fragte sie, »an dem die Kommunistische Partei unter den Frauenmassen ihren Hebel ansetzen soll? ... Betrachten Sie die Zustände, die der sich auflösende, die der vor der Grube stehende Kapitalismus gerade für die werktätigen Frauenmassen geschaffen hat – und Sie haben die Antwort auf diese Frage. Es gibt nicht einen Punkt, es gibt viele, geradezu unzählige Punkte, wo der Hebel anzusetzen ist.«

Dann schilderte sie in bewegenden Worten die mannigfachen Nöte und Probleme der Frauen, wies vor allem auf den Bewußtseinswandel vieler Frauen hin, darauf, daß die Frau selbständiger, selbstbewußter, freier und fordernder und damit für die politische Überzeugungsarbeit der Kommunisten aufgeschlossener geworden ist.

Clara Zetkins »Richtlinien« und Arbeitsvorschläge wurden von der Konferenz angenommen. Zusammen mit den entsprechenden Ausführungen auf dem Vereinigungsparteitag der KPD mit der USPD (Linke) wurden somit die Voraussetzungen zu einer systematischen Arbeit der Kommunistischen Partei Deutschlands unter den Frauen geschaffen, die dazu führte, daß sich später Hunderttausende Frauen um die Partei Ernst Thälmanns scharten.

Unmittelbar nach dem Parteitag machte sich Clara auch an die ihr aufgetragene Vorbereitung der zweiten Internationalen Kommunistischen Frauenkonferenz in den übrigen westeuropäischen Ländern. Nicht nur verstärkte sie die Verbindung mit den Genossinnen der anderen kapitalistischen Länder, führte alle organisatorischen und informatorischen Maßnahmen in Westeuropa durch, die unter den damaligen politischen Verhältnissen und Verkehrsschwierigkeiten von Moskau aus noch nicht durchzuführen waren, sondern schuf auch eine neue internationale Frauenzeitung – die »Kommunistische Fraueninternationale« –, die sie bis 1925 redigierte. (Die Redaktion der »Kommunistin« war mit dem Vereinigungsparteitag in die Hände der Frauenleitung der Vereinigten Kommunistischen Partei übergegangen.) Die erste Nummer der neuen Frauenzeitung erschien im April 1921; sie informierte ausführlich über die auf der Frauenkonferenz zu behandelnden Probleme. Wie sorgfältig sie gearbeitet hatte, welche Bedeutung auch die Bolschewiki der Arbeit unter den Frauen beimaßen, wies die Tagung selbst aus, die im Juni 1921 stattfand.

Internationales Frauentreffen in Moskau

War die erste Internationale Kommunistische Frauenkonferenz im Sommer 1920 ohne wesentliches Resultat verlaufen, so wurde die zweite internationale Konferenz der Kommunistinnen, die zusammen mit dem III. Weltkongreß der Kommunistischen Internationale stattfand, von entscheidender Bedeutung. Sie gab Clara den ersten lebendigen Eindruck von der Kraft, die mit der kommunistischen Frauenbewegung auf den Plan getreten war. In ihrem Bericht über die Konferenz, der in der »Kommunistischen Fraueninternationale« veröffentlicht wurde, schrieb sie: »Ein unvergleichlicher Rahmen von eigenartigem Reiz und höchster geschichtlicher Bedeutung ... Moskau, das ›rote Moskau‹, das heiß klopfende Herz und das kühn denkende Hirn der ersten Räterepublik der Welt! ... Es ist das Beste, was zum Lobe der zweiten Internationalen Konferenz der Kommunistinnen gesagt werden kann, daß sie des bedeutsamen Rahmens und des großen geschichtlichen Hintergrundes würdig gewesen ist.«

82 Delegierte aus 28 Ländern, 61 als Delegierte mit beschließender Stimme, 21 als Gäste, waren auf der Konferenz anwesend. Sie kamen aus Sowjetrußland, aus Mittelasien, aus China, aus Korea, aus Deutschland, Italien, Frankreich, England, Holland. Clara Zetkin war einer der Sekretäre der Konferenz, leitete diese zeitwei-

lig, überbrachte ihr auch die Grußbotschaft der Frauen Westeuropas.

Im wesentlichen aber wurde der Charakter der Konferenz von Lenin und von den Bolschewiki geprägt, hatte die Exekutive der Kommunistischen Internationale entscheidenden Einfluß auf ihre Gestaltung. Clara Zetkin war überwältigt von dem Verlauf der Tagung, die sich so stark von den vorhergegangenen Konferenzen der Sozialistinnen unterschied. Waren auf den bürgerlichen Kongressen Berufsforderungen der bürgerlichen Frauen und kleine soziale Verbesserungen diskutiert worden, hatte die Zweite Internationale den Frauen wenig Unterstützung gegeben, hatte sie 1907 mühsam die Schaffung eines Frauensekretariats erkämpft, in Kopenhagen um das Frauenwahlrecht gestritten.

Dieser Kongreß war von der Führung der Dritten Internationale und von allen kommunistischen Parteien vorbereitet worden und diskutierte in ganzer Breite die Einbeziehung der Frauen in den weltweiten Kampf gegen die menschenfeindliche Politik des Imperialismus, für eine bessere Welt des Friedens und des Wohlergehens aller Menschen.

Endlich gab es nun eine internationale Frauenorganisation, die die Frauen der Welt zum Kampf gegen Imperialismus und Krieg, für den Frieden und eine bessere Welt sammelte. Anwesend waren außer den Frauen der Industriestaaten auch Frauen aus China, Korea sowie aus Mittelasien, Frauen, die dabei waren, sich aus tiefster Unterdrückung zu befreien. Auch das war ein Ausdruck Leninscher Politik.

»Vergleicht man die zweite Moskauer Konferenz der Kommunistinnen mit den beiden internationalen Tagungen der sozialistischen Frauen unter der Zweiten Internationale, so ist ebenfalls ein rüstiges Vorwärts zu vermerken. Nicht nur in der Zahl der vertretenen Länder und Teilnehmerinnen. Nein, vor allem auch in dem inneren Verhältnis, dem festen Verbundensein mit der Internationale selbst, in deren Zeichen damals und heute getagt wurde. In der Tat! Die beiden internationalen sozialistischen Frauenkonferenzen der Vorkriegszeit hatten zwar für ihre organisatorische Vorbereitung die helfende Hand der sozialdemokratischen Partei des Tagungslandes, allein sie fanden statt ohne die Mitwirkung, die Unterstützung der Zweiten Internationale. Diese stand ihnen gegenüber auf dem Standpunkt des Laisser-faire, Laisser-passer, des Geschehenlassens, der Duldung. Mit mehr Wohlwollen oder mit unverhüllter süßsaurer Miene seitens der einzelnen Mitglieder des Internationalen Büros, bzw. der Führer der verschiedenen sozialdemokratischen Landesparteien. So ging den internationalen sozialistischen Frauenkonferenzen ein stiller zäher Kleinkrieg voraus. Die Außerordentliche Sozialistische Frauenkonferenz zu Bern 1915 gar wurde von den einflußreichsten Führern und den größten Parteien der Zweiten Internationale mit Acht und Bann belegt ...

Wie anders lagen die Dinge für die internationale Konferenz der Kommunistinnen! Sie wurde einberufen, vorbereitet, organisiert im engsten Einvernehmen mit der Exekutive der Dritten Internationale. Sie hatte deren uneingeschränkte Unterstützung und wurde von ihr eingeschätzt als ein wertvoller, notwendiger, unentbehrlicher Teil des Wirkens der Internationale selbst ... Allein letzten Endes ist der Hauptgrund dafür unstreitig der große geschichtliche Unterschied, der die Zweite und Dritte Internationale ihrem Wesen nach voneinander trennt. Die Dritte Internationale ist die bewußte Tochter des Zeitalters der proletarischen Weltrevolution, ist nicht bloß Erkenntnis und Bekenntnis, vielmehr auch Wille und Tat. Sie zieht die praktischen Nutzanwendungen aus den Erfahrungen des revolutionären Ringens in Rußland für die Eroberung und Behauptung der Macht durch das Proletariat, für den wirtschaftlichen und gesellschaftlichen Neuaufbau. Ohne die bewußte freudige Beteiligung der Frauen kein entscheidender Kampf, kein Sieg, keine schöpferische Arbeit, das lehrt die Erfahrung der Revolution. Das fruchtbare Weiterwirken dieser Lehre beherrschte auch die Konferenz selbst, prägte den Charakter ihrer Beratungen und Beschlüsse.«

Das zeigte sich schon bei der Eröffnung der Konferenz. »Die Eröffnungssitzung der Konferenz fand statt unter Anwesenheit vieler Tausender Moskauer Arbeiterinnen und Arbeiter und zahlreicher ausländischer Delegierter zu den verschiedenen anderen internationalen Tagungen. Und wahrhaftig: Wer an dieser Riesenversammlung teilgenommen hat, der empfand es heiß, beglückend, daß nicht nur die Augen und Ohren der dichtgedrängten Massen bei der Veranstaltung waren, nein, ihre ganze Seele, ihr innerstes, heilig glühendes Leben. Diese Massen suchten nicht Schaugepränge, sondern gemeinsames Fühlen, Denken, Wollen, Handeln. Vom ersten bis zum letzten Tage hatten die Arbeitssitzungen der Konferenz eine zahlreiche und sehr aufmerksame, ja leidenschaftlich beteiligte Zuhörerschaft, die überwiegend von russischen Genossinnen gestellt wurde.«

Die Bolschewikinnen bestimmten vornehmlich das Niveau der Diskussion. Nadeshda Krupskaja, Sina Lilina, Alexandra Kollontai sprachen, vor allem aber beeindruckten Clara Zetkin die Beiträge sowjetischer Arbeiterinnen. »Reden wie die der Genossin Nikolajewa, der Vertreterin der Petrograder Arbeiterinnen, Potschuwarowa, Smidowitsch und anderer rückten in helles Licht, welch reicher Schatz von Fähigkeiten und Talenten in den werktätigen Massen ruht und welch gewaltiges Stück Erziehungsarbeit, Kulturarbeit seine Hebung bedeutet. Sie zeigten aber auch, wieviel die Frauen des russischen arbeitenden Volkes für ihre Erweckung und Hebung der revolutionären Bewegung und nicht zuletzt der bolschewistischen Partei verdanken.«

Die Thematik der Konferenz unterschied sich sehr von der der sozialistischen Frauenkonferenzen. Obwohl die Sowjetmacht den Rechten der Frau, dem sozialen Schutz der Arbeiterin, der Fürsorge für Mutter und Kind die allerhöchste Aufmerksamkeit schenkte und auch die Kommunisten der anderen Länder nachdrücklich für Frauenrechte eintraten, waren diese Fragen doch nicht Hauptthema der Tagung. Vielmehr beschäftigte sie sich mit der politischen Kernfrage: Was muß und was kann geschehen, um die Massen der Frauen einzubeziehen in den großen Kampf der Werktätigen gegen den Imperialismus? Da sich alle darüber einig waren, daß dies geschehen mußte, wurde vor allem das Wie erörtert. Auch hier kamen die wichtigsten Beiträge von den sowjetischen Genossinnen. Neben den Funktionärinnen beteiligten sich auch Arbeiterinnen und Bäuerinnen an der Diskussion.

»Fast alles Arbeiterinnen, frühere Bäuerinnen«, schrieb Clara Zetkin, »die noch bis kurz vor der Revolution des Lesens und Schreibens nicht kundig gewesen, zeichneten sie sich durch die Gewandtheit wie durch den Inhalt ihrer Ausführungen aus. Von praktischen Erfahrungen, vom Leben der schaffenden und emporstrebenden Frauen ausgehend, von klassenbewußtem, klarem Empfinden und Denken durchtränkt, waren sie überwiegend auf praktische Nutzanwendung, aufs Handeln gerichtet, Antworten auf die Fragen: Was tun und wie tun? ...«

Und noch etwas Neues trat auf der Konferenz zutage, wurde auch von Clara Zetkin in seiner großen Bedeutung erkannt: Vertreter der nationalen Befreiungsbewegung traten erstmalig auf, demonstrierten den gewaltigen Einfluß, den die Große Sozialistische Oktoberrevolution auf die Frauen der Kolonialvölker ausübte.

»Die Stimmung läßt sich nicht beschreiben, die das Erscheinen einer vielköpfigen Delegation von Frauen der Völker des Nahen und Fernen Ostens entfesselte«, schrieb Clara Zetkin. »Diese Begebenheit und ihre Wirkung muß man erlebt haben. Eine stürmische Woge tiefster Ergriffenheit, lodernder Begeisterung ging durch die Konferenz. Zu ihr waren Schwestern aus der fernsten Ferne gekomen, aus der fernsten Ferne nicht bloß räumlich, auch der eigenartigen Kulturentwicklung nach. Von uns verschieden in Sprache, Farbe, Rasse, Tracht, Lebensgepflogenheiten, sind sie Fleisch von unserem Fleisch, Geist von unserem Geist in der Erkenntnis: Der Kapitalismus ist unser Todfeind, der Kommunismus ist unser Erlöser ... Manchem mochte es dünken, als sei mit den fremdländischen Frauen – viele von ihnen tief verschleiert –, als sei mit den bunten, leuchtenden Gewändern das Märchen zu uns gekommen, das Märchen aus unserer Kinderzeit und der Kinderzeit der Menschheit. Aber es war Wirklichkeit; denn das vorwärtsstürmende, unerschöpfliche, sich selbst verzehrende und gebärende Leben ist und bleibt das tiefste und überraschendste aller Märchen. Es ist Wirklichkeit, daß die Versklavtesten der Versklavten, daß die Frauen der Orientvölker erwachen und aus jahrtausendealter Knechtschaft und moderner kapitalistischer Ausbeutung den Weg zu freiem Menschentum suchen. Es ist Wirklichkeit, daß sie sich heißen Herzens, gläubig, vertrauensvoll zum Kampf um die Dritte Internationale scharen. Und diese Wirklichkeit von Heute ist eine Bürgschaft, ein Teil Erfüllung der Wirklichkeit des Morgens für uns alle.«

Erregend wie der Verlauf der Konferenz war ihr Abschluß. »In langem Zug – Moskauer Arbeiterinnen hatten sich angeschlossen – marschierten die Konferenzdelegierten aus dem Kreml, wo sie getagt hatten, vor die geschichtliche ›Rote Mauer‹. Dort wurden unter kurzem, aus der Seele strömenden Gedenkreden Palmen und Kränze an den Gräbern zweier hervorragender Vorkämpferinnen der Weltrevolution niedergelegt. Beide Genossinnen hatten noch lebensfrisch und tatbereit an der vorjährigen Internationalen Kommunistischen Frauenkonferenz teilgenommen: die kühne, treue russische Genossin Inès Armand und die aufopfernde, unermüdliche norwegische Genossin Aasen.«

In dem Bericht über die Frauenkonferenz, den Clara Zetkin vor dem III. Weltkongreß der Kommunistischen Internationale gab, sprach sie mit der gleichen Überzeugungskraft von der führenden, beispielgebenden Rolle der sowjetischen Frauen für die internationale Frauenbewegung wie auch von der Bedeutung des ersten Auftretens der Frauen der nationalen Befreiungsbewegungen. Der Kongreß nahm den Bericht an und beschloß – einem Vorschlag Clara Zetkins folgend – die Errichtung eines westeuropäischen Büros des Frauensekretariats der Kommunistischen Internationale, dessen Sitz Berlin sein und dessen Leitung in der Hand Clara Zetkins liegen sollte.

Doch wurde die berechtigte Freude Clara Zetkins über die Konferenz durch dunkle Wolken überschattet. Schuld daran war ein schwerer Zwist mit ihren Genossen, der nicht ohne ihre eigene Schuld nach dem Vereinigungsparteitag eingetreten war.

Ein verhängnisvoller Entschluß

Vorbild einer Kommunistin, die tagtäglich ihr Leben für die Revolution einsetzte, eine Kämpferin, die von Tausenden innerhalb und außerhalb Deutschlands verehrt wurde, eine glühende Freundin des Sowjetstaates und seines Führers, das war, wie wir sahen, Clara Zetkin in der Zeit der Oktoberrevolution. Und dennoch wurde es selbst dieser Freundin und Schülerin Lenins schwer, den Ballast aus den Jahren, in denen sie der Sozialdemokratie angehört hatte, mit einem Schlage restlos abzuwerfen, sich ohne Konflikte der neuen, der Leninschen Kampfgemeinschaft einzuordnen, die in Deutschland zu schaffen sie so viel beitrug. So konnte es geschehen, daß Clara kurz nach der Vereinigung der KPD mit dem linken Flügel der USPD einen Disziplinbruch beging, durch den sich ihre Genossen in schwerer Lage von ihr im Stich gelassen fühlten. Das geschah im Februar 1921, als Clara Zetkin demonstrativ aus der Zentrale der KPD austrat, weil sie der konsequenten Haltung der Zentrale und der Kommunistischen Internationale gegenüber dem italienischen Zentristen Serrati, ihrem alten Kampfgefährten aus dem Weltkrieg, der nach dem Austritt des revolutionären Flügels aus der Italienischen Sozialistischen Partei und nach der Gründung der Kommunistischen Partei Italiens bei den Reformisten geblieben war, nicht zustimmte.

Ihr Austritt erfolgte zusammen mit vier anderen Mitgliedern der Zentrale, darunter die beiden Parteivorsitzenden, der Opportunist Ernst Däumig, der aus der USPD gekommen war, und Paul Levi, nach der Ermordung von Leo Jogiches Vorsitzender der KPD, der sich bald zum Parteifeind entwickeln sollte. War es schon ein schwerer Schlag für die Partei, daß ihre beiden Vorsitzenden der Zentrale den Rücken kehrten, so traf es sie noch viel mehr, daß Clara Zetkin, die in Deutschland wie im Ausland das Vertrauen breiter Arbeitermassen genoß, von ihrer Funktion zurücktrat. Ihr Schritt schwächte das Ansehen der Partei, gab Wasser auf die Mühlen der Zentristen, ließ die Feinde jubeln, stürzte sie selbst von dem Gipfel hochgemuten Schaffens in ein Meer von Kummer, stellte sie vor die wohl schwerste Bewährungsprobe ihres langen Lebens. Und dies zu einer Zeit, da die deutsche Bourgeoisie, die in den Jahren 1919 und 1920 nicht gewagt hatte, an die von den Werktätigen in der Novemberrevolution erkämpften Rechte zu rühren, zu einem Großangriff gegen die Arbeiter rüstete, der zunächst vor allem die Kommunistische Partei treffen sollte. In aller Öffentlichkeit wurde eine bewaffnete Provokation gegen die Arbeiter des mitteldeutschen Industriegebietes vorbereitet, wo die Kommunistische Partei am festesten verankert war.

Wie war es in solcher Situation zu der Fehlentscheidung Clara Zetkins gekommen, die für die Partei, für die deutsche Arbeiterklasse und für sie selbst so ernste Folgen hatte? Claras oft kommentierter Disziplinbruch, aus heutiger Sicht kaum deutbar, kann nur verstanden werden auf dem Hintergrund des damaligen Entwicklungsstandes der revolutionären Bewegung in Deutschland.

Die Kommunistische Partei war mit dem Vereinigungsparteitag zu einer Massenpartei geworden. Sie zählte 300 000 Mitglieder, besaß starke Stützen in den Betrieben, auch einigen Einfluß in den Gewerkschaften. Sie erhielt am 20. Februar 1921 bei den Landtagswahlen in Preußen 1 211 749 Stimmen, sandte 30 Abgeordnete in den Landtag. Sie war zu einer großen Kraft im Klassenkampf geworden. Ihre Stärke richtig zu gebrauchen, eine breite Bewegung zum Schutze der in der Novemberrevolution erkämpften Arbeiterrechte und dann zur Fortführung der Revolution zustande zu bringen war die Aufgabe, vor der die Kommunisten nunmehr standen. Daher hieß es für die Partei handeln und richtig handeln, und zunächst schien es, als gehe sie den richtigen, ihr durch die Lage vorgezeichneten Weg. Im Januar 1921 richtete die Zentrale einen Offenen Brief an die übrigen Arbeiterparteien, einschließlich der SPD, und an die Gewerkschaften. Sie schlug darin gemeinsame Aktionen bei Lohnkämpfen, gemeinsamen Kampf für die Verbesserung der Lage der Arbeitslosen, Kriegsopfer und Rentner, für die Besteuerung des Besitzes und für die Einziehung großer Vermögen sowie für die Kontrolle der Betriebe und der Verteilung der Lebensmittel durch Betriebsräte, Gewerkschaften und Genossenschaften vor, ferner den Kampf um die Entwaffnung der rechten Terrororganisationen, wie der Orgesch, und die Bewaffnung der Arbeiter.

Verbesserung der elenden Lage der Werktätigen, Eindämmung der nahezu unbeschränkten Macht der Monopolherren, Schluß mit dem unverschämten Treiben der rechten Terrororganisationen – das war der brennende Wunsch auch der sozialdemokratischen, parteilosen und christlichen Arbeiter, die von der Novemberrevolution bitter enttäuscht und es müde waren, von ihren Führern immer wieder auf bessere Zeiten vertröstet zu werden. Clara Zetkin wußte das. Denn nach wie vor war sie in den Wohnungen der Arbeiter zu Hause, hatte auch als Reichstagsabgeordnete wie als Versammlungsrednerin steten Kontakt mit ihnen. So war denn der Offene Brief ganz in ihrem Sinne, und wir möchten behaupten, daß sie ihn nicht nur, wie sie sich auszudrücken pflegte, mit »Händen und Füßen« unterschrieben, sondern auch kräftig zu seinem Zustandekommen beigetragen hatte.

Obwohl die erste Anstrengung der Partei zur Herstellung einer breiten Einheitsfront gegen die Offensive der Monopolherren ein wichtiger Schritt zur Durchsetzung einer marxistisch-leninistischen Politik war, der von Lenin aufmerksam beachtet und begrüßt wurde, so bedeutete er keineswegs, daß die neuentstandene Partei mit einem Schlage zur marxistisch-leninistischen Partei geworden war.

Vielmehr war die, wie Lenin Monate später in seinem Brief an den Parteitag zu Jena schrieb, besonders qualvolle und schwere Entwicklung der revolutionären deutschen Arbeiterbewegung, die, von den revisionistischen Führern verraten, sich im Feuer der Novemberrevolution hatte ihre revolutionäre Partei schaffen müssen und auf die sich unmittelbar danach nicht nur die deutsche, sondern auch die ausländische Bourgeoisie »in tollem Haß« stürzte, noch längst nicht beendet. Es war nur allzu verständlich, daß, während der Schritt der KPD unter sozialdemokratischen Arbeitern und Arbeitern der USPD Anklang fand, sich viele Kommunisten leidenschaftlich dagegen aufbäumten, daß mit jenen verhandelt werden sollte, die nicht nur 1919 Truppen gegen die kämpfenden Arbeiter geschickt, geholfen hatten, die Bayrische

Räterepublik in Blut zu ersticken, sondern selbst nach der Niederschlagung des Kapp-Putsches 1920 den Arbeitern für die Abwehr der reaktionären Horden mit Kugeln gedankt hatten. Zudem ging nach dem Vereinigungsparteitag ein Siegesrausch durch die Reihen der Kommunisten, der vielen Genossen den Sinn für die Realitäten raubte, sie die eigenen Kräfte wie die Kampfbereitschaft der übrigen Werktätigen weit überschätzen ließ.

In der Vereinigten Kommunistischen Partei verbreitete sich die Meinung, schrieb Fritz Heckert in seinen Erinnerungen, »jetzt sei die Zeit gekommen, wo wir für alle Schläge der Vergangenheit an der Bourgeoisie Vergeltung üben könnten«. Dies alles war kein Wunder angesichts der Tatsache, daß junge Revolutionäre allerorts von der nahe bevorstehenden Weltrevolution träumten.

Clara Zetkin aber erinnerte sich der schweren innerparteilichen Auseinandersetzungen des Jahres 1919, die die Partei nahe an den Abgrund gebracht hatten. So bereitete ihr die sich verbreitende Stimmung, die selbst in die Zentrale eindrang, Sorge, die sich zu verzweifeltem Aufbegehren steigerte und sie zu ihrem verhängnisvollen Schritt führte, der, wie sie hoffte, die Genossen zur Besinnung bringen sollte und sich um so schwerer auswirkte, als Clara Zetkin in der Frage, um die die Auseinandersetzung entbrannte, sich im Unrecht befand. Denn die Verurteilung des italienischen Zentristen Serrati, der sich mit seinen Anhängern nach der Gründung der Italienischen Kommunistischen Partei auf die Seite der rechten Sozialdemokraten gestellt hatte, war notwendig.

Daß sie zusammen mit allem andern Schaden, den sie dadurch der Bewegung zugefügt hatte, genau das Gegenteil erreichte, von dem was sie wollte, sollte sie nur allzubald erfahren.

Schon im März 1921 formulierte der im Februar neu gewählte Parteivorsitzende Heinrich Brandler zum erstenmal vor der erweiterten Parteileitung jene Theorie, die später »Offensivtheorie« genannt wurde, ohne wirksamem Widerspruch zu begegnen. Clara Zetkin aber konnte, da sie nicht mehr Mitglied der Zentrale war, vor der Konferenz nicht auftreten, mußte sich vielmehr auf die persönliche Auseinandersetzung mit Brandler beschränken, und diese blieb wirkungslos.

Zwei Tage nach dieser Sitzung, am 19. März, begann die Reaktion mit jener von langer Hand vorbereiteten Provokation, die bei den Arbeitern von Leuna und Mansfeld bis auf den heutigen Tag unvergessen ist.

Schwerbewaffnete Polizeiformationen besetzten das mitteldeutsche Industrierevier. Noch bevor der im Mansfeldischen ausgebrochene Generalstreik ganz Mitteldeutschland erfaßt hatte, kam es zu Zusammenstößen, und am 28. März griffen die erbitterten Mansfelder Arbeiter zu den Waffen. Auch die Leuna-Arbeiter begannen zu kämpfen. Unvorbereitet auf einen größeren Kampf, dazu unerfahren in seiner Leitung, rief die Zentrale der Vereinigten Kommunistischen Partei die Arbeiter im Reich nicht zur solidarischen Verteidigung der demokratischen Rechte der Mansfelder Arbeiter auf, sondern zum Generalstreik mit dem Ziel, die Regierung zu stürzen. Das war eine Losung, der die Arbeiterschaft in ihrer Gesamtheit keineswegs zu folgen bereit war, die es aber unverantwortlichen anarchistischen Elementen erleichterte, auf den Kampf im mitteldeutschen Industriegebiet Einfluß zu nehmen. So blieben die Arbeiter in Mansfeld und Leuna isoliert und erlitten trotz heldenhafter Gegenwehr eine schwere Niederlage. Die Bourgeoisie rächte sich grausam. Massenerschießungen und brutale Folterungen folgten. Die zahlreichen Gefangenen wurden unter Bedingungen gehalten, die alle human denkenden Menschen empörten. Auch Clara Zetkin raste vor Zorn und Schmerz über diese Ereignisse, entrüstete sich noch mehr, weil die Leitung der Partei, nachdem sie der Provokation der Monopolherren und Gutsbesitzer erlegen war, keineswegs sofort Lehren daraus zog, vielmehr die schwere Niederlage als Erfolg auszugeben sich bemühte. »Uns kamen«, so schrieb später Fritz Heckert in seinen Erinnerungen, »die Niederlage und ihre Auswirkungen gar nicht genügend zum Bewußtsein. Im Gegenteil, wir waren vorerst der Meinung, diese Niederlage sei nur untergeordneter Art und werde sogar zu einer Stärkung der Partei beitragen. Die Begründung dafür wurde in einem Sammelbuch mit dem Titel ›Die Offensivtheorie‹ niedergelegt, in dem es hieß, unsere Partei sei jetzt die wahre Massenpartei des deutschen Proletariats, darum hätten wir die Verpflichtung, den Feind aufzusuchen und ihm Schläge beizubringen.«

Unter diesen Umständen mag es Clara Zetkin heiße Diskussionen gekostet haben, ehe ihr das Korreferat zum Referat des Parteivorsitzenden Heinrich Brandler auf der Zentralausschußtagung vom 7. und 8. April übertragen wurde, die sich mit der Auswertung der Märzkämpfe beschäftigte.

Ihr Referat, das die Arbeit der Partei seit dem Vereinigungsparteitag analysierte und in dem sie sich bemühte, der Partei den Ausweg aus ihrer schweren Lage zu zeigen, läßt einmal mehr Claras große Fähigkeiten als Parteiführerin erkennen. Offensive – ja, Aktionen – ja, erwiderte sie den »Offensivtheoretikern«. Aber nicht Offensive um jeden Preis, sondern nur dann, wenn die Masse der Werktätigen bereit ist, der Partei zu folgen, und für solche Forderungen, die die werktätigen Massen unterstützen.

»Nicht die Frage Offensive oder Defensive ist es, die uns trennt«, schloß sie, »nein, jeder, der nicht voreingenommen ist, der nicht letzten Endes vor der Revolution zittert, sondern der die Revolution mit ganzem Geist und Herzen will, der sucht Aktionen zum ersten, der sucht Aktionen zum zweiten und zum dritten, aber eine Aktion in klar erkannter Situation, eine Aktion in engster Fühlung mit den Massen, eine Aktion mit scharf umgrenzten Kampfzielen, die die Massen an uns fesselt, eine Aktion, in der wir ... unsere eigene geschichtliche Taktik verfolgen, wie sie in den Richtlinien der Dritten Internationale gegeben worden ist.«

Jeder, der sie kannte, der die Geschichte ihres langen, kampfreichen Lebens kannte, sie in der Zeit nach der Novemberrevolution erlebt hatte, mußte ihr glauben. Doch Clara Zetkin hatte sich durch ihren Austritt aus der Zentrale den Weg zu den Herzen ihrer Genossen verbaut. Sie, die auf dem Vereinigungsparteitag gefeiert worden war wie kein zweiter Parteiführer, stand nun – und nicht nur im Parteiausschuß, sondern auch in den Bezirken und Ortsgruppen – einer Mauer von abweisender Kälte, von Mißtrauen, von Feindseligkeit gegenüber, mußte sich als Opportunistin, ja als Renegatin bezeichnen lassen. Dies insbesondere deshalb, weil Paul Levi, mit dem sie sich solidarisch erklärt hatte, schon unmittelbar nach den Märzkämpfen zu parteifeindlichen Handlungen übergegangen war. Die von ihr vorgelegte Resolution, in der die Haltung der Zentrale während der Märzkämpfe mißbilligt, die Rückkehr zur Arbeit mit den Massen gefordert wurde, erhielt nur sechs Stimmen bei 43 Gegenstimmen und drei Stimmenthaltungen.

Clara Zetkin fühlte sich allein, so schrecklich allein wie nie zuvor in ihrem Leben. Und nie auch hatte sie die ermordeten Freunde so schmerzlich vermißt. Doch sie hielt sich aufrecht, schlug sich tapfer – mit zusammengebissenen Zähnen, gemeinsam mit wenigen Genossen. Um so mehr, als ihr Herz keineswegs bei jenen war, mit denen sie sich vorübergehend verbunden hatte, sondern bei den tapferen jungen Heißspornen, die sie so heftig befehdeten.

In allen Parteisitzungen und Parteiversammlungen, in denen sie zu Wort kommen konnte, mit jedem Genossen, dessen sie habhaft werden konnte, diskutierte sie beharrlich und ausdauernd, so wie ein echter Kommunist seine Meinung zu vertreten hat. Ja, die Sorge um die neue große Massenpartei, auf die sie so viel Hoffnung setzte, machte sie streitbarer denn je. So erzählte die Arbeiterveteranin Gertrud Morgner der Autorin, daß sie einmal mit Clara Zetkin das Hotelzimmer teilte und diese die ganze Nacht heftig gegen die »Offensivtheorie« gestritten habe. Ihre Überzeugungsarbeit hat wohl auch dazu beigetragen, daß der führende Parteifunktionär Edwin Hoernle, der zu Claras engstem Freundeskreis gehörte, als einer der ersten in der »Roten Fahne« gegen die »Offensivtheorie« Stellung nahm.

Clara beschränkte sich indessen nicht auf Diskussionen, sie unterbreitete der Partei Vorschläge zur Verbesserung der Arbeit, die sich auf die Tätigkeit der kommunistischen Reichstagsfraktion auswirkten. Sie tat vor allem, was sie hätte längst tun sollen, doch zu tun nicht gewagt hatte. Sie informierte Lenin, sandte ihm auch die von ihr dem Zentralausschuß vorgelegte Resolution. Lenin – auch um diese Zeit mit Arbeit überlastet – antwortete ihr dennoch. Er hieß die durch den Offenen Brief an die Arbeiterorganisationen gekennzeichnete Politik gut, und das freute Clara. Der Rest seines Briefes aber enthielt eine Kritik ihres Verhaltens und traf sie hart.

»In bezug auf Serrati«, schrieb Lenin, »halte ich Ihre Taktik für einen Fehler. Irgendwelche Verteidigung oder sogar Halbverteidigung von Serrati war ein Fehler. Aber Austritt aus der Zentrale!!?? Das jedenfalls der größte Fehler! Wenn wir solche Gepflogenheiten dulden werden, daß verantwortliche Mitglieder der Zentrale austreten, wenn sie in der Minderheit geblieben sind, dann wird die Entwicklung und Gesundung der kommunistischen Parteien niemals glatt gehen ...

Wir haben so wenig erprobte Kräfte, daß ich wirklich empört bin, daß Genossen Austritt erklären usw.«

Zum erstenmal wohl hat Clara Zetkin nach diesem Brief voll begriffen, daß sie einen schweren Fehler gemacht hatte, daß die Monate voller Bitternis und Leid, die ihrem Schritt gefolgt waren, noch längst nicht zu Ende seien.

In den Händen der Weißen

Clara Zetkin hatte dem III. Weltkongreß der Kommunistischen Internationale, dem ersten, dem sie beiwohnen sollte, in freudiger Erwartung entgegengesehen. Als sie sich jedoch Mitte Juni auf den Weg machte – der Kongreß fand vom 22. Juni bis zum 12. Juli 1921 in Moskau statt –, war sie recht niedergedrückt. Mit Unruhe blickte sie dem Zusammentreffen mit Lenin entgegen, mit Unruhe dem Kongreß selbst.

»Schwer, sehr schwer«, schrieb sie in ihren »Erinnerungen an Lenin«, »trug ich an dem Bewußtsein, durch diesen ›Disziplinbruch‹ in schroffen Gegensatz zu denen geraten zu sein, die mir politisch und persönlich am nächsten standen, zu den russischen Freunden ... Wie urteilt Lenin über all die aufgerollten Probleme?«

Es verbesserte ihre Stimmung nicht, daß sie in Lettland ein

recht unerfreuliches Erlebnis hatte. Sie wurde verhaftet und entging mit knapper Mühe dem Tode.

»Wir verließen in Riga den Zug«, erzählte Maxim Zetkin der Autorin, der seine Mutter und ihre Sekretärin auf dieser Reise begleitete, »um aus dem westeuropäischen in den breitspurigen russischen Zug umzusteigen. Da traten zwei Männer auf meine Mutter und ihre Begleiterin zu, die ich zuerst ihrer merkwürdigen Uniformen wegen für Hotelbedienstete hielt, die ihnen Zimmer anbieten wollten. Aber die Männer faßten die beiden Frauen roh am Arm und zwangen sie, mit ihnen zu gehen. Sie waren Agenten der lettischen Polizei, die damals fast ganz in den Händen weißrussischer Offiziere war. Mir, der ich ein wenig hinter den Frauen zurückgeblieben war, gelang es, mich rechtzeitig zu entfernen. Offenbar wußten die Polizeiagenten nicht, daß ich Claras Sohn war.

Meine Mutter und ihre Sekretärin wurden zur Polizei gebracht, wo man sie durchsuchte, ihnen abnahm, was sie an Papieren, Geld und sonstigen Wertgegenständen bei sich hatten und sie dann verhörte. Man sagte ihnen, daß man sie dorthin bringen würde, wo kein Hahn nach ihnen krähe. Meine Mutter wußte nur allzugut, daß es den Genossen kaum glücken würde, sie zu finden, wenn es der Polizei gelänge, sie in ein kleines Gefängnis irgendwo in Lettland zu schaffen. Die beiden Frauen verbrachten in dem kleinen, kahlen Raum, in den man sie steckte, unruhige Stunden. Gegen Abend, nachdem ein halber Tag vergangen war, der ihnen schier endlos dünkte, kam ein Beamter, der ihnen in öliger Freundlichkeit mitteilte, daß sie frei seien und gehen könnten. Ein fremder Herr war bei ihm, der sie liebenswürdig begrüßte. Es war der sowjetische Konsul. Es war mir gelungen, zur sowjetrussischen Botschaft zu gelangen, die die Freilassung der Verhafteten erreichte. Ich hatte auch den größten Teil unseres Gepäcks vor dem Zugriff der Polizei retten können. Wir atmeten alle drei auf, als wir endlich im Zuge saßen.«

Es waren Materialien über den weißen Terror in den baltischen Staaten, in Polen und anderen Ländern, die die Weißgardisten bei Clara Zetkin gesucht hatten.

Selbstkritik

Ohne weitere Fährnisse in Moskau angelangt, brauchte Clara Zetkin nicht lange zu warten, bis Lenin sie zu sich rufen ließ. Sie ging mit klopfendem Herzen.

»Seit meinem Austritt aus der Zentrale der deutschen Partei«, schrieb sie, »waren die Fäden meiner Korrespondenz mit den russischen Freunden zerrissen. So hatte ich über Lenins Auffassung von ›Märzaktion‹ und ›Offensivtheorie‹ nur Gerüchte und Vermutungen gehört, bald bezweifelt und bald beschworen. Eine längere Unterredung mit ihm gab mir darüber einige Tage nach meiner Ankunft unmißverständlich Bescheid ... Ich verhehlte meine Besorgnisse über die Gefahren nicht, die meiner Auffassung nach der deutschen Partei und der Kommunistischen Internationale drohten, wenn sich der Weltkongreß auf den Boden der ›Offensivtheorie‹ stellen würde. Lenin lachte sein gutes, selbstsicheres Lachen.

›Seit wann sind Sie denn unter die Schwarzseher gegangen?‹ fragte er. ›Seien Sie ruhig, auf dem Kongreß werden die Bäume der „Offensivtheoretiker" nicht in den Himmel wachsen. Wir sind auch noch da. Meint ihr, wir hätten die Revolution „gemacht", ohne daraus zu lernen? Und wir wollen, daß auch ihr daraus lernt. Ist das überhaupt eine Theorie? Bewahre, das ist eine Illusion, ist Romantik, ja, nichts als Romantik. Deshalb wurde sie im „Lande der Dichter und Denker" fabriziert ... Wir dürfen nicht dichten und träumen. Wir müssen die weltwirtschaftliche und weltpolitische Situation nüchtern sehen, ganz nüchtern, wenn wir den Kampf gegen die Bourgeoisie aufnehmen und siegen wollen. Und wir wollen siegen, wir müssen siegen. Die Entscheidung des Kongresses über die Taktik der Kommunistischen Internationale und alle damit verbundenen Streitfragen müssen im Zusammenhang stehen und betrachtet werden mit unsern Thesen zur internationalen Wirtschaftslage. Das alles muß ein Ganzes bilden ... Von der russischen Revolution kann man immerhin noch mehr lernen als von der deutschen „Märzaktion". Wie gesagt, mir ist um die Stellungnahme des Kongresses nicht bange.‹«

Dann aber wusch er ihr den Kopf, wie sie ihrer Freundin Jelena Stassowa mitteilte, wie er ihr noch nie gewaschen worden war.

»›Sagen Sie mir, wie konnten Sie eine solche Kapitaldummheit begehen, jawohl, eine Kapitaldummheit, und aus der Zentrale davonlaufen? Wo hatten Sie nur Ihren Verstand? Ich war empört darüber, heftig empört. So kopflos zu handeln, ohne Rücksicht auf die Wirkung des Schrittes und ohne uns mit einem Wort zu benachrichtigen und unsere Meinung einzuholen! Warum haben Sie nicht Sinowjew (damals Vorsitzender des Exekutivkomitees der Kommunistischen Internationale – L. D.) geschrieben, warum nicht mir? Sie konnten wenigstens ein Telegramm schicken.‹ Ich legte Lenin die Gründe dar, die meinen Entschluß bestimmt hatten, der aus der damals vorliegenden Situation plötzlich entsprungen war. Er ließ meine Gründe nicht gelten.

›Ach was!‹ rief er lebhaft aus, ›Sie hatten Ihr Mandat in der Zentrale nicht von den Genossen dort, sondern von der Partei als Ganzes. Sie durften das Ihnen geschenkte Vertrauen nicht wegwerfen.‹«

Sie mußte ihm, wie sie erzählte, in die Hand versprechen, so etwas nie wieder zu tun.

Schwer wurde es für sie auf dem Kongreß selbst. Sie mußte im Plenum wie in den Wandelgängen viele Angriffe einstecken, gerechtfertigte und völlig ungerechte, von deutschen Genossen wie von Genossen anderer Länder; einige, die sie sehr tief trafen. Unter anderen Rednern wandte sich Wilhelm Koenen gegen sie, der junge Führer der Kommunisten im mitteldeutschen Industriegebiet. Sie kannte ihn von Kind an, hatte oft in seiner elterlichen Wohnung in Hamburg-Eimsbüttel gesessen, war ihm Vorbild gewesen. Er sprach für jene Mitglieder des linken Flügels der USPD, die sich – wie er selbst – kurz zuvor mit der KPD zusammengeschlossen hatten. »Sie brachen«, sagte er, »mit der alten (Parteiführung – L. D.) und glaubten, eine neue, eine bessere zu finden. Und diese Führung sahen sie nunmehr in der Vereinigten Kommunistischen Partei, in der neuen Zentrale, auf die sie stolz waren, denn sie führte Namen von internationaler Bedeutung, die gewohnt waren in den Kämpfen mit den Proletariern zu sein. Und diese Zentrale hatte einen starken Fond von Vertrauen von seiten solcher Arbeiter, die wirklich kämpfen wollten. Aus den zwei Millionen politisch organisierter, wirklicher Arbeiter hatten sich ungefähr eine halbe Million herauskristallisiert, von denen jeder für sich entschlossen war, Gut und Blut für die deutsche Revolution einzusetzen, die zum größten Teil in soundso vielen Kämpfen, politischen Bewegungen, Streiks schon bewiesen hatten, daß sie wirklich Kämpfer sind. Es war für sie nur eine Frage: *Wie soll man kämpfen?* Da schauten sie auf zu der neuen Führung, die diese einzige große Frage, die es in Deutschland für sie noch gab, lösen sollte.«

Wenn er dabei Clara Zetkin nicht namentlich anredete, so wußte sie doch, daß mit den international bekannten Namen, von denen er sprach, niemand anders gemeint war als sie, nur sie, und daß sie es vor allem gewesen war, der die Genossen vertraut hatten. Und dann erhob er bittere Anklage gegen jene, an deren Seite sie sich für eine kurze Zeitspanne gestellt hatte.

»Und dieser große Fond von Vertrauen«, sagte er, »der sich bei den wirklich kampferprobten Proletariern angesammelt hatte, ist von der Gruppe der Fünf und ihren acht bis zehn Nachfolgern ganz schmählich vertan und verludert worden.« Er sprach von dem Martyrium der jungen Partei, von den schweren Stößen, die sie hatte aushalten müssen, von Paul Levi, der der aus tausend Wunden blutenden, verfolgten unterdrückten Partei so schmählich in den Rücken gefallen war.

Es muß Clara hart angekommen sein, diese Rede zu hören. Sie hat wohl mit dazu beigetragen, daß Clara Zetkin neben ihrem prinzipiellen Angriff auf die »Offensivtheorie« vor dem Kongreß zugab, nicht scharf genug zwischen dem heroischen Kampf der mitteldeutschen Arbeiter und deren Heldentum und der falschen Haltung der Zentrale unterschieden zu haben.

Doch trotz der heißen Auseinandersetzung, in die sie verwickelt war, wurde der III. Weltkongreß für Clara Zetkin zu einem tiefgehenden Erlebnis. Ja, vielleicht hat gerade dieser Meinungsstreit ihr besonders deutlich gemacht, wie stark sich diese Tagung mit ihren über 600 Delegierten aus aller Welt, auf der so leidenschaftlich um die Wahrheit gerungen wurde, dieser Kongreß, der Lenin zujubelte, von den Kongressen der II. Internationale unterschied, auf denen die Kautsky, die Vandervelde, die Phillip Snowden das große Wort führten.

Es war dem Eingreifen Lenins zu verdanken, daß der Kongreß die »Offensivtheorie« ablehnte, die kommunistischen Parteien verpflichtete, die reale Klassenlage ständig zu studieren, zäh und geduldig um die Sympathie der Arbeiter und Bauern und aller anderen Werktätigen zu ringen, die Kampflosungen der bestehenden Situation anzupassen und die Werktätigen auf neue revolutionäre Kämpfe vorzubereiten. Dieses Ergebnis ließ Clara Zetkin einmal mehr die Größe Lenins, ließ sie aber auch die Kraft der von ihm geschaffenen Internationale empfinden.

Eine besondere Freude hatte sie gegen Ende der Tagung. Ihre deutschen Genossen, mit denen sie sich so heftig auseinandergesetzt hatte, bereiteten ihr vor dem Kongreß eine Huldigung, die ihr zeigte, daß sie trotz des vorübergehenden Zerwürfnisses nach wie vor ihre Liebe besaß.

Während der Verhandlungen des Kongresses beging sie ihren Geburtstag. Unter den vielen Erlebnissen, die auf sie einstürmten, hatte sie ihn beinahe vergessen. Als sie am 5. Juli den Kongreßsaal betrat, fand sie ihren Platz mit Blumen geschmückt. Noch ehe sie sich von ihrer Überraschung erholt hatte, stand Fritz Heckert, ihr langjähriger Kampfgefährte aus den Tagen des Spartakusbundes, der sie zuvor scharf angegriffen hatte, am Rednerpult. »Die deutsche Delegation erfüllt eine Freudenpflicht: In ihrer Mitte befindet sich eine alte Streiterin für den Sozialismus, unsere Genossin Clara Zetkin, die heute ihren 64. Geburtstag feiert. Und der Name Clara Zetkin ist für die ganze Internationale der Arbeiter ein Programm. Clara Zetkin ist nicht erst in späten Jahren zur sozialistischen Bewegung gekommen, in jungen Jahren mit heißem Herzen trat sie der Arbeiterbewegung bei und ist bis zum heutigen Tage ihr ein treuer, aufopferungsvoller Soldat gewesen.«

Tosender Beifall erhob sich, als Fritz Heckert auf die alte Kämpferin zuging, sie umarmte und ihr einen Strauß roter Rosen überreichte. Clara Zetkin hatte dies nicht erwartet. Als sie auf der

Rednertribüne stand, um den Genossen und dem Kongreß zu danken, fehlten ihr, der sonst so gewandten Rednerin, fast die Worte. Mühsam, ihre Erregung niederringend, sagte sie: »Genossinnen und Genossen, ihr nehmt meine Kraft von mir, wenn ihr mich anerkennt und lobt ... Denn ich empfinde alles, was ich gewollt habe und was ich nicht durchsetzen konnte; ich fühle alles, was mir das Leben, die Idee der Revolution gegeben hat und was ich leider der Revolution schuldig bleiben mußte, weil ich nicht über meine Kraft konnte. Genossinnen und Genossen, was ich getan habe, war so selbstverständlich wie nur etwas. Ich habe immer nur meiner Natur gehorcht und verdiene dafür kein Lob. Ich habe nicht anders sein können, als ich bin, nicht anders handeln können, als ich gehandelt habe. Und verdient der Fluß Lob dafür, daß er talwärts fließt, verdient der Vogel Lob, wenn er singt? Es ist ganz natürlich. Und so habe ich der Revolution gedient, weil ich aus innerer Notwendigkeit der Revolution dienen mußte.

Ich gehe auf all das Schöne nicht ein, was Genosse Heckert hier von mir erzählt hat. Es ist mir aber eine Pflicht, das eine hier vor euch auszusprechen:

Für meine Entwicklung und für das, was ich leisten konnte, danke ich sehr viel der deutschen Theorie und Praxis, für die Praxis sehr viel der Geschichte und dem Beispiel unserer französischen und englischen Brüder. Aber die Empfindungen für den Willen, den ich in den Dienst der Revolution gestellt habe, lassen Sie mich das Wort aussprechen ohne jeden bürgerlichen Beigeschmack: für meine revolutionäre Moral bleibe ich zu ewigem Dank verpflichtet dem Beispiel der russischen Revolutionäre, der russischen Sozialdemokratie und der Bolschewiki. Was ich moralisch geworden bin, das Maß der Energie, das ich an den Dienst der Revolution setze, ich verdanke es in erster Linie meinem innigen Verbundensein mit der russischen Revolution von ihren siebziger Jahren an. Lassen Sie mich noch ein anderes hier aussprechen: Ich kann hier nicht vor Ihnen stehen, ohne daß mich nicht die Erinnerung überwältigt an diejenige, die ein Teil meines Wesens war und bleiben wird, an Rosa Luxemburg ... Und ich kann den Schmerz nicht zurückhalten, daß sie heute nicht mehr neben mir steht, nicht unter uns ist. Alle diese Blumen hier, ich lege sie im Geiste auf ihr Grab.

Genossinnen und Genossen, ich bin zu ergriffen, um euch eine schöne Rede zu halten. Ich sage, es gibt nur einen Herzenswunsch, den ich habe und zu dessen Erfüllung ihr alle beitragen könnt. Nämlich dafür zu arbeiten und zu kämpfen, daß ich nicht in die Grube fahre, ohne vorher noch die Revolution in Deutschland und womöglich auch in anderen Ländern gesehen zu haben. Es gibt nur einen Entschluß für meine Arbeit, für meinen Kampf, das ist, beizutragen zur proletarischen Revolution, zum Sieg des revolutionären Proletariats.«

Als Clara Zetkin die Stufen der Tribüne hinunterschritt, sagte sie noch einmal leise zu einer jungen Genossin, die auf der Treppe hockte und schrieb: »Wie könnt ihr mich nur so loben!«

Daß sie die Ehrung vor allem Lenin zu verdanken hatte, hat Clara damals nicht gewußt. Doch Fritz Heckert hat die Geschichte später erzählt: »Clara Zetkin hatte uns auf das heftigste angegriffen. Dafür machten wir und besonders ich in meiner Rede entsprechend scharfe Angriffe gegen sie. Nun kam es aber, daß am andern Tage Clara ihren 60. (64. – *L. D.*) Geburtstag hatte. Der Kongreß mußte natürlich unserer alten Vorkämpferin gratulieren. Ein großer Strauß Rosen wurde beschafft, wer aber sollte die Begrüßungsrede halten? Die Bestimmung fiel auf mich. Ich wollte mich natürlich vor dieser Sache drücken und brachte hundert Ausreden vor. Da packte mich Lenin am Arm und sagte zu mir: ›Genosse Heckert, Sie haben eine falsche Politik in Deutschland gemacht, darüber muß man böse sein. Clara hat Ihnen gesagt, daß Ihre Politik schlecht ist. Vielleicht ist nicht jedes ihrer Worte am Platze gewesen. Sie haben gestern scharf und nicht gerecht gegen Clara gesprochen. Machen Sie das heute mit dem Rosenstrauß wieder gut.‹ Ich habe das mit besten Kräften versucht. Clara hat mir den Strauß auch mit Dank abgenommen. Als ich von der Bühne herabstieg, sagte Lenin scherzend: ›Nun, das ist doch ganz gut gegangen!‹«

Clara erhält stürmischen Beifall

Bald nach dem III. Weltkongreß der Kommunistischen Internationale – vom 22. bis zum 26. August 1921 – fand der Parteitag der Kommunistischen Partei Deutschlands in Jena statt, in dem selben Volkshaussaal, in dem Clara Zetkin zweimal an der Seite Rosa Luxemburgs gegen die Revisionisten aufgetreten war.

Clara Zetkin wohnte diesem Parteitag nicht mit dem gleichen Hochgefühl bei wie dem Vereinigungsparteitag von 1920, doch aufgeschlossen und frohen Herzens. Nicht nur hatte die Entscheidung des III. Weltkongresses gegen die »Offensivtheorie« sie von großer Sorge befreit, sie war auch froh über die Entwicklung der eigenen Partei. Diese hatte schon vor dem Weltkongreß begonnen, zur Massenarbeit im Sinne des Offenen Briefes zurückzufinden. Das Leben selbst zwang sie dazu; die Monopolherren verstärkten ihre Offensive gegen die sozialen und demokratischen Rechte der Werktätigen, die Not in den Arbeitervierteln wuchs. Wieder grassierten Tuberkulose und Kindersterblichkeit, die während des Krieges und unmittelbar danach bereits so große Opfer gefordert hatten, unter den Werktätigen. Dazu hatte die Entente Anfang Mai die Gesamtsumme der von Deutschland zu zahlenden Reparationen auf 132 Milliarden Goldmark festgesetzt, so daß die Werktätigen weitere schwere Belastungen fürchten mußten.

Die Zentrale der KPD hatte am 21. Mai die Mitglieder der Gewerkschaften von neuem zu gemeinsamen Aktionen aufgefordert. Auch hatte sie Anstrengungen unternommen, die Arbeit in den Gewerkschaften, in den Konsumgenossenschaften und unter den Landarbeitern zu verbessern. Nun, da der Parteitag abgehalten wurde, hatten sich schon die ersten Erfolge eingestellt. Das zeigten gemeinsame lokale Aktionen der Arbeiter verschiedener Richtungen, vor allem aber die Tatsache, daß nach der Ermordung des Münchener Abgeordneten der USPD Karl Gareis am 9. Juni 1921 USPD, KPD und SPD gemeinsam zum Proteststreik aufriefen, in München ein Generalstreik stattfand und in ganz Bayern gemeinsame Protestaktionen durchgeführt wurden.

So hatte Clara Zetkin Grund zum Optimismus, zumal sie mit

ihren Genossen wieder eins war, mit ihnen zusammen für die Einheitsfront wirken konnte. Mit gewohntem revolutionärem Schwung stand sie vor den Delegierten, nahm in einer längeren Rede zu den Beschlüssen des III. Weltkongresses Stellung, die nunmehr ins Werk zu setzen waren.

Entschieden wandte sie sich gegen jene Führer der USPD, die nach der Verurteilung der »Offensivtheorie« durch den III. Weltkongreß behaupteten, daß dieser Beschluß eine Abkehr der Kommunisten vom Kampf um die proletarische Revolution darstelle, während sie selbst, wie Clara Zetkin erklärte, ihre Aufgabe darin sahen, die kapitalistische Wirtschaft, und sei es unter den größten Opfern von seiten der Arbeiterklasse, wieder in Gang zu bringen.

Ganz eindeutig sagte sie den Arbeitern, daß es niemals die Aufgabe einer Arbeiterpartei sein kann, Arzt am Krankenbette des Kapitalismus zu sein. »Der Kapitalismus«, stellte sie nachdrücklich fest, »ist objektiv verloren. Er rennt an die Schranken seines eigenen Wesens und kann sich nicht wieder aus seinem Verfall erheben. Er macht Versuche, sich zu erholen auf Kosten der gesteigerten Ausbeutung, der verschärften Knechtschaft des Proletariats. Es kann in seinem Todeskampf Atempausen geben«, betonte sie. »Aber ...«, fuhr sie fort, »Proletarier, laßt euch nicht täuschen, wenn es in dem Todeskampfe des Kapitalismus Zeiten gibt, in denen sich dieser wieder zu befestigen scheint. Für euch, in eurem revolutionären Kampfe darf es nie eine Atempause geben ... die Arbeiter handeln gegen ihr ureigenstes Interesse, wenn sie die kapitalistische Wirtschaft unterstützen, statt die ganze Kraft darauf zu konzentrieren, die kapitalistische Wirtschaft zu stürzen, so rasch und so gründlich wie nur irgend möglich zu stürzen, sie für immer zu beseitigen. Das ist der Trennungsstrich gegen den Reformismus.«

Das bedeutet nicht, sagte sie, noch einmal auf die »Offensivtheorie« eingehend, Revolution um jeden Preis. »Jawohl«, erklärte sie, »die Menschen machen die Revolution, die Proletarier müssen die Revolution machen, wenn sie nicht verderben wollen; aber sie machen sie so, wie schon Engels gesagt hat, sie sie machen *müssen*.«

Und auch hier sprach sie aus, was sie in den verflossenen Monaten den Genossen immer wieder so eindringlich ans Herz gelegt hatte: Der Kapitalismus kann nicht durch eine Minderheit gestürzt werden, sondern nur, wenn die große Masse der Werktätigen ebenfalls zur Revolution bereit ist.

Damit unterstrich sie, was W. I. Lenin den deutschen Kommunisten in seinem Brief an ihren Parteitag sagte: »Kaltes Blut und Standhaftigkeit bewahren; systematisch die Fehler der Vergangenheit korrigieren; unaufhörlich darauf bedacht sein, die Mehrheit der Arbeitermassen sowohl in den Gewerkschaften als auch außerhalb der Gewerkschaften zu erobern; geduldig eine starke und kluge kommunistische Partei aufbauen, die fähig ist, bei allen und jeglichen Wendungen der Ereignisse, die Massen wirklich zu führen; sich eine Strategie ausarbeiten, die der besten internationalen Strategie der (durch die jahrhundertelange Erfahrung im allgemeinen und durch die ›russische Erfahrung‹ im besonderen), ›am meisten aufgeklärten‹ fortgeschrittenen Bourgeoisie gewachsen ist – das ist es, was man tun muß und was das deutsche Proletariat tun wird, was ihm den Sieg garantiert.«

»Jetzt, in dieser Stunde«, fuhr Clara Zetkin fort, »kommt es darauf an, daß wir uns als Kommunisten in der Partei auf dem Boden der Theorie und Taktik der Dritten Internationale fest zusammenschließen. Die Einheitsfront der Kommunistischen Partei ist eine Vorbedingung dafür, daß wir zur Einheitsfront des Proletariats kommen.«

Sie, die in Moskau gesagt hatte, daß sie Parteidisziplin nicht üben könne, wenn es gegen ihre heiligste Überzeugung gehe, bejahte das neue, dem Parteitag vorliegende Organisationsstatut, das im wesentlichen auf dem demokratischen Zentralismus beruhte. Dabei forderte sie mehr als nur formale Disziplin. Und sie fügte hinzu: »Was wir brauchen, Genossen und Genossinnen, ist nicht bloß bessere, straffere, schlagkräftigere Organisation – um das alles in der Praxis voll auswirken zu lassen, bedürfen wir der organisierten Arbeit eines jeden einzelnen Genossen und jeder einzelnen Genossin. Diese organisierte, planmäßig gestaltete Arbeit jedes einzelnen Gliedes der Organisation, gerichtet auf das Ziel der Revolution, ist die Voraussetzung dafür, daß wir erfüllen, was aus den Verhandlungen von Moskau als Leitmotiv unserer Taktik herausgeklungen ist. Nämlich die Massen zu erfassen, die Massen zu revolutionieren, zu Mitträgern und Mitkämpfern zu machen. Das gelingt uns nicht bloß durch die aufklärende Agitation«, betonte sie, »dazu gehört die Arbeit, der Kampf zusammen mit den Massen von Tag zu Tag, anknüpfend an die kleinen täglichen proletarischen Nöte und Forderungen. Wir Kommunisten müssen dank unserer Taktik stets einen Schritt vor den Massen stehen, in der Richtung auf das Endziel, aber gleichzeitig rückwärts die Verbindung halten mit der breiten proletarischen Front. Das Verbindungsmittel mit den Massen ist unser treues, kühnes, klares Eintreten für alle Bedürfnisse und Interessen, für alle Forderungen der Massen.«

Freimütig sprach sie auch zu ihren Genossen über ihr eigenes fehlerhaftes Verhalten. Hatte schon in ihrem Bekenntnis zur Parteidisziplin ein Stück Selbstkritik gelegen, das über die in Moskau geübte hinausging, zeigte, wie stark sie Gespräche mit Lenin und die Diskussion auf dem Kongreß in ihr nachwirkten, so ging sie ebenso selbstkritisch auf ihre Haltung zu den Märzkämpfen ein. Sie wiederholte, was Lenin dem Kongreß wie ihr selbst so eindringlich klargemacht hatte, daß diese Kämpfe, da sich die Arbeiter heldenhaft gewehrt hatten, trotz der fehlerhaften Führung ein großer Schritt vorwärts gewesen waren. »Auch ich habe dem zugestimmt«, sagte sie, »und zwar, Genossen und Genossinnen, nicht, wie manche meiner Freunde meinen, um ein Kompromiß zu schließen, sondern weil es im Laufe der Zeit meine eigene Überzeugung geworden war, daß tatsächlich die Märzaktion trotz allem ein Fortschritt gewesen ist. Sie war ein Schritt vorwärts, soweit sie ein Kampf von Proletariern gewesen ist – lassen Sie mich wiederholen, soweit sie ein Kampf von Arbeitern gewesen ist. Solcher Kampf war der Fortschritt, den ich anerkenne. Es war ein Aufbäumen gegen die Stagnation, gegen die Passivität, die sich leider unter dem Druck der Situation der deutschen Arbeiterklasse bemächtigt hat. Die Märzaktion war ein Schritt vorwärts, weil der Aufstand von Proletariern eine gesunde Reaktion bedeutete gegen die noch fortdauernde Herrschaft jenes alten sozialdemokratischen Drills, nach dem es nur den alleinseligmachenden Kampf mit gesetzlichen Mitteln gibt, gegen den Verzicht auf den revolutionären Kampf ... Ich begrüße es auch als einen Fortschritt, daß in der Partei selbst sich der Wille zeigte, von der Propaganda zur Aktion überzugehen ... Deshalb, Genossen, erkenne ich den Fortschritt an, der in der Märzaktion liegt.« Am Schluß ihrer Rede erklärte sie: »Vor uns stehen Riesenaufgaben, Riesenaufgaben wirtschaftlicher wie politischer Art, Aufgaben sowohl der inländischen wie der internationalen Politik des Proletariats. Sie stellen uns Kommunisten, sie stellen die deutschen Proletarier nicht nur Auge in Auge mit unserer eigenen gerüsteten Bourgeoisie, sie stellen uns Auge in Auge mit der Ausbeutersippe, mit der Gegenrevolution der ganzen Welt. Denn diese hat verstanden, was das Proletariat noch nicht verstehen will: ihre Interessensolidarität zu festigen. Machen wir den Anfang damit, Genossen und Genossinnen, daß wir dieser Front der Gegenrevolution entgegenstellen, bewußt, opferfreudig entgegenstellen die feste, einheitliche, geschlossene Front der Kommunistischen Partei und damit des deutschen Proletariats. Die Front einer Kommunistischen Partei, die die große taktische Weisheit gelernt hat – nicht bloß aus der Theorie, aus blutigen, opferreichen Erfahrungen –, das kühne Wagen im Hinblick auf das Endziel jederzeit zu vereinigen mit dem kühlen Wägen der konkreten Verhältnisse. Wenn uns das gelingt – und es muß uns bei gutem Willen gelingen –, so werden wir uns aus der schweren Krise, die wir erlebt haben, stärker, zielklarer, wegkundiger, besser gerüstet zu neuen Kämpfen erheben.«

Der stürmische Beifall, mit dem – wie das Protokoll verzeichnet – ihre Rede aufgenommen wurde, galt wohl nicht nur ihren politischen Ausführungen zu den Aufgaben der Partei. Er galt auch der Haltung der alten Genossin, die einmal mehr vorgelebt hatte, wie ein Kommunist sich verhält. Und sie bewies im Verlaufe der Verhandlungen noch einmal, daß sie in Moskau gelernt hatte, was Parteidisziplin im Leninschen Sinne ist. Obwohl sie mit einigen Absätzen der Resolution, namentlich den gegen Paul Levi gerichteten, nicht einverstanden war (noch hatte sie nicht voll erkannt, daß Levi zum offenen Parteifeind geworden war), stimmte sie dennoch für die Resolution.

Der Jenaer Parteitag 1921 bekannte sich geschlossen zur Politik der Einheitsfront, nahm auch zwölf Forderungen für den Tageskampf der Werktätigen an, die ganz im Sinne Clara Zetkins waren, Forderungen, die alle unterschreiben konnten, Kommunisten, sozialdemokratische, christliche und parteilose Arbeiter.

Clara Zetkin wurde in Jena erneut in die Zentrale der KPD gewählt, wo sie in den nun folgenden kampferfüllten Jahren wiederum eine bedeutende Rolle spielte, insbesondere hervorragenden Anteil hatte am Kampf der Partei um die Aktionseinheit der Werktätigen gegen den Imperialismus.

»Um Rosa Luxemburgs Stellung zur russischen Revolution«

»Ich habe sie in gleicher Liebe für Rosa und die russische Revolution geschrieben.«

Clara Zetkin über diese Arbeit
an ihren Sohn Maxim

Die Auseinandersetzungen um die »Offensivtheorie« sollten noch ein Nachspiel haben, das Clara Zetkin sehr zu Herzen ging. Paul Levi gelang es, ein Manuskript aus dem Nachlaß Rosa Luxemburgs in seine Hände zu bringen, das sie im Gefängnis geschrieben und in dem sie, ungenügend über die Vorgänge in Rußland informiert, schwerwiegende Bedenken gegen einige Maßnahmen der Bolschewiki geäußert hatte, Bedenken, die sie nach ihrer Freilassung, im Feuer der Novemberrevolution, schnell überwand. Sie hatte daher die begonnene Arbeit niemals veröffentlichen wollen. Paul Levi aber, sich nunmehr als Rosa Luxemburgs Testamentsvollstrecker aufspielend, gab das Dokument mit einem Vorwort heraus, das Rosa Luxemburg zur Gegnerin Sowjetrußlands, zur Anhängerin Kautskys und seiner Clique stempelte. Seine Broschüre rief, wie es nicht anders sein konnte, augenblicklich die rechten Sozialdemokraten und Zentristen auf den Plan, die im Chor behaupteten, Rosa Luxemburg habe sich in ihren letzten Lebensmonaten gewandelt, sei eine der Ihren geworden.

Clara Zetkin war zur Zeit des III. Weltkongresses über das Verhalten Paul Levis zwar empört gewesen, hatte aber, wie wir sahen, selbst auf dem Parteitag in Jena noch geglaubt, ihn zurückreißen zu können, obwohl sie bereits schon seit längerer Zeit ein ungutes Gefühl in bezug auf seine Person gehabt hatte, dies auch Lenin gegenüber ausgedrückt hatte.

»Das Gespräch, das ich gestern mit Zetkin vor ihrer Abreise hatte«, schrieb Lenin am 28. Juli 1921 an G. J. Sinowjew, »halte ich angesichts einiger ihrer Mitteilungen für so wichtig, daß ich Sie unbedingt davon unterrichten möchte.

Sie will Levi zwei Bedingungen stellen:

1. Er soll das Abgeordnetenmandat niederlegen;

2. er soll seine Zeitschrift (›Sowjet‹ oder ›Unser Weg‹, wie sie wohl jetzt heißt) einstellen und eine Loyalitätserkärung für die Beschlüsse des III. Kongresses der Kommunistischen Internationale abgeben.

Ferner: Sie befürchtet, daß sich einer von Levis Freunden einfallen lassen könnte, Rosa Luxemburgs Manuskript gegen die Bolschewiki (geschrieben, glaube ich, 1918 im Gefängnis) herauszugeben. Sollte das jemand tun, so beabsichtigt sie, in der Presse zu erklären, daß sie ein solches Vorgehen für absolut illoyal hält. Sie habe Rosa Luxemburg am besten gekannt und wisse mit Bestimmtheit, daß sie selbst diese ihre Ansichten als falsch erkannt und nach ihrer Entlassung aus dem Gefängnis zugegeben hat, ungenügend informiert gewesen zu sein ...

Zetkin wollte Ihnen auf meine Bitte hin darüber schreiben.

Sollte sie das getan haben, schicken Sie mir bitte ihren Brief.«

Nun, da Paul Levi sein Bubenstück wirklich ausgeführt hatte, handelte Clara Zetkin, wie sie das Lenin versprochen hatte. Um die Sache der Partei und die Ehre der Freundin und Kampfgenossin zu verteidigen, veröffentlichte sie zunächst gemeinsam mit dem polnischen Genossen Warski eine Erklärung gegen Levi in der Presse. Dann aber schrieb sie ihr Werk »Um Rosa Luxemburgs

Stellung zur russischen Revolution«, das zu ihren stärksten aus der Zeit nach der Großen Sozialistischen Oktoberrevolution gehört. Sie setzte damit nicht nur Rosa Luxemburg ein unsterbliches Denkmal, sondern schrieb zugleich ein Bekenntnisbuch, das mehr als ihre anderen Werke den Entwicklungsprozeß deutlich macht, den sie nach der Oktoberrevolution durchlaufen hat.

Clara Zetkin hatte mit Rosa Luxemburg über die in Rosas Breslauer Entwurf angeschnittenen Fragen korrespondiert. »Obgleich sie mir im Sommer 1918 zweimal schrieb, ich möchte bei Franz Mehring auf eine wissenschaftlich-kritische Stellung zur bolschewistischen Politik hinwirken, obgleich sie mir von ihrer eigenen damals beabsichtigten größeren Arbeit darüber Mitteilung machte, hat sie in ihrer weiteren Korrespondenz von dieser Angelegenheit als erledigt gesprochen und ist später nie wieder darauf zurückgekommen. Das Warum liegt für jeden auf der Hand, der mit Rosa Luxemburgs Betätigung nach dem Ausbruch der deutschen Revolution vertraut ist. Diese Betätigung ist durch eine Stellungnahme zu den Problemen der Konstituante, Demokratie, Diktatur etc. charakterisiert, die sich in Widerspruch zu der früheren Kritik an der Bolschewikipolitik befindet. Rosa Luxemburg hatte sich zu einer veränderten geschichtlichen Wertung durchgerungen.«

Nach Rosa Luxemburgs Tod hatte Clara Zetkin über das Manuskript dann noch ein Gespräch mit Rosa Luxemburgs engstem Kampfgefährten Leo Jogiches gehabt, der sich strikt gegen die Veröffentlichung verwahrt hatte. »Meinen Sie nicht«, hatte er ihr zwei Tage vor seiner Ermordung gesagt, »aus Rücksicht auf unsere russischen Freunde. Die können noch andere Kritik vertragen. Nein, Nein! Wegen Rosa ... Rosa fehlte es in Breslau an genügend dokumentiertem Material. Sie konnte auch keine lebendige Fühlung mit Führern der russischen Revolution haben, die die Dinge aus eigener Anschauung kannten. Als sie nach Berlin kam und den Kampf für die deutsche Revolution aufnahm, ging sie mit Feuereifer daran, sich über die revolutionäre Entwicklung in Rußland gründlich zu orientieren. Die deutsche Revolution selbst zwang dazu. Sie stellte vor die Massen die Frage der Diktatur, Demokratie, des Rätesystems etc. Rosa dachte nicht daran, mit ihrer alten Kritik an die Öffentlichkeit zu kommen. Sie hatte die Absicht, eine neue, größere Abhandlung über die russische Revolution zu schreiben!«

Doch Clara Zetkin begnügte sich nicht damit, die wahren Vorgänge um das Manuskript an die Öffentlichkeit zu bringen. Vielmehr untersuchte sie eingehend den Wandel in Rosa Luxemburgs Stellung zur Revolution in Rußland, bewies ihn unwiderlegbar an Hand der Politik Rosas in der Novemberrevolution.

Zunächst befaßte sie sich mit dem im Gefängnis entstandenen Manuskript; das war nach dessen Veröffentlichung notwendig geworden.

»Rosa Luxemburgs Abhandlung werten«, schrieb sie, »begreift in sich, auch kritisch Stellung zu ihr zu nehmen ... Eine Auseinandersetzung mit Rosa Luxemburgs Darlegungen über die ›Erdrückung der Demokratie‹ in Sowjetrußland dünkt mir besonders nötig. Gerade auf diese Darlegungen berufen sich die sozialdemokratischen Gegner und Hasser der Bolschewiki, um sich die eigene bürgerlich unbefleckte politische Tugend zu bescheinigen.«

Scharf wies Clara Zetkin die Behauptung Kautskys und seiner Freunde zurück, daß Rosa Luxemburg in ihren später selbst widerrufenen Darlegungen den Begriff Demokratie in gleichem Sinne verwende wie sie, daß ihre Anschauung von Demokratie das leiseste gemeinsam habe mit der Anbetung des bürgerlichen Parlamentarismus der kapitalistischen Staaten durch die rechten Sozialdemokraten und die Zentristen.

»Was die Stampfer und Hilferding in Rosa Luxemburgs Ausführungen zur Frage der Konstituante, des Wahlrechts, der Diktatur etc. auffassen, loben, zitieren«, betonte sie, »das ist zumeist ›der Herren eigner Geist‹. Sie schieben den fundamentalen Unterschied beiseite, der Rosa Luxemburg von ihrer eigenen Stellung zur ›Demokratie‹ trennt ... Für sie beginnt die Hauptwirksamkeit und Hauptbedeutung der Demokratie erst *nach* dem Kulminationspunkt des Klassenkampfes, nach dem gewaltigen Hammerschlag der proletarischen Revolution. Die Demokratie, die sie im

Auge hat, ist die reale proletarische Demokratie, die an revolutionäre Zwecke gesetzt wird, nicht aber die formale bürgerliche Demokratie, die Rosa Luxemburg als eine Form mit bitterem sozialem Inhalt charakterisiert.«

Darüber hinaus kritisierte Clara Zetkin von ihrer neugewonnenen leninistischen Position aus Rosa Luxemburgs Darlegungen zur Frage der sozialistischen Demokratie.

»Jedoch sie selbst«, schrieb Clara Zetkin, »hat sich nicht stets ganz frei von einer etwas schematischen, abstrakten Auffassung der Demokratie zu halten vermocht. Allerdings mit dem bezeichnenden Wesensunterschied, der bereits hervorgehoben wurde. Kautskys ›Demokratie‹ ist rückwärtsgerichteter, bürgerlicher Art, unter den gegebenen Umständen unrevolutionär, ja gegenrevolutionär. Rosa Luxemburgs Demokratie hat vom heißen Herzblut der Revolutionärin getrunken, sie ist vorwärtsgewandter, proletarischer Natur, ist revolutionäre Demokratie.« Und so bekennt sich Rosa Luxemburg, folgerte Clara Zetkin, im Prinzip zu der großen revolutionären Tat der Bolschewiki.

»Bei der kritischen Prüfung von Einzelmaßnahmen dieser Politik, so dünkt mir«, fuhr Clara fort, »wird sie jedoch den konkreten Verhältnissen nicht voll gerecht, die sich dem Wunderwirken widersetzten. Das ist die andere Schwäche ihrer Kritik an der bolschewistischen Politik.

Rosa Luxemburg billigt rückhaltlos, daß die Bolschewiki nach dem Übergang der Staatsmacht an die Sowjets die Konstituante [die unter der Regierung Kerenski gewählte, von der Reaktion beherrschte, verfassunggebende Versammlung – L. D.] auseinanderjagten. Sie mißbilligt es aber ebenso entschieden, daß sie nicht sofort Neuwahlen zu einer anderen Konstituante ausschrieben.«

Welche Funktion aber kann, so fragte Clara Zetkin, eine Konstituante haben, da doch alle Macht den Räten gehört? Ein gefährlicher, von Rosa Luxemburg augenscheinlich übersehener Dualismus wäre entstanden, antwortete sie. Eine Konstituante, die keinerlei Funktion besessen hätte, wäre zum Zentrum der Reaktion, zum Ausgangspunkt gefährlicher Konspiration geworden.

»Rosa Luxemburg rügt es«, führte Clara Zetkin weiter aus, »daß in Sowjetrußland das geltende Wahlrecht nicht allgemein, sondern auf diejenigen beschränkt ist, die von eigener Arbeit leben, mit anderen Worten, daß die Ausbeuter der Arbeit vom Besitz des Wahlrechts ausgeschlossen sind. Ihre Ausführungen zu dieser Bestimmung rücken in helles Licht, wie unvollständig hinter den Kerkermauern ihre Information über die russischen Verhältnisse geblieben war. So scheint es Rosa Luxemburg unbekannt gewesen zu sein, daß das eingeführte Wahlrecht ausdrücklich als provisorisch erklärt wurde. Es entspricht also der Voraussetzung, bei der auch sie unter proletarischer Diktatur die politische Entrechtung als konkrete Kampfmaßregel gegen die Bourgeoisie gelten läßt ... Die junge Räterepublik«, fügte Clara Zetkin hinzu, »fühlte sich tagtäglich bei ihrer Abbau- und Aufbauarbeit durch die noch vorhandene wirtschaftliche und soziale Macht der Bourgeoisie gehemmt, ja in ihrer Existenz gefährdet. Durfte sie diese Macht noch durch politische Rechte in den Sowjets stärken?«

Dann ging Clara Zetkin auf weitere Bedenken ein, die Rosa Luxemburg gegen die Diktatur des Proletariats in Rußland erhoben hatte. »Im Gegensatz zu ihrer Arbeitsgepflogenheit, allgemeine Schlüsse durch Tatsachen zu begründen, läßt es Rosa Luxemburg in ihren Darlegungen über die ›Ertötung des öffentlichen Lebens in Sowjetrußland durch die bolschewistische Politik‹ an tatsächlichem Beweismaterial fehlen.« Schärfer als in ihrem Brief an den Parteivorstand der USPD von 1918 wies Clara Zetkin, gestützt auf die Erfahrungen der nachfolgenden Jahre, auf die Lage hin, in der die Sowjetregierung ihre Macht zu behaupten hatte, die Macht, die um des russischen Volkes wie um der Werktätigen der ganzen Welt willen gehalten werden mußte, darauf, daß die um ihre Existenz kämpfende Räterepublik, wenn sie gegen ihre erbitterten Feinde die Schärfe des Gesetzes anwandte, in Notwehr handelte.

»Die Aufrichtung des Rätestaates«, erklärte sie, »brachte nicht den inneren Frieden, sondern den erbittertsten, leidenschaftlichsten Bürgerkrieg. Ihm folgten auf dem Fuße die Intellektuellensabotage, folgten tausend tückische, heimliche und offene Widerstände gegen die neue Ordnung: Verschwörungen, Aufstände, Verwüstungszüge zaristischer Generäle, all dies gesegnet, unterstützt und organisiert von den Sozialrevolutionären und anderen Anbetern der bürgerlichen Demokratie. Die gefahrenreiche Situation verschärfte sich durch die Einbrüche imperialistischer Truppen aus den Randstaaten, durch die Blockade und die großen Feldzüge, die vom Gold der Entente bezahlt wurden. Revolution und Gegenrevolution blickten einander ins Weiße der Augen. Die Sowjetregierung mußte tun, was Karl Marx als die erste Aufgabe jeder Revolutionsmacht bezeichnete: ›Feinde niederschlagen‹.«

Und was die Meldungen über angebliche Greuel der Bolschewiki betraf, so stellte Clara Zetkin fest, daß sie alle aus trüben Quellen stammten, daß sie von denen verbreitet wurden, denen die Revolution Macht und Ausbeutungsrecht nahm.

Aber Clara Zetkin wies nicht nur zurück. Wie in allen Ausführungen über Sowjetrußland, die sie nach ihrem ersten Besuch dort machte, zeigte sie auch in diesem Werk die neue, die sozialistische Demokratie, die sich bei aller Härte der Kämpfe in Rußland entwickelt hatte, die wahre Demokratie, bei der alle werktätigen Menschen schöpferisch mitwirkten, die lebendige Verbindung der bolschewistischen Partei mit den arbeitenden Menschen, sie sprach von dem erblühenden Leben der Werktätigen, das zu schildern sie seit ihrer ersten Reise nicht müde wurde und an dem sie sich bis zu ihrem Lebensende erquickte. Und tief bedauerte sie in ihrem Buch, daß es der Freundin nicht mehr beschieden war, die sozialistische Demokratie in Aktion zu erleben.

Der Auseinandersetzung mit Rosa Luxemburgs Breslauer Entwurf folgte eine packende Dokumentation, in der Clara Zetkin an Hand des Kampfes der großen Revolutionäre, namentlich an Hand der Spartakusdokumente und der »Roten Fahne«, darstellte, wie Rosa Luxemburg im Feuer der Novemberrevolution ihre Breslauer Anschauungen überwunden hat.

»Die mehrheitssozialdemokratischen und unabhängigen Antibolschewisten schmähen Rosa Luxemburg, wenn sie ihr Eintreten für die Räteordnung und die proletarische Diktatur, ihren leidenschaftlichen Kampf gegen die Nationalversammlung und zur Entlarvung der bürgerlichen Demokratie hinzustellen versuchen als eine Art von vorübergehendem Mißverständnis, als einen versehentlichen, unbedachten Sündenfall, als ein temperamentvolles Sichfortreißenlassen, bei dem das heiße Herz mit dem klaren Verstand durchgegangen wäre. Bei dieser ebenso scharfen wie kühnen Denkerin war der geschichtliche Überzeugung gewordene Gedanke nie die ausgebrannte graue Asche des Handelns, vielmehr die leuchtende Flamme, an der sich die Tat entzündete.

So ist auch ihre geänderte Einstellung zu den herausgehobenen Problemen der proletarischen Revolution die Frucht des Durchdenkens und der geistigen Meisterung der geschichtlichen Situation und der Grundbedingungen, die sich daraus für den Befreiungskampf der Werktätigen ergeben.«

Am Beispiel der »Roten Fahne«, Rosa Luxemburgs letztem und entscheidendem politischem Bekenntnis, wies Clara Zetkin nach, daß die Freundin mit eiserner Konsequenz für den Kampf um die Räteordnung in Deutschland, gegen die Wahl einer Nationalversammlung, das heißt einer deutschen Konstituante, und damit für die Politik der Bolschewiki eingetreten ist, daß ihr Weg sie an die Seite Lenins geführt hat.

Indem Clara Zetkin auf diese Weise darstellt, wie Rosa Luxemburg in den heißen Tagen der Revolution ihre Breslauer Fehler revidierte, sich die Praxis der Bolschewiki zum Vorbild nahm, weil die Lage und der Kampf in Deutschland dies erforderten, lehrt sie uns eindringlicher noch als in den ihr gewidmeten Gedenkartikeln Rosa Luxemburg als große revolutionäre Führerin kennen, als den Adler, als den Lenin sie bezeichnet hat.

»Paul Levi«, erklärte Clara Zetkin, »gehörte dem Redaktionsstab der ›Roten Fahne‹ an ... Er konnte nicht im Zweifel darüber sein, daß diese Haltung zur Voraussetzung hatte eine Revision von Rosa Luxemburgs früherer Auffassung der Probleme, die durch die bolschewistische Politik in Rußland scharf herausgemeißelt worden waren. Oder dürfte man im Ernst annehmen, daß Rosa in Deutschland das Zustandekommen der Nationalversammlung mit Leidenschaft bekämpfte, um sich für eine Konstituante in Rußland zu begeistern? Daß sie hier ihre ganze Kraft daransetzte, die Stunde der proletarischen Diktatur zu beschleunigen, aber Sowjetrußlands Heil von der ›Demokratie‹ erwartete? Daß sie für

Deutschland die Räteordnung erstrebte, für dort den Parlamentarismus wollte? Daß sie die Wucht ihres Wissens und Talents zur Niederzwingung der Politik der Ebert-Scheidemann-Haase aufbot, jedoch eine bußfertige Rückkehr zur Kerenski-Politik als ›Ziel aufs innigste zu wünschen‹ erachtete? ... Außerdem: Karl Liebknechts Name – ein geschichtliches Symbol – würde nicht 24 Stunden lang neben dem von Rosa Luxemburg am Kopfe der ›Roten Fahne‹ gestanden haben, wenn nicht zwischen den beiden überragenden Kämpfern Übereinstimmung in der Einstellung zu internationalen Grundfragen der proletarischen Revolution vorhanden gewesen wäre. Diese Übereinstimmung war – unbeschadet abweichender Nuancen im einzelnen – der tragende Boden der festen, treuen persönlichen Freundschaft und revolutionären Waffenbrüderschaft, die Rosa Luxemburg und Karl Liebknecht bis in einen tragischen Tod verband. Karl Liebknechts Stellung zur russischen Revolution ist bekannt.«

Und weiter erklärte sie: »Nur weil die Bolschewiki der Revolution sofort die Titanenmaße und Titanenziele der proletarischen Revolution gaben, konnten Massenkräfte entfesselt und geschichtlich wirksam werden, die in einer lächerlich winzigen Zeitspanne für den Umsturz der Gesellschaft zerstörend und aufbauend mehr geleistet haben als alle bürgerlichen Revolutionen im Laufe von Jahrhunderten.« Pflicht der Arbeiterklasse sei es, das betonte sie hier wie schon so oft, das russische Proletariat, das bis jetzt seine revolutionäre Pflicht getan habe, nach ganzer Kraft zu unterstützen, den Bolschewiki nachzueifern, ihr Werk mit ihrem Leben zu schützen.

»Die revolutionäre Arbeiterpartei der Bolschewiki«, so schloß sie, »muß die große Linie ihrer Politik festhalten. In geschichtlicher Gebundenheit führt sie zum geschichtlichen Ziel. Die bolschewistische Politik ist der erste Versuch größten weltgeschichtlichen Stils, marxistische Politik zu treiben, das gesellschaftliche Leben und seine Entwicklung zu erheben von einem Spiel blind, anarchisch wirkender Kräfte zu einem Werk der Wissenschaft, bewußten Willens. Den Chor der Gegner, das Waffengeklirr der Feinde übertönt angesichts dieses grandiosen Versuchs die starke

Stimme der proletarischen Revolution. Gegenwarts- und Zukunftskampf heischend, ruft sie der Partei das stolze Wort des großen Florentiners zu, das Marx dem ersten Band seines ›Kapitals‹ vorangestellt hat: Segui il tuo corso, e lascia dir le genti! [Geh deinen Weg, und laß die Leute reden!]«

Es sei wiederholt, was einleitend gesagt wurde: Ein Buch von großer Kraft und Tiefe, ein Bekenntnisbuch und ein Werk von brennender Aktualität!

»Ich arbeite, arbeite, arbeite«

Der Arzt habe ihr eine strenge Liegekur wegen ihrer Herzschwäche verordnet, teilte Clara Zetkin nach dem Jenaer Parteitag 1921 ihrem Sohn Maxim mit. »Ich habe mich, soviel es möglich war«, fügte sie hinzu, »an die ärztlichen Vorschriften gehalten. Da ich aber in die Zentrale gewählt wurde, konnte ich nicht sofort heimfahren. Die Verhältnisse in der Partei und die politischen Ereignisse machten es nötig, daß ich zunächst nach B[erlin] ging, um noch einiges mit durchzuberaten ... Über die Parteidinge schreibe ich Dir nächstens. Die Klärung hat langsam begonnen.«

Dann, am 3. Oktober: »Und ich, liebster Junge? Ich arbeite, arbeite, arbeite, Tag und Nacht.«

Schließlich, am 10. November: »Von mir wirst Du wissen wollen. Ach, mein teurer Maxim, von mir ist nicht viel zu sagen. Mein Leben ist das Leben der Partei, der revolutionären proletarischen Vorhut, und das ist nicht angenehm. Ich stehe als Soldat der Revolution auf Posten und halte aus.«

Als diese Briefe geschrieben wurden, hatte die Offensive des Monopolkapitals, die um die Wende 1920/1921 eingesetzt hatte, sich verstärkt, erfaßte zunehmend alle kapitalistischen Länder. Um den Werktätigen die nach der Oktoberrevolution errungenen Rechte zu entreißen, waren der Weltreaktion alle Mittel recht. In vielen Ländern, wie in Finnland, den baltischen Staaten, in Polen, auf dem Balkan, herrschte der weiße Terror. In Ungarn war das faschistische Horthyregime an der Macht. In Italien terrorisierten

Mussolinis Schwarzhemden die Arbeiter, zerstörten ihre Wohnungen, ihre Gewerkschafts- und ihre Parteibüros, ihre Volkshäuser. In den kapitalistischen Ländern des Westens nahm die Verfolgung der revolutionären Arbeiter zu.

Der Imperialismus heckte neue, teuflische Pläne aus, um Sowjetrußland, das er militärisch nicht hatte besiegen können, durch wirtschaftliche Drosselung endlich doch auf die Knie zu zwingen.

Das vom Bürgerkrieg verwüstete, ausgeblutete und immer noch von den kapitalistischen Staaten unter Blockade gehaltene Land wurde im Sommer 1921 von einer schweren Hungersnot heimgesucht, die das Leben von fünf Millionen Menschen, darunter vielen Kindern, bedrohte. Diese Lage versuchten die Imperialisten zu nutzen, um die Sowjetregierung zu erpressen, um auf kaltem Wege politische Zugeständnisse zu erlangen, in deren Folge ihnen Sowjetrußland zur Beute hätte werden können.

In Deutschland selbst trat die Reaktion immer unverschämter auf. In provokatorischer Form wurden Regimentsfeiern, Kriegervereinsappelle, Bismarckfeiern und Kaisergedächtnisfeiern abgehalten, den Generalen des Weltkrieges, den davongejagten Fürsten und den Hohenzollernprinzen Fackelzüge dargebracht, während Tausende von Arbeitern in den Gefängnissen schmachteten, weil sie die Republik verteidigt hatten. Faschistische Banden formierten sich, in München begann Hitler seine braunen Garden zu organisieren. Die Feme wütete. Ihr fielen Arbeiter zum Opfer, Jugendliche, bürgerliche Friedenskämpfer, ja sogar Politiker der deutschen Großbourgeoisie, die die politischen Realitäten erkannt hatten und dementsprechend zu handeln versuchten. Am 26. August 1921 wurde der Zentrumspolitiker Matthias Erzberger erschossen, der als Staatssekretär für Auswärtige Angelegenheiten den Waffenstillstand im November 1918 abgeschlossen hatte. Ein Jahr später, am 24. Juni 1922, versetzte der Mord an dem deutschen Außenminister Walther Rathenau die Welt in Erregung. Er hatte den Vertrag von Rapallo unterzeichnet, durch den Deutschland als erstes Land Sowjetrußland diplomatisch anerkannte.

Um das deutsche Volk wirtschaftlich völlig auszuplündern, trieben die herrschenden Klassen die inflationistische Entwicklung voran. Hatten die Preise im Januar 1921 schon das Zehnfache der Vorkriegszeit erreicht, so betrugen sie Ende 1921 das Fünfzigfache, Mitte des Jahres 1922 das Hundertfache.

Die Monopolherren aber raubten immer mehr Kapital zusammen. Da war vor allem Hugo Stinnes, der in den Wirren der Nachkriegszeit bedeutende Teile der deutschen Wirtschaft an sich gebracht hatte und einen Mammutkonzern aufbaute. Neben den großen Haien der Wirtschaft zogen, mehr noch als während des Krieges, die Scharen von Spekulanten und Schiebern, in dem wirtschaftlichen Chaos an die Oberfläche gespült, den Zorn der Werktätigen auf sich. Vom Volksmund als Raffkes oder Neureiche bezeichnet, stellten sie ihren durch schmutzige Geschäfte ergaunerten Reichtum in aufreizender Weise zur Schau. Mit ihnen praßte ein zahlreiches Gesindel aus aller Herren Länder, das mit Dollars, Gulden oder andern ausländischen Währungen in Deutschland billig lebte, sich an den Geschäften der Dunkelmänner beteiligte, teure Waren, Kostbarkeiten aller Art, Häuser und anderen Grundbesitz für Bettelpfennige aufkaufte.

Wenn Clara Zetkin diesen Schmarotzern begegnete, die protzig gekleidet in nagelneuen Autos saßen, begleitet von gold- und juwelenbehangenen Frauen, oder wenn sie, von ihrer bescheidenen Pension Jahncke in der Köthener Straße zum Reichstag wandernd, das Treiben vor den Luxusrestaurants am Potsdamer Platz beobachtete, ballte sie wütend die Fäuste.

Sie dachte an die Arbeiter, Beamten, Angestellten, Wissenschaftler, die für Kulilöhne schufteten, an die Arbeitslosen und Kurzarbeiter, die Handwerker und Kleingewerbetreibenden, die zugrunde gerichtet wurden, soweit sie sich durch den Krieg hindurch hatten halten können, an die Kleinrentner, die auf ein sorgenfreies Alter gehofft hatten und nun die Ersparnisse in ihren Händen zerrinnen sahen. Sie dachte an die Kriegsversehrten, die auf den Straßen bettelten und bitter wiederholten, was man ihnen gesagt hatte, als sie in den Krieg zogen: »Der Dank des Vaterlandes ist euch gewiß.« Und sie erinnerte sich voller Scham, daß ausländische Wohlfahrtsgesellschaften, vor allem Quäker, in deutschen Schulen Suppen, Milch und Brötchen verteilten, ohne allerdings damit das Kinderelend bannen zu können. Kinderelend, das die Männer und Frauen der deutschen Großbourgeoisie mit ihren steinernen Herzen und gierigen Händen so völlig kaltließ wie alles übrige Leid, das sie über Deutschland und die Welt gebracht hatten.

Sie dachte aber auch daran, daß der Ruf der Kommunistischen Internationale und der Kommunistischen Partei Deutschlands zur Schaffung der Einheitsfront aller Werktätigen unter den sozialdemokratischen, christlichen und parteilosen Arbeitern immer mehr Gehör fand, daß gemeinsame Aktionen in den unteren Einheiten zunahmen und daß nach der Ermordung des Zentrumspolitikers Matthias Erzberger durch rechte Terroristen Hunderttausende Menschen aller Schichten auf die Straße gegangen waren. Sie dachte vor allem daran, daß die Werktätigen sich immer fester um den jungen Sowjetstaat scharten. Das hatte sich besonders gezeigt, als Anfang August 1921 die Kommunisten zur Solidarität mit dem Sowjetvolk, zur Unterstützung für die vom Hunger heimgesuchten Gebiete gerufen hatten. Waren es zunächst die kommunistischen Arbeiter und Arbeiterinnen gewesen, die zu Hilfe eilten, Geld- und Sachspenden sammelten, Tagelöhne spendeten, so schlossen sich bald viele Sozialdemokraten, Mitglieder und Anhänger der USPD, parteilose und christliche Arbeiter, Gewerkschafter, Mittelständler sowie namhafte bürgerliche Intellektuelle und Politiker der Bewegung an. So stark entflammte in der ganzen Welt die Solidarität, daß sogar die Führer der reformistischen Gewerkschaftsinternationale und der rechten Arbeiterparteien und selbst das Rote Kreuz trotz der feindseligen Haltung der imperialistischen Regierungen nicht abseits bleiben konnten. Schon vor dem III. Weltkongreß hatte Clara Zetkin den wachsenden Willen der Werktätigen zu gemeinsamem Handeln aufmerksam beobachtet und auch mit Lenin darüber gesprochen. Lenin war wie sie der Meinung, daß dieses Streben der Arbeiter mit allen Mitteln gefördert werden müsse. So stand denn Clara, wie viele ihrer Genossen, in überfüllten Versammlungssälen, in Fabrikhöfen, auf

Marktplätzen und forderte die Werktätigen auf: Verteidigt euch gemeinsam gegen die Angriffe des Monopolkapitals! Schützt eure Rechte! Schart euch um den Sowjetstaat, verteidigt ihn, lernt von ihm, denn er ist der Garant auch eurer Zukunft!

Die Aktionseinheit der Werktätigen forderte sie auch von der Tribüne des Reichstages aus. Im Namen ihrer Partei trat sie am 1. Oktober 1921 gegen das von der Regierung des linken Zentrumspolitikers Wirth vorgelegte »Gesetz zum Schutz der Republik« auf. In ihrer Rede, die – noch unter dem Eindruck der Märzkämpfe und des nachfolgenden Rachezuges der Bourgeoisie stehend – emotional und stürmisch ist wie wenige ihrer Reichstagsreden, verlangte sie die Amnestie der Verhafteten der Märzkämpfe, die Freilassung aller politischen Gefangenen, die Aufhebung des seit der Niederschlagung der Münchener Räterepublik in Bayern bestehenden Ausnahmezustandes und der Sondergerichte, die strenge Bestrafung aller Fememörder und die Säuberung der Justiz von den Feinden der Republik. Die Arbeiterklasse aber rief sie zum entschlossenen Kampf gegen die vormarschierende Konterrevolution auf.

»Der Herr Reichskanzler hat erklärt«, sagte sie, »er werde den dokumentarischen Beweis erbringen, daß eine neue Verschwörung gegen die Republik, ein neues Kapp-Putsch-Unternehmen zum Sturze der Verfassung vorbereitet worden sei. Wir zweifeln nicht daran, daß das wahr ist. Die Situation, die durch die Schüsse auf Erzberger, durch seine Ermordung beleuchtet worden ist, hat gezeigt, wie nah und wie groß die Gefahr ist, daß die monarchistisch-militaristische Gegenrevolution zu einem bewaffneten Kampfe gegen die Republik, gegen das Proletariat ausgeholt hat.« Die Republik müsse geschützt werden, fuhr sie fort, das sei auch die Meinung ihrer Partei. Nicht aber durch das vorgelegte Gesetz, nicht durch Kuhhandel der Sozialdemokraten mit bürgerlichen Parteien um Regierungsposten, nicht dadurch, daß die Arbeiterklasse, wie es der sozialdemokratische Parteitag zu Görlitz empfohlen habe, die alten Manuskripte verbrenne, in denen vom Klassenkampf die Rede ist, sondern durch die Schaffung der Arbeitereinheit gegen die Monopolherren.

»Um die Macht zu gewinnen, die Republik zu schützen«, erklärte sie unter dem stürmischen Beifall ihrer Genossen, »ihr einen sozialen Inhalt zu geben, darf das Proletariat nicht mit den bürgerlichen Parteien handeln. Die werktätigen Massen müssen selbst handeln.«

Zusammenstehen! forderte sie, in jedem Betrieb, in jeder Gewerkschaft; überall, in jedem Gemeinde-, in jedem Landesparlament, im Reichstag die Einheitsfront schaffen, die erwächst im Kampf für jeden Bissen Brot, für jede Stunde Verkürzung der Arbeitszeit, im Kampf um politische Macht, zusammenstehen auch zum Schutze des ersten Arbeiterstaates der Welt, der Sowjetmacht.

»Sowjetrußlands Feinde«, fügte sie hinzu, »sind die Feinde des deutschen Proletariats. Sowjetrußlands Gegenwart und Zukunft ist die Gegenwart und Zukunft des deutschen Proletariats.«

Diese Rede wurde zum 1. Oktober 1921 gehalten. Zu dieser Zeit begannen die Werktätigen bereits weit über die Reihen der Kommunisten hinaus, auf die Stimme Clara Zetkins und ihrer Genossen zu hören.

Eine abenteuerliche Reise

Anfang Oktober 1921 rüstete Clara Zetkin noch einmal zu einer illegalen Reise. Im Auftrag der Kommunistischen Internationale fuhr sie in Begleitung ihrer jungen resoluten Sekretärin Hertha Gorden in das von den Schwarzhemden Mussolinis terrorisierte Italien. Sie reiste unter dem Namen einer Schauspielerin, und die Genossen staffierten sie entsprechend heraus – Modefrisur, große Brille, Federboa, Spitzenjabot an der eleganten Bluse. Als Clara sich im Spiegel betrachtete, lachte sie wie seit langem nicht mehr. Ihr Auftrag hingegen war schwierig und gefährlich. Als Vertreterin der Kommunistischen Internationale sollte sie am Parteitag der Italienischen Sozialistischen Partei teilnehmen, und viel hing von ihrer Klugheit und Überzeugungskraft ab, denn die Lage in der italienischen Arbeiterbewegung war äußerst kompliziert.

Im Januar 1921 war die Kommunistische Partei Italiens gegründet worden, aber sie machte – unter der Führung Bordigas, gegen den sich die marxistisch-leninistischen Kräfte nur schwer durchsetzten – eine äußerst sektiererische Politik. In der Sozialistischen Partei aber, der immer noch Reformisten und Zentristen gemeinsam angehörten und die dem Namen nach gleichfalls zur Kommunistischen Internationale zählte, waren viele ehrliche Arbeiter. Doch hatte die Parteiführung sich ständig offener und verhängnisvoller auf revisionistischen, arbeiterfeindlichen Kurs begeben. Die Rechten der Partei strebten nach Ministerposten. Es war sogar so weit gekommen, daß die Partei Anfang August 1921 mit den italienischen Faschisten den verhängnisvollen »Pakt der Befriedung« geschlossen hatte, der jeden Widerstand gegen die Faschisten verurteilte und dadurch die faschistischen Gewalttaten tolerierte.

Clara Zetkin erschien auf dem Mailänder Parteitag so unerwartet, wie sie in Tours erschienen war. Sie beschäftigte sich lange und gründlich mit der verhängnisvollen Politik der Italienischen Sozialistischen Partei, der verräterischen Haltung der rechten Führer.

Nachdem sie auf den Kampf der italienischen Arbeiter in der Vergangenheit eingegangen war, sagte sie:

»Genossen, Freunde! Die Achtung vor euch, die Bewunderung für die Vergangenheit der italienischen Partei machen es mir zur Pflicht, offen zu sprechen; auszusprechen, was von euren Bruderparteien in allen Ländern empfunden wird, peinlich, schmerzlich empfunden wird ... Die Italienische Sozialistische Partei hat auch nicht einen Schritt vorwärts in der Richtung der proletarischen Revolution getan, sie ist dagegen zwei Schritte nach rückwärts zum Reformismus, zur Verbürgerlichung, zurückgewichen ... Die Partei stellt den sehr realen Waffen der faschistischen Mörderbanden die ungefährlichen Worte christlicher Ethik entgegen; sie schließt mit diesen Truppen der Gegenrevolution einen Pakt, einen Waffenstillstand, der nichts bindet als die revolutionäre Energie des Proletariats in dem aufgezwungenen Verteidigungskampf, einen Waffenstillstand, der die Arbeiter entwaffnet, den

Faschisten dagegen den Dolch, das tödliche Blei, die Macht zur Demolierung und Einäscherung der Volkshäuser läßt ...

Der bürgerliche Staat unterstützt und vervollständigt auf politischem Gebiet und mit allen politischen Machtmitteln den Vorstoß der Kapitalisten. Er versagt schmählich angesichts der sozialen Aufgaben, die die hinterlassenen Kriegsnöte und die Schrecken der Produktionszerrüttung, der Arbeitslosigkeit stellen ... Er segnet heuchlerisch den Waffenstillstand zwischen Faschisten und Sozialisten, begönnert aber heimlich, ja fast offiziell den tückischen Faschismus und läßt seine Carabinieri, seine Truppen, seine Guardia Regia gegen streikende und demonstrierende Arbeiter los.

Aug in Auge mit dieser Situation, was müßte der Kongreß der Partei sein? Ein Tag gewaltigen Rüstens zum gesteigerten, verschärften revolutionären Kampf gegen den Kapitalismus, gegen die bürgerliche Ordnung ... Die Diskussion vor dem Kongreß hatte die Genossen in Reih und Glied der Partei psychisch, moralisch und politisch für diese Aufgabe einzustellen. Nicht aber solches revolutionäres Bereitsein und Bereitmachen war der hervorstechendste Wesenszug dieser Diskussion. Ihr A und O war die Frage der ›Kollaboration‹, des Zusammenwirkens von bürgerlichen Parteien und Sozialistischer Partei, von Bourgeoisie und Proletariat auf allen Gebieten des sozialen Lebens, in der Wirtschaft und im Parlament, als Krönung des Ganzen die Zusammenarbeit von Sozialisten und Bourgeoisie in der Regierung.«

Nachdrücklich wies sie darauf hin, daß die Arbeiterklasse nur im Klassenkampf der Bourgeoisie Zugeständnisse entreißen kann, daß ihre wichtigste Aufgabe der Kampf um die politische Macht ist, wies hin auf die Rolle der Kerenski-Regierung in Rußland, auf die Rolle der Ebert und Noske in Deutschland.

»Die Partei«, forderte sie im Namen des Exekutivkomitees der Kommunistischen Internationale, »muß sich unumwunden, offen, rückhaltlos von der Fraktion der ›Kollaborationisten‹ trennen, muß sie aus ihren Reihen ausschließen ... Wenn der Kongreß den Ausschluß der kollaborationistischen Fraktion ablehnt, so hat er damit bewußt und gewollt die Italienische Sozialistische Partei außerhalb der Kommunistischen Internationale gestellt und hat die Solidarität der Partei mit der Fraktion der Reformisten der Solidarität mit der revolutionären Vorhut des Weltproletariats vorgezogen.«

Clara Zetkin konnte auf diesem Kongreß ihre Forderung nicht durchsetzen, dennoch blieb ihre Rede nicht ohne Eindruck, wie die spätere Entwicklung zeigte, als in Italien manch linker Sozialdemokrat sich der Kommunistischen Partei näherte und am Kampf gegen den Faschismus teilnahm.

Auch in Italien war trotz aller Vorsichtsmaßnahmen die politische Polizei auf Clara aufmerksam geworden. Als nach Schluß ihrer Rede vom Kongreßgebäude ein Auto abfuhr, in das mühsam und schwerfällig eine weißhaarige Frau eingestiegen war, folgte ihm sogleich ein zweiter Wagen. Eine Wettfahrt begann. Nach längerer Zeit wurde das Auto, in dem die alte Frau saß, von der Polizei eingeholt und gestellt. Die Polizisten öffneten den Schlag. Völlig verwirrt sahen sie in das Gesicht eines jungen Mädchens, der einzigen Insassin des Wagens. Als sie das Auto durchsuchten, fanden sie eine weiße Perücke. Die Polizisten fluchten, und die mutige junge Genossin wurde übel behandelt. Clara aber hatte das Gebäude durch einen Hinterausgang unangefochten verlassen und gelangte sicher zu ihrem Versteck, doch war ihr die Rückreise sehr erschwert.

»Ich bin zur Zeit freiwillig in einer Art Klausur«, berichtete sie ihrem Sohn Maxim, »die unter den gegebenen Umständen nötig ist. Mit Ungeduld harre ich auf den Tag meiner Abreise aus dem ›Mauseloch‹. Es ist so viel leichter, in ein Land hineinzukommen als wieder heraus, nachdem man seine Pflicht unter mehr Aufsehen getan hat, als bequem ist. Bis heute ist nichts gewiß, als daß ich hier hocke. Ich habe die Zeit für die Bewegung nicht verloren, aber mich peinigt der Gedanke an den Haufen Arbeit, der mich in Deutschland erwartet.«

Und am 10. November, als sie wieder daheim war, schrieb sie: »Italien hat mir gut getan. Ich lebte in einem Bauernhofe, es gab kein elektrisches Licht, keine Petroleumlampe, nur miserable Kerzen, bei denen ich auch mit bestem Willen nicht lesen und schreiben konnte. Außerdem hatte ich viel gute Milch und Butter. Die Bauern durften nicht wissen, wer ich bin, sonst hätten sie mich vielleicht totgeschlagen, aber so, da sie mich für eine alte, ehrwürdige Tante hielten, haben sie zwei Rosenkränze für mich gebetet und der Hl. Madonna ein Opfer gebracht. Die illegale Einreise war riskant, aber bequem, die Heimreise riskant und sehr strapaziös. Von Italien nach der Schweiz war es allerdings ein bequemer Spaziergang, aus der Schweiz nach Deutschland kam es anders. Des Valutasturzes, des Exports, der Schieberei wegen wird die Grenze sehr überwacht. Der Versuch einer Grenzüberschreitung bei Tage und bequem scheiterte. So mußte es bei Nacht gehen: 1½ Stunde über Äcker und Sumpfwiesen, unter Stacheldraht durch, über und durch Gräben, schließlich 15 oder 20 oder 30 Meter lang durch einen Fluß, das Wasser stieg uns manchmal bis an die Knie. Zweimal waren die Grenzer so nahe, daß wir den Atem anhalten mußten – ein Genosse begleitete mich. Trotz der nassen Strümpfe und Stiefel war es ein wohliges Gefühl, als ich jenseits der Grenze in einem deutschen Waggon saß. Man erzählte mir, daß junge Leute nach der Tour drei Tage krank gelegen hätten, ich kam mit einem ›Schnellkätterle‹ davon und stand 24 Stunden nach dem Abenteuer als Rednerin vor 4000 Arbeitern.« Wahrlich, in ihrem Alter eine Leistung.

Es kommt auf jeden Genossen an

Clara Zetkin wohnte immer noch in Sillenbuch – allein. Von ihren Söhnen, die nach Kriegsende zunächst zu ihr heimgekehrt waren, wirkte Maxim, ihr Ältester, als Arzt in Sowjetrußland, Kostja, der zweite, holte seine Arztprüfung nach. Ihr Mann hatte sie verlassen. Clara trug schwer an dem endgültigen Zusammenbruch ihrer Ehe, noch mehr an dem Verlust ihrer hingemordeten Freunde, empfand es auch schmerzlich, daß von den Genossinnen, die noch während des Krieges treu zu ihr gehalten hatten, nur ganz wenige den Weg zur Kommunistischen Partei fanden, nicht einmal ihre Freundin Margarete Wengels. Doch in den Reihen ihrer Partei kämpfend, war sie nicht einsam, war auch oft von Sillenbuch fort.

Neben ihren Auslandsreisen hielt sie sich wochenlang in Berlin auf, behalf sich, während diese oder jene Freunde sich ihres Hauses in Sillenbuch erfreuten, mit einem Zimmerchen in ihrer dürftigen Pension. Sie war in Berlin nicht nur wegen ihrer Arbeit im Reichstag. Nach dem Jenaer Parteitag nahm sie wieder intensiv an der Arbeit der Zentrale teil. Gemeinsam mit den übrigen Genossen der Parteiführung rang sie um die Lösung der Probleme, vor die die Partei nach dem III. Weltkongreß gestellt war und die mit der wachsenden Volksbewegung gegen die Reaktion täglich dringender wurden.

Schon wenige Tage nach der Rückkehr aus Italien wohnte sie der ersten Zentralausschußsitzung bei, die nach dem Parteitag stattfand. Sie tagte am 16. und 17. November und hatte wichtige Beschlüsse zu fassen, neue Wege zu weisen. Wie mußte die Partei arbeiten, um das Vertrauen der großen Masse der Werktätigen zu gewinnen? Wie konnte die sich entwickelnde Massenbewegung gegen die Offensive des Kapitals vorwärtsgetrieben und zusammengeschmiedet werden zu einer geschlossenen Kampffront gegen das Monopolkapital? Das waren die wichtigsten Fragen, mit denen die Tagung sich zu beschäftigen hatte.

Was die erstere Frage betraf, so konnte gerade Clara Zetkin durch ihre langjährige Arbeit unter den werktätigen Frauen wesentlich zu ihrer Beantwortung beitragen.

Neben den vom Jenaer Parteitag angenommenen Tagesforderungen mußten weitergehende Losungen formuliert, ein Aktionsprogramm angenommen, ein Etappenziel aufgestellt werden, das die Werktätigen näher an den Kampf um die Macht heranführte, ein Ziel, das von den Arbeitern und allen anderen Werktätigen verstanden wurde.

Eindringlich und noch deutlicher wiederholte Clara Zetkin, was sie schon in Jena gesagt hatte: »Welches Mittel haben wir dazu, daß wir unseren gegenwärtigen Kämpfen einen Inhalt geben, der von den breitesten Massen verstanden und als lebenswert empfunden wird, den sie als Lebensnotwendigkeit mit aller Energie erkämpfen wollen?« Und sie erklärte: Man muß »den ganzen Komplex dieser Fragen den Arbeitern sehr einfach durch Stellungnahme zu den Fragen, die wohl jedem Arbeiter und jeder Arbeiterin auf den Nägeln brennen, nahebringen, wie: Kann ich angesichts der gegenwärtigen wirtschaftlichen Nöte das Einkommen, das ich habe, mit dem in Einklang bringen, was ich für den Lebensbedarf ausgeben müßte, damit ich und die Meinigen nicht zugrunde gehen? Das sind Fragen, wo wir angreifen müssen, bei all diesen Lohnfragen müßten wir anfangen.«

Hatte sie damit gemeint, daß sich die Kommunisten, wie es von der Tagung auch beschlossen und später von der Partei durchgeführt wurde, an den wirtschaftlichen Kämpfen der Arbeiter führend beteiligen, so außerdem, daß auch das Aktionsprogramm des Verständnisses und der vollen Unterstützung breitester Massen bedurfte. Clara nahm maßgeblich an seiner Aufstellung teil. Es forderte, wie von breitesten Kreisen der Bevölkerung, der Arbeiter, der kleinen Bauern, der Intelligenz, des Mittelstandes, stürmisch verlangt, hohe Besteuerung der großen, in Sachwerten, Grund und Boden sowie Gold angelegten Vermögen, Beteiligung des Staates an den größten Betrieben, Kontrolle der Produktion durch die Arbeiter und sicherte zu, daß die KPD eine von SPD und USPD gestellte Regierung unterstützen werde, ein Angebot, das im Januar 1922 dahin erweitert wurde, daß die Kommunisten ihre Teilnahme an einer solchen Regierung im Reich oder in den Ländern zusicherten. Dabei wurde vorausgesetzt, daß diese Regierung mit dem Volk und für das Volk handle, daß sie, gestützt auf die Arbeiterklasse, die Macht der Monopole wirtschaftlich und politisch beschränke, die rechten Terrororganisationen verbiete, Polizei und Justiz von Reaktionären säubere, daß sie die wirtschaftliche Lage der Werktätigen verbessere und somit die Macht der Arbeiterklasse stärke, diese weiterführe zum Kampf um die politische Macht.

Clara, die in der Folge viel dazu tat, dieses Aktionsprogramm zu popularisieren, machte jedoch auf dieser Tagung so ernst wie in Jena darauf aufmerksam, daß die Einheitsfront nicht ohne das

Mitwirken der gesamten Partei entstehen könne, die vertrauensvolle Zusammenarbeit der Parteileitung mit den Genossen der unteren Einheiten erfordere, die Einstellung der gesamten Parteiarbeit, jedes einzelnen Genossen auf das tagtägliche Zusammenwirken mit den Werktätigen aller Richtungen in Betrieb, Gewerkschaft und Wohngebiet verlange, auch die Arbeit in den Parlamenten bis hinunter zu den Gemeindevertretungen auf das Wirken für die Einheit der Arbeiterklasse eingestellt werden müsse.

»Aufgabe des Zentralausschusses«, unterstrich sie dann, »ist es, heute nicht nur für die nächste Zeit die Losungen für unsere Arbeit und unseren Kampf festzustellen, sondern auch organisatorisch ihre Durchführung vorzubereiten, Antwort auf die Frage zu finden: Wo und wie erfassen wir am besten die breiten Massen, die noch außerhalb unserer Partei stehen, für unsere Partei, wie fassen wir sie zu immer größeren Einheiten im Kampf zusammen, provinziell, nach Staaten usw. bis zu einer allgemeinen Einheit? Da scheint mir vor allen Dingen nötig zu sein: Wir dürfen nicht vergessen, daß bei der Prüfung der Fragen von wesentlicher Bedeutung ist das kameradschaftliche Zusammenarbeiten zwischen der Leitung und den breiten Massen der Partei nach unten bis zur letzten lokalen Organisation hinein, ferner ein Zusammenwirken zwischen der Organisation und der Presse und vor allen Dingen und nicht zuletzt das Zusammenwirken zwischen der parlamentarischen Betätigung im Reich, in den Staaten und in den Gemeinden. Die gesamte Parlamentsarbeit, ganz gleich, wo sie geleistet wird, muß verwurzelt werden, muß Leben und Kraft, Antrieb und Wirkung durch die breiten Massen erhalten.«

Der Widerstand der internationalen Arbeiterklasse gegen die Offensive des Weltimperialismus schwoll im Jahre 1922 an. In Deutschland begann Anfang Februar ein Streik von 800 000 Eisenbahnern, ein bis dahin in der deutschen Geschichte einzig dastehendes Ereignis. Nie zuvor hatten deutsche Beamte die Arbeit niedergelegt. Dem Eisenbahnerstreik folgte am 18. Februar ein Streik der Mansfelder Eisen- und Hüttenarbeiter. Ende Februar ein Metallarbeiterstreik in Süddeutschland, der drei Monate währte. Unter den Werktätigen in allen Teilen der Weimarer Republik gewannen die Kommunisten an Einfluß. Die Partei verstärkte ihre Anstrengungen zur Schaffung einer Einheitsfront. Clara Zetkin stand dabei in der ersten Reihe.

Besondere Mühe verwandte sie darauf, ihren Ausführungen in Jena und vor dem Zentralausschuß der Partei folgend, die Mitglieder der eigenen Partei für die verantwortliche Mitarbeit bei der Schaffung der Einheitsfront zu gewinnen, war, wie ihre Freunde in der Parteileitung, bemüht, ihnen die Aktionslosungen der Kommunistischen Partei zu erklären, namentlich die Forderung nach der Arbeiterregierung. Diese, das machte sie in Wort und Schrift deutlich, konnte keinesfalls eine Regierung nach der Art des unter Friedrich Ebert nach der Novemberrevolution geschaffenen Rates der Volksbeauftragten sein, sondern nur eine antiimperialistische Regierung, die, getragen vom Willen der Werktätigen, deren Forderungen durchführte und Positionen erobern half, von denen aus der Kampf um die politische Macht der Arbeiterklasse geführt werden konnte.

Streitbare Auseinandersetzungen hatte sie in dieser für die Werktätigen so schicksalsschweren Zeit wiederum mit allen, die sektiererische, ultralinke Auffassungen vertraten, glaubten, von heute auf morgen die proletarische Revolution machen zu können. Diese hatten es, so erklärten Genossen, die damals mit Clara Zetkin zusammenarbeiteten, bei ihr nicht leicht. Sie diskutierte hartnäckig, verstand zu überzeugen.

Von jedem einzelnen Genossen, den führenden Funktionären wie den einfachen Mitgliedern, forderte sie, was sie selbst bis zu ihrem Lebensende besaß und bei Lenin und den Bolschewiki bewunderte: herzlichen Kontakt mit den arbeitenden Menschen, Verständnis für deren Sorgen und Nöte, Beachtung ihrer Gedanken und Vorschläge, eine revolutionäre, auf die Gegebenheiten ausgerichtete realistische Politik.

Unser kommunistisches Schulideal

War Clara Zetkins Hauptanliegen die politische Orientierung der Partei auf den Kampf um die Arbeitereinheit und damit auf die Durchsetzung einer von leninistischem Geist getragenen Politik, so war gleichzeitig die praktische Hilfe, die sie der Partei auf vielen Gebieten zu geben imstande war, von zunehmender Bedeutung, tauchten doch unter den neuen Kampfbedingungen von allen Seiten Probleme auf, die die jungen, weniger erfahrenen Genossen nur schwer meisterten, bei deren Lösung Clara Zetkins Erfahrung und Sachkenntnis wertvoll waren. Und sie ließ es, wenn immer ihr das möglich war, an Rat und Hilfe nicht fehlen.

Nie versäumte sie, wenn sie nach Berlin kam, die Frauenabteilung aufzusuchen, mit den Genossinnen die Arbeit zu beraten; in gleicher Absicht suchte sie auch das Büro des Kommunistischen Jugendverbandes auf. Sie nahm zu Fragen der Schulung Stellung, zu Fragen der Presse, der Kultur, der Sozialpolitik. Sehr wichtig war es für die KPD, daß Clara – zunächst die einzige erfahrene Schulpolitikerin und Pädagogin in den Reihen der Kommunisten – der Partei half, ein der Zeit entsprechendes Schulprogramm zu entwickeln, um so wichtiger, als unter den Forderungen, die die Arbeiter nach der Novemberrevolution erhoben, die nach einer Schulreform keinen geringen Raum einnahm, ja, bis weit in die Kreise des linken Bürgertums und der Intelligenz hinein diskutiert wurde. Clara Zetkin war es, die in kritischer Auseinandersetzung mit dem von der Regierung vorgelegten Entwurf eines Schulgesetzes die Schulforderungen der Kommunisten am 24. Januar 1922 in einer großen Rede im Reichstag entwickelte, einer Rede, die zugleich ein Beitrag zur Einheitsfrontpolitik der Kommunistischen Partei war.

Sie forderte Maßnahmen gegen die wachsende Not der Kinder, die so unterernährt waren, daß sie kaum dem Unterricht folgen konnten, trat vor allem für eine Schulspeisung ein. Sie verlangte auch Maßnahmen gegen die steigende materielle Not der Lehrer, gedachte der vielen Lehrerinnen, die während des Krieges für die

Männer hatten in die Bresche springen müssen und nach deren Heimkehr trotz erheblichen Lehrermangels erbarmungslos auf die Straße gesetzt worden waren, weil das Geld für Schulen und Schulbildung angeblich fehlte.

Vor allem jedoch waren ihre Ausführungen grundsätzlicher Art. »Wie liegen denn die Dinge?« fragte sie. »Wenn je die Volksschule die Aufgabe hatte, die höchstmögliche Summe von Entwicklungsfähigkeit, von Leistungsfähigkeit aus den breitesten Massen herauszuarbeiten, dann in dieser geschichtlichen Stunde ... Deshalb messen wir gegenwärtig einem Reichsschulgesetz die höchste Bedeutung bei.

Ein Reichsschulgesetz ist seit Jahrzehnten die Hoffnung und Sehnsucht aller fortgeschrittenen Schulreformer und Pädagogen gewesen. Es galt jetzt, durch ein Reichsschulgesetz den Inhalt der Volksschule neu, so vollkommen wie nur möglich, zu gestalten. Den breitesten Massen des heranwachsenden Geschlechts mußte die höchstmögliche Entwicklung aller körperlichen, geistigen und sittlichen Kräfte gesichert werden. Es galt zu diesem Zwecke, den ganzen Schulbetrieb, das gesamte Volksschulwesen in großzügiger, grundlegender Weise nach pädagogischen und sozialen Gesichtspunkten neu zu gestalten.«

Dann erhob sie die grundlegenden Forderungen der Kommunistischen Partei: ein Unterricht im Geiste des Humanismus, des Internationalismus, der Erziehung zum Klassenkampf gegen die Ausbeutergesellschaft, ein Unterricht auf der Grundlage der Wissenschaft und frei von kirchlicher Bevormundung. Sie forderte die Einheitlichkeit des Schulwesens, in dem durch Unentgeltlichkeit des Unterrichts den Kindern der Werktätigen alle Aufstiegsmöglichkeiten gesichert sind, verlangte breiteste Mitwirkung der Eltern durch Elternbeiräte. Es waren das jene einst von ihr selbst formulierten Forderungen der alten Sozialdemokratie, die von den rechten Sozialdemokraten wie so viele andere verraten worden waren zugunsten eines schäbigen Kompromisses mit der weltlichen und der klerikalen Reaktion.

Mit beißendem Spott zerpflückte sie den Regierungsentwurf, der keine einzige der sozialistischen Schulforderungen erfüllte. Er splitterte die Volksschulen nach Konfessionen auf und unterstellte sie außerdem der Hoheit der einzelnen Länder, obwohl das, wie am Beispiel der beiden größten Staaten – Preußen und Bayern – sichtbar, dazu geführt hatte, daß sie völlig dem Militarismus beziehungsweise dem Klerikalismus ausgeliefert waren. Der Regierungsentwurf sah lediglich die Schaffung von weltlichen Sonderschulen vor, wo Kinder nichtreligiöser Eltern auf deren Wunsch getrennt von allen anderen Kindern unterrichtet werden sollten. Diesem negativen Entwurf stellte Clara Zetkin die schulpolitische Großtat des Sowjetstaates gegenüber, der in den vier Jahren seiner Existenz, allen inneren und äußeren Schwierigkeiten zum Trotz, eine grundlegende sozialistische Schulreform durchgeführt hatte.

Mit ihrer Rede erreichte Clara Zetkin nicht nur die Schulreformer und fortschrittlichen Lehrer, sondern auch viele Sozialdemokraten, denen die alten Schulideale ihrer Partei heilig geblieben waren. Die breite Auswirkung dieser Rede wurde noch dadurch verstärkt, daß Clara Zetkin im Namen ihrer Partei die Überweisung des vorliegenden Entwurfs an einen Ausschuß befürwortete und die Mitarbeit der Kommunisten an der Verbesserung des Entwurfs zusicherte.

Mit den Aufgaben wächst die Kraft

Mit ihren 65 Jahren noch aufgeschlossen für alle Probleme der Zeit, lebendig, sprudelnd von Tatkraft, Gedanken und Ideen, hatte Clara Zetkin wie in vergangenen Jahren gern junge Menschen um sich. Die Jugend fühlte das, suchte das Gespräch mit ihr, ihren Rat, ihre Hilfe, ihre Bestätigung. Jugendliche umlagerten sie nach Versammlungen, suchten sie im Reichstag auf, kamen zu ihr nach Sillenbuch. Clara Zetkin hatte ein offenes Ohr für alle, die kamen. Besonders gern widmete sie sich aber jungen Genossen, die ihre ersten Schritte ins Parteileben taten, zeigten, daß sie mutig und opferbereit waren, zu lernen verstanden. In ihnen sah sie die Erben der besten Traditionen der Partei, die künftigen

Führer der revolutionären Arbeiterbewegung. Deshalb bemühte sie sich, ihnen von ihrem Klassenbewußtsein, von ihrem proletarischen Internationalismus, von ihrer glühenden Liebe zum Sowjetland mitzugeben, stellte an sie die gleichen hohen Forderungen, die sie an sich selbst, an alle Genossen stellte, führte sie zu den Quellen des Marxismus-Leninismus, verlangte auch Charakterbildung und strenge Selbstzucht. Weil sie ihnen vorlebte, was ein Kommunist ist, wirkten ihre Worte.

Mancher Arbeiterveteran, manche Arbeiterveteranin hat der Verfasserin dieses Buches von dem tiefen Einfluß berichtet, den ein Wort oder auch ein längeres Zusammenarbeiten mit Clara Zetkin auf die eigene Entwicklung gehabt hat; manch ein Erinnerungsblatt mit gleicher Aussage hat die Verfasserin in der Hand gehabt.

So erzählte zum Beispiel Roberta Gropper, die damals in Ulm lebte: Es war in den stürmischen Tagen der Novemberrevolution. Clara Zetkin kam mit dem Auftrag zu uns, mit französischen Kriegsgefangenen zu verhandeln, die sich in einem Lager in der Nähe unserer Stadt befanden und stürmisch nach dem Abtransport in ihre Heimat verlangten. Clara Zetkin, die fließend französisch sprach, beruhigte die Gefangenen und versicherte ihnen, daß der Abtransport so bald als möglich erfolgen werde. Ich hatte als Mitglied des Ulmer Arbeiter- und Soldatenrates die Ehre, Clara zu begleiten. Ich wartete vor dem Gefangenenlager auf sie, denn sie sollte noch auf dem Münsterplatz zu einer Versammlung sprechen. Ihre Gesundheit war damals nicht die beste. Als ich mit ihr im Auto vom Kriegsgefangenenlager zurückfuhr, bemerkte ich ihren erschöpften Zustand. Genossin Zetkin, sagte ich zu ihr, ich bin jung und gesund, hätte ich nur Ihre Kenntnisse und Erfahrungen, um wie Sie und in Ihrem Geiste wirken zu können! Clara antwortete mir: Mit den Aufgaben wächst die Kraft. Noch oft im Leben habe ich, wenn ich vor einer ernsten Aufgabe stand, an diese Worte Clara Zetkins gedacht.

Mit den Aufgaben wächst die Kraft. Das machte Clara Zetkin auch manch anderer jungen Genossin, manch anderem jungen Genossen klar – durch Wort und Tat.

Liddy Kilian, damals Frauenfunktionärin in Berlin, berichtete der Autorin: »Clara Zetkin gab mir entscheidenden Anstoß zur politischen Weiterbildung. Ich lernte sie kennen, als ich – eine ganz junge Frau – im Jahre 1920 nach Berlin kam und im Zentralkomitee der Kommunistischen Partei arbeitete. Ich traf sie zuerst im Fraktionszimmer der Partei im Reichstag. Sie nahm sich meiner in mütterlicher Weise an. Eines Tages sagte sie zu mir in Gegenwart der Frauenleiterin Bertha Braunthal: Dich werfen wir ins Wasser, du mußt schwimmen lernen. Wir brauchen Referentinnen. Lachend fügte sie noch hinzu: Du hast Schnauze und Gehirn. Schon am nächsten Tag mußte ich in einer Versammlung in Moabit sprechen, wofür sie mir Referentenmaterial mitgab. In einem Gesellschaftsraum eines Lokales in Moabit fand die Versammlung statt. Die Beleuchtung war so schlecht, daß ich kaum ein Stichwort aus meinem Konzept lesen konnte. Dazu kam noch das Lampenfieber. Auf dem Heimweg war ich bedrückt und machte mir Vorwürfe, weil ich eine solche Aufgabe angenommen hatte. Am anderen Tag sprach ich ehrlich über mein Versagen zu Clara Zetkin. Von Kneifen kann keine Rede sein, entgegnete sie, da die Vorbereitungszeit fehlte. In Zukunft gibst du mir deine Notizen, und wir sprechen sie durch, bis du dich freigesprochen hast. So ging diese Vorbereitung einige Jahre. Schon ein Jahr nach meiner ersten Versammlung sprach ich in einer Großveranstaltung. Eine Reihe von reaktionären Schlägern, die die Versammlung stören wollten, hatten sich in die Mitte des Saales gesetzt. Wir sagten den Genossen unseres Saalschutzes, sie sollten sich hinter die Störenfriede setzen und sich mit Rohrstühlen bewaffnen, die sie ihnen notfalls über den Kopf stülpen könnten. Dies geschah und hinderte die Störenfriede daran, eine Schlägerei zu entfesseln. Die Versammlung wurde ein großer Erfolg. Allerdings forderte am anderen Tag der Wirt von uns 400 Mark Schadenersatz für seine Stühle. In zwei Tagen hatten wir diese 400 Mark in Moabit gesammelt. Am Tag nach der Versammlung sagte Clara Zetkin zu mir: Du hast gestern eine gute Kampftaufe erhalten. Wenn dich der Feind bekämpft, hast du gut gesprochen.«

Franziska Rubens, während und nach der Münchener Räterepublik leitende Funktionärin der Kommunistischen Jugend in München, berichtete: »Wenn ich an die Münchener Zeit denke, steht sie vor mir – lebendig, als sei das erst vor kurzem gewesen – Clara Zetkin. Die Genossin Clara Zetkin hat in diesen für meine politische Entwicklung so entscheidenden Jahren die größte Rolle gespielt. Stuttgart ist von München nicht so weit entfernt, und eines Tages faßte ich, als mir die Arbeit über den Kopf wuchs, ganz spontan den Entschluß, nach Degerloch zur Genossin Zetkin zu fahren und sie um Rat zu fragen. Es blieb nicht bei dem einen Mal. Nach einer Stunde Beisammensein war es, als kannten wir uns seit Jahren. Die Genossin Clara half mir bei meinen von da an regelmäßigen Besuchen nicht nur durch Kritik und Ratschläge für meine Arbeit, ich konnte auch persönliche Angelegenheiten ohne jede Scheu mit ihr besprechen. So stellte ich ihr eines Tages eine Frage, die mich – und nicht nur mich, sondern auch andere Genossinnen – in jener Zeit sehr bewegte: ›Haben Revolutionärinnen das Recht, Kinder zu bekommen?‹ Sie befreite mich mit ihrer Antwort ein für allemal von allen Zweifeln. ›Natürlich haben sie – nicht nur das Recht, sondern sogar die Pflicht. Weißt du, daß es Rosas tiefster Kummer war, daß sie keine Kinder haben konnte?! Aber eins ist entscheidend: Du mußt sie unbedingt zur vollsten Selbständigkeit erziehen.‹

Und dann erzählte mir Clara von den schweren Jahren, die sie in der Emigration in Paris verbrachte, wie sie dort trotz größter Schwierigkeiten mit ihren Kindern gelebt hatte. Ich habe an diesen Rat der Genossin Zetkin in vielen Stunden meines Lebens gedacht, ich habe ihn befolgt, und das half mir, mit meinen Kindern die schweren Jahre der Illegalität, der Emigration und der Evakuierung zu überstehen.

Bei einem Besuch lud mich Clara einmal ein, an einem Zirkelabend, den sie leitete, teilzunehmen ... An Einzelheiten kann ich mich nicht erinnern, ich weiß aber, daß Claras temperamentvolle und kluge Führung des Unterrichts auf mich einen starken Eindruck machte und mir manche Anregung für meine eigene Schulungsarbeit brachte.

Ich sah Clara später noch öfter, wenn sie nach Berlin kam. Ihre

Erzählungen aus der Zeit des Sozialistengesetzes, den Tagen der Gründung des Spartakusbundes, von Karl und Rosa, ihren treuesten Freunden und Kampfgefährten, begeisterten uns junge Genossen immer wieder aufs neue, gaben uns Kraft für unsere revolutionäre Arbeit.«

Drehten sich Clara Zetkins Gespräche mit jungen Genossen vor allem um Fragen der Revolution, des Kampfes der Partei, des Jugendverbandes, so konnten die jungen Menschen, wie schon aus der Schilderung von Franziska Rubens hervorgeht, mit Clara Zetkin darüber hinaus über alle Fragen des Lebens sprechen. Und es gab viele Probleme. Für die junge Generation war die Zeit nach dem ersten Weltkrieg noch mehr als für die Erwachsenen eine Zeit großer geistiger Wandlungen, der Umwertung aller Werte. Sie, denen Weltkrieg und Oktoberrevolution die alten, ihnen anerzogenen Glaubenssätze zerstört hatten, suchten in heftigem Aufbegehren gegen die ältere Generation neue Wege. Das nicht nur auf dem Gebiet der Politik, sondern auf allen Lebensgebieten. Clara kannte sie, die Diskussionen um Liebe und Ehe, die Absage an die Familie, die Ismen in Kunst und Literatur, die Neigung zu salopper Kleidung und zu saloppem Benehmen. Trotz ihrer bemessenen Zeit fand sie zuweilen eine halbe Stunde, um sich eine Ausstellung avantgardistischer Kunst anzusehen, kannte die Kriegs- und Nachkriegswerke junger rebellierender Schriftsteller. Ja, sie ließ sich sogar einmal von Jugendgenossen in einen Tanzsaal führen, »um die neuen Tänze zu sehen«, denen sich ein Teil der Jugend nach dem Kriege in wilder Lebensgier hingab. Weil sie aber die Wurzeln all dieser Erscheinungen kannte, verstand sie, Unklares klarzumachen, zu helfen, konnte – ohne zu verletzen – über törichte Gedanken und Grillen lachen, konnte ebenso eindringlich über echte Liebe, über Eheglück und Mutterschaft sprechen wie über Kunst und Literatur und über den Sinn des Lebens. Ging es um die Liebe, so erzählte sie gern von dem Gespräch, das sie mit W. I. Lenin über diese Frage geführt hatte und das sie in ihren »Erinnerungen an Lenin« festgehalten hat.

»›Auch in den Beziehungen von Mensch zu Mensch, zwischen Mann und Frau‹«, hatte Lenin ihr unter anderem gesagt, »›revolutionieren sich die Gefühle und Gedanken. Neue Abgrenzungen werden gemacht zwischen dem Recht des einzelnen und dem Recht der Gesamtheit, also der Pflicht des einzelnen ... Der Verfall, die Fäulnis, der Schmutz der bürgerlichen Ehe mit ihrer schweren Lösbarkeit, ihrer Freiheit für den Mann, ihrer Versklavung für die Frau, die ekelhafte Verlogenheit der sexuellen Moral und Verhältnisse erfüllen die geistig Regsamsten und Besten mit tiefem Abscheu.

Der Zwang der bürgerlichen Ehe und der Familiengesetze der Bourgeoisstaaten verschärft Übel und Konflikte. Es ist der Zwang des „heiligen" Eigentums. Er heiligt Käuflichkeit, Niedrigkeit, Schmutz ... Eine Sexual- und Eherevolution ist im Anzuge, entsprechend der proletarischen Revolution. Es ist naheliegend, daß der dadurch aufgerollte sehr verwickelte Fragenkomplex wie die Frauen, so auch die Jugend besonders beschäftigt. Sie leidet wie jene ganz besonders schwer unter den heutigen sexuellen Mißständen ... Das begreift sich ... Allein, es ist bedenklich, wenn in jenen Jahren psychisch das Sexuelle zum Mittelpunkt wird, das schon physisch stark hervortritt ... Engels hat in seinem „Ursprung der Familie" darauf hingewiesen, wie bedeutsam es ist, daß sich der allgemeine Geschlechtstrieb zur individuellen Geschlechtsliebe entwickelt ... Zur Liebe‹«, darauf hatte Lenin ernst aufmerksam gemacht, und das sagte auch sie selbst mit vollem Ernst, »›gehören zwei, und ein drittes, ein neues Leben kann entstehen. In diesem Tatbestand liegt ein Gesellschaftsinteresse, eine Pflicht gegen die Gemeinschaft ... Nicht etwa‹«, hatte er hinzugefügt, »›als ob ich mit meiner Kritik die Askese predigen möchte. Fällt mir nicht ein! Der Kommunismus soll nicht Askese bringen, sondern Lebensfreude, Lebenskraft auch durch erfülltes Liebesleben.‹«

Clara Zetkin war ebendieser Meinung.

Ihr Interesse an der Kunst, das nach wie vor lebhaft war, führte sie auch mit jungen linken Künstlern zusammen. Sie verhehlte ihnen nicht, daß sie alle ästhetischen Spielereien ablehne. Aber sie verstand, daß viele der Jungen, die solche Richtungen vertraten, dadurch ehrlich mit den Problemen der Zeit rangen und die alten, verlogenen Ideale der bürgerlichen Welt hinter sich lassen wollten. Ihnen sagte sie, daß echte revolutionäre Kunst einfach und für die werktätigen Menschen verständlich sein, das wahre Leben und den Kampf um eine neue Welt gestalten müsse. In den großen Arbeiterdichtern Maxim Gorki und Martin Andersen-Nexö zeigte sie ihnen die Vorbilder, denen sie nachstreben sollten. Sie wies ihnen den Weg zum nationalen wie zum internationalen Kulturerbe. Die Pflicht der Geistesschaffenden sei es, betonte sie stets, den Werktätigen den Zugang zu Wissenschaft und Kunst zu erschließen und in enger Verbindung mit ihnen zu schaffen.

So half Clara Zetkin durch Beispiel und Wort, jene Generation junger Kommunisten heranzubilden, die später dem Faschismus heldenmütig die Stirn bot.

Nicht nur durch ihre Werke zu Fragen des sozialistischen Zusammenlebens und durch ihr persönliches Beispiel, sondern auch durch tätiges Einwirken auf die Jugend war sie Mitschöpferin der sozialistischen Moral und Ethik.

Repräsentantin der Kommunistischen Internationale

Neben der rastlosen Tätigkeit in der Heimat begannen die internationalen Aufgaben in Claras Leben mehr und mehr Raum einzunehmen. Sie erfüllte diese mit der gleichen Kraft und Gewissenhaftigkeit wie ihre Verpflichtung in der KPD. Wie alle Revolutionäre in jener ereignisreichen Zeit ein übersteigertes Leben führend, entwickelte sie, die Frühgealterte, Schwerkranke, eine ans Wunderbare grenzende Arbeitsfähigkeit.

Sie leitete nach wie vor das Westeuropäische Internationale Frauensekretariat, das seinen Sitz in Berlin hatte, gab weiterhin die »Kommunistische Fraueninternationale« heraus, beides bis 1925, bis die gesamte Arbeit der Kommunistischen Internationale unter den werktätigen Frauen von Moskau aus geleitet wurde.

Konnte sie diesen beiden wahrlich nicht geringen Aufgaben auch nur einen Bruchteil ihrer Zeit widmen, so verstand sie doch nach wie vor, kräftig einzugreifen, hielt enge Verbindung mit den Genossinnen der westlichen Länder, wirkte durch ihre Erfahrung und Persönlichkeit, verstand es, die »Kommunistische Fraueninternationale«, deren Nummern sie meist auf Reisen zusammenstellen mußte, zu einer bedeutenden Zeitschrift zu machen. Wie zuvor die »Kommunistin«, enthielt nun diese Zeitschrift die politischen Artikel Claras zu den Zeitereignissen, doch erschienen auch aus anderer Feder stammende Arbeiten zu Fragen der Kultur und vor allem zur Frage der Gleichberechtigung der Frau, die in jenen Jahren des schnellen Erwachens breiter Frauenmassen alle Kreise der Gesellschaft so stark beschäftigte. Unter den namhaften Autoren der Zeitschrift finden sich Nadeshda Krupskaja, die holländische Politikerin und Dichterin Henriette Roland-Holst, die englische Frauenrechtlerin Sylvia Pankhurst, der spätere Vorsitzende der Kommunistischen Partei Englands, Harry Pollitt, Otto Kuusinen, einer der Sekretäre des Exekutivkomitees der Kommunistischen Internationale. Selbstverständlich gab die Zeitung Einblick in die Arbeit der kommunistischen Parteien und der Kommunistischen Internationale zur Gewinnung der Masse der Frauen und vor allem anderen in Leben und Kampf der Sowjetfrauen in den ersten Jahren nach der Großen Sozialistischen Oktoberrevolution.

Eine andere internationale Aufgabe, die Clara Zetkin zufiel – und ihr gab sie sich mit ganzer Leidenschaft hin –, war ihre Mitarbeit an der internationalen Hilfsaktion für die von Hungersnot betroffenen Gebiete in Sowjetrußland. Ihr Name stand mit denen von Albert Einstein, Käthe Kollwitz, Leonhard Frank, Alexander Moissi unter einem Solidaritätsaufruf. Mehr noch: Im Auftrage der Kommunistischen Internationale hob sie 1921 das deutsche Komitee zur Organisierung der Arbeiterhilfe für die Hungernden in Rußland, später Internationale Arbeiterhilfe, mit aus der Taufe, gab ihm Arbeitsrichtlinien. Zur gleichen Zeit präsidierte sie einem großen Treffen des internationalen Rußlandhilfskomitees, das gleichfalls in Berlin tagte und an dem neben Vertretern der kommunistischen Parteien auch Vertreter der reformistischen Gewerkschaftsinternationale, der Quäker, des Deutschen Roten Kreuzes und namhafte Intellektuelle teilnahmen. Allen schärfte sie ein: Schnelle Hilfe ist doppelte Hilfe.

In Reden und Aufrufen wandte sie sich ganz besonders an die Arbeiterfrauen, vor allem an die deutschen, die so gern helfen wollten, so arm sie auch waren. Sie, die selbst in ihrem Leben oft mit wenigen Mitteln hatte haushalten müssen, sagte ihnen: Ihr seid arm, aber ihr habt gelernt aus Kleidern Kleidchen, aus Strümpfen Söckchen zu machen, habt in eurem Haus abgelegtes Werkzeug, das benötigt wird. Diesen Anregungen folgend, richteten vielerorts die deutschen Genossinnen Nähstuben ein, in denen gesammelte Kleidung und Wäsche wieder hergerichtet wurde, brachten Arbeiterfamilien Werkzeug, kommunistische Kindergruppen Spielzeug für die sowjetischen Kinder.

Neben diesen laufenden Pflichten erhielt Clara Zetkin zunehmend politische Aufträge von Bedeutung, Aufgaben, durch deren Erfüllung sie in das politische Geschehen eingreifen konnte, wie dies nur wenigen Frauen vor ihr möglich gewesen war. War das Jahr 1922 daher für sie ein Jahr voller Mühsal, so doch auch ein Jahr der Erfüllung. In dieser Zeit erreichte sie die Höhe ihres Wirkens, wurde zu jener hervorragenden Repräsentantin der Leninschen Internationale, als die sie im Gedächtnis der Menschheit lebt.

Am 2. März 1922 hielt sie vor dem Exekutivkomitee der Kommunistischen Internationale das Referat »Der Kampf der kommunistischen Parteien gegen Kriegsgefahr und Krieg«. Dieses Referat gehört zu den reifsten Werken Clara Zetkins, zeigt besonders deutlich, wie stark das Studium des Leninismus und der Kampf um die Durchsetzung der leninistischen Politik Claras Erkenntnisse bereichert, ihre schöpferische Kraft gesteigert hatten. In tiefschürfender, umfassender Analyse der Weltlage wies sie die sich verschärfende allgemeine Krise des Kapitalismus nach, wies auf die überall bestehenden, aus dem Weltkrieg erwachsenen Spannungen und Kriegsgefahren hin: auf die Gegensätze zwischen den um die Vorherrschaft in Europa ringenden Imperialisten

Großbritanniens und Frankreichs, auf den in Asien empordrängenden japanischen Imperialismus, auf den deutschen Imperialismus, der, wenn auch momentan stark geschwächt, seine Gefährlichkeit keineswegs eingebüßt hatte, auf den nach der Weltherrschaft strebenden Imperialismus der USA, wies vor allem hin auf den einmütigen Haß aller Imperialisten gegen den Sowjetstaat, der zu immer neuen Kriegsintrigen gegen das Land des Sozialismus führte. Die Gegensätze werden verschärft, betonte sie, durch die nach dem Krieg ausgebrochene neue Weltwirtschaftskrise.

Eingehend setzte sie sich mit dem Pazifismus auseinander, der angesichts allgemeiner Kriegsmüdigkeit in den kapitalistischen Ländern breite Kreise des Bürgertums erfaßt hatte, auch Eingang in die Arbeiterklasse fand, weil er durch rechte Sozialdemokraten und vor allem durch zentristische Führer genährt wurde.

Gewalt, sagte sie, kann nur durch Gewalt gebrochen werden, und – so stellte sie nachdrücklich fest – hätte Sowjetrußland nicht seine heldenmütige Rote Armee, so wäre es nicht lebendige Gegenwart, sondern Vergangenheit.

Auch die Kommunisten, erklärte sie, sind für Schiedsgerichte, Annullierung aller Kriegsschulden, Verhandlungen, wie die Pazifisten sie fordern, aber, so betonte sie mit Recht, selbst diese werden nur durch Massendruck erzwungen. Eindeutig und entschieden machte sie klar, daß Friedenskampf antiimperialistischer Kampf ist, und sie nannte die Hauptkräfte des Friedenskampfes: den Sowjetstaat, der sich als von Imperialisten unbezwingbar erwiesen hat und den zu schützen sie die Arbeiter der Welt und namentlich Deutschlands aufrief. »Hände weg von Sowjetrußland!« so sagte sie, das muß die Parole sein, für die allzeit einzutreten Ehrenpflicht ist. Sie nannte die internationale Arbeiterklasse, die durch ihre Kraft imstande ist, dem Kriegstreiben der Imperialisten Einhalt zu gebieten, wies hin auf die wachsende Bereitschaft auch der sozialdemokratischen Arbeiter zum Kampf gegen Imperialismus und Krieg, und sie nannte als weitere Kraft die nationale Befreiungsbewegung, die nach der Großen Sozialistischen Oktoberrevolution mächtig aufgeflammt war und durch das Bestehen des Sowjetstaates immer neue Impulse erhielt.

Für die Arbeit und den Kampf der revolutionären Kriegsgegner entwickelte Clara Zetkin im Namen der Kommunistischen Internationale Richtlinien, die auf folgende Schwerpunkte orientierten: planmäßige Aufklärung der Menschen über die Ursachen der Kriege; Stärkung des Kampfwillens der friedliebenden, arbeitenden Menschen, die sich dem Kriegstreiben der Imperialisten mit allen ihnen zur Verfügung stehenden Mitteln entgegenstellen müssen, Widerstand auch dann, wenn ein Krieg ausgebrochen sein sollte; feste Einheitsfront und Solidarität der Arbeiter aller Länder. Dringend empfahl sie besonders die Aufklärungsarbeit in allen bewaffneten Formationen der kapitalistischen Länder.

Eingehend befaßte sie sich auch mit der für April 1922 einberufenen Konferenz von Genua, an der zum erstenmal neben den kapitalistischen Mächten auch die Vertreter des Sowjetstaates als gleichberechtigte Partner teilnehmen sollten und die die Imperialisten benutzen wollten, um Sowjetrußland wirtschaftlich in die Knie zu zwingen – eine Hoffnung, die sich freilich als trügerisch erweisen sollte. Denn auf der Konferenz von Genua war es, wo der Vertrag von Rapallo abgeschlossen wurde, durch den Deutschland als erste imperialistische Macht Sowjetrußland diplomatisch anerkannte.

Clara Zetkin forderte in ihrem Referat, einen reichlichen Monat vor der Konferenz, breiteste Unterstützung der Arbeitermassen für die Prinzipien der friedlichen Koexistenz und die Forderung nach gleichberechtigter wirtschaftlicher Zusammenarbeit, mit der Sowjetrußland nach Genua zu gehen plante. Sie legte überzeugend dar, daß diese wirtschaftliche Zusammenarbeit auch im Interesse der Völker der imperialistischen Staaten liege, ihnen zu Arbeit und Brot verhelfen könne.

Der Inhalt des bedeutsamen Referates wurde nicht nur durch die Berichte der Delegierten in den einzelnen Ländern und durch die kommunistische Presse breiten Arbeiterkreisen bekannt, sondern wurde auch als Broschüre herausgegeben und so den Volksmassen nahegebracht.

Ein zweiter bedeutender politischer Auftrag der Kommunistischen Internationale an Clara Zetkin in dieser Zeit stellte nicht nur höchste Anforderungen an Claras Klugheit und Verhandlungsgeschick, sondern auch an ihre seelische Kraft. Er führte sie vom 2. bis 5. April 1922 in Berlin an einen gemeinsamen Tisch mit jenen, von denen sie sich in bitterem Zorn getrennt hatte – mit den Führern der reformistischen und der damals noch bestehenden zentristischen Internationale, die sich unter dem wachsenden Druck der internationalen Arbeiterklasse gezwungen sahen, der Aufforderung der Kommunisten zu gemeinsamen Beratungen zu folgen. Auf der Konferenz der drei Internationalen führte Clara Zetkin zusammen mit zwei sowjetischen Genossen die Delegation der Kommunisten. Sie sprach nach den einleitenden Formalitäten als erste. Sie wies die reformistischen Delegierten auf ihre große Verantwortung hin, erklärte die Bereitschaft der Kommunisten zu einer allgemeinen Arbeiterweltkonferenz, die nicht rede, sondern handle und unmittelbare Aktionen der Arbeiterklasse für jene Forderungen auslöse, die allen gemeinsam seien: Abwehr der Offensive des Kapitals, der Vorbereitungen zu einem neuen imperialistischen Krieg und der Machenschaften gegen den Sowjetstaat.

Die Besprechung dauerte drei Tage. Es kam zu heftigen Auseinandersetzungen, dramatischen Szenen, die Clara Zetkin die Vergangenheit ins Gedächtnis riefen, sie innerlich kochen ließen vor Zorn. Aber sie bewahrte Haltung, kämpfte zäh um jeden Fußbreit Boden, wußte sie doch ebenso wie die anderen Mitglieder der kommunistischen Delegation, daß hinter den rechten Führern Millionen von Arbeitern standen. Und da sie von ihren Genossen am besten mit den Fuchsschlichen der Herren vertraut war, konnte sie parieren, manchen Stein aus dem Weg räumen.

Es gelang den Reformisten, der von Millionen geforderten Einberufung einer Arbeiterweltkonferenz auszuweichen, doch wählte die Konferenz einen geschäftsführenden Ausschuß, die Neunerkommission, dem Clara Zetkin angehörte, und beschloß gemeinsame Kundgebungen für die Herstellung der proletarischen Einheitsfront. Die zahlreichen Arbeiterkundgebungen, die durch die Konferenz ausgelöst wurden, der sichtbare Aufschwung, den die Einheitsfrontbewegung nach der Konferenz nahm, ließen Clara

Zetkin ihre Mühen gering erscheinen, obwohl sie über die ernste Kampfbereitschaft der reformistischen Partner keine Illusionen hatte. Diese ließen dann auch bereits im Juni 1922, als nach der Ermordung Walther Rathenaus die Bewegung namentlich in Deutschland stürmisch wuchs, Massendemonstrationen gegen die Reaktion, Streiks, ja ein Generalstreik aufflammten, von Furcht ergriffen die gemeinsame Kommission auffliegen. Die Kommunisten hätten, so behaupteten sie, die vereinbarten Forderungen überschritten. Zugleich begannen sie eine neue Hetzkampagne gegen Sowjetrußland, weil die Sowjetregierung einen Prozeß gegen die Sozialrevolutionäre anstrengte, jene Terroristen, die die Bolschewiki durch Morde und Bombenattentate bekämpften, das schändliche Attentat der Sozialrevolutionärin Kaplan gegen W. I. Lenin organisiert hatten, das diesen beinah das Leben gekostet hatte. Sie schämten sich nicht, von Clara Zetkin zu fordern, daß sie sich für die Befreiung dieser Feinde der Revolution einsetzen solle, und beschimpften sie, weil sie nicht auf ihr Anliegen einging.

Doch Clara Zetkin wich nicht zurück. Sie trat im Gegenteil im Sommer, als sie an einer Sitzung des Exekutivkomitees der Kommunistischen Internationale teilnahm, im Prozeß gegen die Sozialrevolutionäre für die Kommunistische Internationale als Anklägerin auf, brandmarkte den schändlichen Kampf dieser Kräfte gegen die Sowjetmacht vor der ganzen Welt, wandte sich scharf gegen die rechten Arbeiterführer, die im Namen der Demokratie die Sozialrevolutionäre zu Märtyrern zu machen suchten.

Die von den sozialdemokratischen Führern gegen sie gerichtete infame Hetzkampagne erbitterte Clara Zetkin maßlos. Doch im Spätherbst des Jahres 1922 wurde sie für die erlittene Unbill restlos entschädigt. Der Sowjetstaat feierte sein fünfjähriges Bestehen, und nicht nur für die Sowjetmenschen, sondern für die revolutionären Arbeiter der ganzen Welt war dieser Tag ein Tag der Freude und des Triumphes. Hatte doch der erste Staat der Arbeiter und Bauern sich nicht nur behauptet und die imperialistischen Interventen aus seinen Grenzen vertrieben, sondern begonnen, sich Weltgeltung zu verschaffen. An Clara Zetkin aber erging die

Aufforderung, auf dem IV. Weltkongreß der Kommunistischen Internationale zu dem Thema »Fünf Jahre russische Revolution und die Perspektiven der Weltrevolution« zu sprechen, zu dem W. I. Lenin, nach dem Attentat wieder genesen, das Hauptreferat halten würde.

Wie tief sie diese Ehrung empfand, geht aus dem verlegen, geradezu verschämt klingenden Brief hervor, mit dem sie Lenin antwortete. Es sei nicht leicht, schrieb sie ihrem verehrten Freund, den sie bei dieser Gelegenheit zum erstenmal nach dem Attentat der Sozialrevolutionäre wiedersehen sollte, nach ihm, Lenin, zur Revolution in Rußland zu sprechen, doch sei es wohl richtig, daß auch ein Vertreter aus den westlichen Ländern zu diesem Thema das Wort ergreife.

Sie sprach, nachdem sie das große Referat Lenins gehört hatte, das sein letztes vor der Internationale war und an das Clara Zetkin sich später niemals ohne Erschütterung erinnern konnte, von der Position aus, die sie in ihrem Brief bezeichnet hatte, legte im Namen der Kommunisten der kapitalistischen Länder einmal mehr ein glühendes Bekenntnis zum Sowjetstaat ab.

Die ganze Fülle der Freude aber, die sie in diesen Tagen empfand, klingt aus den Worten, die sie in Petrograd, wo der Kongreß für einen Tag zusammentrat, den russischen Arbeiterinnen und Arbeitern zurief: »Fünf Minuten unter euch Petrograder Arbeitern zu weilen genügt, um zu wissen, daß es wert ist, sein ganzes Leben für die Revolution zu arbeiten!«

Während ihrer Rückfahrt vom Kongreß unternahm die lettische Polizei den zweiten Versuch, Clara Zetkin zu verschleppen. Clara hatte vorsichtshalber die Zeit bis zum Umsteigen in der sowjetischen Botschaft verbracht, war auch von sowjetischen Genossen zum Zug gebracht worden. Doch kurz bevor dieser abfahren sollte, stürzten lettische Agenten in Claras Abteil, forderten sie in unverschämtem Tone auf, auszusteigen. Ihr Gepäck müsse draußen kontrolliert werden. Diesmal legten sich zwei deutsche Diplomaten ins Mittel. Unterhielt Deutschland doch mittlerweile diplomatische Beziehungen zu Sowjetrußland. Es gelang ihnen, die Agenten einzuschüchtern; Clara konnte im Abteil bleiben.

Das Jahr 1923

Clara Zetkin war schwer krank vom IV. Weltkongreß zurückgekehrt. Sie hatte schon das ganze Jahr 1922 hindurch an hochgradiger Herzschwäche und ständigen Ohnmachten gelitten, war fast nach jeder Versammlung zusammengebrochen. Nun hatte sie sich auf der Winterreise nach Moskau noch eine Erfrierung am Fuß zugezogen. Der Zug war auf der Fahrt durch die baltischen Staaten niemals geheizt. Schaden an der Heizung, pflegten die Verantwortlichen zu sagen – Devisengründe, schrieb Clara. Sie hatte im Drange der Kongreßarbeiten das Übel nicht beachten können. Bei der Heimkehr sah der Fuß böse aus. Der Arzt verordnete strenge Bettruhe. Die starken Schmerzen und ihre Schwäche zwangen Clara Zetkin zu einer bei ihr ungewohnten Fügsamkeit.

Doch nicht lange. Die dramatischen Ereignisse, die das Jahr 1923 einleiteten, rissen Clara wieder hoch. Sie wußte, daß gerade sie bei den neuen schweren Entscheidungen, vor die ihre Partei gestellt war, nicht fehlen durfte. Mühsam am Stock humpelnd, der von nun an ihr ständiger Begleiter wurde, nahm sie die Arbeit wieder auf, griff mit flammender Leidenschaft in den Kampf ein, zeigte sich in jener für das deutsche Volk so schweren Zeit erneut als fähige und kühne Volksführerin.

Es war die Schuld der deutschen Großbourgeoisie, daß sich im Januar 1923 die politische Lage schlagartig zuspitzte. Unter der Führung von Hugo Stinnes hatten die deutschen Schwerindustriellen Ende des Jahres 1922 mit den französischen Imperialisten über die Schaffung eines die gesamte europäische Wirtschaft beherrschenden Mammut-Montantrustes verhandelt, der das Ruhrgebiet mit den Erzlagern von Longwy und Brie vereinigen sollte. Da sie statt der 40 Prozent Gewinnanteil, die ihnen der französische Imperialismus zubilligte, 50 Prozent wollten und damit die Vorherrschaft im Trust, hatten sie es auf eine Kraftprobe ankommen lassen, die Verhandlungen brüsk abgebrochen, hatte auch die von ihnen beherrschte erzreaktionäre Regierung des HAPAG-Direktors Cuno, die die Regierung Wirth abgelöst hatte, die Reparationszahlungen gedrosselt.

Die deutschen Monopolherren hofften bei ihrem Vorgehen auf die Unterstützung der englischen Imperialisten, die die nach der zeitweiligen Ausschaltung der deutschen Konkurrenz wachsende Macht des französischen Imperialismus mit scheelen Augen betrachteten. Der französische Imperialismus antwortete auf diese Provokation mit der gepanzerten Faust. Am 11. Januar 1923 rückten französische Truppen ins Ruhrgebiet ein, übernahmen französische, belgische und italienische Ingenieure die Leitung der Zechen. Die englische Regierung indessen rührte sich nicht. Der einzige Staat, der gegen den Gewaltakt protestierte, war die Sowjetunion.

Die Weimarer Republik verwandelte sich in einen Hexenkessel. Die deutschen Konzernherren entfesselten eine zügellose chauvinistische Hetze, aktivierten ihre nationalistischen Geheimorganisationen, riefen, von den rechten Führern der Sozialdemokratie und der Gewerkschaften unterstützt, die Arbeiter und Angestellten des Ruhrgebiets zum passiven Widerstand auf. Hinter den Kulissen verhandelten sie weiter, bereit, sich mit den französischen Imperialisten die Ausplünderung der Ruhrbergarbeiter und der Arbeiter Lothringens zu teilen, wenn der ihnen zugebilligte Profitanteil hoch genug sein würde. Gruppen der herrschenden Klasse arbeiteten auf eine Zerstückelung Deutschlands hin. Im Westen verstärkte sich die Aktivität der Separatisten, die versuchten, einen rheinischen Pufferstaat zu schaffen. Sie hofften, damit jeglicher Beteiligung an der Bezahlung der Reparationsschulden zu entgehen. Reaktionäre Kreise in Süddeutschland betrieben die Abtrennung Bayerns und die Schaffung einer Donauföderation unter habsburgischer Führung.

Die Besetzung des Ruhrgebietes machte auch im übrigen Deutschland Hunderttausende Arbeiter und Angestellte brotlos, die wirtschaftliche Zerrüttung nahm katastrophale Formen an. Eine weitere, nunmehr galoppierende Entwertung der Mark setzte ein. Mitte 1923 brach die deutsche Währung endgültig zusammen. Die Werktätigen zahlten für ein Brot Hunderttausende, dann Millionen, schließlich Milliarden. Die Löhne, die am Morgen ausgezahlt wurden, waren am Nachmittag, wenn die Frauen einkaufen gingen, entwertet. Besondere Not litt die Bevölkerung des Ruhrgebietes. Die Ruhrindustriellen aber ließen sich von der Reichsregierung Milliardenkredite geben, die Kohlensteuer von 40 Milliarden Mark stunden. Sie heimsten auch den Löwenanteil der für die Ruhrbevölkerung gesammelten Ruhrspende ein. Die Regierung Cuno betrieb lediglich die Geschäfte der Bourgeoisie und deckte deren verräterische Umtriebe. Es war ausschließlich die Kommunistische Partei, die für die Interessen der einfachen Menschen eintrat. Es waren die Sowjetunion und die von der Kommunistischen Internationale geführten Werktätigen der Welt, die sich solidarisch an die Seite des gequälten deutschen Volkes stellten.

Alarmiert durch die mit dem Ruhrkampf ausgelöste unmittelbare Kriegsgefahr, berief die Kommunistische Internationale eine internationale Konferenz nach Essen, dem Zentrum des gefährdeten Gebietes, ein. Am 6. und 7. Januar waren die Delegierten der kommunistischen Parteien Frankreichs, Großbritanniens, Italiens, Belgiens, Hollands, der Tschechoslowakei und Deutschlands versammelt, um gemeinsame Aktionen zu beschließen.

Sie richteten einen Appell an die europäischen Arbeiter, in dem sie diese aufforderten, den deutschen und den französischen Imperialisten die einheitliche Abwehrfront aller Werktätigen entgegenzustellen. Auf einer Kundgebung sprachen die Vertreter der kommunistischen Parteien zu den Arbeitern des Ruhrgebietes, deren Delegationen den Essener Saalbau bis zum letzten Platz füllten. Einige Stunden vor dem Einmarsch der französischen Truppen waren bereits Vertreter des kommunistischen Jugendverbandes Frankreichs eingetroffen. Bei der Ankunft des Militärs begann die Verteilung eines vom deutschen und französischen Jugendverband gemeinsam herausgegebenen Flugblattes, das die französischen Soldaten zur Verbrüderung mit den deutschen Arbeitern aufforderte.

Ob Clara Zetkin der historischen Essener Konferenz beigewohnt hat, ist nicht geklärt. Ihr Sohn Maxim Zetkin vermerkt in seinen biographischen Notizen ihre Teilnahme. Auch Marcel Cachin, damals Führer der französischen Delegation, sagte im Jahre

1956 anläßlich eines Besuches in der DDR, daß er Clara Zetkin in Essen getroffen habe. Der Aufruf der Konferenz trägt ihre Unterschrift nicht, auch in der Rednerliste des internationalen Meetings fehlt ihr Name. Möglich ist, daß sie anwesend war, aber die Beratung dann ihres schlechten Gesundheitszustandes wegen bald hat verlassen müssen. Diese Annahme ist um so wahrscheinlicher, als Clara Zetkin durch ihre internationale Stellung wie durch ihre engen Beziehungen zur Französischen Kommunistischen Partei zur Mitwirkung an der Beratung geradezu prädestiniert war. Sicher ist, daß gerade sie in der Folgezeit äußerst aktiv für die Durchführung der von der Konferenz gefaßten Beschlüsse eintrat. War es die Kommunistische Internationale, die den deutschen Kommunisten den Weg des proletarischen Patriotismus wies, so war es unter den Führern der KPD damals Clara Zetkin, die den deutschen Werktätigen am entschiedensten auf diesem Weg voranging.

Hatte sie schon im Jahre 1907 überzeugend nachgewiesen, daß die nationale Frage eine zutiefst soziale ist, so wußte sie diese ihre Erkenntnis in der durch die Ruhrbesetzung geschaffenen komplizierten Lage schöpferisch anzuwenden, die nationale Frage im Leninschen Sinne zu beantworten.

In der zweiten Januarhälfte 1923 weilte Clara Zetkin in Berlin, um jener Sitzung der Zentrale der KPD beizuwohnen, die sich mit der Ruhrfrage beschäftigte. Es kann kein Zweifel daran bestehen, daß sie wesentlichen Anteil am Zustandekommen des historischen Dokumentes hatte, das die Tagung beschloß. Es war der Aufruf »Schlagt Poincaré an der Ruhr und Cuno an der Spree!«, mit dem die Führung der KPD am 22. Januar 1923 die deutschen Werktätigen zum Kampf gegen die Pläne des französischen Imperialismus und gegen das deutsche Monopolkapital sowie zur Solidarität mit den französischen Werktätigen aufrief.

Schon am Tage zuvor, am 21. Januar, hatte Clara Zetkin in der »Roten Fahne« den ersten der Artikel zur nationalen Frage veröffentlicht, die in den Monaten der Ruhrbesetzung dem deutschen Volk den Ausweg aus der Katastrophe wiesen. Darin erklärte sie: »Jawohl, das Vaterland, Deutschlands Zukunft ist in Gefahr. Unwürdig wäre es, nicht alle Kraft an die Rettung zu setzen. Soll diese gesichert sein, so gilt es jedoch, volle Klarheit darüber, wer Deutschlands Gegenwart und Zukunft bedroht, wer sie retten kann und welches die Bedingungen der Rettung sind«, zu schaffen. Sie entlarvte die verlogene nationalistische Hetze des deutschen Monopolkapitals. »Der Kampf für Deutschlands Befreiung und Wiedergeburt ist gleichbedeutend«, so unterstrich sie, »mit dem Vorstoß des Proletariats zur Überwältigung der deutschen Bourgoisie, für die Eroberung der politischen Macht ... Verschärfung des proletarischen Kampfes gegen Stinnes und Poincaré ist Deutschlands Rettung.«

Dem Verrat der deutschen Großbourgeoisie, forderte Clara Zetkin, müsse das Bündnis der Kleinbürger und Intellektuellen mit der Arbeiterklasse, die Schaffung einer großen gemeinsamen Front zum Sturz der Regierung Cuno und zur Errichtung einer Arbeiterregierung entgegengesetzt werden.

Wie stark ihr Einfluß und ihre Überzeugungskraft in dieser Zeit waren, zeigt die Tatsache, daß die Genossen sie beauftragten, mit einem Referat zur Ruhrfrage den Parteitag zu eröffnen, der vom 28. Januar bis 1. Februar 1923 in Leipzig stattfand.

In ihrem Referat analysierte Clara Zetkin die Schuld der deutschen Monopolbourgeoisie, warnte die Werktätigen vor ihrer nationalistischen Hetze, wies auf die akute Gefahr eines neuen Weltkrieges hin. Für beide, die französische wie die deutsche Großbourgeoisie, erklärte sie, gibt es nur einen Todfeind: das kämpfende Proletariat. »Deutschlands Schicksal wird sich nicht wenden«, sagte sie, »wenn sich nicht das Proletariat gegen den heimischen wie den ausländischen Kapitalismus erhebt ... Es ist klar«, fuhr sie fort, »daß unsere Brüder im Ruhrrevier vorerst die ganze Schwere, aber auch die erste Ehre des Kampfes haben ... Allein, es ist nicht minder klar, daß dieser Doppelkampf nicht nur die Aufgabe sein kann des Proletariats im Ruhrgebiet, sondern die Aufgabe des ganzen deutschen Proletariats sein muß und darüber hinaus die Aufgabe des internationalen Proletariats, ganz besonders des französischen Proletariats. Dem gemeinsamen Feind der gemeinsame Kampf in proletarischer Einheitsfront, national und international ... Poincaré – darüber müssen wir uns klar sein –

muß an der Ruhr geschlagen werden, aber er wird nur dann dort geschlagen, wenn Cuno an der Spree geschlagen wird. Und Cuno kann an der Spree nur geschlagen werden, wenn Poincaré von den deutschen Arbeitern an der Ruhr geschlagen wird.«

Sie sprach vom starken Rückhalt, den die deutsche Arbeiterklasse in ihrem Kampf am Sowjetstaat hatte, registrierte mit Empörung die Ablehnung einer gemeinsamen Kampffront durch die rechten sozialdemokratischen Führer, die wie im ersten Weltkrieg einen Burgfrieden mit der Großbourgeoisie geschlossen hatten.

Sie beendete ihr Referat mit einem glühenden Kampfappell an die Genossen und darüber hinaus an alle friedliebenden Deutschen.

Die Delegierten antworteten ihr, indem sie stehend die »Internationale« sangen.

Wenig später, am 7. März 1923, sprach sie im Namen der Partei zur Frage der Ruhrbesetzung im Reichstag. Immer wieder unterbrochen durch stürmische Zustimmung ihrer Genossen wie durch das Gebrüll der Gegner, wies sie unmißverständlich auf die unüberbrückbare Kluft hin, die im imperialistischen Staat zwischen den Monopolherren und der Masse der arbeitenden Menschen besteht, sprach von der anwachsenden gemeinsamen Kampffront der Werktätigen, forderte zum Kampf für den Sturz der Regierung Cuno und für die Bildung einer Arbeiterregierung auf.

»Wir wissen«, betonte sie, »daß die Arbeiterregierung die wirksamste Verteidigung Deutschlands gegen den französischen Imperialismus sein wird. Allein diese Verteidigung kann nur erfolgen im Kampf mit der deutschen Bourgeoisie und mit der Niederwerfung der deutschen Bourgeoisie als herrschende Klasse. Die Arbeiterregierung selbst wird eine Frucht des revolutionären Kampfes sein.«

Die Sozialdemokratie, erklärte sie, habe auch in diesen schweren Tagen die Bruderhand der Kommunisten zurückgewiesen. Und dann fuhr sie zu dem rechten Abgeordneten der SPD David gewandt fort: »Der Herr Abgeordnete David hat sehr eindringlich von der Notwendigkeit der Geschlossenheit und Entschlossenheit des Kampfes geredet. Aber er hat darüber geschwiegen, mit wem die Front geschlossen werden soll, und das gerade ist die Frage. Soll die geschlossene Front gehen von Cuno über Stresemann bis Scheidemann? Oder soll sie reichen von Moskau bis Paris? Ich glaube das Schweigen des Herrn Abgeordneten David war auch beredt, es hat die Frage beantwortet. Aber auch die Massen draußen haben auf diese Frage geantwortet mit der Entscheidung ihrer Betriebsräte im Ruhrrevier, der Betriebsräte ohne Unterschied der Partei und der Konfession. Sie haben einen 23er Ausschuß eingesetzt, der die Initiative ergriffen hat, um national und international die Organisationen der Arbeiterklasse zum entschlossenen, entscheidenden Widerstande gegen den Ententeimperialismus und gegen den deutschen Kapitalismus im Vaterlande jeder einzelnen Organisation zusammenzuführen.

Sie sagen mir vielleicht: Die geschlossene Einheitsfront des Proletariats zertrümmert die nationale Einheitsfront mit der Bourgeoisie. Ich sage: Es besteht keine nationale Einheitsfront zwischen Bourgeoisie und Proletariat. Was national geschieden ist durch die kapitalistische Ausbeutung und Herrschaft, das bleibt und muß national geschieden bleiben trotz aller politischen Kompromisse und Abmachungen, die gelegentlich vielleicht von klassenvergessenen Arbeiterführern mit Führern der Bourgeoisie getroffen werden. Denn alle solche Abmachungen vermögen nicht den Abgrund der Klassengegensätze zu überbrücken, der zwischen Ausbeutenden und Ausgebeuteten, zwischen Herrschern und Beherrschten gähnt. Was aber national getrennt bleiben muß, das vereinigt sich international. Und wie die deutsche Bourgeoisie nach Verständigung mit dem Ententeimperialismus strebt, so muß sich das Proletariat international zusammenfinden, und es steht bereits im Kampfe gegen die Bourgeoisie international zusammen ...

Sie sagen vielleicht: Es ist Landesverrat, es ist Hochverrat, in diesem Augenblick den Klassenstandpunkt zu vertreten«, fügte sie hinzu. »Wir sagen: Landesverräter, Hochverräter, das sind die Anilinkönige, die wichtigste Patente an die französische Regierung verschachert haben. Hochverräter sind die Zechenbarone, die durch ungenügende Lieferung, die Holzindustriellen, die durch ihren maßgebenden Einfluß dazu beigetragen haben, daß die übernommenen Leistungen Deutschlands nicht erfüllt worden sind. Sie sind Landesverräter, die dem Ententeimperialismus das Tor zum Einfall in das Ruhrgebiet geöffnet haben. Landesverräter sind jene, die aus dem schlechten Stande der Mark Extraspekulationsgewinne gezogen haben, Landesverräter alle jene, die das Proletariat knechten, ausbeuten, seine Kraft zerschlagen wollen.«

Und dann präzisierte sie vor dem Reichstag und vor dem ganzen Volk, was für die Arbeiterklasse, was für alle Werktätigen das Wort Patriotismus beinhaltet:

»Meine Damen und Herren! Sie meinen, wir seien antinational, weil wir international sind. Das ist nicht richtig. International und national sind nicht Gegensätze, sondern Ergänzungen. International sein heißt nicht einmal anational sein, geschweige denn antinational sein. International heißt nichts anderes, als die große Solidarität der Ausgebeuteten der ganzen Welt für eine größere geschichtliche Kraft, für bindender [zu] halten als die vorgebliche nationale Solidarität mit den Ausbeutern, mit den Herrschern ... Wir Kommunisten wollen«, fuhr sie fort, »daß dieses Land und daß diese Kultur das Erbe der breiten schaffenden Massen werde, aller derjenigen, die nicht nur Genießende des materiellen und kulturellen Reichtums sind, sondern auch seine Mehrer. Wir wissen aber, daß Vaterland und Kultur heutzutage die Beute und das Vorrecht der herrschenden Klassen sind und nicht das Allgemeingut und das Recht der breiten werktätigen Massen. Wenn wir Deutschland als Vaterland, wenn wir seine Kultur nicht schätzten, Sie können [es] glauben, wir hätten schon längst in diesen Zeiten jenen Rat befolgt, den einst Wilhelm II. den Sozialdemokraten gab, als sie noch eine revolutionäre Partei zu sein glaubten: ›Ihr Nörgler, schüttelt den Staub von euren Pantoffeln und wandert aus!‹

Ach, meinen Sie nicht, daß wir alle dort sein, dort wirken möchten, wo gegenwärtig das Herz der Weltrevolution in heißen Schlägen klopft, in Sowjetrußland ... Wir bleiben hier«, bekannte sie, und in diesen Worten lag ihre ganze Liebe zu ihrem Volk, »weil wir dieses Land lieben ... Wir bleiben hier, um zu kämpfen, um das Proletariat zum Kampfe zu rufen, und wenn wir wüßten, daß es unser Tod sein sollte. Wir werden unsere ganze Kraft im Kampfe gegen den Kapitalismus, den deutschen sowohl wie den französischen, den ententistischen, bis zum letzten Hauch einsetzen, Männer und Frauen werden gleich entschlossen im revolutionären Kampf gegen zwei Fronten sein, wie sie es in Rußland gewesen sind, als es galt, ihre Freiheit, die Selbständigkeit des Rätestaates gegen kapitalistische Mächte zu verteidigen. Deutschlands Wiedergeburt«, rief sie aus, »kann nicht durch nationalistische Abenteuer erfolgen, sondern nur, wenn das Wort wahr wird, das Marx im ›Kommunistischen Manifest‹ wie in den ›Klassenkämpfen in Frankreich‹ geschrieben hat: wenn die Arbeiterklasse sich als Nation konstituiert, indem sie die politische Macht ergreift und ihre Diktatur aufrichtet, wie sie das in Sowjetrußland getan hat.«

Clara Zetkins Reichstagsrede vom 7. März des Jahres 1923 wurde von der KPD als Broschüre herausgegeben und erreichte auf diese Weise Tausende Werktätige.

Besonders eingehend behandelte Clara Zetkin die im Ruhrkampf aufgeworfenen Fragen in den Leitartikeln der »Kommunistischen Fraueninternationale«. In einem ersten Artikel im Januar 1923, also unmittelbar nach dem Einmarsch der französischen Truppen ins Ruhrgebiet, stellte sie die Schuld des deutschen Imperialismus vor der Weltöffentlichkeit fest. »Er hat Poincaré das Einbruchstor in das Ruhrgebiet geöffnet«, schrieb sie, nachdem sie eingehend die Verhandlungen der deutschen mit der französischen Großbourgeoisie geschildert hatte, »und seinem Profit, seiner Ausbeutungsherrschaft über das deutsche Proletariat zuliebe wird er sich ... mit all dem Unheil abfinden, das im Gefolge der Besetzung droht – inbegriffen einen Weltkrieg.« An die Kommunistinnen aller Länder gerichtet, forderte sie den gemeinsamen Kampf aller friedliebenden Menschen gegen das durch die Schuld vor allem der deutschen Imperialisten über die Welt hereingebrochene neue Unheil.

In dem Artikel »Um Deutschlands nationales Lebensrecht« vom April 1923 wandte sie sich – anknüpfend an ihre Arbeiten aus dem

Jahre 1907 – noch einmal der Frage des proletarischen Patriotismus zu. »Das ›Vaterland‹ der Kapitalisten«, und dies erklärte sie auch hier entschieden allen, die erneut der nationalistischen Hetze zu erliegen drohten, »kann nicht gleichzeitig das Vaterland der Proletarier sein. Es ist ausgeschlossen, daß der bürgerliche Nationalstaat die Verwirklichung des nationalen Einheitsgedankens, des Nationalstaates werktätiger Massen bedeutet. Aber das Kommunistische Manifest zeigt eindeutig den Proletariern den Weg, den sie beschreiten müssen, um sich ihr Vaterland zu erobern, es aus einer Beute- und Herrschaftsdomäne der besitzenden Minderheit in das Erbgut aller Schaffenden – der Hand- wie der Kopfarbeiter – zu verwandeln; zeigt ihnen den Hammer, den sie zu schwingen haben, um den bürgerlichen in den proletarischen Nationalstaat umzuschmieden. Die Arbeiter müssen sich als Nation konstituieren, indem sie die Staatsmacht erobern und sich zur führenden, herrschenden Klasse erheben, mit anderen Worten: ihre Diktatur aufrichten.«

Gegen die nationalistischen Phrasen der Großbourgeoisie gewendet, wiederholt sie: »›Vaterland‹ und ›Nationalstaat‹ haben für die Bourgeoisie und das Proletariat wesensgegensätzlichen Inhalt und Sinn. Die Bourgeoisie hält es mit dem Spruch der alten Römer: ›Ubi bene, ibi patria‹, wo es mir gut geht, ist mein Vaterland. Ins Moderne übersetzt: Wo ich meine Klassenherrschaft ausüben und die Werktätigen ausbeuten kann, dort ist mein Vaterland ... Das ›Vaterland‹ der Schaffenden wird nur dort lebendige, beglückende und befeuernde Wirklichkeit, wo das Proletariat die Zwingburgen der bourgeoisen Klassenherrschaft niedergebrochen hat und das Banner seiner eigenen Macht stolz wehen läßt.

Der bürgerliche Nationalstaat ...«, erklärt sie weiter, »ist nicht die Heimat eines Volkes von freien, gleichverpflichteten und gleichberechtigten Arbeitern, Schaffenden, er ist der äußere politische Rahmen, der die zwei Nationen zusammenhält, deren unversöhnliche Gegensätzlichkeit bereits Disraeli, der spätere Lord Beaconsfield, in seinem Roman ›Sybil‹ geschildert hat: die winzige Nation der Reichen, Ausbeutenden, Herrschenden auf der Sonnenseite dieses Staats, die millionenköpfige Nation der Armen,

Kleinen, Ausgewucherten und Unterdrückten auf seiner Schattenseite ... Der wahre Nationalstaat der Völker kann nur nach der Überwindung und Aufhebung des bürgerlichen Nationalstaates entstehen. Als Werk des revolutionären Proletariats, das dank seiner Diktatur führende Klasse und damit zur Nation wird.«

Der proletarische Patriotismus, stellte sie dann einmal mehr fest, beruht auf dem proletarischen Internationalismus, der die höchste, klassische Form des proletarischen Patriotismus ist. Dies konnte sie mit um so größerer Überzeugungskraft sagen, als nach der Großen Sozialistischen Oktoberrevolution die kämpfenden Werktätigen der Welt sich um den Sowjetstaat scharten, die internationale Solidarität und Kampfgemeinschaft der Werktätigen um ein Vielfaches erstarkt war und unter Führung des Sowjetstaates dem Weltimperialismus große Schlachten lieferte.

Jenen revolutionären Arbeitern aber, die noch ungeschult waren und die Politik der Partei nicht verstanden, anarchistischen Einflüssen unterlagen, meinten, die Ruhrbesetzung sei ein Konflikt zwischen den Imperialisten, der die Arbeiter nichts angehe, erklärte sie, daß, wenn die deutsche Arbeiterklasse, unterstützt von der internationalen Arbeiterklasse, gegen die Besetzung des Ruhrgebietes auftrete, sie keinesfalls den bürgerlichen deutschen Ausbeuterstaat verteidige. »Die deutschen Proletarier«, sagte sie, »haben wider den französischen Imperialismus ihr revolutionäres Zukunftserbe zu verteidigen, vaterländische nationale Werte, die für den Judasschilling zu verschachern die deutsche Bourgeoisie sich anschickt. Zu diesem Ziele müssen sie mit robuster Faust die verräterische deutsche Bourgeoisie beiseite stoßen und selbst im Doppelkampf die revolutionäre Aufgabe lösen, die die profitgierende zitternde kapitalistische Hand nicht lösen kann und nicht lösen will.

Die Kommunistische Partei Deutschlands hat die Führung der Proletarier im Ringen für das nationale Lebensrecht des Reiches zu übernehmen. Sie muß ihnen auf dem mit Gefahren und Opfern besäten Weg des Kampfes zu ihrer Konstituierung als Klasse, als herrschende Klasse, und damit als Nation, kühn, entschlossen, zielklar voranschreiten. Diese ihre geschichtliche Aufgabe gebeut ihr, um ihr Schlachtpanier außer den breiten und tiefen proletarischen Heeressäulen auch alle anderen sozialen Schichten zu sammeln, deren materielle und kulturelle Interessen die Bourgeoisie skrupellos ihrem Profit- und Machtbegehren opfert. So muß die Partei der stärksten, klarsten, bewußtesten Internationalität gleichzeitig auch zur führenden nationalen Partei werden.«

Im Kampf gegen die Ruhrbesetzung, erklärte Clara Zetkin, kündige sich an, daß die Kommunistische Partei Deutschlands die ihr gesetzte Aufgabe zu erfüllen beginne, deren letztes Ziel sei, die deutschen Werktätigen zum Kampf um die Eroberung der Macht und zur Schaffung eines sozialistischen Staates zu führen.

Eine Polizeiwache vor der Tür

Vor Clara Zetkins Haus in Sillenbuch marschierte in dieser Zeit ein Uniformierter auf und ab, wochenlang, Tag und Nacht. Zur polizeilichen Überwachung? Nein, angeblich zu ihrem Schutz.

»Es gibt etwas Aufregung«, schrieb Clara Anfang April 1923 einer Freundin. »Die Faschisten hatten einen Überfall auf mich vor. Dank dritter Seite hatte die Polizei davon erfahren, und obgleich ich dankend abgelehnt hatte, bekam ich polizeilichen ›Schutz‹ vor den Garten ... ›Aus politischen Gründen dürfe Frau Z[etkin] nichts geschehen.‹« Was allerdings ein einzelner Polizist gegen eine faschistische Schlägertruppe ausrichten sollte, hatte die Polizei wohl nicht bedacht. Oder doch?

Clara Zetkin hatte in der Tat Grund, einen neuen Terrorüberfall auf ihr Haus zu fürchten, und ohne den ständigen Schutz durch ihre Genossen wäre er vielleicht auch erfolgt. Ihre Haltung zur Ruhrkrise hatte den Haß der Reaktion gegen sie zur Siedehitze gebracht, dazu gab es noch einen zweiten Grund, der die Aufmerksamkeit der rechten Terrororganisationen auf sie zog. Das Frühjahr 1923 war Zeuge ihres ersten Waffenganges gegen den Faschismus. Dieser war zu einer internationalen Gefahr geworden. Nach der Errichtung der Horthydiktatur im März 1920 in

Ungarn hatte im Herbst 1922 in Italien Mussolini mit Hilfe der Monopolherren die Macht an sich gerissen. Sein Beispiel ließ die Bewegung in andern Ländern erstarken, namentlich in Deutschland, wo faschistische Schlägerbanden begannen, auf die revolutionären Arbeiter loszugehen, Hitlers Braunhemden in München die Straßen beherrschten.

Clara Zetkin war von der Leitung der Kommunistischen Internationale zur Vorsitzenden des von dieser geschaffenen provisorischen Internationalen Komitees gegen den Faschismus berufen worden und forderte in dieser Eigenschaft im März 1923 zum antifaschistischen Feldzug, vor allem zur Unterstützung der italienischen Arbeiter und zur Geldsammlung für die Opfer des Faschismus, auf.

Ende des gleichen Monats sprach sie zum Thema »Der Kampf gegen die internationale faschistische Gefahr« auf einer großen internationalen Arbeiterkonferenz, die – einberufen auf Initiative der rheinisch-westfälischen Betriebsräte – vom 17. bis 20. März in Frankfurt am Main stattfand. Daran nahmen neben Delegierten der deutschen Arbeiter und der Jugend Vertreter von kommunistischen Parteien, Betriebsräten, Gewerkschaften aus Bulgarien, Deutschland, England, Frankreich, Holland, Indien, Italien, Österreich, Polen, der Schweiz, der Tschechoslowakei und der UdSSR teil. Hier ging Clara Zetkin in ihren Forderungen weiter. Der in ihrem Namen herausgegebene Appell der Konferenz fordert neben der politischen Kampagne gegen den Faschismus und der Solidarität mit seinen Opfern die Bildung von proletarischen Hundertschaften zur Abwehr des faschistischen Terrors.

Machten die faschistischen Drohungen Clara Zetkin wenig Eindruck, so sorgte sie sich um so mehr ihrer Krankheit wegen. Sie sollte am 10. April auf dem Bezirksparteitag der KPD im Ruhrgebiet sprechen.

»Mein Fuß ist schlimmer, als ich meinte«, heißt es in dem schon erwähnten Brief. »Der Arzt hält aber energische Maßnahmen wie Schneiden etc. für unmöglich, mein Herz ist so schwach, daß er fürchtet, ich halte das nicht aus. Er hält es für ausgeschlossen, daß ich am 10. reise, doch hoffe ich, daß ich wie oft schon seine pessimistische Diagnose zuschanden werden lasse. Seit gestern haben wir herrliches Wetter, und ich nehme Sonnenbäder. Sorgen Sie sich nicht. Ich habe beste Pflege durch eine Freundin und Kostja, der zur Zeit hier arbeitet.«

Clara setzte ihren Kopf selbstverständlich durch, diesmal jedoch nicht zu ihrem Heil. Sie wurde bei ihrer Einreise in das besetzte Gebiet mit ihrer jungen Begleiterin von französischen Besatzungsoffizieren verhaftet, in endlosem Marsch über das Schienengelände von Posten zu Posten geschleppt und wäre ohne ihre Klugheit und ihren Mut sowie die Solidarität ihrer Genossen, die durch Augenzeugen von ihrer Verschleppung benachrichtigt wurden, in einem französischen Gefängnis gelandet. Erst gegen Abend erreichte sie mit Mühe die Konferenz und konnte zu den Delegierten sprechen, die sie begeistert empfingen. Sie gelangte sogar vom Ruhrgebiet aus noch nach Berlin. Aber das Abenteuer hatte ihren Zustand so stark verschlimmert, daß die Parteiführung in äußerster Sorge um sie war.

Am 28. April schrieb Wilhelm Pieck ihr nach Sillenbuch, wohin sie zurückgekehrt war: »Liebe Genossin Clara! Ich hoffe, daß Sie sich schon wieder etwas erholt haben. Die Reise von Berlin nach Stuttgart wird Sie sicher sehr angegriffen haben. Wenn ich auch zunächst gegen diese Reise in Ihrem damaligen Zustand war, so freute ich mich doch, als ich hinterher erfuhr, daß Sie in Begleitung Ihres Sohnes und Dr. Mencks die Reise gewagt haben. In Stuttgart werden Sie sich sicher schneller erholen als in den Räumen eines Berliner Sanatoriums mit all den Unannehmlichkeiten, die damit verbunden sind. Ich hoffe, daß es in Stuttgart gelungen ist, einen Platz zu finden, an dem Sie sich wohl fühlen und an dem Sie verhindert sind, sich sofort wieder in die Arbeit zu stürzen. Ich weiß wohl, daß bei Ihrem Arbeitseifer Sie sich nur dann wohl fühlen, wenn Sie diesen Eifer auch wirklich anwenden können. Aber vorläufig ist es für die kommende Arbeit, die Ihrer harrt, wirklich vonnöten, daß Sie sich einige Zeit wirklich der Ruhe gönnen. Die Moskauer rechnen damit, daß Sie auf der erweiterten Exekutivsitzung das Referat über den Faschismus und seine Bekämpfung übernehmen. Das wird natürlich nur dann möglich sein, wenn Sie sich jetzt gründlich für die Reise und für die Arbeit stärken. Ich bitte Ihren Sohn darum, daß er alle dafür geeigneten Maßnahmen trifft, die Kosten, die von der Zentrale ganz selbstverständlich übernommen werden, dürfen dabei nicht die geringste Rolle spielen. Wir erwarten von Ihnen, liebe Genossin Clara, noch so viel Arbeit und Unterstützung, daß wir uns die größten Vorwürfe machen müßten, wenn wir nicht alles daran setzen würden, uns Ihre Arbeitskraft noch lange zu erhalten. Aber das liegt auch an Ihnen, liebe Clara, Sie dürfen nicht allzusehr mit Ihrer Kraft wüsten ...«

Claras Fuß war indessen in schlimmem Zustand. In die Wunde hatte sich der Brand gesetzt. Die Fachärzte, die zugezogen wurden, kamen zu dem Schluß, daß der Fuß amputiert werden müsse. Der Hausarzt widersetzte sich, Clara selbst sagte nicht ja und nicht nein. Aber sie war nahe daran zu verzagen. Sie glaube nicht, nach Moskau reisen zu können, schrieb sie an Wilhelm Pieck. Dennoch machte sie sich wieder auf den Weg. Die Genossen suchten ihr die Reise zu erleichtern. Da das sowjetische Sanitätsschiff, mit dem sie transportiert werden sollte, nicht rechtzeitig abfuhr, wurde sie von Reval mit dem Wagen abgeholt. Ihr Sohn Maxim, der die Mutter nach der Ankunft in Moskau untersuchte, erschrak. Er wollte sie sofort in ein Krankenhaus bringen. Aber Clara bestand darauf, zunächst an der Tagung des Exekutivkomitees der Internationale teilzunehmen, vor allem ihr Referat zu halten. Noch einmal setzte sie ihren Willen gegen den der Ärzte durch. Am 20. Juni 1923 hielt sie vor dem Exekutivkomitee der Kommunistischen Internationale die große Rede, die für längere Zeit ihre letzte sein sollte.

Kampf dem Faschismus

Da Clara Zetkin weder gehen noch stehend sprechen konnte, wurde für sie ein besonderer Stuhl angefertigt, auf dem sie in den Saal getragen wurde, in dem die Tagung des Exekutivkomitees der Kommunistischen Internationale stattfand. Auf diesem Stuhl sitzend, sprach sie auch. Ihr Referat, die erste offizielle Äußerung der Kommunistischen Internationale gegen die faschistische Gefahr, war eine bedeutende theoretische Leistung und für den internationalen Kampf gegen den Faschismus eine wesentliche Hilfe. Es legte Wurzeln und Wesen des Faschismus bloß, forderte neben der Abwehr des faschistischen Terrors den ideologischen Kampf gegen die faschistische Ideologie.

»Das Proletariat«, sagte Clara Zetkin, »hat im Faschismus einen außerordentlich gefährlichen und furchtbaren Feind vor sich. Der Faschismus ist der stärkste, der konzentrierteste, er ist der klassische Ausdruck der Generaloffensive der Weltbourgeoisie in diesem Augenblick. Ihn niederzuringen ist eine elementare Notwendigkeit.«

Sie forderte auch hier nachdrücklich die Aufstellung proletarischer Hundertschaften zur bewaffneten Abwehr der faschistischen Horden. »Es geht um Leib und Leben der Proletarier, um die Existenz ihrer Organisationen. Selbstschutz der Proletarier, lautet ein Gebot der Stunde. Wir dürfen den Faschismus nicht nach dem Muster der Reformisten in Italien bekämpfen, die ihn anflehen: ›Tu mir nichts, ich tue dir auch nichts!‹ Nein! Gewalt gegen Gewalt!«

Sie wies auch darauf hin, daß die Faschisten mit scheinradikalen Phrasen und verlogenen Versprechungen Massen von Angehörigen der städtischen Mittelschichten, der Intelligenz, von Bauern und Jugendlichen mobilisierten, die – infolge der Krise, in die der Kapitalismus geraten war, verelendet – einen Ausweg aus ihrer schweren Lage suchten. Sie verlangte, daß neben der Abwehr der faschistischen Gewalttaten politisch und ideologisch um die vom Faschismus Betörten gerungen werde. Wenn sie darauf aufmerksam machte, daß neben Italien besonders Deutschland gefährdet sei, und das, obwohl die Zahl der Anhänger Hitlers damals noch lächerlich gering schien, so entsprang das keineswegs prophetischen Gaben, sondern einer sehr gründlichen Analyse der Verhältnisse in ihrer Heimat. Hier hatten Krieg und Inflation Millionen Angehörige der Mittelschichten an den Bettelstab gebracht. Kleingewerbetreibende, Handwerker, Kleinrentner, Intellektuelle,

Beamte, Angestellte hatten ihre Ersparnisse eingebüßt, ihre Gehälter waren stark gekürzt worden. Ihr Lebensstandard war tief unter das gewohnte Maß gesunken. In kleinbürgerlich beschränkten, ja reaktionären Gedankengängen erzogen, fanden nur die wenigsten von ihnen den Weg zur Arbeiterklasse, war marxistisches Gedankengut ihnen völlig fremd. Erbittert bis zum äußersten, gab die große Mehrheit von ihnen der Novemberrevolution und den nachfolgenden sozialdemokratischen Regierungen die Schuld, wie sie den Sozialdemokraten auch die kleinen Kriegsgewinnler und Schmarotzer mit ihrem wüsten Treiben anlastete, während ihr die Machenschaften der Großbourgeoisie verborgen blieben. Ähnlich dachten viele Kriegsopfer, von denen manch einer während der Inflation durch einen Abfindungsschwindel um seine Rente geprellt worden war.

Dazu hatte die von den deutschen Imperialisten angesichts der harten Bedingungen des Versailler Vertrages angefachte zügellose chauvinistische Welle vor allem große Teile der bürgerlichen Jugend fanatisiert. So kam es, daß schon damals die Gefahr des Faschismus in Deutschland groß war. Sie wurde nur durch die tatkräftige Gegenwehr der Arbeiterklasse abgewandt, die es der Großbourgeoisie geraten erscheinen ließ, zunächst mit anderen Mitteln ihre Herrschaft zu festigen.

Sahen alle revolutionären Arbeiterführer zu dieser Zeit, daß der Faschismus eine große Gefahr bedeutete, die faschistischen Banden mit bewaffneter Hand zurückgewiesen werden mußten, so ging das Referat Clara Zetkins weit über diese allgemeine Erkenntnis hinaus. Der Umstand, daß sie einmal den Faschismus als die Herrschaftsform der reaktionärsten Gruppe des Monopolkapitals definierte, zum anderen auch durchschaute, mit welch gefährlicher Demagogie er sich in den verelendenden Mittelschichten eine Massenbasis zu verschaffen wußte, rücken sie in die kleine Reihe der Arbeiterführer, die schon zu dieser frühen Zeit das Wesen des Faschismus erfaßten. Die Arbeiterklasse, so forderte Clara Zetkin, solle sich im Kampf gegen den Faschismus in einer einheitlichen Front mit allen Kräften zusammenschließen, die »durch ihre wirtschaftliche und soziale Stellung in wachsenden Gegensatz zum Großkapital kommen«. Die Delegierten würdigten Clara Zetkins Leistung und bereiteten ihrer alten Genossin eine große Ovation. Sie erhoben sich und sangen die »Internationale«. Clara Zetkin verließ den Saal so, wie sie gekommen war, auf dem Tragestuhl.

Am 23. Juni erschien sie noch einmal vor dem Kongreß, um von einer Metallarbeiterdelegation aus Tula eine rote Fahne für die Krupp-Arbeiter entgegenzunehmen. Sie dachte dabei an ihren letzten Besuch bei den hart ringenden Ruhrkumpeln. »Wir werden nicht eher rasten«, sagte sie, »bis auch die Metallarbeiter der Firma Krupp aufhören, Arbeiter eines kapitalistischen Betriebes zu sein, und zu Arbeitern werden einer Waffenschmiede des werktätigen Volkes.«

Wenige Tage später befand sie sich auf der Reise nach dem kaukasischen Kurort Sheljesnowodsk. Ihr Sohn Maxim hoffte, daß ihr kranker Fuß durch Bäder, Massagen und Anwendung von Medikamenten erhalten werden könne. Sie unterzog sich gewissenhaft einer gründlichen Behandlung. Doch ihre Gedanken waren meist in der Heimat. Ungeduldig verlangte sie täglich nach Zeitungen. Die Meldungen aus Deutschland, auch die kleinsten, las sie zuerst. Mitte August kamen die Nachrichten von den Riesenstreiks, die die Cuno-Regierung zu Fall brachten. Clara, die um diese Zeit auf dem Wege der Genesung war, hielt es kaum noch im Sanatorium. Sie wollte nach Moskau. Mitte September erlaubten die Ärzte endlich die Reise. Clara hoffte, nunmehr auf schnellstem Wege nach Hause zurückkehren zu können. Doch sie war noch schwach, konnte nur mit äußerster Anstrengung einige Schritte weit gehen. Daher bat und flehte sie vergeblich. »Mit fieberhafter Ungeduld«, schrieb sie am 19. September 1923 ihrer Freundin Jelena Stassowa, »erwartete ich die Freunde. Ich hoffte auf das Wort: Wir brauchen Sie, Ihr Arbeitspacken ist bereit ... Ich will mitten drin, dabeisein, jeder Packen ist mir recht, der Arbeit, Kampf ist ... Wie bitter war meine Enttäuschung.«

Sie konnte nur aus der Ferne miterleben, wie in den Herbsttagen 1923 die politische Krise in Deutschland ihren Höhepunkt erreichte, die Entscheidung heranreifte. In Wochen voller Hoffen und Bangen, voller Zagen und voll Zorn verfolgte sie die sich überstürzenden Ereignisse: Die Errichtung von Arbeiterregierungen in Sachsen und Thüringen, die Zerschlagung der separatistischen Bewegung durch die Arbeiter, die schwankende Haltung bestimmter Führer der SPD (der ehemaligen USPD), die mangelnde Vorbereitung der Genossen der KPD auf die zu erwartenden Endauseinandersetzungen, den Aufstand der Hamburger Arbeiter unter der Führung von Ernst Thälmann, die Niederschlagung der Bewegung durch das Monopolkapital, die Besetzung Dresdens, Leipzigs, Pirnas und Meißens durch Reichswehr, die im Auftrag des sozialdemokratischen Reichspräsidenten Friedrich Ebert handelte, die gewaltsame Absetzung der Arbeiterregierungen in Sachsen und Thüringen. Und fern von der Heimat erlebte sie Ende Oktober 1923 die bösen Stunden, in denen sie sich eingestehen mußte, daß die proletarische Revolution in Deutschland erneut zurückgeworfen worden war, daß bis zum Siege der deutschen Arbeiterklasse noch eine lange Zeit vergehen werde.

VI. Teil
Lebensabend
1923–1933

»Sie alle liebten Clara, denn als Mensch und Kämpfer war sie gleich groß. Darin lag der große Zauber begründet, der alle, die Clara gekannt haben, erfaßte. Millionen haben sie so gekannt und bewundert, haben als gläubige Schüler zu ihren Füßen gesessen und von ihr gelernt, was revolutionäre Kraft und eiserner Kampfeswille zu leisten vermögen.
Alle anerkannten Clara als Führerin, denn ihr klares, revolutionäres Wirken und Schaffen war im wahrsten Sinne international. Sie war eine marxistisch-leninistische Internationalistin. Darum traf ihr Tod alle diejenigen schwer, die für das Ziel, das Claras einziger Lebenszweck war, kämpfen.«

Clara Zetkin.
Ein Sammelband zum Gedächtnis der großen Kämpferin,
Moskau 1934

Bei den Sowjetmenschen

Clara Zetkin blieb bis zum Herbst 1925 in der Sowjetunion. Als ihre Gesundheit – mehr schlecht als recht – wiederhergestellt war, sagten die Genossen ihr, daß sie in Deutschland unter den bestehenden Bedingungen nicht würde leben können. Clara mußte ihnen recht geben. Die KPD war nach den Kämpfen des Jahres 1923 verboten worden. Die gesamte auf dem Leipziger Parteitag gewählte Zentrale der Partei stand unter Strafverfolgung. Zwar lag gegen Clara Zetkin als einzige kein Haftbefehl vor, doch hieß das keineswegs, daß sie in Deutschland hätte legal arbeiten, ihre internationalen Verpflichtungen hätte erfüllen können. Die Genossen hätten nicht einmal ihr Leben zu schützen vermocht. Clara fügte sich dennoch nur ungern. Es sei eine gute Propaganda für die Partei, meinte sie in einem Brief an Wilhelm Pieck, wenn sie für einige Monate eingesperrt werde. Doch gab sie nach und widmete sich in Moskau, soweit ihr geschwächter Körper das zuließ, der Arbeit, die ihre hohe Funktion in der Kommunistischen Internationale mit sich brachte, korrespondierte, nahm an Beratungen teil.

Im Juli 1924 trat sie zum letzten Mal mit einem großen Referat vor der Kommunistischen Internationale auf. Sie sprach vor dem V. Weltkongreß über die Intellektuellenfrage, die nach dem ersten Weltkrieg so akut geworden war, daß die kommunistischen Parteien ihr besondere Aufmerksamkeit zu widmen begannen. Clara Zetkin, die selbst den schweren Weg des Intellektuellen zur Arbeiterklasse gegangen war und sich seit ihren Pariser Tagen für diese Frage brennend interessierte, legte in ihrem Referat den engen Zusammenhang der Krise der geistigen Arbeit mit dem Niedergang der kapitalistischen Gesellschaft dar. »Die Krise der geistigen Arbeit«, sagte sie, »tritt nicht bloß als ein Symptom auf des sich nähernden Endes des Kapitalismus, sondern als ein Teil der Krise des Kapitalismus selbst.« Sie forderte von der Arbeiterklasse, daß sie den Hunderttausenden von Intellektuellen, die Not litten, weil die Imperialisten keine Verwendung für ihr Wissen hatten, und den vielen, die seelisch litten, sich mißbraucht fühlten, in ihrem Leben keinen Sinn mehr sahen, die lebensstarken Ideen des Marxismus-Leninismus nahebringe.

Neben diesem Referat entstanden in Moskau bedeutende literarische Arbeiten – »Das weltweite Tätigkeitsfeld der Kommunistischen Internationale«, die »Erinnerungen an Lenin« und »Was die Frauen Lenin verdanken« –, wurden die im Jahre 1926 erschienenen Werke »Im befreiten Kaukasus« und »Die Bedeutung der aufbauenden Sowjetunion für die deutsche Arbeiterklasse« konzipiert.

Vor allem aber lebte und arbeitete Clara Zetkin mit den Sowjetmenschen, die ihre durch Krieg und Interventionen zerstörte Wirtschaft wieder aufbauten und zugleich die ersten Schritte auf jenem Wege taten, in dessen weiterem Verlauf die sozialistische Sowjetunion zur industriellen Großmacht werden sollte.

Daß Clara Zetkin gerade in dieser Zeit am Leben des ersten Arbeiter-und-Bauern-Staates teilnehmen konnte, war für das Werk ihrer letzten Jahre bedeutungsvoll. Sie studierte alle mit dem Aufbau und der Entwicklung der Sowjetunion verbundenen Fragen. Sie kannte nicht nur Moskau und Leningrad gut; wenn ihr Gesundheitszustand das gestattete, reiste sie durch das Land. Sie besuchte Industriestädte und kleine Landorte, ging auf die Dörfer, nahm an Tagungen und Kongressen aller Art teil, hatte persönlichen Kontakt mit Arbeitern und Bauern, Männern und Frauen aus der Verwaltung, aus dem Gesundheits- und Erziehungswesen, mit Gelehrten, Schriftstellern, Künstlern, Studenten, Jungarbeitern, Kindern. Sie verfolgte die Sowjetpresse und die Parteidiskussionen, arbeitete die Statistiken über den Stand der Produktion, über Lebenshaltung, Erziehung, Volksgesundheit und anderes durch, studierte den beginnenden sozialistischen Aufbau der Industrie, des Verkehrswesens, den Staatshaushalt, die Kredit- und Steuerpolitik der Sowjetregierung.

Sie bewunderte die Kühnheit und Weitsicht, mit der die Bolschewiki unter Führung Lenins die Probleme anfaßten, die sich ihnen in dem vom Feinde verwüsteten und rückständigen Land entgegenstellten, das als erstes in der Welt den Sozialismus aufbaute. Auf dem XIII. Parteitag der Bolschewiki, der vom 23. bis 31. Mai 1924 in Moskau tagte, sagte sie:

»Eure Partei ist die erste, die führende, beispielgebende Partei der Kommunistischen Internationale ... Keineswegs nur deshalb, weil sie zahlenmäßig die stärkste unserer nationalen Sektionen ist und über eine feste, gut ausgebaute Organisation verfügt ... Sie ist die erste und leider bis heute noch die einzige proletarische Partei der revolutionären Tat. Sie ist die Führerin des russischen Proletariats zur Revolution und in der Revolution. Sie führt es im Kampf um die Behauptung und die Ausnutzung der Revolution. Sie ›macht Geschichte‹ in dem Sinn, den Marx und Engels uns gelehrt haben. Sie ist durch die schwere Schule der Revolution gegangen, sie ist an den Lehren und Erfahrungen der Revolution groß geworden. Durch Theorie und Beispiel gibt sie den Ausgebeuteten und Unterdrückten der ganzen Welt Wertvollstes.«

Gleiche Anerkennung zollte sie dem Heroismus, mit dem das Sowjetvolk den Bolschewiki folgte, unter Entbehrungen und dennoch freudig auf dem Weg in die Zukunft vorwärtsschritt. Überall, wohin sie kam, arbeiteten die Menschen hingebungsvoll an der Beseitigung der Kriegsschäden und schafften zugleich Neues, nie Dagewesenes, arbeiteten auf eine Art, die Clara nie zuvor erlebt hatte. Arbeiter, Techniker, Ingenieure berieten gemeinsam über Verbesserungen und neue Produktionsmethoden, Arbeiter qualifizierten sich, nahmen wichtige Funktionen ein und meisterten ihre Verantwortung. Neben dem Wiederaufbau zerstörter alter Werke fand sie Keime des Neuen. Mit Spannung verfolgte sie die Durchführung des kühnen Leninschen Elektrifizierungsplanes, der von den Gegnern der Sowjetunion als Träumerei verlacht, von den Sowjetmenschen und von den Werktätigen der ganzen Welt mit grenzenlosem Enthusiasmus begrüßt worden war. Er sollte der schnellen Industrialisierung des Landes und seinem kulturellen Aufstieg dienen, mit dem elektrischen Strom auch das

Licht der Erkenntnis in die entlegensten Dörfer tragen. Clara Zetkin, die die Bedeutung dieses Planes wohl abzuschätzen vermochte, erzählte später den deutschen Arbeitern von der Inbetriebnahme des neuen großen Kraftwerkes Schatura im Gouvernement Moskau und den beiden vor der Vollendung stehenden Wasserkraftwerken am Wolchow im Süden von Leningrad und an der Kura.

Große Aufmerksamkeit widmete sie der Leninschen Agrarpolitik. Sie hatte durch Lenins Hilfe die Bedeutung der Bauernfrage für den Kampf der Arbeiterklasse erfaßt. Auf ihren Reisen verfolgte sie die Bemühungen der Sowjetregierung um die Modernisierung der Landwirtschaft. Neben dem alten, primitiven Holzpflug begannen Traktoren und Landmaschinen zu arbeiten. Die Regierung schuf staatliche Mustergüter, schickte Agronomen aufs Land, die den Bauern halfen durch Organisierung von Vorträgen, Kursen, landwirtschaftlichen Ausstellungen, sandte auch neben Lehrern und Ärzten klassenbewußte Industriearbeiter in die Dörfer.

Das besondere Interesse Claras fand die Leninsche Nationalitätenpolitik. Sie hatte im Jahre 1922 die Schaffung der Union der Sozialistischen Sowjetrepubliken erlebt, jenes Bundes freier, stolzer Republiken, in dem die zahlreichen im Sowjetland lebenden Nationalitäten aufblühten. In der Leitung der Kommunistischen Internationale mit Genossen aus allen Kontinenten zusammenarbeitend, konnte sie gut die Ausstrahlungskraft abschätzen, die das friedliche Zusammenleben der großen Völkerfamilie in der Sowjetunion und namentlich der Aufstieg ehemals kolonial unterdrückter Völker auf die übrige Welt hatte.

Daß Clara Zetkin den sozialen Errungenschaften und dem Bildungswesen des Sowjetstaates sowie dem Aufstieg der Sowjetfrauen große Aufmerksamkeit widmete, kann nicht verwundern. Wie Lenin es einst in seinen Gesprächen mit ihr gefordert hatte, begann der Sowjetstaat nach Beendigung der Interventionskriege mit einer großzügigen Arbeit zur Hebung der Volksbildung. Der Staat stellte für die Ausbildung an den Grundschulen und die Entwicklung eines höheren Bildungswesens Mittel zur Verfügung, die alles bis dahin Gewohnte weit überstiegen. Für die Jugend ist das Beste gerade gut genug, sagten die Sowjetmenschen, die Kinder über alles lieben, und Clara pflichtete ihnen bei, sollten doch die Kinder der vom Zarismus geknechteten Arbeiter und Bauern die Erbauer des Sozialismus und Kommunismus werden!

Clara freute sich, wenn sie eine Schule besuchen konnte. Da saß sie mitten unter den Abc-Schützen, den Galjas, Mischas, Tatjanas und Pjotrs, und sah zu, wie sie schreiben lernten und mit heißen Köpfen und gerunzelten Stirnen ihre Rechenaufgaben lösten: die ersten Kinder der Welt, die in einem Arbeiter-und-Bauern-Staat erzogen wurden. In den oberen Klassen diskutierte sie mit den Jungen und Mädchen über mathematische und naturwissenschaftliche Fragen, über Literatur, Geschichte, Sprachen. Mitunter wurde sie in deutscher Sprache begrüßt. Dann sparte sie nicht mit liebenswürdigen Komplimenten. Immer wenn sie Zeit dazu hatte, unterhielt sie sich mit den Lehrern, von denen viele mit zähem Ernst um pädagogische Probleme rangen. Fast alle waren bemüht, ihre Schulen nicht zu Drill- und Paukanstalten werden zu lassen, sondern zu wirklichen Erziehungsstätten zu machen. Die Lehrer freuten sich, wenn sie mit Clara, der feinsinnigen Pädagogin, diskutieren konnten. Sie hörte ihnen verständnisvoll zu und war stets bereit, ihnen zu raten und zu helfen. Viele von ihnen kannten Claras pädagogische und schulpolitische Arbeiten, die schon vor dem Kriege in Rußland veröffentlicht worden waren und nach der Revolution wiederum aufgelegt wurden.

Noch steckte das Schulwesen der Sowjetunion in seinen Anfängen. Es fehlte an ausreichendem Schulraum, obwohl an dem Bau neuer Schulen und der Instandsetzung zerstörter fieberhaft gearbeitet wurde. Es wurde viel experimentiert, und der Staat mußte wirksame Maßnahmen treffen, um die Zahl der Lehrer schnell zu erhöhen und die Bildung der vorhandenen zu verbessern. Aber dennoch sah Clara, daß in der Sowjetunion jene Schule entstand, von der sie ihr Leben lang geträumt hatte.

Im Arbeiter-und-Bauern-Staat war den Kindern der Arbeiter und Bauern die höhere Bildung zugänglich. Clara traf junge Menschen, die ihr sagten: »Mein Vater war Arbeiter, er konnte weder lesen noch schreiben. Aber ich studiere, ich werde Ingenieur sein.« Oder: »Meine Eltern sind arme Bauern, aber ich besuche die Schule und werde bald zur Universität gehen, denn ich will Ärztin werden.«

Gern besuchte Clara Veranstaltungen der Pioniere und des Komsomol. Der Eifer, mit dem die Kinder und Jugendlichen am neuen Leben ihrer Heimat teilnahmen, machte sie froh. Sie bezeichnete diese beiden Organisationen als Lehr- und Erziehungsanstalten großen Stils.

Die gleiche lebhafte Anteilnahme brachte sie den Maßnahmen zur Hebung der Erwachsenenbildung entgegen. Sie lernte Bildungsanstalten ganz neuer Art kennen: Kulturabteilungen der Betriebe, Arbeiter- und Jugendklubs. Sie erlebte den Massenfeldzug gegen das Analphabetentum, die Unwissenheit, den Aberglauben, der vor allem auf dem Lande und unter den ehemals vom Zarismus unterdrückten Nationalitäten geführt wurde, einen Feldzug, an dem alle teilnahmen, die helfen konnten: die Sowjetbehörden, die Partei, die Frauen- und Jugendorganisationen, die Gewerkschaften, die Lehrer, die Gesellschaft zur Bekämpfung des Analphabetentums, die über eine Million Mitglieder zählte.

Wenn Clara in ein Dorf kam, besuchte sie die »Lesehütte« und den Analphabetenzirkel. Da sah sie Bauern, die früher niemals an dergleichen gedacht hatten, Zeitungen, politische Broschüren, Fachzeitschriften, sogar schöngeistige Literatur lesen. Sie saß zwischen jungen und alten Frauen und Männern, die lesen und schreiben lernten, manche eifrig und voller Wißbegier, andere zögernd, aber von ihren energischen Kameraden und Kameradinnen oder auch von ihren Kindern ermuntert.

Großen Spaß machte ihr eine Pionierorganisation in Moskau, die sich zum Ziel gesetzt hatte, die Emanzipation ihrer Mütter zu fördern. »Was tun die kleinen Leutchen zu diesem Zweck?« fragte sie in ihrem schon erwähnten Buch über den sowjetischen Aufbau. »Halten sie ihren Müttern Vorträge? O nein. Die älteren von ihnen – Knaben wie Mädchen – übernehmen die Pflege und Betreuung jüngerer Kinder, damit deren Mütter ruhig Analphabetenschulen und bildende Kurse besuchen können.«

Clara Zetkins Verhältnis zu den sowjetischen Frauen wurde um so herzlicher und enger, je länger sie in der Sowjetunion weilte. Als sie im Frühjahr 1924 erfuhr, daß am 25. Mai in Leningrad 4000 Arbeiterinnen den politischen Schulungskurs der Partei beenden würden, sagte sie, daß diese Tatsache bedeutungsvoller sei als Dutzende von Schlachten ehrgeiziger Fürsten und ausbeutungsgieriger Bourgeois. Die 4000 bildungshungrigen Arbeiterinnen von Leningrad waren ihr Symbol des unaufhaltsamen, ungestümen Dranges von Hunderttausenden, Millionen ungenannter und unbekannter Frauen im Sowjetland zu lernen, um arbeitend, mitgestaltend ihre volle Gleichberechtigung wahrzunehmen.

Wo immer Clara Zetkin in der Sowjetunion sprach, kamen Frauen, um sie zu hören. Wo immer sie sich aufhielt, fragte sie zuerst nach den Frauen, ganz gleich, ob es sich um Arbeiterinnen, Bäuerinnen oder Frauen der Intelligenz handelte.

Die Arbeiterinnen, die nach schwerer Fabrikarbeit in die Versammlung kamen, die Bäuerinnen, die auf dem Feld oder in den Ställen gearbeitet hatten, fühlten wie die Ärztinnen, Lehrerinnen, Juristinnen, daß Clara Zetkin ihre Probleme nicht nur aus Büchern, sondern aus eigenem Erleben kannte. Sie verstand es meisterhaft, die Frauen zu ermutigen, ihre Kraft zu wecken. »Welche Wärme und Freude brachte Clara Zetkin zu den Arbeiterinnen und Bäuerinnen der Sowjetunion!« bemerkte Nadeshda Krupskaja nach Clara Zetkins Tode.

Claras Verhältnis zu den Sowjetfrauen war das aktiver Solidarität. Niemals verließ sie Frauenversammlungen, Konferenzen, Schulen, Betriebe oder Kinderheime, ohne mit Rat und Tat geholfen, wertvolle Anregungen gegeben zu haben. Die Moskauer Frauen zum Beispiel schufen auf ihre Initiative hin eine Großküche; Clara half ihnen, sie einzurichten und in Betrieb zu nehmen. Die herzlichen Beziehungen, die zwischen Clara Zetkin und den sowjetischen Frauen bestanden, beleuchtet ein Bericht der deutschen Kommunistin Frida Rubiner über eine Versammlung, die in jener Zeit zu Ehren Clara Zetkins in Moskau stattfand.

»Das Große Theater«, erzählte sie, »das berühmte ehemalige Hofopernhaus Moskaus, ist bis auf den letzten Platz gefüllt. Alle

Plätze sind mit Arbeiterinnen und Bäuerinnen besetzt, die Männer – Arbeiter und Rotarmisten – sind stark in der Minderheit. Der Abend im Großen Theater ist Clara Zetkin gewidmet. Genossin Zetkin erscheint auf der Bühne des Großen Theaters. Den Vorsitz führte eine Arbeiterin, Genossin Sassanowa. Alte und neue Bekannte stellen sich ein, um ihre Clara zu begrüßen. Da ist eine alte Fabrikarbeiterin, früher Bäuerin, eine alte Kämpferin noch aus der Revolution 1905. Sie küßt Clara Zetkin auf beide Wangen und streichelt ihr das graue Haar ... Dann kommen andere ... Alle sagen der Genossin Zetkin irgendwelche freundlichen Worte, umarmen sie, küssen sie, fast wie Kinder, die zu ihrer Mutter kommen und zu der älteren, vielgeliebten und geschätzten Schwester, nach der man sich jahrelang gesehnt hat. Clara Zetkin antwortet auf all die Begrüßungen, Liebkosungen so, daß man fühlt, sie ist Fleisch vom Fleische dieser Frauen.

Die Vorsitzende eröffnet die Versammlung und erteilt Genossin Zetkin das Wort. Clara Zetkin spricht von der Not und dem Elend der Frauen, berichtet wie es im Gegensatz zu Sowjetrußland in den westlichen kapitalistischen Ländern aussieht, erzählt, was alle Arbeiterinnen der Welt mit Sowjetrußland verbindet. Sie spricht davon, was uns allen Sowjetrußland bedeutet. ›Hände weg von Sowjetrußland!‹ ruft sie den kapitalistischen Ausbeutern zu, die ihre giftigen Krallen nach Sowjetrußland ausstrecken. Ihre Worte sind klar, ihre Ausführungen sind einfach und für alle Anwesenden verständlich, noch bevor die Übersetzerin das Wort ergriffen hat. Die Hörerinnen fangen jedes Wort der greisen Führerin auf und tragen es in das tiefste Innere ihres Herzens. Sie haben ihrerseits Clara dieses und jenes zu sagen: Von allen Seiten werden der Genossin Zetkin Zettelchen geschickt: Kleine Briefchen von Frauen, die in unbeholfener Schrift schreiben ... Eine Arbeiterin schreibt: ›Liebe Clara Zetkin, warum können Sie nicht in unserer Sprache zu uns sprechen? Wie schön wäre es, wenn Sie russisch könnten.‹ Impulsiv springt Genossin Zetkin auf und antwortet in einigen russischen Sätzen: Sie bittet: ›Oh, singt doch die „Rote Fahne"!‹

Der Kapellmeister gibt einen Wink, das Orchester stimmt an,

und der weite Raum erdröhnt unter den Tönen des herrlichen revolutionären Liedes. Es folgen weitere Reden. Die revolutionären Proletarierinnen Moskaus haben an diesem Abend Clara Zetkin das schönste Geschenk beschert, das sie zu bieten haben, die ›Rote Fahne‹.«

Clara Zetkin konnte noch die ersten großen Erfolge erleben, die das Sowjetvolk unter der Führung seiner Partei errang: den ersten Fünfjahrplan, der in vier Jahren erfüllt wurde, die Schaffung einer starken Schwerindustrie. Sie sah neue Industriebezirke aus der Erde wachsen, sah, wie durch den Enthusiasmus Hunderttausender das Dneprkraftwerk, die Werke von Kramatorsk und Gorlowka im Donezbecken, das Hüttenwerk Magnitogorsk, die Turkestanisch-Sibirische Eisenbahn, wie große Auto-, Traktoren-, Kombinewerke entstanden. Sie erlebte die Kollektivierung der Landwirtschaft, die Weiterentwicklung des sowjetischen Bildungswesens.

Sie erlebte auch, daß aus den kapitalistischen Ländern Delegation auf Delegation in die Sowjetunion kam, nicht nur werktätige Frauen, sondern auch bürgerliche Reformer und Vertreterinnen der bürgerlichen Frauenbewegung. Sie alle wollten die Maßnahmen studieren, die die Sowjetregierung ergriff, um den Frauen zu helfen, ihre in der Verfassung garantierte Gleichberechtigung zu verwirklichen: die Maßnahmen zur Qualifizierung, zur Erleichterung der häuslichen Arbeiten, ihre Mütterbetreuung und ihre Kindereinrichtungen, die alles übertrafen, was den Frauen der kapitalistischen Länder erreichbar war.

Den beginnenden Aufstieg der Sowjetunion zu sehen war für Clara das Glück, die schönste Freude ihres Alters. Kraftvoll gab sie ihrer unabdingbaren Verbundenheit mit der Sowjetunion Ausdruck, als sie sich im Dezember 1926 vor der Exekutive der Kommunistischen Internationale gegen die Trotzkisten wandte, die behaupteten, der Aufbau des Sozialismus in nur einem Lande sei unmöglich, und die Sowjetunion auf den kapitalistischen Weg zurückzudrängen versuchten.

»Handelt es sich überhaupt noch darum«, erklärte sie, »über die Existenzberechtigung des Sozialismus in der Sowjetunion theoretisch zu diskutieren? Nein, hier hat das Proletariat, hier hat die Kommunistische Partei bereits bejahend auf die Frage geantwortet. Hier handelt es sich nicht darum zu diskutieren, sondern alle Kräfte zu mobilisieren für den Aufbau des Sozialismus, die höchste Kraft zu betätigen, damit sich die Anfänge des Sozialismus zur vollen Blüte entfalten.

Ich glaube, ich kann meinen alten Kopf für dieses verpfänden: Lebten Marx und Engels heute noch, so würden sie die Frage: Ist der Sozialismus in einem Lande allein möglich? zurückweisen, indem sie bewundernd auf die Leistungen des russischen Proletariats hindeuteten, auf das Leben, die Entwicklung in der Sowjetunion. Sie würden sagen: Hier steht der Beweis für die Möglichkeit des sozialistischen Aufbaus in der Arbeit, in dem Kampf von Millionen vor uns!«

Im befreiten Kaukasus

Im Sommer 1924 entschied das Ärztekonsilium, daß Clara den Herbst und Winter wiederum im Süden verbringen müsse. Noch einmal ging sie nach Sheljesnowodsk in den Nordkaukasus, wo sie im vorangegangenen Sommer bereits Genesung gesucht hatte.

»Ich hatte strikten Befehl zur vollständigen Ruhe und Untätigkeit. Die ringende, kämpfende Welt sollte für mich hinter den Bergen versunken sein, die scharf umrissen aufragend, manche bis hoch hinauf dicht bewaldet, andere in nackten Gesteinsmassen steil abstürzend, den Talkessel von Sheljesnowodsk abschließen. Ein entlegenes Örtchen inmitten prächtiger, an Urzeiten erinnernder Laubwälder, die ihre Vorposten – oder sind es Nachzügler? – in Gestalt von rauschenden Eichen, Eschen, Ahornen, Maßholdern in den Gärten und Höfen bis dicht vor den Veranden und Fenstern der Häuser haben. Wer dem Lärm und der Unrast der großen Steinhaufen, Städte genannt, entrinnen will, der kann hier, an der Stätte heilkräftiger Mineralquellen, köstliche Stille finden.«

Mitten in die ruhigen Tage hinein kam die Nachricht von einem Putschversuch, den Agenten der westlichen Imperialisten in Georgien angezettelt hatten, weil die Ölmagnaten den Verlust der ertragreichen kaukasischen Ölquellen nicht verschmerzen konnten.

Der Putsch, der keine Unterstützung in der Bevölkerung fand, brach nach wenigen Tagen zusammen. Aber ihm folgte in den kapitalistischen Ländern eine wütende Verleumdungskampagne gegen die Sowjetregierung, die angeblich im Kaukasus ein Terrorregiment errichtet hätte. Clara Zetkin brach die Kur ab und folgte einer vor längerer Zeit ausgesprochenen Einladung georgischer Freunde, um die Lage an Ort und Stelle zu prüfen und der Hetze entgegenzutreten. Zu dem politischen Pflichtbewußtsein gesellte sich der brennende Wunsch, eines jener Länder zu besuchen, das durch die Sowjetmacht aus kolonialer Unterdrückung befreit worden war.

Die Reise in das Land, das man als die Wiege der Menschheit bezeichnete, in dem Morgen- und Abendland einander begegnen, wurde für sie denn auch zu einem in vieler Hinsicht schönen und bedeutenden Erlebnis. In vollen Zügen genoß sie die Schönheit der Landschaft, der Jahrtausende alten reichen Kultur des Landes, vertiefte sich in seine Geschichte, seine Kunst, seine Literatur. Sie suchte und fand die Keime des neuen Lebens, das sich unter der Obhut der Sowjetbehörden entwickelte. Sie fuhr zunächst im kaukasischen Wägelchen durch das Land nördlich des Gebirges, besuchte Sowjetwirtschaften, sprach Delegierte von Arbeiterinnen und Bäuerinnen, wohnte Beratungen der Dorf- und Gebietssowjets bei. Im Gebiet des Terek erlebte sie eine von 1200 Delegierten besuchte Frauenkonferenz.

Bäuerinnen hatten, so erzählte sie, 40 Kilometer und mehr in Hitze und Staub zurückgelegt, um ihr Mandat auszuüben. An der Konferenz, die sich mit politischen und rechtlichen Fragen, mit der Überwindung des Analphabetentums sowie dem Problem des Schutzes von Mutter und Kind befaßte, nahmen ältere Bergbewohnerinnen teil, die noch nie aus ihrem weltabgeschiedenen Aul herausgekommen waren, nie eine Stadt, geschweige denn eine Eisenbahn gesehen hatten. Den Bäuerinnendelegierten aus den deutschen Ansiedlungen trug eine weißhaarige Greisin aufrecht und stolz ein rotes Banner voran, das den Bäuerinnen in Deutschland übermittelt werden sollte. Eine mohammedanische Delegierte aus den Bergen rief: Wir sind unverschleiert zu euch gekommen, weil unsern Seelen sich die Wahrheit entschleiert hat.

Die Reise ging weiter nach Wladikawkas und auf der alten Heerstraße nach der georgischen Hauptstadt Tiflis, dem heutigen Tbilissi. Auch hier nahm sie das neu aufblühende Leben in ganzer Fülle auf. Sie sprach mit Arbeitern, Studenten, Lehrern, Ärzten, berühmten Wissenschaftlern. Sie alle waren glücklich, daß die kulturelle Unterdrückung des Landes ein Ende genommen hatte, sich seine Kultur, Kunst und Schöpferkraft frei entfalten konnten, seine Sprache, seine Geschichte, seine Überlieferungen, sein Kunsthandwerk neues Leben gewannen. Sie stand in der alten, herrlichen georgischen Staatsbibliothek, besichtigte ihre historisch-ethnologische Sammlung. Eingehend beschäftigte sich Clara Zetkin mit dem wirtschaftlichen und kulturellen Aufbau der Kaukasusländer. Ihr schon erwähntes Buch gibt einen ausführlichen Überblick über die Bemühungen der Sowjetregierung bei der Wiederingangsetzung der kaukasischen Industrie, namentlich der Erdölgewinnung. Sie besuchte auch Baku und die Ölfelder.

Ihr besonderes Interesse erweckten die eben eröffneten Mohammedanischen Frauenklubs. Die Kommunistische Partei hatte sie geschaffen, um jenen Moslemfrauen, die, aufgewühlt durch die Errichtung der Sowjetmacht, dem Harem entfliehen wollten, den Weg ins Leben finden zu helfen. Clara Zetkin besuchte den Klub in Tiflis. Er hatte 200 Mitglieder. Die Frauen erwarteten, dicht gedrängt, die berühmte Schwester aus dem fernen Deutschland vor der Haustür. Voller Stolz zeigten sie ihr die Klubeinrichtungen: die Unterrichtsräume, in denen sie Lesen und Schreiben und manches andere lernten, nähten und kostbare Handarbeiten anfertigten. Im Festsaal tanzten sie für ihren Gast. Der Klub hatte, so erfuhr Clara Zetkin, auch eine Rechtsberatungsstelle. Sie wurde vielfach beansprucht, da die Frauen, wollten sie – entsprechend der neuen Sowjetgesetzgebung – ihre Freiheit erlangen, Hilfe benötigten.

In einer Versammlung berichteten die Frauen von ihrem alten Leben. »Wie war unser Leben vor der Revolution? Der Vater verkaufte uns wie ein junges Lamm, kaum daß wir zehn, zwölf Jahre alt waren, ja früher noch. Der Mann forderte unsere Zärtlichkeit und Liebe, auch wenn er uns ekelhaft war. Er schlug uns mit dem Stock oder der Peitsche, wenn er die Laune dazu hatte. Wie eine Sklavin mußten wir ihm dienen, Tag und Nacht. Wenn er uns satt hatte, jagte er uns zum Teufel. Er vermietete uns als Liebchen an Fremde. Er ließ uns hungern, wenn es ihm so beliebte ...«

Die Frauen verabschiedeten Clara mit dem Gesang der »Internationale«. Erschüttert schrieb sie: »Ich habe das Kampf- und Hoffnungslied der Kommunisten viele hundertmal gehört ... Nie sind Worte und Melodie feierlicher, verzückter erklungen als aus dem Munde der moslemischen Frauen und Mädchen im Klub zu Tiflis. Ihr Herz lebte in dem Gesang, ihr ganzes Wesen ging in ihm auf.«

Noch einmal quer durch Deutschland

Als Clara Zetkin im Herbst 1925 endlich heimkehren konnte, kam sie in ein Deutschland, in dem die Monopolherren und Junker wieder fest im Sattel saßen und an dessen Spitze der ehemalige kaiserliche Generalfeldmarschall von Hindenburg – mit hohen Vollmachten ausgestattet – als Reichspräsident stand.

Die Inflation war beendet. Mit Hilfe von Krediten der westlichen Imperialisten hatte Hjalmar Schacht, der später für Hitler das System der Rüstungsfinanzierung ausklügelte, das »Wunder der Rentenmark« vollbracht, verbunden mit neuem hartem Druck auf die arbeitenden Menschen, vor allem auf die Arbeiter, Angestellten und Beamten, deren Löhne und Gehälter weit unter den Stand von 1913 gesenkt wurden. Der Sieg über die revolutionäre Arbeiterklasse, die Einschüchterung vor allem des Mittelstandes durch die Inflation hatte dem Monopolkapital diese Maßnahmen leicht gemacht.

Schlimmer noch, im August 1924 hatte der Reichstag gegen die

Stimmen der Kommunisten dem von den westlichen Siegermächten ausgearbeiteten Dawes-Plan zugestimmt, der die Reparationszahlungen des Reiches regeln sollte. Nach seinem Inkrafttreten erhielt Deutschland von 1924 bis 1932 31,819 Milliarden Mark Anleihen. Im gleichen Zeitabschnitt hatte Deutschland 11,464 Milliarden Mark Reparationen und 7,830 Milliarden Mark Zinsen zu zahlen. Dazu legten die Westmächte die Hand auf wichtige Einnahmen des Reiches aus Steuern und Zöllen sowie auf die Deutsche Reichsbahn, die sie als Pfand gefordert hatten. Die großen Anleihen, vorwiegend aus den USA, kamen im wesentlichen den Monopolen zugute, halfen den Monopolherren, ihre Macht zu erweitern, schufen außerdem jene feste Bindung an den Dollar, die sich später, als – von den USA ausgehend – Ende der zwanziger Jahre die große Weltwirtschaftskrise kam, für Deutschland so verhängnisvoll auswirken sollte. Der Annahme des Dawes-Planes, der Deutschland fest an die westlichen Imperialisten band, war zielgerichtet ein zweites Vertragswerk gefolgt, der Pakt von Locarno, der die deutschen Westgrenzen garantierte, Deutschland nach dem Osten jedoch »freie Hand« ließ und es damit in die antisowjetische Front der westlichen Imperialisten einbezog.

In der Kommunistischen Partei aber waren die Dinge auf gutem Wege. Zu Claras Befriedigung war der Einfluß der Ultralinken, die nach der Niederlage von 1923 zu Claras großem Kummer für eine Zeitlang die Führung an sich gerissen hatten, weitgehend zurückgedrängt. Ein leninistisches Zentralkomitee unter Führung Ernst Thälmanns war geschaffen, dem auch sie selbst wieder angehörte. Erkannte sie auch – wie verständlich – erst später, daß mit Thälmann der deutschen Arbeiterklasse ein neuer großer Führer gewachsen war, so befriedigte es sie schon jetzt, daß die Kommunistische Partei wieder den Weg zu den Massen suchte. Die bald nach Clara Zetkins Besuch in Deutschland durchgeführte Massenaktion der Partei, der Volksentscheid gegen die Fürstenabfindung, für den 15 Millionen Werktätige ihre Stimme abgaben, begeisterte sie.

Clara war am 24. November 1925 in Berlin eingetroffen, brennend vor Verlangen, in den politischen Kampf einzugreifen. Schon am 27. November trat sie im Reichstag mit einer außenpolitischen Rede gegen den Locarnopakt auf, der in diesen Tagen zur Debatte stand. Zuvor hatte Ernst Thälmann bereits den prinzipiellen Standpunkt der Partei dargelegt. Wie Clara Zetkin die schweren Folgen voraussehend, die dieser Vertrag eines Tages für Deutschland haben mußte, bezeichnete er ihn als einen »Frieden mit beschränkter Haftung«. Für die Zeit, in der Deutschland noch nicht gerüstet sei, suche die Reichsregierung zunächst durch Anerkennung der Westgrenzen die Hände frei zu bekommen, um den Wiederaufstieg mit der Rückeroberung des »polnischen Korridors«, Oberschlesiens, Danzigs usw. beginnen zu können. »Wir müssen heute«, sagte er warnend, »vor der deutschen und der internationalen Arbeiterschaft der Ostpolitik der deutschen Bourgeoisie die Maske herunterreißen. Was hier von der deutschen Bourgeoisie im stillen organisiert wird, kann morgen zu einem ungeheuer blutigen Abenteuer werden.«

Auch Clara Zetkin entlarvte den von den Imperialisten wie auch von den rechten sozialdemokratischen Führern als Friedensplan gepriesenen Pakt als einen Plan, der Deutschland nur Unglück bringen konnte. Wie so oft wies sie dem deutschen Volk den Weg des Bündnisses mit der Sowjetunion, warnte die deutschen Imperialisten nachdrücklich davor, sich in Kriegsabenteuer gegen den ersten Arbeiter-und-Bauern-Staat einzulassen. »Deutschlands Zukunft«, betonte sie, »beruht auf einer engen Interessengemeinschaft in wirtschaftlicher, politischer und, wenn es sein muß, auch militärischer Hinsicht mit der Sowjetunion.«

Am Abend des 27. November sprach sie zusammen mit Wilhelm Pieck auf einer Protestkundgebung im Lustgarten. Die Berliner Arbeiter waren zu Zehntausenden erschienen. Als Clara Zetkin eintraf – das Meeting hatte schon begonnen –, wurde sie nach zweijähriger Abwesenheit jubelnd empfangen. Beifallsstürme brausten wiederum auf, als sie die Massen zum Kampf gegen den Vertrag von Locarno, zum Schutz des Friedens und der Sowjetunion aufrief. Als die Kundgebung vorbei war, drängten sich Hunderte um sie, die sie aus der Nähe sehen, ihre Hand drücken, einige Worte von ihr erhaschen wollten. Jetzt war Clara wieder ganz daheim. Anschließend unternahm sie eine Reise durch das Land, sprach in Hamburg, Köln, Stuttgart, Leipzig, Essen und Chemnitz; Arbeiter und Bürgerliche, Männer und Frauen, Kommunisten, Sozialdemokraten, Christliche und Parteilose strömten in ihre Versammlungen. Begeistert berichtete sie von den Erlebnissen der beiden letzten Jahre in der Sowjetunion. Gestützt auf das umfassende Material, das sie gesammelt hatte, entlarvte sie alle Verleumdungen und lächerlichen Prophezeiungen der Gegner, die vom baldigen Sturz der Sowjetregierung, von Mißerfolgen beim sozialistischen Aufbau sprachen, und schlug neue Brücken der Freundschaft zwischen den deutschen und den sowjetischen Arbeitern.

Clara wollte jedoch nicht nur überzeugen, sie wollte auch die Sorgen, die Gedanken der Menschen kennenlernen, denen sie so lange fern gewesen war. Deshalb sprach sie vor und nach ihren Versammlungen in den Büros der verschiedenen Organisationen, in den Arbeitervierteln, bei Freunden, im Hotel, während der Eisenbahnfahrt mit vielen Menschen aller politischen Richtungen. Sie hörte von vieler Not. Arbeitslose klagten – es gab ihrer im Jahre 1926 zwei Millionen –, die Kriegsbeschädigten und Kriegshinterbliebenen und die durch die Inflation aller Mittel beraubten Kleinrentner und alle übrigen Alten litten schwer. Die Arbeitenden, Arbeiter wie Angestellte und Intellektuelle, die noch nicht einmal den Lebensstandard der Vorkriegszeit erreichten, waren ebenfalls unzufrieden. Zugleich stellte Clara mit Besorgnis fest, daß viele einfache Menschen sich Illusionen hingaben, die von den sozialdemokratischen Führern geflissentlich genährt wurden. Sie glaubten den Phrasen vom Friedenspakt von Locarno. Kriegsgefahr? Kriegsrüstungen nach wie vor? Wer sollte denn noch einmal Krieg wollen? fragten sie Clara. Sie sprachen auch von der »Dollarsonne«, gläubig, vertrauensvoll, waren fest überzeugt, daß bessere Tage bevorstanden.

Es fiel den Kommunisten, auch Clara, nicht leicht, die politisch Ungeschulten davon zu überzeugen, daß die beginnende wirtschaftliche Stabilisierung nur eine vorübergehende sein konnte,

Clara Zetkin mit dem Frauenaktiv von Baku, 1925

Clara Zetkin im Pionierlager Artek bei der Ernennung zum Ehrenpionier

Julian Marchlewski (Karski)   *Jelena Stassowa*

Haus des Malers Heinrich Vogeler in Worpswede bei Bremen,
der Roten Hilfe als Kinderheim geschenkt

Clara Zetkin spricht vor Hamburger Arbeitern über den Aufbau in der Sowjetunion, Dezember 1925

Empfang Clara Zetkins auf dem Lehrter Bahnhof in Berlin bei ihrer Rückkehr aus der Sowjetunion, 31. August 1927. Rechts von ihr Wilhelm Pieck

Clara Zetkin wird durch K. J. Woroschilow mit dem Rotbannerorden ausgezeichnet, 1927

Clara Zetkin im Gespräch mit Henri Barbusse

Theodor Neubauer bei Clara Zetkin in Birkenwerder, 1931

*Helene Stöcker,
mit ihr verbanden Clara Zetkin
herzliche Beziehungen*

*Clara Zetkin in Begleitung
ihres Sohnes Kostja auf dem Wege
zum Reichstag, 1930*

Clara Zetkin bei der Arbeit

*Clara Zetkin bei ihrer Eröffnungsrede als Alterspräsidentin
im Reichstag, 30. August 1932*

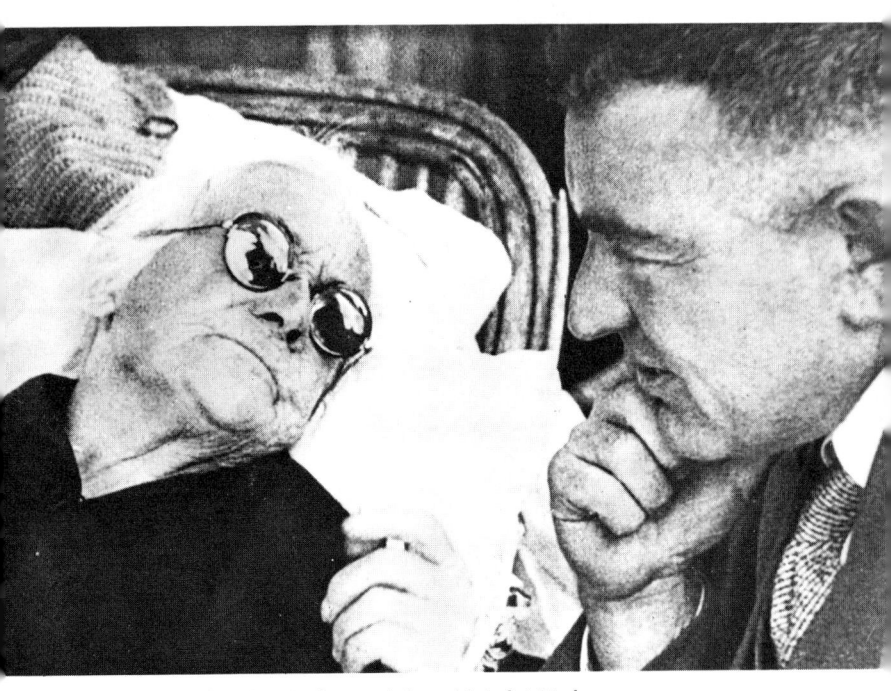

Wilhelm Florin bei Clara Zetkin in Archangelskoje bei Moskau

Clara Zetkin beim Diktat, Archangelskoje 1933. Rechts N. K. Krupskaja

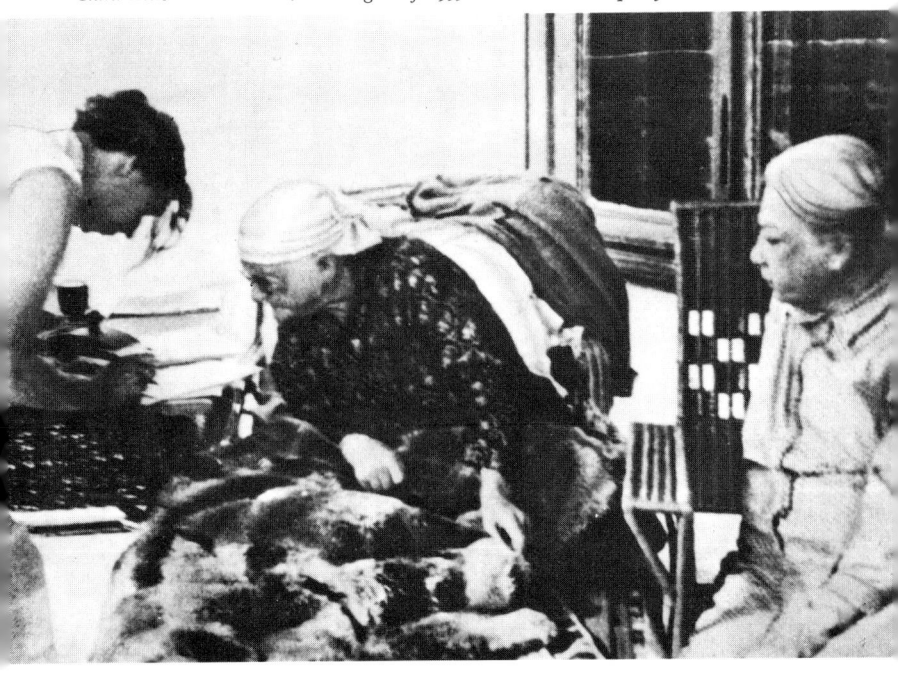

daß sie für die geborgten Dollars schwer würden zahlen müssen, daß der Ruhepause neue Gewalttätigkeiten folgen würden, daß der Imperialismus immer wieder neue Kriege erzeugt, daß ihre Errungenschaften durch nichts gesichert werden könnten als durch den Willen der geeinten Arbeiterklasse.

Clara dachte viel über die Gespräche nach, die sie in diesen Monaten führte. Trotz der Erfahrungen, die sie in ihrem Leben gesammelt hatte, meinte sie bitter: Wie schnell vergessen die Menschen! Wie leicht lassen sie sich täuschen! Sie mußte an die Arbeiter und Bauern der Sowjetunion denken, die die Welt um vieles besser zu beurteilen verstanden.

In den Versammlungen versuchte sie um so eindringlicher, den Zuhörenden die Augen zu öffnen. Sie erklärte ihnen, daß im Gefolge der auf die westlichen Imperialisten orientierten Politik die Ausraubung der schaffenden Bevölkerung durch Schwerindustrielle, Finanzkapitalisten und Großagrarier maßlos steigen und die Bourgeoisie den Mantel der Demokratie fallen lassen und mit Maschinengewehren antworten werde, wenn die Arbeiter sich zur Wehr setzen würden. Die Arbeiterklasse, sagte sie, darf nicht das willenlose Objekt der imperialistischen Politik bleiben. Sie ist, wenn sie einig ist, stark genug, selbst die Politik zu bestimmen.

»Ihr alle, deren Herz noch menschlich schlägt!«

Zu Ende des Jahres 1925 riefen ihre internationalen Aufgaben Clara Zetkin nach Moskau zurück. Sie hatte deren mehr denn je. Sie war – und das bis zu ihrem Tode – Mitglied des Exekutivkomitees der Kommunistischen Internationale und seines Präsidiums. Reichte ihre Kraft nicht mehr für anstrengende Auslandsreisen und richtunggebende Referate, so gab es um so mehr andere Arbeit. Clara selbst berichtet in ihrer Broschüre »Das weltweite Tätigkeitsfeld der Kommunistischen Internationale« über die sorgfältige, mühevolle Vorbereitung aller Sitzungen und Kongresse durch Kommissionen, Sekretariate, Studiengruppen und durch einzelne Genossen, die neben der laufenden Arbeit an Korrespondenz, Besprechungen sowie an Anleitung zu leisten war und zum größten Teil den in Moskau weilenden führenden Mitgliedern zufiel. Auch war sie seit Auflösung des Westeuropäischen Frauensekretariats der Kommunistischen Internationale Leiterin des Zentralen Komitees für die Arbeit unter den Frauen, das sich nunmehr ebenfalls in der sowjetischen Hauptstadt befand.

Welchen aktiven Anteil sie zunächst noch an der Arbeit hatte, zeigte sich auf der Erweiterten Sitzung des Exekutivkomitees Ende 1926, auf der sie mit einem längeren Diskussionsbeitrag zum Verfall der Kultur in der niedergehenden kapitalistischen Gesellschaft auftrat und auch entschieden gegen Trotzki und seine Anhänger Stellung bezog.

Zu diesen gewiß nicht einfachen Aufgaben in der internationalen Arbeit wurde ihr eine weitere Bürde auferlegt, eine Bürde allerdings, die sie als beglückend empfand. Sie wurde nun – nach dem Tode von Julian Marchlewski im Jahre 1925 – Präsidentin der Internationalen Roten Hilfe, jener internationalen überparteilichen Solidaritätsorganisation, deren Aufgabe die allseitige Unterstützung der politisch Verfolgten war. Bleibt Clara Zetkins Tätigkeit auf diesem Gebiet wie so manche andere ihrer Aktivitäten in ihren Einzelheiten noch zu erforschen, so steht doch eines außer Zweifel: Clara Zetkin ist dieser Millionenorganisation, die ihr alter Freund und Kampfgefährte Julian Marchlewski im Jahre 1922 begründet hatte, eine äußerst aktive Präsidentin gewesen, hat durch ihre immer wache Solidarität, die im Laufe der langen Kampfjahre zu einem Teil ihres Wesens geworden war, durch die Dringlichkeit ihrer Appelle wie durch ihren Weitblick und ihr Wissen um die Kraft der internationalen Solidarität auf die Entwicklung der Roten Hilfe eine starke Einwirkung gehabt.

»Während der Kampagne ›Sacco und Vanzetti‹, während der Kampagne zur Rettung der neun Gefangenen von Scottsboro«, hieß es in dem Nachruf, den die Organisation Clara Zetkin widmete, »während des Weltkongresses der Roten Hilfe und überall hatte das Exekutivkomitee der Roten Hilfe in der Person seiner Vorsitzenden einen unermüdlichen Tribun, Organisator und Führer.«

Clara Zetkin kannte sie alle, die großen und kleinen Arbeitsbereiche der Weltorganisation, rang mit um die Lösung der vor der Roten Hilfe stehenden Probleme, die um so komplizierter wurden, je grausamer die Imperialisten Revolutionäre und andere Freiheitskämpfer verfolgten. Das geht aus dem Bericht hervor, den Clara Zetkin zum zehnjährigen Bestehen der Internationalen Roten Hilfe gab und der unter dem Titel »Unterdrückte von heute – Sieger von morgen« in der Broschüre »Werk und Weg der Internationalen Roten Hilfe« veröffentlicht wurde.

Sie sprach darin von der Betreuung der nach Hunderttausenden zählenden politischen Gefangenen und ihrer Familien, von der Gewährung von Rechtsschutz, vom Kampf gegen die oft unmenschlichen Haftbedingungen, von der gefahrvollen Organisierung der Flucht für so manchen vom Tode bedrohten Freiheitskämpfer in den faschistischen Ländern, von den Kampagnen zur Befreiung politischer Häftlinge, die mehrfach zu Weltkampagnen wurden. Sie ging auf die Fürsorge für die immer zahlreicher werdenden politischen Emigranten ein, die schutz- und mittellos, oft nicht einmal der Sprache mächtig in fremden Ländern lebten, forderte den Kampf um politisches Asylrecht in Österreich und der Schweiz und in andern westeuropäischen Staaten, die die Verfolgten aus Polen, aus den Balkanländern, aus dem Italien Mussolinis und aus Horthy-Ungarn am leichtesten erreichten und fast immer durchlaufen mußten. Sie berichtete über die Anstrengungen zur Beschaffung der für die Arbeit benötigten finanziellen Mittel, die Sammlungen von Geld- und Sachspenden, das Organisieren von Veranstaltungen, das Anknüpfen von Patenschaften und viele andere Methoden der Arbeit der Roten Hilfe.

Und wie gut vertraut war sie mit dem Wirken der Hunderttausende mittlerer und kleiner Funktionäre und Funktionärinnen, die in täglicher Kleinarbeit Groschen für Groschen die Gelder zusammentrugen, unter Lebensgefahr Verfolgte verbargen und schützten, Schikanen und Diffamierungen auf sich nahmen. Sie liebte diese bescheidenen Genossen und Genossinnen, ohne deren Treue die Rote Hilfe nicht hätte existieren können. Sie kannte viele von ihnen, namentlich in Deutschland, persönlich, erwähnte einen von ihnen mit Namen, den Genossen Menzel aus Halle, der trotz hohen Alters von Gefängnis zu Gefängnis reiste, so die Haftbedingungen wie die Sorgen und Wünsche der politischen Gefangenen kennenlernend.

Der Bericht legt aber auch davon Zeugnis ab, daß Clara Zetkin in diese Weltorganisation wie in alle Sphären ihres Wirkens ihren leidenschaftlichen Ruf nach Schaffung der Einheitsfront aller Werktätigen gegen den Imperialismus trug, half, sie zu einer antiimperialistischen Kampforganisation zu machen. Wie überall lehnte sie jede Enge, jede Art des Sektierertums ab. Die Rote Hilfe, sagte sie, ist eine Organisation der internationalen Brüderlichkeit, eine politische Kampforganisation. Sie nimmt Mitglieder aller Parteien und Weltanschauungen auf, wie sie auch Revolutionären und Freiheitskämpfern aller Richtungen Hilfe gewährt, ja auch der rassisch Verfolgten sich annimmt, so ihren Beitrag leistend zur Schaffung der gemeinsamen Front aller friedliebenden Menschen gegen den Imperialismus.

Wenn sie zugleich feststellen konnte, daß die Internationale Rote Hilfe diese ihre politische Aufgabe in wachsendem Maße erfüllte, aus bescheidenen Anfängen zu einer machtvollen Weltorganisation geworden war, deren Mitgliederzahl sie mit 9 510 935 Einzel- und 2 019 240 Kollektivmitgliedern angab, von den Imperialisten so gehaßt wie sie von den Unterdrückten geliebt wurde, so möchten wir wiederholen, daß an dieser Entwicklung ihre Präsidentin einen nicht zu unterschätzenden Anteil hatte.

Von ihren Appellen sei ihr Aufruf zur Rettung der Scottsboro-Negerknaben aus dem Jahre 1932 wiedergegeben, der einer ihrer ergreifendsten ist und heute so aktuell wie damals:

»Noch sind die Empörung und das Entsetzen darüber nicht völlig verebbt, daß Sacco und Vanzetti – zwei Unschuldige sogar nach einem vorurteilslos gehandhabten bürgerlichen Klassenrecht – auf dem modernen Scheiterhaufen des elektrischen Stuhls verbrannt worden sind. Jedoch schon stehen die Henker bereit, um mittels dieses Marter- und Mordwerkzeuges mit einem Schlage acht weitere Unschuldige dem qualenreichen Tode zu überliefern.

Im Staate Alabama sind von neun jungen Negern, die kaum dem Knabenalter entwachsen sind – der älteste von ihnen zählt knapp zwanzig Jahre –, einer ›nur‹ zu lebenslänglichem Zuchthaus, acht aber zum Tode verurteilt worden.

Und dies, obgleich feststeht, daß sie das Verbrechen nicht begangen haben, dessen man sie beschuldigt – nämlich zwei weiße Prostituierte vergewaltigt zu haben ...

Ihr alle, deren Gewissen noch menschlich redet, deren Herz noch menschlich schlägt! Auf zur Rettung der acht jungen Menschen, die vom Henker auf den Scheiterhaufen des elektrischen Stuhls geschleppt werden sollen und deren einzige Schuld ist, in schwarzer Haut geboren zu sein! ... In Euern vordersten Reihen werden ungezählte vorurteilslos menschlich Denkende aus den Vereinigten Staaten nicht fehlen ...

MOPR-Genossen, MOPR-Freunde, Ihr alle, deren Gewissen noch menschlich redet, deren Herz noch menschlich schlägt, erhebt Eure Stimme! Handelt! Der starke, unwiderstehliche Ruf der unübersehbaren, unzähligen Massen muß das rassenhaßbefangene Urteil der Richter, muß den heiseren Schrei der Lynchbestie übertönen. Die Hände unübersehbarer unzählbarer Massen müssen sich zur Riesenfaust zusammenballen, die das Urteil zerreißt und den elektrischen Stuhl umwirft. Jeder, jede, alle, die im Kampfe für die Rettung der acht Neger schweigen, resignierend oder gar gleichgültig, stumpfsinnig beiseite treten, machen sich mitschuldig an einem unsühnbaren Verbrechen, das ein untilgbarer Schandfleck in der Geschichte der Vereinigten Staaten, der Menschheit sein würde.

Bei dem Kampf für die Rettung der acht jungen Leben vor der Marterung und Ermordung auf dem elektrischen Stuhl geht es um den großen, weittragenden geschichtlichen Rechtshandel zwischen vorurteilsloser, kulturwürdiger Menschlichkeit und dem engstirnigen, engherzigen, brutalen, blutgierigen Rassenhaß, dessen Wurzeln in die Unkultur und Barbarei der Vergangenheit zurückkreichen. In diesem Kampf, in diesem Rechtshandel muß die Menschlichkeit siegen. Ihr Sieg ist sicher, wenn alle bewußt, mutig ihre volle Pflicht tun ...«

Hatten die Weltkampagnen der Roten Hilfe im Falle von Sacco und Vanzetti und in manchen anderen Fällen der Klassenjustiz nicht Einhalt gebieten können, so wurden die neun Negerknaben durch die Weltproteste und die Weltsolidarität befreit.

70. Geburtstag

Schon zu Ende der zwanziger Jahre war der Name Clara Zetkin den Werktätigen der Welt Synonym für internationale Solidarität, wie ihnen Clara Zetkin auch das Beispiel einer konsequenten Revolutionärin war.

Sie wurde es an ihrem 70. Geburtstag gewahr, als ihr Liebe und Verehrung aus allen Teilen der Erde zuströmten. Botschaften, Telegramme und Briefe aus aller Welt trafen am 5. Juli 1927 bei ihr ein. Sie kamen aus Frankreich, Österreich, Italien, England, Amerika, China und vielen anderen Ländern, vor allem jedoch aus Deutschland und der Sowjetunion. Unter ihnen waren ehrenvolle Schreiben der Exekutive der Kommunistischen Internationale, der Zentralkomitees der Kommunistischen Partei Deutschlands und der Kommunistischen Partei der Sowjetunion, der Bruderparteien anderer Länder, des Sekretariats der Internationalen Roten Hilfe, vieler Organisationen und Institutionen. Auch unzählige Schreiben von Frauengruppen, Betriebsbelegschaften, lokalen Parteiorganisationen, Briefe von vielen einfachen Menschen, vor allem von Frauen. Alle schrieben ihr, daß ihr Beispiel sie mahne und ihnen helfe, besser zu arbeiten und zu kämpfen.

Es kamen Berge von Geschenken, kostbare darunter, aber vorwiegend Gaben von hart arbeitenden Händen mit bescheidenen Mitteln angefertigt, Handarbeiten, in monatelanger Arbeit kollektiv hergestellt, Stickereien, Schnitzereien, Malereien, aus sowjetischen Dörfern vor allem. Gruppen des Roten Frauen- und Mädchenbundes Deutschlands, dessen Ehrenvorsitzende Clara Zetkin war, sandten Bilderalben, die ihre Arbeit widerspiegelten, desgleichen revolutionäre Frauengruppen aus der Tschechoslowakei. Viele Kinder schickten Clara kleine selbstgefertigte Gaben, versprachen ihr, tüchtig zu lernen, später gute Kämpfer für den Sozialismus zu werden.

Zahlreiche Gratulanten trafen ein. Neben den Führern der internationalen Arbeiterbewegung und des Sowjetvolkes kamen Delegationen von sowjetischen Betrieben, Universitäten, Schulen und Kindergärten, Arbeiterinnen und Bäuerinnen, die feierlich und ein wenig schüchtern das Zimmer betraten, Grüße von Belegschaften, Klubs, Organisationen, ganzen Rayons überbrachten. Kinderheime, Schulen, Klubs, Betriebe, ein Wolgadampfer wurden nach Clara Zetkin benannt. In Moskau fand ihr zu Ehren eine Kundgebung statt, zu der Tausende von Menschen erschienen. Claras alte Freundin Nadeshda Krupskaja berichtete den Versammelten von Clara Zetkins Leben und Kampf. Es wurde bekanntgegeben, daß die Moskauer Frauen eine stattliche Geldsumme zusammengebracht und beschlossen hatten, dafür ein Flugzeug bauen zu lassen. Es sollte den Namen Clara Zetkin tragen und der Verteidigung der Sowjetunion dienen.

Ein Geschenk, das Clara besonders berührte, weil es eine feinsinnige Anerkennung ihres Kampfes um die Befreiung der Frau war, erhielt sie von der Kommunistischen Partei der Sowjetunion. Diese richtete bei der Kommunistischen Akademie in Moskau eine Frauensektion ein, deren Aufgabe das Erforschen der Lebensbedingungen der Frauen der Welt war. Clara Zetkin wurde zu ihrer Präsidentin ernannt.

Auch die deutschen Kommunisten ehrten ihre Vorkämpferin in würdiger Weise. In Berlin fand eine Clara-Zetkin-Feier im Sportpalast statt. 20 000 Menschen nahmen daran teil, Arbeiter, Arbeiterinnen, Mitglieder der Roten Hilfe, des Roten Frontkämpferbundes und des Roten Frauen- und Mädchenbundes. Sie gelobten, im Geiste Clara Zetkins für den Frieden, für ein besseres Deutschland und für den Schutz der Sowjetunion zu kämpfen, denn man lebte im Jahre des Arco-Skandals und neuer Kriegsdrohungen der Imperialisten gegen den Rätestaat. In fast allen anderen deutschen Großstädten und in vielen kleinen Orten fanden ebenfalls Kundgebungen statt. In Feierstunden und kulturellen Veranstaltungen gedachten die Roten Helfer und ihre Freunde Claras. Tausende Sammellisten zirkulierten zu Ehren Clara Zetkins und brachten reichen Ertrag. Clara-Zetkin-Marken mit ihrem Bild wurden herausgegeben und gern gekauft.

Machte dies alles Clara Zetkin Freude, rührte sie innerlich zutiefst, so vermißte sie doch gerade in diesen Tagen besonders schmerzlich den lebendigen Kontakt mit den Massen, wie ihn ihr die Versammlungstourneen, die großen Kongresse, die Besuche der Betriebe gegeben hatten.

Resignation spricht aus dem Brief, den sie, die erneut längere Zeit krank gewesen war, bevor sie Ende 1927 wieder nach Deutschland zurückkehren durfte, am 20. August 1927 vom Erholungsheim Archangelskoje aus an ihren Freund Wilhelm Pieck richtete:

»Lieber Freund Wilhelm!

Endlich, endlich wird es doch wahr, daß ich reisen kann. Zwar haben die Freunde noch ernste Besorgnisse, ob meine Gesundheit und meine Unterwerfung unter die ärztliche Disziplin in Deutschand standhalten werden, aber da Professor Lewin mich für reisefähig erklärt hat, gibt es kein Halten mehr.

Hugo [Eberlein – *L.D.*] wird Dir schon meinen Wunsch mitgeteilt haben, daß Du für uns Quartier bestellst. Am liebsten bei Fam. Jahncke, Köthener Str. 6, zwei Zimmer mit drei Betten oder auch ein großes, zwei kleine Zimmer, wie es sich richten läßt. Wenn wir dort nicht unterkommen können, so anderswo, wo ich nur eine Treppe zu steigen brauche oder Fahrstuhl habe. Hotel oder privat, aber möglichst ruhig und nicht zu teuer. Je nachdem werden wir acht bis zehn Tage in Berlin bleiben. Mein Plan ist so, daß womöglich der Aufenthalt in einem Sanatorium vermieden wird und ich doch die ärztlichen Vorschriften erfülle. Wir reisen Donnerstag, d. 25., mit einem russischen Dampfer von Leningrad nach Hamburg, von dort möglichst rasch nach Berlin. Ich denke daselbst so lange zu bleiben, daß ich die nötigen Aussprachen mit dem ZK, der MOPR-Führung und den Freunden habe. Auch muß ich mich sofort dem Augenarzt Professor Kruckmann und anderen ärztlichen Autoritäten stellen. Ist das Nötige erledigt, so werde ich mein Zelt in Sillenbuch aufschlagen und mich [bei] den Stuttgarter Genossen melden. Ich hoffe, dort und in Württemberg überhaupt der Partei nützen zu können und, falls nötig, das eine und andere Mal nach Berlin oder sonstwohin zu flitzen. Kurz, lieber Wilhelm: Ich will leben, das heißt *so* leben, daß es mir lebenswert erscheint. Du weißt, was ich damit meine ...

Doch eine Hauptsache: Meine Ankunft darf weder in Hamburg noch in Berlin bekannt sein. Es darf unter keinen Umständen einen feierlichen Empfang oder gar eine Demonstration geben, weil ich dem nicht gewachsen bin. Ich würde mich sonst wahrscheinlich zum Sprechen hinreißen lassen, und das muß ich vermeiden, damit ich halten kann, was ich mir vorgenommen habe, einige Wochen mit Euch für unser Ziel zu arbeiten ...

Lieber Wilhelm, Du mein treuer und – so scheint es mir – jetzt mein ältester Freund in der Partei, entschuldige, daß ich Dich mit all den vorstehenden Bitten behellige. Jedoch in meinem jetzigen Zustand muß ich Aufregung und Anstrengung vermeiden. Also sei so gut und plage Dich für mich. Bin ich erst drüben, so helfen wir uns selbst. Ich danke Dir vielmals im voraus. Grüße alle Freunde aufs beste, Dir drückt in alter, aufrichtiger Freundschaft die Hand

Clara Zetkin«

Während dieses Aufenthaltes trat sie noch einmal im Reichstag mit einer Rede zur Schulfrage hervor, sah Stuttgart und – zum letztenmal – Sillenbuch wieder.

Daß es bei der Ankunft in Berlin trotz ihres Protestes zu einer Massendemonstration kam, daß Frauen, Mitglieder des Kommunistischen Jugendverbandes, Kinder, Genossen, Männer in Rotfrontkämpferblusen sie begrüßten, rote Fahnen geschwenkt wurden, daß es Blumen regnete, daß sie selbstverständlich zu den Genossen sprach, hat sie keineswegs umgeworfen. Wie die Fotos zeigen, ging sie am Arm Wilhelm Piecks strahlend zum Wagen, der sie in ihre Pension brachte.

Abendschatten

Zum zehnten Jahrestag der Großen Sozialistischen Oktoberrevolution war Clara Zetkin wieder in Moskau. In diesen Tagen schienen Krankheit, Siechtum und Alter noch einmal ihre Macht über sie zu verlieren. Sie feierte mit dem Sowjetvolk, mit den aus der ganzen Welt erschienenen Delegationen, nahm die hohe Auszeichnung mit dem Rotbannerorden entgegen, war froh und erregt wie alle andern.

Danach aber senkten sich die Abendschatten schneller und schneller über ihr Leben. Die Krankheitsperioden wurden länger. Die Mitarbeit in der Internationale mußte mehr und mehr eingeschränkt werden. Nur in seltenen Ausnahmen konnte sie an Sitzungen und Konferenzen teilnehmen. Doch blieb sie auch in den Jahren, die zu leben ihr noch vergönnt war, fest mit dem Ringen der Werktätigen um Frieden, Demokratie und Sozialismus verbunden. Ihre Kraft und Wirksamkeit waren bis zu ihrem Tode erstaunlich, der Radius ihrer Ausstrahlung weltweit.

Eifrig studierte sie die Materialien der Internationale, der Roten Hilfe, auch der Kommunistischen Partei Deutschlands, deren Zentralkomitee Clara Zetkin bis zum Jahre 1929 angehörte, hielt mit Ratschlägen nicht zurück und scheute auch Kritik nicht.

War sie kräftig genug, um Besuche zu empfangen, wurde sie von vielen bekannten Persönlichkeiten aufgesucht. Es kamen Mitglieder des Exekutivkomitees der Kommunistischen Internationale, der Führung der KPD, Kulturschaffende, darunter Romain Rolland und Henri Barbusse. Vor allem aber kamen immer noch Delegationen von Arbeitern verschiedener Länder, von werktätigen Frauen, von Organisationen der linken bürgerlichen Frauenbewegung, auch Delegationen von Juristen, Ärzten und Sozialpolitikern der kapitalistischen Länder. Sie sprach mit ihren Besuchern über das Sowjetland, über seine Menschen, den sozialistischen Aufbau, auch über Probleme, mit denen die Besucher in ihren Ländern rangen. Viele von ihnen verstanden nach einem Gespräch mit ihr zum erstenmal völlig, was die Existenz der Sowjetunion für die Menschheit bedeutet. Alle aber gingen von ihr fort, gefestigt in ihrem Kampfgeist, bereichert in ihren Gefühlen und in ihrem Wissen, bezaubert von Clara Zetkins Persönlichkeit.

Innig verbunden war und blieb Clara Zetkin mit den sowjetischen Frauen. Sie schrieben ihr, besuchten sie. Ende des Jahres 1928 war sie noch einmal unter den Frauen Zentralasiens. Sie wohnte einer Konferenz der Frauenorganisationen der Ostvölker bei, wie man damals die Bewohner der mittelasiatischen Sowjetrepubliken nannte. Die Worte, die sie an die Delegierten richtete, zeugen von dem feinen Verständnis, das sie gerade in diesen letzten Lebensjahren für die Probleme der einfachen Menschen besaß, und sie verfehlen in ihrer Schlichtheit und Herzlichkeit auch auf den heutigen Leser ihren Eindruck nicht.

»Eure Konferenz«, sagte sie, »hat wichtige und gute Beschlüsse gefaßt, doch sie sind keinen roten Heller wert, wenn sie nur auf dem Papier bleiben. Ihr müßt dafür sorgen, daß eure Beschlüsse lebensgestaltende Kraft erlangen. Jede einzelne von euch muß Hunderte, Tausende eurer Schwestern erwecken, sammeln und bilden helfen. Die Tausende werden Hunderttausende werden ...

Ganz verkehrt wäre es, wenn auch nur eine von euch, liebe Schwestern, denken würde: Ich bin nur ein schwaches Weib, was kann ich ausrichten, was kann ich leisten? Hinter mir stehen ja eine starke Partei, Exekutivkomitee, Gewerkschaften, Genossenschaften, Sowjets und anderes mehr, dort sitzen Sekretäre, Vorsitzende, treue, kluge, erfahrene Führer und Führerinnen, tüchtige Arbeitskräfte. Sie werden dafür sorgen, daß unsere Beschlüsse sich gleichsam zu lebendigem Fleisch und Blut verkörpern. Eine jede von euch muß denken, daß es ausgerechnet auf ihre Mitarbeit ankommt, damit der sozialistische Aufbau kräftig fortschreitet.

Ist in eurer Seele der Gedanke lebendig geworden: Befreiung, Gleichberechtigung, ist er in Worten auf eure Lippen getreten, so seid ihr verpflichtet, mit ganzer Kraft und ohne nach den Schwierigkeiten und Opfern zu fragen, an der Verwirklichung des Sozialismus mitzuarbeiten. Jede einzelne von euch muß von der Auffassung durchdrungen sein: Es handelt sich um meine Freiheit, um meine Gleichberechtigung, um meine Kultur, ich darf das neue Leben nicht als Geschenk erhalten, ich bin verpflichtet, es mir durch tägliche Arbeit, durch täglichen Kampf zu erobern.«

Bis zu ihrem Lebensende hat Clara Zetkin der Arbeit unter den Frauen der ehemaligen Kolonialvölker und unter denen, die es noch waren, größte Beachtung geschenkt.

Als ihre alte Freundin Heleen Ankersmit sie drei Jahre vor ihrem Tode bat, ihre Erinnerungen niederzuschreiben, die doch von größter Bedeutung für die Arbeiterklasse seien, antwortete sie: »Die Geschichte kann auch später geschrieben werden. Was jetzt wichtiger ist, das ist das Erwachen der Frauen des Ostens, nachdem Sowjetrußland ihnen den Boden für die wirkliche, vollständige Befreiung der Frau bereitet hat. Dort will ich sein, dieses Erwachen, diese Befreiung der Frauen will ich miterleben.«

Sie hatte vor, unbedingt noch einmal nach Mittelasien zu reisen, doch machte ihr Gesundheitszustand dies unmöglich.

Clara Zetkin erlebte nicht mehr, wie aus den Reihen dieser Frauen bedeutende Wissenschaftler, Produktionsleiter, Kolchosvorsitzende, Minister hervorgingen. Aber sie wußte, daß es so kommen würde, ebenso wie sie sicher voraussah, daß den befreiten Frauen Mittelasiens früher oder später die Frauen der arabischen Länder und aller anderen unterdrückten Völker auf dem Weg in die Freiheit folgen würden.

»Und ich bin ein ohnmächtiger Krüppel!«

»Was könnte ich tun, was müßte ich tun? Tausendfache Kraft müßte ich haben, um den vom monopolistischen Trustkapital Geplünderten und Zertretenen zuzurufen: Mut, Selbstvertrauen, Tatwillen, Tatentschlossenheit, die objektiven Voraussetzungen Eurer Befreiung sind reif, beweist Ihr Eure Reife durch Handeln! Und ich bin ein ohnmächtiger Krüppel!«

Als Clara Zetkin zu Weihnachten 1930 diese Zeilen an ihren

Bruder Arthur schrieb, war etwas über ein Jahr seit jenem New-Yorker Bankkrach vergangen, der die Ende 1929 beginnende Weltwirtschaftskrise eingeleitet hatte, und Deutschland bereits tief in den Strudel der Ereignisse geraten. Eine mit rasender Geschwindigkeit um sich greifende Massenarbeitslosigkeit hatte eingesetzt und die deutschen Werktätigen, die noch schwer an den Folgen der Kriegs- und Nachkriegsjahre trugen, in eine neue Notzeit gestürzt. Die wirtschaftlichen und politischen Spannungen hatten sich weiter verschärft, neue Klassenschlachten flammten auf.

Um den wachsenden Widerstand der Werktätigen zu brechen, betrieb die deutsche Großbourgeoisie – wie eh und je bestrebt, die Kosten der Katastrophe auf die einfachen Menschen abzuwälzen – die Beseitigung aller demokratischen und sozialen Rechte der Werktätigen, ja die Liquidierung der Weimarer Republik selbst.

Die Führer der Sozialdemokratie, wie eifrig sie auch sich anboten, Arzt am Krankenbett des Kapitalismus zu sein, wurden beiseite geschoben. Am 30. März 1930 berief der Reichspräsident von Hindenburg das Kabinett des reaktionären Zentrumspolitikers Heinrich Brüning, das erste der von einer parlamentarischen Koalition unabhängigen Präsidialkabinette, die der Hitlerdiktatur den Weg ebneten. Ihm folgte 1932 das Kabinett des Erzreaktionärs Franz von Papen, des Vertrauensmannes der deutschen Schwerindustrie. Während Brüning vor allem mit Hilfe von Notverordnungen verstärkt das parlamentarische Regierungssystem und die demokratischen Rechte und Freiheiten abbaute, nahm Papen offen Kurs auf die faschistische Diktatur. Er stützte sich auf Hitler und seine Partei, deren Macht immer gefährlicher anschwoll. Bei der Reichspräsidentenwahl, die im März 1932 – noch unter der Regierung Brüning – stattfand, hatte Ernst Thälmann 4 983 341 Stimmen erhalten, gewiß eine beträchtliche Zahl. Aber Hindenburg, der von der Sozialdemokratie unterstützt worden war, bekam 18 651 497 Stimmen, Hitler 11 339 446.

Im Juli 1932 ließ Papen die in Preußen noch bestehende sozialdemokratische Regierung absetzen, verjagte den preußischen Innenminister Severing durch einen Leutnant und einige Reichswehrsoldaten aus dem Amt. Während die sozialdemokratischen Arbeiter, zutiefst erregt über den Staatsstreich von Papens, kämpfen wollten, die Kommunistische Partei Deutschlands zum Generalstreik aufrief, vertrösteten die rechten sozialdemokratischen Führer ihre Anhänger auf die Wahlen und erhoben lediglich Beschwerde beim Staatsgerichtshof. Sie hatten allen Widerstand gegen die vordringende Reaktion aufgegeben, bettelten nur noch um Duldung.

Die Verfolgung der Kommunisten nahm zu. Der Rote Frontkämpferbund, die Selbstschutzorganisation der Arbeiterklasse, war schon Anfang Mai 1929 durch den sozialdemokratischen Innenminister Severing in Preußen und dann auch im übrigen Deutschland verboten worden. Ein gleiches Schicksal hatten die nach dem Verbot geschaffenen proletarischen Kampfbünde. Gegen Arbeiterdemonstrationen wurden nicht nur gummiknüppelbewaffnete Polizeitrupps, sondern auch Panzerwagen und Maschinengewehre eingesetzt. Hitlers braune und schwarze Sturmtruppen aber wurden immer mehr ausgebaut, wuchsen sich zu einer riesigen Terrorarmee aus. Nicht nur junge Mittelständler und Bauernjungen strömten ihr zu, sondern auch junge Arbeiter traten in ihre Reihen ein.

Die Kommunistische Partei kämpfte gegen die zunehmende Aggressivität des deutschen Imperialismus an allen Fronten. Sie setzte sich im Reichstag, in den Länderparlamenten, Stadtverordnetenversammlungen, Gemeinderäten für die Arbeitslosen ein, half ihnen, ihre Demonstrationen zu organisieren. Sie forderte wieder und wieder Hilfe für die hungernden und frierenden Kinder, für die gequälten Mütter, für die Obdachlosen. Sie unterstützte die Streiks der Arbeiter gegen Lohnkürzung und Sozialabbau, die großen im Mansfeldischen, im Rhein-Ruhr-Gebiet, in Berlin und die vielen kleineren allerorts, organisatorisch und politisch, während die vor allem von Kommunisten getragene Internationale Arbeiterhilfe die Solidarität breiter Schichten, auch des Mittelstandes, für die Streikenden organisierte, aus ihren Küchen Essen verabreichte, die Kinder der Streikenden verschickte.

Die Kommunistische Partei führte den Kampf gegen die Notverordnungspolitik, für die Verteidigung der demokratischen Rechte, forderte unablässig die Besteuerung der Reichen. Sie stand an der Spitze des Kampfes gegen die Wiederaufrüstung des deutschen Imperialismus, gegen die zunehmende Kriegsgefahr. Sie war vor allem führend im ideologischen und politischen Kampf gegen den Faschismus, in der Abwehr von Terroraktionen gegen die Arbeiter, gegen ihre Organisationen, Büros, Lokale, Versammlungen, bei der Verteidigung der Arbeiterviertel gegen faschistische Überfälle.

Gewann sie dabei zunehmend Einfluß in der Arbeiterklasse, so mühte sie sich zugleich, in die Kreise der Bauern, der Mittelschichten, der Intelligenz stärker einzudringen, unternahm wie schon in der Zeit nach der Novemberrevolution große Anstrengungen, eine Einheitsfront aller Werktätigen gegen den Faschismus zu schaffen, die Aktionseinheit mit den Sozialdemokraten herzustellen.

Um dem deutschen Volk einen Ausweg zu weisen, veröffentlichte das Zentralkomitee der Kommunistischen Partei Deutschlands am 24. August 1930 das Programm zur nationalen und sozialen Befreiung. Es forderte die Überführung der Großbetriebe und Großbanken in Volkseigentum, schlug Maßnahmen zur Beseitigung der Massenarbeitslosigkeit und Massennot vor, prangerte die Nazipartei als volks- und arbeiterfeindliche Partei an und enthüllte zugleich deren nationale und soziale Demagogie. Es rief die Massen zum Kampf für eine wahrhaft demokratische Ordnung auf und für ein Bündnis sowie verstärkte wirtschaftliche Zusammenarbeit mit der Sowjetunion.

Ihm folgte am 16. Mai 1931 ein Bauernhilfsprogramm, das die Annullierung der riesigen auf den Bauernhöfen lastenden Schulden, die entschädigungslose Enteignung des Großgrundbesitzes, die Bereitstellung von Land für landarme Bauern sowie die Einführung einer Alters- und Krankenversorgung für die Bauern forderte. Bald danach machte die Partei darüber hinaus Vorschläge für die Verbesserung der Lage der Kleingewerbetreibenden und Beamten und unterbreitete ein Arbeitsbeschaffungsprogramm zur Beseitigung der Massenarbeitslosigkeit.

Clara Zetkin wäre gern losgestürmt, hätte ihren Teil Parteiarbeit getan, im Reichstag aktiv die Interessen der Werktätigen vertreten, auf Marktplätzen, in Sälen, in Betrieben und auf Höfen die Menschen zum Kampf entflammt, zu Männern, Frauen, Jugendlichen gesprochen. Doch Clara, die kühne, nimmerrastende Kämpferin, war um diese Zeit physisch hilflos geworden. Ihr Herzleiden hatte sich verschlimmert, die Ohnmachtsanfälle traten gehäuft auf. Sie hatte sich eine Malaria zugezogen, die immer neue Anfälle hervorrief, und sie war nahezu blind, brauchte auf allen Wegen einen Menschen, der sie am Arm führte.

Sie lebte auch in diesen Jahren meist in Moskau, jetzt unter der strengen Aufsicht eines sowjetischen Ärztekollegiums und sorgfältig betreut von ihrem Sohn Maxim und ihrer Schwiegertochter. Zeitweilig war sie in einem Moskauer Hotel untergebracht, das auch andere Arbeiterführer aus dem kapitalistischen Ausland beherbergte, häufig aber in dem Sanatorium des Zentralkomitees der KPdSU(B) in Archangelskoje. Sie liebte diesen Ort sehr, lag gern auf der Terrasse im Sonnenschein, ließ sich zuweilen durch den Park führen, traurig, daß sie seine Schönheit nicht mehr sehen, nur ahnen konnte. Sie hielt gute Freundschaft mit den Ärzten und Schwestern, auch, wo es sich gab, mit den Arbeitern im Park und den Bewohnern benachbarter Häuser. Immer noch liebte sie Tiere. Eine Zeitlang besaß sie einen kleinen drolligen Waschbären. Jäger aus dem Norden hatten ihn ihr geschenkt. In der letzten Zeit ihres Lebens erhielt sie, wenn sie in Archangelskoje weilte, allmorgendlich den Besuch dreier Hunde aus der Nachbarschaft. Sie setzten sich vor das Haus, und die Schwester pflegte Clara dann zu informieren: »Genossin Zetkin, Ihre Garde ist gekommen!«

Sie hielt immer noch einen genauen Arbeitstag ein. Früh um fünf Uhr saß sie gewöhnlich im Bett und schrieb – mit großen, ungelenken Buchstaben. Dann wurde sie angekleidet, frühstückte spartanisch einfach, ließ sich vorlesen: die wichtigsten Artikel der Tagespresse und der verschiedenen Zeitschriften, Materialien der Kommunistischen Partei Deutschlands sowie Dokumente des Reichstages und der Kommunistischen Internationale, hörte Berichte, diktierte wohl auch. Nach Tisch ging sie, genau die ärztliche Vorschrift befolgend, eine halbe Stunde durch den Park; am Nachmittag wieder Korrespondenz, wissenschaftlich-politische Arbeit. Ihre Hilflosigkeit bedrückte sie sehr, und oft beklagte sie sich bei ihren Freunden.

Clara Zetkins enge Mitarbeiterin Jelena Stassowa, die mit ihr in der Leitung der Roten Hilfe arbeitete, schreibt:

»In den letzten Jahren ihres Lebens, als sie so sehr herunter war, litt sie moralisch ungeheuer unter dem Gedanken, daß sie ›als Parasit‹ dahinlebt, wo ›Ihr alle doch mit Arbeit überlastet seid‹. Diese Bemerkung hörte ich, sooft ich bei ihr war, und das war nicht oft, eben weil ich beinahe keine freie Zeit hatte, um sie zu besuchen. Und wenn ich diese Entschuldigung vorbrachte, kam Clara immer wieder darauf zu sprechen, daß sie nicht mehr arbeitsfähig sei. Und das war doch ganz falsch, denn, beinahe erschöpft, ... raffte sie sich immer wieder auf und setzte sich an den Tisch, um einen Artikel, eine Broschüre zu schreiben, durch die sie wieder Tausende und aber Tausende Herzen aufflammen ließ und mit ihrem heißen Glauben an die Weltrevolution erfüllte.

Es schien ihr immer, daß sie nicht genügend an der großen Arbeit der IRH teilnehme, und dabei war es doch so, daß jedesmal, wenn wir eine Kampagne führten, wenn man die Massen anfeuern sollte, es immer Clara war, die eingriff und mit jugendlichem Schwung einen Aufruf, einen Artikel, einen Brief schrieb, der wieder unsere Bewegung ein Stück vorwärtstrieb.«

Und das galt nicht nur für die Rote Hilfe. Wie sehr Clara ihre Lage empfinden mochte, sie gab nicht auf, kämpfte, ein echter Kommunist, an dem Platz, an den sie nun gestellt war, mit den Waffen, die ihr geblieben waren. In den letzten Jahren entstanden neben dem als Fragment hinterlassenen Werk »Zur Geschichte der proletarischen Frauenbewegung Deutschlands« und der schon erwähnten Arbeit »Unterdrückte von heute – Sieger von morgen« ihre Werke »Hungermai, Blutmai, roter Mai!« (1932), »Lenins Vermächtnis für die Frauen der Welt«, ein leidenschaftlicher Appell an die Frauen der kapitalistischen und kolonialen Länder, es ihren sowjetischen Schwestern gleichzutun, und das nicht mehr vollendete Werk »Die imperialistischen Kriege gegen die Werktätigen – die Werktätigen gegen die imperialistischen Kriege«.

Konnte sie auch nicht mehr in Massenversammlungen auftreten, so nahm sie doch, wo es ihr möglich war, gern an kleinen Zusammenkünften teil, wo ihr zu begegnen für die Genossen immer ein anfeuerndes Erlebnis war.

»Ich weiß nicht mehr«, erzählte die Arbeiterveteranin Emmy Dölling, »war es 1929 oder 1930, da wurde vom Frauensekretariat der Kommunistischen Internationale eine Konferenz einberufen, auf der Clara Zetkin mit zur Zeit in Moskau weilenden Frauenfunktionärinnen aus einigen Ländern beraten wollte. Ich gehörte zu den Eingeladenen. Fast alle waren schon lange vor dem angegebenen Zeitpunkt erschienen und erwarteten mit großer Spannung die Begegnung mit Clara Zetkin.

Es war bekannt, daß Clara sehr krank war, und voller Bangen stellten wir uns die Frage: Wird sie auch kommen können?

Genau zur angegebenen Zeit erscheint Clara. Ich erinnere mich, als wäre es gestern gewesen: Gestützt auf den Arm ihres Arztes und auf ihren Stock, kommt sie langsam und mühsam zum Konferenztisch und läßt sich schwer auf den Stuhl sinken. Die stürmische Begrüßung durch die Anwesenden wehrt sie mit einer Handbewegung ab und nickt uns mit einem müden Lächeln zu. Aber sie gönnt sich nicht lange Ruhe, mühsam erhebt sie sich. Sie beginnt leise und stockend zu uns zu sprechen, über den drohenden Faschismus und die fieberhaften Kriegsvorbereitungen der Imperialisten, über den lebenswichtigen Kampf dagegen und die zwingende Notwendigkeit, mit allen Mitteln die Millionen Frauen für den Kampf um den Frieden aufzurütteln. Sie spricht völlig frei – ohne Manuskript. Und während wir gebannt ihren Worten lauschen, geht eine seltsame Veränderung mit ihr vor: Mit beiden Händen auf die Tischkante gestützt, hat sie sich voll aufgerichtet, ihre Augen leuchten, ihre Stimme ist jung und voller Leidenschaft. Ich erinnere mich heute nicht mehr des Wortlauts ihrer Rede, aber unvergessen blieb und bleibt mir das Bild Claras, wie sie uns mitreißend und in glühender Begeisterung beschwört, alles, aber auch alles zu tun für die Schaffung der großen Einheitsfront gegen Faschismus und Krieg, für die Einbeziehung der Millionen Frauen in diesen Kampf. Nie in meinem Leben werde ich diese Begegnung mit der wunderbaren Kämpferin Clara Zetkin vergessen.«

In den Jahren von 1929 bis 1931 verbrachte Clara Zetkin immer noch einen Teil ihrer Zeit in Deutschland. Sie hatte ihr Haus in Sillenbuch verkaufen lassen und dafür ein anderes erworben. Es sollte in Berlin – in Grünau oder auch Baumschulenweg – sein. Es wurde in Birkenwerder gefunden und ist heute Zetkin-Gedenkstätte. Sie bewohnte es gemeinsam mit ihrem Sohn Kostja, mit dem sie sich in diesen Jahren politisch besonders eng verbunden fühlte. Wann immer es ihr möglich war, ließ sie sich, begleitet von ihrem Sohn, in den Reichstag fahren. Zuweilen machten sie auf der Fahrt in die Stadt einen Umweg über Reinickendorf und den Wedding, den man damals mit Recht den roten nannte. Sie konnte sie nicht sehen, die lange Schlange von Arbeitslosen vor dem Arbeitsamt Reinickendorf, die alten Frauen, die Mülltonnen nach etwas Eßbarem durchsuchten, die Hausierer und Hofsänger, die Gruppen diskutierender Genossen und die anderen, die sich mit der Polizei auseinandersetzten, wie das oft vorkam, um in proletarischer Solidarität die Exmittierung einer Arbeitslosenfamilie zu verhindern. Aber sie fühlte das Fluidum des Arbeiterviertels, jener Welt, die ihr vertraut war.

Im Reichstag angelangt, wurde sie ins Fraktionszimmer ihrer Partei gebracht, von wo sie, wann immer sie es wünschte, in den Sitzungssaal geleitet wurde. Sie beteiligte sich nicht mehr an den Debatten, nahm aber an den Fraktionssitzungen teil, sprach auch mit Abgeordneten anderer Parteien, vor allem mit einigen alten Freundinnen aus der Sozialdemokratie, wie mit Mathilde Wurm, die an der »Gleichheit« mitgearbeitet hatte, mit Lore Agnes und Toni Sender, die mit ihr an der Frauenkonferenz von Bern teilgenommen hatten und auf die sie immer noch einigen Einfluß besaß.

Genossen und Genossinnen, die zur Agitation im Land gewesen waren, fragte sie eifrig aus: Wie leben die Menschen? Wie stehen sie zur Kommunistischen Partei? Wie denken die sozialdemokratischen, die christlichen, die parteilosen Arbeiter, die Jugend? Wie steht es um die Einheitsfront? Ganz besonders interessierte sie das Leben und die Lage der Frauen. »Öfter fragte sie mich nach ihrer sächsischen Heimat«, erzählte der Autorin die Arbeiterveteranin Olga Körner, damals eine junge Reichstagsabgeordnete. »Grüß mir die Weberinnen und Strumpfwirkerinnen, sie sind arm. Sie müssen kämpfen!« sagte Clara.

Wenn sie kräftig genug war, empfing sie gern Besuch in Birkenwerder. Kommunistische Abgeordnete kamen, so der Studienrat Dr. Theodor Neubauer, wichtigster Fachmann der Partei für Schulfragen; Hugo Gräf, Vorsitzender der von der KPD geschaffenen Massenorganisation Internationaler Bund der Opfer des Krieges und der Arbeit; Martha Arendsee, Verantwortliche für die Sozialpolitik; vor allem Mitarbeiterinnen der Frauenabteilung. Auch andere Besucher fanden sich ein: Ärzte, Lehrer, Künstler, junge Menschen. Sie erzählten Clara von dem Leben draußen, von ihren Sorgen, trugen ihre Probleme vor, holten sich Anregungen und Kraft, freuten sich ihres schönen, ruhigen Heims, durch das dennoch ein heißer Lebensstrom zog.

Nahe Freundin war ihr die hochgebildete linke Führerin der bürgerlichen Frauenbewegung Helene Stöcker, die Herausgeberin der »Neuen Generation«, mit der sie nicht nur der Kampf um eine neue Stellung der Frau in Ehe und Familie und um eine Erneuerung der sexuellen Moral verband, sondern vor allem der Kampf für die deutsch-sowjetische Freundschaft, deren leidenschaftliche Vorkämpferin im bürgerlichen Lager diese aufrechte Frau gewesen ist.

Über solche persönlichen Kontakte hinaus unterhielt sie noch einen ausgedehnten Briefwechsel mit Menschen aus allen Schichten. Unter denen, die sich vertrauensvoll an die Reichstagsabgeordnete Clara Zetkin wandten, waren auch die Verbände der Kriegsbeschädigten und -hinterbliebenen. Sie konnten sicher sein, daß Clara für sie tat, was in ihrer Macht lag.

»Ihr Rundschreiben vom 22. Mai habe ich mit tiefer Bewegung zur Kenntnis genommen«, schrieb sie am 5. Juni 1931 dem Bund erblindeter Krieger in Württemberg. »Es ist ein herzzerreißender

Schrei der Nöte und Ängste, der Enttäuschung und Verzweiflung, wie er vielhunderttausendstimmig von den Kriegsinvaliden, ihren Angehörigen und den Hinterbliebenen der Gefallenen ertönt. Und dieser Schrei klingt zusammen mit dem furchtbaren Elendschor Millionen Arbeitsloser, von denen viel zu viele Brotlose, Obdachlose, Heimatlose werden! Wer ein menschliches Herz in der Brust trägt, fühlt sich erdrückt vom Bewußtsein seiner Ohnmacht als einzelner, das Massenelend auch nur zu lindern.

Welche Befriedigung würde es mir gewähren, Ihnen zu antworten: Seien Sie unbekümmert! Es ist platteste Selbstverständlichkeit, daß das unsäglich harte Los der erblindeten Krieger nicht noch durch Herabminderung ihrer kurzen Rente verschärft wird ...

Leider ist eine solche selbstverständliche Antwort ausgeschlossen. Noch liegt die neue Notverordnung der Regierung Brüning-Hindenburg nicht in ihrem Wortlaut vor. Allein, über ihren Inhalt, ihr Wesen ist bereits so viel in die Öffentlichkeit gedrungen, um die Befürchtung nahezulegen, daß auch an den sehr bescheidenen Renten der erblindeten Krieger ›gespart‹ werden wird.

Sie dürfen überzeugt sein, daß ich in Gemeinschaft mit der kommunistischen Reichstagsfraktion jederzeit wie bisher für Ihre vollauf berechtigten Ansprüche eintreten werde. Es ist Ihnen sicherlich bekannt, daß die Kommunisten im Reichstage, in allen parlamentarischen und öffentlichen Körperschaften die Interessen der Opfer des verhängnisschweren Krieges wie aller sozial Beistandsbedürftigen mit größter Zuverlässigkeit, Konsequenz und Energie verteidigen ... Der Kampf um Ihr Recht auf eine kulturwürdige Existenz – das Menschenrecht besonders Schwerleidender, Schmerzbedrückter, die regen Geistes und fühlenden Herzens nicht bloß vegetieren wollen – ist ein Teil des befreienden Kampfes zur Befreiung der Werktätigen vom Joche der ausbeutenden, herrschenden Großkapitalisten. Daher der harte Widerstand sogar gegen die elementaren Rechte der erblindeten Krieger. Nur die Vereinigung aller Werktätigen kann diesen Widerstand niederzwingen ...

Ich fühle persönlich um so stärker, aufrichtiger mit den Erblindeten, als ich selbst in den letzten Jahren fast völlig erblindet bin.

In herzlichem Mitgefühl für Ihr Geschick und steter Bereitschaft, Ihrem Recht zu dienen, grüßt Sie

Ihre Clara Zetkin«

Dieser Brief zeigt nicht nur Claras Mitfühlen für das Elend, das die Werktätigen wiederum betroffen hatte, sondern auch ihr Bestreben, den Kampf gegen die Notverordnungspolitik der Regierung auf weitere Kreise ausdehnen zu helfen.

In der Tat hat sie, die zu Anfang der zwanziger Jahre führend im Kampf der Kommunistischen Partei um die Schaffung einer breiten Einheitsfront der Werktätigen gegen das Monopolkapital gewesen war, auch in den Notjahren der Weltwirtschaftskrise und der wachsenden faschistischen Gefahr, soweit ihre Kraft noch reichte, in gleicher Richtung gewirkt. Vor allem setzte sie sich für das feste Zusammengehen von Kommunisten und Sozialdemokraten ein, das allein den Kern einer antifaschistischen Massenbewegung schaffen, ihr die notwendige Kraft und Breite geben konnte, alle Schwankenden anziehen mußte.

Clara Zetkin war Mitherausgeberin einer von der KPD eigens für die sozialdemokratischen Arbeiter geschaffenen Zeitschrift, wandte sich in Artikeln an die Sozialdemokraten. Sie war mehr denn je erbittert über die Haltung der rechten sozialdemokratischen Führer, die auch in dieser Situation ein Zusammengehen mit der KPD ablehnten, obwohl viele Mitglieder ihrer Partei unzufrieden mit einer solchen Politik waren und nur auf ein Wort warteten, um gemeinsam mit ihren Klassengenossen in der KPD den Vormarsch der Hitlerfaschisten aufzuhalten, Maßnahmen gegen Arbeitslosigkeit und Elend zu erzwingen.

Über die Arbeit an der Zeitschrift hinaus nutzte sie jede Gelegenheit – Gespräche, Briefe –, um auf die dringliche Notwendigkeit der Schaffung einer antifaschistischen Einheitsfront hinzuweisen, die allein Not und Gefahr vom deutschen Volk wie von der Welt abwenden konnte.

Einmal noch erschien sie in diesen Jahren auf einem großen Treffen der Werktätigen. Sie trat im Oktober 1931 auf der Frauenkonferenz und dem Kongreß der Internationalen Arbeiterhilfe in Berlin auf, forderte auch hier den Kampf für die Einheitsfront der Werktätigen gegen den Faschismus.

Von Clara Zetkins Auftreten auf der Frauenkonferenz der IAH erzählte der Autorin eine Teilnehmerin, die Arbeiterveteranin Marie Wolters:

»Lange bevor die Versammlung begann, war der Saal überfüllt. Nicht nur Frauen kamen, sondern auch viele Männer. Als Clara erschien, wurde sie mit brausendem Jubel empfangen. Es dauerte eine Weile, bis sich die Begeisterung gelegt hatte. Dann begann Clara mit ihrer Ansprache. Sie sprach über die damalige politische und wirtschaftliche Situation in Deutschland: das Problem der Arbeitslosigkeit, die sich verschlechternde Lage der Arbeiter. Sie warnte vor dem Faschismus, dieser tödlichen Gefahr für das deutsche Volk und seine Arbeiterklasse. Sie rief zu Kampf- und Abwehrmaßnahmen auf. Nur die geeinte Arbeiterklasse, sagte sie, kann den Faschismus verhindern. Nach Beendigung ihrer Rede brach wieder brausender Jubel los. Sie aber rief: ›Keine Hochrufe, sondern geht und arbeitet!‹«

Diese Worte entsprachen ganz der Haltung Clara Zetkins bis in ihre letzten Lebensjahre.

Als die KPD im Frühjahr 1932 angesichts der wachsenden faschistischen Gefahr zur Schaffung der Antifaschistischen Aktion aufrief, sich in allen Teilen Deutschlands Werktätige aller Richtungen zum gemeinsamen Kampf gegen den Faschismus zusammenzufinden begannen, verfolgte Clara Zetkin die sich entwickelnde breitere Widerstandsbewegung mit großer Aufmerksamkeit. Während des Kongresses der Antifaschistischen Aktion, der im Jahre 1932 unter Teilnahme von Vertretern auch parteiloser Arbeiter, von Bauern wie von sozialdemokratischen Arbeitern, die über die Köpfe ihrer Führer hinweg nach der Einheitsfront strebten, stattfand, lag sie mit einem Malariaanfall darnieder. Doch sandte sie eine Botschaft. Noch einmal sprach sie aus, was sie bereits in den kampfreichen Jahren 1919 bis 1923 gesagt hatte: Niemanden auslassen, alle einbeziehen, die nur irgend zum Kampf gegen den Faschismus gewonnen werden können.

Bezeichnete sie die Konferenz als einen ersten wichtigen Schritt auf dem Wege zu einer Einheitsfront, so fügte sie hinzu: »Diese Einheitsfront muß über die Gesamtheit des Proletariats hinausreichen und auch die Angestellten, Handwerker, Kleingewerbetreibenden, kleinen Bauern und nicht zuletzt auch die Intellektuellen aller Schichten erfassen, von der Maschinenschreiberin im Betriebe, in der öffentlichen Verwaltung bis zum Hochschullehrer.«

Dasselbe wiederholte sie Ende August 1932 in ihrer Rede als Alterspräsidentin des Reichstages.

Wehret dem imperialistischen Krieg!

Mit der gleichen sorgenvollen Aufmerksamkeit wie die Vorgänge in Deutschland beobachtete Clara Zetkin die internationale Lage. Die nach dem ersten Weltkrieg entstandenen neuen Spannungen hatten sich keineswegs gemildert, vielmehr verschärft, sie drängten nach Entladung.

Der amerikanische Imperialismus, eigentlicher Sieger im ersten Weltkrieg und nunmehr heimgesucht von einer Wirtschaftskrise ungeheuerlichen Ausmaßes, streckte seine Krallen gierig in allen Teilen der Welt aus. Der japanische Imperialismus trachtete, Teile Chinas und anderer Gebiete Asiens an sich zu reißen. Im September 1931 rückten japanische Truppen in die Mandschurei ein. Der italienische Faschismus forderte Besitz in Nordafrika, begann an den Überfall auf Abessinien zu denken. Der deutsche Imperialismus bereitete sich mit zunehmender Offenheit auf den Revanchekrieg vor.

Trotz der zwischen ihnen bestehenden Gegensätze aber waren sich alle Imperialisten in dem Willen einig, die Sowjetunion zu vernichten. Sollte es Hitler gelingen, in Deutschland die Macht zu ergreifen, war der Krieg sicher und mußte nach Lage der Dinge nicht nur Europa, sondern die ganze Welt in Brand stecken, vor allem das Sowjetland aufs schrecklichste bedrohen. In Moskau lebend, an einem Brennpunkt des internationalen Geschehens, und immer noch in Kontakt mit führenden Politikern aller Länder, empfand Clara Zetkin die Gefahr eines sich vorbereitenden zweiten Weltkrieges sehr akut, sah auch mit dem scharfen Blick des Alters, klarer als selbst viele ihrer Genossen, daß seine Schrecken die des ersten Weltkrieges in jeder Hinsicht weit übersteigen würden. Die Gedanken daran quälten sie sehr.

Die grauenvollen Bilder des ersten Weltkrieges, zeitweilig zurückgedrängt durch die nachfolgenden Kämpfe, kamen erneut an die Oberfläche, wie stark, zeigt ihre Broschüre »Die imperialistischen Kriege gegen die Werktätigen – die Werktätigen gegen die imperialistischen Kriege«. Darin ließ sie noch einmal alles lebendig werden, was sie und Millionen andere damals in Qual und Empörung versetzte. Sie erinnerte an die Leiden der Männer in den Schützengräben, an die furchtbare Schlacht von Verdun, an den Hunger und an das große Kindersterben, an das unmenschliche Auftreten der deutschen Heeresleitung in den von deutschen Truppen besetzten Gebieten, erinnerte an den Aufschrei der Millionen, die nach Beendigung des Völkermordens forderten: Nie wieder Krieg!

Sie beschäftigte sich auch mit der Vervollkommnung der Kriegstechnik zwischen den beiden Weltkriegen, mit der Entwicklung der Kriegsluftfahrt, mit der Giftgasindustrie des IG-Farben-Konzerns, sah in schlaflosen Nächten Bomberflotten Städte in Asche legen, Greise, Frauen und Kinder mordend, sah chemische Waffen Qualen verbreiten.

Vor allem empfand sie die große Gefahr, die dem Sowjetvolk drohte, das nach Krieg und Bürgerkrieg sein Leben wieder aufgebaut, die Grundlagen zu einer großen Industrie gelegt hatte, glücklich war in seinem neuen Leben und zugleich Vaterland aller Unterdrückten der Welt.

Und so war es nicht nur die Sorge um das deutsche Volk, sondern zugleich um den durch die Imperialisten und vor allem durch Hitler bedrohten Weltfrieden, die sie 1932 noch einmal in die Weltöffentlichkeit zwang.

Der entfaltete Kapitalismus, hatte sie zwanzig Jahre zuvor in Basel gesagt, macht die gewaltigsten Machtmittel dem Kriege verschwenderisch dienstbar: die Ergebnisse wissenschaftlicher Forschung, Wunder der Technik, ungezählte Reichtümer, Millionen Menschen. Dann hatte sie gefordert, daß die Werktätigen im Kampf um den Frieden in gewaltigen Massenaktionen alle verfügbaren Machtmittel aufbieten.

Wieviel mehr war das ihre Meinung im Jahre 1932, da die Imperialisten zur Verwirklichung ihrer teuflischen Absichten soviel mehr technische Mittel zur Verfügung hatten, ihre Aggressivität um soviel stärker geworden war, da aber auch nach der Schaffung der Sowjetunion und vieler kommunistischer Parteien die Widerstandsmöglichkeiten ganz anders waren als im Jahre 1912.

So war denn ihr Auftreten als Alterspräsidentin des Reichstages im August 1932, das den Höhepunkt ihres Kampfes gegen den deutschen Faschismus bildet, wie auch ihre Aktivität gelegentlich des Internationalen Kongresses der Internationalen Roten Hilfe im Herbst des gleichen Jahres letztlich bestimmt durch den Willen, mit letzter Kraft beizutragen zur Schaffung einer großen Weltfront gegen Faschismus und Krieg. Auch in anderer Weise trug sie ihren Teil zum Kampf der Weltbewegung gegen den imperialistischen Krieg bei.

Als Henri Barbusse, Romain Rolland, Albert Einstein, Maxim Gorki, Heinrich Mann, Frans Masereel und andere prominente Vertreter der Weltkultur Mitte Mai 1932 einen Aufruf zu einem internationalen Kongreß gegen den imperialistischen Krieg erließen, versagte sie ihre Hilfe nicht. Zusammen mit Käthe Kollwitz, Helene Stöcker, den Dichterinnen Clara Viebig und Karin Michaelis war sie Mitglied eines internationalen Frauenkomitees, das in Vorbereitung des Kongresses geschaffen wurde. Und nicht nur ein passives. Das zeigen uns mehrere Briefe, die sie zu dieser Zeit an prominente Frauen der Internationalen Frauenliga für Frieden und Freiheit richtete. Sie forderte darin Material über die Arbeit der Liga, insbesondere über ihr Wirken gegen die Vorbereitung eines Giftgaskrieges, und mahnte sie dringlich, sich für den Schutz der Sowjetunion einzusetzen.

»Die Kriegsgefahr«, schrieb sie am 29. April 1932 an Emilie Endriss, Mitglied der Internationalen Frauenliga für Frieden und

Freiheit in Württemberg, »ist jetzt sehr ernst, in Wirklichkeit steht die Welt schon mitten im Krieg. Ich bitte Sie und Frau Perlen, möglichst tatkräftig den Kampf ... für eine großzügige, möglichst einheitliche Antikriegskampagne zu unterstützen. Das für uns alle Selbstverständliche ist im Zeichen des anschwellenden Faschismus zur großen Dringlichkeit geworden.«

Die Teilnehmer des internationalen Antikriegskongresses selbst, der vom 27. bis 29. August in Amsterdam stattfand und 2000 Menschen aller Weltanschauungen und aller Rassen und Hautfarben vereinte, mahnte sie in ihrem Artikel »Verheißung und Tat«, die Antikriegsbewegung von einer achtenswerten Protestaktion zum entschlossenen Kampf von Millionenmassen zu steigern, der ohne ängstliche, lähmende Vorsichten, Rücksichten und Nachsichten auf sein Ziel losgeht. »Der Antikriegskongreß«, forderte sie, »muß ein entscheidender, fester Schritt zu diesem Ziele sein. Er muß aufrufen, grundsätzliche Bekenntnisse und Gelöbnisse durch Taten einzulösen. Einmütig, widerspruchslos muß von ihm die Losung ausgehen und für Millionen bindendes Gesetz werden, daß keine Hand sich rühren darf, um Rüstungs- und Kriegsmaterial irgendwelcher Art für die entfesselten und weiter vorbereiteten imperialistischen Verbrechen herzustellen ... Die Forderung erscheint hart in der Zeit der Arbeitslosigkeit von Millionenheeren. Allein, sie kann, sie muß erzwungen, Brot kann durch Friedens- und Freiheitskampf errungen werden, wenn die Millionen wollen, handeln, Macht gegen Macht.«

Der Kongreß ehrte die greise Kämpferin gegen Imperialismus und Krieg, die einige Wochen zuvor mit dem Leninorden ausgezeichnet worden war, indem er sie zusammen mit Heinrich Mann, Albert Einstein und anderen deutschen Friedenskämpfern in das Weltkomitee gegen den imperialistischen Krieg wählte.

Letzte Monate

Die Nachricht, daß der Generalfeldmarschall von Hindenburg auf Betreiben deutscher Monopolherren Hitler zum Reichskanzler berufen hatte, erreichte Clara Zetkin auf dem Krankenlager in Archangelskoje. Dann kamen die Meldungen von der Reichstagsbrandprovokation, den Massenverhaftungen von Kommunisten und Sozialdemokraten, den Greueln in den SA-Kellern und Konzentrationslagern, von der Verhaftung Ernst Thälmanns, des Führers der Kommunistischen Partei.

Aber es kamen auch Berichte von dem todesmutigen Kampf antifaschistischer Gruppen, von den ersten illegalen Zeitungen, unter Lebensgefahr hergestellt, von roten Fahnen, die über Nacht auf Fabrikschornsteinen gehißt worden waren, von Parolen, die frühmorgens an Mauern und Hauswänden standen: »Nieder mit dem Faschismus!«, »Die Kommunistische Partei lebt!«. Clara arbeitete immer noch. Sie vollendete ihre Broschüre gegen den imperialistischen Krieg und eine zweite, für die Frauen bestimmte. Diese ihre letzten Anstrengungen waren qualvoll und für die, die um sie waren, erschütternd.

»Im Februar 1933«, erzählte die Arbeiterveteranin Martha Globig, »sah ich Clara Zetkin zum letzten Mal. Sie hatte uns zum Internationalen Frauentag einen Artikel versprochen und hatte trotz ihrer Krankheit Wort gehalten. Sie ließ wissen, daß das Manuskript abzuholen sei, und wir gingen zu zweit zu ihr. Sie wohnte im Hotel Metropol. Das Zimmer war verdunkelt. Ihre Augen konnten nicht viel Helle vertragen. Sie lag im Bett und fragte, wer da sei. Ja, sagte sie dann, der Artikel ist fertig, aber ich glaube, er ist nicht so, wie ihr ihn von mir erwartet. Er ist sehr umfangreich, ich habe alles hineingeschrieben, was ich zur Frauenbewegung sagen mußte. Nehmt es, und nutzt es, wie ihr wollt, es ist sozusagen mein Vermächtnis. Wir baten dann, daß sie ihre Unterschrift unter das Manuskript setze. Aber sie sagte, das sei nicht so einfach. Man legte ihr ein Brett auf das Bett, dann wurde die letzte Seite des Manuskripts vor sie hingelegt. Sie bekam die Feder in die Hand und fragte, wo sie unterschreiben solle. Danach setzte sie mit riesigen Buchstaben die uns allen bekannte Unterschrift fest unter ihren Artikel.«

Dieser Artikel erschien als Broschüre; sie trug den Titel »Lenins Vermächtnis für die Frauen der Welt«.

Immer wieder aber wanderten die Gedanken der alten Frau nach Deutschland. Wie stand es um die Arbeit der Partei? Wie war sie dem nun beginnenden schweren illegalen Kampf gewachsen? Große Erbitterung zeigte sich in ihren letzten Äußerungen über die Haltung der rechten sozialdemokratischen Führung, die auch in dieser äußersten Gefahr die Bruderhand der Kommunisten zurückgewiesen, Hitler sogar anerkannt hatte. Da ihr die Presseinformationen nicht genügten, erbat sie im März 1933 den Besuch eines deutschen Vertreters der KPD bei der Kommunistischen Internationale. Es war ihr alter Kampfgefährte Fritz Heckert, der sie aufsuchte.

Sie fragte ihn nach den einzelnen Mitgliedern der Leitung, nach der Behandlung der Verhafteten, wie man für sie und ihre Angehörigen sorge. Sie wollte die Einschätzung der Perspektive seitens der Partei wissen, wollte wissen, was die Partei unternehme, um die Agitation und Propaganda unter den neuen Bedingungen zu entfalten, wie sie die Kader ersetze, wie sie die Organisation den neuen Bedingungen anpasse. Beunruhigt wurde sie durch den Gedanken, daß die Geschlossenheit des Zentralkomitees durch die Verhaftung Ernst Thälmanns gefährdet sein könnte. »Werdet ihr euch denn auch untereinander vertragen, jetzt, wo sie unseren lieben Teddy eingesperrt haben?« fragte sie. Ein Freudenschimmer ging über ihr Gesicht, als Fritz Heckert sie zuversichtlich der Geschlossenheit der Partei und des Vertrauens der Mitglieder zur Führung versichern konnte, auch als er ihr sagte, daß es in der Partei fast keine Verräter gäbe und nur wenige Schwache und Wankelmütige.

In den Tagen dieses Besuches richtete Clara Zetkin als Präsidentin der Roten Hilfe ihren letzten Aufruf an die Weltöffentlichkeit. Es war ein flammender Appell zur Solidarität mit den deutschen Antifaschisten.

»Blickt auf Deutschland, wo der sterbende und sich bedroht

fühlende Kapitalismus seine Rettung vom Faschismus erwartet! Der Faschismus hat ein Regime der physischen und geistigen Vernichtung, ein Regime der Barbarei aufgerichtet, dessen Greueltaten noch weit hinter das Mittelalter zurückgehen. Durch die ganze Welt tönen die Schreie der Empörung über die Grausamkeiten des braunen Terrors an seinen Opfern. Unzählige sind ermordet, Zehntausende sitzen in Gefängnissen und Konzentrationslagern. Ungezählte hat der Faschismus zu Krüppeln geschlagen, als Flüchtlinge über die Grenze gejagt, hat ihren Kindern Brot und Obdach genommen. Aber trotz alledem kämpfen die Arbeiter unentmutigt, heldenkühn gegen den Faschismus. Solidarität mit den Kämpfenden und Hilfe, materielle Hilfe zur Sicherung des nackten Lebens für die Opfer des mordenden Faschismus ist das dringendste Gebot der Stunde für alle, deren Denken und Fühlen sich gegen die Untaten des bluttriefenden faschistischen Terrors aufbäumt ...

Gegner des Faschismus in allen Ländern! Ich rufe Euch auf, daß Ihr mit der Internationalen Roten Hilfe die volle Pflicht der internationalen Solidarität übt. Das Opfer, das die Internationale Rote Hilfe von Euch verlangt, ist winzig im Vergleich mit den Opfern an Gut und Blut, die die revolutionären Arbeiter jeden Tag bringen in ihrem heldenhaften Kampf gegen den Faschismus. Wir alle dürfen nicht rasten und ruhen, bis der Faschismus, der blutige Unterdrückung, Terror, Hunger und Krieg im Gefolge hat, zerschmettert am Boden liegen wird.«

Tod und Unsterblichkeit

Clara Zetkin starb am 20. Juni 1933. Ihre Angehörigen schilderten ihre letzten Tage: Am 18. Juni fühlte Clara Zetkin sich nicht wohl. Sie konnte nicht im Zimmer bleiben. Man trug sie in den Park hinaus. Sie begann noch, einen Artikel zu diktieren, aber nach einigen Zeilen mußte sie aufhören. Am nächsten Tage klagte sie, daß sie den Artikel nicht fortsetzen könne. Sie sprach davon, daß sie noch einen Aufruf an die sozialdemokratischen Arbeiter richten müsse. Man las ihr die letzten Pressemeldungen über die Ereignisse in Deutschland, über den Kampf der Kommunistischen Partei vor. Bald darauf begann ihre Temperatur zu steigen. Das war am 19. Juni 8 Uhr abends.

Clara begann unruhig zu werden, doch ihr Zustand war nicht schlimmer als sonst. Sie war fast bei vollem Bewußtsein. Niemand erwartete ihren Tod, da sie sich schon oft schlechter gefühlt hatte als an diesem Tag. Sie sprach von Rosa Luxemburg, aber das Sprechen fiel ihr schwer, weil ihr fortwährend der Atem ausblieb.

Clara litt nicht. Ihr letztes Wort war: Rosa. Dann entschlief sie für immer, um die zweite Morgenstunde des 20. Juni.

Sie wurde in Moskau, im Kolonnensaal des Gewerkschaftshauses aufgebahrt, die Führer der internationalen Arbeiterbewegung hielten die Ehrenwache. »Am 22. Juni«, heißt es in einem Bericht über ihre Beisetzung, »trug das Proletariat der Sowjetunion Clara Zetkin zu Grabe. Dieser Tag war ein gewaltiges Bekenntnis für die große kühne Kämpferin. Die revolutionäre Leidenschaft, der sieghafte Kampfwille, der ihr langes Kampfleben erfüllte, manifestierte sich millionenfach in dem Treuebekenntnis des Moskauer Proletariats für Clara Zetkin. Dieses Bekenntnis war zugleich ein Bekenntnis für das kämpfende Proletariat Deutschlands und seine heldenhafte Kommunistische Partei.

Mehr als 400 000 Arbeiter und Arbeiterinnen, Schüler, Studenten und Rotarmisten nahmen in feierlichem Zug durch den Kolonnensaal des Gewerkschaftshauses von Clara Abschied. Mehr als 600 000 gaben ihr das letzte Geleit. Unter ihnen die Delegationen aus Leningrad und den größten Arbeiterzentren der Sowjetunion. Mit ihnen die ausländischen Arbeiter, die in Moskau arbeiteten. Mit ihren Herzen schlugen im gleichen Takt Millionen und aber Millionen Herzen der Ausgebeuteten und Unterdrückten der kapitalistischen Welt.«

Clara Zetkin wurde an der Kremlmauer beigesetzt.

Bei der Trauerkundgebung sprach als Vertreter der Kommunistischen Partei Deutschlands Fritz Heckert: »Das deutsche revolutionäre Proletariat«, sagte er, »und an seiner Spitze die heldenhaft kämpfende deutsche Kommunistische Partei, das Zentralkomitee der Kommunistischen Partei Deutschlands, dessen Mitglied Clara war, wir alle danken ihr, was sie für uns getan ... Und wir geloben hier vor Hunderttausenden, die Dir, Du heißgeliebte Führerin, das letzte Geleit geben, daß wir deutsche Kommunisten nicht eine Minute unseren Feinden Pause geben werden im Kampfe, bis der Faschismus und seine Träger zertreten unter unsern Füßen liegen.«

In dem Nachruf, den das Präsidium des Exekutivkomitees der Kommunistischen Internationale ihr widmete, hieß es:

»Die große Revolutionärin Clara Zetkin ist gestorben ... bis zum letzten Augenblick ihres Lebens die Fahne des Kommunismus hochhaltend.

Die deutsche Arbeiterklasse, die heroisch gegen die faschistische Blutdiktatur kämpft, ehrt in ihr ihre erprobte, mutige und geliebte Führerin. Die Arbeiterklasse des Landes der siegreichen proletarischen Revolution ehrt in ihr ihre treue Gefährtin und Freundin im Kampfe um den Aufbau der sozialistischen Gesellschaft. Die Kommunistische Internationale, die um ihre Befreiung kämpfenden Arbeiter und Arbeiterinnen aller Länder ehren in ihr die revolutionäre Heldin.«

Das Internationale Frauensekretariat der Kommunistischen Internationale schrieb:

»Eine große Kommunistin, eine unermüdliche Kämpferin für die Sache der Befreiung der Frau ist von uns gegangen ... Arbeiterinnen, Bäuerinnen und werktätige Frauen der ganzen Welt! Das Internationale Frauensekretariat der Kommunistischen Internationale ruft Euch alle auf, Eure Kampffahnen vor dem Grab Clara Zetkins zu senken. Geloben wir, ihre Fahne vorwärts zu tragen.«

Die Internationale Rote Hilfe stiftete einen Clara-Zetkin-Fonds für die Kinder der Opfer des weißen Terrors und erklärte Clara Zetkins Todestag zum Werbetag für die IRH. In seinem Nachruf schrieb das Exekutivkomitee:

»Mitglieder der Roten Hilfe in der ganzen Welt, Sektionen und Bruderorganisationen der Roten Hilfe im Auslande, Ihr Millionen Mitglieder der Roten Hilfe der Sowjetunion, wahret das Erbe Claras, setzt den Kampf ... fort ... um die internationale Erziehung der Massen, um die Zusammenschweißung der Werktätigen aller Länder unter dem Banner Lenins!«

Viele Briefe erhielt das Exekutivkomitee der Kommunistischen Internationale von einfachen Menschen – aus der Sowjetunion, aus kapitalistischen Ländern, auch aus Deutschland, unter Lebensgefahr geschrieben und mühsam nach Moskau geschmuggelt.

Die sowjetische Weberin Bobrowa aus dem Rayon Kurowo, Leiterin eines Seidengarn-Artels, schrieb: »Teure Genossin Clara Zetkin! Wir Arbeiterinnen sind gekommen, um Dir das letzte Geleit zu geben und unser Haupt vor Dir niederzubeugen. Schlafe ruhig, teure Genossin Clara, Dein Werk werden wir siegreich vollenden. Du hast viele Jahre hindurch schwer gekämpft und viel gelitten; wir werden das nie vergessen. Du hast uns den glücklichen Weg, den Weg des Sozialismus gezeigt ...«

Aus dem Betrieb »Elektrostahl« schrieben junge Frauen:

»Wir Jungarbeiterinnen des Betriebes ›Elektrostahl‹ erblickten mit großem Schmerz in der ›Prawda‹ das schwarzumrandete Bild unserer lieben Clara Zetkin, die nun von uns gegangen ist, deren vor vielen Jahren begonnenes Werk wir aber siegreich vollenden werden. Schlafe ruhig, wir werden mit jugendlicher Hingabe Dein Werk vollenden.«

In einem Brief von Genossen aus Mannheim hieß es: »Soeben hörten wir von dem Tode unserer Genossin Clara Zetkin. Die Nachricht erfüllt uns mit großer Trauer, denn wir haben in ihr eine unserer Besten verloren. Wir werden den von ihr eingeschlagenen Weg weiterschreiten bis ans Ziel; wir wissen, daß sie durch Euch an der Seite der größten Revolutionäre ihre letzte Ruhestätte finden wird, und wir danken Euch dafür. Clara Zetkin ist tot, aber ihr Kampf wird leben.«

In einem Brief aus Thüringen war zu lesen: »Ihr Geist und Wirken lebt weiter in uns. Wir geloben, trotz aller Terrormaßnahmen in ihrem Geist weiterzuarbeiten für die Befreiung des Proletariats. Ihr Name ist eng verknüpft mit der Geschichte der deutschen und internationalen Arbeiterbewegung. Sie wird für uns unvergeßlich sein, so wie der Name Karl Liebknechts und Rosa Luxemburgs.«

Wir Kommunisten, Friedens- und Freiheitskämpfer von heute sagen: Clara Zetkin starb. Aber was sie uns gegeben hat, wird niemals sterben. Es lebt in dem Kampf der Millionen gegen den Imperialismus, gegen seine räuberischen Kriege und blutigen Verbrechen. Es lebt in dem Ringen und Streben der Millionen Frauen, die den Weg in die Zukunft gefunden haben oder ihn mutig suchen. Es lebt in der stürmischen Unabhängigkeitsbewegung der Völker Afrikas, Asiens und Südamerikas. Es ist gegenwärtig in der mächtigen Solidaritätsbewegung der Völker für die Opfer des Imperialismus und Neofaschismus. Es lebt und wird leben in dem kühnen Schaffen und Planen der Erbauer der neuen Welt, des Sozialismus und Kommunismus, die um das Glück und den Frieden, die gesicherte Zukunft der Menschheit kämpfen, die nach den Sternen greifen und die Erde in einen blühenden Garten verwandeln werden.

Clara Zetkin starb vor mehr als 50 Jahren und ist dennoch mitten unter uns. Ihr Leben und ihr Kampf sind uns Vorbild, wie sie ihren Mitkämpfern Vorbild waren; die Liebe zu ihr, die Verehrung für sie sind auch noch heute lebendig. Wie sie uns teuer geblieben ist, wird sie auch in künftigen Generationen teuer sein; denn sie gehört in die Reihen der großen Vorkämpfer, die der Menschheit vorangegangen sind auf dem Weg aus einer Welt voll Leid, Qual, Grausamkeit und Ungerechtigkeit in eine Ordnung, in der das Wohl des Menschen über allem steht.

Quellen- und Literaturverzeichnis

Dieser Arbeit liegen in der Hauptsache folgende Quellen und Darstellungen zugrunde:

A Archivalien

Briefwechsel Clara Zetkins mit Heleen Ankersmit, I. F. Armand, Adolf Geck, Karl Kautsky, A. W. Kollontai, N. K. Krupskaja, W. I. Lenin, Rosa Luxemburg, Franz Mehring, Frida Perlen, K. P. Pjatnizki, J. D. Stassowa, Helene Stöcker und anderen; Notizen, unveröffentlichte Manuskripte und Exzerpte Clara Zetkins sowie Dokumente und Materialien. In: Zentrales Parteiarchiv beim ZK der KPdSU.

Briefwechsel Clara Zetkins mit Hanna Buchheim, Mathilde Jacob, Karl Korn, Karl Liebknecht, Rosa Luxemburg, Wilhelm Pieck, Adelheid Popp, Maxim Zetkin und anderen; Briefe Rosa Luxemburgs an Konstantin Zetkin; Briefwechsel zwischen Käte und Hermann Duncker sowie Dokumente und Materialien. In: Institut für Marxismus-Leninismus beim ZK der SED, Zentrales Parteiarchiv.

Materialien des Museums für Deutsche Geschichte, Berlin, des Staatsarchivs, Potsdam, des Museums der Leipziger Arbeiterbewegung, des Städtischen Archivs Leipzig, des Archivs des Kreises Rochlitz, der Heimatmuseen in Mittweida, Glauchau und Crimmitschau.

B Gedruckte Quellen

I. Klassiker des Marxismus-Leninismus

Marx, Karl/Friedrich Engels: Werke, Bd. 1–26, Berlin.
Lenin, W. I.: Werke, Bd. 1–35, Berlin.
Lenin, W. I.: Briefe, Bd. 1–8, Berlin.

II. Weitere gedruckte Quellen

1. Zum Leben und Wirken Clara Zetkins

a) Werke von Clara Zetkin

Zu den Anfängen der proletarischen Frauenbewegung in Deutschland, Berlin 1956.

Deutsche Arbeiterinnen bei Clara Zetkin im Kreml, Berlin o. J.

Die Arbeiterinnen- und die Frauenfrage der Gegenwart, Berlin 1889.

Die Bedeutung der aufbauenden Sowjetunion für die deutsche Arbeiterklasse, Berlin 1926.

Einführung zu Katherine Cant: Die Bergarbeiterfrauen Englands im Kampf, Hamburg 1927.

Einleitung zu Rosa Luxemburg: Die Krise der Sozialdemokratie (Junius-Broschüre), Leipzig 1919.

Erinnerungen an Lenin, Berlin 1957.

Gegen Faschismus und imperialistischen Krieg, Berlin 1955.

Zur Geschichte der proletarischen Frauenbewegung Deutschlands, Berlin 1958.

Hungermai, Blutmai, roter Mai! Hamburg–Berlin 1932.

Ich will dort kämpfen, wo das Leben ist, Berlin 1955.

Über Jugenderziehung, Berlin 1957.

Revolutionäre Kämpfe und revolutionäre Kämpfer 1919, Stuttgart o. J.

Im befreiten Kaukasus, Berlin–Wien 1926.

Die imperialistischen Kriege gegen die Werktätigen – die Werktätigen gegen die imperialistischen Kriege, Berlin 1957.

Lenins Vermächtnis für die Frauen der Welt, Moskau–Leningrad 1933.

Über Literatur und Kunst, Berlin 1955.

Um Rosa Luxemburgs Stellung zur russischen Revolution, Hamburg 1922.

Karl Marx und sein Lebenswerk, Elberfeld o. J.

Nachwort zu: Der württembergische Lockspitzel Sumpf vor dem Staatsgerichtshof, Stuttgart o. J.

Gegen die bürgerliche Politik der Württembergischen Regierung, o. O. u. J.

Geistiges Proletariat, Frauenfrage und Sozialismus, Berlin 1902.

Ausgewählte Reden und Schriften, Bd. I–III, Berlin.

Regierungspolitik und Generalstreik in Württemberg, Stuttgart 1919.

Das weltweite Tätigkeitsfeld der Kommunistischen Internationale, Hamburg 1924.

Trotzkis Verbannung und die Sozialdemokratie, Berlin 1928.

Unterdrückte von heute – Sieger von morgen, Berlin o. J.

Vorwort zu: Des Volkes Blut ..., Hamburg–Berlin 1929.

Der Weg nach Moskau, Moskau 1920.

Wir klagen an! Ein Beitrag zum Prozeß der Sozial-Revolutionäre, Hamburg 1922.

b) Protokolle und Dokumente

Protokolle der Kongresse der II. Internationale von 1889 bis 1912.

Protokolle der Parteitage der Sozialdemokratischen Partei Deutschlands von 1891 bis 1913.

Protokolle der Parteitage der Kommunistischen Partei Deutschlands von 1918 bis 1929.

Protokoll des außerordentlichen Parteitags der Unabhängigen Sozialdemokratischen Partei Deutschlands vom 2. bis 6. März 1919 in Berlin.

Protokoll des 18. Parteitags der Sozialistischen Partei Frankreichs vom 25. bis 30. Dezember 1920 in Tours.

Protokolle des III.–V. Weltkongresses der Kommunistischen Internationale.

Protokolle der Erweiterten Exekutive der Kommunistischen Internationale von 1922 bis 1926.

Protokoll der internationalen Konferenz von Vertretern der II., II$\frac{1}{2}$. und III. Internationale vom 2. bis 5. April 1922 in Berlin.

Reichstagsprotokolle von 1920 bis 1932.

Dokumente und Materialien zur Geschichte der deutschen Arbeiterbewegung. Reihe II, Bd. 1–3 u. Bd. IV, Berlin.

Zum 100. Geburtstag Wladimir Iljitsch Lenins. Thesen des Zentralkomitees der Kommunistischen Partei der Sowjetunion, Berlin 1970.

Spartakusbriefe, Berlin 1958.

c) Zeitungen und Zeitschriften

Beiträge zur Geschichte der deutschen Arbeiterbewegung (Berlin), 1959–1972.

Die Rote Fahne. Zentralorgan der Kommunistischen Partei Deutschlands (Berlin), 1918–1932.

Die Gleichheit. Zeitschrift für die Interessen der Arbeiterinnen (Stuttgart), 1892–1917.

Die Internationale. Eine Monatsschrift für Theorie und Praxis des Marxismus. Hrsg. von Rosa Luxemburg und Franz Mehring (Düsseldorf), 1915, H. 1.

Internationale Presse-Korrespondenz (Berlin), 1921–1932.

Die Kommunistin. Frauenorgan der Kommunistischen Partei Deutschlands (Stuttgart), 1919/1920.

Die Kommunistische Internationale. Organ des Exekutivkomitees der Kommunistischen Internationale (Hamburg und Berlin), 1921–1925.

Die Kommunistische Fraueninternationale, 1922–1925.

Leipziger Volkszeitung. Organ für die Interessen des gesamten werktätigen Volkes, 1916–1919.

Leipziger Volkszeitung. Frauenbeilage, 1917/1918.

Mahnruf. Organ für internationale Solidarität, 7. Juli 1927.

MOPR. Zeitschrift für Kampf und Arbeit der Internationalen Roten Hilfe (Moskau), 1928–1932.

Der Sozialdemokrat. Organ der Sozialdemokratie deutscher Zunge (Zürich, London), 1879–1890.

Die Sozialistin, 6. April 1919.

Berliner Volks-Tribüne. Social-Politisches Wochenblatt, 1888/1889.

Vorwärts. Berliner Volksblatt. Zentralorgan der Sozialdemokratischen Partei Deutschlands (Berlin), 1889–1914.

Vorwärts (Bonn), 1. Mai 1969.

Die Neue Zeit. Revue des geistigen und öffentlichen Lebens (Stuttgart), 1884–1911.

Zeitschrift für Geschichtswissenschaft (Berlin), 1953–1972.

d) Darstellungen

Alexander, G. G. L.: Aus Clara Zetkins Leben und Werk, Berlin 1927.

Bojarskaja, Sinaida: Clara Zetkin. Eine Kämpferin, Berlin 1927.

Drabkina, Jelisaweta: Schwarzer Zwieback, Berlin 1965.

Engels, Frederick/Paul and Laura Larfague: Correspondence, Bd. 1, Moskau 1959.

Fréville, Jean: Die Nacht endete in Tours, Berlin 1953.

Gedächtnisausstellung Friedrich Zundel, Stuttgart o.J.

Hohendorf, Gerd: Clara Zetkin, Berlin 1965.

Krupskaja, Nadeshda: Erinnerungen an Lenin, Berlin 1960.

Krusch, Hans-Joachim: Um die Einheitsfront und eine Arbeiterregierung, Berlin (1966).

Mauritius, Georg: Die Kirchfahrt von Wiederau, Dresden 1936.

Ravera, Camilla: Lenins Ideen weisen den Völkern den Weg. In: Probleme des Friedens und des Sozialismus (Prag), 1969, Nr. 11, S. 1439–1444.

Reisberg, Arnold: Lenins Beziehungen zur deutschen Arbeiterbewegung, Berlin 1970.

– An den Quellen der Einheitsfrontpolitik, Berlin 1971.

Alles für die Revolution! Aus Leben und Werk der Kämpferin Clara Zetkin, Berlin 1927.

Stassowa, Jelena: Erinnerungen, Moskau 1965.

– Erinnerungen an Clara Zetkin. In: Die Presse der Sowjetunion (Berlin); 1957, Nr. 77, S. 1696.

Clara Zetkin – Kämpferin für die proletarische Weltrevolution, Moskau 1933.

Clara Zetkin. Ein Sammelband zum Gedächtnis der großen Kämpferin, Moskau–Leningrad 1934.

Artikel von Marcel Cachin, Henri Barbusse, Käte Duncker, N. K. Krupskaja, Wilhelm Pieck, Frida Rubiner und anderen. In: Internationale Presse-Korrespondenz (Berlin) 1921–1932.

2. Zum Leben und Wirken weiterer Führer der deutschen Arbeiterbewegung

a) Werke von Führern der deutschen Arbeiterbewegung

Bebel, August: Die Frau und der Sozialismus, Berlin 1962.
- Aus meinem Leben, Berlin 1964.

Liebknecht, Karl: Gesammelte Reden und Schriften, Bd. I–IX, Berlin.

Luxemburg, Rosa: Gesammelte Werke, Bd. 1–3, Berlin.
- Ich war, ich bin, ich werde sein!, Berlin 1958.
- Im Kampf gegen den deutschen Militarismus, Berlin 1960.
- Ausgewählte Reden und Schriften, Bd. I u. II, Berlin 1957.
- Politische Schriften, Leipzig 1970.
- Schriften über Kunst und Literatur, Dresden 1972.

Mehring, Franz: Geschichte der deutschen Sozialdemokratie. Erster und Zweiter Teil. In: Franz Mehring: Gesammelte Schriften, Bd. 1 u. 2, Berlin.
- Zur deutschen Geschichte von der Revolution von 1848/49 bis zum Ende des 19. Jahrhunderts. In: Ebenda, Bd. 7, Berlin 1965.
- Die Lessing-Legende. In: Ebenda, Bd. 11, Berlin 1963.
- Politische Publizistik. In: Ebenda, Bd. 14 u. 15, Berlin.

Pieck, Wilhelm: Gesammelte Reden und Schriften, Bd. I–III, Berlin.

Thälmann, Ernst: Reden und Aufsätze zur Geschichte der deutschen Arbeiterbewegung, Bd. I, Berlin 1955.

b) Darstellungen

August Bebel. Eine Biographie, Berlin 1963.

Höhle, Thomas: Franz Mehring. Sein Weg zum Marxismus, 1869–1891, Berlin 1965.

Kerff, Willy: Karl Liebknecht 1914 bis 1916, Berlin 1967.

Laschitza, Annelies: Deutsche Linke im Kampf für eine demokratische Republik, Berlin 1969.

Laschitza, Annelies/Günter Radczun: Rosa Luxemburg. Ihr Wirken in der deutschen Arbeiterbewegung, Berlin 1971.

Schleifstein, Josef: Franz Mehring. Sein marxistisches Schaffen 1891 bis 1919, Berlin 1959

Wohlgemuth, Heinz: Die Entstehung der KPD, Berlin 1968.
– Burgkrieg, nicht Burgfriede!, Berlin 1963.

3. Darstellungen zur Geschichte der Zeit

Belli, Joseph: Die Rote Feldpost, Berlin 1956.

Karl und Rosa. Erinnerungen, Berlin 1971.

Unter der roten Fahne. Erinnerungen alter Genossen, Berlin 1959.

Ferrara, Marcella und Maurizio: Palmiro Togliatti, Berlin 1956.

Fricke, Dieter: Zur Organisation und Tätigkeit der deutschen Arbeiterbewegung (1890–1914), Leipzig 1962.

Deutsche Geschichte, Bd. 2 u. 3, Berlin.

Geschichte der deutschen Arbeiterbewegung in acht Bänden, Bd. 1–4, Berlin.

Geschichte der deutschen Arbeiterbewegung. Biographisches Lexikon, Berlin 1970.

Geschichte der deutschen Arbeiterbewegung. Chronik, Bd. 1 u. 2, Berlin 1965 u. 1966.

Geschichte der Kommunistischen Partei der Sowjetunion, Berlin 1971.

Habedank, Heinz: Der Feind steht rechts. Bürgerliche Linke im Kampf gegen den deutschen Militarismus, Berlin 1965.

Jerussalimski, A. S.: Die Außenpolitik und die Diplomatie des deutschen Imperialismus Ende des 19. Jahrhunderts, Berlin 1954.

Kriwogus, I. M./S. M. Stezkewitsch: Abriß der Geschichte der I. und II. Internationale, Berlin 1960.

Kuczynski, Jürgen: Die Geschichte der Lage der Arbeiter unter dem Kapitalismus. Bd. I: Die Geschichte der Lage der Arbeiter in Deutschland von 1789 bis in die Gegenwart, Teil 2: 1871–1932, Berlin 1954; Bd. 18: Studien zur Geschichte der Lage der Arbeiterin in Deutschland von 1700 bis zur Gegenwart, Berlin 1965.

Lange, Helene: Lebenserinnerungen, Berlin 1921.

Unvergeßlicher Lenin. Erinnerungen deutscher Genossen, Berlin 1957.

Lüders, Else: Minna Cauer. Leben und Werk, Gotha 1925.

Michel, Louise: Buch vom Bagno, Berlin 1962.

Schmidt, Auguste und Hugo Rosch: Louise Otto-Peters, Leipzig 1898.

Sieger, Walter: Das erste Jahrzehnt der deutschen Arbeiterjugendbewegung 1904–1914, Berlin 1958.

–: Die junge Front. Die revolutionäre Arbeiterjugend im Kampf gegen den 1. Weltkrieg, Berlin 1958.

Stenkewitz, Kurt: Gegen Bajonett und Dividende. Die politische Krise in Deutschland am Vorabend des ersten Weltkrieges, Berlin 1960.

Stöcker, Helene: Zehn Jahre Mutterschutz, Berlin 1916.

Vorwärts und nicht vergessen. Erlebnisberichte aktiver Teilnehmer der Novemberrevolution 1918–1919, Berlin 1958.

v. Zahn-Harnack, Agnes: Die Frauenbewegung. Geschichte, Probleme, Ziele, Berlin 1928.

Inhalt

Vorwort 5

I. Teil
Jahre des Lernens · 1857–1889 27

Kindheit 29
Im Lehrerinnenseminar 36
Muß es Arme und Reiche geben? 40
Ossip Zetkin 42
Die junge Sozialistin 45
Beim »Roten Feldpostmeister« 51
Bist du glücklich, Clara? 56
Im Strom der internationalen Arbeiterbewegung 63
Studien, Gedanken, Pläne 67
Wie Clara Zetkin Rednerin wurde 70
»Es gibt kein ›Ich kann nicht!‹« 72

II. Teil
*Unterdrückte von heute – Siegerinnen von morgen
1889–1897* 77

Wir stehen in euren Reihen 79
Heimkehr 83
Ein bedeutungsvolles Gespräch 87
»Hundert Hemden in der Woche!« 88
Eine Gerichtsverhandlung und was ihr folgte 93
»Frauenspersonen, Schüler und Lehrlinge« 98
»Besten Dank für die Quittung, Herr Minister!« 102
»Die Gleichheit« 108

Genossin und Freundin	113
Brennende Frauenfragen	117
Der Parteitag zu Gotha	122
Die erste hohe Parteifunktion	126
Tag der Besinnung	128

III. Teil
Sage mir, wo du stehst · 1897–1914 133

Eine denkwürdige Frauenversammlung	135
Der Feind Imperialismus	139
Wirksamer werden	143
Verlust alter Gefährten	146
Die neuen Freunde	151
»Als seien mir Flügel gewachsen«	160
In Sillenbuch	166
Über Liebe, Ehe und Mutterschaft	176
Zu Fragen der Erziehung	181
Zeit großer Erwartungen	186
Bitteres Krankenlager	200
Unser Patriotismus	204
Die neue Aufgabe	210
Eine schmerzliche Erkenntnis und ein mutiges Wort	216
Weil wir Mütter sind	219
Um die sozialistische Jugendorganisation	223
Nun erst recht	226
Der Beschluß von Kopenhagen	231
»Kunst und Proletariat«	235
Die ersten Kriegswolken	239
Die Stuttgarter Linken	243
Ruf an die Frauen der Welt	248
»Schreien muß ich es dem Sturme«	251

IV. Teil
Der Krieg · 1914–1917 ... 257

Clara Zetkin an Heleen Ankersmit ... 259
»Alles lernen, nichts vergessen!« ... 265
»Wo sind eure Männer?« ... 272
»Daß ich nicht dreifach kühn gewesen bin« ... 279
Haftentlassen auf Widerruf ... 284
Spartakus ... 290
Not, Sorgen, Solidarität ... 296
Harte Konflikte ... 302
»Alles zieht mich nach Rußland« ... 307

V. Teil
Die Kampfgefährtin Lenins · 1917–1923 ... 313

Aus dem Osten kommt das Licht ... 315
Ein Stück Geschichte in Briefen ... 330
»Ich will dort kämpfen, wo das Leben ist« ... 346
»Die Partei muß weiterleben« ... 352
»Unsere Totenklage ist Kampfschwur« ... 356
Das erste Wort der Kommunisten im Reichstag ... 370
Reise nach Sowjetrußland ... 375
Die Freundschaft mit Lenin und Nadeshda Krupskaja ... 384
Wieder in der Heimat ... 396
Die Frau mit dem Strickzeug ... 398
Ein ehrenvoller Auftrag ... 403
Internationales Frauentreffen in Moskau ... 410
Ein verhängnisvoller Entschluß ... 416
In den Händen der Weißen ... 423
Selbstkritik ... 425
Clara erhält stürmischen Beifall ... 431
»Um Rosa Luxemburgs Stellung zur russischen Revolution« ... 436
»Ich arbeite, arbeite, arbeite« ... 445
Eine abenteuerliche Reise ... 450
Es kommt auf jeden Genossen an ... 454

Unser kommunistisches Schulideal	459
Mit den Aufgaben wächst die Kraft	461
Repräsentantin der Kommunistischen Internationale	467
Das Jahr 1923	475
Eine Polizeiwache vor der Tür	486
Kampf dem Faschismus	489

VI. Teil
Lebensabend · 1923–1933   495

Bei den Sowjetmenschen	497
Im befreiten Kaukasus	506
Noch einmal quer durch Deutschland	509
»Ihr alle, deren Herz noch menschlich schlägt!«	513
70. Geburtstag	518
Abendschatten	522
»Und ich bin ein ohnmächtiger Krüppel!«	524
Wehret dem imperialistischen Krieg!	536
Letzte Monate	540
Tod und Unsterblichkeit	542

Quellen- und Literaturverzeichnis   547

Bildnachweis

Institut für Marxismus-Leninismus beim ZK der SED, Zentrales Parteiarchiv (50); Dietz Verlag Berlin (27); Renate und Horst Ewald, Berlin (1); Museum für Deutsche Geschichte, Berlin (13); Archiv IDFF (1); Verlag Nauka, Moskau (1); Märkisches Museum, Berlin (1); Stadtarchiv Gotha (2); Verlag »Der Morgen«, Berlin (1); privat (7).

Reproduktionsaufnahmen:
Dietz Verlag Berlin/Renate und Horst Ewald (87).

Dornemann, Luise: Clara Zetkin : Leben u. Wirken /
Luise Dornemann. – 9., überarb. Aufl. –
Berlin : Dietz Verl., 1989. – 558 S. : 108 Abb.

ISBN 3-320-01228-2

Mit 108 Abbildungen
9., überarbeitete Auflage 1989
Lizenznummer 1 · LSV 0288
Lektoren: Sonja Auerswald, Renate Polit
Typographie: Horst Kinkel
Einband und Schutzumschlag: Volkmar Brandt
Printed in the German Democratic Republic
Gesamtherstellung: INTERDRUCK
Graphischer Großbetrieb Leipzig,
Betrieb der ausgezeichneten Qualitätsarbeit,
III/18/97
Best.-Nr.: 738 556 9

01150